Die Aufklärung vor Europa retten

Nikita Dhawan ist Professorin für Politische Theorie und Ideengeschichte an der TU Dresden. Ihre Schwerpunkte sind globale Gerechtigkeit, Menschenrechte, Demokratie und Dekolonialisierung. 2017 erhielt sie den Käthe-Leichter-Preis für herausragende Leistungen in der Frauen- und Geschlechterforschung sowie für die Unterstützung der Frauenbewegung und Verwirklichung der Gleichstellung der Geschlechter. Im Jahr 2023 erhielt sie die Gerda-Henkel-Gastprofessur an der Stanford University und das Thomas Mann Fellowship in Los Angeles.

Alwin Franke ist Assistant Professor für Germanistik an der Stetson University in den USA. Er promovierte an der Columbia University in New York und forscht zur literarischen Moderne sowie zur globalen Rezeption von Marxismus und Psychoanalyse. Neben dem vorliegenden Band übersetzte er unter anderem Texte von Gayatri Spivak, Maurizio Lazzarato und Joseph Vogl.

Nikita Dhawan

Die Aufklärung vor Europa retten

Kritische Theorien der Dekolonisierung

Aus dem Englischen von Alwin Franke

Campus Verlag
Frankfurt/New York

Die englische Ausgabe erscheint 2025 bei Duke University Press.
Das Forschungprojekt und die Veröffentlichung wurden von der VolkswagenStiftung finanziert.

ISBN 978-3-593-51933-3 Print
ISBN 978-3-593-45852-6 E-Book (PDF)
ISBN 978-3-593-45853-3 E-Book (EPUB)

Umschlaggestaltung: Guido Klütsch, Köln
Umschlagmotiv: © God's Entertainment | The picture was created as part of the project »Under The Carpet.« The artistic installation »Under The Carpet« exposes the coverup of different facts pertaining to the political, cultural, social, and media landscape within and outside of EU, facts that should be of concern to society, all in accordance with the phrase: to sweep (something) under the rug.
Satz: le-ex xerif
Gesetzt aus der Alegreya
Druck und Bindung: Beltz Grafische Betriebe GmbH, Bad Langensalza
Beltz Grafische Betriebe ist ein Unternehmen mit finanziellem Klimabeitrag (ID 15985–2104-1001).
Printed in Germany

www.campus.de

»Es ist niemals ein Dokument der Kultur,
ohne zugleich ein solches der Barbarei zu sein.«
Walter Benjamin

»Die Aufklärung krankt zuhause.«
Gayatri Chakravorty Spivak

»Wir träumten von nichts als Aufklärung.«
Moses Mendelssohn

Inhalt

Teil II: Woher kommt die Zukunft?

Danksagung

Für Nimmi und María do Mar

Jacques Derrida bemerkte: »Jeder Text bleibt in Trauer, bis er übersetzt wird.« Ich bin äußerst dankbar für die Mitarbeit der folgenden Personen bei der deutschen Veröffentlichung: Judith Wilke-Primavesi, Alwin Jorga Franke, Tatjana Schönwälder, Mark Arenhövel, Gwendal Lamay, Antje Millan, Didi Herman, Ana Maria Miranda Mora, Roberto Luis Ellis, Franz Knappik.

Bei Boris Čeko und »God's Entertainment« bedanke ich für die Erlaubnis, das Bild für das Buchcover zu nutzen. Das Bild wurde im Rahmen des Projekts »Under The Carpet« erstellt. Die künstlerische Installation deckt die Vertuschung verschiedener Fakten in Bezug auf die politische, kulturelle, soziale und mediale Landschaft innerhalb und außerhalb der EU auf, Fakten, die für die Gesellschaft von Bedeutung sein sollten, ganz im Sinne des Sprichworts: etwas unter den Teppich kehren.

Ich möchte auch den folgenden Institutionen für ihre Unterstützung danken: VolkswagenStiftung, Technische Universität Dresden, Campus Verlag, transcript Verlag, Routledge, Duke University Press, Goethe Institute, Thomas Mann House Los Angeles, ICI Berlin Institute for Cultural Inquiry, Institut für Auslandsbeziehung (Ifa), Justus Liebig Universität Gießen, Die Forschungsplattform (FP) Geschlechterforschung: Identitäten – Diskurse – Transformationen an der Leopold-Franzens-Universität Innsbruck, Der Exzellenzcluster »Die Herausbildung normativer Ordnungen«, das Cornelia Goethe Centrum für Geschlechterforschung sowie das Frankfurter Inter-Zentren-Programm »Afrikas Asiatische Optionen (AFRASO) an der Goethe-Universität Frankfurt am Main, Das interdisziplinäre Graduiertenkolleg »Dynamiken von Raum und Geschlecht« Universität Kassel und Georg-August-Universität Göttingen, University of Berkeley California, Columbia University New York, Stanford University, Institute for International Law and the Humanities, Melbourne Law School, The University of Melbourne, Mumbai University, SNDT Women's University Mumbai, Indian

Institute of Technology Mumbai, Jawaharlal Nehru University Delhi, Central University of Punjab, Pusan National University South Korea, Universidad de La Laguna, Universidad de Costa Rica, Universidad Nacional Autónoma de México, FLACSO Ecuador.

Mein Dank gilt auch meiner Familie, Freund:innen und Kolleg:innen: Suresh Dhawan, Nalin Dhawan, Estrella Varela Pazos, Carlos Castro Pena, Rahul Warke, Shwetha Warke, Juliet D'Sousa, Teresa Orozco, Priyadarshi Jetli, Nutan Sarawgi, Gisela Ott-Gerlach, Uschi Wachendorfer, Birgit Rommelspacher, Putul Sathe, Jyoti Sabharwal, Manisha Ghatage, Gayatri Chakravorty Spivak, Judith Butler, Angela Davis, Shalini Randeria, Chandra Talpade Mohanty, Tejaswini Niranjana, Avishek Ganguly, Sundhya Pahuja, Sara Ahmed, Manuela Picq, Davina Cooper, Janet Newman, Rahul Rao, Banu Subramaniam, Ilan Kapoor, Ratna Kapur, Malathi de Alwis, Dipesh Chakrabarty, Wendy Brown, Ann Laura Stoler, Ursula Apitzsch, Jamila Mascat, Manjeet Ramgotra, Dirk Rupnow, Manuela Picq, Sruti Bala, Thomas Lindenberger, Bélen Martín Lucas, Eva Darias Beautell, Emma Wolukau-Wanambwa, Randi Elin Gressgård, Nivedita Menon, Shuddhabrata Sengupta, Christoph Holzhey, Antke Engel, Volker Woltersdorff, Greta Olson, Sonia Correa, Philipp Schulte, Nina Tabassomi, Ana Vujanović, Jochen Schmon, Ayça Çubukçu, Hasret Cetinkaya, Anja Besand, Elad Lapidot, Emilia Roig, Rirhandu Mageza-Barthel, Johanna Leinius, Elisabeth Fink, Luisa Hoffmann, Hanna Al-Taher, Daniel James, Natalia Fomina, Daniel Heinz, Eleonora Hummel, Susanne Bernhart, Julia Redmann, Mithu Sanyal, Refqa Abu-Remaileh, Achille Rossini, Madhusree Mukherjee, Sandra Chatterjee, Walter Anyanwu, Valerie Gaugl, Teresa Blasi Marti, Kira Kosnick, Uta Ruppert, Katharina Mückstein, Sylvia Nagel, Silvia Osei, Dimitria Clayton, Anuja Phadnis, Cigdem Esin, Denise Gigante, Isabel Raabe, Uriel Orlow, Saraswati Patel, Reema Khanna und Familie Wadhawan.

Berlin im Juli 2024,

Nikita Dhawan

Einleitung: Postkoloniale Dilemmata – Die Aufklärung aufgeben oder retten?

Von den Deutschen lernen?

Deutschland gilt häufig als Vorbild dafür, wie ein Land seine gewaltförmige Vergangenheit aufarbeiten kann. Prominent ist etwa Susan Neimans Argument, dass kein anderes Land sich so schonungslos mit seinen historischen Verbrechen auseinandergesetzt habe wie Deutschland (2019). Die Vereinigten Staaten und Großbritannien sollten daher, so Neiman, bei der Aufarbeitung ihrer eigenen rassistischen Geschichte der Sklaverei und des Kolonialismus von Deutschland lernen. In ihrem Bemühen, die Verbrechen des Holocaust zu sühnen, hätten sich die Deutschen auf den langen und steinigen Weg der Vergangenheitsaufarbeitung begeben. Die Früchte dieser Arbeit zeigten sich etwa in Bildungsinitiativen, Gesetzen und nicht zuletzt in der Erinnerungs- und Außenpolitik. Während Neiman Deutschlands Verhältnis zu seiner Nazi-Vergangenheit unter die Lupe nimmt, bleibt die deutsche Kolonialgeschichte aber ein Zankapfel.

Im April 2020, inmitten der Covid-19-Pandemie, kam es in Deutschland zu einer heftigen Kontroverse um das Verhältnis von Postkolonialen Studien und Holocaust-Forschung. Bereits 2012 war Judith Butler anlässlich der Verleihung des Adorno-Preises aufgrund ihrer Unterstützung der BDS-Bewegung (*Boycott, Divestment and Sanctions*) angegriffen worden. Nun traf der Vorwurf des Antisemitismus den Philosophen Achille Mbembe, der aus der ehemaligen deutschen Kolonie Kamerun stammt. Stein des Anstoßes war insbesondere sein Vergleich von Israel mit dem Apartheidstaat in Südafrika und seine Kritik an der Besetzung Palästinas, die er als eine Form von »Siedlerkolonialismus« bezeichnete. Beides laufe darauf hinaus, Israels Existenzrecht in Frage zu stellen, so Kritiker:innen. Im Anschluss an die Mbembe-Kontroverse verabschiedete der Deutsche Bundestag eine nicht-bindende Resolution, die die Förderung von BDS-nahen Gruppen mit Bundesgeldern untersagte, da die Bewegung in ihren Argumentationsmethoden und -mustern als antisemitisch eingestuft wurde.[1]

Der Vorwurf des postkolonialen Antisemitismus[2] tauchte dann mit Vehemenz im Kontext der Documenta 15 wieder auf. Die alle fünf Jahre abgehaltene Ausstellung gilt als eines der wichtigsten Ereignisse in der Kunstwelt. Die Documenta 15, die von Juni bis September 2022 stattfand, wurde von *ruangrupa*, einem indonesischen Künstler:innenkollektiv, kuratiert. Monate vor der Eröffnung wurde *ruangrupa* des Antisemitimus bezichtigt – das Kollektiv unterstütze die BDS-Bewegung und führe einen »stillen Boykott« jüdisch-israelischer Künstler:innen durch. *Ruangrupa* wies diese Vorwürfe entschieden zurück und warf seinerseits der deutschen Öffentlichkeit und Medienlandschaft Rassismus vor.

Vier Tage nach der Eröffnung wurde das großformatige Banner »People's Justice« (»Gerechtigkeit des Volkes«) des indonesischen Kollektivs *Taring Padi* aus dem Jahr 2002 aufgrund seiner nicht zu entschuldigenden antisemitischen Bildsprache zunächst verhüllt und später entfernt. Die Documenta 15 wurde daraufhin zum »Waterloo des Postkolonialismus«[3] erklärt, was nicht nur den Postkolonialen Studien, sondern auch der gesamten »Dritten Welt«[4] weitreichende Antisemitismusvorwürfe eintrug. So kommentierte der renommierte Kunstkritiker Bazon Brock: »Alle diese Staaten des ›globalen Südens‹ sind nicht nur religiös fundamentalistisch ausgerichtet, sondern verglichen mit der Sozialstaatlichkeit Westeuropas lassen sie asoziale Haltungen geradezu als selbstverständlich gelten.«[5] Ironischerweise taucht in Brocks pauschaler Verunglimpfung der postkolonialen Welt ausgerechnet Nazivokabular auf: In den Konzentrationslagern wurden sogenannte *»Asoziale«* mit dem »schwarzen Winkel« gekennzeichnet. Dazu gehörten an den Rand der Gesellschaft gedrängte soziale Gruppen wie Roma und Sinti, Menschen mit Behinderung, Wohnungslose, Nomaden, Pro-

---

1 https://elnetwork.eu/country/germany/bundestags-bds-resolution/

2 Eine kritische Analyse der Debatte geben etwa Brumlik (2001) und Rothberg: https://www.goethe.de/prj/zei/de/pos/21864662.html

3 https://taz.de/Antisemitismus-auf-der-Documenta/!5859650/

4 Mehrere Begriffe werden verwendet, um die hegemonialen globalen Strukturen von Macht und Herrschaft zu beschreiben. Der Begriff »Erste Welt« wird beispielsweise synonym mit dem »globalen Norden« gebraucht und bezieht sich auf die sogenannten G7 – die sieben »führenden« Industrieländer. Im Gegensatz dazu steht die »Dritte Welt« oder der »globale Süden« für die Mitgliedsländer der Gruppe der 77, eine lose Vereinigung von über 130 ehemals kolonisierten Staaten. Der Begriff »Dritte Welt« wurde ursprünglich genutzt, um die blockfreien Staaten zu beschreiben, die im Ost-West-Konflikt des Kalten Krieges weder zur »Ersten Welt« noch zur »Zweiten Welt« gehören wollten. Heute wird der ehemals optimistische Begriff »Dritte Welt« oft nur noch mit wirtschaftlicher »Unterentwicklung« assoziiert. Es ist wichtig zu beachten, dass der Postkolonialismus den Begriff »Dritte Welt« oder »globaler Süden« nicht einfach ersetzt hat; vielmehr müssen wir uns der Genealogien der einzelnen Begriffe bewusst sein, auch wenn wir sie manchmal austauschbar verwenden (Castro Varela/Dhawan 2020: 36).

5 https://www.sueddeutsche.de/kultur/bazon-brock-brief-documenta-1.5612434?reduced=true

stituierte, Diebe, Alkoholiker:innen, Bettler:innen, Mörder:innen, Pazifist:innen und Lesben.

Neben der antisemitischen Abbildung ist auf dem Banner auch eine rassistische Darstellung eines Schwarzen GI zu sehen, der mit Penis in der Hand ejakuliert. Bemerkenswerterweise gab es dazu kaum Berichte in den deutschen Medien, geschweige denn eine breitere Diskussion in der Öffentlichkeit. Vor Eröffnung der Kunstschau wurden im Ausstellungsraum, der Arbeiten des palästinensischen Künstler:innenkollektivs *The Question of Funding* zeigen sollte, kryptische Todesdrohungen an die Wand geschmiert,[6] woraufhin die Gruppe sämtliche Veranstaltungen absagte und Kassel verließ.[7] Eyal Weizman griff in der *Berliner Zeitung* Hannah Arendts Metapher des Bumerangs auf, um zu erklären, wie die europäische Bildsprache des Antisemitismus durch den Kolonialismus in den »globalen Süden« exportiert worden sei und dann auf der Documenta als ein Kunstwerk wiederkehrte, das nach den Beteuerungen der Kurator:innen anti-imperialistische Kunst sein sollte.[8] Die verwickelte Komplizenschaft von Kolonialismus, Nazismus, Militarismus und Kapitalismus zeigt, dass eine saubere Trennung von Antisemitismus und Rassismus, Imperialismus und Totalitarismus unmöglich ist und damit auch eine eindeutige Zuschreibung von Täter- und Opferrolle.

Man sollte dabei nicht der Versuchung erliegen, die Kontroverse als eine provinzielle deutsche Debatte abzutun, denn die Auswirkungen auf die postkoloniale Forschung sind weitreichend. Seit dem 7. Oktober 2023 sind die Vorwürfe gegen die postkolonialen Studien weltweit lauter geworden. Wie immer wieder angemerkt wurde, dient die pauschale Verunglimpfung des »globalen Südens« als antisemitisch unter anderem dazu, vom rechten Antisemitismus abzulenken, der eine ernste globale Bedrohung darstellt.[9] Darüber hinaus laufen die Versuche, Antisemitismus, Rassismus und andere Diskriminierungsformen voneinander zu entkoppeln, einem intersektionalen Ansatz zuwider.[10] Dabei wird im Sinne des »Teile und herrsche« eine Minderheit gegen die andere ausgespielt. So wird ein toxisches Klima der gegenseitigen Feindseligkeit erzeugt, was Solidarität und Zusammenarbeit erschwert. Da der Deutsche Bundestag und Teile der deutschen

---

6 https://www.haaretz.com/world-news/europe/2022-06-18/ty-article/.premium/major-german-art-show-opens-amid-accusations-of-antisemitism/00000181-7627-d541-a9ad-ff37c3cc0000

7 https://www.lrb.co.uk/the-paper/v44/n15/eyal-weizman/in-kassel

8 https://www.lrb.co.uk/the-paper/v44/n15/eyal-weizman/in-kassel; https://www.berliner-zeitung.de/kultur-vergnuegen/antisemitismus-als-bumerang-was-die-documenta-debatte-verschleiert-li.243351; http://newfascismsyllabus.com/opinions/documenta/the-documenta-indonesia-and-the-problem-of-closed-universes/

9 https://jhiblog.org/2022/02/02/a-new-german-historians-debate-a-conversation-with-sultan-doughan-a-dirk-moses-and-michael-rothberg-part-i/

10 https://www.berliner-zeitung.de/kultur-vergnuegen/eyal-weizman-rassismus-und-antisemitismus-werden-kuenstlich-getrennt-li.258319

Zivilgesellschaft die BDS-Bewegung und ihre Unterstützer:innen als antisemitisch einstufen, wurde auch solchen Veranstaltungen die Förderung entzogen, zu denen jüdische und jüdisch-israelische Wissenschaftler:innen eingeladen waren, die BDS unterstützen oder Israel kritisch gegenüberstehen (Weizman 2022).[11]

Unter den zahllosen jüdischen Personen, die wegen ihrer Unterstützung einer Waffenruhe im Krieg zwischen Israel und der Hamas im Jahr 2023 ins Kreuzfeuer der öffentlichen Kritik gerieten, ist insbesondere das Beispiel von Masha Gessen lehrreich für die Herausforderungen kritischer Interventionen. Gessen sollte den renommierten Hannah-Arendt-Preis für politisches Denken erhalten, doch ihr Vergleich des Gazastreifens mit Ghettos aus der Zeit des Zweiten Weltkriegs sorgte in Deutschland für Unmut. Wie aufschlussreich dargelegt wurde, hätte auch Hannah Arendt den Hannah-Arendt-Preis nicht erhalten. Auch sie wäre in Deutschland heute wegen ihrer politischen Haltung zu Israel und ihrer Ansichten über den Zionismus wahrscheinlich gecancelt worden.[12] Ironischerweise scheinen viele der Ansicht zu sein, man müsse den Brandstiftern die Aufgabe zuteil werden lassen, das Feuer zu löschen – das zumindest ist der Eindruck, der entsteht, wenn man etwa bedenkt, dass der Gründer der Documenta, Werner Haftmann, ein Nazi-Kriegsverbrecher war.[13]

Angesichts der beschämenden Geschichte des eliminatorischen Antisemitismus in Deutschland kann man das Engagement und die Wachsamkeit des deutschen Staates und der deutschen Zivilgesellschaft im Kampf gegen den Antisemitismus nur loben. Aber die Strategie, die »Boykotteure zu boykottieren« (Cooper/Herman 2019), indem man der postkolonialen Welt pauschal Antisemitismus unterstellt, läuft Gefahr, das postkoloniale kritische Denken zu zensieren. Im Mai 2021 löste Dirk Moses mit seiner scharfen Kritik am »deutschen Katechismus« einen neuen *Historikerstreit* aus.[14] Moses führte aus, dass ein herrschendes Dogma jeden Vergleich zwischen Holocaust und Kolonialismus unmöglich mache, da komparative Ansätze und die Beschäftigung mit kolonialen Völkermorden pauschal als Relativierung des Holocaust und damit als antisemitisch verunglimpft würden (Traverso 2022).[15] In ihren jüngeren Interviews und Vorträgen hat auch

11 https://www.lrb.co.uk/the-paper/v44/n15/eyal-weizman/in-kassel

12 https://www.theguardian.com/commentisfree/2023/dec/18/hannah-arendt-prize-masha-gessen-israel-gaza-essay

13 https://www.lrb.co.uk/the-paper/v44/n15/eyal-weizman/in-kassel

14 https://geschichtedergegenwart.ch/the-german-catechism/

15 https://jacobin.com/2022/06/post-nazi-germany-colonialism-holocaust-israel-atonement

Neiman die Situation in Deutschland als eine »aus dem Ruder gelaufene Wiedergutmachung«[16] und »philosemitischen McCarthyismus«[17] bezeichnet.

Im Anschluss an diese Kontroversen wurden in den deutschen Medien und sogar im deutschen Parlament (die AfD stellte einen entsprechenden Antrag) Forderungen laut, den Postkolonialen Studien die Förderung zu streichen und die Anti-BDS-Resolution rechtlich bindend zu machen, wodurch es staatlich finanzierten Einrichtungen und Veranstaltungen verboten würde, Redner:innen einzuladen, die BDS unterstützen.[18] Angesichts der Tatsache, dass die Mehrheit der akademischen, kulturellen und künstlerischen Einrichtungen in Deutschland, aber auch in anderen Teilen Europas[19], staatlich finanziert wird, könnte diese Auseinandersetzung gravierende Folgen haben. Die Kontroverse wirft grundlegende Fragen nicht nur zur Freiheit der kritischen Wissenschaft auf, sondern auch zum Verhältnis zwischen Postkolonialen Studien und Jüdischen Studien, zwischen Europa und der postkolonialen Welt sowie zwischen Antisemitismus und anderen Formen der Diskriminierung.

Die Zurückhaltung der Vertreter der Frankfurter Schule, immerhin Wiege der Kritischen Theorie, in dieser Debatte ist bemerkenswert. So hat der deutsch-israelische Philosoph Omri Boehm[20] etwa Jürgen Habermas für sein Schweigen zu Israel kritisiert. In einem Interview von 2012 hatte Habermas noch erklärt, dass »die gegenwärtige Situation und die Politik der israelischen Regierung« zwar eine »politische Bewertung« erforderten, dies aber »nicht die Sache eines deutschen Privatbürgers meiner Generation« sei.[21] Wie Boehm überzeugend darlegt, sollte die kritische Auseinandersetzung mit dem Holocaust aber gerade zur globalen Solidarität beitragen und universelle Normen wie Menschenrechte und das Völkerrecht stärken, statt ethno-nationalistische Ideologien zu nähren, die andere Formen der Erinnerungskultur ausschließen.[22] Obwohl er Habermas' Zögern, Israel zu kritisieren, Verständnis entgegenbringt, sieht Boehm doch einen Widerspruch darin, dass der Meister der Diskursethik und öffentliche Intellektuelle par excellence »den Mut« zur öffentlichen Ausübung seiner Vernunft, den

16 https://jewishcurrents.org/deutsche-welle-firings-set-chilling-precedent-for-free-speech-in-germany

17 https://www.nybooks.com/articles/2023/10/19/historical-reckoning-gone-haywire-germany-susan-neiman/

18 https://www.bundestag.de/dokumente/textarchiv/2022/kw27-de-documenta-900546

19 Damit ist vor allem Westeuropa gemeint. Die osteuropäischen und oder etwa die baltischen Staaten werden nicht mitgedacht.

20 https://archive.nytimes.com/opinionator.blogs.nytimes.com/2015/03/09/should-germans-stay-silent-on-israel/

21 https://www.haaretz.com/2012-08-16/ty-article/germanys-most-important-philosopher-issues-an-urgent-call-for-democracy/0000017 f-e9d0-df5 f-a17 f-fbde0ee20000

22 https://www.zeit.de/2022/29/documenta-antisemitismus-bds-judentum

die Aufklärung im kantischen Sinne von *sapere aude* fordert, nicht aufbringt. Es handele sich geradezu um einen Verrat an der Tradition der Aufklärung und am kantischen Diktum vom »Ausgang aus selbstverschuldeter Unmündigkeit«. Die Zurückhaltung beim kritischen Urteilen und Abwägen im öffentlichen Raum hat weitreichende Konsequenzen und stellt die ultimative Prüfung der Aufklärung selbst dar. Es ist kein Zufall, dass Habermas zum Kolonialismus und seinen Folgen für die Kritische Theorie geschwiegen und auch auf die Frage nach der Relevanz seiner Theorie für die »Dritte Welt« eine Antwort verweigert hat, worauf noch zurückzukommen ist (Habermas cit. Morrow 2013: 128–129). Während des Krieges zwischen der Hamas und Israel im Jahr 2023 brach Habermas dann sein Schweigen und erklärte, dass aus dem Prinzip des »Nie wieder« eine deutsche Verpflichtung zum Schutz jüdischen Lebens und des Existenzrechts Israels hervorgehe.[23] Damit steht er im Einklang mit der Merkel-Doktrin, dass die Sicherheit Israels deutsche »Staatsräson« sei.

Nach dem Einmarsch Russlands in der Ukraine wollte Deutschland seine langjährige Abhängigkeit von russischem Gas beenden und suchte nach alternativen Lieferanten, darunter Katar. Wenn aber die Hamas finanzielle und immaterielle Unterstützung aus Katar erhält, was bedeutet es dann, wenn Deutschland Milliarden Kubikmeter Gas aus Katar kauft? Wird sich darüber Rechenschaft abgelegt? Im Kontext der Antisemitismus-Kontroversen um die Documenta entschied sich Bundeskanzler Olaf Scholz im Juni 2022, der Ausstellung fern zu bleiben, reiste aber wenige Monate später nach Saudi-Arabien und Katar, um die Energiepartnerschaft mit diesen Ländern zu vertiefen. Beide Länder erkennen Israel seit dessen Unabhängigkeit 1948 nicht an und akzeptieren keine von Israel ausgestellten Pässe. Die in diesen Beispielen zum Ausdruck kommenden Widersprüche – man könnte auch sagen: die Doppelmoral – bei manchen öffentlichen Intellektuellen und mehr noch in der deutschen Realpolitik, geben unter anderem Anstoß für dieses Buch.

Postkoloniale Angst

Was früher als provinzielle deutsche Kontroverse abgetan wurde, hat seit den grausamen Anschlägen der Hamas vom 7. Oktober 2023 und dem anschließenden Ausbruch des Hamas-Israel-Krieges schwerwiegende Folgen für die Postkolonialen Studien. Am 13. Oktober 2023 postete der rechte Aktivist Christopher Rufo

23 https://www.normativeorders.net/2023/grundsatze-der-solidaritat/

auf X: »Konservative müssen in der Öffentlichkeit eine starke Assoziation zwischen Hamas, BLM [*Black Lives Matter*], DSA [*Democratic Socialists of America*] und akademischer ›Dekolonisierung‹ herstellen. Stellt den Zusammenhang her, greift an, delegitimiert und diskreditiert. Zwingt die gemäßigte Linke dazu, mit ihnen zu brechen. Macht sie zu politisch Ausgestoßenen.«[24] Man spürt eine gewisse Schadenfreude dabei, die postkoloniale Welt als »verkappte Antisemiten« (*closet antisemites*)[25] zu entlarven.

Von prestigeträchtigen Filmfestivals wie der Berlinale[26] bis hin zum Glamour der Oscar-Verleihung[27], von Tech-Giganten wie Google[28] bis hin zu Graswurzelbewegungen wie der »Abandon Biden-Kampagne«[29], von der Eurovision[30] bis hin zu PEN America[31] – nie zuvor stand die Idee der »Dekolonialisierung« derartig im Rampenlicht. Unabhängig von den je unterschiedlichen historischen und geografischen Ausprägungen dieser Debatte wird sie in meinen Augen von der globalen Rechten dazu genutzt, eine »postkoloniale Angst« zu schüren. Die Postkolonialen Studien und andere kritische Ansätze wie die Gender und Queer Studies, Diversity Studies, Intersektionalität oder Critical Race Theory werden systematisch disqualifiziert und als antisemitisch gebrandmarkt.[32] So wird den Postkolonialen Studien sowohl in den Vereinigten Staaten als auch in Deutschland und Frankreich vorgeworfen, die ideologische Grundlage für die Legitimierung der im Namen der Dekolonisierung begangenen Gräueltaten zu liefern. Weltweit profitiert ausgerechnet die extreme Rechte am meisten von diesen Angriffen auf das postkoloniale kritische Denken, indem von ihrem eigenen Antisemitismus abgelenkt und gleichzeitig progressives Denken und kritische Praxis in Verruf gebracht werden. Man denke nur an die Anhörungen zu Antisemitismus im US-Kongress, bei denen Unterstützer:innen von Donald Trump die Präsident:innen verschiedener Universitäten zu Antisemitismus auf ihren Campus in die Mangel nahmen.[33]

---

24 https://x.com/realchrisrufo/status/1712938775834185891?lang=en

25 https://www.nplusonemag.com/online-only/online-only/psychozionism/

26 https://www.youtube.com/watch?v=nZBbOBPLSvA; https://www.democracynow.org/2024/4/5/no_other_land

27 https://www.youtube.com/watch?v=3ymiyNmr1WY

28 https://www.democracynow.org/2024/4/18/headlines/mccarthyism_is_alive_and_well_google_fires_employees_for_protesting_contract_with_israeli_military

29 https://abandonbiden24.com/

30 https://www.democracynow.org/2024/5/10/headlines/protests_in_sweden_call_out_israels_participation_in_eurovision

31 https://pen.org/region/israel-gaza/

32 https://www.democracynow.org/2023/2/6/kimberle_crenshaw_black_studies_censorship

33 https://www.democracynow.org/2024/1/3/harvard_president_claudine_gay_resigns

Die Studierendenproteste in den Vereinigten Staaten sowie in Ländern wie Frankreich, den Niederlanden, Chile, Australien und Japan liefern ein weiteres Beispiel. Obwohl die meisten Proteste und Besetzungen friedlich verlaufen sind, werden sie in den konservativen Medien als Gefahr für die öffentliche Ordnung dargestellt. Der unverhältnismäßige Fokus auf besonders konfliktgeladene Begegnungen der Protestierenden mit der Polizei oder Gegendemonstrant:innen sowie die insgesamt parteiische Medienberichterstattung haben zu einer verzerrten Darstellung der Forderungen der Studierenden geführt. Dabei wurden auch jüdische Mitarbeiter:innen und Student:innen von der Polizei geschlagen, obwohl die Bildungseinrichtungen doch behaupteten, die Polizeieinsätze seien zum Schutz jüdischer Personen auf dem Campus erforderlich.[34]

Am 1. Mai 2024 verabschiedete das US-Repräsentantenhaus als Reaktion auf die Proteste an den Universitäten den Antisemitism Awareness Act. Das von einem Republikaner aus New York eingebrachte Gesetz verpflichtet das Bildungsministerium, die Arbeitsdefinition für Antisemitismus der International Holocaust Remembrance Alliance (IHRA) zu verwenden. Kenneth Stern, der an der Ausarbeitung der IHRA-Definition beteiligt war, gab daraufhin zu bedenken: »Wenn alles antisemitisch ist, dann ist nichts antisemitisch, und das erschwert den Kampf gegen Antisemitismus.«[35] Kritiker:innen weisen außerdem darauf hin, dass Bundesgesetze antisemitische Diskriminierung und Belästigung bereits verbieten. Anstatt dem Antisemitismus entgegenzuwirken, so wird befürchtet, könnte dieses Gesetz die freie Meinungsäußerung einschränken und die Gegenbewegung gegen kritische Theorien weiter stärken.

Dies sind nur einige wenige Beispiele aus einer ganzen Reihe an Kontroversen weltweit, in denen die postkoloniale Forschung in die Enge getrieben und dazu genötigt wird, ihr emanzipatorisches Potenzial zu verteidigen. Während sich die Postkolonialen Studien also mit immer neuen Vorwürfen konfrontiert sehen, inszenieren sich Europa und die Europäer:innen als diejenigen, die Werte der Aufklärung wie Gerechtigkeit, Freiheit und Demokratie schützen und fördern. Die postkoloniale Welt wird wieder als »barbarisch« und »gewalttätig« dargestellt, während die Europäer:innen angeblich die »Last« zu schultern haben, die Werte von Toleranz und Gleichheit zu verteidigen. Wir müssen deshalb im Sinne einer Foucaultschen »Geschichte der Gegenwart« versuchen zu verstehen, wie es dazu kommen konnte, dass es den Europäer:innen einmal mehr als ihre Bestimmung erscheint, die »Last des weißen Mannes« zu schultern und den Rest der Welt über die richtige Lebens- und Denkweise aufzuklären. Möglich ist das nur, weil der Kolonialismus nach wie vor Gegenstand einer willkommenen Geschichtsverges-

34 https://www.youtube.com/watch?v=7nYXYNj_1dY
35 https://www.youtube.com/watch?v=_6rQmvko18M

senheit ist. Das erinnert an eine Bemerkung von Gayatri Spivak, die in einem privaten Gespräch einmal beklagte, dass »wir in einer Welt leben, in der die Vergewaltiger für die Spurensicherung zuständig sind«.

Angesichts dieser Entwicklungen möchte dieses Buch sich den Herausforderungen stellen, denen sich der postkolonial-queere Feminismus gegenübersieht. Dabei scheint nichts weniger als die Glaubwürdigkeit dieses Ansatzes auf dem Spiel zu stehen, wird er doch angeklagt, gewaltsamen Widerstand zu legitimieren. Während früher Gandhi, Martin Luther King Jr. und Nelson Mandela als Symbole der gewaltfreien Dekolonisierung galten, werden jetzt Schriften von Fanon[36] und Malcolm X als Beweis für »Terrorismusverharmlosung«[37] ins Feld geführt, so etwa X' berühmte Forderung, die Bürgerrechte »mit allen zur Verfügung stehenden Mitteln« zu erkämpfen.[38] Dagegen werde ich argumentieren, dass wir Jean Amérys Konzept der *Schicksalsverwandtschaft* (2005: 15–16) aufgreifen müssen, um diesem spaltenden Narrativ, das das Leiden einer Minderheit gegen das einer anderen ausspielt, entgegenzuwirken. Dieser Begriff hebt die kollektiven Erfahrungen der Entmenschlichung und Brutalität hervor, die die Opfer sowohl des europäischen Kolonialismus als auch des Nationalsozialismus gemacht haben. Ein Beispiel, das dies veranschaulicht, ist das gemeinsame Leiden vulnerabler Gruppen wie Frauen, Kinder und alte Menschen am und nach dem 7. Oktober 2023. Ich möchte die Dringlichkeit der gleichzeitigen Bekämpfung von Rassismus und Antisemitismus auf globaler Ebene unterstreichen und stütze mich dabei sowohl auf die Kritische Theorie der ersten Generation als auch auf die Postkolonialen Studien, welche die aufklärerischen Versprechen der Menschenrechte und der Demokratie als hohl entlarven.

Man könnte vielleicht einwenden, dass die Vorwürfe gegen die Postkolonialen Studien so oberflächlich, deren Verdienste um das kritische Denken hingegen so offenkundig sind, dass die Anschuldigungen eine ernsthafte Diskussion gar nicht verdienen, von einem Buch ganz zu schweigen. Meiner Ansicht nach verlangen die immer schärferen Angriffe auf die Postkolonialen Studien aber nach einer Antwort. In diesem Sinne verfolgt mein Buch die folgenden Hauptanliegen: Erstens geht es mir darum, den Vorwurf zu entkräften, dass die postkoloniale Theorie durch ihre angebliche Ablehnung der Aufklärung einem »normativen Nihilismus« Vorschub leiste. Meines Erachtens muss darüber verhandelt werden, welche Gespenster vertrieben werden müssen, um die notwendige Klarheit im kriti-

36 https://www.theatlantic.com/books/archive/2024/03/frantz-fanon-adam-shatz-the-rebels-clinic/677904/

37 https://www.theatlantic.com/ideas/archive/2023/10/decolonization-narrative-dangerous-and-false/675799/

38 https://revcom.us/en/malcolm-x-and-any-means-necessary

schen Impetus des postkolonialen Denkens zu gewinnen. Wie ich zeigen werde, sind es nicht die Postkolonialen Studien, die gegen die universellen Prinzipien der Aufklärung von Toleranz und Freiheit verstoßen; vielmehr sind diese Prinzipien selbst von Anfang an unzulänglich. Zweitens versuche ich, die »verpassten Begegnungen« zwischen den Postkolonialen Studien und der ersten Generation der Kritischen Theorie nachzuzeichnen, die beide aufgrund ihrer jeweiligen Kritik an der westlichen Vernunft mit »performativen Widersprüchen« umzugehen haben. Drittens versuche ich, die Unterschiede zwischen postkolonialen und dekolonialen Ansätzen herauszuarbeiten und so ihre »Verwechslung« aufzuklären. Sowohl die Postkolonialen als auch die Dekolonialen Studien verfolgen das Ziel der Dekolonisierung, unterscheiden sich jedoch in ihrer Vorstellung davon, wie diese zu erreichen sei. Diese Kontroverse bleibt im Zentrum des anhaltenden theoretischen Schlagabtauschs darüber, was »dekolonisieren« bedeutet, bestehen. Und schließlich möchte ich zeigen, wie die Postkolonialen Studien dazu beitrugen, das kritische Denken neu zu fassen und seinen Wirkungsbereich neu abzustecken.

Auch nach Jahrzehnten postkolonialer Forschung mit ihren akribischen Bemühungen, Europa für seine Verbrechen gegen die Menschlichkeit zur Rechenschaft zu ziehen, wird der Postkolonialismus noch immer beschuldigt, den Auswüchsen der Identitätspolitik und einem gefährlichen Anti-Universalismus Vorschub zu leisten. Das vorliegende Buch verteidigt die Postkolonialen Studien gegen diese Vorwürfe, indem es das gewaltsame Erbe der Aufklärung selbst in den Blick nimmt und zugleich skizziert, warum gerade dem Postkolonialismus die anspruchsvolle Aufgabe ihrer Rettung gelingen könnte. Max Horkheimer und Theodor W. Adorno planten unter dem Titel *»Rettung der Aufklärung«* eine Fortsetzung der *Dialektik der Aufklärung* (Horkheimer 1985b [1946] GS 12: 598). Das Projekt der Rettung wurde jedoch nie in Angriff genommen. Diese unverwirklichten Bestrebungen Horkheimers und Adornos inspirieren mein Buch. Im Gegensatz zur pauschalen Ablehnung von Moderne und Aufklärung in den sogenannten dekolonialen Ansätze geht es mir gerade um die normativen Dilemmata, von denen die postkoloniale Auseinandersetzung mit der Aufklärung heimgesucht wird. Ich möchte dabei zeigen, dass kritische Theorien der Dekolonisierung versuchen, die unterdrückerischen Aspekte der Aufklärung zu bekämpfen und gleichzeitig ihre emanzipatorischen Prinzipien zu retten.

Argumentation und Gliederung des Buches

Seit ihren Anfängen in Edward Saids Buch *Orientalismus* (1978) sehen sich die Postkolonialen Studien immer wieder dem schweren Vorwurf ausgesetzt, der Aufklärung feindlich gegenüberzustehen. Die Fatwa gegen Salman Rushdie etwa oder auch Boko Haram, deren Name sinngemäß »Verwestlichung ist Sünde« bedeutet, gelten dann pauschal als Beleg für die aufklärungsfeindlichen Tendenzen der postkolonialen Welt und werden mit dem theoretischen Misstrauen gegenüber der Modernität und ihren Prinzipien kurzgeschlossen. Dies hat schwerwiegende Folgen, denn selbst wenn zähneknirschend anerkannt wird, dass Kolonialismus zu verurteilen ist, werden postkoloniale Perspektiven als »unkritisch« und letztlich unemanzipatorisch abgetan, da sie keine normativen Grundsätze von universeller Gültigkeit liefern können. Während einige auf diese Vorwürfe erwidern, dass Dekolonisierung notwendigerweise mit einer Ablehnung der Moderne einhergehe, geht es mir zunächst einmal darum, die komplexen Beziehungen zwischen Postkolonialen Studien und der Aufklärung nachzuzeichnen. Dass es Verflechtungen gibt, mag vielleicht als eine ausgemachte Sache erscheinen, ist aber, wie ich in den verschiedenen Kapiteln akribisch darlegen werde, alles andere als selbstverständlich. Jede Anfechtung der Aufklärung und ihres Erbes gerät in Verdacht, die emanzipatorischen Ideale von Menschenrechten, Säkularismus, Meinungsfreiheit und Demokratie zu vernachlässigen.

Ich befürchte, dass das Zerrbild einer aufklärungsfeindlichen postkolonialen Kritik die differenzierten Analysen jener postkolonialen Wissenschaftler:innen überschattet, die die Aufklärung für ihre Verfehlungen zur Rechenschaft ziehen wollen, ohne sie deswegen aber kategorisch abzulehnen. Darüber hinaus stoßen wir ungeachtet der jahrzehntelangen »Beweisaufnahme« durch postkoloniale und feministische Wissenschaftler:innen, die den Rassismus und Sexismus der Aufklärer detailliert nachgewiesen haben, immer wieder auf revisionistische Lesarten von Denkern wie Kant. Die glühenden Anhänger:innen der Aufklärung verharmlosen Kants Rassismus, Sexismus und Antisemitismus als zwar irrationale, letztlich aber eben auch banale Vorurteile, die für das emanzipatorische Projekt der Aufklärung nur von randständiger Bedeutung seien. Es ist dringend geboten, dieser Umdeutung der Aufklärung zu einem eindeutig antiimperialistischen Projekt entgegenzutreten, denn die bornierten Vorurteile über die außereuropäische Welt, die von den Denkern der Aufklärung in die Welt gesetzt wurden, haben nach wie vor großen Einfluss. Im Gegensatz zu den neuen Perspektiven über den Neo-Kantianismus argumentiere ich, dass Rassismus, Sexismus und Antisemitismus dem Denken Kants eben nicht wesensfremd sind. Vielmehr wurzeln sie tief in der westlichen Vernunft und dem normativen Verständnis davon, wer als Mensch gilt und wer als legitimes politisches, ethisches und rechtliches Subjekt betrachtet wird.

Um der Trivialisierung der postkolonialen Kritik entgegenzuwirken, richte ich meine Aufmerksamkeit auf die Frage, wie tief die Praktiken der Dehumanisierung in den Prinzipien des Kosmopolitismus, der Toleranz und der Gleichheit verwurzelt sind. So werde ich zum Beispiel zeigen, dass die »ungerechten Feinde« Kants nicht nur die »unzivilisierten« Menschen in den Kolonien meinten, sondern auch die europäischen Jüd:innen. Das Versprechen der Aufklärung, jüdische Menschen zu Bürgern der europäischen Nationalstaaten zu machen, muss als ein Teil der zivilisatorischen Mission Europas verstanden werden. Die »Besserung« der Jüd:innen sollte dadurch erreicht werden, dass man sie zu aufgeklärten Bürgern machte und das Judentum in eine unpolitische »Religion« verwandelte. Mein Buch zeigt anhand dieser und anderer Beispiele die Verflechtungen zwischen verschiedenen Formen der Diskriminierung auf und richtet sich so auch gegen die Leugnung der Verflechtungen zwischen Aufklärung, Kolonialismus und Nationalsozialismus.

Zweitens geht es mir darum, an die »unvollendeten Gespräche«[39] zwischen den Postkolonialen Studien und den Holocaust-Studien anzuknüpfen und die dem Postkolonialismus und der Kritischen Theorie der ersten Generation gemeinsamen Anliegen und Strategien herauszuarbeiten. So wäre dieses Buch zum Beispiel ohne Max Horkheimers und Theodor W. Adornos *Dialektik der Aufklärung* nicht denkbar. Dem Vorwurf des »postkolonialen Antisemitismus« zum Trotz hoffe ich deshalb, dass die Postkolonialen Studien und die Jüdischen Studien sich gegenseitig bereichern statt sich gegeneinander ausspielen zu lassen. Ein Großteil der Kritik an Denkern wie Horkheimer und Adorno oder Foucault und Derrida, wie sie insbesondere von Jürgen Habermas als einem der mächtigsten und vermeintlich stärksten Verteidiger der Aufklärung artikuliert wurde, dient ja zugleich auch der Diskreditierung der Postkolonialen Studien. Der erstaunliche Mangel an wissenschaftlicher Auseinandersetzung mit den ambivalenten Affinitäten zwischen der Kritischen Theorie der ersten Generation, dem Poststrukturalismus und den Postkolonialen Studien hat mich dazu veranlasst, diese Forschungslücke zu schließen.

Drittens möchte ich mit diesem Buch die »Verwechslung« des postkolonialen mit dem dekolonialen Ansatz aufklären. Wie im Einzelnen zu zeigen sein wird, lehnen die dekolonialen Denker:innen die Aufklärung und die westliche Vernunft kategorisch ab. Die aus Lateinamerika stammenden dekolonialen Ansätze verwerfen das postkoloniale Bemühen um eine »Rettung« der Aufklärung und kritisieren die vermeintlichen ideologischen Scheuklappen und hohlen Behauptungen im Diskurs über den emanzipatorischen Charakter der Moderne. Auch sie beschuldigen die Postkolonialen Studien, »unkritisch« und »unemanzipatorisch« zu sein, da sich das postkoloniale kritische Denken auf Erkenntnisse des Poststrukturalismus sowie des Marxismus bezieht. Trotzdem werden postkoloniale

---

39 Ich danke Doreen Mende, die mir den Film »Das unvollendete Gespräch« ins Gedächtnis gerufen hat: https://www.tate.org.uk/art/artworks/akomfrah-the-unfinished-conversation-t14105

und dekoloniale Ansätze oft gleichgesetzt. Es ist aber von großer Wichtigkeit, die Unterschiede zwischen den beiden Herangehensweisen zu verstehen, insbesondere was das Verständnis von Dekolonisierung und die Aufgabe der Kritik betrifft. Walter Mignolo spricht gar von einer »radikalen Differenz« (2007: 163) zwischen postkolonialen und dekolonialen Ansätzen. Andererseits gibt es inzwischen auch zahlreiche Arbeiten, die diese Kluft zwischen postkolonialem und dekolonialem Denken thematisieren, wobei einige Autor:innen etwas halbherzig versuchen, beide Ansätze miteinander zu versöhnen (Bhambra 2014), während andere in dem Streit klar Stellung beziehen (Colpani/Mascat/Smiet 2022).

Ich werde sowohl postkoloniale als auch dekoloniale Argumente einer kritischen Prüfung unterziehen und nehme dann zum dekolonialen Anspruch Stellung, ein Korrektiv für die »ideologischen blinden Flecken der postkolonialen Theorien« (Moraña/Dussel/Jáuregui 2008: 5) darzustellen. Dass die postkolonialen Studien einer aus Europa stammenden kritischen Tradition verpflichtet sind, kompromittiert sie aus dekolonialer Perspektive von Anfang an, wobei das »post« in postkolonial dann als Zeichen politischer Unwirksamkeit gelesen wird. Im Gegensatz dazu zieht die dekoloniale Alternative ihre Daseinsberechtigung aus ihrer epistemischen Transgression, also aus dem Anspruch, in der Lage zu sein, den europäischen Kanon grundsätzlich zu überschreiten (Colpani/Mascat/Smiet 2022: 3–4). Dekoloniale Ansätze positionieren sich so als die radikalere und auch aktivistischere Alternative und erklären den Postkolonialismus für *passé*, weil dieser sich letztlich zum Komplizen von »alten weißen Männern« gemacht habe. Was in diesen Grabenkämpfen auf dem Spiel steht, ist nicht weniger als die Fähigkeit der postkolonialen Theorie, kritische Impulse für die Aufgabe der Dekolonisierung geben zu können.

Angesichts dieser Gemengelage, in der die Postkolonialen Studien dem Vorwurf ausgesetzt sind, sowohl Anti-Aufklärung als auch eurozentrisch zu sein, mag es heikel erscheinen, *kritische* Theorien der Dekolonisierung vorzuschlagen, ist doch der Begriff der Kritik tief in der Tradition der europäischen Aufklärung verwurzelt. Trotz der boomenden Forschung zum Postkolonialismus und neuer Entwicklungen in der normativen politischen Theorie wurden die Verbindungen und Brüche zwischen Postkolonialismus und Aufklärung bisher kaum untersucht. Dieses Buch wird eine dringend benötigte Perspektive auf das postkoloniale kritische Denken formulieren, die verdeutlicht, dass es weder einfach in Opposition zur Aufklärung steht noch mit ihr unvereinbar ist. Wesen und Wirkungsweise kritischer Theorien der Dekolonisierung neu zu durchdenken bedeutet auch, zu skizzieren, wie normative Prinzipien – man denke etwa an Menschenrechte, globale Gerechtigkeit und Demokratie – *von der* und *für die* postkoloniale Welt verhandelt werden. Dieser Band schlägt aber keine ideale Theorie der Gerechtigkeit oder der Demokratie vor. Vielmehr geht es darum, auf

Diskussionen um Bürgerrechte und Kosmopolitismus, soziale Bewegungen und Alter-Globalisierung, Menschenrechte und Souveränität aus postkolonial-queerfeministischer Perspektive einzugehen.

Es geht mir darum zu zeigen, dass kritische Theorien der Dekolonisierung eher als heuristische Praktiken und nicht als eine Zusammenstellung fester Prinzipien verstanden werden sollten. Dabei lasse ich mich von der europäischen kritischen Tradition inspirieren, hinterfrage aber zugleich deren blinde Flecken. Die postkoloniale Praktik der Kritik schärft die Fähigkeit zu differenzieren, indem sie bohrende Fragen stellt und den ausgrenzenden und unterdrückerischen Impulsen der Aufklärung nachspürt. Im Gegensatz zu einer rein »diagnostischen Qualität der Kritik« (Anker/Felski 2017: 4), bei der die Kritikerin als unvoreingenommene Expertin fungiert, die die Malaisen der Gesellschaft und ihrer Institutionen einfach nur identifiziert, hinterfragen kritische Theorien der Dekolonisierung beständig ihre eigenen Annahmen und Vorurteile, wodurch die kritische Praktik selbst zu einem ergebnisoffenen Prozess wird. Wer die Ziele und Strategien kritischer Theorien der Dekolonisierung verstehen möchte, muss sich klar machen, wie sehr die postkoloniale Aufgabe, das oppressive Erbe der Aufklärung kritisch zu hinterfragen, von der Aufklärung selbst inspiriert wurde.

Dementsprechend möchte ich schließlich zeigen, dass die Entsubalternisierung nicht-westlicher Epistemologien unmöglich ist, ohne das europäische Monopol auf die Praktik der Kritik zu brechen. Das würde erfordern, die normative Idee der »Kritik«, wie sie in der europäischen Aufklärung definiert wurde, ganz neu zu denken. Ohne eine Demokratisierung des Zugangs zu intellektueller Arbeit, insbesondere für subalterne Gruppen,[40] wird die im Namen der emanzipatorischen Prinzipien der Aufklärung ausgeübte Gewalt reproduziert. Die Nicht-Performativität der Kritik, d.h. die Diskontinuität zwischen der Rhetorik von Freiheit, Gleichheit und Recht auf der einen und der Realität von Entrechtung und Enteignung auf der anderen Seite, macht es notwendig, die Aufklärung vor den Europäer:innen zu retten, die in vielerlei Hinsicht ihre größten Verräter:innen sind. Neben der wichtigen Aufgabe, die Praktiken der Ausgrenzung und Marginalisierung im europäischen politischen Denken zu untersuchen, geht es auch darum, das Beste der Aufklärung zu retten, um das Projekt der Dekoloni-

40 Der Begriff »subaltern« wurde von dem italienischen Denker Antonio Gramsci geprägt und bezeichnet nicht-hegemoniale Gruppen, die gesellschaftlich, politisch und geografisch ausgegrenzt und untergeordnet sind. Gramscis Schriften hatten großen Einfluss auf die südasiatische Gruppe von Historikern der Subaltern Studies, die den Begriff der Subalternen zur Bezeichnung der nicht-elitären Schichten der indischen Gesellschaft adaptierten. Spivak benutzt den Begriff in ihren Schriften, um nicht verallgemeinerbare Randgruppen der Gesellschaft zu bezeichnen, mit besonderem Augenmerk auf die Subjektposition der weiblichen Subalternen in der »Dritten Welt«, die durch ökonomische Ausbeutung und Geschlechterungleichheit »doppelt« gefährdet ist.

sierung zu verwirklichen. Weder bedeutet »Dekolonialisierung der Aufklärung«, sie zu verwerfen, noch bedeutet eine Auseinandersetzung mit ihr, sie kritiklos anzunehmen.

In *Provincializing Europe* argumentiert Dipesh Chakrabarty (2000: 5), dass postkoloniale Denker:innen sich notwendigerweise mit den abstrakten und universellen Kategorien auseinandersetzen müssen, die während der Aufklärung geschmiedet wurden und die die Theoriebildung zu historischen, sozialen und wirtschaftlichen Phänomenen in der postkolonialen Welt weiterhin prägen. Es ist nicht so sehr die europäische *Genese* von Menschenrechten und Demokratie, die ihre *Geltung* gefährdet, sondern vielmehr die »normative Gewalt« (Butler 1999: xx) gegenüber denjenigen, die gegen die hegemoniale Rahmung dieser Prinzipien verstoßen. Postkoloniale, queere und feministische Theoretiker:innen versuchen deshalb, die Prinzipien von Gleichheit, Freiheit und Gerechtigkeit neu zu denken, um diese Ideale für neue Möglichkeiten der Verhandlung, Aneignung und Transformation zu öffnen, auch wenn sie dabei zugleich deren euro- und androzentrische Schieflage kritisieren (Dhawan et al. 2016). Obwohl die Prinzipien der Aufklärung unzureichend sind, sind sie für das Verständnis der postkolonialen Situation doch unverzichtbar (Chakrabarty 2000: 4). Gleichzeitig ist die postkoloniale Welt aber kein passiver Empfänger dieser Prinzipien, sondern vielmehr aktiv an der Um- und Neugestaltung von Schlüsselbegriffen wie Universalität, Freiheit und Gleichheit beteiligt, die im Zusammenspiel von Kolonie und Mutterland immer wieder neu geschmiedet wurden und werden. Die Herausforderung besteht darin, mit dem Erbe der Aufklärung so umzugehen, dass die konstitutive Gewalt, die die Entstehung ihrer Normen geprägt hat, nicht reproduziert wird.

Die Ironie des europäischen Selbstverständnisses, eine »zivilisierende Kraft« zu sein, besteht darin, dass eine solche positive Selbsteinschätzung nur deshalb möglich ist, weil die enormen Kosten dieser Mission in Form von Faschismus und Kolonialismus einer beispiellosen Geschichtsvergessenheit zum Opfer gefallen sind. Europa hat nichts unversucht gelassen, um für seine koloniale Vergangenheit nicht zur Rechenschaft gezogen zu werden, die Vergangenheit aber holt ihre Schuldigen immer wieder ein. Wie Derrida (1998: 64) einmal unter Berufung auf Freud bemerkte, ist das Interessanteste an verdrängten Erinnerungen gerade dasjenige, was im Prozess der Verdrängung nicht vergessen und ausgelöscht werden kann. Kritische Theorien der Dekolonisierung markieren die Wiederkehr des Verdrängten.

Im Interesse einer »Reparatur der Welt« muss Europa für seinen Verrat an den Werten der Aufklärung (Freiheit, Gleichheit, Demokratie, Gerechtigkeit und Emanzipation) zur Rechenschaft gezogen werden. Dabei lasse ich mich vom Prinzip des *tikkun olam* aus der jüdischen Ethik inspirieren. Obwohl Europa beschuldigt wird, den Rest der Welt zu unterdrücken und auszubeuten, behauptet es zu seiner Verteidigung, dass seine Tradition der Selbstkritik und Selbstevaluation es den Europäer:innen ermögliche, ihre Verbrechen und Versäumnisse im Sinne einer Selbstkorrektur kritisch zu reflektieren und aus diesem Prozess als ethischere und verantwortungsbewusstere Subjekte hervorzugehen. Diese besondere kritische Tradition wird in allen großen Diskursen der Europäer:innen über Europa immer wieder angepriesen. Europas Praktik, sich selbst in Frage zu stellen, gilt als seine größte Stärke und als das bedeutendste Erbe der europäischen Aufklärung; dies unterscheide Europa von anderen Kulturen, denen genau diese Fähigkeit zur kritischen Selbstprüfung abgesprochen wird. Das Gebot, sich kritisch mit sich selbst auseinanderzusetzen, und die daraus resultierende Besserung des Selbst im Denken und Handeln werden als etwas einzigartig Europäisches in Anspruch genommen.

Wie Adam Phillips[41] mit Scharfsinn gezeigt hat, kann Selbstkritik aber auch als ein »unverbotener Genuss« fungieren, der fantasielos und narzisstisch ist. Europa umgarnt uns dabei mit Selbstvorwürfen, die seine Fähigkeit zur kritischen Selbstreflexion zur Schau stellen sollen; mir geht es darum, genau dieses europäische Selbstverständnis in Frage zu stellen. Meiner Ansicht nach ist die europäische Selbstkritik »nicht-performativ« (Ahmed 2006). Wie Sara Ahmed argumentiert, bedeutet die Nicht-Performativität einer Äußerung aber deshalb nicht deren Scheitern. Vielmehr kann ihr Erfolg gerade darin liegen, nicht das zu tun, was sie behauptet. Das gilt sogar dann, wenn sie als performativ gelesen wird, also so, als täte sie tatsächlich das, was sie verspricht. Die Farce des europäischen Anspruchs, sich durch die Praktik der Selbstkritik zu vervollkommnen, liegt darin, dass hier eine negative Beziehung zwischen Rhetorik und Realität besteht. Bei allem Gerede über den europäischen Einsatz für Gleichheit und Freiheit liefert die bloße Rhetorik der Kritik noch keine post-imperiale Politik oder Ethik.

Statt einer polemischen Verwerfung des europäischen kritischen Denkens versucht mein Buch jedoch, dessen Rolle in Dekolonisierungsprozessen begrifflich neu zu positionieren. Dabei kann es natürlich nicht darum gehen, das Erbe der Aufklärung und des Kolonialismus einfach ungeschehen zu machen; es handelt sich um das viel schwierigere Unterfangen, die »seltsamen Früchte«[42] der Aufklärung zu retten und neu zu gestalten. Foucault sprach einmal davon, sich der »intellektuellen und politischen Erpressung für oder gegen die Aufklärung

41 https://www.lrb.co.uk/the-paper/v37/n05/adam-phillips/against-self-criticism

42 Das von dem jüdisch-amerikanischen Liedermacher Abel Meeropol unter seinem Pseudonym Lewis Allan geschriebene Gedicht »Strange Fruit« war ein Protest gegen rassistische Lynchmorde und wurde von Lawrence Beitlers Foto des Lynchmords an Thomas Shipp und Abram Smith 1930 in Marion, Indiana, inspiriert. Billie Holidays ikonische Interpretation des Liedes gilt als der Schlachtruf der Bürgerrechtsbewegung. https://en.wikipedia.org/wiki/Strange_Fruit.

zu sein« zu entziehen (Foucault 2005d: 701). Ich bemühe mich in diesem Sinne, die Möglichkeit einer »Wiederverzauberung« der Aufklärung zu erkunden, ohne aber die Kosten und Risiken dieses Unterfangens außer Acht zu lassen. Die Frage nach unserem Verhältnis zur Aufklärung ist von der Unmöglichkeit geprägt, uns kategorisch einfach jenseits von ihr zu verorten (Cascardi 1999: 5). Wenn, wie betont wird, »Aufklärung Kritik *ist*«, besteht die postkoloniale Herausforderung darin, das Erbe der Aufklärung neu zu gestalten und es für die außereuropäische Welt fruchtbar zu machen.

Im Folgenden werden Denker:innen wie Kant, Fanon, Adorno, Foucault, Derrida, Habermas, Spivak, Butler und Mbembe oft im Zentrum meiner Analyse stehen, da sich meine eigenen Argumente und Perspektiven im kritischen Austausch mit ihnen entfalten. Um zu verstehen, wie die postkoloniale Welt das ambivalente Erbe der Aufklärung verhandelt, setze ich mich auch mit zentralen Begriffen wie Subalternität, Kritik, Vernunft, Kosmopolitismus, Öffentlichkeit, Freiheit, Gleichheit, Menschenrechte, Gerechtigkeit und Demokratie auseinander. Insbesondere die Schriften von Gayatri Spivak sind für mein Projekt von zentraler Bedeutung, da sie eine der führenden Denkerinnen jenes Double Bind ist, in dem sich postkolonialer Feminismus und Aufklärung aufeinander beziehen. Ihre Arbeit beschäftigt sich unermüdlich damit, die Unzulänglichkeit, aber auch die Unverzichtbarkeit der Aufklärung für die postkoloniale Kritik aufzuzeigen. Ich bin der festen Überzeugung, dass der Prozess der Dekolonisierung ohne Entsubalternisierung unvollständig ist.

Ich spreche in meinem Buch sowohl von »Kritischer Theorie« im Singular mit dem großen »K« als auch von »kritischen Theorien« im Plural mit dem kleinen »k« (Allen 2019). Während die Kritische Theorie mit Frankfurt am Main als ihrem Geburtsort geografisch eindeutig verortet ist, bringen die kritischen Theorien eine Vielzahl von Perspektiven aus der Kultur-, Sozial- und politischen Theorie mit, denen gemeinsam ist, dass sie globale Macht- und Herrschaftsverhältnisse in Frage stellen. Auch wenn die Kritische Theorie der ersten Generation der Frankfurter Schule wichtige Impulse für dieses Buch liefert, ist Kritik in meinem Verständnis nicht auf die europäische Tradition reduzierbar. Trotz ihres Anspruchs auf Universalität muss die »Kritische Theorie« im engeren Wortsinn bedauerlicherweise provinziell bleiben, wenn sie eine regionale europäische Perspektive als eine globale ausgibt. Im Gegensatz dazu verzichten die Strömungen, die unter dem allgemeineren Begriff »kritische Theorien« zusammengefasst werden – etwa feministische Theorie, postkoloniale und dekoloniale Theorie, queere Theorie und *Critical Race Theory* –, auf den Anspruch der Universalität, weil sie sich ihrer historischen, sozialen, kulturellen, ökonomischen und geografischen Situiertheit bewusst sind. Der postkoloniale Queer-Feminismus erkennt an, dass unterschiedliche Erfahrungen, Perspektiven und Standorte einen Unterschied machen und zeichnet nach, wie normative Prinzipien in der nicht-europäischen Welt formuliert und operationalisiert werden. Damit leisten »kritische Theorien« einen wichtigen Beitrag, das Ungedachte des euro- und androzentrischen kritischen Denkens zu umreißen.

Das Buch verfolgt einen transdisziplinären Ansatz und ist in erster Linie theoretisch ausgerichtet, greift aber auch auf historische und zeitgenössische Beispiele zurück, um seine Argumente zu illustrieren. Durch den Vergleich und die Gegenüberstellung konkurrierender Theorien ist das Ziel nicht nur, neue Perspektiven in den Postkolonialen Studien, in der breiteren Aufklärungsforschung und der zeitgenössischen Kritischen Theorie zu eröffnen, sondern auch, einen Beitrag zu Gender Studies, Queer Studies und zur *Critical Race Theory* zu leisten.

Das Buch gliedert sich in zwei Teile, wobei sich der erste Teil in drei Kapiteln mit den normativen Dilemmata auseinandersetzt, die mit der Dekolonisierung der Aufklärung einhergehen. Dabei werden zunächst die kolonialen und antikolonialen Aspekte des politischen Denkens des 18. Jahrhunderts beleuchtet. Der Schwerpunkt liegt sodann auf der Aufklärungskritik der Kritischen Theorie der ersten Generation und schließlich auf den vergangenen und zukünftigen Beziehungen zwischen Europa und der postkolonialen Welt. Der zweite Teil, der ebenfalls aus drei Kapiteln besteht, befasst sich mit dem politischen, ethischen und ästhetischen Erbe der Aufklärung: Hier geht es um die Rolle der Kritik in aktuellen sozialen Bewegungen, um das Verhältnis von Widerstand und Gewaltlosigkeit und schließlich um die Bedeutung einer ästhetischen Bildung im Prozess der Entsubalternisierung.

Da sich das Buch an eine allgemeine Leser:innenschaft richtet, führe ich auch in die historischen und theoretischen Hintergründe ein, die meine Argumente kontextualisieren. Ohne diese Einblicke wäre es schwierig, den Nuancen der Auseinandersetzungen zwischen postkolonialen und dekolonialen Ansätzen sowie zwischen der Kritischen Theorie der ersten Generation und ihrer Neuausrichtung in der Zeit nach Adorno zu folgen, oder die ambivalenten Affinitäten zwischen Postkolonialen Studien und der Kritischen Theorie der ersten Generation zu verstehen. Ich hoffe, dass die Leser:innen diese Hintergrundgeschichten und Exkurse als eine Bereicherung empfinden.

Das erste Kapitel zeichnet die anhaltende Kontroverse um den wichtigsten Vertreter der Aufklärung, Immanuel Kant, nach. Kritiker:innen der Aufklärung treffen hier auf ihre Verteidiger:innen. In den letzten Jahrzehnten gab es eine Flut von revisionistischen Studien, die versuchen, den Imperialismus als tugendhaftes Unterfangen zu rehabilitieren. Jüngere Darstellungen unterscheiden ideologisch zwischen einem »guten, verantwortungsbewussten« und einem »bösen, unverantwortlichen« Imperialismus und betonen dessen »positive« Kraft, um die Leistungen der Kolonialreiche hervorzuheben. Diese entschuldigenden

Narrative verschleiern die Gewalt und Unterdrückung, mit der sich die Europäer:innen als die einzigen ethischen Subjekte inszenierten, die »rückständige« Völker durch Recht und Gerechtigkeit erlösten. Die Tatsache, dass Europa aus den in seinen ehemaligen Kolonien erwirtschafteten Überschüssen Profit schlug und immer noch schlägt, wird in diesen Darstellungen bequemerweise ignoriert. Die internationalen Systeme, die aus dem Kolonialismus hervorgegangen sind, bewahren und verstärken die globale Ungleichheit. Die Früchte der Modernisierung gingen mit einer systematischen Verarmung von Teilen der Gesellschaft einher.

Interessanterweise versuchen einige renommierte Publikationen (Muthu 2003, Flikschuh/Ypi 2014) das angeblich falsche Bild der erkenntnistheoretischen Verstrickung von Aufklärung und Imperialismus zu korrigieren, indem sie verschüttet geglaubte kritische Perspektiven innerhalb des kanonischen politischen Denkens Europas wieder sichtbar machen. Als Kontrapunkt zur postkolonialen Kritik an der Aufklärung wird dann behauptet, die Aufklärung sei in Wahrheit antiimperialistisch gewesen. Andererseits lehnen einige lateinamerikanische Wissenschaftler:innen wie Walter Mignolo (1995) und Ramón Grosfoguel (2007) die europäische Moderne kategorisch ab. Sie misstrauen ihren emanzipatorischen Versprechen prinzipiell und plädieren für eine »Rückkehr« zu indigenen Kosmologien. Kritische Wissenschaften wie die Postkolonialen Studien, die Geschlechterstudien und die *Queer Studies*, die sich alle auf die Erkenntnisse der Aufklärung beziehen, würden den Eurozentrismus letztlich nur reproduzieren, so dekoloniale Wissenschaftler:innen, die stattdessen einen endgültigen Bruch mit der Aufklärung fordern. Angesichts des Vorwurfs, die postkolonialen Studien seien aufklärungsfeindlich *und* eurozentrisch, werde ich in Kapitel 1 versuchen, den Mittelweg zu skizzieren, den kritische Theorien der Dekolonisierung beschreiten müssen, und zugleich die normativen Dilemmata aufzeigen, mit denen das Projekt einer Dekolonisierung der Aufklärung umzugehen hat.

Kapitel 2 ist den Kritischen Theoretikern der Frankfurter Schule der ersten Generation gewidmet, die sich mit dem Scheitern der Aufklärung auseinandersetzten. Ihre Kritik an der instrumentellen Vernunft und deren Verstrickung in den Nationalsozialismus steht im Einklang mit den von den Postkolonialen Studien herausgestellten Unzulänglichkeiten der Aufklärung. Vielleicht lassen sich die Postkolonialen Studien am besten in Analogie zu Horkheimers und Adornos Unterfangen in ihrem Werk *Dialektik der Aufklärung* verstehen, nämlich als Versuch, »die Aufklärung über sich aufzuklären« (Habermas 1985: 143). Kapitel 2 beschäftigt sich also mit der Frage, wie sich die Kritische Theorie der ersten Generation zu antikolonialen und postkolonialen Projekten verhält. Meine Herangehensweise unterscheidet sich hier von Amy Allens (2019) Ansatz, der sich vor allem mit den Versäumnissen der post-adornitischen normativen Theorie befasst, während ich den »unvollendeten Gesprächen« zwischen Postkolonialen Studien und Holocaust-Studien nachgehe. Der letzte Abschnitt des Kapitels greift dabei – vielleicht etwas überraschend – auf postkoloniale Perspektiven zurück, um Horkheimer und Adorno gegen den Vorwurf des »performativen Widerspruchs« zu verteidigen, den Habermas gegen die *Dialektik der Aufklärung* gerichtet hat.

Kapitel 3 befasst sich mit dem Problem der »kolonialen Geschichtsvergessenheit« und ihren Auswirkungen auf das postkoloniale Europa. Mein Befund ist: Je mehr Europa mit seiner gewalttätigen Vergangenheit konfrontiert wird, desto mehr neigt es dazu, denen Gewalt anzutun, die es an seine historischen Verbrechen erinnern. So ist meiner Ansicht nach ein ethisches Verhältnis zur europäischen Vergangenheit für das zukünftige Europa unerlässlich. Ich argumentiere, dass es nicht ausreicht, den europäischen Kolonialismus einfach »ungeschehen« machen zu wollen, um eine Welt ohne Ungerechtigkeit und Unterdrückung zu schaffen. Wollen wir eine herrschaftsfreie Zukunft neu entwerfen, müssen wir Europas Verhältnis zur postkolonialen Welt grundlegend überdenken.

Im zweiten Teil des Buches lege ich den Schwerpunkt auf die Rolle der Kritik in der zeitgenössischen Politik, Ethik und Ästhetik. Dabei werde ich untersuchen, wie die aufklärerischen Ideen von Staatlichkeit, Souveränität und Ästhetik ihrer grausamen Geschichte entrissen und für eine progressive Politik wieder nutzbar gemacht werden können. Kapitel 4 beschäftigt sich mit der Frage, ob die sozialen Bewegungen der Gegenwart progressive politische Ziele durchsetzen können oder ob oppositionelles Denken nicht-performativ sein kann und den sozialen Wandel eher behindert als erleichtert. Unter den Bedingungen von Spätkapitalismus und Neokolonialismus versuchen die Protestpolitiken, Hoffnung und Optimismus zu wecken. Doch wie Adorno (1963 [1955]: 28) warnte, muss man der Versuchung einer radikalen Aktion widerstehen, die »alles in Frage [stellt] und nichts an[greift]«. In diesem Kapitel werden die komplexen Beziehungen zwischen internationaler Zivilgesellschaft, Gegenöffentlichkeiten und postkolonialen Staaten untersucht. Ich skizziere dabei, wie der »Wille zum Widerstand« und die Staatsphobie transnationaler Eliten die Entrechtung subalterner Kollektive paradoxerweise verschärfen, anstatt sie zu mildern.

Die postkoloniale Kritik der Aufklärung zeigt, wie der Imperativ, »kritisch zu sein«, selbst oppressiv und gewalttätig werden kann, statt eine emanzipatorische und gegenhegemoniale Wirkung zu entfalten. Kapitel 5 befasst sich deshalb mit der Frage, wie die Praktik der Kritik, statt eine gewaltfreie Welt herbeizuführen, zur Aufrechterhaltung von Gewaltzyklen beitragen kann. In Auseinandersetzung mit Fanon, Arendt, Gandhi, Ambedkar, Butler und Mbembe geht das Kapitel dem uralten Dilemma nach, ob Emanzipation mit Zwangsmitteln erreicht werden kann oder ob sich Gewalt dadurch nur endlos vervielfältigt und mit jedem Gewaltakt verstärkt. Darüber hinaus analysiere ich die ambivalente und widersprüchliche Natur sowohl staatlicher als auch antistaatlicher Gewalt und ihr Verhältnis zur kritischen Praktik.

Kapitel 6 unternimmt den Versuch, die Politik, Ethik und Ästhetik der Dekolonisierung zusammenzudenken. Unter »Unmündigkeit« versteht Kant die Unfähigkeit, sich seines eigenen Verstandes ohne Anleitung eines anderen zu bedienen. Ironischerweise ist es aber genau diese Fähigkeit, die der Kolonialismus zerstörte, indem er es den Einheimischen unmöglich machte, ihre intellektuelle Arbeit selbstständig auszuüben. In diesem Kapitel beschäftige ich mich mit dem in Auseinandersetzung mit Kant und Schiller entwickelten Argument Spivaks, dass eine ästhetische Erziehung zur Schulung der Vorstellungskraft ein Schlüsselaspekt der Entsubalternisierung und folglich der Dekolonisierung ist.

Im Schlusskapitel argumentiere ich, dass es beim kritischen Durchdenken der entzauberten Gegenwart unerlässlich ist, unser Verständnis von Wandel und Veränderung neu zu definieren. Angesichts der endemischen Probleme wirtschaftlicher, sozialer und politischer Ungleichheit in der postkolonialen Welt sowie des Aufstiegs autoritärer und antidemokratischer Kräfte ist die kritische Praktik untrennbar mit dem Problem entrechteter Subjekte und deren Überleben verknüpft. Das moralisch-politische Dilemma der postkolonialen Kritik besteht darin, dass sie in der Grammatik der Diskurse über Menschenrechte, Demokratie und Gerechtigkeit artikuliert werden muss. Die postkoloniale Situation ist von unerfüllten Versprechen geprägt und markiert die Prekarität der Hoffnung. Dies hat auch mit dem ambivalenten Verhältnis des postkolonialen Denkens zu den Werkzeugen der Kritik zu tun, die ebenfalls ein Erbe der europäischen Aufklärung sind. Während Kants Formel für Aufklärung auf die Befreiung aus selbstverschuldeter Unmündigkeit fokussiert, bezieht sich in meiner Lesart die postkoloniale Studie auf Mendelssohns Einsicht, dass für bestimmte verletzliche Gruppen diese Unmündigkeit nicht selbstverschuldet, sondern systematisch auferlegt ist, was es diesen Gruppen nahezu unmöglich macht, daraus Ausgang zu finden. Mendelssohns Zitat im Epigraph zu Beginn dieses Buches spiegelt die postkoloniale Sehnsucht nach Aufklärung wider. Aber anstelle von Lösungen und Garantien sind kritische Theorien der Dekolonisierung von Kontingenzen und Dilemmata geprägt und die Herausforderung besteht darin, ob und wie man die Werkzeuge der Herrschenden einsetzen muss, um das Haus der Herrschenden zu demontieren (Lorde 1984: 110).

Teil I: Die Geschichte der Gegenwart

Kapitel 1: Wer finanzierte die Aufklärung? Kolonialismus und das Zeitalter der Vernunft

Nach der Ermordung von George Floyd am 25. Mai 2020 und inmitten der weltweiten Kontroversen um den Abriss von Denkmälern und Statuen,[1] die Kolonialismus und Sklaverei verherrlichen, kam es in den deutschen Medien auch zu einer intensiven Debatte um das Erbe von Immanuel Kant, der bis dahin als das Symbol der europäischen Aufklärung und ihrer Prinzipien von Freiheit, Gleichheit, Weltoffenheit und Frieden fungiert hatte. Während einige Kant jetzt vorwarfen, der Gründervater des modernen Rassismus[2] und das Symbol einer spezifisch weißen Vernunft zu sein,[3] verteidigten ihn andere schlicht als »Mann seiner Zeit«[4] oder gar als Verkörperung des Antikolonialismus der Aufklärung.[5] Mit dem wiedererwachten weltweiten Interesse an den unvollendeten Prozessen der Dekolonisierung richtet sich der Blick auch wieder vermehrt auf den Zusammenhang von Modernität und »Rasse«, Kapitalismus und Neokolonialismus, Kosmopolitismus und globaler Ungleichheit. Auch die ambivalente Beziehung zwischen Kolonialismus und Aufklärung steht damit wieder im Mittelpunkt der Aufmerksamkeit.

In diesem Kapitel werde ich darlegen, warum es so wichtig ist, Kants zentrale Rolle in der Aufklärung und seinen anhaltenden Einfluss auf unser zeitgenössisches Verständnis von kritischer Praxis zu verstehen. Ob Foucault, Butler oder Spivak, selbst die entschiedensten Kritiker:innen des westlichen Denkens verorten sich gegenüber Kant. Darüber hinaus werde ich herausarbeiten, wie sich die aktuelle Außenpolitik westlicher Staaten, sei es im Bereich der Entwicklungspolitik oder der militärischen Intervention, weiterhin auf die kantischen Ideale des

1 https://www.nytimes.com/2020/06/16/us/protests-statues-reckoning.html; https://apnews.com/article/belgium-us-news-ap-top-news-oxford-england-8ec829ec8ef32d023a230491ac494686

2 https://www.deutschlandfunkkultur.de/antirassistischer-denkmalsturm-auch-der-philosoph-immanuel.1013.de.html?dram:article_id=478593

3 https://www.tagesspiegel.de/kultur/sollte-man-kant-als-rassisten-bezeichnen-kritik-der-weissen-vernunft/25935036.html

4 https://www.faz.net/aktuell/feuilleton/thema/immanuel-kant

5 https://taz.de/Immanuel-Kant-und-der-Rassismus/!5692764/

Kosmopolitismus und des Völkerrechts bezieht. Im Sinne einer postkolonialen Ideengeschichte ist es für den Prozess der Dekolonisierung deshalb unabdingbar, den Rassismus, Sexismus und Antisemitismus Kants zu thematisieren. Kant einfach zu meiden, indem man ihn als rassistisch oder sexistisch »cancelt«, ist ebenfalls keine tragfähige Alternative, bleibt er doch einer der wichtigsten Denker der Aufklärung, dessen Interpretation der Ideen von Autonomie und Kritik große Wirkmacht entfaltete.

Wer die »Aufklärung dekolonialisieren« will, muss aber in einem ersten Schritt ein grundlegendes Verständnis dieses kontroversen Begriffs und der mit ihm bezeichneten Epoche erlangen. Der Begriff »Aufklärung« ist stark umstritten und bezieht sich auf ein breites Spektrum an Texten, Denkern und Praktiken. Angesichts der Vielfältigkeit der Perspektiven, die unter diesem Etikett subsumiert werden, kann es eine eindeutige Definition, die die Reichweite von »Aufklärung« sowohl als historische Epoche als auch als begriffliches Paradigma vollständig erfassen könnte, nicht geben (Cascardi 1999: 21). Verallgemeinerungen über »das Projekt der Aufklärung« und seine Hinterlassenschaft für unsere Zeit, so wird argumentiert, können die Komplexität ihrer kritischen Praktiken nicht erfassen (Schmidt 1996: 29). Die anhaltenden Meinungsverschiedenheiten zwischen den Befürworter:innen und den Kritiker:innen der Aufklärung reißen derweil nicht ab.

Die Frage »Was ist Aufklärung?«[6] wurde ursprünglich vor dem Hintergrund von Diskussionen über Zensur, politische Autorität und religiöse Überzeugungen formuliert, wie James Schmidt in seiner historischen Kontextualisierung überzeugend darlegt. Schmidt zeigt, dass trotz der sehr unterschiedlichen Antworten keiner der Teilnehmer die Fragestellung »Was ist Aufklärung?« einfach nur im Sinne einer historischen Epochenbezeichnung auffasste. Kant betonte in seiner kanonisch gewordenen Antwort den öffentlichen Charakter der Vernunft, die sich in den Kaffeehäusern, Salons, Lesegesellschaften und wissenschaftlichen Akademien der damaligen Zeit entfaltete (Schmidt 1996: 5). Kant machte also den öffentlichen Gebrauch der Vernunft,[7] der eng mit der Autonomie des Individuums

---

6 Im Dezember 1783 formulierte der Theologe und Bildungsreformer Johann Friedrich Zöllner in einem Beitrag für die *Berlinischen Monatsschrift* die folgende Frage: »Was ist Aufklärung? Diese Frage, die beinahe so wichtig ist, als: was ist Wahrheit, sollte doch beantwortet werden, ehe man aufzuklären anfinge! Und noch habe ich sie nirgends beantwortet gefunden!« (1783). Am 17. Dezember 1783 hielt J. K. W. Möhsen in der Mittwochsgesellschaft der »Freunde der Aufklärung« einen Vortrag über die Frage »Was ist zu thun zur Aufklärung der Mitbürger?« (1896 [1783]). Innerhalb eines Jahres veröffentlichte die *Berlinische Monatsschrift* dann die Antworten von Moses Mendelssohn und Kant.

7 Feministinnen weisen auf die geschlechtsspezifische Natur der Unterscheidung zwischen öffentlich und privat hin, auf der das kantische Verständnis des »öffentlichen« und »privaten« Gebrauchs der Vernunft beruht.

zusammenhängt, zu einer Grundlage der Aufklärung. Dagegen stellte er nicht die Frage: Wer finanzierte die Aufklärung?

Diese Frage nach den materiellen Grundlagen ist aber gerade mit Blick auf den Kolonialismus unabdingbar. Im Folgenden soll es mir also zunächst um eine Analyse der historischen Verbindungen zwischen Aufklärung und Kolonialismus gehen, wobei ich mich kritisch mit den Verteidiger:innen der Aufklärung auseinandersetze, die für sich in Anspruch nehmen, die lange vernachlässigten antiimperialistischen Impulse des politischen Denkens des 18. Jahrhunderts zu Tage zu fördern. In einem nächsten Schritt will ich mich dann an einer kritischen Einschätzung des zugleich imperialistischen und antiimperialistischen Charakters der Aufklärung versuchen. Tatsächlich laufen postkoloniale Theoretiker:innen Gefahr, die Aufklärung zu vereinheitlichen, wenn sie sich einseitig auf ihre gewalttätigen Hinterlassenschaften konzentrieren. Die Verfechter:innen des politischen Denkens des 18. Jahrhunderts setzen sich in ihrem Versuch, die Aufklärung zu rehabilitieren, hingegen nicht ausreichend mit postkolonialen, queeren und feministischen Perspektiven auseinander. Statt die Aufklärung zu verteufeln oder einfach nur zu zeigen, dass viele ihrer angeblich »universellen« Ideen in Wirklichkeit eben eurozentrisch sind, soll in diesem einleitenden Kapitel ein neues Licht auf die Annahmen geworfen werden, die der Aufklärung zugrunde liegen. Dabei geht es mir nicht darum, die Aufklärung an den Pranger zu stellen, sondern zunächst einfach nur darum, die zentrale Rolle von Kolonialismus und Rassismus im Zeitalter der Vernunft zu beleuchten und die komplexen Beziehungen zwischen Kolonialismus, Kapitalismus und Kosmopolitismus herauszuarbeiten. Ziel ist es, unser Verhältnis zu Kant und anderen Denkern der Aufklärung zu überdenken und neu zu gestalten; nicht, um sie zu diskreditieren, sondern um kritischer zu denken als sie selbst. Und kann es eine bessere Hommage an die Aufklärung geben, als den Versuch, sie zu übertreffen?

Die Entzauberung[8] der Aufklärung

Der Einfluss des kritischen Denkens der Aufklärung war tiefgreifend. Ihr intellektuelles und politisches Erbe ist nicht auf eine historische Epoche oder ein geografisches Gebiet beschränkt, sondern wirkt bis in unsere Zeit fort. Wann immer Themen wie die Verletzung der Menschenrechte oder die Untergrabung der De-

8 Die »Entzauberung der Welt« ist eine berühmte Formulierung Max Webers, der den Begriff der »Entzauberung« von Friedrich Schiller entlehnt hat, um die modernisierte, bürokratisierte und säkularisierte westliche Gesellschaft zu beschreiben.

mokratie, der Aufstieg des Autoritarismus, das Leiden von Geflüchteten und staatenlosen Menschen, die Zerstörung der Ökosysteme oder ethische Dilemmata im Zusammenhang mit künstlicher Intelligenz global diskutiert werden, verorten wir uns auch im Verhältnis zur Aufklärung, die nach wie vor wichtige intellektuelle, moralische und politische Ressourcen für das kritische Denken liefert. Die Intellektuellen der Aufklärung postulierten die Ideale von Gleichheit, Recht und Rationalität gegen Feudalismus, Gewalt und Obrigkeitshörigkeit als einen Weg aus der Unterdrückung in die Freiheit. Die Aufklärung, so heißt es oft, habe radikale Bewegungen wie die Französische und die Haitianische Revolution in ihrem Kampf gegen Traditionalismus, Autoritarismus und die Rechtfertigung sozialer Ungleichheiten inspiriert und fortschrittliches politisches Denken wie den Liberalismus und Sozialismus beeinflusst. Sie ermöglichte eine kritische Reflexion politischer Normen und Praktiken und förderte so die Rechenschaftspflicht der Institutionen, die Gleichheit vor dem Gesetz und die Umgestaltung der sozialen Beziehungen. Emanzipatorische Bewegungen für das Wahlrecht, die Abschaffung der Sklaverei und die Einführung umfassender bürgerlicher Freiheiten lassen sich alle auf die Prinzipien von Freiheit und Gleichheit zurückführen, von denen sich auch heutige soziale und politische Bewegungen noch inspirieren lassen. Kants Antwort auf die historische Frage »Was ist Aufklärung?« bringt die Zuversicht der Moderne zum Ausdruck und ist deshalb mehr als eine bloße Periodisierung; sie zielt nicht nur auf einen historischen Moment, sondern auf die intellektuelle Ausrichtung des europäischen Denkens.[9] Kant argumentiert, dass die Vernunft die Menschheit emanzipiere, indem sie den Menschen aus der nichtautonomen Subjektivität befreie und zu Freiheit und Gleichheit befähige.

Die Aufklärung unterzog religiöse und politische Autoritäten einer begründeten Kritik und verstand sich zugleich als eine Bewegung, die für materiellen, epistemischen, ethischen und wissenschaftlichen Fortschritt eintrat. Jeder Versuch, soziale und politische Strukturen zu verändern, birgt jedoch auch die Gefahr, das

9 Meine Mobilisierung der Begriffe »europäisch/nicht-europäisch«, »westlich/nicht-westlich«, »Abendland/Orient« ist von der Strategie des Lesens/Schreibens »unter Durchstreichung« inspiriert (Dhawan 2007: 330). Martin Heidegger hat *Sein* oft durchgestrichen (*kreuzweise Durchstreichung*), um sowohl die Notwendigkeit als auch die Unmöglichkeit zu demonstrieren, über das Sein zu sprechen. Aber wie Derrida bemerkt, ist das Zeichen der Durchstreichung nicht nur ein negatives Symbol. Vielmehr ermöglicht es ihm, metaphorisch auf die Tatsache hinzuweisen, dass er nicht anders kann, als das Wort gerade im Prozess der Infragestellung seiner Bedeutung zu verwenden. Das Durchstreichen von Begriffen im Text dient als Warnung an den Leser, sie nicht für den philosophischen Nennwert zu nehmen. Die Spuren der Durchstreichung bestätigen gleichzeitig die Unverzichtbarkeit und die Unzulänglichkeit der verwendeten Begriffe. Derrida versteht *Sous rature* als eine Taktik, bei der ein »Signifikat« im Text so gelesen wird, als sei seine Bedeutung selbstverständlich, ohne dabei aus den Augen zu verlieren, dass es sich nur um eine strategische Lektüre handelt. In ähnlicher Weise sind die Begriffe »europäisch« und »außereuropäisch« Konstrukte, die dennoch Machtwirkungen entfalten.

Gegenteil von dem zu bewirken, was beabsichtigt war. Wissenschaftler:innen der Postkolonialen Studien wie auch der Holocaust Studien haben zu bedenken gegeben, dass das Versprechen der Aufklärung, sich durch die Ausübung der Vernunft von der Herrschaft zu befreien, paradoxerweise zu einer Herrschaft der Vernunft geführt hat. Der historische Siegeszug von Vernunft und Wissenschaft und das Streben nach Gleichheit und Fortschritt brachten auch Terror, Völkermord, Sklaverei, Ausbeutung, Totalitarismus und Unterdrückung mit sich. Der Kolonialismus und der Holocaust zeugen davon, dass den fortschrittlichen Zielen der Aufklärung auch deren Gegenteil innewohnt. Dabei war die Aufklärung kein provinzielles europäisches Phänomen, sondern beanspruchte universelle Gültigkeit für ihre emanzipatorischen Ideen und setzte diesen globalen Anspruch im Kolonialismus auch durch.

Der Anspruch auf normative Überlegenheit äußerte sich darin, dass außereuropäische kritische Praktiken und Ansätze disqualifiziert und abgewertet wurden. Paradoxerweise ging der Triumph der Vernunft, der von der aufstrebenden Bourgeoisie getragen wurde, mit der Entrechtung von Frauen und nicht westlichen Subjekten sowie der Abwertung der Natur einher, die jetzt als das »Andere« der Vernunft galten, als unberechenbare und ungezähmte Kräfte, die es zu kontrollieren, zu beherrschen und zu unterwerfen galt. Postkoloniale Wissenschaftler:innen haben gezeigt, wie die ambitionierten Ideale der Aufklärung dabei in Wahrheit den partikularen Interessen einer bestimmten privilegierten Klasse dienten, so dass die angeblich universellen Normen tatsächlich mit Vorurteilen über Geschlecht, Klasse, »Rasse« und Sexualität durchsetzt waren. Postkolonialen Wissenschaftler:innen geht es nicht darum, die Aufklärung für die in ihrem Namen begangenen Verbrechen vor Gericht zu stellen. Das darf aber nicht heißen, ihren Rassismus, Sexismus und Antisemitismus (James/Knappik 2022) zu entschuldigen und sie als Wiege der modernen Demokratie und der liberalen Institutionen zu feiern. Das Ziel muss vielmehr sein, den Zusammenhang zwischen den Ideen von Vernunft und Autonomie und der Gewalt, die sie hervorriefen, nachzuzeichnen.

Der Glaube an das emanzipatorische Fortschrittsversprechen der Aufklärung wurde von Anfang an von einem Misstrauen gegenüber der Vernunft begleitet. Der Siegeszug, aber eben auch die Mängel der Diskurse über Vernunft und Wissenschaft sowie Recht und Gesetz waren von Edmund Burke bis G. W. F. Hegel und von Karl Marx bis Friedrich Nietzsche Gegenstand von Streit und Polemik. Einer der frühesten Vorwürfe gegen die Aufklärung geht darauf zurück, dass sie mit der Französischen Revolution und dem aus ihr resultierenden Terror in Verbindung gebracht wurde, der schließlich im Autoritarismus der napoleonischen Ära mündete.

Das Fortschrittsversprechen der Aufklärung erzeugte zugleich das Stereotyp einer »vor-aufklärerischen« und »nicht-aufgeklärten« Welt, die von Dogmatismus und Tyrannei geplagt sei (Cascardi 1999: 25–26, siehe auch Allen 2019). Als Triumph der Vernunft über den Aberglauben und als Bewegung hin zu menschlicher Freiheit und Gleichheit formulierte die Aufklärung den Anspruch, religiöse und politische Autoritäten einer vernunftbasierten Kritik zu unterziehen. Gleichzeitig stärkte sie aber auch die Werte und Normen einer hegemonialen Klasse, die neue Formen der sozialen Herrschaft und Unterdrückung einleitete. Der Aufstieg eines bestimmten Paradigmas von Vernunft und Wissenschaft sorgte dafür, dass andere Epistemologien und Kosmologien nicht mehr intelligibel waren. Die imperialistischen Ambitionen der Aufklärung kamen am deutlichsten durch die Betonung universeller[10] Prinzipien zum Ausdruck, nach denen angeblich *alle* Menschen streben würden, ganz gleich zu welcher Zeit und an welchem Ort und ungeachtet ihrer »Rasse«, ihrer Klasse oder ihres Geschlechts. Die Denker der Aufklärung nehmen für sich in Anspruch, rational und objektiv über die Welt als Ganzes zu sprechen und sie begründen die ultimative Legitimität ihres Wissens durch die systematische Trennung von Werten und Fakten (Cascardi 1999: 90). Der Universalismus der Aufklärung ging mit dem Selbstverständnis Europas als modern, rational und souverän einher – in Abgrenzung zur nicht-westlichen Welt, die sich durch einen Mangel an Autonomie in Denken und Handeln charakterisieren lasse. An diesem Punkt setzen die Kritiker:innen der Aufklärung an, wenn sie argumentieren, dass der Versuch, eine Welt zu schaffen, in der alle Individuen, Gesellschaften und Institutionen einem Standard rationaler Nützlichkeit unterworfen werden, letztlich zur Gewalt von Kolonialismus und Nationalsozialismus geführt habe.

Eine der radikalsten Kritiken des emanzipatorischen Anspruchs der Aufklärung wurde von der ersten Generation der Kritischen Theoretiker der Frankfurter Schule formuliert. In der *Dialektik der Aufklärung* argumentieren Horkheimer und Adorno, dass die Aufklärung den Versuch der westlichen Kultur verkörpere, Herrschaft durch instrumentelle Vernunft auszuüben (dies werde ich in Kapitel 2 ausführlicher erörtern). Eine andere scharfe Kritik ging von poststrukturalistischen Denker:innen aus, die ihr Augenmerk auf die gewaltsamen Aspekte des »Zeitalters der Vernunft« richten. So stellt etwa Foucault (*Wahnsinn und Gesellschaft* [1959], *Überwachen und Strafen* [1975]) das Selbstverständnis des Zeitalters der Vernunft als »humanitär« und »fortschrittlich« grundsätzlich in Frage. Wäh-

10 Im Universalismus geht es für Kant darum, festzustellen, ob eine bestimmte Maxime konsequent von allen anderen übernommen werden kann oder ob man eine Ausnahme von sich selbst machen und damit eine Regel auf sich selbst anwenden muss, die von anderen nicht widerspruchslos gewollt werden kann.

rend Kant die Aufklärung als eine Kampfansage an die willkürliche Ausübung politischer Macht verstanden wissen wollte, geht es Foucault darum, den Zusammenhang zwischen der Rationalisierung und der Gewalt der Normen der Aufklärung herauszuarbeiten: Die Einführung vermeintlich humanerer Praktiken und Institutionen, sei es im Strafrecht oder in der Medizin, legitimierte die systematische Ausgrenzung von Individuen, die als Bedrohung der gesellschaftlichen Normen und Ordnung wahrgenommen wurden und deshalb zum Schweigen gebracht werden sollten. Im Namen medizinischer Expertise wurde jetzt nicht mehr von »Wahnsinn« sondern von »Geisteskrankheit« gesprochen, tatsächlich aber wurde das, was zuvor als Wahnsinn bekannt war, damit aus dem Diskurs ausgeschlossen. Analog dazu wurden moderne Gefängnisse zum Symbol »zivilisierter« Gesellschaften; im Namen der Humanität traten Überwachungsmethoden an die Stelle von Folter und Reformen an die Stelle physischer Gewalt. Ältere Technologien wie grausam inszenierte öffentliche Hinrichtungen wurden von Aufklärungsdenkern wie Cesare Beccaria und Jeremy Bentham, aber auch von humanitären Reformern, religiösen Gruppen sowie der medizinischen und wissenschaftlichen Gemeinschaft verworfen. Sie wurden aber nicht nur wegen ihrer Grausamkeit abgelehnt, sondern auch wegen ihrer Ineffizienz und mangelnden Wirtschaftlichkeit. Pädagog:innen, Psycholog:innen und Sozialarbeiter:innen wurden zu Verteidigern und Vollstreckern der das soziale Gefüge mikroskopisch durchdringenden Normen. Dieses Arsenal an Normalisierungstechniken bildete das Herzstück einer »Mikrophysik der Macht« (Foucault), die im Zeitalter der Vernunft ihren Ursprung hat. Den sozialen Institutionen und Praktiken des klassischen Zeitalters entspricht das, was Foucault die »klassische Episteme« nennt, die besondere Art und Weise also, in der das Wissen im 18. Jahrhundert geordnet und bestimmt wurde. Dies konfrontiert uns mit den Fragen: »Wie ist diese Vernunft beschaffen, die wir benutzen [...] Welche Grenzen hat sie, und worin liegen ihre Gefahren?« (Foucault 2005b: 333 f). Auf den Einwand, es sei gefährlich, die Vernunft in Frage zu stellen, erwidert Foucault, dass es ebenso gefährlich sei »zu behaupten, wir liefen Gefahr, in Irrationalität zu versinken, wenn wir diese Rationalität kritisch hinterfragten« (ebd.). Foucault erinnert uns daran, »dass der Rassismus sich auf die strahlende Rationalität des Sozialdarwinismus stützte, der dann zu einem der dauerhaftesten und hartnäckigsten Bestandteile des Nationalsozialismus wurde« (ebd.). Diese Aufzählung müsste freilich noch um den Kolonialismus ergänzt werden.

Auch postkoloniale Wissenschaftler:innen stellen das Emanzipationsmodell der Aufklärung in Frage und berufen sich dabei unter anderem auf den Poststrukturalismus und die Kritische Theorie der ersten Generation der Frankfurter Schule. Die Behauptung der Aufklärer, die Barbarei in Europa überwunden zu haben, rechtfertigte ihre Ausbreitung auf die »unzivilisierte« außereuropäische

Welt. Der Kolonialismus wurde so zu einem Ausweg aus der »Rückständigkeit« verklärt und die Führung und Unterstützung durch die Europäer:innen sollte den sozialen, wirtschaftlichen und politischen Fortschritt garantieren. Das von der Aufklärung propagierte Stufenmodell der Geschichte rechtfertigte den Kolonialismus mit der Begründung, dass »primitive« Menschen »höhere« Entwicklungsstufen erst durch den Kontakt mit Europa erklimmen könnten (vgl. McCarthy 2009). Wie ich später im Detail zeigen möchte, spielte Kant eine zentrale Rolle dabei, die Moral systematisch an die Vernunft als deren höchste Funktion zu binden, was im Umkehrschluss auch bedeutete, dass er alles, was den moralischen Fortschritt in seinen Augen hinderte, als Übel verurteilte. Die Verteidiger:innen Kants betonen, dass Kant den Imperialismus für funktional sinnvoll halten konnte, insofern er die Errungenschaften der europäischen Zivilisation in »rückständigen« Gesellschaften verbreitete, obwohl er ihn in moralischer Hinsicht als inakzeptabel verurteilte (McCarthy 2009: 66; Gani 2017: 443 fn 70). Trotz seiner sonstigen Differenzen mit Kant vertrat auch Hegel (2009 [1821]: § 350) die Ansicht, dass es ein »Recht der Heroen« gebe, die unfreien Indigenen in Afrika, Asien und Amerika an den Fortschritt der europäischen Aufklärung heranzuführen.

Den Vordenkern des Imperialismus wie Kant und Hegel gelang es immer wieder, ihre provinziellen Normen und Werte in Erklärungsmuster mit universalistischem Anspruch zu übersetzen. Zum Beispiel führten die von der Aufklärung inspirierten Reformen der Rechts-, Verwaltungs- und Wirtschaftspolitik in den Kolonien nicht zu Freiheit und Gleichheit, sondern schlugen in Form von Sklaverei und Völkermord ein neues Kapitel in der Geschichte der Herrschaft auf. Die Aufklärung etablierte Praktiken der Subjektivierung, Überwachung, Regulierung und Disziplinierung, die die Nichteuropäer:innen entmenschlichten und degradierten. Die Versuche humanitärer Reformen führten regelmäßig zu einer intensivierten Kontrolle der Menschen, in deren Namen diese »fortschrittliche« Politik umgesetzt wurde. Wie David Scott (1999: 35) gezeigt hat, hatte der Kolonialismus nicht nur extraktive Auswirkungen auf die kolonisierten Körper, sondern auch regulierende Auswirkungen auf das koloniale Verhalten. Eines der Paradoxe des Aufklärungsprojekts in der Kolonie bestand von Anfang an darin, dass es zwar versuchte, »barbarische« und »primitive« Gesellschaften zu reformieren, um sie Europa anzugleichen, dass aber diese Bemühungen zugleich eine Bedrohung für die europäische Singularität und Außergewöhnlichkeit darstellten. Homi Bhabha (1994: 122) hat dargelegt, wie der Einheimische durch Mimikry »fast gleich, aber nie ganz gleich« ist. Die Nachahmung der Kolonisatoren umfasst sowohl Spott als auch Assimilation.

Auch wenn mein Fokus bislang in erster Linie ein zeitlicher war, darf man nicht vergessen, dass die geografische und ideelle Verknüpfung der Aufklärung mit »Europa« ein entscheidender Aspekt ihres Selbstverständnisses ist. Von diesem als »Zentrum« empfundenen Ort aus begannen die Denker der Aufklärung, die vermeintlich »peripheren« Teile der Welt zu theoretisieren und ihre eigenen Gesellschaften und Kulturen mit dem Rest der Welt zu vergleichen, der dabei zum »Anderen« stilisiert wurde. Der Kolonialismus wurde so zum »Zeitalter der Entdeckungen« verklärt, in dem mutige Europäer:innen in gefährlichen Begegnungen mit »Kannibalen« und »Wilden« glaubten, »neue Welten« zu erschließen (Hulme 1990: 20). Obwohl viele von ihnen Europa nie verlassen hatten und keine außereuropäischen Sprachen beherrschten, äußerten sich die Denker der Aufklärung mit großer Autorität über andere Gesellschaften und Kulturen. Einige arbeiteten eng mit privaten und staatlichen Einrichtungen zusammen, die für die Formulierung der europäischen Kolonialpolitik verantwortlich waren. Gestützt auf Reiseberichte, ethnografische Quellen und literarische Texte beurteilte eine Reihe von Aufklärern die moralischen, politischen, sozialen und wirtschaftlichen Praktiken, Institutionen und Traditionen in Amerika sowie in Asien und Afrika, ohne je direkte Erfahrungen mit diesen Gesellschaften gemacht zu haben (Eze 1997a).

Im Zentrum der Vernunftidee der Aufklärung stand die Vorstellung vom »Fortschritt« der Menschheit auf der Grundlage eines komplexen Entwicklungsmodells, in dem Europa an der Spitze einer »Zivilisationspyramide« stand. So bezieht sich etwa Thomas Hobbes in seinen Überlegungen im *Leviathan* [1651] auf Reiseberichte aus Nord- und Südamerika, wenn er das erschreckende Bild einer Gesellschaft ohne jegliche Ordnung zeichnet: »Denn die wilden Völker in vielen Teilen Amerikas haben außer der Herrschaft kleiner Familien, deren Eintracht von der natürlichen Lust abhängt, überhaupt keine Regierung und leben bis auf den heutigen Tag in [einer] vertierten Weise [...]« (Hobbes 1996 [1651]: 106). Hobbes zufolge ist der Naturzustand als ein Kriegszustand aufzufassen, was dann die Notwendigkeit einer obersten irdischen Autorität legitimiert, die für Frieden und Ordnung sorgt: der *Leviathan*. Diese metaphorische Weltkarte verdeutlicht die implizite Beziehung zwischen Europa und Amerika, wobei Europa die Zivilisation und Amerika einen primitiven Naturzustand symbolisiert (Hulme 1990: 25). In den berüchtigten Worten von John Locke: »So war anfangs [...] die ganze Welt Amerika« (1992 [1689]: 230). Die nicht-europäischen Völker wurden ihrer Souveränität und Autonomie beraubt, was dann wiederum dazu diente, ihre Kolonialisierung als Erlösung zu rechtfertigen. Wer als »menschlich« gelten wollte, musste europäische Praktiken, Werte, Normen und Institutionen übernehmen. Davon zeugen nicht zuletzt die jahrzehntelangen polemischen Debatten über die Herkunft der indigenen Völker in der westlichen Christenheit (Harvey 2012: 130).

Während die einen die physischen und kulturellen Unterschiede zwischen den sogenannten »Rassen« mit der Theorie getrennter Schöpfungsakte erklären wollten, verurteilten andere diese Idee des Polygenismus als blasphemisch, da er das Opfer Christi für die universelle Erlösung der Menschheit in Frage zu stellen schien (ebd.). Zwar kritisierten Theologen des 16. Jahrhunderts wie Bartolemé de Las Casas und Franscisco de Vitoria aus der Schule von Salamanca die entmenschlichenden Diskurse, die die Indigenen zu »natürlichen Sklaven« degradierten, sie stellten sich aber nicht gegen den Imperialismus als solchen (Anghie 2007: 27). Vielmehr glaubten sie, dass die »rückständigen« Völker mit der Hilfe ihrer christlichen Brüder die Leiter des Fortschritts erklimmen könnten. Die Anerkennung der Menschlichkeit der Indigenen Amerikas ging aber zugleich mit ihrer politischen oder wirtschaftlichen Unterwerfung einher. Obwohl Denker wie Jean-Jacques Rousseau die Indigenen Amerikas zu »edlen Wilden« hochstilisierten, galten sie ihnen zugleich als »rassisch« und moralisch minderwertig im Vergleich mit den Europäern. Tatsächlich führte die Idealisierung des »rohen Menschen« ohne kulturelle oder zivilisatorische Kunstfertigkeiten zu einer »Animalisierung« der Indigenen. Die normative Vorstellung vom »Menschen« wurde durch eine eurozentrische Auffassung von kognitiven Fähigkeiten und moralischer Natur bestimmt. Selbst als die Indigenen Amerikas »formal« als gleichberechtigt anerkannt wurden, wurde argumentiert, dass sie aufgrund ihrer »barbarischen« sozialen und kulturellen Praktiken wie etwa Menschenopfer und Kannibalismus sowohl ihre individuellen natürlichen Rechte als auch ihre kollektiven Souveränitätsrechte verwirkt hätten. Ihre Anerkennung als ein Teil der Menschheit führte dazu, dass sie an den angeblich »zivilisierten« europäischen Normen gemessen wurden. Die wohlwollende Anerkennung individueller Handlungsfähigkeit machte die Kolonisierten so paradoxerweise zu Autor:innen ihrer eigenen Unterdrückung (Scott 1999: 27).

Die angebliche Unfähigkeit der Indigenen, das Land rational zu nutzen, galt als weiterer Indikator für ihre »Minderwertigkeit«. Dieses »agrarwissenschaftliche Argument« sollte den indigenen Souveränitätsanspruch widerlegen und diente als ideologische Rechtfertigung für die koloniale Aneignung außereuropäischer Gebiete und anderer »verschwendeter« natürlicher Ressourcen (Hulme 1990: 28–30). Die nomadischen Praktiken einiger indigener Gruppen wurden gegenüber sesshaften Lebensformen als minderwertig eingestuft. Die angebliche Bedrohung durch »obrigkeitslose« Männer rechtfertigte ihre Einfriedung und Enteignung. Die »zum Müßiggang neigenden« und »unproduktiven« Indigenen, so wurde argumentiert, missachteten die göttliche Gabe des Landes an die Menschheit. Dieses Argument wurde noch dadurch verstärkt, dass die fehlende Bereitschaft, die eigene Arbeitskraft einzusetzen, als moralisches Versagen und mangelnde Weitsicht ausgelegt wurde. Den Maßstab lieferte dabei der angebliche Fleiß der Europäer:innen, die durch ihre Arbeit das Land bewirtschafteten und so zum Gemeinwohl beitrügen, während sie gleichzeitig ihre privaten Interessen verfolgten. Die zentrale Unterscheidung bestand nach Locke (1992[1689]: 219) zwischen jenen, die das Land »kultivieren«, und jenen, die wie die Tiere lediglich das sammeln, was die Natur bereitstellt; nur erstere galten als voll rational und damit menschlich. Arbeit, Voraussicht und Vernunft gingen hier eine Verbindung ein, anhand derer zwischen »wilden« und »zivilisierten« Gesellschaften unterschieden wurde. Interessanterweise war Locke, der die Sklaverei als »verächtlich« und »erbärmlich« anprangerte, einer der ersten Aktionäre der Royal African Company, die 1672 gegründet wurde, um den englischen Sklavenhandel zu monopolisieren. Diese Beispiele sind Indikatoren des systemischen Rassismus im politischen Denken des Westens und sie machen die Kontinuitäten in den aktuellen Rechtfertigungsnarrativen des Extraktivismus und der Landnahme sichtbar, in denen sich die andauernde Entrechtung indigener Gemeinschaften fortsetzt.

Die Inbesitznahme und Ausbeutung von Land, Wäldern, Bergen und anderen natürlichen Ressourcen war die Voraussetzung der kapitalistischen Expansion. Die europäischen Landnutzungspraktiken wurden zur Norm erhoben, wobei die Kolonisatoren Gemeindeland in Privateigentum umwandelten und monopolisierten, etwa im sogenannten Encomienda-System. Die Landknappheit in Europa wurde durch den kolonialen Raub indigener Gebiete gelöst und als »rationale« Landnutzung gerechtfertigt. Die wachsende Landgier der Kolonisatoren provozierte den Widerstand der Indigenen, was wiederum zu Vergeltungsmaßnahmen und weiterer Beschlagnahmung von indigenem Land führte (Hulme 1990: 20). In einer paradoxen Umkehrung wurden die europäischen Siedler zu legitimen Bewohner:innen erklärt, während die ursprünglichen Einwohner:innen aus ihren eigenen Gebieten verdrängt wurden. Unter Missachtung der indigenen Souveränität setzten die Kolonisatoren die Rechtsdoktrin des *vacuum domicilium*[11] ein, um sich Landtitel und politische Zuständigkeit anzueignen. Jeglicher Widerstand gegen diesen Diebstahl führte zu kolonialem Terror: nicht der Hobbessche Krieg aller gegen alle, sondern der Krieg der »Gerechten« gegen diejenigen, die in den Augen der Kolonisatoren die rationalen Prinzipien des Landbesitzes und der Landnutzung angriffen. Die Theorien des »gerechten Krieges« wurden mobilisiert, um imperiale Aggressionen gegen die Indigenen im Namen der Selbstverteidigung zu legitimieren (Anghie 2007: 24–26). Der Ausschluss der kolonisierten Gesellschaften aus der Sphäre der Souveränität wurde damit gerechtfertigt, dass sie die europäischen Normen nicht erfüllten. Diejenigen, die Souveränität besitzen, sind dann berechtigt, diejenigen zu beherrschen, die sie nicht besitzen

11 *Terra nullius* und *vacuum domicilium* werden manchmal synonym verwendet.

(ebd.). Doch der Kolonialismus war nicht nur eine wirtschaftliche und militärische Operation, sondern in besonderer Weise auch ein Projekt der Subjektbildung auf beiden Seiten der kolonialen Grenze.

Im Einklang mit der Aufklärung verdichteten sich die liberalen Vorstellungen von Fortschritt, Freiheit, Toleranz, Demokratie, Zivilgesellschaft und öffentlichem Raum zu einer allumfassenden Zivilisationsidee. Die Geschichte wird dabei episodisch, wobei die Zeit in Tradition und Moderne, Stagnation und Entwicklung, Aberglauben und den Triumph der Vernunft unterteilt wird. Die »autoritäre Irrationalität« des Ostens wurde zum Zeichen eines orientalischen Despotismus und unmoralischen Feudalismus – Begriffe, die beweisen sollten, dass der dekadente Orient eine niedrigere Stufe in der Entwicklung zur Moderne darstellte. Die politischen Systeme des Ostens verweigerten angeblich Rationalität und Freiheit und hinderten so die Entfaltung von Individualität. Die Legitimationsstrategie des Kolonialismus als zivilisatorische Mission und die »Dynamik der Differenz« zwischen »zivilisierten« und »barbarischen« Gesellschaften gestand den Indigenen zwar die Möglichkeit zu, sich zu zivilisieren, aber natürlich nur unter europäischer Vormundschaft. Dies war das berüchtigte pädagogische Projekt des Kolonialismus, »rückständigen« Gesellschaften zu helfen, ihren »zivilisatorischen Infantilismus« zu überwinden (Mehta 1999: 70). Der imperiale Liberalismus glaubte an die »Zivilisationsfähigkeit« der Indigenen und widersprach damit der Doktrin »Biologie ist Schicksal«. So wurde argumentiert, dass sich einige Gesellschaften auf einer niedrigeren Entwicklungsstufe befänden und wie Kinder erzogen werden müssten, wodurch sie erst zum Genuss der Freiheit befähigt würden. Durch koloniale Erziehung und moderne Regierungsformen könne die politische Inkompetenz der Kolonisierten korrigiert werden, was sie schließlich in die Lage versetzen würde, ihr zivilisatorisches Potenzial zu verwirklichen. All dies böte den Indigenen die Möglichkeit, das vom Instinkt geprägte Stadium der »Rohheit« zu überwinden und die zur Ausübung ihrer Freiheit erforderlichen Vernunftfähigkeiten zu entwickeln, die auch für die Legitimität politischer Autorität und Souveränität unverzichtbar seien. Diejenigen aber, die nicht fähig seien, sich ihrer Vernunft zu bedienen und ihr Einverständnis zu erklären, müssten eben ohne Zustimmung regiert werden (Mehta 1999: 59). So wurde der biologische Determinismus zwar abgelehnt, dafür rechtfertigten aber implizite Annahmen über den »nationalen Charakter« den Ausschluss der Kolonisierten von Gleichheit und Gegenseitigkeit, bis sie angemessen zivilisiert worden seien. Dieser fortschrittsgläubige Universalismus legitimierte die imperiale Herrschaft der Europäer:innen damit, dass sie den »rückständigen« Untertanen zugutekomme. So wurde gerechtfertigt, dass die Kolonisatoren viele indigene Staaten ihrer Souveränität beraubten und eine zunehmend interventionistische Politik in den

Bildungs-, Rechts-, Eigentums- und Religionssystemen der kolonisierten Gesellschaften betrieben (Pitts 2005: 21).

Das »Paradox der Moderne« besteht darin, dass den Kolonisierten zwar liberale Werte gepredigt, diese in der Praxis aber verweigert wurden. Der Glaube an den evolutionären Unterschied zwischen Mutterland und Kolonie ermöglichte es einem Denker wie John Stuart Mill, als radikaler Verfechter der Freiheit aufzutreten, zugleich aber einen aufgeklärten, fortschrittlichen Imperialismus zu befürworten. Er behauptete, dass »Despotismus eine legitime Regierungsfom [ist], solange es sich um Barbaren handelt, vorausgesetzt, dass deren Höherentwicklung sein Ziel ist« (Mill 2009 [1859]: 17). Der tunesische Philosoph und Historiker Hichem Djait (1985: 101) wirft dem imperialistischen Europa zu Recht vor, sein eigenes Menschenbild zu verraten. Die normativen Ideale der Aufklärung hinterließen eine Spur von brutalen und ausbeuterischen Systemen im Namen von Modernität, Fortschritt, Rationalität, Emanzipation, Recht, Gerechtigkeit und Frieden. Wer außerhalb des Westens als »zivilisiert« und modern gelten wollte, musste sich den europäischen Normen anpassen und sie nachahmen, ganz gleich ob als Individuum, Gruppe oder Staat. Wer dazu nicht bereit war, lief Gefahr, gewaltsam »zivilisiert« und modernisiert zu werden. Gleichzeitig konnten die Versuche der Indigenen, europäische Normen zu imitieren, nur »schlechte«, »schwache« oder »gescheiterte« Kopien hervorbringen, was wiederum die Autorität des europäischen »Originals« untermauerte. Als Antwort auf diese kolonialistischen Bestrebungen verfolgten antikoloniale Nationalisten häufig die selektive Strategie, zwar Technologien und Verwaltungspraktiken zu übernehmen, ohne aber die europäischen Überlegenheitsansprüche im »geistigen« Bereich zu akzeptieren (Chatterjee 1993). Die antikolonialen Nationalisten betonten zwar die Bedeutung der Bewahrung und des Schutzes der (oft geschlechtsspezifischen) kulturellen Identität, imitierten jedoch die Europäer im wirtschaftlichen und politischen Bereich.

Die Verteidiger:innen des Liberalismus erwidern auf die postkoloniale Kritik häufig, dass diese Denker ihre rassistischen und kolonialistischen Ideen in ihren späteren Schriften doch korrigiert hätten. So einfach lassen sich die Widersprüche in der ideologischen Positionierung liberaler Denker[12] aber nicht wegwischen. Vielmehr zeigen sie, wie der »Liberalismus« auf die Forderung der Dekolonisierung reagiert, indem er die Fähigkeit zur Selbstkorrektur für sich in Anspruch nimmt. So änderte zum Beispiel Tocqueville als Ergebnis seiner Reisen durch Algerien seine Ansichten darüber, was für das französische Algerien praktikabel und angemessen wäre. Zugleich verzichtete er darauf, sich zu Indien zu äußern, mit der Begründung, dass er das Land nicht bereisen könne (Pitts 2005:

12 Ich beziehe mich dabei auf die Ansichten liberaler Denker wie Tocqueville und Mill, die ich als Teil der umfassenderen intellektuellen Strömung betrachte, die aus der Aufklärung hervorgegangen ist.

6). James Mill hingegen rühmte sich, dass seine Schriften, die ausschließlich auf seiner Lektüre englischsprachiger Literatur über Indien beruhten, gerade deswegen unparteiisch und objektiv seien, weil sein Urteil anders als das von Reisenden oder Kolonialbeamten nicht durch den Kontakt mit den Einheimischen getrübt oder kontaminiert sei (ebd.). Edmund Burke wiederum war trotz vieler Rückschläge in seinen politischen Bemühungen, den britischen Kolonialismus herauszufordern, unerschütterlich, insbesondere was Indien anging. Er warf den britischen Kolonialherren vor, die Rechtsstaatlichkeit zu missachten und die Inder:innen zu entrechten, die zu Geldstrafen verurteilt, eingekerkert oder getötet werden konnten ohne Zugang zu Rechtsschutz oder Rechtsmitteln zu haben (ebd.: 247). Jennifer Pitts (2005: 246) vertritt die Ansicht, dass Burke dabei keine Ausnahme darstellte. Vielmehr sei eine Reihe von Denkern des 18. Jahrhunderts dem Urteilen über andere Kulturen und der kulturellen Überheblichkeit Europas kritisch gegenübergestanden. Im Gegensatz dazu zeichnet Sunil Agnani (2013) ein widersprüchliches Bild von Burke, der sich in Bezug auf die East India Company zwar kritisch äusserte, in Bezug auf Haiti jedoch eine bestenfalls konservative Position einnahm. Hätte Burke die unterdrückten Inder:innen wohl ebenso standhaft unterstützt, wenn es in Indien eine gewaltsame Revolution wie in Haiti gegeben hätte? So argumentiert Agnani, Burkes positive Darstellung Indiens als Opfer der Ostindien-Kompanie verdanke sich dem »Fehlen indischer Jakobiner«. Während ihn die Ereignisse in Saint-Domingue zutiefst beunruhigten, legte Burke Wert darauf, in Indien im »Namen des unterdrückten Volkes« zu sprechen: ein Widerspruch, der erst im Kontext von Burkes Missachtung des einheimischen Widerstands in Indien verständlich wird (Agnani 2013: 145).

Diese Ambivalenzen sind lehrreich in Bezug auf aktuelle Diskussionen über »autoritäre Regimes« außerhalb Europas und die Erzählungen von den »liberalen Werten« des Westens und seiner »Verantwortung, die Menschenrechte zu verteidigen«. Obwohl Tocqueville sich der Gewalttätigkeit der Kolonialpolitik durchaus bewusst war, veranlasste ihn seine Sorge um den Zustand der Demokratie in Frankreich dazu, die französischen Kolonialexpansion in Algerien zu unterstützen. Im Gegensatz zu Burke vertrat er die Ansicht, dass die Entstehung einer liberalen und demokratischen Regierungsform die Ausbeutung außereuropäischer Gesellschaften voraussetze. Die Sicherung der Stabilität im eigenen Land rechtfertigte also die Aufhebung der Grundsätze von menschlicher Gleichheit und Selbstbestimmung anderswo (Pitts 2005: 248). Tocquevilles Eintreten für die imperiale Expansion Frankreichs zeigt exemplarisch, wie französische Liberale aus Eigeninteresse eine ausgrenzende und gewalttätige internationale Politik unterstützten, die letztlich einen Verrat am liberalen Humanismus darstellte. Zugleich führt der utilitaristische Wert der imperialen Expansion für die französische Innenpolitik vor Augen, wie sehr der Prozess der Demokratisierung im Mutterland untrennbar mit der imperialen Politik verflochten war (ebd.).

Eine postkolonial-queer-feministische Perspektive auf koloniale Heteronormativität kann wichtige Erkenntnisse zur Hegemonie europäischer normativer Ordnungen liefern. Der Rassismus und der Kolonialismus der Aufklärung müssen in ihrer Intersektion mit Sexismus und Androzentrismus verstanden werden. Während einige Feminist:innen argumentieren, dass die Prinzipien von Individualität, Gleichheit und Emanzipation die Forderung nach der Befreiung der Frauen entscheidend mitgeprägt hätten, betonen andere, die Aufklärung habe die Handlungsmacht von Frauen eingeschränkt und ihre Stimmen systematisch ausgeschlossen. Die Verteidiger:innen der »positiven« Aspekte der Aufklärung gehen dagegen davon aus, dass die Mängel der Aufklärung leicht zu beheben seien, indem die propagierten Rechte und das Gleichheitsversprechen einfach auf die zuvor ausgeschlossenen Gruppen ausgedehnt würden. Darauf erwidern Kritiker:innen, dass die epistemische und diskursive Gewalt der Aufklärung sich nicht so einfach korrigieren und von ihrem repressiven Erbe reinwaschen lasse. Über die Frage des »bloßen« Ausschlusses hinaus betonen feministische Kritiker:innen die Misogynie der Aufklärer. So analysiert etwa Robin May Schott[13] die historischen Auswirkungen der Aufklärung auf (europäische) Frauen und untersucht den Niedergang der Frauenrechte im 18. Jahrhundert. Am Beispiel Frankreichs zeigt sie auf, wie das einheitliche Rechtssystem das Rousseau'sche Konzept der Unterschiede zwischen Frauen und Männern rechtlich festschrieb. Der Code Civil erkannte zwar die Rechte aller Bürger an, schloss aber Frauen von diesem rechtlichen Status aus. Ihre Lage verschlechterte sich in dieser Zeit im Vergleich zu der der Männer gravierend (May Schott 1996: 473). Das galt auch im Bereich der Bildung. So diktierte die Frauenrechtlerin Olympe de Gouges ihre Werke einer Sekretärin, weil sie nicht schreiben konnte. Frauen waren sowohl in Frankreich als auch in Deutschland von der universitären Bildung ausgeschlossen, so auch an der Universität Königsberg, wo Kant studierte und lehrte. Weit davon entfernt, den Ausschluss der Frauen von der Bildung aus egalitären Gründen anzufechten, spottete Kant vielmehr über deren Versuche, ernsthaft philosophisch und wissenschaftlich zu arbeiten und verstieg sich zur Behauptung, die »weibliche Beschaffenheit« sei im Gegensatz zu der der Männer ganz durch natürliche Bedürfnisse bestimmt (Kant Anth, AA 7: 303). Obwohl das Recht auf Freiheit »jedem Mensche kraft seiner Menschheit« zustehen sollte (einschließlich des Rechts, sein eigener Herr zu sein) (Kant MS, AA 6: 237), rühmte Kant die »natürliche Überlegenheit« des Mannes: »Das Weib in jedem Alter

13 May Schott gibt nicht an, dass sie sich ausschließlich auf europäische Frauen konzentriert und reproduziert damit die universelle Kategorie »Frauen«.

wird für bürgerlich-unmündig erklärt.« (Kant MS, AA 6: 279; Kant Anth, AA 7: 209) Der Mangel an bürgerlichen Freiheiten verdammte die Frauen zum Status »passiver Bürgerinnen«, was Kants Darstellung der Freiheit und Gleichheit aller Bürger:innen, die in der Republik vereint sind, eigentlich widerspricht (Kant MS, AA 6: 315; Kleingeld 2019: 6).

Die Vernunft, ein zentraler Begriff der Aufklärung im Allgemeinen und des kantischen Denkens im Besonderen, wird »rein« gehalten, indem eine Grenze zwischen zwei Sphären gezogen wird: auf der einen Seite die weiblich-codierte häusliche Privatsphäre des Körpers, der Ort des Affekts, des Subjektiven, des Partikularen und des Familiären; auf der anderen Seite die männlich-codierte öffentliche Sphäre der Vernunft, der Ort der Autonomie, der Mündigkeit, der Universalität, der Objektivität und des Verstandes (Flax 1992: 242; Outram 2019). Auch Aufklärer, die Vernunft und Gefühl nicht als Antagonismus auffassten, wie es etwa Spinoza mit seinem Begriff des »affektiven Erkennens« zum Ausdruck bringt, bekannten sich nicht zu einer kognitiven und moralischen Gleichheit von Frauen und Männern. So verunglimpft und marginalisiert die rationale Autorität das Weibliche als »das Andere« der Aufklärung, während das universell autonome (männliche) Individuum nach leidenschaftslosem, wertfreiem und objektivem Wissen »ohne Interesse« strebt. Der Aufruf, sich von der selbstverschuldeten Unmündigkeit zu befreien, ist eine universelle Forderung, die von dem konkreten sozialen, wirtschaftlichen, kulturellen und historischen Kontext absieht, in dem das Individuum darum kämpft, den »Mut« aufzubringen, »sich seines eigenen Verstandes zu bedienen« (Kant WA, AA 8 [1784]: 35). Da es ihnen nicht erlaubt sei, ihre Vernunft frei auszuüben, behauptet Kant, dass Frauen die Aufklärung fürchteten (May Schott 1996: 476–477). Kant denkt in seinen Überlegungen zur Autonomie in erster Linie an bürgerliche und gebildete Männer in öffentlichen Ämtern und sieht deshalb über die Hindernisse hinweg, mit denen sich nicht-hegemoniale Subjekte konfrontiert sehen. Zum Beispiel entsteht der Begriff des »Menschen« als universelle Kategorie erst durch die Ausgrenzung derjenigen, die von seiner normativen Kraft ausgeschlossen sind, also etwa »die Frau« oder »der Sklave«. Die Annahme einer gemeinsamen menschlichen Natur sieht über die Differenz in Bezug auf Geschlecht und *race* hinweg, die in den verschiedenen Subjektformationen immer schon angelegt ist. Darüber hinaus schließt Kants Missachtung von Emotionen und Leidenschaften all jene, die mit diesen Affekten in Verbindung gebracht werden, von der Ausübung der epistemischen, moralischen oder ästhetischen Handlungsfähigkeit aus. Der Versuch der Aufklärung, die Welt von der Herrschaft zu befreien, fällt so einer fatalen Dialektik zum Opfer, in der die Aufklärung selbst neue Formen der Herrschaft fördert, Formen, die umso heimtückischer sind, als sie eine Rechtfertigung durch die Vernunft selbst für sich in Anspruch nehmen. Im Folgenden werde ich herausarbeiten, wie die Kritische Theorie der ersten Generation, die Postkolonialen Studien und die feministische Wissenschaft in ihrem tiefen Misstrauen gegenüber den emanzipatorischen Ansprüchen der Vernunft verbunden sind.

Westliche feministische Schriften aus dieser Zeit richteten sich in erster Linie dagegen, dass weiße Frauen aufgrund ihrer angeblichen »Unreife« von der politischen Macht ausgeschlossen wurden. Sie bestritten die gängige Analogie zwischen Frauen und Kindern, die mobilisiert wurde, um Frauen jegliche politische Teilhabe zu verwehren (Pitts 2005: 250). Den Ausschluss kolonisierter Erwachsener aufgrund ihrer vermeintlichen Unreife stellten weiße feministische Autor:innen hingegen nur selten in Frage. Die Vorstellung, dass »rückständige« koloniale Subjekte an ihrer eigenen Regierung teilhaben könnten, galt als absurd (ebd.). Dies verdeutlicht, wie prekär die Beziehungen zwischen antiimperialistischem und antirassistischem Denken auf der einen Seite und dem westlichen Feminismus auf der anderen Seite sind.

Verteidigung der Aufklärung: Universalismus und Diversität

Die meisten wissenschaftlichen Arbeiten zur Aufklärung vernachlässigen den Kolonialismus entweder oder behandeln ihn als nebensächlich im Vergleich zu der als wichtiger erachteten Aufgabe, die Aufklärung und ihr Erbe zu bewahren. Selbst kritische Denker wie Adorno, Horkheimer oder Foucault lassen den Kolonialismus in ihrer Kritik an der Aufklärung weitgehend außer Acht. Zwar gibt es konzertierte Bemühungen postkolonialer Wissenschaftler:innen wie Spivak, die Rolle der Aufklärung im europäischen Kolonialismus zu thematisieren, doch stehen diesen Anstrengungen auch eine Reihe angesehener Veröffentlichungen gegenüber, die die These einer epistemischen Verflechtung von Aufklärung und Imperialismus widerlegen wollen (Muthu 2003, Festa/Carey 2009, Flikschuh/Ypi 2014). Diese Publikationen versuchen, einen Kontrapunkt zur poststrukturalistischen und postkolonialen Kritik zu setzen, indem sie die antiimperialistischen Impulse der Aufklärer hervorheben. Man könnte diese Auseinandersetzungen als unbedeutende Meinungsverschiedenheiten in den Teildisziplinen der politischen Theorie und der politischen und moralischen Philosophie abtun, doch meiner Ansicht nach haben diese Debatten erhebliche Auswirkungen auf die gegenwärtigen Diskussionen über *race relations* und Dekolonisierung.

Verteidiger:innen der Aufklärung (Muthu 2003, Festa/Carey 2009, Carey/Trakulhun 2009) argumentieren, dass das Wissen über andere Kulturen das Bewusstsein für kulturelle Vielfalt im »Zeitalter der Entdeckungen« gestärkt und zu Diskursen über Humanismus und Kosmopolitismus beigetragen habe. Die

Begegnungen mit anderen Völkern hätten zu einer Revision des europäischen Verständnisses des Universellen geführt, während sie gleichzeitig die Konzepte der menschlichen Natur und die Darstellung von Nichteuropäer:innen radikal verändert hätten (Muthu 2003: 266; Festa/Carey 2009: 20). Lockes *Ein Brief über Toleranz* [1689] wird dabei oft als Paradebeispiel für die Akzeptanz religiöser Differenz angeführt.[14] Wie also die Ablehnung des Aberglaubens durch die Aufklärung den modernen wissenschaftlichen Rationalismus stärkte, so sei auch die Toleranz gegenüber religiöser Vielfalt gefördert worden.

Politische Denker wie Diderot, Kant oder Herder hätten nicht nur die Ungerechtigkeiten der imperialen Herrschaft der Europäer angeprangert, sondern auch vor den korrumpierenden Auswirkungen des Kolonialismus auf Europa gewarnt (Louden 2000: 105; Muthu 2003: 1; Wood 2008:15; Wolff 2020). Kulturelle Unterschiede hätten diesen Denkern nicht als Abweichungen von der europäischen Norm gegolten, sondern als Beweis für menschliche Freiheit und Vernunft. Damit seien sie Vordenker eines inklusiveren Universalismus, der Wohlwollen und Gastfreundschaft gegenüber den Anderen in Europa gefördert habe. Unter Wahrung des Rechts der Indigenen, ihre eigenen Interessen zu verteidigen, seien die Bewohner:innen der Neuen Welt so zu kulturellen Mitmenschen erklärt worden (Muthu 2003: 275).

Die Befürwortung des Kosmopolitismus gilt als ein wesentlicher Eckpfeiler des Antiimperialismus der Aufklärung. Im Gegensatz zu früheren Ängsten, dass ein langanhaltender Kontakt mit fremden Gesellschaften und Ideen einen korrumpierenden Einfluss ausüben könnte, ging der Kosmopolitismus von der Verwandtschaft aller Menschen aus und veränderte so auch die Vorstellungen vom transkontinentalen Handeln und Reisen. Der Handel wurde als zivilisatorisches Mittel betrachtet, das die feudale Wirtschaft in eine auf Austausch basierende Gesellschaft verwandelte (Muthu 2012: 218). Zwar waren die Aufklärer des 18. Jahrhunderts dem globalen Handel gegenüber durchaus kritisch eingestellt, letzten Endes verteidigten sie ihn aber in Hinblick auf das Recht zu reisen, den Kontakt mit anderen zu suchen, Ideen und Güter auszutauschen sowie Partnerschaften zu fördern.

In seinem Werk *Zum ewigen Frieden* [1795] argumentiert Kant, dass eine Verletzung von Rechten in einem Teil der Erde von allen empfunden werde (Kant ZeF, AA 8 [1795]: 360). Der grenzüberschreitende Fluss von Waren, Ideen und Kommunikation mache eine Theorie der kosmopolitischen Gerechtigkeit (*ius cosmopoliticum, Weltbürgerrecht*) unabdingbar. Dies betreffe nicht nur souveräne Staaten oder bestimmte wirtschaftliche Einheiten, sondern auch die Menschheit als Ganzes. So lobt Kant das Potenzial des »Handelsgeistes«, die Völker in gegenseitigem

---

14 Interessanterweise schloss Locke Katholiken und Atheisten von seiner Lehre der Toleranz aus.

Eigeninteresse miteinander zu verbinden (Kant ZeF, AA 8 [1795]: 368). Die Überlegungen zu einer globalen Gesellschaft, zur Weltbürgerschaft und zum transkontinentalen Handel wurden aber auch von Sorgen um imperiale Kriege und exzessive Staatsschulden begleitet (Muthu 2012: 208). Da Kant die Idee eines Weltstaates ablehnte, läuft sein Verständnis von globaler Gerechtigkeit auf eine friedliche Gemeinschaft souveräner Staaten hinaus. Seine Idee der »ungeselligen Geselligkeit« ermutigt zwar zum Widerstand im Interesse der Selbsterhaltung, nicht aber zur Eroberung (ebd.: 230). Enge Handelsbeziehungen zwischen den Staaten würden dazu führen, dass internationale Konflikte durch Mediation gelöst würden (ebd.: 222). Die »Geldmacht« liege nicht im kurzfristigen Profit, sondern in der Vermeidung einer globalen Schuldenkrise und eines Finanzkollapses (Kant ZeF, AA 8 [1795]: 345).

Kants Sorge um internationale wirtschaftliche Dominanz liefert ein Gegengewicht zu seinem Lob der »handeltreibenden Menschheit« (Muthu 2012: 207). Er erkannte die gefährliche Verbindung zwischen imperialer und inländischer Herrschaft, zwischen der Unterdrückung anderswo und der moralischen und politischen Korruption im Inneren (ebd.). Dieses Argument deckt sich mit Kants Ablehnung der Gewaltanwendung gegenüber nicht-menschlichen Tieren. Ihm ging es dabei nicht um das Wohl der nicht-menschlichen Tiere, sondern er sorgte sich um die »Verrohung« der Menschen, wenn sie Tieren schwere Gewalt antun.[15] Diderot und Smith gingen sogar so weit zu argumentieren, dass der korrumpierende Einfluss des globalen Handels und der internationalen Handelsgesellschaften nur von außerhalb Europas beendet werden könne. Der Aufstieg nicht-europäischer Nationen würde zu gerechteren globalen Wirtschaftsbeziehungen führen, wenn auch nicht durch »gegenseitige Freundschaft«, sondern eher durch »gegenseitige Furcht« (ebd.: 214). So argumentierten sie, dass dieser außereuropäische antikoloniale Widerstand ausgerechnet durch den globalen Handel und Austausch ermöglicht worden sei, also sozusagen als Ergebnis der Prozesse zu verstehen sei, die die Ungerechtigkeit verursacht hatten. Die außereuropäische Welt war in ihren Augen die Hoffnung der Menschheit für die Zukunft (ebd.: 212).

Die postkoloniale Kritik am Kosmopolitismus, so wird argumentiert, verkenne das emanzipatorische Potenzial der Kritik an den Zwangseffekten des globalen Handels, wie sie von Kant und anderen Aufklärern artikuliert wurde (Muthu 2012, Neiman 2021).[16] Im nächsten Abschnitt werde ich auf diese Einwände gegen die postkoloniale Aufklärungskritik eingehen und die Frage diskutieren, ob postkoloniale Wissenschaftler:innen das Verhältnis der Aufklärung zum Imperialismus

15 Ich danke Mark Arenhövel für diese Einsicht.

16 https://youtu.be/gyDNKpoUYn4?si=ZA1J2Nf7LInhWaB8

tatsächlich verzerrt darstellen oder ob nicht die Verteidiger:innen der Aufklärung zu großzügig mit dem Etikett »antiimperialistisch« umgehen.

Imperialistische Aufklärung oder Aufklärung gegen Imperialismus?

In den letzten Jahren ist eine heftige Debatte darüber entbrannt, ob eine postkoloniale Wissenschaft, die sich auf die Erkenntnisse der Aufklärung beruft, den Eurozentrismus nicht letztlich reproduziert. Insbesondere lateinamerikanische Denker wie Mignolo (1995) und Grosfoguel (2007) prangern die Aufklärung kategorisch als Vorbote der Ausbeutung und Zerstörung durch Kolonialismus und Kapitalismus an. Sie befürworten eine »Rückkehr« zu indigenen, vom Kolonialismus unbefleckten Kosmologien und argumentieren, dass auch die Postkolonialen Studien dekolonisiert und von ihrem Eurozentrismus befreit werden müssten (mehr dazu in Kapitel 3). Auf der anderen Seite wird den Postkolonialen Studien vorgeworfen, dass sie ein falsches Bild der Aufklärung zeichneten, indem sie ihr eine einheitliche Zielsetzung und Ideenwelt zuschreiben würden. Anstatt die Aufklärung als ein monolithisches und kohärentes Projekt mit eindeutigen Zielen zu betrachten, müsste vielmehr auf die Spannungen und konkreten intellektuellen Konstellationen innerhalb dieser historischen Epoche eingegangen werden. Über die Aufklärung als historische Epoche und intellektuelle Formation in all ihrer Komplexität nachzudenken und zu sprechen bleibt in der Tat eine Herausforderung. Die Schriften von Verteidiger:innen der Aufklärung wie Muthu und Neiman sowie von Kritikern wie Mignolo und Grosfoguel sind vor diesem Hintergrund wichtige Beiträge zur Diskussion über das ambivalente Vermächtnis der Aufklärung.

Meine Sorge ist, dass sowohl Befürworter:innen als auch Kritiker:innen der Aufklärung die nuancierte und komplexe Analyse der feministisch-queeren-postkolonialen Wissenschaft zuweilen auf einen einfachen Dualismus von imperialistischen und antiimperialistischen Perspektiven auf die Aufklärung reduzieren und so trivialisieren. Um dies zu korrigieren, möchte ich drei Kernpunkte diskutieren: erstens, den Vorwurf, postkoloniale Kritik sei unsystematisch und anachronistisch; zweitens, die Behauptung, die Aufklärung sei diversitätsfreundlich, sowohl in Bezug auf kulturelle und ethnische Vielfalt als auch tolerant gegenüber religiösen Unterschieden; drittens, die Frage nach der Performativität der Selbstkritik. Diese Argumente sind für das Buch von zentraler Bedeutung, da sie meine These untermauern, dass die Aufklärung, deren Vermächtnis die geopolitischen Beziehungen weiterhin beeinflusst, dekolonisiert werden muss. Dass Europa und die Europäer:innen weiter als »aufgeklärt« konstruiert werden, die postkoloniale Aufklärungskritik aber als gefährlich verworfen wird, ist nur möglich, weil das repressive Erbe der Aufklärung nach wie vor geleugnet wird.

Ich möchte zunächst auf den Vorwurf eingehen, dass die postkoloniale Kritik an der Aufklärung »ad-hoc« und »willkürlich« sei (Festa und Carey 2009: 2). Der Einwand, der Postkolonialismus sei »unsystematisch«, zeugt von einem mangelnden Verständnis seiner notwendigerweise eklektischen Herangehensweise, die methodische Anleihen beim Poststrukturalismus, Marxismus, Feminismus und der Psychoanalyse macht – bei Disziplinen also, die ihrerseits vom Denken der Aufklärung beeinflusst und geformt wurden. Der Postkolonialismus ist nicht nur transdisziplinär, sondern auch antidisziplinär, da er die systematische Theoriebildung als solche in Frage stellt. Auf die Kritik, der postkoloniale Versuch, marxistische und poststrukturalistische Erkenntnisse zu kombinieren, sei wie das Reiten auf zwei Pferden gleichzeitig, hat Gyan Prakash erwidert (1992: 184): »Dann halten wir uns an den zwei Pferden fest, so gut es geht.« Methodologische Reinheit kann nämlich nur dann erreicht werden, wenn marginalisierte Narrative und Perspektiven außer Acht gelassen werden. Prakash plädiert deshalb dafür, die »fruchtbaren Spannungen« zwischen verschiedenen theoretischen Ansätzen zu verhandeln, und fordert postkoloniale Kritiker:innen und Historiker:innen auf, »Stunt-Reiter« zu werden (ebd.).

Der zweite weit verbreitete Einwand wirft den Postkolonialen Studien vor, Anachronismus zu betreiben (Festa und Carey 2009: 28). Viele der Konzepte, die in der postkolonialen Theorie als Schlüsselkategorien der Differenz fungieren – wie etwa Gender – existierten zu Zeiten der Aufklärung nicht. Die Tatsache, dass Begriffe wie »Gender« oder »Heteronormativität« jüngeren Ursprungs sind, bedeutet aber nicht, dass die Theorien Kants oder Herders nicht sexistisch waren. Wie Spivak argumentiert, ist die »reproduktive Heteronormativität« die umfassendste und älteste Institution, die sowohl vorkoloniale als auch koloniale und postkoloniale Strukturen getragen hat (Spivak 2008b: 129). Selbst Pauline Kleingeld (2019), eine der entschiedensten Verfechterinnen Kants, räumt ein, dass Kant seine eigenen moralischen Grundsätze verrät, wenn er auf der Unterordnung und Passivität der Frauen besteht.

Der dritte Vorwurf gegen den Postkolonialismus lautet, dass er die Begeisterung für kulturelle Vielfalt der Aufklärer unterschlage. Angesichts der Tatsache, dass der Begriff »Kultur« in kolonialen Diskursen an die Stelle von »Zivilisation« und »Rasse« trat, ist es meines Erachtens aber unredlich, die Anerkennung kultureller Vielfalt und Handlungsfähigkeit durch Kant und Herder antiimperialistisch verstehen zu wollen. Differenz und Vielfalt stehen nicht einfach in Opposition zum Universellen, sondern spielen eine tragende Rolle in kapitalistischen und rassistischen Kolonialdiskursen. Kants Anerkennung der kulturellen Vielfalt etwa geht Hand in Hand mit seiner Haltung zu »Rassenmischung«

und Assimilation, die er aus Sorge um universelle Gleichförmigkeit ablehnt (dazu später mehr). Auch wenn die Aufklärung Vielfalt begrüßte, so hat sie doch außereuropäische Praktiken und Gesellschaften als minderwertig beurteilt und eingestuft, während sie ihre eigenen Partikularinteressen als gemeinsames Interesse der gesamten Menschheit verallgemeinerte. Darüber hinaus führte die Anerkennung kultureller Differenz und Vielfalt nicht zur Überwindung »normativer Gewalt« (Butler 1999: xx); vielmehr behielten die europäischen Ideale ihre normative Kraft, obwohl sie eine Pluralität von Werten und Prinzipien anerkannten.

Die größte Stärke von Kants kategorischem Imperativ ist, auf der grundlegenden Gleichheit aller moralischen Subjekte zu beharren. Dies geht jedoch mit der Forderung einher, dass der Einzelne sich des Rechts auf Gleichbehandlung erst würdig erweisen muss, indem er das eurozentrische Verständnis von Moral erfüllt; andernfalls sei dieses Recht verwirkt. Gayatri Spivak hat den kategorischen Imperativ daher wie folgt umformuliert: »*mache* aus dem Heiden einen Menschen, so dass er als Zweck an sich behandelt werden kann« (1985: 248). Transzendente Konzepte wie Moral oder Kultur werden mobilisiert, um den gewaltsamen Prozess, der die Kolonisierten humanisieren soll, mit der zivilisatorischen Mission des Kolonialismus zu rechtfertigen (Spivak 2014: 133 f). Dabei werden der ökonomische Imperativ des Kolonialismus und der genozidale Rassismus verschleiert. Charles Mills (2017a: 99) hat gezeigt, dass der kategorische Imperativ zwar die Achtung der Menschenwürde fordert, aber die Mitglieder der »weißen Rasse«[17] die einzigen Individuen sind, die von Kant als »Personen« anerkannt werden. Folgt man also Mills, müsste der »korrekte« kategorische Imperativ nach Kant eigentlich wie folgt lauten: »Handle so, dass du die weiße Rasse (die ursprüngliche ›Menschheit‹), ob in deiner eigenen Person oder in der Person irgendeines anderen weißen Individuums, immer zugleich als Zweck, niemals bloß als Mittel behandelst. Angehörige anderer Rassen können als bloße Objekte behandelt werden« (ebd.). Sowohl Spivak als auch Mills analysieren die »normative Gewalt« des kategorischen Imperativs. Beide lehnen es jedoch ab, Kant zu »canceln«, da sie sich für die Rettung der kantischen Ideale der universellen Gleichheit und der Idee des Menschen als Selbstzweck einsetzen. Sie zielen darauf ab, diese Prinzipien von ihren diskriminierenden Implikationen zu befreien.

Viertens hält auch die angebliche religiöse Toleranz der Denker des 18. Jahrhunderts, die als einer der wichtigsten Aspekte ihrer antiimperialistischen Hal-

17 Der Kant-Forscher Dieter Schönecker argumentiert, dass für Kant neben den weißen Europäern auch »Mauren (Mauretanier aus Afrika), die Araber (nach Niebuhr), der türkisch-tatarische Volksstamm und die Perser« zur »weißen Rasse« zählten. Siehe http://www.telospress.com/how-white-is-kants-white-race-after-all/

tung hochgehalten wird, einer genaueren Überprüfung nicht stand. Hier lohnt es sich, den Blick auf Kants antisemitische Fantasien zu richten (Mack 2003). Dies ist besonders aufschlussreich angesichts der aktuellen Kontroversen über den »postkolonialen Antisemitismus«. In »Kant's Jewish Problem« analysiert Susan Meld Shell (2009: 332) Kants Verhältnis zu seinen jüdischen Gesprächspartnern, unter ihnen Marcus Herz, Moses Mendelssohn und Lazarus Bendavid, die für die Verbreitung seines Denkens in den 1770er Jahren von zentraler Bedeutung waren. Königsberg war eine wichtige Stadt für die aufgeklärten jüdischen Eliten Berlins, die Kant regelmäßig dort besuchten, da dieser sich bekanntlich nie in Berlin aufhielt. Im Anschluss an die Französische Revolution wurde Kants Haltung gegenüber dem Judentum in seinen späten Schriften immer ablehnender. Während Mendelssohn als gläubiger Jude die Koexistenz der Jüd:innen als Minderheit innerhalb einer größeren bürgerlichen Gemeinschaft hochhielt, war Kant Anhänger eines auf der Fortschrittsidee basierenden Geschichtsbildes und vertrat den christlichen Substitutionsgedanken, demzufolge der Bund Gottes mit Israel auf das Christentum übergegangen sei (Shell 2009: 312). Dementsprechend erwartete Kant, dass die aufgeklärten jüdischen Vordenker wie Herz, Kants Leibarzt und sein engster intellektueller Korrespondent während der Arbeit an der *Kritik der reinen Vernunft*, jüdische Christen werden würden. Während Shell relativierend anmerkt, dass Kants Stereotypen über jüdische Menschen nicht so gravierend gewesen seien wie der Antisemitismus von Johann David Michaelis oder Johann Gottlieb Fichte, argumentiert Paul Rose (1992), dass Kant und Herder die intellektuelle Grundlage für einen »revolutionären Antisemitismus« gelegt hätten. Rose sieht darin eine säkulare Form des Judenhasses, die sich um den Gedanken konstruiert, dass die deutsche Nation und die Menschheit im Allgemeinen vor den Juden und dem Judentum geschützt werden müssten. Michael Mack (2003: 4) argumentiert ähnlich, wenn er davon spricht, dass Kant die »Entjudung des Christentums« anstrebe. Im Kontext dieses säkularisierten Begriffs des Christentums verkörpern die Jüd:innen für Kant »alles, was den Aufbau eines vollkommenen Staatskörpers im Hier und Jetzt behindert« (Mack 2003: 4). Mendelssohns Weigerung, zum Christentum zu konvertieren, ist hier exemplarisch. Kant versichert, dass Mendelssohn mit seiner Weigerung »wahrscheinlicher Weise sagen wollte: Christen, schafft ihr erst das Judenthum aus Eurem eigenen Glauben weg: so werden wir auch das unsrige verlassen.« (SF, AA 7 [1798]: 52) Statt den Antisemitismus im Allgemeinen und den nationalsozialistischen Antisemitismus im Besonderen als eine Reaktion auf die Aufklärung zu betrachten, wie es Horkheimer und Adorno taten, bringt Mack (2003: 1) den Antisemitismus der Aufklärer selbst ans Licht. Er zeigt auf (ebd.: 3), dass für Kant »die Juden den Gegensatz zur Reinheit der Vernunft darstellten: Sie verkörperten die Unreinheit der empirischen Wirklichkeit«. Obwohl er dem biblischen Schöpfungsbericht nicht widersprach und den gemeinsamen Ursprung der Menschheit akzeptierte, habe Kant die Juden als verdorben und korrumpiert angesehen (Mack ebd.: 40).

In ähnlicher Weise skizziert J. Kameron Carter (2008: 81), wie Kant in der *Anthropologie in pragmatischer Hinsicht* (Anth, AA 7 [1798]) die *Judenfrage* mit der *Rassenfrage* verbindet, um eine moderne politische, rassische und theologische Weltordnung zu entwerfen, in der eine vollkommene Rasse, nämlich die weiße, die Vorherrschaft ausübt. Zugleich wird dabei das Christentum als die rationale Religion der Moderne konstruiert. Die Juden gelten Kant hingegen als »rassisch« Fremde, als die Anderen im Innern, die im preußischen Staatswesen und unter den weißen Völkern Europas präsent sind. Die Juden, so Kant, sind die »unter uns lebenden Palästiner« (Anth, AA 7 [1798]: 100), wobei er das »abendländische Weißsein« dem »orientalischen (palästinensischen) Judentum« gegenüberstellt (Carter 2008: 104). Die Juden sind Kant zufolge als »Kaufleute« »durch ihren Wuchergeist seit ihrem Exil [...] in den nicht ungegründeten Ruf des Betruges gekommen« (Kant Anth, AA 7 [1798]: 205 f). Kant (ebd.) vermutet, dass die »Ursprünge dieser sonderbaren Verfassung« der Juden auf ihre Religion und ihre Schrift zurückzuführen seien, die sie an die materielle Welt versklaven würden (Carter 2008: 105). Anstatt für ihre Aufnahme dankbar zu sein, würden die Juden »ihren Verlust durch die [...] Überlistung des Volks, unter dem sie Schutz finden [...], ersetzen« (Kant Anth, AA 7 [1798]: 205). Im Gegensatz zu den weiter entfernten »fremden, nicht-weißen Rassen« lebe der »jüdische Rassenfremde« aber in Europa; genau deshalb löste das *Judentum* bei Kant solche Ängste aus, schließlich könnten die Jüd:innen den politischen Körper des Abendlandes kontaminieren (Carter 2008: 105). Aus dieser Sorge leitet sich Kants Anliegen ab, die bürgerliche Gesellschaft neu zu konzipieren, um die Präsenz des Orients im Abendland zu regulieren.

Im Gegensatz zu Fichte, der Bürgerrechte für Jüd:innen prinzipiell ablehnte, forderte Kant sie dazu auf, dem Beispiel Bendavids zu folgen und sich zu »postjüdischen *Menschen*« zu entwickeln, um so Teil des universellen Gemeinwesens zu werden, was sie erst für volle Bürgerrechte und Teilhabe an der politischen Moderne qualifiziere (Rose 2014: 41). Bendavid, der glaubte, in jüdischem Interesse zu handeln, versuchte, gemeinsam mit Kant ein politisches Gemeinwesen zu entwerfen, in dem Jüd:innen einen Platz finden können, sofern sie zur Konversion bereit sind (ebd.: 42). Die Schrift *Etwas zur Charakteristik der Juden*, die Bendavid 1793 verfasste, gilt als einer der umstrittensten Texte der *Haskalah*, der jüdischen Aufklärung. Darin argumentiert Bendavid, dass Jüd:innen nur durch Enthauptung für die Staatsbürgerschaft in einem aufgeklärten Staat tauglich gemacht werden könnten (ebd.: 15). Um Jüd:innen mit der Vernunft und ihren Bürgerrechten zu versöhnen, greift Bendavid auf Kants normativen Rahmen zurück, führt anstelle des traditionellen Gegensatzes von Juden und Christen aber zwei vermeintlich säkularere Unterscheidungen ein, nämlich die zwischen Juden und *Bür-*

gern sowie die zwischen Juden und *Mensch* (ebd.: 29–30). Die Schwierigkeit, dem Judentum einen Platz in Kants Menschenbild einzuräumen, wurzelt in der Verschränkung von bürgerlichen und moralischen Vermögen. So bemerkt etwa Sven-Erik Rose (2014: 30): »Als eine funktionierende ethische Gemeinschaft, die sich der Assimilation an die universelle Ethik der kantischen Humanität widersetzt, markieren die Juden die Möglichkeit einer Grenze für dieses vermeintlich universalistische Moralprojekt.« Die Juden gelten als ein Stachel im Fleisch des kantischen Universalismus. Ihre Assimilation an das aufgeklärte Gemeinwesen und die »Menschheit« ist nur durch die Transformation ihrer moralischen Andersartigkeit möglich. Nur wenn sie sich in »postjüdische *Menschen*" verwandeln, können sie »moralischer Mensch« und »politischer Bürger« werden (ebd.: 41). Letztlich besteht die »Therapie« des jüdischen »Problems« darin, den Patienten loszuwerden (ebd.: 42). Wie Elad Lapidot (2020) treffend beobachtet, wird nach der Shoah nicht mehr nur das Denken »*gegen* Juden«, sondern immer häufiger schon das Nachdenken »*über* Juden« als antisemitisch aufgefasst. Der Antisemitismus verschärft sich aber gerade dadurch, dass die Figur des »Juden« im politischen und kritischen Denken ausradiert wird.

Als Antwort auf die These, Kants Antikolonialismus wurzele in seiner Wertschätzung kultureller und religiöser Vielfalt, möchte ich hervorheben, dass Kant zwar für einen Glaubenspluralismus im öffentlichen Raum eintrat, zugleich aber Bendavids Vorschlag lobte, die Juden sollten »öffentlich die Religion Jesu annehmen«, was letztlich zur »Euthanasie *des Judenthums*« führen würde (Kant SF, AA 7 [1798]: 53). Kant rief dabei nicht zu Gewalt gegen Juden auf, setzt sich aber dafür ein, dass es durch die Annahme von Jesus als moralischem Lehrer nur noch einen Hirten und nur noch eine Herde geben solle (Carter 2008: 118). Die Konversion zum Christentum beendete die »Judenfrage« jedoch keineswegs, denn die Motive der konvertierten Juden, nun des Verrats an ihren eigenen Werten für schuldig befunden, wurden mit Argwohn beäugt (Shell 2009: 333). Auch Aamir Mufti zeigt, dass sich das Dilemma der europäischen Aufklärung in der »Judenfrage« kristallisierte. Obwohl die Figur des kultivierten (*gebildeten*) und assimilierten deutschen Juden scheinbar die universellen Ideale der Aufklärung von religiöser Koexistenz und Toleranz verkörperte und die Vorstellung von einer »gemeinsamen rationalen und moralischen Natur aller Menschen« zu bestärken schien, stellte die »Judenfrage« zugleich eine Krise des säkularen liberalen modernen Staates dar (Mufti 2007: 43). Das »Tolerieren« der jüdischen Existenz und das Eintreten für die jüdische Emanzipation in der Aufklärung vermochten die Spannung zwischen der normativen Idee des Bürgersubjekts und der Figur des »Juden«, der sowohl Kosmopolit als auch Bürger ist, »weder Außenseiter noch einer von uns« (ebd.: 51), nicht zu lösen. Das paradoxe Verhältnis der Jüd:innen zur Aufklärung besteht darin, dass ein Jude seine Identität sowohl bejahen als auch verneinen muss, will er

Bürger eines aufgeklärten Staates sein, dessen Untertanen mehrheitlich Christen sind. Daraus ergibt sich, so Mufti, »das Paradoxon der jüdischen intellektuellen Verbundenheit mit und Kritik an der Aufklärung und ihrem Erbe« (ebd.: 56).

Bedauerlicherweise wird der Antisemitismus der Aufklärung in der Kant-Forschung kaum thematisiert. So erwähnt zum Beispiel Kleingeld (2011: 117) Kants Antisemitismus und seine Theorie der Nationalcharaktere nur am Rande und weist auf den Mangel an wissenschaftlicher Literatur zu diesem Thema hin. Betrachtet man die Aufklärung als ein »begriffliches Laboratorium« (Rose 2014: 15), aus dem einflussreiche Grundsätze hervorgingen, die bis in unsere Zeit hineinwirken, dann ist es riskant, den Einfluss von Kants Antisemitismus zu übersehen. Wenn die Verteidiger:innen Kants schließlich die angebliche Toleranz der Aufklärung gegenüber kultureller und religiöser Vielfalt betonen, blenden sie aus, dass die Kategorie »Religion« selbst ein koloniales Konstrukt ist. Erst vor dem Hintergrund der Universalisierung des christlichen Religionsverständnisses konnten die polytheistischen Glaubenssysteme der Indigenen den kolonialen Forschern als ein monolithischer »Glauben« erscheinen (Asad 1993, 2003; van der Veer 2001). Zudem bedeutete die bloße Anerkennung religiöser Vielfalt noch lange nicht, dass das Christentum nicht als die höchste Form oder das Wesen von Religion glorifiziert worden wäre (van der Veer 2001: 49). Die Anerkennung kultureller und religiöser Vielfalt durch die Aufklärer als Beweis für ihren Antiimperialismus heranzuziehen, verstellt jedoch den Blick auf die ideologische Funktion religiöser Toleranz in kolonialen Diskursen. Auch Kants Befürwortung des Monogenismus gegenüber dem Polygenismus ist im Kontext seines christlichen Glaubens zu verstehen und ist deshalb kein Beleg dafür, dass er der Gleichheit der »Menschenrassen« verpflichtet gewesen wäre.

Ein genauerer Blick auf die Schriften Diderots lässt ähnliche Zweifel an dessen Glaubwürdigkeit als anti-imperialistischer Verteidiger der Unterdrückten aufkommen. Doris Garraway hat in einer scharfsinnigen Analyse gezeigt (2009: 209), wie französische Philosophen wie Lahontan und Diderot strategisch die Kolonisierten als lautstarke Kritiker:innen der europäischen Kolonialherrschaft vorschoben, um so eine verdeckte Kritik an ihren eigenen Missständen zu artikulieren. Im Gegensatz zu Spivaks Subalternen, die nicht sprechen können, schufen die Philosophen der französischen Aufklärung[18] die Figur des »sprechenden Eingeborenen«, um den Kolonialismus, das Christentum, die französische Politik, soziale Praktiken und moralische Ordnungsvorstellungen scharf anzugreifen (ebd.: 209). Diderot machte seine Leser:innen immer wieder auf die Problematik

18 Spivak kritisiert die Behauptung von Foucault und Deleuze, dass unterdrückte Gruppen für sich selbst sprechen können, und warnt davor, die Verantwortung der Repräsentation aufzugeben, da »es kein unvertretbares subalternes Subjekt gibt, das sich selbst kennt und für sich sprechen kann« (1994a: 80–81).

des rhetorischen Mittels der *Prosopopöie* aufmerksam, bei der ein Autor (der europäische Philosoph) mit dem (europäischen) Publikum kommuniziert, indem er als eine andere Person (als kolonisierter Indigener) spricht. Politisch und moralisch riskante Argumente konnten so durch den sprechenden Eingeborenen vorgetragen werden, wodurch die Zensur durch den strategischen Einsatz der *Prosopopöie* umgangen wurde. Gleichzeitig enthüllte Diderot durch Karikaturen und parodistische Imitationen insgeheim den wahren Urheber der Argumente (ebd.: 231). Diese fiktionalen Inszenierungen, die in kritischen Momenten der französischen Kolonialexpansion entstanden, ließen zwar symbolisch den »wilden Kritiker« zu Wort kommen, ohne ihn aber deshalb als kritisches Subjekt zu ermächtigen. So gibt etwa Mira Kamdar (1990: 99) zu Bedenken, dass in der Inszenierung des einheimischen Subjekts der Aufklärer zwar vorgibt, den Indigenen eine Stimme zu geben, aber letztlich nur für sich selber spricht und damit die europäische Handlungsfähigkeit privilegiert. Paradoxerweise ist es gerade diese wohlwollende Darstellung der einheimischen Stimme auf der Bühne der Weltgeschichte, die sie letztlich verstummen lässt (ebd.). Die rhetorische Opposition der europäischen Aufklärer gegen den Kolonialismus war also insofern irreführend (Garraway 2009: 210), als die Funktion des »wilden Kritikers« nicht etwa darin bestand, ein Ende der kolonialen Beziehungen zu fordern, sondern lediglich für einen reformierten, »aufgeklärten Kolonialismus« zu werben. Zwar berief er sich auf das Mitgefühl der europäischen Leser:innen für das Leiden der Indigenen, der Widerstand wurde aber nicht in der Sprache der Indigenen, sondern in der Sprache der universellen Vernunft artikuliert (ebd.: 234). Diese Europäisierung des »wilden Kritikers«, der als eloquenter Vertreter der Aufklärung inszeniert wird, konterkariert aber gerade die Radikalität des antikolonialen Widerstands. Trotz der Aufforderung, die Waffen gegen die europäischen Despoten zu erheben, wird der Kolonialismus letztlich als Motor der Zivilisation im Namen des Handels rehabilitiert (ebd.: 237).

Diderots Aufruf zum Aufstand war Teil einer Strategie, die Kolonialherren zu Reformen zu zwingen und zugleich die Massen im eigenen Land zu inspirieren, sich gegen die moralische und soziale Ordnung des *Ancien Régime* zu erheben (ebd.). So wurden inländische Klassenkämpfe und politischer Dissens gegen ungerechte Herrschaft auf die außereuropäische Welt projiziert. Die rhetorische Verteidigung der Kolonisierten festigte das Selbstverständnis der Aufklärung als Verfechterin eines kosmopolitischen Humanitarismus und universeller Rechte (ebd.: 238). Die Forderung der Aufklärung, die Universalität humanistischer Werte wie Gleichheit, Freiheit und Vernunft anzuerkennen, diente als Alibi für klassenspezifische Forderungen nach politischem Wandel (ebd.). Dabei nutzten die französischen Aufklärer den Deckmantel der Solidarität mit den unterdrückten Indigenen, um die ethische Gültigkeit ihrer Theorien von universeller

Vernunft, individueller Freiheit und wirtschaftlichem Austausch zu etablieren (ebd.: 239). Das Motiv der »aufgeklärten Wilden«, das Versprechen der Befreiung des Menschen durch die Vernunft und der Schein globaler Solidarität verdeckten die repressiven Aspekte der aufklärerischen Ideale von Vernunft, Fortschritt, Eigentum, Bürgerrechten und Freihandel und gaben ihnen so einen emanzipatorischen Anstrich (ebd.). So entstand ein neuer Imperialismus-Diskurs, der seine Legitimität ausgerechnet aus seiner angeblich indigenen Herkunft bezog. Wer also argumentiert, die Aufklärung habe den Universalismus mit kultureller Vielfalt und religiöser Toleranz versöhnt und sei dabei selbstkritisch und selbstkorrigierend gewesen, vernachlässigt den zutiefst imperialistischen Charakter der Positionen Kants und Diderots und verharmlost die Gewalttätigkeit, die ihren Diskursen innewohnt. Nichtsdestoweniger soll nicht unerwähnt bleiben, dass Muthu (2003: 103) überzeugend dargelegt hat, dass Denker wie Kant, Diderot und Herder auf Handelsbeziehungen ohne Ausbeutung als Mittel gegen den Kolonialismus setzten. Wohlmeinende Interpretationen wie die von Muthu erlauben es, die Denker der Aufklärung gegen den Strich zu lesen und die Unterschiede zwischen ihnen herauszuarbeiten.

Trotz der immer neuen Debatten über Kant und sein Verhältnis zu Kolonialismus und Rassismus wird der 300. Jahrestag seiner Geburt am 22. April 2024 als ein Ereignis von globaler Bedeutung diskutiert. Auch mir geht es nicht darum, Kant einfach als rassistisch oder antikolonialistisch abzutun. Vielmehr soll im nächsten Abschnitt das Kernproblem dieses Buches weiter entfaltet werden, nämlich die normativen Dilemmata, die sich einer postkolonialen Auseinandersetzung mit der europäischen kritischen Tradition eröffnen. Angesichts der zentralen Bedeutung Kants für die europäische Aufklärung ist es sinnvoll, sich mit seinen Verteidiger:innen und Kritiker:innen auseinanderzusetzen. Im vorangegangenen Abschnitt habe ich mich auf den Rassismus, Antisemitismus und Sexismus Kants konzentriert, um herauszuarbeiten, wie die Verteidiger:innen der Aufklärung sich auf deren emanzipatorische Ideale berufen, um die postkoloniale Kritik zu diskreditieren, während sie die repressiven Aspekte der Aufklärung als nebensächlich abtun. Ohne eine intensive Auseinandersetzung mit der systemischen Diskriminierung, die die Schriften Kants als eines der wichtigsten Protagonisten der Aufklärung durchzieht, ist es aber unmöglich, die emanzipatorischen Ideale der Aufklärung zu retten. Und genau darum geht es mir, wenn ich mein Unbehagen an den von seinen Verteidiger:innen vorgebrachten Rechtfertigungen Kants ausbuchstabiere.

Kant: Che Guevara des europäischen Antikolonialismus?

Gegen den Rassismus- und Imperialismusvorwurf führen, meiner Ansicht nach, Kants Verteidiger:innen drei Hauptargumente an, um Rassismus, Kolonialismus und Kosmopolitismus voneinander zu trennen: Erstens wird behauptet, dass Kants Schriften über »Rasse« und Geschlecht nur am Rande mit seinem Hauptwerk zu tun haben. Zweitens sei es anachronistisch, Kants Ansichten nach heutigen Maßstäben zu beurteilen. Drittens wird der Blick auf die angebliche Wende in Kants späteren Schriften gelenkt, die eine Abkehr von rassistischen Überzeugungen hin zu einer Verurteilung des Kolonialismus markieren sollen.

Kant-Forscher:innen versuchen oft, zwischen Kants »philosophischen« Überlegungen und seinen »Vorurteilen« zu unterscheiden, wobei letztere als für sein politisches Denken nebensächlich abgetan werden. In »Kant was a Racist: Now What?« [»Kant war Rassist: Was nun?«] behauptet David McCabe (2019: 7) etwa, dass »Kants Moraltheorie nicht fatal von seinen Ansichten über Rasse infiziert ist«, da die Moralphilosophie in seiner Lesart »[...] eindeutig den gleichen Status für alle vernünftigen Wesen einfordert«. McCabe kommt so zu dem Schluss, dass routinemäßig auf die Ideen von Autonomie und Würde, die auf Kant zurückgehen, zurückgegriffen wird, um entrechtete Individuen und Gruppen zu verteidigen und zu schützen, und zwar auch solche, über die Kant selbst diskriminierende Ansichten hegte. Folglich sollte Kants Moraltheorie von seinen regressiven Auffassungen losgelöst betrachtet werden. McCabe äußert außerdem die Sorge, die Beschäftigung mit Kants rassistischen Meinungen könnte Studierende davon abhalten, sich mit seinen bedeutsameren philosophischen Schriften zu befassen, was letztlich dem Fach Philosophie schaden würde.

Gegen den Vorwurf, Kant sei ein wegweisender Theoretiker des modernen wissenschaftlichen und biologischen Rassismus gewesen, wird entsprechend oft eingewendet, dass seine moralischen und politischen Schriften getrennt von seinen Texten zur physischen Geographie und Anthropologie gelesen werden sollten. So behaupten Katrin Flikschuh und Lea Ypi (2014: 4), dass der Kolonialismus »in Kants philosophischem Werk eine Randerscheinung darstellt«. Im selben Band weist Anthony Pagden (2014) auf Kants inkonsistente Verwendung des Begriffs »Kolonialismus« hin und spricht von einer terminologischen Verwirrung. Kleingeld (2007) und Ypi (2014) argumentieren wiederum, dass Kant die Idee der natürlichen Teleologie im Laufe seines Lebens aufgegeben habe und damit seine Moralphilosophie von seiner Philosophie der Biologie unabhängig werde, so dass Kants Theorien von einer anfänglich kolonialen zu einer zunehmend antikolonialen Haltung herangereift seien. Mari Mikkola argumentiert ähnlich, wenn sie vorschlägt, dass Kants Ansichten zu Frauen, die mit den Theorien über die Gleichheit und Würde des Menschen unvereinbar seien, »ausgeklammert«

oder »isoliert« werden sollten (2011: 105, 107). Auch wird argumentiert, dass Kant, wenn er geschlechtsneutrale Begriffe wie »*Mensch*« verwendet, damit auch Frauen meine, die er also durchaus als gleichberechtigt ansehe. Wie Kleingeld (2019: 14) jedoch zeigt, müssen wir tatsächlich davon ausgehen, dass der allgemeine Begriff, sofern nicht explizit anders angegeben, sowohl Frauen als auch Nicht-Weiße von Kants Überlegungen zu Autonomie und Menschenwürde ausschließt, bei denen er in erster Linie weiße, bürgerliche Männer im Sinn hatte. Diese Beispiele verdeutlichen, wie schwierig es ist, Kants Rassismus und Sexismus zu entschuldigen.

Obwohl die Denker der Aufklärung ganz unterschiedliche Ansichten über die Ursprünge der menschlichen »Rassen« und die Folgen unterschiedlicher Ernährung und Klima-Einflüsse, der Hautfarbe und der gesellschaftlichen Praktiken hatten, stellt der nigerianische Philosoph Emmanuel Chukwudi Eze (1997b: 5) fest, dass »die Philosophie der Aufklärung maßgeblich an der Kodifizierung und Institutionalisierung sowohl der wissenschaftlichen als auch der populären europäischen Vorstellungen über die menschliche Rasse beteiligt war«. Vom Klimadeterminismus über den Polygenismus bis hin zum orientalischen Despotismus – viele Rassenvorstellungen und Taxonomien waren eine Erfindung der »großen« Denker der Aufklärung. Kant ist zweifellos einer der Gründerväter des wissenschaftlichen Rassismus und dabei sicherlich kein Gelegenheitstäter (Eigen/Larmore 2006). In den »Betrachtungen über das Gefühl des Schönen und Erhabenen« bemerkt er etwa (GSE, AA 2 [1764]: 255): »dieser Kerl war vom Kopf bis auf die Füße ganz schwarz, ein deutlicher Beweis, daß das, was er sagte, dumm war.« Der Rassismus stützt sich hier nicht nur auf empirische Daten; vielmehr nutzt Kant den »Befund« des Schwarzseins, um seinen wissenschaftlichen Rassismus zu »beweisen«.

Kant (VvRM, AA 2 [1775]) argumentiert, dass alle Menschen *Keime* hätten, die sich je nach den verschiedenen physischen Umgebungen, in die die Menschen eingewandert seien, auf unterschiedliche, aber dauerhafte Weise entwickelt und so verschiedene Zweige der Menschheit mit unterschiedlichen kognitiven und moralischen Fähigkeiten geschaffen hätten. In seiner Klassifikation der moralischen Fähigkeiten stehen die indigenen Amerikaner als völlig unerziehbar ganz unten, während die Afrikaner sich immerhin durch körperlichen Zwang und körperliche Bestrafung zu Sklaven und Dienern »abrichten« ließen (Kant V-Anth/Mensch, AA 25.2 [1781–2]: 1187). Mit Blick auf Indien behauptet Kant, dass »die Hindus« zwar alle wie Philosophen aussähen, tatsächlich aber unfähig seien, abstrakt zu denken und daher nicht als Richter in Frage kämen (ebd.). In seinen Vorlesungen über Physische Geographie von 1782 vermutet er, dass die Völker Indiens unter europäischer Herrschaft viel glücklicher wären (Kant V-PG, AA 26.2 [1782]: 178; Kleingeld 2019: 7) und in den Entwürfen zu seinen Anthropologie-Vorlesungen schrieb er, dass »Amerikaner und N**** [...] sich nicht selbst regieren« können, sie »[d]ienen also nur zu Sclaven« (Kant HN, AA 15: 878) und seien »für« die harten Arbeitsbedingungen auf den sogenannten »Zuckerinseln« wie »geschaffen« (Kant V-PG, AA 26.2: 421). Mills (2018: 13) argumentierte, dass für Kant nur diejenigen, die zur Autonomie fähig sind, nämlich weiße Männer, als »Menschen« im vollen Sinne gelten, während ihm diejenigen (»gebohrene Sclaven«), denen er Würde, Autonomie und Selbstgesetzgebung abspricht, als *Untermenschen* oder Unterpersonen gelten würden. Kant, der Afrika, Asien oder Amerika nie mit eigenen Augen gesehen hat,[19] gab die gängigen Stereotypen und Vorurteile über außereuropäische Völker und Kulturen wieder und lieferte darauf aufbauend eine philosophische Rechtfertigung für die Über- und Unterordnung der »Menschenrassen«, obwohl er zugleich die moralische Gleichheit und die unantastbare Würde aller Menschen verkündete (Eze 1997a: 115, 128–129). Er stellte einen kausalen Zusammenhang zwischen Hautfarbe, Klima, Ernährung und Eigenschaften wie Moral, Intelligenz und Charakter her und kam so zu dem Schluss, dass außereuropäische Völker keine ethischen Prinzipien hätten und ihnen ein vernunftgeleiteter Wille fehle (Kant HN, AA 15: 878). Die einzige »Rasse«, die zum Fortschritt fähig sei, sind seiner Ansicht nach die Europäer:innen: »die Menschheit [...] in ihrer größten Vollkommenheit [ist] in der Race der Weißen« (Kant PG, AA 9: 316).

In Erwiderung auf das Argument, Rassismus und Kolonialismus seien für Kants Denken nebensächlich, zeigt Eze, wie Kant sich sowohl in der »vorkritischen« als auch in der »kritischen« Phase seines Werkes intensiv wissenschaftlich mit dem Thema »Rasse« befasst und auch Vorlesungen dazu gehalten hat (Eze 1997a: 116–19). Der Versuch, Kants Rassentheorien zu trivialisieren, mag von der peinlichen Schwierigkeit herrühren, seine rassistischen und imperialistischen Ideen mit seinen vermeintlich fortschrittlicheren Vorstellungen von kosmopolitischen Rechten, die für das politische Denken der Moderne so zentral geworden sind, in Einklang zu bringen. Es fällt der westlichen philosophischen Tradition schwer, sich einzugestehen, dass selbst bei den besten Aufklärern etwas so grundlegend im Argen liegt. Wie Eze süffisant bemerkt, klingt das, »was man werden soll, um sich der Menschenwürde würdig zu erweisen, sehr nach Kant selbst: weiß, europäisch und männlich« (Eze 1997a: 130).

Kant bekräftigt die Idee der generationenübergreifenden Beständigkeit von Rassemerkmalen, weshalb er die sogenannte »Rassenmischung« ablehnt. Während sich Herder gegen die »Rassenmischung« ausspricht, da sie eine nicht lebensfähige Monstrosität hervorbringe (Kleingeld 2007: 577 f. 12), lehnt Kant

19 Trotz der jahrhundertelangen Anwesenheit von Schwarzen und Migranten in Europa hat der Rassismus in keiner Weise abgenommen, so dass Vorurteile und Hass nicht nur durch den Mangel an direktem Kontakt genährt werden.

(Anth, AA 7 [1789]: 320) die »Zusammenschmelzung verschiedener Rassen« aus Sorge davor ab, dass sie zu einer Verwischung der physischen und psychologischen Unterschiede zwischen den Menschen führen würde. Der Wunsch, die Vielfalt der menschlichen Art zu bewahren, den Muthu als Beweis für Kants antiimperialistische Gesinnung anführt, wurzelt also in einer zutiefst rassistischen Ideologie. Zu den sogenannten »Zigeunern« bemerkt Kant (RGV, AA 6 [1793]), dass sie »aus den Hefen des Volks« stammen würden und trotz ihres dreihundertjährigen Aufenthalts in Europa ihre Abstammung von den »Indier[n]« darin zum Ausdruck komme, dass sie »Taugenichtse« seien (Kant BBM, AA 8 [1785]: 105). Die »Zigeuner« dienten Kant (ebd.) dann auch als Beweis für die Beständigkeit der Rassen. Kants Zeitgenosse Cornelius de Pauw lehnte den Kolonialismus gar mit der Begründung ab, dass die Europäer den »Wilden« so überlegen seien, dass es für die »Primitiven« keine Hoffnung gebe, sie jemals »einzuholen«, was die zivilisatorische Mission zu einer völlig vergeblichen Übung mache (Harvey 2012: 202).

Charles Mills (1997: 70) hat darüber hinaus gezeigt, dass die moderne Moraltheorie und die Rassentheorie gemeinsamen Ursprungs sind: Ein »Rassenvertrag« untermauert den Gesellschaftsvertrag. Für Kant ist die Hautfarbe nicht nur ein physisches Merkmal; vielmehr ist die Fähigkeit, rational zu handeln, »rassisch« bestimmt, so dass letztlich auch unser moralischer Status rassenabhängig ist (ebd.: 53). Kants Egalitarismus in seinen moralischen und politischen Schriften gesteht in Wirklichkeit nur weißen Männern den Status der »Person« zu, eine Spannung oder gar einen Widerspruch zwischen seiner Rassenhierarchie und seinen Prinzipien der universellen Gleichheit gibt es so gesehen also gar nicht. Egalitarismus wird zur »Gleichheit unter Gleichen«, wobei Schwarze und andere Andere ontologisch von den »Früchten« der Aufklärung ausgeschlossen sind (ebd.: 58). Kant, so argumentiert Mills, betrachtet Schwarze und Frauen nicht einfach als unterentwickelte menschliche Wesen; vielmehr sei der Zustand dieser »Untermenschen« für ihn von Dauer und ohne Hoffnung auf »Besserung« gewesen (Mills 2018: 11, Fn 4). Gegen das Argument, Kant habe seine Positionen zur Idee der Menschenrassen revidiert (aber nicht jene zur Geschlechterfrage), wendet Mills ein (ebd.), die von Kleingeld vorgeschlagene Periodisierung impliziere, »dass Kant sich für den Großteil seines beruflichen Lebens zu einer Hierachie der Rassen bekannte und dies sowohl die *Grundlegung* als auch die drei Kritiken miteinschließt« (ebd.). Und, so fragt Mills zurecht, »[s]ollen wir ernsthaft glauben – insbesondere bei einem Philosophen, der gerade für die Strenge und Systematik seines Denkens berühmt ist –, dass diese gehässige Einstufung der Menschheit vom restlichen Werk isoliert war und ohne Auswirkungen auf seine ›kritischen‹ theoretischen Arbeiten in dieser Zeit geblieben ist?« (Ebd.)

Ein weiteres gängiges Argument zur Verteidigung Kants lautet, dass sexistische und rassistische Ansichten im 18. Jahrhundert allgegenwärtig waren und Kant schlicht »ein Kind seiner Zeit« war. So weist etwa David Harvey (2012: 7) darauf hin, dass es anachronistisch sei, den Rassismus, Sexismus und Eurozentrismus der Aufklärer anzuprangern. Er betont außerdem, dass die wahren Befürworter von Sklaverei und Kolonialismus den »naiven« Humanismus und utopischen Egalitarismus der Aufklärer, die behaupteten, dass Afrikaner, amerikanische Ureinwohner und pazifische Inselbewohner eine gemeinsame Menschlichkeit mit den Europäern teilten, verspotteten (ebd.: 7). Wie Kleingeld (2019: 3) hervorhebt, wich Kant jedoch in vielen anderen Punkten von der herrschenden Meinung seiner Zeit ab, so dass es nicht anachronistisch wäre, von ihm zu erwarten, seinen egalitären moralischen Prinzipien treu zu bleiben, statt sich den vorherrschenden sexistischen und rassistischen Ansichten seiner Zeit anzuschließen. Darüber hinaus ist das Argument, Kants Rassismus sei schlicht ein Spiegelbild des Zeitgeistes, nicht stichhaltig, wenn man beispielsweise Kants Zeitgenossen Anton Wilhelm Amo (ca. 1703 bis ca. 1759) betrachtet, der der erste schwarze Akademiker und Philosoph in Deutschland war und in Jena und Wittenberg lehrte. 1734 verteidigte Amo an der Universität Halle in Sachsen seine in Latein verfasste philosophische Dissertation mit dem Titel »Über die Unbeweglichkeit des menschlichen Geistes«. Im Anhang befindet sich ein Widmungsschreiben des Rektors der Universität Wittenberg, Johannes Gottfried Kraus,[20] der den »natürlichen Genius« Afrikas, seine »Wertschätzung für die Gelehrsamkeit« und seinen »unschätzbaren Beitrag zur Kenntnis der menschlichen Angelegenheiten« und der »göttlichen Dinge« lobte.[21] Im Gegensatz zu Kant disqualifiziert und entwertet Kraus Amo nicht aufgrund seiner Hautfarbe, was verdeutlicht, dass sich Kants Rassismus nicht allein aus dem Zeitgeist heraus erklären lässt.

Gegen das Argument, Kant sei eben ein Produkt seiner Zeit gewesen, gibt auch Robert Bernasconi (2003: 14) zu bedenken, dass sein Zeitgenosse Johann Friedrich Blumenbach gegen einige von Kants rassistischen Äußerungen über die Tahitianer Einspruch erhob, was Kant jedoch nicht dazu veranlasste, diese zurückzunehmen. Kant hatte nämlich durchaus Zugang zu ganz unterschiedlichen Berichten über Nichteuropäer:innen. Er verbreitete aber bewusst Stereotypen, wie sie etwa vom Sklaverei-Apologeten James Tobin propagiert wurden, statt sich auf prominente Gegner der Sklaverei wie etwa James Ramsay zu berufen (Bernasconi 2003: 15; Lu-Adler 2022). Zieht man in Betracht, dass es sich hier um eine der dringlichsten und eben auch kontroversesten Fragen seiner Zeit handelte, müssen wir Kant

20 https://digital.staatsbibliothek-berlin.de/werkansicht?PPN=PPN634497863&PHYSID=PHYS_0023&DMDID=DMDLOG_0001

21 https://opinionator.blogs.nytimes.com/2013/02/10/why-has-race-survived/

dafür, dass er sich nicht gegen die Sklaverei ausgesprochen hat, zur Rechenschaft ziehen. So wie Kant zu vielen moralischen Fragen seiner Zeit geschwiegen hat, rührt das Zögern einiger seiner prominentesten Verteidiger:innen, Kants Rassismus einzugestehen, vielleicht daher, dass in ihren Werken ähnliche Versäumnisse zu beklagen sind. Man denke nur an Habermas' mangelnde Auseinandersetzung mit dem Kolonialismus oder an John Rawls' Schweigen zu Rassismus und Sexismus.

Angesichts der 80 Jahre, die zwischen Kants letzten Schriften und der Berliner Konferenz von 1885/86 liegen, wird manchmal argumentiert, Kants intellektueller Beitrag zum deutschen Kolonialismus werde überbewertet (Flikschuh/Ypi 2014: 3). So schreiben Flikschuh und Ypi (2014: 3): »Selbst die Behauptung, dass Kants Argumente den Interessen der herrschenden Eliten dienen würden, wäre schwer zu begründen, da Preußen keine eigenen Kolonien besaß«. Diese Einschätzung ist aber historisch falsch, da die kolonialen Unternehmungen Brandenburg-Preußens ins späte 17. Jahrhundert zurückreichen und sich bis in die Mitte des 18. Jahrhunderts fortsetzen, als die Brandenburgisch-Afrikanische-Compagnie in den atlantischen Sklavenhandel verwickelt war und »Schutzverträge« mit lokalen Anführern im heutigen Ghana unterzeichnete (van der Heyden 2001; von Mallinckrodt 2016). Auch wenn die deutsche Kolonialzeit offiziell von 1884 bis 1918 reicht, hegten preußische Herrscher wie Friedrich Wilhelm, der in Westafrika, einer Drehscheibe des transatlantischen Sklavenhandels, Fuß gefasst hatte, bereits im 17. Jahrhundert koloniale Ambitionen. Die brandenburgisch-preußischen Kolonialbestrebungen scheiterten nicht an mangelndem Ehrgeiz, sondern daran, dass die Briten, Franzosen und andere europäische Handelskonkurrenten ihre Bemühungen vereitelten.

Der enge Kolonialismusbegriff von Flikschuh und Ypi verstellt den Blick sowohl auf die einflussreiche Rolle des von deutschen Indologen produzierten orientalistischen Wissens (Pollock 1993), als auch auf die dem Kolonialreich vorausgehenden deutschen »Kolonialphantasien« (Zantop 1997), die koloniale Diskurse über Deutschland hinaus beeinflussten. Obwohl das Kaiserreich vor 1884 keine offiziellen staatlichen Kolonien besaß, hatten deutsche Diskurse bereits einen tiefgreifenden Einfluss auf die globale Kolonialpolitik. Meiner Ansicht nach sprengt der Einfluss von Kants rassistischen und imperialistischen Schriften die engen Grenzen, in die seine Verteidiger:innen diesen Teil seines Werkes einhegen wollen. Genauso wie kritische Diskurse über universelle Menschenrechte, transnationale Gerechtigkeit und globale Demokratie heute oft als Alibi für neokolonialistische Vorgehensweisen fungieren, beschönigt der kantische Kosmopolitismus die bittere Natur des Imperialismus.

Angesichts der eindeutigen textlichen Beweislage räumen seine Verteidiger:innen inzwischen selbst ein, dass Kant anfänglich rassistische Überzeugungen geäußert hat, argumentieren aber, dass er seine Meinungen zu Sklaverei, Kolonialismus und Rassenhierarchie später revidiert habe, was von seinen Kritikern aber nicht beachtet werde. So behauptet Kleingeld beispielsweise, dass Kant seine Position in den 1790er Jahren »verbesserte« und in der Mitte seiner »kritischen« Periode anfing, an der »Rassenidee« zu zweifeln (2007: 575). Sie räumt ein, dass Kant in seinen frühen Schriften die Sklaverei befürwortete und die Rassenhierarchie verteidigte, doch anstatt Kant als »konsequenten Inegalitaristen« abzutun, sieht sie ihn als »inkonsistenten Universalisten« (ebd.: 576) oder jüngst als »inkonsistenten Egalitaristen« (2019: 11). Meiner Ansicht nach sind Kants frühe Gedanken über die Hierarchie der »Rassen« jedoch nicht verschwunden, sondern wurden innerhalb des Kosmopolitismusdiskurses lediglich neu kalibriert, wobei er seine Theorie an eine neue Phase des Imperialismus anpasste. Wie bereits erwähnt, gab Kant das Konzept der »Rasse« als biologische oder moralische Kategorie tatsächlich nie auf und lehnte die »Rassenvermischung« mit Nachdruck als unnatürlich ab (Kant HN, AA 15: 878), etwa wenn er behauptete, »Halbschlächtige (muli) taugen nicht viel« (Kant HN, AA 15: 598). Trotz aller Widersprüche und Ungereimtheiten hält Kant die »Rasse« weiter für eine unveränderliche biologische Tatsache, die nicht durch Erziehung oder andere Faktoren beeinflusst werden kann. Folglich wird die normative Gleichheit den Schwarzen und den Indigenen Amerikas weiter vorenthalten und sie werden unterschiedlich behandelt (Lu-Adler 2022).

Außerdem sollte man Kants Rassismus im Zusammenhang mit seinem Sexismus lesen, mit seinen misogynen Gedanken über die Unfähigkeit der Frauen zur Vernunft und ihren Mangel an moralischem Charakter (Kant Anth, AA 7:3030-330). In einer neueren Publikation stimmt sogar Kleingeld (2019: 3) zu, dass Kant in der Frage des Sexismus nie ins Zweifeln kam und dass die Tugenden, die Kant den nicht-weißen Völkern zugesteht, sich nur auf Männer und nicht auf nicht-weiße Frauen beziehen. Kant zufolge teilen »Kinder, wilde, Weiber« (Kant HN, AA 15: 101) und auch »Kinder, gemeine Leute, [und] Wilde« (Kant HN, AA 15: 693) eine gemeinsame Disposition, was auf die Überschneidung von Rassismus und Sexismus in seinen Schriften hindeutet. Sind Kants Rassismus und sein Sexismus aber untrennbar miteinander verbunden, dann bedeutet der Umstand, dass Kant zwar seine Meinung über den Intellekt und den Charakter der Nichteuropäer geändert, aber seine Position über die Unfähigkeit der Frauen zur Vernunft nicht revidiert hat, dass er auch seine Überzeugung von der Überlegenheit weißer Männer und der Unterlegenheit nicht-weißer Frauen nie zur Disposition gestellt hat.

Trotz gegenteiliger Belege wird Kant also weiter als egalitärer und emanzipatorischer Denker verteidigt, der darauf bestanden haben soll, dass Menschen eine moralische Verpflichtung hätten, sich nicht als minderwertig degradieren zu lassen (Muthu 2003; Flikschuh/Ypi 2014). Kants Kosmopolitismus und seine Idee der Aufklärung sollen von seinen Überlegungen zum Widerstand gegen die Knechtschaft geprägt worden sein. Dabei wird aber außer Acht gelassen, dass Kants Einspruch gegen die Brutalität des europäischen Kolonialismus durch seine entschiedene Ablehnung antikolonialer Revolutionen relativiert wird (Pagden 2014: 38, 40–41). So hielt Kant koloniale Eroberungen für unanfechtbar, selbst wenn das Territorium mit Gewalt erworben wurde (Kant TP, AA 8 [1793]: 306, 299). Gerechtigkeit als Wiedergutmachung lehnte er ab und sprach sich dementsprechend auch gegen die Berichtigung historischen Unrechts aus. Er argumentierte, die Berufung auf vergangene Missstände behindere nur den Aufbau von Vertrauen zwischen den Völkern (ZeF, AA 8 [1784]: 344; MS, AA [1797]: 346). Kant verurteilte zwar die Vertreibung indigener Völker durch die Kolonisierung ihres Landes, sei dies aber einmal geschehen, hätten die Ureinwohner kein Recht mehr, sich gegen die Missstände kolonialer Herrschaft aufzulehnen und für ihre eigene Selbstbestimmung zu kämpfen (Kant TP, AA 8 [1793]: 301). Folgt man dieser Logik, sind für Kant letztlich alle Unabhängigkeitsbewegungen illegitim und selbst die von Gandhi und Mandela initiierten antikolonialen politischen Bewegungen wären als unrechtmäßig abzulehnen. Überträgt man seine Ideen auf heutige Probleme, so hätte Kant aktuelle Forderungen nach Reparationen zur Wiedergutmachung der Sklaverei und nach Rückgabe von Raubgut und menschlichen Überresten, die in Museen in ganz Europa ausgestellt sind, sicherlich kategorisch verworfen.

Inés Valdez (2019: 12) und Huaping Lu-Adler (2022) kommen anhand historischer und textlicher Belege zu dem Schluss, dass es Kant, als er 1795 zum ersten Mal koloniale Konflikte kritisierte, nicht um das Leiden der Kolonisierten unter der Herrschaft der europäischen Kolonialmächte oder um die gegen die Indigenen ausgeübte Diskriminierung und wirtschaftliche Ungerechtigkeit ging. Vielmehr sei es ihm um innereuropäische Konflikte in den Kolonien gegangen, die die europäische Stabilität und den dauerhaften Frieden bedrohten. Obwohl Kant prinzipiell nichts gegen einen »heilsamen Widerstande« und den konventionellen innereuropäischen Krieg einzuwenden hatte, war er besorgt über den britischen Expansionismus und die brutalen kolonialen Konflikte mit anderen europäischen Mächten wie Frankreich (Kant IaG, AA 8 [1784]: 26). Seine Sorge war, dass diese Gewalt letztlich auch zu einer Ausweitung von Konflikten auf europäischem Gebiet führen könnte (Valdez 2019: 48, Lu-Adler 2022). Kants Befürchtungen scheinen sich in dem zu bewahrheiten, was Arendt, Césaire, Fanon und DuBois später den »Bumerang-Effekt« nennen sollten, dass nämlich die Gewalt aus den Kolonien nach Europa zurückkehrt. Die Tatsache, dass Deutschland nach dem Ersten Weltkrieg von anderen europäischen Mächten seiner Kolonien beraubt wurde, ist zum Beispiel eng mit dem Aufstieg des Nationalsozialismus verknüpft. Dabei ist bemerkenswert, dass Kant die Themen Krieg und internationale Politik nur indirekt ansprach, um die Briten nicht zu provozieren (Valdez 2019: 35). Valdez (2017) argumentiert, dass Kants Anti-Kolonialismus mit hierarchischen Ansichten über menschliche »Rassen« koexistierte, weshalb seine Verurteilung der Gewalt gegen Nichteuropäer:innen und der Brutalität der europäischen Eroberung ihn nicht dazu veranlasste, nichteuropäische Gesellschaften als »rassisch« gleichwertig zu akzeptieren. Auch Lu-Adler (2022) kommt zu dem Schluss, dass Kant den Kolonialismus nicht etwa aufgrund der Anerkennung der Menschlichkeit außereuropäischer Völker verurteilte, sondern aus Sorge um den dauerhaften Frieden unter den Europäer:innen.

Angesichts der sich hartnäckig haltenden Ansicht, Kant habe die rassistischen Ideen aus dem Frühwerk in seinen späteren Schriften revidiert, ist es unerlässlich, sich mit den Spannungen zwischen dem Bruch und der Wiedereinschreibung der Rassenhierarchie im frühen und späteren Werk Kants zu befassen. Frühere Vorstellungen von »Rasse« verschwinden in den späten Schriften von Kant nicht, sondern werden im Kosmopolitismus-Diskurs überlagert und umgestaltet. Für Kleingeld ist der kantische Kosmopolitismus mit dem Kolonialismus unvereinbar, da Kant Nicht-Weißen einen vollen juristischen Status zugestand, der sie etwa in die Lage versetzen würde, verbindliche Verträge zu unterzeichnen (2007: 586). Wer sich aber weigerte, die Legitimität des kolonialen Rechts anzuerkennen und sich dagegen auflehnte, wurde von Kant zum rechtlosen und ungerechten Feind erklärt. Während Kleingeld (2019: 8) das folgende Zitat als Beleg für Kants Anti-Kolonialismus und seine Ablehnung der Rassenhierarchie liest, möchte ich zu bedenken geben, dass Kant sich hier mehr um die mangelnde Rentabilität der Sklaverei als um die Not der Sklaven zu sorgen schien: »Das Ärgste hiebei [...] ist, daß sie dieser Gewaltthätigkeit nicht einmal froh werden, da alle diese Handlungsgesellschaften [d.h. die europäischen Staaten] auf dem Punkte des nahen Umsturzes stehen, daß die Zuckerinseln, dieser Sitz der allergrausamsten und ausgedachtesten Sklaverei, keinen wahren Ertrag abwerfen« (Kant ZeF AA 8 [1795]: 359). Welche Position hätte Kant wohl eingenommen, wenn die Sklaverei auf lange Sicht wirtschaftlich vorteilhaft gewesen wäre und sich die Handelsbeziehungen zwischen den europäischen Staaten in den Kolonien verbessert hätten?

Kleingeld (2007: 591–592) schlägt vor, dass Kants angeblicher Sinneswandel durch die Überarbeitung seiner biologischen Theorie veranlasst worden sein könnte. Wie oben dargelegt, hat Kant die Idee der »rassischen Konstanz«, d.h. der Rasse als einer konkreten und stabilen Kategorie, aber nie aufgegeben (Lu-Adler 2022). Es ist unwahrscheinlich, dass Kant plötzlich seine Voreingenommenheit und seine Vorurteile überwand und einen Zustand der Rassenneutralität oder sogar des post-rassistischen Denkens erreichte, den Begriff der »Rasse« als biologische Kategorie aber dennoch beibehielt. Nur weil die meisten Aufklärer den Polygenismus ablehnten und eine grundsätzliche Artengleichheit der Menschheit behaupteten, bedeutet das noch lange nicht, dass sie ihren Glauben an die hierarchische Ordnung der »menschlichen Rassen« aufgaben. Kant war offenbar eher einer monogenetischen christlichen Version des Menschheitsursprungs verpflichtet als dem Polygenismus (Mills 2018: 7). Kants Ablehnung des Polygenismus und seine Befürwortung des Monogenismus machen ihn aber noch lange nicht zum Anti-Imperialisten.

Selbstverständlich haben sich auch Kants Ideen im Lauf der Zeit verändert und jede Interpretation seines Werkes muss diese Entwicklung berücksichtigen. Es gibt jedoch weder einen textlichen Beleg dafür, dass Kant seine Gedanken zur Rassenhierarchie bedauerte, noch hat er jemals erklärt, warum er seine früheren Positionen revidiert hat. Hätte Kant seine vorherigen rassistischen Überzeugungen widerrufen wollen, hätte er sich von seinen früheren Schriften distanzieren können, als sie 1797 und 1799 neu aufgelegt wurden, was er aber nicht tat (Bernasconi 2011: 300). Anders als viele seiner Zeitgenossen verurteilte Kant auch die Institution der Sklaverei nicht und trat auch nicht für ihre Abschaffung ein (ebd.: 303). Das lässt den Zusammenhang, den Kants Verteidiger:innen zwischen seiner Opposition gegen den Sklavenhandel und seinem Verzicht auf eine Rassenhierarchie herzustellen versuchen, fraglich erscheinen (ebd.: 304). So erklärte Kant seinen Studenten: »Die Mandigoer sind unter allen N**** bis zum Gambiastrom die allerbeliebtesten, weil sie die arbeitsamsten sind. Diese sucht man vorzüglich zu Sklaven, weil diese in der größten Hitze Arbeit vertragen, die kein Mensch aushalten kann.« (Kant V-PG, AA 26.2: 1080) Mit der Behauptung, »kein *Mensch*« könne angeblich die Hitze ertragen, die die Mandinka ertragen könnten, schließt Kant die Mandinka aus der Kategorie »*Mensch*« aus.

Wie bringen Kants Verteidiger:innen seine rassistischen Äußerungen mit dem Bekenntnis zur moralischen Gleichheit in Einklang? Ist es wirklich möglich, dass Kant einerseits davon ausging, Schwarze Menschen seien der Autonomie fähig und als menschliche Wesen Selbstzweck, er aber andererseits behauptete, die Mandinka, eine westafrikanische ethnische Gruppe, seien gute Sklaven? Und wie ist mit der Tatsache umzugehen, dass Kant eine Gruppe unterstützte, die sich gegen die Abschaffung der Sklaverei aussprach, und dass er noch 1788 die Sklaverei befürwortete? (Bernasconi 2011: 300). Postkoloniale Denker:innen weigern sich jedenfalls, Kants rhetorische Opposition gegen den Kolonialismus einfach für bare Münze zu nehmen. Europas Selbstverständnis als Verfechterin eines kosmopolitischen Humanismus und Garantin des Versprechens nichtausbeuterischer Handelsbeziehungen auf der Grundlage der Pluralität menschlicher kultureller Werte verschleiert die genozidale, rassistische und sexistische Gewalt des Kolonialismus. Im Namen der Solidarität mit den unterdrückten Indigenen versicherten sich Aufklärungsphilosophen wie Kant der ethischen

Gültigkeit ihrer Theorien von universeller Vernunft, individueller Freiheit und wirtschaftlichem Austausch. Um es noch einmal zu sagen: Das Versprechen einer imaginären globalen Solidarität dient dazu, die repressiven Aspekte der Aufklärung zu verschleiern. Diese historischen Einsichten sind lehrreich für das Verständnis zeitgenössischer westlicher Diskurse über Kosmopolitismus und Humanitarismus, insbesondere für die aktuelle Artikulationen transnationaler Solidarität im Kontext der sogenannten »Flüchtlingskrise« oder der »Black Lives Matter«-Bewegung (mehr dazu in Kapitel 4). Bevor wir zum Schluss kommen, wollen wir die Behauptung, der kantische Kosmopolitismus sei ein Gegenmittel gegen Rassismus und Kolonialismus gewesen, noch einer letzten Prüfung unterziehen, denn hier liegt der Kern jener Argumente in der zeitgenössischen politischen Theorie und Philosophie, die die Aufklärung von einem verbrecherischen Erbe freisprechen wollen.

Kolonialismus, Kapitalismus, Kosmopolitismus

Die Europäische Union, so wird oft behauptet, ist die beispielhafte Manifestation des Kantischen Kosmopolitismus und der Genfer Konvention (Benhabib 2004: 31–35). Angesichts des weitreichenden Einflusses des kantischen universellen Rechts auf Hospitalität lohnt es, sich kritisch mit den blinden Flecken dieser Doktrin auseinanderzusetzen. Die unterschiedliche Behandlung von syrischen und ukrainischen Geflüchteten sowie die Haltung des Westens zur humanitären Krise in Gaza während des Krieges zwischen der Hamas und Israel seit 2023 wird erneut als Beweis für den Verrat an der Aufklärung angeführt. Während die postkoloniale Welt den Westen wegen seiner Doppelmoral anprangert, mobilisiert sie ihrerseits die Prinzipien der Aufklärung wie Menschenrechte und Völkerrecht, um Frieden und Gerechtigkeit zu fordern, wie im Fall des von Südafrika am 29. Dezember 2023 vor dem Internationalen Gerichtshof eröffneten Verfahrens gegen Israel (worauf ich in Kapitel 5 näher eingehe).

In diesem Abschnitt werde ich in vier Punkten meine Einwände gegen die These zusammenfassen, der kantische Kosmopolitismus sei im Kern antikolonial. Erstens werde ich die Verbindung zwischen internationalem Recht, kolonialer Gewalt und globalem Kapitalismus untersuchen. Zweitens werde ich darlegen, wie Kants Idee des »ungerechten Feindes« die Souveränität indigener Völker verletzt. Drittens werde ich argumentieren, dass Kants Begriff der »herrenlosen Dinge« die europäische Besetzung und Enteignung der Eingeborenen rechtfertigt. Schließlich werde ich vor dem Hintergrund von Kants rassebezogenem Inegalitarismus untersuchen, warum er den Nichteuropäer:innen nicht ausdrücklich kosmopolitische Rechte zugesteht.

Die Frage »Wer finanzierte die Aufklärung?« ist entscheidend für das Verständnis der Verbindung zwischen Moderne, Kolonialismus und Kapitalismus (Poovey 2010; Baucom 2010). Die wechselseitige Beziehung zwischen Kapital, Recht und Kolonialismus rechtfertigte Gewalt gegen diejenigen, die als Feinde der internationalen Ordnung galten, weil sie keinen Staat, keinen Senat und keine Staatskasse besaßen (Baucom 2010: 337). Ian Baucom zufolge nimmt diese Verflechtung von Recht, Geld und Gewalt, in der jedes der drei Elemente die anderen beiden vermittelt, durch Kants Konzept des Kosmopolitismus eine formale philosophische Gestalt an und wird zu einem globalen Imperativ oder zur universellen Regel. Das Geld knüpft sein Netz um den Globus und bringt das internationale Recht mit sich. In dem Maße, in dem Geld als konvertierbare Recheneinheit den Austausch über nationale Märkte hinaus vermittelt, ermöglicht es auch internationales Recht (ebd.: 341). Wird Geld akkumuliert, muss die Gewalt der souveränen Macht entsprechend ausgeweitet werden, um es zu schützen. Die Lösung dieses Problems heißt Imperialismus (Baucom 2010: 343).[22] Schon Marx (Mega II 1.2 [1857–58]: 424) diagnostizierte die dem Kapitalismus innewohnende expansionistische Tendenz: »Das Capital treibt seiner Natur nach über jede räumliche Schranke hinaus. Die Schöpfung der physischen Bedingungen des Austauschs – von Communications- und Transportmitteln wird also für es [das Kapital] in ganz andrem Maasse zur Nothwendigkeit – die Vernichtung des Raums durch Zeit«.

Der Kreislauf der von Geld und Gesetz getragenen Gewalt muss sich zwangsläufig gegen diejenigen richten, die außerhalb oder jenseits der zivilisatorischen rechtlichen und wirtschaftlichen Ordnung stehen (Baucom 2010: 350). Zwar wies Kant in *Zum ewigen Frieden* [1795] noch auf die Grenzen des staatlichen Vorrechts hin, Krieg gegen seine Feinde zu führen, in der *Metaphysik der Sitten* [1797] betont er dann aber verblüffenderweise, dass »[d]as Recht eines Staats gegen einen ungerechten Feind [...] keine Grenze [hat]« (Kant MS, AA 6 [1797]: 349).[23] Kant er-

22 Baucom argumentiert, dass diese konzeptionelle Maschinerie von den nationalen Sicherheitsbehörden der USA nach dem 11. September 2001 wiederbelebt wurde, um »eine Theorie und Praxis des internationalen Rechts, des globalen Krieges und des spekulativen Kapitals ungeniert miteinander zu verknüpfen« (2010: 337).

23 Im Zusammenhang mit den jüngeren Diskussionen über Schutzverantwortung und humanitäre Interventionen weist Mathew Altman (2017: 187) darauf hin, dass es in Anlehnung an den kantischen Kosmopolitismus allgegenwärtig sei, militärische Interventionen in totalitären Staaten und die Durchsetzung des Völkerrechts im Namen des Schutzes der Rechte von Weltbürgern zu legitimieren. Altman führt das Beispiel von Habermas an, der trotz seines Engagements für Diskursethik sowohl den von den USA geführten Golfkrieg 1991 (Habermas 1990) als auch die NATO-Invasion im Kosovo 1999 (Habermas 1999) unterstützte. Die Rechtfertigung für den ersten war für Habermas notwendig, um die UNO zu unter-

wähnt in diesem Zusammenhang ausdrücklich Hirten- und Jagdvölker wie die »Hottentotten« am Kap, die »Tungusen« und »die meisten amerikanischen Nationen« und warnt davor, dass Europäer:innen deren Land nicht mit Gewalt, sondern nur mit vertraglicher Regelung besiedeln dürften (ebd.: 353). Kant unterstreicht außerdem, man dürfe ihre Unwissenheit nicht ausnutzen (eine äußerst paternalistische Haltung, auf die hier aber zugunsten noch relevanterer Probleme nicht weiter eingegangen werden soll). Zwar kritisiert er einerseits die Praktik, nicht-staatlichen Völkern bürgerliche Verhältnisse und Staatlichkeit aufzuzwingen, andererseits spricht er aber auch von »ungerechten Feinden«, die in einem sinnlosen Naturzustand existieren würden (ebd.: 349). Hier vertritt Kant die Ansicht, dass diese »Wilden« die Pflicht hätten, sich aus ihrer »gesetzlose[n] Freiheit« zu befreien und in die Zivilisation einzutreten (ebd.: 316). Fairerweise muss man sagen, dass Kant im Abschnitt über das Weltbürgerrecht einen Rückzieher macht und die Implikationen seines Begriffs des »ungerechten Feindes« einzuschränken scheint, wenn er dafür plädiert, dass die Europäer anstelle von Gewalt Verträge mit nichtstaatlichen Völkern abschließen sollten. Kants Verteidiger:innen, die seine Betonung von »ehrlichen Abkommen« und »informierter Übereinkunft« hervorheben, worin sich seine revidierte, emanzipatorische Haltung widerspiegeln soll (Kleingeld 2014: 57), scheinen jedoch zu übersehen, dass Kant sich nunmehr in einem Dilemma befindet, denn wie lässt sich mit denjenigen, die die Europäer als »unzivilisiert« betrachten, ein Vertrag abschließen, ohne auf Gewalt zurückzugreifen? Während Kant dafür eintritt, dass diese »gesetzlosen« Menschen nur »durch Vertrag« dem Recht unterworfen werden sollten, macht ihre angebliche Gesetzlosigkeit sie per definitionem unfähig, ein verbindliches Vertragsverhältnis einzugehen, und ihr vermeintlicher Zustand des »Kriegs aller gegen alle« ohne jeden Staat, wirtschaftlichen Austausch oder Vertrag stellt eine Bedrohung für die Freiheit aller Nationen dar (Baucom 2009: 135–136). Dies führt zu der paradoxen Situation, dass der Geltungsbereich von Völkerrecht und Weltbürgerrecht zwar nur auf vertraglicher Grundlage ausgeweitet werde sollte, angesichts der prinzipiellen Unmöglichkeit, die Zustimmung der »[G]esetzlosen« zu erlangen, die Anwendung von Gewalt zur Ausweitung des globalen Handels aber unvermeidlich wird (Kant MS, AA 6 [1797]: 353). Kants Vorstellung von einem *ungerechten Feind* verletzt die Souveränität indigener Völker und stellt einen schlagkräftigen Gegenbeweis zur These eines kantischen Antikolonialismus dar.

stützen und Israel zu schützen (trotz der fast vollständigen Zerstörung von Städten wie Basra und der extrem hohen Zahl an Todesopfern unter der irakischen Zivilbevölkerung) und der zweite, um den Völkermord an ethnischen Albanern zu verhindern.

In Abkehr von seiner vorherigen Position, dass es sich um eine Frage des rationalen Eigeninteresses handele, erklärt Kant den Eintritt in die bürgerliche Gesellschaft jetzt zu einer Pflicht des Weltbürgertums und rechtfertigt damit auch den juristischen Zwang (Shell 2009: 236). Angesichts der Unvermeidbarkeit sozialer Kontakte erlaubt Kant auch, andere zum Eintritt in ein ziviles Arrangement zu zwingen (ebd.: 237). Da es im Naturzustand weder Recht noch Gerechtigkeit gibt (*status iustitia vacuus*), wird der Begriff des Rechts »unausführbar«, auch wenn er nicht einfach aufgegeben werden kann. Somit bleibt nur die Möglichkeit, die bürgerliche Gesellschaft notfalls mit Gewalt zu errichten (Kant MS, AA 6: 231–236). Peter Niesen (2007: 92) fasst Kants Position wie folgt zusammen: »Ist x richtig, so darf Gewalt dann angewandt werden, wenn damit die Verhinderung von x verhindert wird.« Ein Recht zu haben bedeutet *mutatis mutandis*, über die Fähigkeit zu verfügen, andere zwingen zu können, die Ausübung dieses Rechts nicht zu verhindern. Und wenn das Recht nicht friedlich und mit zivilen Mitteln durchgesetzt werden kann, dann ist Gewalt gerechtfertigt (Kant 1991e [1797]: 55–61).

Wie Shell (2009: 238) erläutert, ist die Staatsbildung nach Kant eine Form der »sublimiert[en]« Gewalt (Kant 1991b [1797]: 161), durch die paradoxerweise Gewalt legitim wird. Angesichts der Diskontinuität zwischen dem Individuum und dem internationalen Naturzustand führt Kant das weit auslegbare *»Recht zum Krieg«* (*ius ad bellum*) ein, das die Ausübung von Gewalt dann rechtfertigt, wenn sich ein Staat durch einen anderen Staat verletzt sieht (Kant 1991e [1797]: 152). Der »ungerechte Feind« ist einer, der nach einer Maxime handelt, nach der »kein Friedenszustand unter Völkern möglich, sondern der Naturzustand verewigt werden müßte« (Kant MS, AA 6 [1797]: 349). Shell (2009: 246) kommt zu dem Schluss, dass Kant einen Regimewechsel in solchen »gescheiterten« oder »schurkischen« Staaten unterstützen würde, deren Souveränität also von »respektablen« Mitgliedern der Völkergemeinschaft verletzt werden dürfe. Kants kosmopolitische Fantasie eines Freihandels, der ewigen Frieden garantiert, geht also mit der Bekräftigung des Zusammenhangs zwischen Recht, Gewalt und Geld einher (Baucom 2009: 136). Ein antiimperialistisches Unterfangen ist das sicherlich nicht.

Ein weiterer Widerspruch in Kants angeblich antiimperialistischem Kosmopolitismus ist seine Idee der bedingten Hospitalität. In seiner Diskussion des *Weltbürgerrechts* (kosmopolitische Ethik) sprach Kant von einer entstehenden globalen Öffentlichkeit, in der eine »Rechtsverletzung an einem Platz der Erde an allen gefühlt wird« (Kant ZeF, AA 8 [1795]: 360). Kant diskutiert in diesem Kontext die Rechte und Pflichten derjenigen, die über Grenzen hinweg reisen wollen, und argumentiert, dass alle Weltbürger ein Recht auf Freizügigkeit haben sollten, das er mit der Idee eines »Recht[es] der Oberfläche, welches der Menschengattung gemeinschaftlich zukommt«, begründete (Kant ZeF, AA 8 [1795]: 358). Der Kosmopolitismus wird so zur Leitdoktrin, die die Menschen vor Krieg schützen soll und das kosmopolitische Recht moralisch in das Prinzip der universellen Hospitalität einbettet, welches sowohl die Rechte der Besucher:innen als auch die Pflichten der Einheimischen umfasst. Allerdings betont Kant auch hier, dass die Einheimischen dem Besucher die Hospitalität verweigern dürften, »wenn es ohne seinen Untergang geschehen kann; so lange er aber auf seinem Platz sich friedlich verhält«, dürfen die Einheimischen dem Fremden »nicht feindlich begegnen« (ebd.).

Kants Weltbürgerrecht soll Völker, die nicht in den Geltungsbereich des Völkerrechts fallen, angeblich schützen (Niesen 2007: 94). Der Konflikt zwischen den indigenen Völkern und den europäischen Kolonialherren resultierte aus dem Anspruch auf Erstbesetzung/Erwerb (*prima occupatio*), d.h. die Europäer verlangten von den Indigenen, dass sie die europäische Herrschaft über »herrenloses« Land anerkennen. Kant konterkarierte die europäischen Rechtfertigungen für den Kolonialismus, wonach ein Siedler Anspruch auf ein »herrenloses« Gebiet erheben konnte, indem er sowohl dem Erlaubnisrecht als auch der universellen Hospitalität Grenzen setzte. Nach Kants Weltbürgerrecht gibt es kein Erlaubnisrecht für die Aneignung von fremdem Territorium jenseits der Grenzen des eigenen Staates, was den kolonialen Missbrauch des kosmopolitischen Gedankens verhindert (Niesen 2007: 95–96).

Dieser positiven Interpretation des kantischen Weltbürgerrechts läuft Kants Lehre des Privat- und Eigentumsrechts zuwider. Kant schrieb dem Menschen ein angeborenes Freiheitsrecht zu, aufgrund dessen er einen Gegenstand seiner Wahl in seinen ausschließlichen Besitz nehmen kann. Dies müsse aber mit dem Recht anderer, Eigentum zu erwerben, in Einklang gebracht werden. Kant betont daher die universelle Verpflichtung zum Staatseintritt, der die einzige Möglichkeit darstelle, zwischen widerstreitenden Eigentumsansprüchen zu entscheiden. Meines Erachtens besteht ein enger Zusammenhang zwischen Kants Beharren auf dem Staatseintritt und der Rechtfertigung des Siedlerkolonialismus. Obwohl Kant in der Rechtslehre den europäischen Landerwerb in den Kolonien anprangert, betont er zugleich die moralische Notwendigkeit des Staatseintritts, die bedingungslos gelte und auch zwangsweise durchgesetzt werden dürfe (Flikschuh 2017: 41). Zwar lehnt Kant Versuche der europäischen Siedler, die nomadischen Völker in den Kolonien in einen rechtlichen Zustand zu zwingen, kategorisch ab, doch widersprach dies seinem Verständnis des Staatseintritts als universeller »Zwangspflicht«. Kant mahnt, dass die europäische Besiedlung nicht mit Gewalt, sondern nur durch vertragliche Übertragung erfolgen dürfe. Um Vertragspartner zu sein, müssten die Nomaden aber rechtlich gleichgestellt sein, was nur durch den Staatseintritt möglich sei. Flikschuhs Behauptung, dass Nomaden, weil sie keine wechselseitigen Eigentumsansprüche stellen, von der Pflicht zum Eintritt in den staatlichen Zustand ausgenommen seien, überzeugt nicht, denn Kant billigt ja ausdrücklich, dass europäische Siedler mit Nomaden vertragliche Geschäfte abschließen. Dies impliziert, dass auch letztere sich in der Sphäre der Eigentumsrechte und damit der Eigentumskonflikte und des bürgerlichen Rechts bewegen.

Nach meiner Lesart wird der Staatseintritt in dem Moment unumgänglich, in dem Nomaden Eigentumsrechte und die Befugnis zur vertraglichen Übertragung zugestanden werden. Im Gegensatz zu Flikschuh würde es meiner Meinung nach dem Universalitätsanspruch des kantischen Denkens widersprechen, wenn er Nomadenvölker von der moralischen Notwendigkeit des Staatseintritts einfach ausnehmen und ihnen ein Leben in »äußerlich gesetzloser Freiheit« (Kant RL, AA 06 [1797]: 307) zugestände, das zugleich aber mit Eigentumsrechten einhergehen würde. Die Ersterwerbsansprüche der nicht sesshaften Hirtenvölker stehen damit im Widerspruch zu ihrer Ausnahmestellung hinsichtlich der Verpflichtung zum Staatseintritt. Eigentums- und Territorialrechte kann es außerhalb der bürgerlichen Gesellschaft nicht geben. Infolgedessen können Nomadenvölker ohne Staatseintritt nicht Partei einer vertraglichen Übertragung sein. Kants Kosmopolitismus und sein Beharren auf dem Staatseintritt konvergieren insofern, als sie beide den europäischen Kapitalismus und Kolonialismus mit der Idee des Privateigentums als zugrundeliegender Rechtfertigung favorisieren. Tatsächlich betont Kant immer wieder, dass diejenigen, die ihre Pflicht, den Naturzustand zu verlassen und in den bürgerlichen Zustand einzutreten, verletzen, »im höchsten Grade Unrecht [tun], indem sie in einem Zustande sein und bleiben [...] wollen, der kein rechtlicher ist« (ebd.: 307 f). Ausnahmen von dieser universellen Norm würden ihre Gültigkeit und Legitimität verwirken. Obwohl Kant den europäischen Landerwerb in den Kolonien zu kritisieren und kulturelle Unterschiede in Bezug auf Land- und Eigentumsvorstellungen in außereuropäischen Gesellschaften zu berücksichtigen scheint, läuft die Universalität der Pflicht zum Staatseintritt letztlich auf eine Rechtfertigung des Siedlerkolonialismus und der Aneignung von »herrenlosem« Land hinaus. Die Pflicht zur bürgerlichen Gesellschaft hängt mit Kants Verständnis des *Staates* als sittlicher Notwendigkeit zusammen. Für Kant war es eine moralische Pflicht, aus dem ungeregelten Naturzustand in den Rechtszustand überzutreten. Ausnahmen und Einschränkungen der universellen Idee würden das gesamte Gedankensystem sprengen und es wäre nicht mehr möglich, transnationalen Handel zu rechtfertigen. Jedes Mal, wenn Kant-Forscher:innen auf eine Inkonsistenz in der kantischen Theorie stoßen, scheinen sie deren Anspruch auf die universelle Gültigkeit ihrer Normen auszusetzen und Ausnahmen zu fordern. Ein anschauliches Beispiel dafür liefert der Streit um die Zuständigkeit des IStGH für den Gazastreifen. In Kapitel 5 werde ich darlegen, warum die kantischen Normen der Souveränität und des Völkerrechts bewahrenswert sind, aber einer Neubewertung im Sinne des Postkolonialismus bedürfen.

Auch der Umstand, dass Kant von einem Recht auf einen vorübergehenden Besuch sprach, dieses Recht aber nicht das Privileg eines dauerhaften Aufenthalts gewährt, wird als ein weiterer innovativer Aspekt des Weltbürgerrechts angesehen. In Anbetracht der Tatsache, dass die typischen Nutznießer der Hospitalität europäische Entdecker, Missionare, Händler und Verwalter waren, wird argumentiert, dass Kant die Indigenen vor europäischem Missbrauch schützte, indem er die Hospitalität als ein Recht auf vorübergehenden Aufenthalt, das sogar die Möglichkeit der Ausweisung vorsah, formulierte (Niesen 2007: 90). Niesen argumentiert dann auch, es ginge beim Kosmopolitismus nicht nur um ein Prinzip der Weltbürgerschaft oder um den Schutz für Arme und Bedürftige, die Zuflucht suchen. Vielmehr richte sich Kants Idee des Rechts auf Hospitalität gegen koloniale Enteignung.

Benhabib (2004) denkt diese Interpretation des Kosmopolitismus als Kritik des europäischen Kolonialismus weiter und richtet ihr Augenmerk auf die Rolle der Hospitalität beim Flüchtlingsschutz. Kant sprach ausdrücklich nur Personen, die Bürger von Staaten waren, kosmopolitische Rechte zu. In Bezug auf Staatenlose argumentierte Kant hingegen, dass ein Souverän das Recht habe, ihnen jeglichen Schutz zu entziehen und sie »innerhalb seiner Grenzen vogelfrei zu machen« (Kant MS, AA 6 [1797]: 338). Ob solche staatenlosen Personen dann als Träger kosmopolitischer Rechte in Frage kommen, muss Spekulation bleiben, da Kant diese Frage nicht direkt angesprochen hat. Benhabib (2004: 31–35) sieht in Kants Regelung, einer gefährdeten Person das Recht auf Hospitalität zu gewähren, einen Vorläufer des Grundsatzes der Nichtzurückweisung der Genfer Konvention (*principe de non-refoulement*). Darüber hinaus handelt es sich um ein grundlegendes Prinzip des Völkerrechts, das die gewaltsame Rückführung von Geflüchteten oder Asylsuchenden in ein Land verbietet, in dem sie der Verfolgung ausgesetzt sein könnten (Altman 2017: 194). Für Benhabib verkörpert die EU mit ihren Idealen des Föderalismus, offener Grenzen und supranationaler Rechte die praktische Manifestation der kantischen Weltbürgerschaft.

Angesichts der Notlage der Geflüchteten kritisieren andere die EU hingegen dafür, nicht kantisch genug zu sein (Gani 2017: 428). Es wird dann betont, dass Hospitalität für Kant einen Rechtsanspruch aller Menschen darstelle und nicht etwa bloß ein Ausdruck von Nächstenliebe oder Philanthropie sei. Während Kant also in seinen Überlegungen zur internationalen Hospitalität die Europäer als »inhospitale (die Einheimischen verletzende)« (Kant ZeF, AA 8 [1795]: 358) Fremde in den Mittelpunkt stellte und die missbrauchten Einheimischen nicht in den Blick nahm, konzentrieren sich zeitgenössische Wissenschaftler:innen bei ihren Überlegungen zur Ethik der Hospitalität vor allem auf die unwillkommenen

Fremden wie Migrant:innen und Geflüchtete. Niesen argumentiert, dass Kants bedingte Hospitalität eigentlich versuche, außereuropäische Einheimische vor europäischen Besuchern zu »schützen«, heute aber als Diskriminierung von Nicht-Europäer:innen missverstanden werde. Auch Benhabib (2004: 37) räumt selbstkritisch ein, dass ihre Argumente anachronistisch seien: Kant sei es nicht um Geflüchtete gegangen, sondern um die Regulierung der europäischen Kolonisatoren, und sein Kosmopolitismus habe sich daher gegen »das Bestreben der Europäer:innen, den Kontakt mit anderen Völkern zu suchen und sich die Reichtümer anderer Teile der Welt anzueignen«, gerichtet.

Jasmine Gani argumentiert, dass Kant, wenn er Nichteuropäer:innen nur als Einheimische und nicht als Besucher:innen behandelt, »es versäumt, eine Epistemologie der Hospitalität für den nichteuropäischen Besucher anzubieten« (2017: 443). Da Gesetze nach Kants Ansicht nur auf diejenigen angewendet werden können, die zur Vernunft fähig seien, und da für ihn nicht-weiße Menschen der Vernunft ermangeln und daher außerhalb der »zivilisierten Normen« stehen, habe er sich nicht die Mühe gemacht, sie in seine Überlegungen zum Weltbürgerrecht einzubeziehen (ebd.: 444). Möglicherweise ist dies der Grund, warum die nichtweißen »Besucher:innen«, die in der Erkenntnistheorie der Aufklärung keinen rechtlichen oder moralischen Stellenwert haben, nicht in dieses von Kant vorgeschlagene Prinzip der universellen Hospitalität einbezogen wurden.

Paradoxerweise werden die Einschränkungen der Hospitalität, die ja den europäischen Missbrauch in den Kolonien eindämmen sollten, nun als Waffe eingesetzt, um Nichteuropäer:innen das Recht auf Gastfreundschaft zu verweigern (ebd.: 444). Die Abschaffung der *Mare Nostrum* Such- und Rettungsaktionen der EU im Mittelmeer verstößt nicht nur gegen Kants Bestimmung, dass Reisenden, deren Leben gefährdet ist, die Einreise nicht verweigert werden darf, sondern auch gegen die Pflicht der Einheimischen, den Anspruch der Reisenden auf Hospitalität zumindest anzuerkennen, selbst wenn er letztendlich abgelehnt wird (ebd.). Angesichts der Tausenden von Geflüchteten, die an den Grenzen von Europa sterben, stellt Gani (ebd.: 445) die Frage, ob die Migrationspolitik der EU »tatsächlich eine Verletzung der kantischen Hospitalität darstellt, die sie aufrechtzuerhalten vorgibt, oder ob sie in Wirklichkeit nicht vielmehr ein verheerend akkurates Spiegelbild seines Weltbürgerrechts ist, dass zur Frage der ›Rasse‹ schweigt«.

Die Verteidiger:innen Kants, die in seiner Idee des Kosmopolitismus einen Beweis für seinen Antikolonialismus sehen wollen, müssen sich mit diesen Widersprüchen auseinandersetzen, insbesondere angesichts der sogenannten »syrischen Flüchtlingskrise«. Der Zustand der Heimatlosigkeit und des Exils hat die Prinzipien der Hospitalität und des Kosmopolitismus, die von Philosophen wie Habermas (2011) zu den Grundwerten der Europäischen Union gezählt werden, wieder ins Zentrum unserer Aufmerksamkeit gerückt. Als sich die »Flüchtlingskrise« verschärfte, setzte Deutschland die Anwendung der Dublin-Verordnung bekanntlich aus und öffnete seine Grenzen; diese »Willkommenskultur« war jedoch nur von kurzer Dauer. Die Uneinigkeit innerhalb der EU über das Ausmaß der europäischen Verantwortung angesichts der humanitären Krise, das Brexit-Votum, die »schmutzigen Deals« zwischen der EU und der Türkei, die Geflüchtete daran hindern sollten, Europa zu erreichen und die Dämonisierung von Geflüchteten als Menschen, die die europäische Hospitalität nicht verdienen würden, sind allesamt Beweise für das unvollendete Projekt der Entkolonialisierung Europas. Ein ernüchterndes Beispiel für dieses Scheitern ist die fortgesetzte Instrumentalisierung der Geschlechterpolitik zur Dämonisierung postkolonialer Migrant:innen, sei es durch das Burkini-Verbot oder die Forderung nach der Abschiebung von »rapefugees«, einer extrem rassistischen Wortschöpfung.[24] Die sexuellen Übergriffe einiger männlicher Migranten in der Silvesternacht 2015 in Köln gelten als Wendepunkt, der dazu beigetragen hat, dass der Konsens über die Aufnahme einer großen Zahl von Geflüchteten in Deutschland geschwächt wurde.

Obwohl einige deutsche Feminist:innen[25] gegen die Wiederverwendung rassistischer Stereotypen über die angeblich frauenfeindliche islamische Kultur, viktimisierte muslimische Frauen und aggressive arabische Männlichkeit protestierten, unterstützten viele Deutsche, Männer wie Frauen, die Abschiebung straffälliger männlicher Geflüchteter und befürworteten verpflichtende Kurse, die muslimischen Männern »Respekt vor Frauen« beibringen sollen. Dadurch wird der Rassismus effektiv unter dem Deckmantel des Feminismus verschleiert.[26] Leider wurde der zunehmenden sexistischen, rassistischen und xenophoben Gewalt gegen Migrantinnen und geflüchtete Frauen nicht die gleiche kritische Aufmerksamkeit zuteil. Antirassistische, postkoloniale und dekoloniale wissenschaftliche und aktivistische Praktiken scheinen in diesen erregbaren Zeiten der Sicherheit und Versicherheitlichung unerhört zu bleiben. Muslimische Immigrant:innen werden als Bedrohung liberaler Werte, insbesondere der Gleichheit der Geschlechter, wahrgenommen, die die Europäer:innen angeblich hochhalten. Die geschlechtsspezifische Verletzlichkeit wird dabei als legitimierendes Narrativ mobilisiert, um nicht-westliche Menschen und Kulturen als frauenfeindlich und gewalttätig bloßzustellen, was die europäische Gesellschaft

24 Der Slogan »Rapefugees not welcome« wurde von der rechtsextremen Gruppe Pegida (Patriotische Europäer gegen die Islamisierung des Abendlandes) in Deutschland geprägt.

25 https://reclaimfeminism.org/ (Zugriff am 14. November 2016).

26 http://www.emma.de/artikel/fluechtlingewas-jetzt-passieren-muss-330655 (Zugriff am 14. November 2016).

von jedem Verdacht auf Sexismus oder Heterosexismus befreit. Die unterschiedliche Behandlung von syrischen und ukrainischen Geflüchteten, wobei letztere aufgrund »gemeinsamer europäischer Werte« als würdiger angesehen werden, ist ein lehrreiches Beispiel für die Wankelmütigkeit der kosmopolitischen Prinzipien Europas und seiner Verlautbarungen.

Die Leerstelle in Kants kosmopolitischer Ethik, in der Nichteuropäer:innen nicht als Subjekte des Weltbürgerrechts in Frage kommen, könnte durch Derridas Konzept der »unbedingten Gastfreundschaft« ergänzt werden. In seiner dekonstruktiven Lesart spürt Derrida den Elementen der Feindseligkeit nach, die den kantischen Überlegungen zur Hospitalität innewohnen, und spricht in Anlehnung an Kants »bedingte Hospitalität« von »Hostipitalität« (also feindseliger Hospitalität) (Derrida 2000b: 3, 15). Angesichts der Tatsache, dass die Hospitalität sogenannten »Missetätern« verweigert werden kann, wie etwa den männlichen Geflüchteten in Deutschland, denen vorgeworfen wird, ihre Gastgeber nicht zu respektieren, indem sie »deren« Frauen angreifen, hätte Kant die Abschiebung solcher »Störenfriede« wahrscheinlich unterstützt, die als Bedrohung für die Ordnung und Sicherheit in Europa wahrgenommen werden. In seiner scharfsinnigen Analyse von Kants inkonsistenter Ethik schlägt Derrida vor, dass eine wahrhaft kosmopolitische Ethik absolute Gastfreundschaft voraussetzt, die bedingungslos ist und somit nicht davon abhängen dürfe, dass die Gäste bestimmte Kriterien oder Pflichten erfüllen, um sie zu erhalten (Derrida 2003: 66). Dies strukturiert die Beziehung zwischen den Gastgeber:innen (die vielleicht unvorbereitet und schlecht ausgerüstet sind) und den Gästen (die möglicherweise unerwartet und uneingeladen erscheinen) neu. Nur wenn die Gastgeber:innen (*l'hôte*) zur Geisel (*l'ôtage*) der Gäste werden, sind Mitgefühl und Nähe möglich (Derrida 2000b: 9, 17–18). Es sind die Gäste, die die Gastgeber:innen ethisch machen, und wenn man Gastgeber:in spielt, muss man das Risiko der Gastfreundschaft akzeptieren, indem man die Herrschaft über sein Haus aufgibt (ebd.: 10–14).

Die Anwesenheit postkolonialer Migrant:innen ist zu einem Prüfstein für Europas Bekenntnis zu den Idealen der Humanität und des Kosmopolitismus geworden. Im Gegensatz zu Derridas Ideal beruht das europäische System zur Behandlung von Geflüchteten darauf, festzustellen, wer das Recht hat, die Festung Europa zu betreten (und damit auch das Recht zu leben), und wer es nicht hat. Die Kategorie der »verdienstvollen« Geflüchteten, die sich integrieren können, um »gute« Bürger:innen zu werden, wirft kritische Fragen zur Ethik in der postkolonialen Welt auf. Um der allgegenwärtigen Ernüchterung über die erhabenen Prinzipien der Aufklärung entgegenzuwirken, müssen die Normen des Kosmopolitismus und des Humanismus vor dem zynischen Ansatz der EU-Migrationspolitik gerettet werden. Die immer wiederkehrenden Bootskatastrophen im Mittelmeer sind eine düstere Erinnerung daran, dass nicht nur die Migrant:innen, sondern auch die Ideale der Aufklärung im postkolonialen Europa gefährdet sind. Die »inhospitale« Politik der EU-Länder ist keine Verirrung des Kosmopolitismus, sondern ein Beispiel für sein gewalttätiges Gesicht. Ironischerweise werden ausgerechnet postkoloniale Geflüchtete und Migrant:nnen zu Vollstreckern der Prinzipien der Aufklärung und zu Agent:innen der Entkolonialisierung Europas, indem sie Europa an seine Verpflichtung gegenüber den Idealen des Kosmopolitismus und des Humanismus erinnern.

Mission Impossible: Die Aufklärung dekolonialisieren

Wie in diesem Kapitel dargelegt, kritisierten die Denker der Aufklärung in der Tat gelegentlich die Exzesse und Verbrechen des europäischen Kolonialismus, auch wenn die meisten von ihnen zutiefst von der europäischen Überlegenheit und den Tugenden der Vernunft sowie vom Fleiß und der Moral des weißen Mannes überzeugt waren und den kommerziellen Kolonialismus konsequent förderten. Nur wem dies nicht als Merkmale einer rassistischen und imperialistischen Haltung gilt, kann das Denken des 18. Jahrhunderts für egalitär und fortschrittlich halten. Dies deutet auf eine grundlegende Meinungsverschiedenheit hinsichtlich des Verständnisses von Rassismus und Imperialismus hin. Wie ich gezeigt habe, passten die Denker der Aufklärung ihre Ideen und Theorien ständig an die sich rasch verändernde Situation in den Kolonien an, ohne deshalb aber notwendigerweise ihre euro- und androzentrischen Positionen aufzugeben. So waren auch die Versuche, die Sklaverei rechtlich durch Gesetze zu regulieren, wie etwa im Fall der westindischen Sklavenhalter, Teil einer größeren Anstrengung, das koloniale Projekt fortzuführen und auszuweiten. Das Ziel bestand darin, Wege zu finden, wie »die Emanzipation das koloniale Unternehmen aufrechterhalten und sogar vorantreiben« konnte (Agnani 2013: 140).

Ihre Verteidiger:innen verweisen bekanntlich auf die Anti-Sklaverei-Bewegung als Paradebeispiel für die antiimperialistischen Impulse der Aufklärung. Trotz der weit verbreiteten Verurteilung der Brutalität der Sklaverei, die gegen die Grundsätze der Autonomie, Freiheit und Gleichheit verstieß, wurde die Sklaverei aber lange Zeit als »notwendiges Übel« verteidigt (Harvey 2012: 155–156). Auf Grundlage wirtschaftlicher und klimatischer Notwendigkeiten wurde beispielsweise argumentiert, dass weiße Arbeiter:innen das tropische Klima und die übermäßige Hitze nicht überleben könnten. Die hohe Sterblichkeitsrate der Europäer:innen sollte die Versklavung von Afrikaner:innen rechtfertigen, die als immun gegen das Klima in den Kolonien galten. Die unmenschliche Behandlung und die brutalen Bedingungen, die den Tod von Tausenden von versklavten Menschen zur Folge hatten, führten aber nicht dazu, dass die Sklaverei abgeschafft wurde (ebd.: 165). Die hochtrabende Rhetorik, dass versklavte Menschen durch den Kontakt mit Europäer:innen von zivilisatorischen Einflüssen profitieren könnten, verschleierte die Vorteile der Sklaverei für die europäische Wirtschaft und den europäischen Lebensstandard. Je wichtiger die Plantagenwirtschaft für Europa wurde, desto stärker beeinflusste das Kolonialkapital die europäische Politik (Robinson 1983). Dies war ein Vorläufer der Globalisierung, des Neoliberalismus und des Aufstiegs der Unternehmerklasse.

Nach der Französischen Revolution wurde die »Erklärung der Menschen- und Bürgerrechte« zwar ins Kreolische übersetzt und allen Männern über 18 Jahren in Saint-Domingue zugänglich gemacht, zugleich wurde aber garantiert, dass die französische Verfassung nicht auf die Kolonien angewandt werden würde (Agnani 2013: 141), um die Interessen der weißen Pflanzer zu schützen. Eine konsequente Einlösung des universellen Charakters der Menschenrechte hätte die wirtschaftlichen Interessen der Pflanzer natürlich massiv gefährdet (ebd.: 145). Dies ist ein treffendes Beispiel für das, was Partha Chatterjee (2011: 250) die Regel der kolonialen Differenz nennt, nämliche das imperiale Vorrecht, »die koloniale Ausnahme« zu erklären, und so die Kolonisierten von einer angeblich universellen Norm auszuschließen.

Nach ihrer Abschaffung in den britischen und französischen Kolonien wurde die Sklaverei durch das rücksichtslose System der *Indentur*, eine Form der Vertrags- oder Schuldknechtschaft, ersetzt. So wurde die europäische Selbstdarstellung als »human« symbolisch untermauert und zugleich lieferte das Fortbestehen des Sklavenhandels in Afrika eine weitere Rechtfertigung für die Kolonisierung des Kontinents. Auch wenn der Abolitionismus immer wieder als Beispiel für die emanzipatorischen Impulse der Aufklärung angeführt wird, würde ich ihn eher als Teil der Strategie der Europäer:innen verstehen, sich mittels der Freiheits- und Menschlichkeitsdiskurse als ethische Subjekte zu inszenieren. So diente der Aufruf zum Boykott von Waren aus der Sklavenproduktion etwa dazu, die Europäer:innen moralisch zu entlasten und als aufgeklärte Konsumenten in ein gutes Licht zu rücken. Solche paternalistischen humanitären Bemühungen bildeten den Kern des ideologischen Konstrukts eines »verantwortungsvollen« Imperialismus.

Im Gegensatz zu Muthus Lesart skizziert Agnani, wie auch Diderots Antikolonialismus letztlich von der Vision eines einvernehmlichen Kolonialismus getragen wurde. Während er koloniale Ausbeutung ablehnte und kritisierte, hoffte Diderot, dass die allmähliche Vermischung von Kolonisatoren und Kolonisierten die Handelsbeziehungen festigen würde. Er hoffte auf ein gütiges Imperium oder, wie Agnani es in Anlehnung an Diderot nennt, auf eine *douce colonisation* (*sanfte Ko-*

lonisierung), die effektiver als eine grausame und zwanghafte Form des Kolonialismus sein sollte. Voraussetzung dafür war aber, dass die »Unzivilisierten« die Überlegenheit der europäischen Normen anerkannten und einer für beide Seiten vorteilhaften Vereinbarung zustimmten, die vorsah, dem europäischen Beispiel zu folgen (Harvey 2012: 203). Das Argument, dass die Denker der Aufklärung Differenz und Vielfalt hochschätzten, kann weder darüber hinwegtäuschen, dass die meisten von ihnen sich entschieden gegen die sogenannte »Rassenmischung« aussprachen, weil sie eine Degeneration der weißen »Rasse« fürchteten, noch kann es den Eurozentrismus ihres progressiven Universalismus verbergen. Am Beispiel der »Bibel des Antikolonialismus«, nämlich der *Histoire des deux Indes*, führt Agnani eindrücklich die Ambivalenz der Aufklärung vor, wenn er argumentiert, dass das Buch sowohl Toussaints Antikolonialismus als auch Napoleons imperialen »Eroberungseifer« inspiriert habe (Agnani 2013: 45).

Trotz unzähliger textlicher und historischer Belege für Rassismus, Sexismus, Antisemitismus und Kolonialismus in der Aufklärung gibt es ein konzertiertes Bemühen, diese negativen Aspekte zu ignorieren, abzutun oder auszulöschen und stattdessen eine gutartige, widerspruchsfreie und gesäuberte Theorie zu präsentieren, die versucht, universelle Ansprüche einzulösen und rassistischen Partikularismus zu verschleiern (Bernasconi 2003: 15–16). In diesem Kapitel habe ich versucht, die Denker der Aufklärung für ihre diskriminierenden Ideen zur Rechenschaft zu ziehen, ohne deshalb aber für ihren Boykott einzutreten. Angesichts der gewalttätigen und repressiven Geschichte des modernen europäischen Denkens mag es logisch erscheinen, davon auszugehen, dass Denker wie Kant nicht »gerettet« werden können und sie deshalb sowohl symbolisch als auch buchstäblich vom Sockel gestoßen werden müssen. Doch genau hier geht die postkoloniale Intervention über Neinsagen, Krittelei und eine Politik der Schuldzuweisung hinaus. Wie in den folgenden Kapiteln dargelegt werden soll, sprechen postkoloniale Feminist:innen, wenn es um die Aufklärung und ihr Erbe geht, von einem Ort des Widerspruchs, der nicht umgangen werden kann (Spivak 1989: 208). Ich stimme Spivak zu, wenn sie argumentiert, Bürde und Aufgabe des Feminismus seien in dem Umstand zu finden, dass er der meisterhaften kantischen Artikulation von Kritik als Opposition zum Dogmatismus verpflichtet bleibt (ebd.: 209). Meiner Ansicht nach geht es bei der Dekolonisierung darum, die Aufklärung weder zu negieren noch sie zu übertreffen. Stattdessen sollte Dekolonisierung ein Akt »kritischer Intimität« sein, ein Eingeständnis des Double Bind, dass postkoloniale, queer-feministische Ansätze durch die Aufklärung zugleich beschränkt *und* ermöglicht werden. Die Ambivalenz, mit der sich der postkoloniale Feminismus als kritische Theorie konfrontiert sieht, besteht darin, dass wir »die Struktur, die wir kritisieren, nicht nicht lieben können« (ebd.: 214). Selbst wenn wir also die Aufklärer wie Kant für ihren Antisemitismus, Rassismus und Sexismus anprangern, müssen wir akzeptieren, dass wir ausgerechnet von denen lernen, die wir verurteilen. Wenn der postkoloniale Feminismus in den Denkern der Aufklärung einen Sündenbock findet, beglückwünscht er sich am Ende nur noch zur eigenen Besserwisserei. Im Gegensatz zu dieser oberflächlichen Geste müssen wir anerkennen, dass die unerwarteten Lehren von unseren Gegnern uns paradoxerweise ermächtigen können (ebd.: 215).

Genau diesen Weg schlägt Charles Mills in seinem Versuch ein, Kant zu radikalisieren, indem er einen kategorischen Imperativ vorschlägt, der der Kategorie *race* gegenüber sensibel ist. Trotz seiner vernichtenden Kritik versucht er, Kant zu »retten« und einen Schwarzen radikalen Kantianismus zu entwickeln. Ausgehend von der Frage, ob der Kantianismus einer antirassistischen Rückbesinnung förderlich ist, erläutert Mills, inwiefern sein Projekt in der »afromodernen politischen Tradition« angesiedelt ist. Diese unterscheidet sich vom vormodernen politischen Denken Afrikas, das nicht Schwarz ist, da Kategorien wie »Schwarz« koloniale Erfindungen seien. Mills verbindet Schwarzen Marxismus, Schwarzen Nationalismus und Schwarzen Feminismus, um einen »Schwarzen radikalen Liberalismus« (Mills 2018: 2) zu artikulieren. Eine feministische und sozialistische Revision des Kantianismus kann sich auf Kants eigene Proklamation der drei »rechtlichen, von ihrem Wesen [als Staatsbürger] unabtrennlichen Attribute« stützen – also auf »gesetzliche *Freiheit*«, »bürgerliche *Gleichheit*« und »bürgerliche *Selbstständigkeit*« (Kant MS, AA 6 [1797]: 314), um Sexismus und Kapitalismus zu bekämpfen. Die kantischen Ideale von Autonomie, Rechtsstaatlichkeit und Kosmopolitismus werden von Mills also »*im Lichte* einer durch rassische Herrschaft strukturierten Moderne« (Mills 2018: 3) neu gedacht. Afromodernes Denken stellt die emanzipatorischen Prinzipien der euro-modernen Tradition nicht nur in Frage, sondern greift auch auf sie zurück und verändert sie. Kant bietet also durchaus Ressourcen für eine Schwarze radikale Aneignung, die eine »für die Kategorie *race* sensibilisierte Neuartikulation (*race-sensitive* re-articulation)« (ebd.: 7) ermöglicht. Dabei geht es nicht einfach nur um die Beseitigung des kantischen Rassismus, sondern auch um einen »echten Universalismus, der hinsichtlich der Kategorie *race* inklusiv ist (race-inclusive universalism)« (ebd.: 22). Einen farbenblinden »Schein«-Universalismus, der diejenigen, denen zuvor der Status der Person verweigert wurde, ohne Rücksicht auf die Geschichte oder die Erfahrung rassistischer Unterdrückung einfach an die soziale Ordnung assimiliert (ebd.: 17), lehnt Mills entschieden ab. Im Gegensatz dazu zielt sein revisionistischer Ansatz darauf ab, Gleichheit wirklich herzustellen, anstatt sie einfach vorauszusetzen (ebd.: 18). Mills bezieht sich hier einerseits auf die Tradition des »racial vindicationism«, also die Aufgabe für Schwarze, den internalisierten Rassismus zu verlernen, und fordert andererseits von Weißen, sich auf ein kritisches Überdenken ihres »Weißseins« einzulassen. Beides könne als kantische Übung verstanden werden, die dazu beiträgt, das »kantische Ideal einer Gemeinschaft von einander gegenseitig respektierenden Personen« überhaupt erst zu ermöglichen (ebd.). Mills zeigt damit dem postkolonialen kritischen Denken einen Weg auf, die Aufklärung zu dekolonisieren.

Kant war zweifelsohne ein brillanter Denker und seine Schriften sind für alle, die sich mit kritischem Denken beschäftigen, unverzichtbar. Postkoloniale Theoretiker:innen, die manchmal dazu neigen, die Aufklärung zu homogenisieren, weil sie sich in erster Linie auf ihr gewalttätiges Erbe konzentrieren, würden sicherlich davon profitieren, sich auch mit den Argumenten der Verteidiger:innen Kants auseinanderzusetzen und die Ambivalenz seiner Hinterlassenschaft anzuerkennen. Gleichzeitig täten diejenigen, die Kants politisches Denken bewahren wollen, gut daran, Foucaults (2005d: 699) Ratschlag zu beherzigen und sich von dem Zwang zu befreien, entweder für oder gegen die Aufklärung und ihren wichtigsten Vertreter sein zu müssen.

Dem Wirtschaftsnobelpreisträger Ronald Coase (siehe Tullock 2001: 205) verdanken wir die Bemerkung, dass die Daten alles zugeben, wenn man sie nur lange genug foltert. Wenn wir Kants Schriften lange genug quälen, werden sich ausreichend Beweise dafür finden lassen, dass er sowohl rassistisch als auch antirassistisch war. Und ja, es ist tatsächlich möglich, beides zu sein. Kant verstößt gegen seine eigenen Prinzipien. Wir sollten danach streben, ihn zu übertreffen und bessere Kantianer:innen zu werden, als er einer war. Als postkoloniale Denker:innen müssen wir Kant über seine eigenen Grenzen hinausführen, indem wir seine Ideen von Freiheit, Autonomie und Gleichheit auf eine nicht-hierarchische, nicht-sexistische und nicht-rassistische Weise neu interpretieren. Anstatt die Widersprüche zwischen Kants Rassismus und Sexismus und seiner Kritik des Kolonialismus zu benutzen, um ihn zu entlasten, sollten wir Kants Prinzipien für kritische Theorien der Dekolonisierung nutzen. Dabei geht es nicht darum, an Kant »herumzudoktern«, um ihn weniger rassistisch oder sexistisch erscheinen zu lassen; vielmehr sollte die Diskrepanz zwischen Kants egalitärem Verständnis des angeborenen Rechts auf Freiheit und den spezifischen rassistischen und sexistischen Argumenten angesprochen werden (Kleingeld 2019: 18). Nur so kann man vermeiden, seine gefährlichen Vorurteile zu reproduzieren, und gleichzeitig das Beste aus seinen emanzipatorischen Einsichten machen.

Die mangelnde Bereitschaft, die widersprüchlichen Folgen der Aufklärung anzuerkennen, und die damit einhergehende Ablehnung kritischer Interventionen und Praktiken, die als ungültig oder gar als gefährlich abgetan werden, ist überraschenderweise nicht auf die postkoloniale Theorie beschränkt. Sie richtet sich auch gegen die erste Generation der Frankfurter Schule, die ebenfalls für ihre »fehlgeleiteten« Bemühungen, das gewalttätige Erbe der Aufklärung ans Licht zu bringen, belächelt wurde. In Anlehnung an Jean Amérys Begriff der

»Schicksalsverwandtschaft« widmet sich das nächste Kapitel den »unvollendeten Gesprächen« zwischen Postkolonialimus und Holocaust-Studien.

Kapitel 2: Die Selbst-Barbarisierung Europas: Aufklärung und Nazismus

»Die Dialektik der Aufklärung ist ein merkwürdiges Buch.«
(Habermas 1985: 130)

Am 9. Oktober 2019 versuchte ein schwer bewaffneter Mann, die letzte verbliebene Synagoge in der ostdeutschen Stadt Halle in Sachsen zu stürmen. Die Gemeinde hatte zuvor um Polizeischutz gebeten, der ihr jedoch von der Stadt verweigert worden war. Nur eine Holztür hielt den bewaffneten Mann davon ab, das Feuer auf die 52 jüdischen Gläubigen, die den Jom-Kippur-Gottesdienst besuchten, zu eröffnen. Nach dem misslungenen Angriff auf die Synagoge schoss der Täter zunächst auf eine Passantin, anschließend griff er auf der Suche nach Muslim:innen den nahegelegenen »Kiez-Döner« an. Der Schütze in Kampfmontur filmte seinen Anschlag und übertrug das Geschehen 35 Minuten lang im Internet. Während des Prozesses leugnete der Angeklagte den Holocaust – was in Deutschland einen Straftatbestand darstellt – und verbreitete antisemitische Verschwörungstheorien, denen zufolge Jüd:innen die Masseneinwanderung von Muslim:innen zur Vernichtung Deutschlands organisieren würden.[1] Er bekannte sich offen zu antisemitischen, rassistischen und sexistischen Ideologien und ließ sich auch während des Prozesses nicht in seinen Überzeugungen erschüttern: »Die Synagoge anzugreifen, das war kein Fehler. Das sind meine Feinde.«[2]

Die Intersektionalität des Hasses zeigte sich auch am 6. Januar 2021 in Washington D.C. bei der Erstürmung des Kapitols. Der gewalttätige Mob, zu dem auch Neofaschisten und *White Supremacists* gehörten, besetzte, verwüstete und plünderte unter anderem die Büros der Sprecherin des Repräsentantenhauses, Nancy Pelosi, und hinterließ ihr sexistische Botschaften wie »Nancy, du Schlampe, Bigo war hier«.[3] Sie trugen dabei Konföderationsflaggen[4] und zeigten Slogans

1 https://www.lrb.co.uk/the-paper/v44/n15/eyal-weizman/in-kassel

2 https://www.migazin.de/2020/07/23/offen-video-anschlags-halle-gerichtssaal/

3 https://theconversation.com/misogyny-in-the-capitol-among-the-insurrectionists-a-lot-of-angry-men-who-dont-like-women-153068

4 Die konförderierte Kriegsflagge, die während des amerikanischen Bürgerkriegs von den Südstaaten verwendet wurde, ist ein Symbol für Rassismus und *white supremacy* und dient der Einschüchterung von Afroamerikanern.

wie »Work Brings Freedom«[5] und ein »Camp Auschwitz Sweatshirt«.[6] Hassverbrechen, einschließlich antisemitischer, sexistischer und rassistischer Vorfälle, hatten schon 2019 in den USA den höchsten Stand in vier Jahrzehnten erreicht. Bereits im August 2017 hatten *White Supremacists* mit Konföderationsfahnen während der gewalttätigen Veranstaltung »Unite the Right« (Vereinigt die Rechte) in Charlottesville, Virginia, Parolen wie »Ihr werdet uns nicht ersetzen« und »Juden werden uns nicht ersetzen« skandiert. Der Slogan bezieht sich auf die von weißen Rassisten propagierte Verschwörungstheorie eines angeblichen »Genozids an den Weißen«, der zufolge eine von Juden orchestrierte Verschwörung versuche, die »weiße Rasse« durch Einwanderung, »Mischehen« und »Rassemischung« auszulöschen. Dies geht auf die auch in Europa populäre Verschwörungstheorie zurück, die der französische Schriftsteller Renaud Camus in seinem Buch *Der große Austausch* (2011) entwirft. Camus argumentiert, dass die Massenmigration schwarzer und muslimischer Immigrant:innen und ihre demografischen Wachstumsraten zu einer Invasion »fremder« Kulturen geführt hätten, die die traditionellen europäischen Werte ersetzt hätten.

Wie schon in der Einleitung angedeutet, werden einerseits die Postkolonialen Studien und gar der »globale Süden« des Antisemitismus bezichtigt, während europäische Gesellschaften und Staaten als Vorkämpfer im Kampf gegen den Judenhass auftreten. Zugleich erleben wir weltweit eine zunehmende Intersektionalität des Hasses, die es zwingend erforderlich macht, Rassismus, Sexismus und Antisemitismus zusammenzudenken. Um den Vorwurf des »postkolonialen Antisemitismus« zu entkräften, möchte ich an die lange Tradition des antikolonialen und postkolonialen Denkens erinnern, die versucht, die Verflechtungen verschiedener Formen von Diskriminierung zu begreifen. So hat schon Frantz Fanon (1985: 88–89) diese Erfahrungen scharfsinnig diagnostiziert: »Auf den ersten Blick mag es verwunderlich erscheinen, daß die Haltung des Antisemiten mit der des Negrophoben verwandt ist. Es war mein Philosophieprofessor, ein gebürtiger Antillaner, der es mir eines Tages in Erinnerung rief: ›Wenn Sie hören, daß man schlecht über die Juden redet, dann spitzen Sie die Ohren, man spricht von Ihnen‹. Und ich dachte, daß er universell recht hatte, insofern ich mit meinem Körper und meiner Seele für das Schicksal verantwortlich bin, das man meinem Bruder bereitet. Seitdem habe ich begriffen, daß er ganz einfach sagen wollte: ein Antisemit ist zwangsläufig negrophob.«

5 Der Spruch »Arbeit macht frei« stand auf dem Eingangstor zu Auschwitz und anderen Konzentrationslagern.

6 https://theconversation.com/a-scholar-of-american-anti-semitism-explains-the-hate-symbols-present-during-the-us-capitol-riot-152883

Auch W.E.B. Du Bois hat davon berichtet, wie sein Besuch im Warschauer Ghetto 1949, der Schauplatz des heroischen jüdischen Aufstands gegen die Nationalsozialisten, ihn dazu veranlasste, sein Verständnis von Rassismus und der »Color Line« neu zu überdenken.[7] Und Edward Said merkt in der Einleitung zu seinem Hauptwerk *Orientalismus* an (2009: 39), dass er mit seiner Analyse der Konstruktion des »Orients« auch zu einer Geschichte des westlichen Antisemitismus beitrage und die Islamophobie als ein »heimliche[r] Aspekt« des Antisemitismus verstanden werden müsse. Sein Schwerpunkt liegt dabei auf der europäischen Konstruktion der »orientalischen Semiten«, zu denen sowohl Araber als auch Juden gerechnet wurden. Der Westen wiederum spielte und spielt durch seine Anrufung einer jüdisch-christlichen Tradition insgeheim eine wichtige Rolle bei der Entstehung und Aufrechterhaltung der Trennung zwischen Jüd:innen und Araber:innen. Insbesondere für die Neuerfindung des Westens nach 1945 sind diese Gegensätze von zentraler Bedeutung (Anijdar 2002: 1).

Das Jahr 1492, in dem Christoph Kolumbus Amerika »entdeckt« haben soll, gilt nicht nur als der Auftakt zur systematischen kolonialen Expansion Europas, sondern markiert auch die Vertreibung der Jüd:innen aus Spanien und Portugal (Goetschel/Quayson 2016: 4). Die Kolonisierung der »Neuen Welt« wurde auch aus Mitteln finanziert, die zuvor von den jüdischen und muslimischen Gemeinschaften auf der iberischen Halbinsel geplündert worden waren. Hannah Arendt ist in *Elemente und Ursprünge totaler Herrschaft* (1962 [1951]), einem Schlüsselwerk für die Postkolonialen Studien, solchen Verflechtungen von Kolonialismus und Nationalsozialismus systematisch nachgegangen. Sie weist etwa auf die Konzentrationslager hin, die von Spanien in Kuba während des Zehnjährigen Krieges (1868–1878) und von Großbritannien während des Zweiten Burenkrieges (1899–1902) im heutigen Südafrika errichtet worden waren. Damit schufen die rassistischen und völkermörderischen Ideologien und Praktiken des Kolonialismus Arendt zufolge einen Präzedenzfall für den Nationalsozialismus. Arendt (1962 [1951]) bezeichnete dies als den »Bumerang-Effekt« des Imperialismus, der dazu geführt habe, dass die an der kolonialen Peripherie eingeübten menschenverachtenden Praktiken schließlich innerhalb Europas wieder auftauchten und die Politik zersetzten. Eine ähnliche Logik beschrieb Aimé Césaire (2021 [1955]: 7) in *Über den Kolonialismus*, wenn er den Nationalsozialismus als *un choc en retour* bezeichnet, was als »Rückwärtsschock«, »Rückstoß« oder »Gegenschlag« (Rothberg 2021: 61) übersetzt werden könnte (ebd.: 100). Mahmood Mamdani (2001: 12) hat darüber hinaus überzeugend dargelegt, dass die Verflechtungen zwischen dem 1904 bis 1908 in der deutschen Kolonie begangenen Völkermord an den Herero

7 https://europe.unc.edu/wp-content/uploads/sites/314/2021/02/DuBois-The-Negro-and-the-Warsaw-Ghetto.pdf

und Nama und dem Holocaust über Ähnlichkeiten in der Rassengesetzgebung, der Zwangsarbeit, der Internierung und der Vernichtungspolitik hinausgehen; vielmehr würden die ideologischen Überschneidungen und Affinitäten letztlich auf die größeren kolonialen und faschistischen Projekte des Sozialdarwinismus und der Biopolitik verweisen.

Im letzten Kapitel von *Aspekte der Algerischen Revolution* (1969 [1966]), das leider wenig Beachtung gefunden hat, hebt Fanon die bedeutende Rolle der algerischen Jüd:innen im antikolonialen Kampf hervor. Er warnt davor, unterdrückte Gruppen mittels einer Rivalität der Leidenserfahrungen gegeneinander auszuspielen und betont, wie wichtig es ist, im Kampf gegen menschenfeindliche Gewalt die Kräfte zu bündeln. Eine ähnliche Haltung findet sich bei Said (1992: 56–58), der einerseits die Nakba (Katastrophe), die Massenvertreibung und Enteignung der Palästinenser:innen während des arabisch-israelischen Krieges von 1948, in den Blick nimmt, andererseits aber auch die Weigerung der arabischen Welt anprangert, Israel anzuerkennen. Said kritisiert den Zionismus ebenso wie die mangelnde Auseinandersetzung mit dem Holocaust in der arabischen Welt. Dabei wird oft vergessen, dass sowohl Zionist:innen als auch arabische Nationalist:innen auf Saids multidirektionale Kritik mit Zensur antworteten. Said (2001: 285) bemüht sich unterdessen darum, die jüdische Tragödie mit der palästinensischen Katastrophe in Verbindung zu bringen, um eine Versöhnung zu ermöglichen und eine gemeinsame Grundlage für die Koexistenz zu schaffen, indem er die Affinitäten zwischen den Gewalterfahrungen beider Völker aufzeigt, ohne deshalb die Einzigartigkeit des jeweiligen Leidens und die Singularität des Holocaust abzustreiten. Ein Beispiel für eine solche Zusammenarbeit ist das von Daniel Barenboim und Said gegründete West-Eastern Divan Orchestra, das Musiker:innen aus Israel und verschiedenen arabischen Ländern zusammenbringt, um Verständnis und Dialog durch Musik zu fördern.

Dies erinnert an ähnliche Versuche in der Vergangenheit, strukturelle Verflechtungen zwischen den geteilten Erfahrungen der Entmenschlichung, die Roma, Sinti und Jüd:innen in den nationalsozialistischen Konzentrationslagern durchlebten, hervorzuheben. Trotz ihrer jahrhundertelangen Geschichte in Deutschland und Europa wurden weder die Jüd:innen noch die Sinti und Roma vor dem Völkermord verschont. Diese Anerkennung einer »Schicksalsgemeinschaft« veranlasste Simone Veil, eine Holocaust-Überlebende und die damalige Präsidentin des Europäischen Parlaments, dazu, bei der Gedenkfeier in der Gedenkstätte des ehemaligen Konzentrationslagers Bergen-Belsen zu bemerken:

»Wie kann man sich vorstellen, daß ich nicht kommen würde, wenn man weiß, daß wir zusammen gelitten haben, daß wir zusammen unsere Toten beweint haben, die in den Krematorien verbrannt wurden, wenn wir wissen, daß die Asche aller unserer Eltern vereint ist [...], wir haben nicht immer genügend Solidarität gefühlt, die Solidarität des gemeinsamen Unglücks. Jeder weiß, dass wir in den Lagern – und das ist wahrscheinlich der Sieg der Nazis – getrennt unser Schicksal gelebt und oft getrennt gelitten haben.«[8]

Bemerkenswert ist, dass das Denkmal für die im Nationalsozialismus ermordeten Sinti und Roma in Berlin von dem israelischen Bildhauer und Künstler Dani Karavan geschaffen wurde.

Bedauerlicherweise wurde am Prinzip der »Schicksalsgemeinschaft« nicht immer festgehalten, wie beispielsweise das Schicksal der Palästinenser:innen auf der einen Seite und die Verfolgung der arabischen Jüd:innen auf der anderen Seite zeigt. Albert Memmi (1992) beschreibt zum Beispiel das Leid der Mizrahi-Jüd:innen, die zu antikolonialen Kämpfen beitrugen, aber dann in den neu dekolonisierten arabischen Staaten verfolgt wurden. Der Aufstieg des arabischen Nationalismus und Antizionismus nach der Gründung des Staates Israel im Jahr 1948 trug dabei zur Diskriminierung der Mizrahi bei. Sie waren Gewalt, Pogromen und während der arabisch-israelischen Kriege großangelegten Vertreibungen ausgesetzt. Auch Ella Shohat (1988) schreibt über die Diskriminierungserfahrungen, denen Mizrahi und Sephardim sowohl in der arabischen Welt als auch in Israel ausgesetzt waren. Lewis Gordon (2016: 105) erinnert uns daran, dass »der prototypische Begriff *raza*, aus dem das Wort ›Rasse‹ hervorging, ein mittelalterliches spanisches Wort ist, das sich auf Hunderassen und Pferde, aber dann eben auch auf Juden und Mauren (Afro-Muslime) bezog«. Begriffe wie *Jews of Color* oder *Afro-Jews* stellen deshalb eine Herausforderung dar, weil sie die Konstruktion von Jüd:innen als »weiß« problematisieren und auf die Möglichkeiten intersektionaler Erfahrungen hinweisen (Gordon 2016: 106). Das Gleiche gilt auch für *Beta Israel*, also äthiopische Jüd:innen, und *Beni Israel*, indische Jüd:innen. Diese mit einem Bindestrich versehenen jüdisch-postkolonialen Identitäten geben aufschlussreiche Einblicke in die Herausforderungen, die sich ergeben, wenn Jüdische Studien, Holocaust-Studien und Postkoloniale Studien einander begegnen und wenn Antisemitismus und Rassismus vor dem Hintergrund historischer und zeitgenössischer Gewalt zusammengedacht werden. Dabei ist es aber von großer Wichtigkeit, dass die Affinitäten zwischen Jüdischen Studien und Postkolonialismus über eine reduktionistische Perspektive hinausgehen und sich nicht nur auf den geteilten Opferstatus jüdischer, schwarzer, muslimischer und anderer postkolonialer Subjekte konzentrieren. Vielmehr muss es darum gehen, die Singularität der jeweiligen Erfahrung zu untersuchen, zugleich aber strukturelle Verflechtungen herauszuarbeiten (Goetschel/Quayson 2016: 3).

---

8 https://zentralrat.sintiundroma.de/nachruf-auf-simone-veil/; https://dokuzentrum.sintiundroma.de/en/participation/civil-rights-prize/civil-rights-prize-2010/

Das vorliegende Kapitel stellt sich dieser Herausforderung. Ich möchte der Marginalisierung des Kolonialismus in den Jüdischen Studien und der des Holocaust in den Postkolonialen Studien eine Perspektive entgegensetzen, die zeigt, wie Kolonialismus und Nationalsozialismus durch die Aufklärung miteinander verstrickt sind (Olusoga/Erichsen 2010). Eine Analyse der so miteinander verwobenen Vermächtnisse von Kolonialismus und Holocaust sowie von Rassismus und Antisemitismus könnte sowohl die Erinnerungspolitik als auch die Geopolitik verändern. Angesichts der konzertierten Bemühungen, einer solchen »multidirektionalen Erinnerungspolitik« Steine in den Weg zu legen, ist das aber eine überaus anspruchsvolle Aufgabe (Rothberg 2021).

Historisch betrachtet wurde die Vergangenheitsaufarbeitung in Deutschland zunächst von progressiven Kräften der Zivilgesellschaft vorangetrieben, wobei Habermas eine Schlüsselrolle einnahm. Der Historikerstreit der 1980er Jahre und die anschließende Durchsetzung der »Singularität« des Holocaust im öffentlichen Diskurs waren für die Aufarbeitung der NS-Vergangenheit von großer Bedeutung. Bedauerlicherweise wurde der Kolonialismus von Anfang an aus den deutschen Narrativen zu Rechenschaftspflicht und historischer Verantwortung ausgeschlossen und abweichende Stimmen wurden zum Schweigen gebracht. Die postkolonialen Bemühungen, dieses Defizit zu korrigieren, werden von vielen Deutschen, die sich als »Weltmeister der Erinnerungspolitik«[9] verstehen, als Affront empfunden. Den postkolonialen Bemühungen, koloniale Völkermorde zu thematisieren, wird regelmäßig vorgeworfen, den Holocaust relativieren zu wollen.[10] Die Erinnerungspolitik wird so zum Alibi für eine Politik der Einschüchterung gegenüber dem »globalen Süden« und nicht-weißer Minderheiten in Deutschland und Europa. Die Perspektive der Täter wird verabsolutiert und sowohl der deutsche Staat als auch die Zivilgesellschaft bestehen unisono darauf, dass sich nicht-jüdische Minderheiten in Deutschland mit den deutschen Täter:innen des Holocaust zu identifizieren haben, keinesfalls aber mit deren jüdischen Opfern.[11] Jeder Versuch, Affinitäten zwischen Rassismus und Antisemitismus und Verflechtungen zwischen Kolonialismus und Holocaust zu erforschen, sieht sich scharfer Kritik ausgesetzt.[12] Amérys Idee der »Schicksalsverwandtschaft« würde unter diesen Bedingungen als Affront empfunden.

---

9 https://www.deutschlandfunkkultur.de/deutsche-geschichte-der-bewaeltigungsweltmeister-100.html

10 https://jhiblog.org/2022/02/02/a-new-german-historians-debate-a-conversation-with-sultan-doughan-a-dirk-moses-and-michael-rothberg-part-i/

11 https://jhiblog.org/2022/02/04/a-new-german-historians-debate-a-conversation-with-sultan-doughan-a-dirk-moses-and-michael-rothberg-part-ii/; https://geschichtedergegenwart.ch/nie-wieder-migration-sozialisation-und-erinnerung-in-westdeutschland/

12 https://taz.de/Antisemitismus-und-Islamfeindlichkeit/!5165917/

Die Fürsprecher:innen der Aufklärung argumentieren, dass die »Irrationalität« von Rassismus, Sexismus und Antisemitismus durch Ideale wie Liberalismus, Gleichheit und Toleranz überwunden werden könne. Der Holocaust wird dann als Beweis für den Zusammenbruch der Vernunft und als Negation der Aufklärung verstanden, während die Niederlage Nazideutschlands zum Kronzeugen für den Triumph der Werte der Aufklärung wie Gerechtigkeit, Demokratie und Menschenrechten wird. Die Irrationalität des Holocaust liege in der Tatsache, dass die »Endlösung« den materiellen Interessen der deutschen Nation zuwidergelaufen und dennoch durchgeführt worden sei. Das Rezept gegen den Nazi-Totalitarismus kann dann nur Aufklärung heißen, also der Triumph der Vernunft über den irrationalen, genozidalen Antisemitismus. Die entschiedensten Verfechter:innen dieser Lesart der Aufklärung wie Habermas, Benhabib und Neiman sind wenig überraschend ausnahmslos Kantianer:innen.

Die adornitische, poststrukturalistische und postkoloniale Kritik an der Aufklärung und damit an der Vernunft wird als besonders gefährlich erachtet, weil sie angeblich ein Wiederaufleben der »Irrationalität« in Kauf nehme. In diesem Kapitel will ich dieser Argumentationslinie entgegengehalten, dass die Vernunft eben nicht das eindeutige Gegenmittel gegen »irrationalen« Rassismus, Sexismus und Antisemitismus sein kann; vielmehr »rationalisiert« die Aufklärung koloniale und faschistische Gewalt. So werde ich argumentieren, dass die Aufklärung weniger eine sichere Lösung für die historischen Verbrechen des Kolonialismus und des Nationalsozialismus ist, sondern teilweise die Quelle des Problems. Manchmal muss das Offensichtliche immer wieder gesagt werden, weil es immer wieder verleugnet wird. Ich möchte kurz erklären, was ich im Folgenden vorhabe und wie ich vorgehen werde.

In diesem Kapitel werden drei Aufgaben gestellt: Erstens sollen die Affinitäten zwischen der Kritischen Theorie der ersten Generation und den Postkolonialen Studien herausgearbeitet werden. Ausgangspunkt ist dabei die von beiden geteilte Diagnose, dass die Aufklärung die Wurzel der genozidalen Gewalt sowohl des Kolonialismus als auch des Holocaust ist. Dieses Kapitel führt somit eines der Kernanliegen des ersten Kapitels fort, indem es den Zusammenhang von Aufklärung und Gewalt untersucht. Auch hier kommt es mir darauf an, die Überschneidungen zwischen Rassismus, Antisemitismus, Sexismus und anderen Formen der Diskriminierung zu verstehen. Die zweite Aufgabe besteht darin, zu zeigen, wie dieselben Argumente, die Habermas gegen Horkheimer und Adorno richtet, auch zur Disqualifizierung der poststrukturalistischen und postkolonialen Aufklärungskritik eingesetzt werden. Dies ist besonders bedeutsam, weil die Affinitäten zwischen der Kritischen Theorie der ersten Generation, dem Poststrukturalismus und dem Postkolonialismus noch nicht adäquat theoretisiert worden sind. Ich möchte also die »verpassten Begegnungen« und »unvollendeten

Gespräche« zwischen der ersten Generation der Frankfurter Schule und der Postkolonialen Theorie rekonstruieren und mich zugleich darum bemühen, die »Identitätsverwechslung« aufzuklären, durch die die postkoloniale und die dekoloniale Aufklärungskritik durcheinandergebracht wurden. Schließlich werde ich mich der dritten Aufgabe zuwenden und versuchen, Adorno, Mbembe und Spivak gegen die Vorwürfe des »normativen Nihilismus« und des »performativen Widerspruchs« in Schutz zu nehmen.

Im Folgenden möchte ich nicht Schritt für Schritt vorgehen, sondern die Argumente von Horkheimer und Adorno sowie Mbembe und Spivak rekonstruieren und die darin artikulierte Aufklärungskritik zugleich gegen Habermas' Einwände verteidigen. Beide Aufgaben sind insofern miteinander verknüpft, als dass Habermas' Angriff sich auf eine falsche Darstellung der Vernunftkritik als Anti-Aufklärung stützt, so dass diese vernunftkritische Haltung fast schon notwendigerweise als »normativer Nihilismus« missverstanden werden muss. Habermas nimmt in diesem Kapitel deshalb eine so zentrale Rolle ein, weil seine Kritik an Horkheimer und Adorno enorm einflussreich war und stark dazu beigetragen hat, das Prestige der Aufklärung wiederherzustellen, während koloniale und faschistische Tendenzen unter den Teppich gekehrt wurden. Da das Kernanliegen meines Buches darin besteht zu zeigen, dass eine Kritik der Aufklärung nicht unbedingt eine Ablehnung derselben bedeuten muss, sind die Schriften von Adorno, Horkheimer, Mbembe und Spivak für mich von zentraler Bedeutung. Einige Leser:innen mag es überraschen, dass zwischen den Kritischen Theoretikern der ersten Generation und postkolonialen Denker:innen eine größere Affinität bestehen soll als zwischen den verschiedenen Generationen der Frankfurter Schule oder zwischen dem post- und dem dekolonialen Ansatz; es mag sie also erstaunen, dass ich zwischen Adorno, Spivak und Mbembe eine größere Nähe ausmache als zwischen Horkheimer/Adorno und Habermas/Honneth oder Spivak/Mbembe und Mignolo/Grosfuegel. Wie Horkheimer und Adorno gehen aber auch Spivak und Mbembe davon aus, dass Kolonialismus und Faschismus keine bloßen Verirrungen sind, sondern tief in der Vernunft wurzeln. Anders als ihre dekoloniale Alternative teilen sie aber zugleich wider alle Vernunft die Hoffnung, dass die Aufklärung doch noch gerettet werden kann (Horkheimer 1996 [1947] GS 17: 873, 884).

Beginnen wir damit, Horkheimers und Adornos bahnbrechende Analyse der instrumentellen Vernunft der Aufklärung nachzuvollziehen.

Barbarische Aufklärung: Vom Gebrauch und Missbrauch der Vernunft

Gemeinhin wird davon ausgegangen, dass Isaac Newtons Entwurf einer mathematisch-mechanischen Naturwissenschaft in den *Principia Mathematica* (1687) die Aufklärung als Haltung und Epoche einleitete, die auch als Zeitalter der Vernunft charakterisiert wird. Mit ihrem Selbstverständnis als Gegensatz zu Barbarei und Mythos forderte die Aufklärung sowohl religiöse als auch politische Autoritäten heraus und versprach Fortschritt, Wohlstand und Frieden. Die Vernunft, so wurde in Schriften wie Francis Bacons *Novum Organum* (1620) und Denis Diderots *Encyclopédie* (1751–1772) behauptet, trage dazu bei, logische Ungereimtheiten zu beseitigen und bloße Werturteile von der strengen, auf Beweisen basierenden wissenschaftlichen Vorgehensweise zu scheiden. Diese widerspruchsfreien und zuverlässigen Fakten seien universell überprüfbar und somit über zeitliche und geografische Unterschiede hinweg gültig.

Die Vernunft entpuppte sich jedoch als zweischneidiges Schwert, das Fluch und Segen zugleich war. In der *Dialektik der Aufklärung* entwickeln Horkheimer und Adorno eine Gegenerzählung, die dieser Ambivalenz Rechnung trägt und die die westliche Vernunft nicht nur als ein Narrativ des historischen Fortschritts, sondern auch als Geschichte der zunehmenden Beherrschung von Mensch und Natur durch die instrumentelle Vernunft erzählt. Aufklärung und Mythos sind also nicht einfach Gegensätze, sondern stehen in einem »dialektischen« Verhältnis, insofern beide versuchen, mit der menschlichen Angst vor dem Unbekannten umzugehen (Horkheimer/Adorno 1987 [1947]: 38). Während der Mythos die Identifikation mit dem furchterregenden Anderen suche, indem er es nachahmt, besiege die Aufklärung die Angst, indem sie sie strikt vom Selbst trennt und einem System identifizierender Kategorien unterwirft, um sie zu beherrschen. Im Mythos machen wir uns dem Anderen gleich, in der Aufklärung beherrschen wir das Andere zum Zweck der Selbsterhaltung. Der Triumph der Vernunft sei aber untrennbar mit allumfassender Zerstörung, der Verwüstung der Natur und der Selbstentfremdung des Menschen verknüpft. Mit ihrer immanenten Tendenz, sich selbst zu verabsolutieren und alles einem einheitlichen, geschlossenen Denksystem unterzuordnen, entlarve sich die Vernunft in den Augen Horkheimers und Adornos als potenziell totalitär (ebd.: 47). Der Holocaust gilt ihnen als Zeugnis einer verhängnisvollen Verschränkung von Mythos (Antisemitismus) und Aufklärung (bürokratisch operationalisierter Massenmord). Im Zentrum des Buches steht das (für manche) provokante Argument, der Umschlag der Zivilisation in die Barbarei sei nicht etwa ein kontingenter Zusammenbruch der Prinzipien der Aufklärung gewesen, sondern stelle vielmehr deren triumphale und systematische Verwirklichung dar. Die nationalsozialistischen Verbrechen gegen die Menschlichkeit waren für Horkheimer und Adorno also kein willkürliches Abgleiten in die Barbarei, sondern das logische Ergebnis des herrschenden modernen Rationalismus, eine tragische, aber kalkulierte Kulmination in Tod und Destruktion. Der ungehemmte Triumph von Wissenschaft und Logik habe zur Unterwanderung der emanzipatorischen Absichten der Aufklärung geführt. Das Versprechen der Kontrolle und Beherrschung ungezähmter und unberechenbarer Kräfte resultierte in Terror und Unmenschlichkeit, die fortschrittlichen Ideale zeitigten katastrophale Folgen.

Die Gleichsetzung von Wahrheit und Wissenschaft erniedrigt die Natur zur bloßen Ressource, die gezähmt und ausgebeutet werden muss. Unmündigkeit wird demgemäß als die Unfähigkeit oder fehlende Initiative verstanden, diese Beherrschung der Natur praktisch umzusetzen (genau das, was die europäischen Kolonisator:innen in den kolonisierten Gesellschaften vermissten): »Der Bürger in den sukzessiven Gestalten des Sklavenhalters, freien Unternehmers, Administrators, ist das logische Subjekt der Aufklärung« (ebd.: 106). Gleichzeitig sei die Aufklärung das Instrument gewesen, durch das die Bourgeoisie an die Macht kam. Die westliche Vernunft weist die Legitimität sowohl der Religion als auch der Mythologie als sinnstiftende Narrative zurück und inthronisiert sich selbst als ultimative Autorität. Die instrumentelle Vernunft und damit der Kapitalismus nivelliert Unterschiede und standardisiert alle Singularität, um gefügige Subjekte zu produzieren, die bloße Exemplare einer allgemeinen Klasse sind, wiederholbar und ersetzbar. Das Versprechen von Gleichheit und Autonomie wird ausgerechnet um den Preis des Ausschlusses von Vielfalt und Heterogenität eingelöst, wobei die Subjekte der Standardisierung und Uniformität bürokratischer Prozesse unterworfen werden. Der Kapitalismus und die rationalisierte Gesellschaft stellen eine Bedrohung für das Überleben der Menschheit dar, auch wenn die Menschen paradoxerweise an der Aufrechterhaltung dieser Systeme mitwirken, um ihr Überleben zu sichern (Cook 2018: 22). Der Unterschied zwischen traditionellem Kapitalismus und faschistischem Staatskapitalismus liegt Horkheimer und Adorno zufolge nur darin, dass in letzterem das Primat der Politik über die Wirtschaft herrscht (Horkheimer/Adorno 1987 [1947]: 440).

Horkheimer und Adorno wenden sich aber nicht nur gegen die instrumentelle Vernunft, sondern auch gegen den positivistischen Ansatz, der Menschen und Gesellschaften aus einer atomistischen und reduktiven Perspektive betrachtet. In Vorwegnahme des Positivismusstreits der 1960er Jahre warnen sie vor dem »Umschlag von Aufklärung in Positivismus« (Horkheimer/Adorno 1987 [1947]: 14), der durch seine Verengung des Blicks auf »nackte« Fakten die Wissenschaft von der Gesellschaft entkoppelt und die Theoretisierung emanzipatorischer Möglichkeiten verwirft. Strenge empirische Methoden liefern zwar eine deskriptive Analyse, können aber keine normativen Prinzipien anbieten, die aufzeigen würden, wie Veränderung zu ermöglichen wäre, und lassen sich deshalb leicht in den Dienst der bestehenden kapitalistischen Strukturen nehmen. Positivist:innen tun jedes Denken als unwissenschaftlich ab, das über die bloße Beobachtung von Fakten und die Berechnung von Wahrscheinlichkeiten hinausgeht. Das abstrakte Denken wird als entbehrlicher und »altmodischer Luxus« (ebd.: 233) herabgesetzt, der am Maßstab der Effizienz und Nützlichkeit gemessen wird. Für Horkheimer und Adorno ist der positivistische Anti-Intellektualismus eine Strategie zur Förderung von Unwissenheit, die sie mit Antisemitismus in Verbindung bringen. Gerade die »Dummheit des Gescheitseins«, so geben sie zu bedenken, habe zur Fehleinschätzung des Nationalsozialismus geführt (ebd.: 239). Prognosen, die sich auf Statistiken und Expertenmeinungen stützten, hatten fälschlicherweise die Unmöglichkeit des Faschismus im Westen erklärt (ebd.: 239).

Als bürgerliche Philosophie versprach die Aufklärung, die Menschen vom Joch der Religion und des Aberglaubens zu befreien; da jedoch »[d]ie Formalisierung der Vernunft […] bloß der intellektuelle Ausdruck der maschinellen Produktionsweise« ist, wurde die Aufklärung zu einer zerstörerischen Kraft, und zwar in sozialer, politischer und wirtschaftlicher Hinsicht (ebd.: 127). Die kantische Vernunft strebte Horkheimer und Adorno zufolge danach, den Konflikt zwischen reiner und empirischer Vernunft aufzulösen, um wahre Universalität zu erlangen (ebd.: 107). Indem die westliche Vernunft aber die Natur und den Menschen verdinglichte und so der Manipulation und Verwaltung unterwarf, schloss sie zugleich andere Seins- und Erkenntnisweisen aus und machte damit auch alternative Formen von Vernunft hinfällig. »Kant hat intuitiv vorweggenommen, was erst Hollywood bewußt verwirklichte: die Bilder werden schon bei ihrer eigenen Produktion nach den Standards des Verstandes vorzensiert, dem gemäß sie nachher angesehen werden sollen« (ebd.). Für Adorno und Horkheimer behandelt Kant die Moral als eine Tatsache, eine rationalisierte Funktionalität, die eine Sache des Kalküls und der Planung ist, ihren Zielen aber letztlich gleichgültig gegenübersteht. Wenn niemand über seine Rolle im Zweifel ist und alle Handelnden im System austauschbar sind, begünstige dies die Entstehung totalitärer Ideologien (ebd.: 108–109). Kants kategorischer Imperativ, der fordert, »alles aus der Maxime seines Willens als eines solchen zu tun, der zugleich sich selbst als allgemein gesetzgebenden zum Gegenstand haben könnte«, wohne somit ein despotischer Kern inne (ebd.: 138).

Wenn die Aufklärung dem destruktiven Positivismus sowie ihrer Leidenschaft für Berechenbarkeit und Nützlichkeit nicht entgegenwirke, müsse sie ihren sublimierenden Charakter einbüßen (ebd.: 18–19). Denn wenn das Denken nur noch affirmativ und nicht mehr transformativ ist, trage es nur mehr zur Aufrechterhaltung des Status quo bei und gebe seine kritische und oppositionelle Rolle auf (ebd.: 17). Die Rede von der »barbarischen Aufklärung« klingt paradox, bringt aber die zentrale These Horkheimers und Adornos auf den

Punkt: Die Aufklärung versprach zwar unbegrenzten Erkenntnisfortschritt und die Emanzipation von der Knechtschaft, führte aber letztlich zu einer »Entzauberung der Welt«[13] (ebd.: 25) und verschärfter Unterdrückung: »Aufklärung ist totalitär« (ebd.: 28). Schon Nietzsche habe den Doppelcharakter der Aufklärung erkannt, die sich als Vorbote des Fortschritts und der Emanzipation inszeniere, diese Ideale aber instrumentalisiere, um die Massen regierbar zu machen (ebd.: 67–68). Genau dies werde vom Faschismus als Waffe eingesetzt. »Der Fluch des unaufhaltsamen Fortschritts ist die unaufhaltsame Regression« (ebd.: 59).

Horkheimer und Adorno skizzieren, wie die Kommodifizierung des Denkens und die instrumentelle Beziehung zwischen Sprache und Massenkommunikation zu Schlüsselstrategien des Faschismus wurden. Der Einfluss des Marketings auf eine entwertete und sinnentleerte Sprache habe dazu geführt, dass Wörter auf auswendig gelernte Formeln, Slogans und Schlagworte reduziert wurden, statt kritische Impulse zu fördern. Auch das Radio reduziere sein Publikum auf eine passive und anonyme Masse, die (auf) einen Führer hört und ihm folgt, statt eine Gemeinschaft engagierter und kritischer Zuhörer:innen zu bilden (Horkheimer/Adorno 1987 [1944]: 187; Horkheimer 1985a [1936] GS 12: 30). Die faschistische Rhetorik nährt sich denn auch nicht aus Wahrheitsansprüchen und rationalen Argumente, sondern bezieht ihre Wirksamkeit aus ihrer »magischen« Fähigkeit (Schmidt 1998: 817), weshalb ihr mit Ideologiekritik im marxistischen Sinne nicht beizukommen ist. Das Gegenmittel zum Faschismus seien deshalb auch nicht Faktenchecks oder Anti-Desinformationskampagnen, sondern ein gebildetes und aufgeklärtes Gemeinwesen, welches die Beziehungen der Bürger:innen untereinander sowie zwischen Mensch und Natur neu konzipiert (Horkheimer 1985a [1936] GS 12: 38). Statt universellen Prinzipien schlagen Horkheimer und Adorno eine nicht-barbarische Denkweise vor, die nicht in grundlegenden oder absoluten Normen verankert ist und daher offen für das Unerwartete, Unberechenbare, Undurchsichtige und Rätselhafte bleibt. Die Klarheit und Präzision des Denkens, die uns eine verwaltete Welt verspricht, gehen auf Kosten der Ausblendung des Unvorhersehbaren und Kontingenten. Verliert die Theorie ihre kritische Kraft, wird sie zu einem Mittel der Unterdrückung (Horkheimer/Adorno 1987 [1947]: 17). Die Hoffnung bestehe darin, die kritische Kraft der Vernunft reflexiv auf sich selbst anzuwenden und sie so aus ihrer entfremdeten Denkweise herauszureißen und wiederzubeleben. Will sich das Denken der Aufklärung neue Perspektiven und Horizonte erschließen, muss es seine destruktiven Tendenzen und deren Vermächtnis kritisch hinterfragen.

13 In Anlehnung an Friedrich Schiller spricht Max Weber (2004 [1919]) in seinem berühmten Vortrag »Wissenschaft als Beruf« von der *Entzauberung der Welt*.

Ein gängiger Vorwurf gegen Horkheimer und Adorno lautet, dass sie die Vernunft nur noch instrumentell denken würden. Die Kritische Theorie der ersten Generation wird dann für ihren Pessimismus verurteilt, denn wenn alle Menschen notwendigerweise der ideologischen Manipulation anheimfielen, würden politische Veränderungen aussichtslos und eine rein instrumentelle Gesellschaft wäre unvermeidlich (Fuchs 2016: 75). Der Vorwurf, dass Horkheimer und Adorno den skizzierten Weg der Vernunft in die Barbarei für unausweichlich halten würden, ist aber letztlich nicht stichhaltig. So qualifiziert Horkheimer sein Urteil etwa mit dem Zusatz, »in der Zivilisation, wie wir sie bis jetzt gekannt haben« (Horkheimer 1991 [1947]: 176), was die Hoffnung auf eine selbstkritische Vernunft bewahrt. Im Gegensatz zur »traditionellen« Theorie als einer kognitiven Tätigkeit, die darauf abzielt, die Gesellschaft in ihrer gegenwärtigen Form zu reproduzieren und ihre Aneignung der Natur effizienter zu gestalten, stellt Horkheimer die Rolle der Bildung bei der Förderung einer »befreienden Vernunft« in den Vordergrund (1985c [1961]: 173). Nach dem Zweiten Weltkrieg warben Horkheimer und Adorno gemeinsam für Institutionen und Mechanismen, die das kritische und reflektierende Denken in der Gesellschaft durch eine antifaschistische Erziehung zu stärken versuchten, sie warnten aber auch vor dem gefährlichen Einfluss der Ideologie im Alltagsleben, der die Emanzipation hindere und die Entstehung autoritärer Persönlichkeiten begünstige (Fuchs 2016: 76).

Für Adorno besteht das Gegenmittel gegen den nationalsozialistischen Totalitarismus in der Fähigkeit zum kritischen Denken, das aber nicht das Privileg weniger Eliten, sondern ein Recht der Massen sein sollte und deshalb gefördert werden müsse. Ein solches Denken müsse jedoch nicht-kommerziell sein, also unabhängig von der Profitlogik der Unternehmen und den Anforderungen des Marktes (Adorno 2003d [1973] GS 14: 218 f). Er wendet sich damit auch gegen die Vorstellung des kritischen Denkens als einem geschlossenen System miteinander verbundener Sätze, das auf einem vermeintlich festen Fundament mit universeller Gültigkeit ruhe (10.2 [1969]: 343). In Anlehnung an Marx, der sich in *Die heilige Familie* (MEGA I 4 [1844–45]) gegen das Ziel der Junghegelianer wendet, einen archimedischen Punkt zu finden, an dem die bestehenden Verhältnisse gemessen werden könnten, lehnt auch Adorno die Suche nach universellen Prinzipien ab, die das kritische Denken und kollektive Handeln begründen sollen. Zugleich spricht sich Adorno dagegen aus, Marx' Kritik an einer Philosophie, die die Welt nur interpretiert, statt sie zu verändern, als ein Plädoyer für ein Primat der Praxis über die Theorie zu lesen. Vielmehr müsse das kritische Denken selbst als eine Praxis verstanden werden, die den Status quo durch kritische Reflexion in Frage stellt (Cook 2004: 56–57). Kritisches Denken muss die Bedingungen, unter denen Wissen entsteht und die damit verbundenen Machteffekte reflektieren. Diese

Form der immanenten Kritik deckt gesellschaftliche Widersprüche auf und regt zu emanzipatorischen Veränderungen an, indem sie den Unterdrückten die Bedeutung ihres Leidens vor Augen führt und ihnen so ein kritisches Bewusstsein vermittelt.

Adorno wird oft vorgeworfen, elitär zu sein; man könnte jedoch erwidern, dass es die klassenbasierte, rassistische und sexistische Gesellschaft ist, die kritisches Denken zu einem Luxus macht, den sich nur einige wenige Privilegierte leisten können. Die Demokratisierung der kritischen Praxis erfordert daher die Abschaffung der Klassengesellschaft. Erst dann wäre es möglich, die spezialisierte Arbeitsteilung durch eine Pluralisierung der menschlichen Tätigkeiten zu ersetzen (Fuchs 2016: 79). Hier sei an Marx' Utopie einer kommunistischen Gesellschaft erinnert, »wo Jeder nicht einen ausschließlichen Kreis der Thätigkeit hat, sondern sich in jedem beliebigen Zweige ausbilden kann, die Gesellschaft die allgemeine Produktion regelt und mir eben dadurch möglich macht, heute dies, morgen jenes zu tun, Morgens zu jagen, Nachmittags zu fischen, Abends Viehzucht zu treiben, nach dem Essen zu kritisieren, wie ich gerade Lust habe, ohne je Jäger, Fischer, Hirt oder Kritiker zu werden« (Marx/Engels MEGA I 5 [1845]: 35; 37). Kritisches Denken kann totalitären Impulsen, die Differenz und Andersartigkeit unterdrücken, entgegenwirken und zusammen mit radikalem Handeln sozialen Wandel möglich machen. Interessanterweise stand Adorno aber den utopischen Spekulationen der studentischen Gegenkultur überaus skeptisch gegenüber, worauf ich in Kapitel 4 zurückkommen werde. Zunächst möchte ich mich aber mit Habermas' vehementer Kritik der *Dialektik der Aufklärung* auseinandersetzen.

Das unvollendete Projekt der Moderne

»Die *dunklen* Schriftsteller des Bürgertums wie Machiavelli, Hobbes, Mandeville, hatten es dem von Schopenhauer eingenommenen Horkheimer schon immer angetan. Auch sie dachten freilich noch konstruktiv, von ihren Disharmonien führten noch Linien zur Marxschen Gesellschaftstheorie. Die *schwarzen* Schriftsteller des Bürgertums, allen voran der Marquis de Sade und Nietzsche, haben diese Verbindungen unterbrochen. An sie knüpfen Horkheimer und Adorno in der *Dialektik der Aufklärung*, ihrem schwärzesten Buch an, um den Selbstzerstörungsprozess der Aufklärung auf den Begriff zu bringen. Auf dessen lösende Kraft durften sie, ihren Analysen zufolge, nicht mehr hoffen. Geleitet von Benjamins ironisch gewordener Hoffnung der Hoffnungslosen, wollten sie von der paradox gewordenen Arbeit des Begriffs gleichwohl nicht lassen. Diese Stimmung, diese Einstellung ist nicht mehr die unsere. Dennoch breiten sich, im Zeichen eines poststrukturalistisch erneuerten Nietzsche, Stimmungen und

Einstellungen aus, die jener zum Verwechseln ähnlich sind. Dieser Verwechslung möchte ich vorbeugen.« (Habermas 1985: 130)

Kritikern der Aufklärung wie Adorno und Foucault wird oft vorgeworfen, dass sie den emanzipatorischen Charakter der Vernunft verleugnen und damit Irrationalität und letztlich Autoritarismus und Anti-Liberalismus das Wort reden. Habermas definiert die Aufklärung in Abgrenzung zum Mythos als eine Praxis, die der Autorität von Religion und Tradition den zwanglosen Zwang des besseren Arguments entgegensetzt (1985: 130–131). In rationalen Kommunikationsprozessen handeln die Teilnehmer:innen Habermas zufolge Geltungsansprüche aus, während in undemokratischen und unemanzipierten Gesellschaften »kulturelle Traditionen eine Vorentscheidung darüber treffen, welche Geltungsansprüche wann, wo, für was, von wem und wem gegenüber akzeptiert werden müssen«, ohne dass die Teilnehmer:innen selbst »die Möglichkeit [haben], die potentiellen Gründe, auf die sie ihre Ja/Nein-Stellungnahmen stützen, explizit zu machen und zu prüfen« (Habermas 1988: 108).

Habermas lehnt Horkheimers und Adornos pessimistische Kritik der instrumentellen Vernunft ab und bejaht die Aufklärung als die Überwindung der Autorität von Tradition durch die zwanglosen Mittel rationaler Argumente, die auf Wissenschaft und Logik beruhen. Die emanzipatorische Seite der Aufklärung verwirkliche sich in der Wissenschaft, den demokratischen Institutionen und der kulturellen Modernität (Habermas 1985: 142), wobei die Wissenschaft mehr als nur technologisch verwertbares Wissen hervorbringe und die Institutionen der demokratischen Rechtsstaaten die universalistischen Prinzipien von Recht und Moral verkörpern würden. Die Kunst der Avantgarde schließlich befreie die Gesellschaft von den Imperativen zweckgerichteten Handelns und von den Gemeinplätzen alltäglicher Perspektiven und Praktiken. Habermas warnt ausdrücklich davor, Wissenschaft und Technologie prinzipiell auf ihre positivistischen Merkmale zu reduzieren, und beklagt, dass Horkheimers und Adornos Kritik an der Aufklärung totalisierend sei, weil sie die Möglichkeit, eine bloß instrumentelle Vernunft zu umgehen, außer Acht ließen und damit der Aufklärung letztlich ihre befreiende Kraft absprächen (ebd.: 144). Während er Horkheimer und Adorno in ihrer Kritik der Massenkultur durchaus zustimmt und in seinen eigenen Ausführungen zum Niedergang der liberalen Öffentlichkeit im Spätkapitalismus darauf zurückgreift, beschreitet Habermas mit seinen Überlegungen zu einer emanzipierten und freien Gesellschaft einen ganz anderen Weg.

Das Argument, dass die Vernunft, sobald sie instrumentalisiert wird, sich der Macht angleiche und dadurch ihren kritischen Impuls verliere, ist für Habermas ein »performativer Widerspruch« (Habermas 1985: 145). In Anlehnung an diesen Einwand wird den Kritiker:innen der Aufklärung oft vorgeworfen, ihre Verurteilung zerstöre das vernunftbasierte Fundament jedweder normativen Rechtfertigung; ihre Position widerlege sich selbst und bleibe in einer lähmenden Antinomie befangen (Schoolman 2005: 335). Der radikalen Aufklärungskritik Horkheimers und Adornos wohnt insofern ein Widerspruch inne, dass sie sich der Vernunft bedienen, um die Vernunft zu verurteilen. Für Habermas stellt dieser Widerspruch eine Kardinalsünde dar, die ausreicht, Horkheimers und Adornos Kritik an der Komplizenschaft von Vernunft und Herrschaft zu entkräften. »Für ein Entrinnen aus dem zur sachlichen Gewalt geronnenen Mythos der Zweckrationalität«, so gibt Habermas zu bedenken, »läßt ja die *Dialektik der Aufklärung* kaum noch eine Aussicht« (Habermas 1985: 138). Im Anschluss an Habermas wirft auch Benhabib (1992: 95) Horkheimer und Adorno einen »schonungslosen Pessimismus« vor und wendet ein, dass man nicht das gesamte Projekt der Aufklärung »allein aufgrund der Dunkelheit der menschlichen Geschichte zu diesem historischen Zeitpunkt« zurückweisen dürfe. Die Kritik der Vernunft könne nicht ohne den Gebrauch der Vernunft erfolgen, so dass diese die Voraussetzung für jede kritische Intervention bleibe.

Nietzsche wird von Habermas als besonders gefährlich angesehen, weil er nicht nur den Tod Gottes, sondern auch den der universellen und objektiven Wahrheit propagiere. Solange die Kritik rational begründet werden kann, ist sie Habermas zufolge fruchtbar; wenn aber die Prinzipien der Vernunft selbst unter Verdacht geraten, kontaminierte Instrumente von Herrschaft und Gewalt zu sein, wie Nietzsche argumentiert, dann befürchtet er den Verlust jedweder Möglichkeit zu einer kritischen Intervention, die noch in den etablierten Normen des Wissens und der Moral begründet wäre. »Nietzsches Kritik verzehrt den kritischen Impuls selber« (Habermas 1985: 146). Die Theorie wäre dann der kritischen Parameter, die zur Unterscheidung zwischen verschiedenen normativen Ansprüchen notwendig sind, beraubt (Hohendahl 1985: 15). Beurteilungsmaßstäbe, um zwischen legitimen und illegitimen Formen der Macht zu unterscheiden, gäbe es dann nicht mehr, ebenso wenig wie die Möglichkeit, Macht überhaupt zu transzendieren.

Auch die Vernunftkritik Foucaults und seine Infragestellung universalistischer und ahistorischer Metanarrative wie Gleichheit, Freiheit und Emanzipation sind für Habermas, dessen eigene Theorie des kommunikativen Handelns auf der Legitimität eines Konsenses beruht, welcher durch rationale Aushandlung unter freien Subjekten zustande kommt, anrüchig (Hohendahl 1985: 17). Foucaults genealogische Analyse der modernen Macht stellt das epistemische Privileg in Frage, das sowohl dem traditionellen kartesianischen Begriff des *cogito* als auch dem humanistischen Ideal eines rationalen und souveränen Selbst, das sich selbst reflektiert und beherrscht, eingeräumt wird. Das universelle Subjekt des Wissens und der Sprache, das als Quelle von Autorität, Moral und Macht fungiert und auf das Foucaults Kritik abzielt, steht hingegen als Träger von Fortschritt und Freiheit im Zentrum von Habermas' Theorie der Moderne. Während Foucault die westliche Vernunft nur als eine von vielen Rationalitäten betrachtet, die kritisiert werden kann, ohne deshalb gleich der Irrationalität zu verfallen, ist Habermas einer universellen Struktur der Rationalisierung verpflichtet (1988: 339 f). Sein teleologisches Geschichtsbild und seine Überzeugung, dass soziale und politische Praktiken durch universelle, rational begründbare Normen gerahmt werden können, die ahistorisch sind, wird durch Foucaults genealogische Infragestellung progressiver Geschichtsnarrative herausgefordert (Hohendahl 1985: 18; siehe auch Allen 2019).

Während Habermas für die Vernunft wirbt, da sie Subjekte ermächtige, die Fähigkeit zu entwickeln, ihre Präferenzen rational zu prüfen, autonome Entscheidungen zu treffen und diese universell zu rechtfertigen, zeigt Foucault, wie die westliche Vernunft Subjekte zurichtet und diszipliniert (2005: 702). Für Foucault ist es deshalb unerlässlich, die Grenzen, die uns durch Normen gesetzt werden, experimentell zu überschreiten. Das gilt insbesondere auch für das westliche Verständnis von Vernunft, das wir von der europäischen Aufklärung geerbt haben, denn nur so können wir die Formen unserer Subjektivierung und Unterwerfung verstehen. Zugleich eröffnet uns diese Einsicht die Möglichkeit, andere Seinsweisen zu erproben und dabei die herrschenden Machtverhältnisse zu verändern (Love 1989: 275). Als Kontrapunkt zu Habermas' irreführender Darstellung Foucaults als Anti-Aufklärung möchte ich die Aufmerksamkeit auf Foucaults (1984: 45) Verständnis der Aufklärung als einer kritischen Haltung lenken, die »mittels einer historischen Ontologie unserer selbst« in Frage stellt, »was wir sagen, denken und tun«. Während Foucault meines Erachtens der normativen Begründung für den Widerstand gegen Zwangsmechanismen wie die der westlichen Vernunft nicht genug Beachtung schenkt, versäumt es Habermas, sich damit auseinanderzusetzen, wie die Vernunft die Subjekte diszipliniert, und darzulegen, warum er glaubt, die Vernunft könne von der Macht losgelöst werden. Es ist bemerkenswert, dass sowohl Foucault als auch Habermas dabei auf Kants Verständnis der Aufklärung als einer kritischen Übung zurückgreifen, die danach fragt, was gewusst werden kann, was getan werden soll und was gehofft werden darf.

Schon vor Foucault hatte Adorno aufschlussreich und überzeugend argumentiert, dass wir, um aufgeklärter zu werden, das Erbe der Aufklärung kritisch reflektieren müssen. Dazu gehört auch, das komplexe Verhältnis von Kritik, Emanzipation und Zwang neu zu durchdenken. Die *Dialektik der Aufklärung* mahnt an, unseren Umgang mit der westlichen Vernunft und ihren zwanghaften und gewalttätigen Tendenzen und Hinterlassenschaften, die am Ende die Menschheit zerstören könnten, kritisch zu hinterfragen (Cook 2018: 94). Die aufgeklärte Vernunft sollte die Menschheit emanzipieren, doch die »vollends aufgeklärte Erde strahlt im Zeichen triumphalen Unheils« (Horkheimer/Adorno 1987 [1947]: 25). Diesem Dilemma ist aber ohne die kritischen Werkzeuge der Aufklärung nicht beizukommen. Dieses Paradox gilt es zu verhandeln. Horkheimer und Adorno betonen, dass »[d]ie dabei an Aufklärung geübte Kritik [...] einen positiven Begriff von ihr vorbereiten [soll], der sie aus ihrer Verstrickung in blinder Herrschaft löst« (ebd.: 21). Die Aufklärung wird also nicht einfach aufgegeben, sondern aufgefordert, sich selbst zu hinterfragen. Die Autoren (ebd.: 71) zitieren Hölderlins (1970 [1808]: 179) berühmte Verse, »Wo aber Gefahr ist, wächst / das Rettende auch«, und erwägen die Möglichkeit einer hoffnungsvollen dialektischen Wendung, wenn sie den Essay über Antisemitismus mit den Worten beschließen: »Die ihrer selbst mächtige, zur Gewalt werdende Aufklärung selbst vermöchte die Grenzen der Aufklärung zu durchbrechen« (1987 [1947]: 238). Im nächsten Abschnitt möchte ich mich der Frage zuwenden, wie Horkheimer und Adorno die Aufklärung zu retten versuchen.

Die Rettung der Aufklärung: Beherrschende versus befreiende Vernunft

Es ist bemerkenswert, dass die *Dialektik der Aufklärung*, die im deutschen Original den Untertitel »Philosophische Fragmente« trägt, mit ihren Aphorismen, Anhängen und Exkursen eine gewisse Konvergenz von Form und Inhalt aufweist (Rocco 1994: 85). Ihrer Ablehnung der positivistischen Forderung nach Ordnung und Einheit entsprechend unterlaufen Horkheimer und Adorno mit dieser fragmentarischen Form die Erwartung von Kohärenz und Systematik durch Pluralität und Unabgeschlossenheit. Darauf weist auch Abbas (2012: 9–10) hin: »Was an Adornos Texten auffällt, sind neben der Dichte der Argumentation die lapidaren Aphorismen, die ins Auge springen. Jeder Aphorismus ist eine Art Denkobjekt, das das Denken gegen sich selbst wendet [...]. Jeder Aphorismus ist nicht das Ergebnis einer Epiphanie, eines plötzlichen Verständnisses des Ganzen, sondern das Resultat einer *negativen Epiphanie*, der Einsicht in die Unmöglichkeit eines totalen Verständnisses [...]«. Was Habermas und andere Kritiker:innen als »performativen Widerspruch« verurteilen, kann also auch als eine konzertierte textuelle und theoretische Strategie zur Untergrabung der epistemischen Totalität und Gewissheit gelesen werden (Rocco 1994: 86). Man muss sich vor Augen halten, dass die *Dialektik der Aufklärung* in der Tat ein unvollständiges Werk mit offenem Ende ist. Obwohl Horkheimer immer wieder betonte, dass »[...] [die] Rettung der Aufklärung unser Anliegen [ist]« (Horkheimer 1985b [1946] GS 12: 598), wurde die geplante Fortsetzung, die ein »positives« Programm zur »Rettung« der Aufklärung entwickeln sollte, nie realisiert. Das Versprechen lautete, dass das Fundament für eine Kritik an der Instrumentalisierung der Vernunft in der Struktur der Sprache selbst zu finden sei, in der andere Subjekte nicht nur als Mittel, sondern immer auch als Zwecke behandelt würden (Schmidt 1998: 823). Die Abkehr vom Formalismus sollte die Vernunft von der Instrumentalisierung befreien und so kritische Interventionen ermöglichen.

Auf die Frage, wie das Denken in seinem kritischen Modus von seinen zwanghaften, repressiven und beherrschenden Impulsen zurückgewonnen werden könnte, erwidert Adorno, dass das kritische Denken nicht darauf abziele, die Irrtümer und Ungenauigkeiten des herrschenden Denkens zu entlarven. Vielmehr gehe es darum, die Antinomien dieses Denkens zu umreißen, ohne eine Garantie, sie überwinden, versöhnen oder sublimieren zu können. In dieser Unmöglichkeit und gleichzeitigen Notwendigkeit, mit den Aporien umzugehen, ohne sie auflösen zu können, liegt das Versprechen des utopischen Moments im kritischen Denken, das »Noch nicht«. Utopie bedeutet die Ablehnung des geschlossenen Denkens, welches davon ausgeht, dass das Objekt »erfasst« werden kann (Rose 1976: 84). In der Tat war Nietzsches Warnung vor der Gefahr, Begriffe als Invarianten einfach hinzunehmen, eine wichtige Inspiration für Adorno, der zeigt, wie Begriffe ihren Ursprung verbergen und als »terminologische Maske« fungieren (1966: 191). Eine kritische Herangehensweise wirkt dieser Maskierung entgegen, indem sie die Antinomien und Widersprüche sowie die historische Genese von Kategorien aufdeckt (Rose 1976: 82). Der Prozess des kritischen Denkens wird hier als Selbstzweck und als bloßes Vehikel einer radikalen Politik verstanden (ebd.: 85).

Obwohl Horkheimer und Adorno die Ideale von Gerechtigkeit, Demokratie und Freiheit als ideologisch verurteilen, weigern sie sich, positive Alternativen anzubieten, die ja auch wiederum der Verdinglichung anheimfallen würden. Benhabib zufolge geben Horkheimer und Adorno daher keine zufriedenstellende Antwort auf die Frage: »Was ist der normative Standpunkt der kritischen Theorie?« (1986: 222). Ihr Vorschlag, dass Kunst eine Alternative zur Herrschaft bieten könne, wird von Kritiker:innen mit der Begründung zurückgewiesen, dass die ästhetische Vernunft nicht-begrifflich oder sogar irrational sei (Schoolman 2005: 358). Während Benhabib (1992) den epistemischen und normativen Wert der ästhetischen Erfahrung negiert, liegt deren Potenzial für Adorno gerade darin, dass autonome Kunst die Versuche, aus der ästhetischen Erfahrung Wahrheitsansprüche abzuleiten, unterläuft und genau deshalb zu einem politisch privilegierten Ort der Gesellschaftskritik werden kann. Autonome Kunst decke unwissentlich die historischen Prämissen auf, die in anderen Kontexten als selbstverständlich hingenommen würden; indem so die Widersprüche in den herrschenden Diskursen freigelegt würden, komme wie bei einem Freudschen Versprecher die Wahrheit unbeabsichtigt zum Vorschein (Buck-Morss 1977: 96). Ästhetische Vernunft ist eine Form des Denkens, die die identitäre Logik unterbricht; sie ist ein Versuch, das Ungedachte ohne teleologische Hintergedanken auf das Noch-nicht hin zu öffnen (Schoolman 2005: 359). Gewissheit, Vorhersagbarkeit oder Berechenbarkeit kann sie nicht versprechen; Kontingenz, Ungewissheit oder Unendlichkeit stellen keine Bedrohung für sie dar. Im direkten Gegensatz zum undifferenzierten und allumfassenden Ansatz der instrumentellen Vernunft strebt die ästhetische Vernunft danach, das darzustellen, was sie ausschließt (ebd.: 359). Mimesis zwingt das Subjekt zum ästhetischen Denken und erweitert und diversifiziert so die Vernunft, die für zuvor ausgeschlossene Möglichkeiten und Potenziale geöffnet und empfänglich wird. Das ästhetische Denken zeigt die Grenzen der instrumentellen Vernunft auf und unterminiert ihre Herrschaftsform. Eine so erweiterte Vernunft neigt sich einer höheren Ordnung der Reflexion zu, die nicht mehr nur zweckorientiert ist (ebd.: 360). Die ästhetische Aufklärung wird so zu einem erlösenden Gegenmittel gegen die instrumentelle und zweckgerichtete Rationalität.

Schon Kant hatte argumentiert, dass ästhetische Urteile im Gegensatz zu theoretischen und praktischen Urteilen nicht-begrifflich seien. Das impliziert auch, dass ästhetische Kritik, obgleich sie universell gültig ist, nicht rein begrifflich demonstriert werden kann und so über eine rein rational begründete Kritik hinausgeht. Anstelle einer radikalen Trennung von epistemischen, ethischen und ästhetischen Modi sind in der ästhetischen Kritik jedoch alle drei untrennbar miteinander verwoben. An diese Tradition schließt Adorno an, wenn er echte Kritik als eine »negative Dialektik« verstanden wissen möchte, die sich gegen das Identitätsdenken richtet, welches sich anmaßt, dass Sein durch die Erkenntnis beherrschen zu wollen. Das Identitätsdenken festigt den Status quo insofern, als es die Art und Weise, wie die Dinge sind oder zu sein scheinen, als eine faktische Gegebenheit hinnimmt, die dauerhaft und unveränderlich ist, und damit die Möglichkeit der Veränderung ausschließt. Die Herrschaft des Identitätsdenkens ist in der Negation dessen verankert, was anders ist, so dass es entweder dem Selbst assimiliert oder vernichtet werden muss. Im Angesicht seiner jüngeren Erscheinungsformen in Kapitalismus und Faschismus entwerfen Horkheimer und Adorno in der *Dialektik der Aufklärung* das monumentale Projekt, den langen historischen Weg des Identitätsdenkens nachzuzeichnen. Adornos (1966: 22, 195) nicht-identisches Denken versucht hingegen, die Herrschaft zu umgehen, indem es die Subsumtion des Partikularen unter das Allgemeine bestreitet und dadurch nicht-intentionale Wahrheiten aufdeckt. In Anlehnung an Bloch und Benjamin argumentiert Adorno, dass die Einzigartigkeit des konkreten Besonderen und sein Widerstand gegen Systematisierung, Kategorisierung und Normalisierung die utopische Spur der Nicht-Identität verkörpere (Buck-Morss 1977: 89–90). Die ästhetische Mimesis ist für Adorno im Gegensatz zur zweckgerichteten Vernunft eine Form des Urteils, die Erkenntnis ohne Begriffe verspricht. Hier scheint das Versprechen herrschaftsfreier ästhetischer Praktiken auf, die an die Stelle einer rein vernunftgeleiteten Kritik treten.

In Kapitel 6 werde ich auf die Rolle der ästhetischen Aufklärung im Kontext der Dekolonisierung zurückkommen, zunächst möchte ich mich aber den »unvollendeten Gesprächen« zwischen der Kritischen Theorie der ersten Generation und dem postkolonialen Denken zuwenden. Auf den Vorwurf des »normativen Nihilismus« würden Adorno, Horkheimer, Spivak und Mbembe erwidern, dass kritische Praktiken nicht zwangsläufig auf einer instrumentellen Vernunft beruhen müssen. Wie genau sich die Anliegen und Strategien der beiden Denkrichtungen zueinander verhalten, ist leider nur unzureichend untersucht worden. Zu Beginn dieses Kapitels habe ich zusammengefasst, wie sich die Postkolonialen Studien mit den Verstrickungen von Kolonialismus und Nazismus sowie von Rassismus und Antisemitismus auseinandergesetzt haben; nun möchte ich auf die »verpassten Begegnungen« zwischen dem Postkolonialismus und der Kritischen Theorie der ersten Generation zu sprechen kommen.

Ambivalente Affinitäten, unvollendete Gespräche und Identitätsverwechslung

Als Horkheimer und Adorno die *Dialektik der Aufklärung* schrieben, stand ein Großteil der Welt unter europäischer Kolonialherrschaft.[14] Angesichts ihrer intensiven Rezeption von Marx und dem Marxismus ist es bedauerlich, dass sie sich weder mit der Globalisierung des Kapitalismus durch den europäischen Kolonialismus noch mit der Gewalt der Sklaverei und den kolonialen Genoziden auseinandergesetzt haben. Während sie sich intensiv mit den Konsequenzen des Faschismus und den Missständen des Kapitalismus im Westen beschäftigten, haben sie die tiefe Verbindung zwischen Kolonialismus, Kapitalismus und Neokolonialismus außer Acht gelassen.

14 So bemerkt Adorno im Einleitungsvortrag zum 16. Deutschen Soziologentag, dass »[s]elbst die Imperialismustheorien […] mit dem erzwungenen Verzicht der großen Mächte auf Kolonien nicht bloß veraltet sind« und dass der Kapitalismus weiterhin dafür sorge, dass »die Menschen in großen Teilen der Erde darben müssen« (GS 8: 356, 362).

Der Historiker Enzo Traverso (2019: 179) zeichnet in *Linke Melancholie* die »verpassten Rendezvous« zwischen Adorno und C.L.R. James nach, die sich in den 1940er Jahren über ihren gemeinsamen Freund Herbert Marcuse mehrfach begegneten. Beide waren Marxisten und werden das Werk des jeweils anderen gekannt haben, dennoch scheiterte der Austausch zwischen den beiden intellektuellen Giganten oder war unmöglich. Während Adorno die kulturellen Anliegen eines international anerkannten Cricket-Spezialisten wie James wahrscheinlich fremd gewesen wären, hätte James seinerseits Adornos berühmt-berüchtigter Einschätzung des Jazz nur mit Unverständnis begegnen können. Keiner der beiden erwähnt den anderen in seinen Schriften, und Traverso beklagt die »verpasste Gelegenheit« (ebd.), die nicht nur für die jeweiligen Intellektuellen und den Marxismus einen Verlust darstelle, sondern für das kritische Denken als solches bedauerlich sei. Traverso vermutet, dass der Austausch scheiterte, weil die Gelehrten der Frankfurter Schule trotz ihrer kritischen Impulse in einem eurozentrischen Marxismus befangen blieben und die Bedeutung des schwarzen und außereuropäischen Marxismus nicht erkannt hätten, der zu einer grundlegenden Neukalibrierung der Klassenanalyse beitrug, indem er das Augenmerk auf die Erfahrungen der nicht-westlichen Welt richtete.

Adornos Einlassungen zum Jazz sind ein eindrucksvolles Beispiel dafür, dass er trotz seiner Überzeugung, dass die Kunst einen Gegenpol zur instrumentellen Vernunft darstelle, nicht-europäischen künstlerischen Praktiken mit Unverständnis gegenübertrat. Bewunderer des Jazz haben betont, dass Adornos Kritik den sozialgeschichtlichen Kontext außer Acht lässt, aus dem viele der kreativen Impulse der Schwarzen Musik hervorgegangen sind und in dem sie sich entfaltet haben. Seine ablehnende Haltung, die den Jazz als undialektisch und repetitiv abtut, hat Adorno den Vorwurf der Ignoranz und des Snobismus eingetragen. Der Jazz, so Adorno, habe einen monotonen Klang und Rhythmus und sei deshalb leicht massentauglich, was seine Kommerzialisierung und Instrumentalisierung für kapitalistische oder faschistische Zwecke vorzeichne. Emanzipatorisch könne der Jazz jedenfalls nicht wirken (GS 17 [1937]: 103 f), was Adorno sogar dazu bewog, die nationalsozialistische Regulierung des Jazz zu billigen (Gilroy 2000: 295). Auch der Historiker Eric Hobsbawm (1993: 300) kanzelt Adornos Schriften über Jazz als »einige der dümmsten Seiten, die je geschrieben wurden«, ab. Seine Verteidiger:innen sehen Adorno hingegen als einen Kulturkritiker, der sich dem Identitätsdenken und dem Ansturm einer verkitschten Massenkultur entgegenstellt und dessen Ablehnung des Jazz weniger mit einem eurozentrischen Musikgeschmack oder elitären ästhetischen Maßstäben zu tun habe als vielmehr mit seinen politischen Überzeugungen.

Vergleicht man aber Adornos Überlegungen zum Jazz mit den Analysen von Angela Davis (1999) oder Stuart Hall,[15] die seine zentrale Bedeutung für Kultur, Politik und Alltagsleben Schwarzer Gemeinden hervorheben, wird deutlich, wie sehr Adornos eurozentrische Voreingenommenheit sein Urteil über die Bedeutung des Jazz in den Schwarzen Befreiungskämpfen trübt. So legt Hall (2022: 141) eindrücklich dar, wie im Jazz »die ganze historische Erfahrung von Unterdrückung und Leid aufgegriffen, hörbar gemacht, in Klang ausgedrückt wurde«. Im Gegensatz zu westlicher klassischer Musik, die in erster Linie ein Publikum aus der Mittelschicht anspricht, ist Jazz über Klassengrenzen hinweg populär und war für die Entwicklung eines Schwarzen politischen Bewusstseins von entscheidender Bedeutung. Aus Adornos Perspektive wäre aber genau diese Funktion in der Bildung einer kollektiven Identität zu kritisieren, da sie den Jazz fest in einem bestimmten sozialen Umfeld zu verankern scheint und ihm so die Autonomie als Kunstwerk nimmt (Okiji 2018). Authentisch ist für Adorno aber nur das Kunstwerk, das die Ideen und Erfahrungen einer bestimmten Gruppe überschreitet (GS 7 [1970]: 170, 319, 470). Der Wahrheitswert authentischer Kunstwerke transzendiere die historischen Umstände, aus denen sie hervorgehen, selbst wenn sie in ihnen verwurzelt sind. Und nur »authentische« Kunstwerke können Adorno zufolge ästhetischen Widerstand gegen die instrumentelle Vernunft und die Kulturindustrie leisten. Der Jazz sei daher kein Gegenmittel gegen die Zwangskräfte von Kapitalismus und Totalitarismus – eine Fehleinschätzung, die nur deshalb zustande kommen konnte, weil Adorno die so wichtige Tradition der Improvisation in der Jazzmusik ausblendete. Ähnlich blind war Adorno gegenüber dem »gemeinsamen Kosmopolitismus« jüdischer und schwarzer Jazzmusiker (Gilroy 2000: 294). So soll der jüdische Saxophonist Stan Getz einmal bemerkt haben: »Jedes Mal, wenn ich versuche, schwarz zu spielen, klingt es jüdisch« (zit. in Hersch 2013: 259). Ironischerweise scheitert die Kritische Theorie der ersten Generation hier an der Herausforderung, über die Grenzen ihres eigenen Standpunkts hinauszudenken, also ausgerechnet an einer Aufgabe, der Adorno so große Wichtigkeit für das kritische Denken beimaß.

Auch zwischen Adornos Beiträgen zum Sammelband *The Authoritarian Personality* und Aimé Césaires *Über den Kolonialismus*, die beide 1950 veröffentlicht wurden, gibt es zahlreiche Anknüpfungspunkte (Bardawil 2018: 777). Césaire (2021 [1955]: 32) erkennt, dass »die Kolonisation darauf hinarbeitet, den Kolonisator zu *entzivilisieren*, ihn im wahrsten Sinne des Wortes zu *verrohen*«, und dass die so in den Kolonien entstandene Barbarei in der Form des Faschismus als »Bumerang« (Hannah Arendt) nach Europa zurückgekehrt sei. Adornos Regressionserzählung, so argumentiert Fadi Bardawil (2018: 780), verankere die Entstehung des

15 https://www.bbc.co.uk/programmes/p0094b6r#p0094b6r

antisemitischen Nationalsozialismus im Kapitalismus, der die Demokratie letztlich aushöhle, während Césaire die Subjektivität des Kolonisators aus den materiellen Praktiken der kolonialen Herrschaft herleite. Indem sie die Einheimischen entmenschlichen, entzivilisieren die Europäer sich selbst (Bardawil 2018: 780). Die anderswo ausgeübte Gewalt wendet sich nach innen.

Said schlägt eine kontrafaktische Ideengeschichte der verpassten Gelegenheit vor, die sich auf die Affinitäten zwischen Adorno und James als zwei Beispiele für Intellektuelle im Exil konzentrieren würde, die einen ähnlichen Blick auf Geschichte und Gesellschaft teilten (Traverso 2019: 179). Beide, so Said (1997: 71), seien »kontrapunktische« Denker, die den Konformismus ablehnten und sich den kanonischen Ansichten entzogen. Trotz erheblicher Unterschiede würden beide in ihren Werken eine ähnliche Diagnose der westlichen Zivilisation als eines Prozesses der »Selbstzerstörung« stellen. Auch das Bemühen, die emanzipatorischen Möglichkeiten der Aufklärung zu retten, würden beide Denker teilen. Die Nicht-Begegnung zwischen James und Adorno sei für die Kritische Theorie und die Postkolonialen Studien eine verpasste Chance.[16] Ein inspirierendes Gegenbeispiel ist der Einfluss von Fanons Schriften über koloniale Gewalt, Folter und Trauma auf Amérys Verständnis seiner eigenen Erfahrung mit faschistischer Gewalt in den Konzentrationslagern (Fareld 2021: 58). Mit seinem Begriff der »*Schicksalsverwandtschaft*« verleiht der Holocaust-Überlebende Améry dem geteilten Schmerz der Opfer von Kolonialismus und Nazismus Ausdruck (2005 [1968]: 15–16). Amérys (2002 [1966]: 65 f) Verlust des Weltvertrauens schwingt auch in der postkolonialen Aufklärungsverdrossenheit und dem »Ressentiment« gegen Europa mit.

Während die ambivalenten Affinitäten zwischen der Kritischen Theorie der Frankfurter Schule der ersten Generation und den Postkolonialen Studien in ihrer gemeinsamen Kritik an der Aufklärung unverkennbar sind, haben die Wissenschaftler:innen der Frankfurter Schule nach Adorno den Kolonialismus und seine Folgen weitgehend außer Acht gelassen. In diesem Zusammenhang sind die Schriften von Allen (2019) und Mills (2017b), die sich beide auf zeitgenössische Kritische Theoretiker:innen der Frankfurter Schule konzentrieren, besonders aufschlussreich, um die postkoloniale Desillusionierung mit der post-adornitischen Kritischen Theorie zu verstehen. Allen (2019) beklagt, dass die Kritische Theorie der Frankfurter Schule nach Adorno es trotz ihres Engagements für

16 A propos verpasste Begegnungen: Sowohl die Postkolonialen Studien als auch die Holocaust-Studien müssen sich vorwerfen lassen, dass sie sich nicht angemessen mit dem russischen Imperium und der Frage der Dekolonisierung in den postsowjetischen Gebieten befasst haben. Beide haben sich zumeist auf Europa und die außereuropäische Welt konzentriert und dabei die »zweite Welt« und ihr komplexes Dazwischen-Sein außer Acht gelassen. Leider ist es mir nicht möglich, hier näher darauf einzugehen.

Freiheit und Emanzipation versäumt habe, sich mit den antikolonialen Freiheitskämpfen auseinanderzusetzen. Sie zitiert in diesem Kontext Said (1994: 369), der den Finger in die Wunde legt: »Die kritische Theorie der Frankfurter Schule ist [...] verblüffend stumm in Bezug auf rassistische Theorie, antiimperialistischen Widerstand und oppositionelle Praxis im Imperium.« Auch Mills kritisiert Habermas und Axel Honneth dafür, in der europäischen Aufklärung einen Fortschritt gegenüber vormodernen, nichtmodernen oder traditionellen Lebensformen zu sehen. Die Sprache des Fortschritts und der Entwicklung sei der Nährboden für europäische Überlegenheitsfantasien von der angeblichen Rückständigkeit der außereuropäischen Welt. Mills (2017b: 236) liest dies als eine Festschreibung der »philosophischen *color line*«.[17] Er (2021: 26) versucht, das traditionelle System der Metaphern, das Aufklärung mit Weißsein assoziiert, umzudeuten, wenn er argumentiert, dass die Aufklärung vom Schwarzsein ausgehe und »schwarzes Licht« die Dunkelheit der »Euro-Kognition« vertreibe. Das vermeintliche Oxymoron einer Schwarzen Aufklärung verweist nicht nur auf eine von Schwarzen Denkern formulierte Philosophie, sondern meint auch eine Aufklärung, die aus »der besonderen Erfahrung rassistischer Unterwerfung in der Moderne« (ebd.: 25) hervorgeht. Mills (ebd.: 26) verbindet dies mit der Hoffnung, dass eine solche Schwarze Aufklärung tatsächlich universeller sein könnte als die »Scheinuniversalität« der »weißen Aufklärung«.

Wie Mills wirft auch Allen (2019: 113, 120) Habermas vor, davon auszugehen, dass die euro-amerikanischen Dialogteilnehmer:innen »den Angehörigen traditioneller oder ›nichtmoderner‹ Kulturen entwicklungsmäßig überlegen« seien. Honneth kritisiert sie aus ähnlichen Gründen, nämlich dafür, dass er die westlichen Gesellschaften im Vergleich zu den »vormodernen« und »nicht-modernen« Gesellschaften der Vergangenheit und Gegenwart für entwickelter hält. Als Beispiel für die Verwirklichung der Freiheit in der europäischen Moderne führt Honneth etwa die kulturelle und rechtliche Anerkennung homosexueller Beziehungen an und lobt die Ausweitung des Eherechts auf Homosexuelle als einen Höhepunkt der »fortschreitenden Demokratisierung« (ebd.: 98). Dies impliziere aber, so Allen, dass Gesellschaften, die die Homo-Ehe nicht zulassen, gegenüber der europäischen Moderne »aufholen« müssten. Worüber Honneth stillschweigend hinweggeht, ist die historische Tatsache, dass in den meisten postkolonialen Ländern Homosexualität erst während der europäischen Kolonialherrschaft kriminalisiert und pathologisiert wurde und in Ländern wie Uganda und Indien die kolonialen Sodomiegesetze (Section 377) weiter von europäischen und US-amerikanischen Evangelikalen befeuert werden (Dhawan 2013a; Rao 2020). Für Habermas (1988: 73) ist »unser okzidentale[s] Weltverständnis« nicht nur eine unter

17 Ich bin Daniel James dankbar, dass er diesen Artikel mit mir geteilt hat.

vielen möglichen Denktraditionen, sondern die einzige, die universelle Gültigkeit beanspruchen kann.

Postkoloniale Wissenschaftler:innen adressieren diesen *Double Bind* von Universalismus und Differenz, indem sie normative Verpflichtungen aufrechterhalten, ohne sich dabei aber auf einen erkenntnistheoretischen Fundamentalismus zu stützen. Eine solche kontingente Normativität entspricht postkolonialen Verhältnissen, die sich durch Ambivalenz, Differenz und Vielfalt auszeichnen, viel besser. Anstatt also darauf zu beharren, dass normative Standards mit universellen Prinzipien untermauert werden müssen, wird die Komplexität normativer Prinzipien aufgezeigt. Dementsprechend müssen die Vorstellungen von Gerechtigkeit, Menschenrechten und Demokratie im Lichte der Erfahrungen des Kolonialismus neu imaginiert werden.

Wenn die Postkolonialen Studien das emanzipatorische Potenzial universeller Normen in Frage stellen, handeln sie sich oft den Vorwurf des »normativen Nihilismus« ein. In dem Maße, in dem normative Theoretiker:innen die Überlegenheit europäischer Normen bekräftigen, erweisen sich diese »universellen« Prinzipien jedoch als provinziell (Chakrabarty 2000). Das Gegenmittel gegen Eurozentrismus und Imperialismus ist sicherlich nicht Nativismus, sondern vielmehr eine Pluralisierung und Diversifizierung der normativen Legitimität und ihrer narrativen Vermittlung. Es geht schlicht um die Anerkennung der Tatsache, dass unterschiedliche Erfahrungen, Perspektiven und Standorte einen Unterschied bei der Formulierung und Operationalisierung normativer Grundsätze machen und eurozentrische Normen nicht ausreichen, um die postkoloniale Welt und ihre Praktiken zu verstehen. Darauf werde ich in Kapitel 5 näher eingehen, wo ich den Unterschied zwischen dem genozidalen und dem abwesenden Staat untersuchen werde.

Diese Kontextualisierung wird als »normativer Relativismus« abgetan, und es wird behauptet, dass die kritischen Prinzipien universell gültig sein müssen, um wirklich emanzipatorisch zu sein (Allen 2019: 42). Das Fehlen normativer Begründungen wird als sicheres Anzeichen für Geschichtspessimismus und den Verzicht auf progressive Ideale gewertet. Die Postkolonialen Studien werden dann als unkritisch abgetan, weil sie die historische Kontingenz von Normen wie Menschenrechten, Säkularismus und Demokratie betonen (Allen 2019: 23, 33). Um den Vorwurf zu entkräften, dass die politischen Verpflichtungen und ethischen Grundlagen der Frankfurter Schule zutiefst eurozentrisch sind und auf einem Stufenmodell der Geschichte mit Europa an der Spitze beruhen, wird umgekehrt die postkoloniale Infragestellung von Rationalismus, Säkularismus und Humanismus als relativistisch und somit anti-emanzipatorisch verworfen.

Kantianer:innen wie Neiman[18] und Boehm,[19] die sich zum Universalismus bekennen, argumentieren, dass die Privilegierung von Differenz Alterität ontologisiere und verdingliche, was letztlich zu einer Art Stammesdenken führe. So sind für Boehm etwa der Zionismus und der Postkolonialismus zwei Seiten derselben Medaille, da beide aufgrund ihrer jeweiligen historischen Erfahrungen von der Aufklärung desillusioniert seien und deshalb universelle Normen als wesenhaft gewalttätig ablehnen würden. Obwohl Boehm das begründete Misstrauen gegenüber den Versprechen der Aufklärung von Gleichheit und Humanismus nachvollziehen kann, greift er sowohl den Zionismus als auch den Postkolonialismus als einander spiegelnde Formen von Identitätspolitik an. So gegensätzlich sie auch erscheinen mögen, in Wirklichkeit würden sie sich wechselseitig verstärken. Um die gewaltsamen Folgen der angeblichen Identitätspolitik von Zionismus und Postkolonialismus zu vermeiden, beharrt er auf der Autorität des Universalismus.

Als Antwort auf Boehms Ablehnung der postkolonialen Studien als eine Form der Identitätspolitik möchte ich an eine scharfsinnige Bemerkung Hannah Arendts erinnern, die hinsichtlich der Identitätsfrage klarstellt: »Wenn man als Jude angegriffen ist, muß man sich als Jude verteidigen. Nicht als Deutscher oder als Bürger der Welt oder der Menschenrechte oder so.«[20] Der jüdische Widerstand gegen den völkermörderischen Antisemitismus muss Arendt zufolge also gerade in den Kategorien artikuliert werden, mittels derer seine Opfer identifiziert und entwertet wurden, und nicht etwa in den Begriffen der assimilatorischen liberalen Idee des »Menschen«, die vorgibt, beschränkte Gruppenidentitäten zu transzendieren. Politische Handlungsfähigkeit ist in besonderen Erfahrungen verankert und kann nicht einfach in allgemeine Begriffe von Menschenrechten aufgelöst werden. Die Emanzipation der Juden durch die alliierten Streitkräfte war unzureichend, erklärt Arendt (1948: 127), denn »[Jude zu sein ist] eine Schande, aus der es keinen individuellen Ausweg mehr in internationalen Ruhm gibt – sondern nur noch in politische Gesinnung und Kampf für die Ehre des ganzen Volkes«. Angesichts dieser Erwägungen ist es umso erstaunlicher, dass ihr jetzt vorgeworfen wird, »keine Liebe für das jüdischen Volk« gehabt zu haben.[21] Arendts Betonung der »Gegebenheit« des Jüdischseins, das für sie keine Frage der Wahl war, beeinträchtigte ihr Engagement für die Idee der Weltbürgerschaft und ihre Auseinandersetzung mit der *conditio humana* in keiner Weise.

---

18 https://www.youtube.com/watch?v=gyDNKpoUYn4

19 https://www.hkw.de/en/app/mediathek/video/91257

20 Günter Gaus im Gespräch mit Hannah Arendt; Sendung vom 28.10.1964 Youtube: https://www.youtube.com/watch?v=J9SyTEUi6Kw

21 https://www.haaretz.com/israel-news/2019-05-11/ty-article-magazine/.premium/why-does-hannah-arendts-banality-of-evil-still-anger-israelis/0000017f-db1a-df9c-a17f-ff1a90bc0000

Auch Albert Einstein, der im Alter von 16 Jahren auf seine deutsche Staatsbürgerschaft verzichtete und die Staatenlosigkeit dem Militärdienst vorzog, kämpfte nicht nur gegen den Antisemitismus, sondern war auch ein scharfer Kritiker des amerikanischen Rassismus. Berühmt geworden ist etwa seine Solidaritätsbekundung in einem Interview mit seinem Freund Gustav Peter Bucky: »Da ich selbst Jude bin, kann ich vielleicht verstehen und nachempfinden, was Schwarze als Opfer von Diskriminierung empfinden.«[22] Einstein war ein entschiedener Unterstützer der Bürgerrechtsbewegung, unterzeichnete Petitionen gegen die Lynchmorde und sagte freiwillig als Kronzeuge im Prozess gegen den Schriftsteller und Philosophen W.E.B. Du Bois aus, der 1951 vom FBI als ausländischer Agent angeklagt wurde. Arendt und Einstein dienen mir dazu, das komplexe Verhältnis zwischen partikularen Identitäten und universellen Normen zu veranschaulichen.

Boehm nennt keine postkolonialen Wissenschaftler:innen beim Namen, so dass unklar bleibt, wen er eigentlich im Sinn hat, wenn er die Postkolonialen Studien als eine Form der Identitätspolitik abtut. Er übersieht jedenfalls, dass Kritik an der Aufklärung nicht automatisch Anti-Aufklärung ist, ebenso wenig wie eine kritische Analyse der Ungereimtheiten und Widersprüche universeller Normen zwangsläufig eine Negation dieser Normen darstellt. So sind die Postkolonialen Studien etwa ohne den Marxismus nicht denkbar, und doch stellt der Postkolonialismus dessen universalistisches Verständnis von »Kapitalismus«, »Arbeit« und »Arbeiter« in Frage. Boehm scheint zu übersehen, dass sich die postkoloniale Aufklärungskritik fest in der Tradition der Aufklärung verortet, nicht um sie zu delegitimieren, sondern um Europa aus seiner Selbsttäuschung zu erwecken und es über seine Gewaltgeschichte aufzuklären, letztendlich um die Aufklärung zu retten.

Neben den »unvollendeten Gesprächen« zwischen Postkolonialen Studien und Holocaust-Studien möchte ich auch auf die »Verwechslung« des postkolonialen Ansatzes mit der dekolonialen Herangehensweise eingehen. Während ersterer sich wie beschrieben mit den widersprüchlichen Folgen der Aufklärung für die postkoloniale Welt auseinandersetzt, lehnt der dekoloniale Ansatz die Aufklärung und ihr Erbe kategorisch ab. So weist etwa Grosfoguel alle Versuche zurück, westliche Theorien und Konzepte einfach neu zu kalibrieren, um damit außereuropäische Gesellschaften und Praktiken zu erklären (Grosfoguel et al. 2007: 6). Er rügt Habermas für seinen »eurozentrischen Fundamentalismus« (*fundamentalismo eurocéntrico*) (ebd.) und argumentiert, dass subalterne Identitäten eine epistemische Alterität verkörpern, die eine »radikale Kritik an eurozentrischen Paradigmen und Denkweisen« ermöglicht (2011: 29). Der dekoloniale

22 https://www.smithsonianmag.com/science-nature/how-celebrity-scientist-albert-einstein-used-fame-denounce-american-racism-180962356/

Philosoph Nelson Maldonado-Torres (2004: 40–41) wendet sich unterdessen gegen Horkheimer und Adorno und erklärt, dass die Kritik der instrumentellen Vernunft nicht ausreiche, um die Frage der Kolonialität angemessen zu behandeln. Der peruanische Soziologe Anibal Quijano (2007: 177) wiederum betont, dass »die Anmaßung, die partikulare Kosmologie einer bestimmten Ethnie als universelle Rationalität zu betrachten«, eine epistemologische Dekolonisierung zwingend erforderlich mache.

Mignolo (2011b: 64 fn 8) zufolge scheiterten die Dekolonialisierungsbewegungen unter anderem auch daran, dass es ihnen nicht gelang, den Rahmen der modernen Episteme zu sprengen. So blieb beispielsweise die Idee des Staates innerhalb einer globalen kapitalistischen und imperialistischen politischen Ökonomie bestehen und wurde von einheimischen Eliten in Asien und Afrika übernommen, wie es zuvor auch in Amerika der Fall gewesen war, wobei Haiti ein besonders lehrreiches Beispiel ist (mehr dazu in Kapitel 4). Die dekolonialen Staaten, so Mignolo, hätten bedauerlicherweise vor dem Spiel des Liberalismus kapituliert und seien in der Logik der Moderne verhaftet geblieben. In Anlehnung an Quijanos Begriff des *Desprenderse* (Entkopplung) entfaltet Mignolo die dekolonialen Möglichkeiten eines »epistemischen Ungehorsams«, der dem »zivilen Ungehorsam« vorausgehe und Alternativen zur Logik der Kolonialität/Moderne eröffnen soll (ebd.: 47). In Anlehnung an die Zapatisten in Mexiko vertritt er die Ansicht, dass die dekoloniale *Pluri*-versalität die imperiale *Uni*-versalität in Frage stellt und eine Welt eröffnet, die vielen Welten Raum gibt. »Eine andere Welt [ist] möglich«, so das Versprechen Mignolos, und diese Welt sei weder liberal, christlich, oder marxistisch noch eine Mischung aus den dreien (ebd.: 50–51). Dekoloniales Denken fungiere als Kontrapunkt zur Moderne/Kolonialität, indem es »einen Raum für das in der imperialen Genealogie der Moderne Undenkbare« eröffne und dem, was durch die imperiale Epistemologie zum Schweigen gebracht wurde, eine Stimme verleihe (ebd.: 47–48). Es gehe darum, andere Erinnerungen, Narrative und Kosmovisionen in den Mittelpunkt zu rücken. In Abkehr von der europäischen Moderne wird der Fokus auf lokale Geschichten gelegt, die eine Dekolonisierung der Vorstellungskraft und so die Wiedergewinnung außereuropäischer Wissensquellen fördern sollen. So wird etwa der indigene Kommunalismus in den Anden als Gegenpol zum westlichen Kapitalismus in Stellung gebracht. Den dekolonialen Theoretiker:innen zufolge bieten indigene Traditionen einen kritischen Blickwinkel und normative Ressourcen außerhalb der Kreisläufe der westlichen Moderne (Ingram 2018: 505–506). Die Schwächen des westlichen Denkens, einschließlich der Kritischen Theorie, sollen so durch eine Verlagerung des Schwerpunkts auf nicht-westliche, von Kapitalismus und Moderne unbefleckte Perspektiven korrigiert werden. Mignolo schränkt jedoch ein, dass sich das dekoloniale Denken als »eine besondere Art von kritischer Theorie« verstehe, die »nicht die Norm oder das Paradigma ist, an dem alle anderen Projekte gemessen, bewertet und beurteilt werden sollten« (2007: 155). Es gibt wenig daran auszusetzen, dass dekoloniale Wissenschaftler:innen wie Mignolo den Schwerpunkt auf die Anerkennung und Wertschätzung nicht-westlicher Perspektiven legen, die bisher vom Kolonialismus zum Schweigen gebracht und unterdrückt wurden. Die historischen Begegnungen zwischen indigenen und europäischen Epistemologien bargen das Versprechen gegenseitiger Achtung und Bereicherung, anstatt die eine durch die andere zu marginalisieren. In dieser Hinsicht sind die dekolonialen Bemühungen, das historische Unrecht zu korrigieren, ein positiver Schritt. Mein Einwand zielt jedoch auf die Rivalität, die zwischen der Radikalität des dekolonialen Ansatzes und der vermeintlichen Zaghaftigkeit der Postkolonialen Studien konstruiert wird.

In dem Maße, in dem die Postkolonialen Studien auf westliche Theorien zurückgreifen, wird ihnen von dekolonialen Wissenschaftler:innen vorgeworfen, vorkoloniale und antimoderne Epistemologien zu vernachlässigen. So ignoriere die postkoloniale Theorie etwa indigene Epistemologien, die »jenseits« des Komplexes von Moderne und Kolonialität angesiedelt seien. Mignolo kritisiert, dass sowohl der Poststrukturalismus als auch der Postkolonialismus eurozentrisch seien und dekolonisiert werden müssten, da ihre Kritik an der Moderne »für [...] diejenigen, die nicht weiß oder christlich sind, keine Gültigkeit haben« könne (Mignolo 2002: 85–86). Indigene Auffassungen von grundlegenden Konzepten wie Zeit, Raum, Land, Natur, Universum, Mensch und Tier würden einen Kontrapunkt zum westlichen Denken darstellen, das diese Ideen instrumentalisiere und rationalisiere. Die indigene Spiritualität stehe dem westlichen Säkularismus entgegen (Mignolo 2007: 163).

Im nächsten Abschnitt möchte ich die Postkolonialen Studien gegen den doppelten Vorwurf, sie seien zugleich Anti-Aufklärung, also »nativistisch« oder »tribalistisch« (Neiman, Boehm), *und* eurozentrisch (Grosfoguel, Mignolo), verteidigen. Dabei werde ich einerseits auf die Affinitäten zwischen postkolonialen Denker:innen und der Kritischen Theorie der ersten Generation eingehen, wobei ich den Texten Spivaks, Ezes und Mbembes besondere Aufmerksam schenke, um die zahlreichen Anknüpfungspunkte zu Horkheimers und Adornos Kritik der westlichen Vernunft herauszuarbeiten. Andererseits möchte ich zeigen, dass das postkoloniale Denken im Gegensatz zum dekolonialen Ansatz nicht in einem Verhältnis der »Entfremdung, sondern der quälenden Nähe« (Varadharajan 1995: xxviii) zur Aufklärung steht, weil es sich darum bemüht, ihren destruktiven Elementen zu widerstehen und gleichzeitig ihre ermöglichenden Elemente rettend aufzugreifen. Zu Beginn dieses Kapitels habe ich mich auf Habermas' Angriff auf die *Dialektik der Aufklärung* als ein »schwarzes«, »dunkles« und »nihilistisches« Buch konzentriert. Im Folgenden werde ich mich auf postkoloniale Wissenschaftler:innen stützen, um Horkheimer und Adorno gegen Habermas' Kritik zu verteidigen. Ähnlich wie Adorno bestreitet auch Mbembe das emanzipatorische Versprechen der Aufklärung und beleuchtet die rassistischen und kolonialistischen Aspekte der »instrumentellen Vernunft«.

Kritik der Schwarzen Vernunft

Hat die Vernunft eine Farbe? Beeinflusst die Farbe die Natur der Vernunft? (Eze 1997a) Aufklärer wie Kant würden diese beiden Fragen mit einem klaren Nein beantworten, denn in ihrem Verständnis ist die Vernunft objektiv, universell und damit auch »farbenblind«. Und doch erklärt Kant, dass Frauen, Schwarzen, indigenen Völkern, sogenannten »Zigeunern« und anderen außereuropäischen Subjekten das Vermögen der Vernunft und Moral abgehe und dieses ausschließlich weißen, männlichen, bürgerlichen Subjekten zukomme. Dies verweist auf das »rassifizierte Unbewusste (*racial unconscious*)« (Eze 2001: x) des westlichen Denkens und die zentrale Stellung der Kategorie »Rasse« innerhalb der Aufklärung, die darüber entschied, wem das Vermögen der Vernunft zugeschrieben wurde und wem nicht.

Angesichts der Tatsache, dass Nichteuropäer:innen die Rationalität abgesprochen wurde, bestand das Bestreben des antikolonialen Denkens, etwa der Négritude, darin, sich selbst jenseits westlicher Definitionen von Schwarzsein zu begreifen. Das Ziel von Denkern wie Léopold Sédar Senghor bestand also darin, die Menschlichkeit der Schwarzen wiederherzustellen, indem sie eine afrikanische Form der Vernunft für sich in Anspruch nahmen, die im direkten Gegensatz zur ausgrenzenden und entmenschlichenden Vernunft des Westens stehen sollte. Trotz der Bemühungen der Négritude und der Africana-Philosophie, die »rassifizierten Kernannahmen (*core racial assumptions*)« (ebd.: xvi) des westlichen Denkens zu überwinden, ist es ihnen laut Eze nicht gelungen, ein Bild der Vernunft jenseits der Rassenkategorie zu entwerfen. Seiner Ansicht nach hat »die Négritude [...] mit ihrer Gegenüberstellung einer vermeintlich europäischen technischen ›Augenvernunft‹ (instrumentelle Rationalität) und einer afrikanischen ›Gefühlsvernunft‹ (›teilnehmende‹ Rationalität) der modernen afrikanischen Philosophie einen schlechten Dienst erwiesen« (ebd.: 148–149). Eze lehnt die Essentialisierung einer repressiven und gewalttätigen westlichen gegenüber einer humanen und gutartigen afrikanischen Vernunft ab und beruft sich in seiner Kritik an Senghor und Césaire unter anderem auch auf Horkheimer und Adorno. Dennoch erkennt er an, dass die Négritude eine »verkörperte und institutionalisierte Kritik der kolonialen Vernunft [und] eine philosophische Affirmation der Afrikanität« (ebd.: 118) leistete.

Angesichts der Rassifizierung der Vernunft durch die europäische Aufklärung und des Fehlens nicht-rassifizierter Versionen der Vernunft im antikolonialen Denken schlägt Eze vor, andere Verständnisse der Vernunft zu untersuchen, die aus dem »begrifflichen Alltag« und der »begrifflichen Umgangssprache« hervorgehen (2008: xiv). In Anlehnung an Horkheimer und Adorno (1987 [1947]: 109), die in der *Dialektik der Aufklärung* beklagten, dass die »Aufklärung [...] den Unterschied aus der Theorie« verweise, fragt Eze: »Wie artikuliert man verschiedene historische Formen der Rationalität?« (2008: 8). Eze verortet sich selbst in »einer afromodernen, postkolonialen vernakulären Denktradition« (ebd.: 12) und argumentiert von diesem Ort aus, dass die Vernunft von Natur aus heterogen und plural sei. Sie sei Produkt und Ergebnis der Differenz (ebd.: 3) und lasse sich deshalb, »wie ein Kunstwerk, am besten aus verschiedenen Blickwinkeln betrachten«: *»Anaghi akwu ofu ébé ènéné manwu«* (ebd.: xiii).

Der Kontrast zu Habermas ist hier lehrreich. Habermas geht davon aus, dass nur Akteure, die die Sprache der Moderne beherrschen und bestimmte auf säkularer Vernunft basierende Kommunikationsstandards erfüllen, als legitime Gesprächspartner:innen in Frage kommen, die auch in der Lage sein müssen, politisch-moralische Lektionen zu lernen, welche sich im Prozess des historischen Fortschritts herausgebildet hätten. Eze hingegen wendet sich gerade denjenigen zu, die auf der anderen Seite der Moderne stehen. Wie Adorno vertritt auch er die Ansicht, dass die Unterschiede zwischen den Sprachen und Erfahrungen bedeuten, dass die Vernunft weder singulär noch universell sein kann. Da Sprache durch und durch historisch ist, ist auch das Denken an bestimmte historische Bedingungen gebunden, so dass es mehrere Sprachen der Vernunft geben muss (ebd.: 9). Eze tritt für eine »gewöhnliche Vernunft« und eine »vernakuläre Theorie der Rationalität« ein, die »zugegebenermaßen belastet und unvollkommen, aber dennoch brauchbar« sei (ebd.: 246).

In seiner Zurückweisung der binären Opposition zwischen »europäischem Rationalismus, Materialismus und Individualismus« und »afrikanischer intuitiver Vernunft, Empathie und spirituellen Werten« erinnert Eze (2001: 151) auch daran, dass die Eigenschaften, die Senghor der weißen Kultur zuschreibt, von Marx und Weber als Charakteristiken des Kapitalismus beschrieben wurden. Umgekehrt sind die Merkmale, die Senghor den afrikanischen oder schwarzen Kulturen zuschlägt, für Marx vorkapitalistisch und vorindustriell. Auch Weber stellte fest, dass die Überrationalisierung und Übermechanisierung Europas zu einer kulturellen und geistigen »Entzauberung« geführt habe. Um »die Kluft zwischen dem Weißem und dem Schwarzem zu überbrücken, sollen Schwarze und Weiße ihre Kultur wie Güter in einem Tauschhandel verschachern [...]« (ebd.:

150), so Ezes süffisanter Kommentar zu Senghors Konzept einer *civilisation de l'universel*, die einem großen »Basar der Kulturen« gleiche (ebd.: 150). »In einer großen Tauschbörse soll der schwarze Geist wie ein Teig durch die weiße technische Vernunft ›angesäuert‹ werden, während die quietschende weiße technische Vernunft durch afrikanische oder schwarze Musik und Poesie wie rostiger Stahl ›geölt‹ werden soll, um geschmeidig zu werden« (ebd.: 150). Gegen dieses Modell eines Tauschhandels strebt Eze eine post-rassifizierte Zukunft der Menschheit an, in der »schwarz« und »weiß« nur noch »Wegweiser aus der Vergangenheit« sind (ebd.: 180) und niemand mehr »automatisch die Privilegien oder Kosten einer rassischen Markierung tragen muss« (ebd.: 223). Eze spielt in meiner Argumentation eine herausragende Rolle, weil er im Gegensatz zum dekolonialen Ansatz weder außereuropäische epistemische, ethische und ästhetische Praktiken romantisiert, noch wirklichkeitsfremde Lösungen für komplexe »normative Dilemmata« anbietet. Vielmehr versteht Eze (ebd.: x), ähnlich wie Adorno und Horkheimer, die post-»rassische« Philosophie als ein Bemühen, neue Wege zu beschreiten, in der Hoffnung, dass wir das kritische Denken wieder erlernen können.

Wie Eze setzt auch Mbembe die Vernunft zu den unterschiedlichen Erfahrungen mit Kolonialismus, Sklaverei und Apartheid in Beziehung und verdeutlicht so, wie sie mit verschiedenen Zeitlichkeiten und Geografien verbunden ist, insbesondere für Europa und Afrika (Mbembe 2014: 42). Während das Zeitalter der Vernunft von europäischen Philosophen für seine emanzipatorischen und fortschrittlichen Ideale gepriesen wird, markierte es auch den Höhepunkt des transatlantischen Sklavenhandels (ebd.: 132). Koloniale Brutalität und Gewalt wurden als »humanitäres« Unternehmen im Namen der Zivilisierung primitiver Gesellschaften verbrämt. Mbembe zitiert in diesem Zusammenhang Victor Hugo, der behauptete: »[d]er Weiße hat den Schwarzen zu einem Menschen gemacht; [...] Europa wird Afrika zu einer Welt machen« (zit. in ebd.: 147). Die Sklavenrevolte in Santo Domingo setzte jedoch der Sympathie und Solidarität der »Amis des Noirs« ein abruptes Ende (ebd.). Wird sie in ihrer Macht bedroht, treten die Beschränktheit und Zerbrechlichkeit der westlichen Vernunft ans Licht.

In Anlehnung an Horkheimer und Adorno geht es Mbembe (ebd.: 79) darum, das Unbewusste der westlichen Vernunft auszuloten, um aufzuzeigen, wie der:die Schwarze, dessen:deren gestohlene Arbeit und Entmenschlichung die europäische Moderne nährt und heimsucht, Zeug:in eines »verstümmelten Menschsein« ist. Mit dem Aufstieg der kolonialen Plantagenwirtschaft entstand eine neue Form der staatlichen Vernunft, die die Welt als unbegrenzten Markt betrachtete. Der Schwarze Körper wurde zu einem Objekt, das als Eigentum in Besitz genommen werden konnte, zu einer Ware, die zur globalen Anhäufung von Reichtum diente und getauscht werden konnte (ebd.: 153 f.). Die Revolutionen in Europa, die im Namen von Freiheit und Gleichheit geführt wurden, führten nicht etwa zur Überwindung von Sklaverei und Rassentrennung. So wurden die Französische Revolution und die Amerikanische Unabhängigkeit zwar als symbolische Manifestationen der Ideale von Freiheit und Emanzipation gefeiert, aber nach den Sklavenaufständen wurden Schwarze Menschen systematisch ihrer Rechte und ihrer Würde beraubt, was Verelendung oder lebenslange Versklavung bedeuten konnte. Auf die Frage, »Können sich Schwarze selbst regieren?«, antworteten die Aufklärer mit Zweifeln an der Fähigkeit der Schwarzen zur Selbstbestimmung. Die Normierung des Menschen im Sinne des Vernunft- und Sprachvermögens, das die Ausübung von Autonomie erst ermöglichen sollte, disqualifizierte die Schwarzen als »Menschen für sich (*humans apart*)« (ebd.: 165).

Die Fiktion des Schwarzseins hat ungeachtet des formalen Endes von Kolonialismus und Apartheid weiterhin Bestand. Neue imperiale Praktiken und die doppelte Gewalt von »Rasse« und Kapital würden den Zustand des Schwarzseins universalisieren, einen Prozess, den Mbembe das »Schwarzwerden der Welt« nennt (ebd.: 21, Übersetzung angepasst). Der Widerspruch, der die Beziehung zwischen »Rasse« und Demokratie kennzeichnet, bestehe darin, dass die formale Gleichstellung und Emanzipation der ehemaligen Sklav:innen nicht zu einer Welt jenseits von »Rasse« geführt habe (ebd.: 160–161). Von der Migration bis zur Biometrie, vom Tourismus bis zur Staatsbürgerschaft würden rassifizierte Tropen mobilisiert, um Bevölkerungen zu verwalten und Gewalt gegen bestimmte als bedrohlich eingestufte Körper zu rechtfertigen (ebd.: 47–48).

Gegen das westliche Bild des Schwarzseins als Symbol der Erniedrigung und Entwürdigung stellt Mbembe (ebd.: 63) das Schwarze Bewusstsein des Schwarzseins in den Vordergrund. Der Kampf richtet sich gegen das Adjektiv »minderwertig«, das den Substantiven »Schwarz« und »Afrika« beigefügt wird. Indem sie Europa das Monopol auf die Zukunft nehmen, gehen die ehemalig Kolonisierten über die Aufgabe des bloßen Überlebens hinaus und »[verwandeln] sich in ein Subjekt, das fähig ist, sich in die Zukunft zu projizieren [...]« (ebd.: 282). Der Kolonialismus hatte seine *mission civilisatrice* mit der angeblichen Unfähigkeit der Einheimischen, sich die Zukunft vorzustellen und dementsprechend zu planen, begründet. Négritude und Panafrikanismus zielten dagegen darauf ab, das Substantiv *Nègre* neu zu konfigurieren und es zur »Wunderwaffe« der Selbstbestimmung zu machen, die Forderungen nach Wiedergutmachung, Rückgabe und Gerechtigkeit untermauern sollte (ebd.: 90). Als Produkt des polyglotten Internationalismus konstituieren diese kritischen Narrative das Schwarze Imaginäre als einen Akt der Selbstbestimmung. In einer dialektischen Bewegung gibt uns Mbembe einen Einblick in die Entstehung der Schwarzen Selbstrekonstruktion, bei der Schwarze Subjekte ihre Erfahrung einer »kastrierten Menschlichkeit« (ebd.: 59, Übersetzung angepasst) überwinden.

Unter Rückgriff auf eine umfangreiche, allerdings ausschließlich männliche Tradition des radikalen Schwarzen Denkens skizziert Mbembe, wie der Begriff »Schwarz« im Sinne einer radikalen Umkehrung umgedeutet wurde (ebd.: 85, Übersetzung angepasst). Es geht dabei nicht darum, die so interpellierte koloniale Identität zu überwinden und sich in die Universalität der Kategorie »Mensch« zu flüchten. Es sei hier an das Gedicht der afroamerikanischen lesbischen Feministin Pat Parker erinnert, »An Weiße, die wissen wollen, wie man mit mir befreundet sein kann«, das wie folgt beginnt:

> „Als erstes musst du vergessen, dass ich schwarz bin.
> Zweitens darfst du nie vergessen, dass ich schwarz bin." (2000: 73)

Diese Zeilen treffen den ambivalenten Kern verwundeter Identitäten, die zugleich ein Ort der Verletzlichkeit, aber auch eine Quelle der Handlungsfähigkeit und der Ermächtigung sind. Dies deckt sich mit Amérys (2002 [1966]) Überlegungen »Über Zwang und Unmöglichkeit, Jude zu sein«. Andererseits behauptet Césaire: »Schwarz bin ich und schwarz werde ich bleiben« (zit. in Mbembe 2014: 290, Übersetzung angepasst).

Mbembe ist sich wie Eze der Gefahren einer Ontologisierung des Schwarzseins bewusst und nimmt Fanons an die Négritude und den Panafrikanismus gerichtete Warnungen vor den Fallstricken der Aufwertung des Schwarzseins ernst. Er bezieht sich dabei unter anderem auf den kamerunischen Philosophen Fabien Eboussi Boulaga und warnt, dass die Berufung auf eine Schwarze Differenz nicht automatisch zur Selbstbestimmung beitrage. Anstatt rassistische Stereotypen zu überwinden, kann es dazu führen, dass man die Logik der »Rasse« durch die Bejahung oder Verneinung von Identitäten noch verstärkt. In eine Welt ohne »Rasse« vorzustoßen, würde eine kritische Erinnerungspolitik sowie einen radikalen Bruch mit der unbewussten Teilhabe Schwarzer Subjekte am kolonialen Projekt erfordern. Es reicht nicht aus, kein:e Sklav:in mehr zu sein, man muss auch verhindern, dass man selbst zum Herrn wird.

Um in der Sklaverei zu überleben, entwickelten Schwarze Subjekte Strategien der Resilienz, die das Schwarze Bewusstsein geprägt haben. Obwohl sie eine Quelle der Stärke sind, müssen diese Strategien Mbembe zufolge doch auch überwunden werden: nicht durch eine Ablehnung des Schwarzseins durch »die Bekehrung zum Christentum, die Einführung der Marktwirtschaft [...] und die Übernahme rationaler und aufgeklärter Regierungsformen« (2014: 168, Übersetzung angepasst), sondern indem den rassifizierten Subjekten ihre Menschlichkeit zurückerstattet wird (ebd.: 330). In einer dialektischen Bewegung konzentriert sich Mbembe auf die Einzigartigkeit Schwarzer Erfahrung, um koloniale Stereotypen anzufechten, während er gleichzeitig auf eine Zukunft verweist, die sich von der »Last der ›Rasse‹« befreit und die Unterscheidung zwischen Schwarz und Weiß aufhebt, was zu einer Welt führe, »deren rechtmäßige Erben dann alle sind« (ebd.: 307, Übersetzung angepasst). Indem er Schwarzsein nicht als biologisches Schicksal, sondern als das Bewusstsein schwarzer Erfahrungen in ihrer ganzen Vielfalt und Heterogenität betrachtet, strebt Mbembe eine »Welt jenseits der Rassen« an (ebd.: 322). Anstelle des Partikularismus von Identitäten, die mit »Schwarzsein« und »Afrika« assoziiert werden, verfolgt er das unmögliche, aber notwendige Projekt, den universellen kritischen Humanismus zu retten,[23] was es einst dem rassifizierten Subjekt ermöglichen würde, »zu einem Menschen unter anderen Menschen zu werden« (ebd.: 306).

Obwohl sie »ausbeutbares Objekt« sind, hebt Mbembe auch hervor, dass die Stellung der Schwarzen, beispielsweise auf den Plantagen, historisch gesehen vielschichtig und umkehrbar war. Sie verkörpern auch die Ambivalenz der Macht, etwa wenn ehemalige Sklaven selbst zu Sklavenhaltern und Jägern von flüchtigen Sklaven wurden (ebd.: 43). Hier weicht seine Analyse von den Vertreter:innen der dekolonialen Option ab, die die ambivalente Natur Schwarzer Handlungsfähigkeit ausblenden und so das »entwürdigte Subjekt« romantisieren. Mbembe rät dazu, sich dem Signifikanten »Schwarz« mit einer gewissen Vorsicht zu nähern, mit dem Ziel, ihn zu deontologisieren (ebd.: 315), statt sich an ihn zu binden. Er beklagt, dass »die Konzeption Afrikas, auf die in den meisten Ausführungen zur ›Dekolonisation‹ zurückgegriffen wird, genutzt wird, als gäbe es Einstimmigkeit innerhalb Afrikas, was ›Afrika‹ sei und was nicht. Vorwiegend wird ›Afrika‹ mit ›indigen‹/›ethnisch‹/›einheimisch‹ gleichgesetzt, als gäbe es keinen andere Boden für eine afrikanische Identität als das ›Eingeborensein‹ und das ›Ethnische‹« (2021: 78). Er bedauert ausdrücklich den Mangel an kritischer Auseinandersetzung mit sogenannten »indigenen Epistemologien«, die zuweilen paternalistisch aufgewertet würden. Angesichts unserer planetarischen Verstrickungen warnt Mbembe, dass »dekoloniale Handlungen«, wenn sie mehr sein wollen als bloße »Akte der Trennung oder Abtrennung«, »durch Konnektivität und Elastizität, kontinuierliche Dehnung und sogar Verzerrung funktionieren müssen« (2021: 89). Für Mbembe eröffnet die Dekolonisierung zwar Möglichkeiten für das kritische Denken, birgt aber auch Gefahren (Mbembe 2014: 11). Zum Abschluss dieses Abschnitts möchte ich nun auf Habermas' Vorwurf eingehen, dass die Kritik an der (westlichen) Vernunft eine emanzipatorische Politik haltlos mache.

Rolf Tiedemann[24] zufolge diente Habermas' einflussreicher Aufsatz »The Entwinement of Myth and Enlightenment: Re-Reading Dialectic of Enlightenment«,

23 https://www.eurozine.com/what-is-postcolonial-thinking/

24 Rolf Tiedemann schrieb seine Dissertation bei Horkheimer und Adorno und war anschließend wissenschaftlicher Mitarbeiter Adornos am Institut für Sozialforschung in Frankfurt/Main. Danach war er

der 1982 zunächst auf English in der *New German Critique* erschienen war, nicht nur dazu, Adorno zu diskreditieren (Tiedemann zit. in Rocco 1994: 93), sondern lieferte auch die Folie für seinen Angriff auf die französische Postmoderne. Habermas bezeichnete Foucault und Derrida gerne als »Jungkonservative« und warf ihnen vor, antiaufklärerisch und anti-normativ zu sein. Es überrascht deshalb nicht, dass Habermas' Kritik an Adorno ähnliche Gründe hat wie seine Ablehnung Derridas. Habermas war aber nicht der Einzige, der Überschneidungen zwischen der Kritischen Theorie der ersten Generation und dem Poststrukturalismus ausmachte. So bedauerte Foucault (2005c: 532) in einem Gespräch mit Gérard Raulet seine verspätete Begegnung mit den Schriften Adornos: »ich hätte mir mit Sicherheit, wenn ich die Frankfurter Schule [...] rechtzeitig gekannt hätte, einige Arbeit erspart; so manche Dummheit hätte ich nicht ausgesprochen und viele Umwege hätte ich nicht gemacht bei meinem Versuch, für mich meinen Weg zu gehen, wo doch die Frankfurter Schule bereits Wege eröffnet hatte«. Als Antwort auf Habermas' Kritik versuchte Foucault (2005d: 699), sich der intellektuellen »Erpressung«, »dass man für oder gegen die Aufklärung sein muss« zu entziehen, so dass nicht mehr »jeder Kritik der Vernunft oder jeder kritischen Frage nach der Geschichte der Rationalität« die falsche Wahl aufgezwängt wird, die Vernunft entweder zu akzeptieren oder dem Irrationalismus zu verfallen (2005c: 533).

In seiner Kritik an Horkheimer und Adorno ist insbesondere die Wortwahl von Habermas aufschlussreich. So beklagt er, dass Horkheimer und Adorno in ihrem »schwärzesten Buch« die Grundlagen der Vernunft unter dem Einfluss *»dunkle[r]«* und *»schwarze[r]«* Schriftsteller zerstören würden (Habermas 1985: 130). Wie bereits erwähnt, wird die Aufklärung für Habermas durch moderne Wissenschaft und Technik, positives Recht, säkulare Ethik und autonome Kunst charakterisiert. Diese »positiven« und »erhellenden« Kräfte der Geschichte seien von abtrünnigen Denkern wie Nietzsche falsch dargestellt worden, deren nihilistische Positionen für die Zukunft der Menschheit eine Gefahr darstellten. Auch Horkheimer und Adorno zögen sich selbst den Boden unter den Füßen weg und beraubten sich der intellektuellen und normativen Grundlage für emanzipatorisches Denken, wenn sie sowohl die Gesellschaft als auch die Rationalität als repressiv verurteilen (ebd.: 145–146). Wenn die Vernunft wirklich so sehr durch reine Instrumentalität korrumpiert wäre, gäbe es keine Möglichkeit mehr, die Aufklärung zu retten, was das gesamte Projekt der Kritischen Theorie haltlos machen würde. Die Radikalität der Kritik Horkheimers und Adornos gründe aber in einer Fehleinschätzung der modernen Vernunft: »Ungeklärt ist ja nach wie vor die gewisse Unbekümmertheit im Umgang mit den, sagen wir es ruhig

---

Leiter des Adorno-Archivs in Frankfurt und gehörte zu den Herausgebern von Adornos *Gesamtausgabe*. Er hat den Streit aus erster Hand mitbekommen.

plakativ: Errungenschaften des okzidentalen Rationalismus. Wie können die beiden Aufklärer, die sie immer noch sind, den vernünftigen Gehalt der Moderne so unterschätzen, daß sie in allem nur eine Legierung von Vernunft und Herrschaft, Macht und Geltung wahrnehmen?« (ebd.: 146).

Für Habermas krankt das Projekt der Moderne nicht etwa an einem Vernunftexzess, sondern vielmehr an einem Mangel an Rationalität. Um das unvollendete Projekt der Moderne zu Ende zu bringen, müsse der Prozess der Rationalisierung verwirklicht und institutionalisiert werden. Habermas versucht seinerseits, das emanzipatorische Potenzial der Aufklärung zu retten, indem er die normative Kritik im kommunikativen Handeln begründet. Er geht davon aus, dass wir als gleichberechtigte rationale Wesen alle Anspruch auf die gleichen Rechte und Pflichten haben; nicht die Unterschiede, sondern unsere Gemeinsamkeiten als sprechende und handelnde Akteure bildeten die Grundlage für die Rechtfertigung gemeinsamer Ideale, die dann die zwischenmenschlichen Beziehungen durch die Institutionalisierung von Normen regeln würden.

Der Triumph der Vernunft kann aber nur dann guten Gewissens gefeiert werden, wenn Fragen von »Rasse« und Rassifizierung, Klasse, Geschlecht, Sexualität, Religion und Kolonialismus ausgeblendet werden. In Habermas' Schema machen diese Unterschiede freilich keinen Unterschied. Sein Verständnis von Zukunft als Erfüllung dessen, was in der Gegenwart bereits latent vorhanden ist, läuft letzten Endes auf Unvermeidbarkeit und Unwiderruflichkeit hinaus (Benhabib 1986: 276). Wie Benhabib betont, sind für Habermas die Normen der Moderne weder historisch noch kontingent, sondern universell verbindlich. Alles, was kulturspezifisch ist und nicht universalisiert werden kann, liegt für ihn außerhalb der Grenzen von Wahrheit und Moral.

Auf die Frage, ob seine Theorie für die »Dritte Welt« relevant sei, hat Habermas einmal unverhohlen erwidert: »Ich bin versucht zu sagen: weder noch. Aber das mag eine eurozentrisch beschränkte Sicht sein« (Habermas 1987: 256). In der englischen Version des Interviews gibt es einen zusätzlichen Satz von Habermas »Ich würde lieber auf die Frage verzichten« (Dews 1992: 183). Morrow (2013: 128 f) räumt zwar ein, dass man Habermas für dieses Versäumnis kritisieren könne, entscheidet sich letztlich aber für eine andere Lesart, der zufolge Habermas es gerade vermeiden wolle, der außereuropäischen Welt paternalistisch Ratschläge zu erteilen. Außerdem könne Habermas' Vorstellung von der Moderne als »unvollendetem Projekt« mehrere Modernitäten und unterschiedliche Lebensformen beherbergen. Habermas sei sich der ambivalenten Natur der Menschenrechte sehr wohl bewusst und auch bereit, sich seinerseits von außereuropäischen Kulturen aufklären zu lassen (ebd.: 129–130). Auch Ingram (2018: 502) hält Habermas zugute, dass er zwar die universelle Gültigkeit moderner, rationaler Normen aufrechterhalte, aber zugleich einräume, dass diese kulturell und politisch kontextualisiert werden müssen und hinsichtlich ihres moralischen Gehalts nur vorläufig sein können.

Wie Allen (2019) jedoch überzeugend darlegt, redet die postadornitische Kritische Theorie letztlich einer Wiederherstellung der Vorrangstellung europäischer Normen das Wort, auch wenn das unter dem Deckmantel einer immanenten Kritik geschieht, die davon ausgeht, dass Wissen und Geltungsansprüche aus historischen Prozessen hervorgehen. Letzten Endes erhebt Habermas den Westen aber zum Maßstab für andere Gesellschaften und Kulturen. Trotz seines Anspruchs auf Universalität ist diese Geste zutiefst provinziell und spiegelt eine spezifisch eurozentrische Geschichte und Erfahrung wider. Das Narrativ des modernisierenden eurozentrischen Fortschrittsglaubens wird immer noch von der Geschichte des Kolonialismus losgelöst betrachtet. Wenn sich Habermas etwa auf Kant beruft, um die Entstehung bürgerlicher Öffentlichkeiten als Ort der partizipativen Demokratie nachzuvollziehen und dabei das Beispiel der Kaffeehäuser anführt, in denen der öffentliche Gebrauch der Vernunft florierte, würde ich Habermas fragen: Woher kam der Kaffee? Und woher kam der Zucker im Kaffee? Oder der Tabak, den die disputierenden Bürger geraucht haben? Wer hat die Aufklärung finanziert? Denn wie Fanon treffend feststellte, ist »dieses Europa […] buchstäblich das Werk der Dritten Welt.« (1969b [1961]: 80)

Die Wortwahl von Habermas, wenn er die *Dialektik der Aufklärung* als ein »merkwürdiges Buch« mit »dunklen«, »schwarzen« Einflüssen (Habermas 1985: 130, passim) kritisiert, ist meines Erachtens symptomatisch für seine politische Haltung, wenn es um die Kategorie »Rasse« geht (*race politics*). Sie legt nahe, dass Habermas seine Vorwürfe gegen Horkheimer und Adorno so oder ähnlich auch gegen die postkoloniale Kritik an der westlichen Vernunft richten würde. Denn letztlich müssen nach Habermas' Auffassung multiple Rationalitäten unter die universelle Struktur der Rationalisierung subsumiert werden (1988: 339). Seine teleologische Darstellung der Geschichte und seine Überzeugung, dass soziale und politische Praktiken durch universelle, ahistorische Normen gerahmt werden, können der Singularität Schwarzer Erfahrungen keinen Raum geben. Ähnlich wie für Kant ist die Vernunft auch für Habermas farbenblind. Die Schwarze Kritik an der westlichen Vernunft müsste er dementsprechend zurückweisen, weil sie die Errungenschaften der Moderne nicht unangefochten lässt und den Schwerpunkt stattdessen auf Kolonialismus, Apartheid und Sklaverei legt. Für Habermas wäre Mbembes *Kritik der Schwarzen Vernunft* ein ebenso gefährliches Buch wie die *Dialektik der Aufklärung*, da beide an der westlichen Vernunft und der Aufklärung Kritik üben.

Auf Habermas' Einwand, dass »eine rationale Kritik der Vernunft« zu Aporien führe, könnte man mit Kant und Adorno erwidern, dass die selbstreflexive Natur der Vernunft es ihr durchaus ermöglicht, sich selbst zu hinterfragen. Genau dies unternimmt Mbembe in seiner *Kritik der Schwarzen Vernunft*. Er bedient sich der Vernunft, um die Vernunft zu kritisieren, und diese Kritik dient letztlich ihrer Rettung. Indem er das Substantiv ›die Vernunft‹ um das Adjektiv ›Schwarz‹ erweitert, wird die Kontingenz beider Begriffe offenbar. Es ist lehrreich, sich hier Fanons Überlegungen über die unmögliche Beziehung zwischen ›Schwarz‹ und ›Vernunft‹ in Erinnerung zu rufen. Fanon stellt fest, dass die westlichen Vorstellungen von Vernunft nicht etwa nur das Ergebnis ›rassischer‹ Ungleichheit sind, sondern ganz gezielt zu deren Legitimation produziert wurden. Die Vernunft ist von der Barbarei nicht nur befleckt, sie ist Erfüllungsgehilfe der Herrschaft: »Ich hatte die Welt rationalisiert, und die Welt hatte mich im Namen des Vorurteils der Hautfarbe verstoßen. Da auf der Ebene der Vernunft keine Einigung möglich war, warf ich mich der Irrationalität in die Arme [...] ich bestehe aus Irrationalem; ich wate im Irrationalen. Irrational bis zum Hals« (Fanon 1985 [1952]: 89–90).

Habermas (1987: 141) stellt die normativen Grundlagen der Modernekritik in Frage. Cook (2018: 87) hat dagegen überzeugend dargelegt, dass die Grundlage für Adornos Kritik in der »bestimmten Negation« (Adorno NS IV 16 [1965]: 48) zu suchen ist, nämlich in der Negation der negativen sozialen Verhältnisse, in denen wir leben. Für Adorno deutet das Falsche auf das Richtige und Bessere hin, weil es dialektisch auf seine eigene Umkehrung verweist (Adorno GS 10.2 [1969]: 177). So ergibt sich unser Verständnis von Freiheit aus der Negation der unfreien Verhältnisse. Adorno verweigert uns Ideale nicht etwa, sondern nimmt die nicht-idealen Verhältnisse als Ausgangspunkt und kehrt sie um, um einen Weg zu idealen Verhältnissen aufzuzeigen (Pritchard 2002: 293). Adornos immanente Kritik richtet sich also gegen das Gesetz Humes, demzufolge es illegitim ist, von deskriptiven zu präskriptiven Aussagen überzugehen.

Indem sie sich dem widersetzen, was ist, geben diejenigen, die Unfreiheit, Ungerechtigkeit und Unterdrückung erfahren, Einblick in die Art und Weise, wie die Dinge (nicht) sein sollten. Adorno war davon überzeugt, dass die kritische Zerlegung des beschädigten Lebens unerlässlich ist, um ein besseres Leben anzustreben: »Wir mögen nicht wissen, was der Mensch und was die rechte Gestaltung der menschlichen Dinge sei, aber was er nicht sein soll und welche Gestaltung der menschlichen Dinge falsch ist« (Adorno GS 8.2 [1953]: 456). Gegen Habermas' Einwand, Adorno fehle ein normativer Rahmen, auf den er seine Kritik stützen könne, erwidert Cook (2018: 88–89), dass Adornos »negatives Rezept« sich aus der Kritik am beschädigten Leben nähre. Ein solcher Ansatz könne aber der Kritik keinen sicheren Standpunkt und keine moralische Gewissheit anbieten, was diejenigen, die auf der Suche nach normativen Grundlagen sind, zwangsläufig frustrieren muss. Die Suche nach einem besseren Leben entspringt dem Schmerz, der Empörung und dem Leiden (Adorno 1966: 200, 355) und nicht den robusten, universellen normativen Prinzipien, auf denen Habermas beharrt (Cook 2019: 89).

Statt also eine kategorische moralische Grundlage für emanzipatorisches Handeln zu liefern, richtet Adorno sein Augenmerk auf die Erfahrungen von Ungerechtigkeit und Gewalt, um zu zeigen, dass die Menschen dann Widerstand leisten, wenn die Verhältnisse unerträglich werden, nicht etwa aufgrund einer bestimmten Lehrmeinung über »richtig« und »falsch«. Den Menschen muss Adorno zufolge also nicht vorgeschrieben werden, was sie zu tun haben, denn wie Marx will er »nicht dogmatisch die Welt antizipieren, sondern erst aus der Kritik der alten Welt die neue finden [...]« (Marx MEGA I 2 [1843]: 486).

Wie Adorno beruft sich auch Mbembe in seiner Kritik der westlichen Vernunft auf die Erfahrungen ihrer Opfer, die durch sie entmenschlicht und entrechtet wurden. Habermas' Forderung nach normativen Grundlagen für eine Kritik an Sklaverei und Völkermord erscheint zynisch und unaufrichtig angesichts der kolonialen Gräueltaten und Verbrechen gegen die Menschlichkeit, die von Europäer:innen begangen wurden. Anstelle einer Politik der Anerkennung, in der der »Herr« die Rechte des »Knechts« oder »Sklaven« als die eines legitimen politischen und ethischen Subjekts auf der Grundlage gemeinsamer normativer Prinzipien anerkennt, bieten Adorno und Mbembe eine komplexere Rahmung der Machtverhältnisse. Adorno bringt das in der *Minima Moralia* wie folgt auf den Punkt, auch wenn er sich dabei selbst einer damals zwar üblichen, aber deshalb nicht weniger rassistischen Ausdrucksweise bedient: »Attestiert man dem N****, er sei genau wie der Weiße, während er es doch nicht ist, so tut man ihm insgeheim schon wieder Unrecht an. Man demütigt ihn freundschaftlich durch einen Maßstab, hinter dem er unter dem Druck der Systeme notwendig zurückbleiben muß, und dem zu genügen überdies ein fragwürdiges Verdienst wäre« (Adorno GS 4 [1951]: 113).

In Hegels Herr-und-Knecht-Dialektik stellt das Subjekt (der Herr) seine Identität auf Kosten des Objekts (des Knechts oder Sklaven) wieder her. Im Gegensatz dazu wird die Dynamik zwischen Subjekt und Objekt bei Adorno von der dialektischen Negation geprägt, die sich eher durch die Widerspenstigkeit des Objekts als durch dialektische Gegenseitigkeit auszeichnet (Varadharajan 1995: xxii). Mbembe greift diese Position Adornos auf, wenn er argumentiert, dass das Schwarze Bewusstsein des Schwarzseins, wenn es die Realität des weißen Bewusstseins des Schwarzseins ablehnt, das Versprechen einer anderen Zukunft beinhalte. Indem es sich der instrumentellen Rationalität des wissenden Subjekts entzieht, widersetzt sich das Objekt dem epistemologischen Begehren des Subjekts (Varadharajan 1995: xxiii). Adornos Rat, wie der »Reduktion auf das Freund-Feind-Verhältnis« entgegenzuwirken wäre, lautet wie folgt: »Freiheit wäre, nicht zwischen schwarz und weiß zu wählen, sondern aus solcher vorgeschriebenen Wahl herauszutreten« (Adorno GS 4 [1951]: 147). Adorno würde es ablehnen, Begriffe wie

»Schwarz« oder »Afrika« zu fetischisieren, die das Partikulare zum Universellen homogenisieren und dabei seine Singularität aus den Augen verlieren.

Zum Schluss: Eine Schwarze Kritik der westlichen Vernunft weckt die Hoffnung, dass die Aufklärung von ihrem verhängnisvollen Erbe befreit werden kann. In einer dialektischen Bewegung zeigt Mbembe, wie die Erfahrung der Entmenschlichung, die durch die »zweifache Gewalt der Rasse und des Kapitals« geschaffen wird, auch die Möglichkeit einer »radikalen Rebellion« in sich birgt (2014: 79). Auch Adorno, dem oft Verzweiflung vorgeworfen wird, klingt überraschend hoffnungsvoll, wenn er schreibt: »Gegen den Untergang des Abendlandes steht nicht die auferstandene Kultur, sondern die Utopie, die im Bilde der untergehenden wortlos fragend beschlossen liegt« (Adorno GS 10.1 [1955]: 68). Mbembe nimmt sich diese Einsicht zu Herzen.

Habermas verteidigt die Vernunft und die Aufklärung gegen ihre Kritiker:innen, indem er die diskursive Rationalität als Gegenmittel zur zwanghaften Natur der instrumentellen Vernunft in Stellung bringt, um am emanzipatorischen und progressiven Wesen der Vernunft festhalten zu können. Im letzten Abschnitt des vorliegenden Kapitals möchte ich Spivaks postkolonial-feministische Kritik ins Spiel bringen, um diese Aufwertung des widerständigen sprechenden Subjekts zu problematisieren, denn der Zusammenhang zwischen Dekolonisierung und Entsubalternisierung ist eines meiner Kernanliegen. Wenden wir uns also Spivak zu.

Erlösende Kritik und Wiederverzauberung der Aufklärung

Die *Dialektik der Aufklärung* »endet mit dem Bild des Erwachens aus einem Traum, des Wiedererlangens der eigenen Kräfte« (Schmidt 1998: 835). Eine der Bedeutungen des Wortes *aufklären* im 18. Jahrhundert war interessanterweise die Rückkehr zum Bewusstsein nach einer Periode der Krankheit oder des Schlafes (ebd.). Horkheimer und Adorno sind der Überzeugung, dass die Aufklärung von ihrem zerstörerischen Pfad abgebracht und in Richtung einer nicht-herrschaftsbestimmten Zukunft geleitet werden könnte (ebd.). Die entscheidende Frage ist natürlich: Wie kann die Aufklärung gerettet werden? Und wer wird sie retten?

Artikulationen möglicher Handlungsfähigkeit und flüchtige Momente des Ausbruchs aus der Totalität der Macht sind in der *Dialektik der Aufklärung* interessanterweise mit der Figur der Frau verbunden (Hewitt 1992: 147). Horkheimer und Adorno untersuchen nicht nur den Ausschluss der Frau/Natur als inhärentes Merkmal der Aufklärung, sondern mobilisieren die Frau auch als Figur, die einen Ausweg aus der Herrschaft weist, indem sie ihr eine utopisch-widerständige

Handlungsfähigkeit zugestehen (ebd.: 156). Der Ausschluss der Frau aus der instrumentellen Vernunft ist zugleich ein erlösender Riss in einem ansonsten totalitären Machtsystem. Solche Auslassungen machen das Patriarchat, den Faschismus und den Kapitalismus anfällig für Widerstand und Subversion. Allerdings ontologisiert und homogenisiert diese Aufwertung der Frau als Befreierin der Menschheit als ganzer das Weibliche zugleich, wenn auch in positiver Wertung. Eine solche feministische Gegenerzählung, die die »Frau« als Modell der Befreiung und als eine Form der Wiederverzauberung der Welt in Anspruch nimmt, muss sie zugleich als eine komplexe, von Konflikten und Heterogenität geprägte Kategorie verlieren.

Marginalisierten Subjektivitäten scheint das Potenzial für eine erlösende Kritik innezuwohnen, da sie radikale Alterität verkörpern und so vermeintlich alternative Denk- und Seinsweisen anbieten. Tragen also widerständige Subjektivitäten tatsächlich die Spur dessen, was nicht mit dem rationalisierten Kapital identisch ist, oder birgt die Verortung des kritischen Potenzials in diesen Subjektivitäten das Risiko einer romantischen Sichtweise von Politik? (Marasco 2006: 100). Tatsächlich übersieht eine solche Zuschreibung messianischer Kräfte, denen zugetraut wird, utopische Zukünfte zu erschließen, dass die Wünsche, Vorstellungen und Praktiken der so überfrachteten marginalisierten Subjekte und Kollektive bis zu einem gewissen Grad selbst Effekte bürgerlicher Rationalität sind (ebd.: 106). Diese Subjektivitäten tragen die Spuren der Erinnerungen und Praktiken der ihnen angetanen Gewalt. Widerständig Handelnde sind gegenüber den herrschenden Formen von Rationalität und Macht nicht immun, auch wenn sie aufgrund ihrer radikalen Alterität als deren Überschreitung dargestellt werden. Widerständige Subjektpositionen entstehen also als ein historisches Produkt der herrschenden Rationalität, auch wenn sie die Aporien und Schwachstellen dieser Ordnung verkörpern und damit das Versprechen, sie untergraben und überwinden zu können (ebd.: 107). Im *Kommunistischen Manifest* theoretisieren Marx und Engels die Logik einer solchen Überschreitung, wenn sie schreiben, die Bourgeoisie »produziert vor allem ihren eigenen Totengräber. Ihr Untergang und der Sieg des Proletariats sind gleich unvermeidlich.« (MEW 4 [1848]: 474) Indem sie eine riesige unterprivilegierte Arbeiterklasse hervorbrachte, erschuf die Bourgeoisie ihre eigene Gegenspielerin, denn diese unterdrückte Klasse ist gezwungen, sich zu organisieren und ihre Unterdrücker:innen auf revolutionäre Weise zu stürzen.

Im Gegensatz zu Marx' Totengräbern warnt Spivak davor, die Subalternen als revolutionäre Akteure der Geschichte und als Träger eines utopischen Imaginären zu verdinglichen (Kapitel 4 wird sich ausführlich mit der Beziehung zwischen Kritik, Widerstand und Subalternität beschäftigen). Stattdessen versteht sie die Subalternität sowohl als Effekt der Hegemonie als auch als deren Grenze, als das, was sich der Eingliederung in die totalisierte Rationalität entzieht. Widerständige Subjekte als Ausweis der Möglichkeit anderer Verhältnisse zu mobilisieren und sie als Stolperstein dem totalen Herrschaftsanspruch der Vernunft in den Weg zu legen, kann deren wirkliches Handlungsvermögen nur teilweise erfassen. Spivak argumentiert zum einen, dass kritisches Denken sich davor hüten muss, die Handlungsfähigkeit subalterner Subjekte zu verdinglichen – eine Gefahr, die auch Feminist:innen in Bezug auf die Kategorie »Frau« immer wieder überzeugend dargelegt haben. Zum anderen zeigt Spivak aber auf, dass die Produktion von Subalternität durch koloniale und patriarchale Herrschaftskalküle für eine postkoloniale, queer-feministische Politik des Widerstands ein Dilemma darstellt. Sie wirft die grundsätzliche Frage auf, ob eine Kritik an kolonialer und patriarchaler Gewalt und Herrschaft zu Emanzipation führen kann. Die Anrufung widerständiger Subjektpositionen lässt nostalgische Sehnsüchte nach Bildern einer unschuldigen Vergangenheit und eine gewisse Schwärmerei für ein ganz unbelastetes Handlungsvermögen erkennen, blendet dabei aber aus, dass auch diese vom historischen Erbe der Aufklärung geprägt wurden. Es ist deshalb unerlässlich, die Beziehung zwischen Alterität und Revolution komplexer zu gestalten. Ein »Außen«, von dem aus man die Aufklärung einlösen oder bestreiten könnte, gibt es nämlich nicht. Alle Strategien, Taktiken, Vorstellungen, Wünsche, Praktiken oder Epistemologien, die für emanzipatorische Ziele mobilisiert werden, sind mit dem Projekt der Aufklärung verwoben, das deshalb nicht einfach radikal verworfen werden kann. Der Ausweg, den der dekoloniale Ansatz für sich beansprucht, bleibt versperrt; wir können nicht aus der Geschichte heraustreten und in unberührte Vergangenheiten eindringen, um reines Wissen, unbelastetes Handeln oder zwanglose politische Praktiken zu entdecken, die uns theoretisch von der Mitschuld an Macht- und Gewaltstrukturen befreien könnten. So verlockend dies auch erscheinen mag, es lässt die Risiken und Gefahren einer kategorischen Ablehnung der Aufklärung und ihrer Hinterlassenschaften außer Acht.

Chakrabarty (2000) hat die eurozentrische Verblendung in *Provincializing Europe* bloßgestellt, indem er Europa nicht als universelle Einheit oder dominantes Zentrum beschreibt, sondern auf eine Provinz unter vielen in der historischen Erzählung zurechtstutzt (Vázquez-Arroyo 2008: 459). Chakrabarty erkennt an, dass Ideen wie Bürgerrechte, Staat, Zivilgesellschaft, Humanismus und öffentlicher Raum der politischen Moderne immanent sind, gibt aber zu bedenken, dass diese Konzepte zwar unumgänglich, aber dennoch unzureichend seien. Sie sind damit Teil des doppelten Erbes der Moderne, mit dem die postkoloniale Welt umzugehen hat: »Die moderne Kritik am Kastensystem, an der Unterdrückung der Frau, an den mangelnden Rechten der Arbeiterklasse und der Subalternen, usw., und nicht zuletzt die Kritik des Kolonialismus selbst, wären ohne die Aneignung der europäischen Aufklärung auf dem Subkontinent gar nicht denkbar gewesen.« (Chakrabarty 2000: 6) Auch Spivak richtet ihr Augenmerk auf die gleichzeitige Unzulänglichkeit und Unentbehrlichkeit des kritischen Erbes der Aufklärung, statt ihre Früchte respektvoll und unterwürfig zu akzeptieren, und empfiehlt eine »affirmative Sabotage« der Werkzeuge des Meisters (dies wird in Kapitel 4 ausführlicher diskutiert). Wie schon Fanon (1969a [1959]: 62) in *Aspekte der Algerischen Revolution* bemerkt: »Sich französisch auszudrücken, ist nicht mehr mit einem Verrat oder einer erbärmlichen Identifikation mit dem Okkupanten gleichzusetzen. Von der *Stimme der Kämpfer* gebraucht, auf prägnante Weise die Botschaft der Revolution übermittelnd, wird auch die französische Sprache zu einem Werkzeug der Befreiung.«

Im Gegensatz zum Habermas'schen Verständnis der Moderne als unvollendetem Projekt und anders als in der dekolonialen Ablehnung der Aufklärung schlage ich vor, Moderne und Aufklärung in ihrer Ambivalenz zu betrachten. Anstatt die Moderne als ein Ideal zu verstehen, das es nachzuahmen gilt, betrachtet die dekoloniale Wende sie als ein Problem, das aber gelöst werden könne, indem die epistemischen, soziokulturellen und politischen Praktiken Europas aus dem »globalen Süden« verbannt werden. Ich lehne diese dekoloniale Nostalgie für eine idealisierte Vergangenheit ebenso ab wie die Ansicht, dass außereuropäische, indigene Perspektiven das Rezept für eine Dekolonisierung des Denkens seien. Ich möchte vielmehr auf eine Verschiebung der Geografie der Vernunft durch eine veränderte Haltung gegenüber »modernen« Ideen hinarbeiten.

Postkoloniale, queer-feministische Theorie muss »ambivalent kritisch« bleiben (Marasco 2006: 110), denn die Normen von Gleichheit und Freiheit, die ihre emanzipatorischen Bestrebungen rahmen, sind der europäischen Aufklärung geschuldet, und dennoch findet die postkoloniale, queer-feministische Kritik ihren Antrieb gerade in der Unmöglichkeit eines »positiven« Projekts. Kritik bedeutet hier eine historisch geprägte Praxis, die von den Bedingungen, aus denen sie hervorgeht, abhängig ist, in ihnen kontextualisiert werden kann und sich an ihnen mitschuldig macht, auch wenn sie danach strebt, sie zu verändern. Die Kluft zwischen dem, was ist, und dem, was sein sollte, bietet solchen prekären kritischen Praktiken Raum, die unmöglich und doch notwendig sind (Chakrabarty 2000). Das Subalterne als Negation des Hegemonialen zu verstehen, bedeutet nicht, dass es davon losgelöst gedacht werden kann. Hierin liegen die Fragilität und das Dilemma der postkolonialen, queer-feministischen Praxis; sie wird von genau jenen historischen Bedingungen eingerahmt, die sie (un)möglich machen, ohne die Gewissheit dauerhafter Grundlagen und ohne Aussicht auf radikale Überschreitung. Postkoloniale, queer-feministische Kritik verzichtet auf Eschatologie und hält stattdessen an der Spannung und Diskontinuität zwischen Wissen und Hoffen, zwischen Aktualität und Potenzialität fest (Marasco 2006: 112).

Wie aber kann die Dekolonialisierung gelingen? Sollen wir einen Schritt über den Kanon hinauswagen und uns auf nicht-weiße, nicht-europäische, nicht-heterosexistische Perspektiven stützen? Oder führt eine solche Verschiebung zu einer Essentialisierung und Romantisierung des Anderen? Reicht eine poststrukturalistische »Dekolonisierung von innen« aus, um den Eurozentrismus zu beseitigen? Oder müssen auch der Marxismus und der Poststrukturalismus dekolonisiert werden?

Honneth (2007: 55) behauptet, dass die »Kritische Theorie [...] keine Zukunft besitzen [wird]«, wenn sie nicht ein rationales Konzept des »emanzipatorischen Interesses« anbiete, das sich reflexiv auf sich selbst beziehen kann. Was aber sind die Verlockungen und wo verlaufen die Grenzen der als Rettung verstandenen Kritik? Die Kritische Theorie der Frankfurter Schule bekennt sich dazu, die sozialen Bedingungen, die die Entstehung kritischer Praxis erst ermöglichen, ernst zu nehmen, und doch hat sie den Kolonialismus und seine Hinterlassenschaften samt ihrem prägenden Einfluss auf das kritische Denken ignoriert. Die Aufklärung hat der nicht-westlichen Welt außergewöhnliche Geschenke gemacht, ohne aber vorher den Preis dafür zu nennen. Wer den Prozess der Aufklärung mit der Weltgeschichte gleichsetzt, negiert andere Formen der Vernunft und andere Erfahrungen von Zeitlichkeit und Räumlichkeit. Aber reicht eine postkoloniale Provinzialisierung Europas wirklich aus, um den Globus zu dekolonisieren? Wie Talal Asad (2009b: 138 f) zu bedenken gibt, »[...] sollte man im Prozess des Denkens immer offen dafür bleiben, an unerwartete Orte zu gelangen – ganz gleich, ob sie Befriedigung oder Verlangen, Unbehagen oder Schrecken auslösen«. Kritische Theorien der Dekolonisierung müssen nicht nur androzentrische und eurozentrische Positionen in Frage stellen, sondern auch ihre eigenen Annahmen verunsichern und desorientieren. Während dekoloniale Ansätze nach »unbefleckten« Denkweisen suchen, die nicht von der Rationalität der Aufklärung korrumpiert wurden, glaube ich nicht an die Wiederherstellung »reiner« Formen des Denkens vor oder jenseits der Aufklärung. Meines Erachtens kann die Enttäuschung über die Aufklärung nicht einfach durch ihre Überwindung rückgängig gemacht werden. Hier müssen wir uns Hegels Warnung zu Herzen nehmen, dass jeder Kampf gegen die Aufklärung die Krankheit nur verschlimmere (Hegel GS 9 [1807]: 295).

Allen (2019: 68) schlägt vor, dass ein Korrektiv zum Eurozentrismus darin bestehen müsse, »unseren eigenen moralischen Gewissheiten gegenüber eine bescheidene oder demütige Haltung einzunehmen, und nicht eine der Überlegenheit«. Sich der eigenen Vorurteile bewusst zu sein, »bestärkt wiederum eine Bereitschaft dazu, die eigenen Festlegungen in der Begegnung mit anderen Lebensformen sich destabilisieren zu lassen« (2019: 117). Eine solche Demut erfordert außerdem »das Verwerfen der Annahme, dass meine eigene Lebensform derjenigen der anderen Kulturen, mit denen ich im Dialog stehe, überlegen ist« (2019: 117).

Diese Haltung der epistemischen Bescheidenheit ist zwar wünschenswert, setzt aber voraus, dass wir unsere Vorurteile und Stereotypen unter Kontrolle haben und sie nach Belieben verlernen und umgestalten können. Dabei wird die Rolle des Vorbewussten und Unbewussten in unseren intellektuellen, ethischen und materiellen Vorprägungen außer Acht gelassen. Wenn man nicht von einem epistemologisch transparenten Subjekt des Wissens ausgeht, das seine intellektuelle Bildung direkt und willentlich verändern kann, dann muss die Dekolonisierung vielmehr zum Projekt einer »zwanglosen Umgestaltung der Begehren« werden (Spivak 2003b: 615), zum komplexen und unmöglichen Unterfangen, Rassismus, Heterosexismus und Imperialismus zu verlernen. Hier muss die Beziehung zwischen den Hegemonen und den Subalternen neu konfiguriert werden.

Subalternität entsteht, wenn den Entrechteten der Zugang zum kritischen Denken verwehrt wird, indem man ihnen die »Werkzeuge des Herrn« verweigert. Sind Normen erst einmal verinnerlicht worden, werden die Subalternen, als disziplinierte Arbeiter:innen und gehorsame Bürger:innen, effektiv »zum Prinzip [ihrer] eigenen Unterwerfung« (Foucault 1977: 260). Auf der anderen Seite wähnt sich die Elite in der Rolle einer messianischen Avantgarde und monopolisiert die Handlungsvermögen. Um nicht in eine rein rationalistische, kognitivistische oder voluntaristische Auffassung von Kritik abzudriften, muss man in Bezug auf die Frage der ideologischen Subjektkonstitution wachsam bleiben. Gleichzeitig müssen wir uns gegen Bestrebungen zur Wehr setzen, die kritische Praxis mit politischer Psychologie zu verknüpfen, wodurch die Gefahr entsteht, dass die Dekolonisierung von einer Frage der wirtschaftlichen und politischen Gerechtigkeit auf eine Frage der kollektiven Therapie verengt wird. Anstatt Rassismus, Faschismus und Heterosexismus als Symptome einer Persönlichkeitsstörung oder eines Verhaltensproblems zu erklären, sollte sich das Augenmerk auf die Frage der Subjektkonstitution diesseits und jenseits der kolonialen Kluft richten. Dieses Anliegen ähnelt dem Adornos (2013 [1950]: 1), der versuchte, den Faschismus zu verstehen, indem er »die psychologischen Kräfte [...] die ihn begünstigen« untersucht, um die Quelle des antidemokratischen Denkens und Handelns von Individuen zu diagnostizieren.

Während Adorno sich auf den Antisemitismus konzentrierte und *critical race theorists* wie Mbembe sich mit dem Rassismus auseinandersetzen, analysiert Spivak, wie imperiale *und* subalterne Subjekte im Zusammenspiel von Klasse und Geschlecht hervorgebracht werden. Sie zeichnet die vorkolonialen Prozesse der Subalternisierung nach, die sich während des Kolonialismus verstärkten und auch mit dem Erreichen der formalen Unabhängigkeit nicht endeten. Wie Adorno betont auch Spivak die Bedeutung von Bildung, um demokratische Impulse zu fördern und der gesellschaftlichen Normierung entgegenzuwirken.

Während Kant in der Unreife eine Folge von Faulheit oder Feigheit sah, argumentiert Adorno, dass mangelnde Reife nicht immer selbstverschuldet ist, sondern systematisch produziert und gewollt werde (Cook 2018: 84). Die Anpassung an den Status quo, um zu überleben, führe zu Selbstverleugnung und Gehorsam, was die persönliche und kollektive Reife behindere. Solange wir uns Autoritätspersonen und demagogischen Führern unterwerfen, bleibe die Gefahr des Totalitarismus bestehen (ebd.: 82). Erst wenn der:die Einzelne in der Lage ist, die »Kraft« aufzubringen, »gegen vorgegebene Meinungen und, in eins damit, auch gegen nun einmal vorhandene Institutionen, gegen alles bloß Gesetzte, das mit seinem Dasein sich rechtfertigt«, Widerstand zu leisten (Adorno GS 10.2 [1969]: 336), sei ein Zustand erreicht, in dem er:sie wirklich selbst denken könne.

Auch Kultur- und Bildungseinrichtungen, die eine fügsame Akzeptanz von Autorität fördern, statt kritisches Denken zu ermöglichen, produzieren Subalternität. Widerstand muss für Spivak und Adorno nicht die Form von Straßenprotesten oder politischen Aktionen annehmen, sondern liegt schon in der Fähigkeit zum Denken. Spivak würde Adorno zustimmen, dass die Subalternen, wenn sie sich dessen bewusst wären, »was die Welt aus ihnen gemacht hat«, »anders wären und nicht zu dem gemacht werden könnten, wozu der Weltlauf sie eben gerade erst gemacht hat« (Adorno NS IV, 13 [1964]: 106). Um sich dem Status quo zu widersetzen, müssen sich die Subalternen zunächst als Machteffekt eben dieser sozialen, politischen und ökonomischen Verhältnisse begreifen. Erst dann würden sie aufhören, unterwürfige Subjekte von Kapitalismus und Neokolonialismus zu sein und könnten zu etwas anderem werden. Damit unterscheidet sich Spivak deutlich von den Positionen Foucaults, Deleuzes oder auch Butlers, die den Massen grundsätzlich eine widerständige Kraft zuschreiben (dies wird in Kapitel 4 ausführlicher diskutiert).

Wie Adorno interessiert sich auch Spivak für das »Schicksal« unseres Begehrens und unserer Vorstellungskraft im Spätkapitalismus (Cook 2018: 14). Die Macht beugt den Körper zum Gehorsam und bringt so Subalterne als politisch gefügige Bürger:innen und wirtschaftlich nützliche Subjekte hervor. Spivak interessiert sich weniger für universelle, rational sprechende Subjekte, sondern richtet ihre Aufmerksamkeit darauf, wie Subalterne unter spezifischen historischen Bedingungen geformt werden und wie sie sich selbst anhand von Stereotypen ihrer selbst verstehen und erkennen. Sie ist misstrauisch gegenüber anthropologischen Universalien, weil diese das historisch Besondere, nämlich die Singularität der Subalternisierung, außer Acht lassen.

Bevor ich dieses Kapitel zu einem Abschluss bringe, möchte ich Spivaks postkolonial-feministische Argumente aufgreifen, um Adorno gegen Habermas' Vorwurf des performativen Widerspruchs in Schutz zu nehmen. Habermas wirbt für die Errungenschaften der westlichen Rationalität und bietet anstelle der von

Horkheimer und Adorno abgelehnten instrumentellen Vernunft eine wohlwollendere Rationalisierung an. In der Hoffnung, die kritischen Energien der Aufklärungstradition zu retten, strebt Habermas nach einer radikal neuen Begründung der Vernunft (Jay 2016: 114) und versucht, »die Kritik der reinen Vernunft durch eine Kritik der sprachlichen Vernunft« zu ersetzen (Schnädelbach 1987: 74), die Emanzipation, Fortschritt, Freiheit und Gleichheit den Weg bereiten soll. Habermas (2021) beruft sich dabei auf eine der wichtigsten Errungenschaften der Aufklärung, die bürgerliche Öffentlichkeit, welche die Dialektik von Unterwerfung und Beherrschung überwunden habe. Hier versuchten die Subjekte nicht, andere Subjekte, die anders denken und anders sind, zu nötigen oder zu beherrschen, sondern behandelten sie in den Prozessen der deliberativen Demokratie als Gleiche.

Habermas begibt sich mit seiner Idee der kommunikativen Vernunft auf eine Gratwanderung zwischen Kants ahistorischem Transzendentalismus und Hegels teleologischem historischen Holismus (Jay 2016: 136), wobei er zugesteht, dass der Zustand vollkommener Rationalität immer flüchtig bleiben muss. Er betont die emanzipatorischen Möglichkeiten einer diskursiven Vernunft, die seiner Ansicht nach ohne Zwang auskommen kann. Das unvollendete Projekt der Moderne ist für ihn ein fortlaufender Prozess des kommunikativen Austausches über alltägliche Fragen, der per definitionem ergebnisoffen ist, weil Rationalität niemals vollständig erreicht werden könne, sondern »nur« ein regulatives Ideal darstelle (ebd.: 137). In ihrer zeitlichen Dimension ist die Vernunft für Habermas also eher ein kontrafaktisches als ein realisierbares Projekt, so dass der Prozess des Argumentierens nie zu einem Abschluss kommt. Habermas postuliert ein evolutionäres Modell der Rationalisierung, das kulturübergreifende Gültigkeit beansprucht, aber historisch für Revisionen offen bleibt (ebd.: 139).

Habermas versucht der instrumentellen Vernunft ein Gegenmittel entgegenzusetzen, indem er den Schwerpunkt von der Subjektivität auf die Intersubjektivität verlagert und eine kommunikative Vernunft entwirft, die auf den Prinzipien von Freiheit und Gleichheit beruhen soll. Seine Vision einer transparenten kommunikativen Gesellschaft, in der unterschiedliche Ansprüche rational und einvernehmlich durch die Kraft des besseren Arguments ohne Zwang gelöst werden sollen, leidet aber an einer eurozentrischen und androzentrischen Voreingenommenheit, so dass auch ihr Konsens durch Ausschluss erzeugt wird. Habermas versäumt es darüber hinaus, sich mit der rassistischen, sexistischen und heterosexistischen Gewalt auseinanderzusetzen, die alle intersubjektiven Beziehungen durchdringt und auch den argumentativen Austausch verzerren muss. Ein Philosoph, der seine Überlegungen auf die Lebenswelt gründen will, d.h. auf gewöhnliche soziale Situationen, in denen Menschen interagieren und in denen Sprache und Kultur eine entscheidende Rolle spielen, versagt also ausgerechnet dort, wo es darum geht, die wirtschaftlichen, kulturellen, politischen und sozialen Hinterlassenschaften des Kolonialismus in Betracht zu ziehen. Vor dem Hintergrund dieser monumentalen Auslassung überrascht es nicht, dass seine Geschichte der Moderne eine des Fortschritts ist, in der Europa und seine Bewohner:innen als Vorbilder auftreten, während die globale Gewalt, die sie zur Förderung und zum Schutz der Normen der Moderne ausgeübt haben, ausgeblendet wird. Habermas' Fokus auf intersubjektive Kommunikation, die zum Allheilmittel für die Probleme der Moderne erhoben wird, lässt die Frage der Subjektkonstitution und die Rolle von Rassezuschreibungen, Klasse, Geschlecht, Religion und Nationalität geflissentlich aus. Im Vertrauen darauf, dass sich im kommunikativen Austausch zwischen Individuen letztlich das »bessere« Argument durchsetzen werde (Habermas 1985: 110, 233), lässt er die Rolle von Macht und Gewalt bei der Entscheidung darüber, wer die Autorität hat, darüber zu urteilen, außer Acht.

Habermas zufolge neigen rationale Menschen von Natur aus zu einem demokratischen Gemeinwesen. Diese Annahme setzt aber ein sprechendes Subjekt voraus, das über seine eigenen Motivationen, Gefühle, Wünsche und Ziele gut informiert ist und diese offen kommuniziert. Dabei blendet Habermas aus, dass Sprechakte und Subjekte, die nicht den andro- und eurozentrischen Normen genügen, zum Schweigen gebracht und ausgeschlossen werden. Das Versprechen von kommunikativer Rationalität, diskursiver Klarheit und Transparenz wird mit der Missachtung der Komplexität und Heterogenität diskursiver Praktiken und ihrer jeweiligen Kontexte erkauft. Wie Foucault gezeigt hat, ist der Zwang zur Anpassung an normative Ideale gerade deshalb so heimtückisch, weil er im Namen von Freiheit und Gleichheit verkündet wird. Habermas' Modell kann nur funktionieren, wenn es vor der Gewalt des Kolonialismus und der Entmenschlichung der Nichteuropäer:innen im Namen der hehren Ideale der Aufklärung die Augen verschließt.

Habermas attestiert Horkheimer und Adorno eine »gewisse Unbekümmertheit im Umgang mit den, sagen wir es ruhig plakativ: Errungenschaften des okzidentalen Rationalismus« (1985: 146). Zeugt es aber nicht von einer »Unbekümmertheit« ganz anderer Art, die »Errungenschaften« des westlichen Rationalismus zu rühmen, ganz ungeachtet seiner von Horkheimer und Adorno so überzeugend dargelegten Verstrickung in den Holocaust? Adorno hat seine Kritische Theorie gelegentlich als »Flaschenpost« bezeichnet, als unzeitgemäß, ohne Publikum und Adressaten.[25] Habermas' Kritik an der *Dialektik der Aufklärung* erweckt den Eindruck, er habe die Botschaft nicht gelesen. Darüber hinaus ist seine Vernachlässigung der Postkolonialen Studien ein lehrreiches Beispiel für die Begrenztheit der postadornitischen Kritischen Theorie. Habermas' Lob der

25 https://newleftreview.org/issues/I200/articles/theodor-adorno-messages-in-a-bottle

westlichen Moderne zeugt davon, mit welcher »Unbekümmertheit« (um seinen Vorwurf aufzugreifen) er die Kolonialgeschichte ausblendet. Als Vordenker der Diskursethik, der wie kein anderer die Idee des öffentlichen Intellektuellen verkörpert und einmal Heinrich Heine als sein Vorbild nannte, gehört Habermas zu den wichtigsten zeitgenössischen Philosophen. Umso enttäuschender ist sein Schweigen zum kolonialen Erbe Deutschlands, das Schweigen eines Intellektuellen, der die großen Kontroversen der deutschen Nachkriegsöffentlichkeit wie etwa den Historikerstreit von 1986 entscheidend mitgeprägt hat. Angesichts dieser Versäumnisse ist Philippe Lacoue-Labarthes Kommentar zu Jean-François Lyotards Bemühungen um einen Dialog mit Habermas durchaus nachvollziehbar: »Warum sollte man diesen Dinosaurier der *Aufklärung* ernst nehmen? Warum sich mit ihm auseinandersetzen?« (Lacoue-Labarthe cit. in Ronell 1994: 262).

Gegen die euro- und androzentrische Ausrichtung der Habermas'schen Vorstellung von Öffentlichkeit, in der rationale Subjekte zusammenkommen, um über gemeinsame Interessen zu beraten, entwickelt Nancy Fraser (1992: 129), die sich auf Spivaks Verständnis von Subalternität beruft, das Konzept transnationaler subalterner Gegenöffentlichkeiten. Subalterne Gegenöffentlichkeiten sind »parallel existierende diskursive Arenen […], in denen Mitglieder unterdrückter sozialer Gruppen Gegendiskurse erfinden und verbreiten. Die Gegendiskurse erlauben ihnen dann, oppositionelle Interpretationen ihrer Identitäten, Interessen und Bedürfnisse zu formulieren« (ebd.). Zu den schwerwiegendsten Einwänden gegen die Habermas'sche Öffentlichkeit gehört, dass sie es bürgerlichen europäischen Männern ermöglicht, sich selbst als »universelle Klasse« darzustellen und damit ihren Regierungsanspruch zu rechtfertigen (Fraser 1992: 114). Transnationale subalterne Gegenöffentlichkeiten sollen in die asymmetrischen diskursiven Beziehungen zwischen unterschiedlich wirkmächtigen Öffentlichkeiten eingreifen, indem sie eine Vielzahl konkurrierender Öffentlichkeiten schaffen, in denen entrechtete Gruppen gegenhegemoniale Diskurse und Identitäten erfinden und in Umlauf bringen können. Während sozial schwache Subjekte nicht in der Lage seien, ihre Interessen in politischen Systemen mit der gleichen Leichtigkeit zu vertreten wie privilegiertere Akteure, würden transnationale Gegenöffentlichkeiten subalternes Handeln ermöglichen, indem sie zuvor marginalisierten Gruppen eine demokratische Stimme geben. Diese Gegenöffentlichkeiten würden herrschende Diskurse umdeuten und brächten neue Akteure auf die politische Bühne, die Fragen der Umverteilung, Anerkennung und Repräsentation aushandeln und so auf eine neue soziale Grammatik hinwirken könnten. Die Infragestellung und Transformation der dominanten Herrschaftsformen, die sich auf vielfältige Weise in wirtschaftlichen, kulturellen und soziopolitischen Arenen zeige, zeuge von der emanzipatorischen Kraft dieser Gegenöffentlichkeiten.

Spivak argumentiert hingegen, dass Subalternität dann entstehe, wenn Bürger:innen nicht in der Lage sind, die Öffentlichkeit, die selbst ein Produkt der Kolonialgeschichte ist, für sich in Anspruch zu nehmen (2008b: 3, 154). Gegen die Behauptung von Habermas (1985: 131), dass in öffentlichen Räumen der »zwanglose Zwang des besseren Arguments« vorherrsche, würde Spivak einwenden, dass, wenn man die Frage der ideologischen Subjektkonstitution ernst nimmt, sofort ins Auge springt, dass nicht alle Menschen »zur intellektuellen Arbeit ausgebildet« wurden (mehr dazu in Kapitel 4), was Voraussetzung dafür wäre, die Gleichberechtigung der Partner im Prozess der diskursiven Aushandlung garantieren zu können. Der Konsens, der durch den Prozess der Deliberation hergestellt wird, blendet die asymmetrische Verteilung von Macht, Handlungsfähigkeit und Verletzlichkeit in der Gesellschaft aus. Doch selbst wenn Subalterne sprechen, werden sie nicht gehört, was auch Frasers Versprechen vom emanzipatorischen Potenzial subalterner Gegenöffentlichkeiten hohl erscheinen lässt. Es kann also nicht nur darum gehen, die Öffentlichkeit inklusiver zu machen; vielmehr gilt es zu verstehen, dass sich Öffentlichkeiten überhaupt erst durch Ausschlussmechanismen konstituieren. Der Begriff »subalterne Gegenöffentlichkeiten« ist also eine *contradictio in adiecto*. Spivaks Frage »Can the Subaltern Speak?« zielt deshalb nicht auf die Ausdrucksmöglichkeiten des modernen Subjekts, sondern ist rhetorisch gemeint, ist doch die Unmöglichkeit subalterner Sprechakte dem Begriff der Subalternität konstitutiv eingeschrieben.

Habermas' Diskursethik will allen die Möglichkeit einräumen, gleichberechtigt am öffentlichen Vernunftgebrauch teilzuhaben. Das Schweigen stellt deshalb für Habermas (2009: 417) eine besondere Bedrohung dar: »Wer angesprochen wird und schweigt, hüllt sich in eine Aura unbestimmter Bedeutsamkeit und gebietet Schweigen. Heidegger ist ein Beispiel unter vielen. Wegen dieses autoritären Charakters hat Sartre Schweigen mit Recht ›reaktionär‹ genannt.« Spivaks Einwand, dass die Subalternen nicht sprechen *können*, stellt Habermas' tief im Denken der Aufklärung verwurzelte Überzeugung, dass Sprache immer ein Zeichen politischer Handlungsfähigkeit sei und allen rationalen Subjekten frei zur Verfügung stehe, in Frage. Die Unmöglichkeit des Sprechens der Subalternen ist aber nicht zufällig, sondern für ihre Subjektbildung konstitutiv. Spivak problematisiert deshalb den Versuch, Geschichte vom Standpunkt der Opfer aus zu erzählen, als ob die Wiederherstellung subalterner Perspektiven nichts weiter erfordern würde, als ihnen ihre Stimme als sprechende Subjekte zurückzugeben. Statt also das Handlungsvermögen der Subalternen zu beschwören, beschreibt Spivak, wie der:die »Einheimische« zu einem »nicht-emphatischen Agenten des

Zurückhaltens« (1991: 172) werden und auf diese Weise imperialistische Pläne zur Integration des Anderen in das Selbst vereiteln kann.

Bevor ich darauf in meiner Analyse von J.M. Coetzees Roman *Mr. Cruso, Mrs. Barton und Mr. Foe* in Kapitel 4 ausführlich eingehen werde, möchte ich das Dilemma des subalternen Schweigens schon hier kurz umreißen. In seiner Nacherzählung von Defoes *Robinson Crusoe* konzentriert sich Coetzee auf Freitag, den schwarzen, stummen Diener von Crusoe, der sich der Kontrolle der Vernunft entzieht und ein Gegenbild zum westlichen Verständnis des aufgeklärten, sprechenden Subjekts darstellt. Insofern die Moderne von einem erkennbaren und logozentrischen Universum ausgeht, fordert das Unaussprechliche und Undarstellbare dieses Ringen um Herrschaft heraus (Spivak 1991). Die stumme Subjektivität der Subalternen stellt einen strafbaren Verstoß gegen die Rationalität der Aufklärung dar. Obwohl sie das subalterne Handlungsvermögen nicht im Sinne eines widerständigen, weil sprechenden Subjekts aufwertet, kommt Spivak an diesem Punkt Adorno sehr nahe, dem es auch darum geht, zu zeigen, wie Kapitalismus und Kulturindustrie fügsame und gehorsame Subjekte hervorbringen (Spivak ergänzt das natürlich um die Rolle des Kolonialismus und Feudalismus).

Die postkolonialen Dilemmata Spivaks ähneln der Problemstellung Adornos, dessen kritischer Ansatz sich der Einsicht verdankt, dass dem Denken immer etwas entweicht, das von seiner identifizierenden Logik nicht erfasst werden kann. Während für Habermas die Aporien in Adornos Argumenten Fehler und Mängel sind, die korrigiert oder überwunden werden müssen, ist eine *Aporie* für Adorno eine dialektische Figur. In Anlehnung an die altgriechische Idee der *Aporie* als »Nichtweg« betont Adorno, dass man sich der Lage in all ihrer Schwierigkeit aussetzen müsse, anstatt schnellen Lösungen nachzujagen (Morris 1996: 749 f). Ackbar Abbas (2012: 11) trifft es gut, wenn er schreibt: »Adorno geht es also nicht so sehr um eine Kritik des Unmöglichen und Falschen; vielmehr ist die Kritik für ihn das, was aus einer unmöglichen oder falschen Situation hervorgeht.« Für Habermas und andere Kritiker:innen ist der performative Widerspruch eine philosophische »Sünde«,[26] da er Absurdität, Unlogik und Inkongruenz mit sich bringt. Wenn es aber genau darum geht aufzuzeigen, dass Logik, Konsistenz und Kohärenz Normen sind, deren Inhalt nicht demokratisch bestimmt ist, dann ist die Verletzung dieser Normen nicht etwa ein Misserfolg, sondern geradezu das Ziel des kritischen Denkens. Da wir nicht ohne das Identitätsprinzip denken kön-

26 Habermas' Verwendung der Begriffe »Konsistenz« und »Widerspruch« unterscheidet sich deutlich von der Art und Weise, wie das Konzept des Widerspruchs beispielsweise in heterodoxen indischen philosophischen Systemen verwendet wird. So ist beispielsweise *Saptabhangivada* oder *Syadvada*, die siebenwertige Logik der Jaina, ein Argumentationssystem mit sieben verschiedenen semantischen Prädikaten, das über die binäre Logik hinausgeht (Burch 1964).

nen, versucht Adorno, das Denken mittels einer Kritik des Identitätsdenkens gegen sich selbst zu richten. Nur wenn das Denken die instrumentelle Vernunft unterläuft, kann das Ungedachte hervortreten. Das kritische Denken kann sich der »Annexion des Andersseins« verweigern (Hewitt 1995: 86), indem es das unbekannte Andere außerhalb unserer hegemonialen Konzepte belässt und so bewahrt. Adornos Kritik an der Moderne und der instrumentellen Vernunft verlagert die Erkenntnis weg von Herrschaft und Identität, hin zu einer Form des kritischen Denkens, die beunruhigend und ergebnisoffen ist. Im Gegensatz zum Versprechen von Kohärenz und Beherrschung ist das kritische Denken bewusst fragmentarisch und unvollständig. Das widerspenstige Objekt kann dem Denken Raum geben, sich das vorzustellen, was es noch nicht vorhersehen kann. Die *Negative Dialektik* beginnt dementsprechend mit den Zeilen: »Philosophie, die einmal überholt schien, erhält sich am Leben, weil der Augenblick ihrer Verwirklichung versäumt ward.« (Adorno 1966: 13) Adorno spielt damit auf die Verheißung des Scheiterns an: Das, was noch nicht realisiert ist, beherbergt das kritische Potenzial des Kommenden.

Wird die instrumentelle, referentielle und freiheitserzeugende Sprachauffassung des Liberalismus in Frage gestellt, berührt dies auch die Grundlagen der humanistischen Tradition, die den Menschen im Rückgang auf Aristoteles als das politische (*zōon politikon*) und sprechende Wesen (*zōon logon ekhon*) definiert, als welches es auch der Diskursethik von Habermas zugrunde liegt. In Abkehr vom Verständnis der freien Rede als Mittel der Emanzipation geht es mir darum, das Augenmerk auf das Spannungsverhältnis von Sprache/Sprechen, Macht und Gewalt zu richten. Der Auffassung von Sprache als rational und emanzipatorisch tritt hier die Vorstellung entgegen, dass der Sprache eine ursprüngliche Gewalt innewohnt. Mit der Vormacht des gesprochenen Wortes geht auch die privilegierte Rolle einher, die das Hören einnimmt. Was gelesen und gehört wird und was als verständlich und lesbar gilt, wird von hegemonialen Normen der Anerkennung determiniert. Damit geht das Problem der »normativen Gewalt« (Butler 1999: xx) einher, also der Umstand, dass nicht-konformistische Subjekte und Praktiken der regulierenden Gewalt bestimmter Normen ausgesetzt sind, die festlegen, was innerhalb eines bestimmten Rahmens als lesbar und verständlich gilt. So reicht es beispielsweise nicht aus zu untersuchen, wie »die Frau der Dritten Welt« zu einer Akteurin der Dekolonisierung werden kann; viel entscheidender ist zu analysieren, wie die Kategorie »Frau der Dritten Welt«, das Subjekt der postkolonialen feministischen Theorie, erst durch jene Diskursstrukturen hervorgebracht und eingeschränkt wird, die zugleich ihrer Emanzipation dienen sollen.

Die postkoloniale Feministin Rey Chow (1993: 36–37) gibt in diesem Zusammenhang zu bedenken, dass jeder Versuch, die »zum Schweigen gebrachten Stimmen« wieder sprechen zu lassen, auch das Risiko birgt, an der Unübersetzbarkeit ihrer Erfahrung Verrat zu üben, weil das »Sprechen« selbst in den Strukturen und der Geschichte der Herrschaft verankert ist. Die schwarze Feministin Abena Busia (1989/1990: 84) richtet in Anlehnung an Spivak ihr Augenmerk darauf, wie Schwarze Frauen in kolonialen Texten ganz gezielt ihrer Stimme beraubt werden, wofür sie den Begriff des *unvoicing* prägt. Busia verschiebt damit zugleich den Schwerpunkt von der Frage, ob die Subalternen sprechen können, auf die Tatsache, dass ihr Text, selbst wenn sie sprechen, nicht gehört und verstanden wird. Es geht um die Unfähigkeit der Herrschenden, zuzuhören. Es ist deshalb wichtiger, deren selektives Gehör zu skandalisieren, als sich auf die vermeintliche Sprachlosigkeit der Marginalisierten zu konzentrieren. Auch Spivak (1990: 60) stellt klar, dass für sie die Frage »Wer wird zuhören« von größerer Bedeutung ist als die Frage, »Wer soll sprechen?« (Spivak 1990: 158).

Auf Wittgensteins Diktum, man solle über das, worüber man nicht sprechen kann, lieber schweigen, hat Adorno entgegnet, dass kritisches Denken der widerspruchsvolle dialektische Versuch sei, »das Nichtsagbare zu sagen« (Adorno NS IV, 16 [1965]: 112). Spivak würde in ähnlicher Weise argumentieren, dass sich eine postkolonial-feministische Politik und Ethik darin üben muss, dem Schweigenden und dem Unerhörten Gehör zu schenken. Angesichts der Tatsache, dass jedes Sprechen in Macht und Gewalt verstrickt ist, muss das Schweigen allerdings nicht unbedingt ein passiver Akt der Unterwerfung oder des *unvoicing* sein, sondern kann auch als eine Strategie der Kritik verstanden werden. Es kann den Monolog der herrschenden Diskurse herausfordern und so die Bedingungen dafür schaffen, dass das »Unsichtbare« und das »Ungesagte« zum Vorschein kommen. Dieser Ansatz verschiebt die Aufmerksamkeit von den traditionellen logozentrischen Strategien der Emanzipation auf die subversiven Möglichkeiten des Zuhörens, die die Machtdynamik zwischen aktiven Sprecher:innen und passiven Zuhörer:innen verändern. Spivak ist sich wie Adorno des Risikos bewusst, dass jeder Versuch, »das Ungesagte zu sagen«, mit der Gefahr behaftet ist, ihm die Logik des Sprechens aufzuzwingen. Im Gegensatz zu Habermas' Vertrauen auf das sprechende Subjekt liegt mein Schwerpunkt daher auf einer postkolonial-feministischen Ethik des Zuhörens. Wer schweigen kann, ist in der Lage zuzuhören, und wer zuhört, gibt sich dem Schweigen in den Diskursen hin, dem flüchtigen wie dem geordneten Schweigen, dem Schweigen, das unserem Willen unterworfen ist, und dem Schweigen, das unsere Sprache, unser Sein bestimmt.

In diesem Kapitel ging es darum, die ambivalenten Affinitäten zwischen der Kritischen Theorie der ersten Generation und dem postkolonialen Queer-Feminismus anzusprechen. Inspiriert wurde ich dabei von Amérys Begriff einer »Schicksalsverwandtschaft« zwischen den Opfern verstrickter Formen historischer Gewalt und ihrer geteilten, aber verwickelten Beziehung zum Erbe der europäischen Aufklärung. Im letzten Kapitel dieses ersten Abschnitts konzentriere ich mich auf die »mission impossible« der Dekolonisierung Europas. Am 12. Januar 2024 erklärte Deutschland, dass es gemäß Artikel 63 des IGH-Statuts als Drittpartei für Israel in dem von Südafrika beim Internationalen Gerichtshof (IGH) in Den Haag angestrengten Völkermordverfahren intervenieren wird. An diesem Tag wurde auch der 120. Jahrestag des Völkermordes an den Herrero und Nama begangen, der als der erste Völkermord des 20. Jahrhunderts gilt. In einer Pressemitteilung rügte der namibische Präsident die Deutschen, die ihre Unfähigkeit bewiesen hätten, Lehren aus ihrer schrecklichen Geschichte zu ziehen. Zu seiner Verteidigung betont Deutschland seine Sonderrolle gegenüber Israel und behauptet, dass es tatsächlich Lehren aus seiner faschistischen Geschichte gezogen habe. Demnach leite das Motto »nie wieder« seine Innen- und Außenpolitik. Hingegen richtete sich der Zorn, den auch mehrere unabhängige Menschenrechtsexpert:innen teilten, gegen den herablassenden Ton, in dem Deutschland Südafrika angegriffen hatte. Unabhängig vom Ausgang des Verfahrens vor dem IGH war die postkoloniale Welt bestürzt über die Inkonsistenz und Selektivität, mit der sich Deutschland, aber auch andere westliche Länder, für die Normen des Völkerrechts, der Demokratie und der Menschenrechte einsetzten. Ein weiterer Beweis für den Verrat Europas an der Aufklärung.

Kapitel 3: Was kann Europa uns lehren?[1]

In Anbetracht der Tatsache, dass die Mehrheit der ehemals kolonisierten Welt formal ihre Unabhängigkeit erlangt hat, und angesichts des Aufstiegs der BRICS-Staaten könnte man sich wundern, dass die Frage der Dekolonisierung überhaupt noch auf der Agenda steht. Darauf möchte ich eine zweifache Antwort geben: Erstens hat die wachsende Wirtschaftskraft einiger postkolonialer Länder wie etwa Indien, die sich immer öfter selbst wie Weltmächte gebärden, der überwältigenden Mehrheit ihrer Bürger:innen nichts gebracht, von der postkolonialen Welt im Allgemeinen ganz zu schweigen. Die formale Unabhängigkeit hat auch nach Jahrzehnten nicht dazu geführt, dass die globale Ungleichheit beseitigt worden wäre. Die Dekolonialisierung ist auch deshalb gescheitert, weil die Eliten im »globalen Süden« einfach an die Stelle der ehemaligen Kolonialherren getreten sind. Zweitens macht die anhaltende globale Hegemonie des Westens eine Dekolonisierung der globalen Machtverhältnisse erforderlich. Wie ich in den vorangegangenen Kapiteln gezeigt habe, ging es im Kolonialismus nicht nur um wirtschaftliche Ausbeutung und militärische Kontrolle, sondern auch um die Produktion imperialer und subalterner Subjekte. Im Gegensatz zu dekolonialen Theoretiker:innen wie Mignolo (2009: 10), die den Aufstieg Chinas und Indiens ausdrücklich begrüßen, ist für mich Dekolonisierung ohne Entsubalternisierung unvollständig.

Im Folgenden möchte ich darlegen, wie die globale Umverteilung des Reichtums mit einer umfassenden Neugestaltung der Beziehungen einhergehen muss, und zwar nicht nur zwischen Europa und der postkolonialen Welt, sondern auch zwischen den Eliten und den Subalternen im »globalen Norden« wie auch im »globalen Süden«. Ich möchte aber mit dem Geburtsort der Aufklärung, nämlich Europa, beginnen und zeigen, wie Europa sich seiner historischen Verantwortung entzieht und damit dem Projekt der Dekolonisierung weiter

1 Der Titel spielt auf die Vorlesung »Was kann Indien uns lehren?« des Indologen Friedrich Max Müller an der Universität Cambridge an (1883).

Steine in den Weg legt. Anschließend möchte ich die Unterschiede zwischen dem dekolonialen und dem postkolonialen Verständnis von Dekolonisierung genauer umreißen. Danach werde ich mich mit den Argumenten einiger marxistischer Kritiker:innen auseinandersetzen, die den Postkolonialen Studien vorwerfen, dem Prozess der Dekolonisierung mit ihrer Ablehnung universeller Prinzipien und damit auch der Aufklärung zu schaden. Diese Debatte ist für mein Projekt von entscheidender Bedeutung, denn auch der Marxismus gehört zum kritischen Erbe der Aufklärung, auch wenn er insbesondere das Ideal vom »freien« Markt ablehnt. Der beträchtliche Einfluss des Marxismus auf das antikoloniale und postkoloniale Denken wurde von Anfang an von postkolonialer Kritik an seinem Eurozentrismus begleitet. Angesichts der Transnationalisierung des Kapitalismus durch den Kolonialismus fasst der Marxismus die Entkolonialisierung als einen Teil des globalen Kampfes gegen die Klassenunterdrückung auf, der als ein universelles Phänomen betrachtet wird. Die postkoloniale Theorie versucht den Marxismus neu zu denken, indem sie die mit der Sklaverei und dem imperialen Kapitalismus verbundenen rassistischen Ausbeutungsregime in den Vordergrund stellt (Robinson 1983). Die komplexe Beziehung zwischen Marxismus und Postkolonialismus ist ein lehrreiches Beispiel für die Herausforderungen der Dekolonisierung. Schließlich werde ich darlegen, warum die Entsubalternisierung außereuropäischer Epistemologien und die Enthegemonisierung der Aufklärung untrennbar miteinander verbunden sind. Das vorliegende Kapitel versucht also, die Aufgabe und den Umfang von Kritik in einer durch das Erbe von Kolonialismus und Totalitarismus belasteten Welt neu zu vermessen.

Ein anderes Europa ist (un)möglich

Wenn wir die Herausforderungen der Dekolonisierung bewältigen wollen, müssen wir unser Verhältnis zur Aufklärung und zu ihrem Erbe neu definieren. Wie ich in den beiden vorangegangenen Kapiteln gezeigt habe, sehen sich postkoloniale Wissenschaftler:innen immer häufiger dem doppelten Vorwurf ausgesetzt, *sowohl* aufklärungsfeindlich *als auch* eurozentrisch zu sein. Während europäische Denker wie Habermas weiter für die Errungenschaften der europäischen Moderne werben, schlagen dekoloniale Wissenschaftler wie Mignolo und Grosfoguel eine »(Rück-)Wendung« zu indigenen Epistemologien und Kosmologien vor und treten für eine »epistemische Entkopplung« im Sinne einer »Dekolonialisierung des Denkens« ein. Sie werfen den postkolonialen Wissenschaftler:innen vor, zu tief in der kritischen Tradition Europas verwurzelt zu sein. Interessanterweise bezichtigen auch Marxist:innen aus der »Dritten Welt« postkoloniale Denker:innen, antiaufklärerisch zu sein. Im Folgenden möchte ich also versuchen, die Herausforderungen zu skizzieren, mit denen sich das Projekt einer Enthegemonisierung und Dekolonisierung der Aufklärung bei gleichzeitiger Entsubalternisierung außereuropäischer Epistemologien konfrontiert sieht.

In seiner Wiener Vorlesung von 1935 mit dem Titel »Die Krisis des europäischen Menschentums und die Philosophie« diagnostizierte Edmund Husserl eine tiefe Krise Europas, von welcher der Nationalsozialismus nur ein Symptom sei; es handele sich um eine Gefahr solchen Ausmaßes, dass sie nur durch eine völlige Neugestaltung Europas abgewendet werden könne (Gasché 2009: 2). Husserl stellt klar, dass sich sein Verständnis von Europa nicht nur auf eine geografische, historische, kulturelle, politische oder ökonomische Einheit bezieht; vielmehr sei Europa für ihn eine Idee, die von einem Impuls zur Neugestaltung der gesamten Menschheit im Geiste der universellen Vernunft getragen werde (Husserl Hua, VI [1935]: 318). Europa ist hier als ein allumfassendes Projekt imaginiert, das die Beziehungen zwischen Individuen und Gruppen im Lichte dessen gestaltet, was es bedeutet, »Mensch« zu sein, und nicht im Sinne einer bestimmten sprachlichen oder ethnischen Identität (ebd.: 4). Als Versprechen und Telos, das die geografischen Grenzen Europas überschreite, gehe dieses Projekt nicht nur die Europäer:innen an, sondern die gesamte Menschheit. Gerade weil das Projekt darauf abziele, universelle Menschheitsbande zu fördern, sei es die treibende Kraft hinter der Idee Europas und markiere zugleich dessen Differenz zu anderen Zivilisationen der Welt. Husserl räumt zwar ein, dass auch andere Kulturen an weltumfassenden Ideen interessiert sind und große Erzählungen anbieten (ebd.: 325). Diese außereuropäischen Perspektiven seien jedoch weitgehend mythisch-religiös und in spezifischen Traditionen und Praktiken verankert, was sie daran hindere, universelle Geltung zu erlangen (ebd.: 329). Im Gegensatz dazu sei das europäische Streben nach universeller Humanität und wissenschaftlicher Erkenntnis von allem Partikularen befreit, wodurch es zum verbindlichen Maßstab werde und seine Legitimität zur Geltung bringe. Husserl argumentiert, dass das europäische Bewusstsein von sich selbst geschichtlich einmalig und unvergleichlich sei. Europa trage die Verantwortung für »die Europäisierung aller fremden Menschheiten« (ebd.: 14), was zur Verbreitung europäischer Normen und Werte in der außereuropäischen Welt geführt habe. Die europäischen Denker sind ihm »Funktionäre der Menschheit«, die »das dem europäischen Menschentum mit der Geburt der griechischen Philosophie eingeborene Telos« bewahren (ebd. [1936]: 13–15).

Der Name »Europa« geht auf die antiken Griechen zurück, was auf den ersten Blick nicht weiter verwundert, wird doch Griechenland gemeinhin als Geburtsort der europäischen Kultur bezeichnet. Paradoxerweise betrachteten sich die antiken Griechen selbst aber gar nicht als Europäer:innen (Gasché 2009: 9–10). »Europa« bedeutete für sie den Einbruch der Dunkelheit nach Sonnenuntergang und bezeichnete daher das *Abendland* im Gegensatz zum *Morgenland*, wo die Sonne aufgeht. Es entbehrt nicht einer gewissen Ironie, dass Europa sich durch einen Namen definiert, den es von außereuropäischen Ursprüngen ererbt hat, geschichtlich betrachtet Europa also von außen zu sich selbst gekommen ist.

Husserl ist bei weitem nicht der Einzige, der Europa für besonders geeignet hält, das universelle Projekt der Bejahung der gesamten Menschheit zu verfolgen. Ungeachtet der Tatsache, dass Europa als Ausbeuter und Unterdrücker der restlichen Welt auf der Anklagebank sitzt, wird behauptet, dass seine lange Tradition der Selbstkritik es dazu befähige, sein Versagen und seine Verbrechen zu reflektieren und aus diesem Prozess der kritischen Selbstprüfung ethischer und verantwortungsvoller hervorzugehen (kritisch hierzu Weller 2021). Diese besondere kritische Tradition wird in allen großen Diskursen der Europäer:innen über sich selbst immer wieder gepriesen. Europas Praxis, sich selbst zu hinterfragen, gilt als seine größte Stärke und als das bedeutendste Erbe der europäischen Aufklärung. Darin unterscheide es sich von anderen Kulturen, denen die Fähigkeit zur Selbstkritik abgesprochen wird.

Wie ich in den vorangegangenen Kapiteln ausführlich erörtert habe, wirft Habermas den Kritiker:innen der europäischen Aufklärung vor, deren befreiende und kritische Dimension zu übersehen, weil sie die Komplexität der Vernunft auf ein monolithisches Verständnis von instrumenteller Vernunft reduzieren würden. Die Normen der Aufklärung wie Freiheit, Gleichheit und Gerechtigkeit werden dabei als die emanzipatorischen Aspekte der Vernunft gepriesen, die einen fortschrittlichen Wandel ermöglichen. Die Vernunft aus dem politischen, ethischen und ästhetischen Leben zu verbannen, so warnt Habermas, würde dieses nicht demokratischer und gerechter, sondern ungerechter und undemokratischer machen (Habermas 1985: 136 f). Die Fähigkeit der Aufklärung zur Selbstreflexion überwiege ihre selbstzerstörerischen Tendenzen, so dass ein Abwägen der Vor- und Nachteile letztlich klar zugunsten der europäischen Aufklärung ausfallen müsse.

Eine eurozentrische Perspektive kann leicht zu der Schlussfolgerung führen, dass das Problem gar nicht die Aufklärung ist, sondern das Unvollendete am Projekt der Moderne, dessen Potenzial noch nicht voll ausgeschöpft worden sei. Wenn Habermas eine direkte Verbindung zwischen Modernität und Rationalität herstellt, impliziert sein eurozentrisches Verständnis der geschichtlichen Zeit auch, dass die Europäer:innen in einer Modernität leben, die ihre Zeitgenossen in anderen Teilen der Welt noch nicht erreicht hätten, diese also eigentlich einer anderen Zeit angehören (Habermas 1985: 12–14). Dementsprechend sind die Nichteuropäer:innen, die in der Vergangenheit gefangen sind, für ihn weniger rational als die modernen Europäer:innen.

Im Zusammenhang seiner Kritik an der Fortschrittsgeschichte, die Europa als Quelle und Maßstab des kritischen Denkens setzt, stellt Chakrabarty eine wichtige Frage: »Kann die Bezeichnung einer Gruppe als nicht- oder vormodern jemals etwas anderes sein als eine Geste der Macht?« (2002: 21) Postkoloniale Perspektiven wollen ein Korrektiv anbieten, indem sie alle nostalgischen Erzählungen von einer idealisierten Vergangenheit problematisieren, auch wenn sie zugleich Annahmen, welche gegenwärtige politische und wirtschaftliche Strukturen als unvermeidliche Ergebnisse eines progressiven Geschichtsverlaufs darstellen, in Frage stellen. Sie bestreiten das kritische Potenzial der Vergangenheit, die Kultivierung eines reflexiven und demokratischen Impulses in den Subjekten zu fördern. Die bittere Ironie an der Selbstwahrnehmung Europas als »emanzipatorischer Kraft« liegt darin, dass diese positive Selbsteinschätzung nur möglich ist, wenn alle Spuren der Kosten dieser Mission aus dem Gedächtnis getilgt werden, wenn also die Spuren der in den Kolonien ausgeübten militärischen, materiellen und epistemischen Gewalt in Form von Sklaverei, Ausbeutung, Plünderung und Genozid verwischt werden.

Trotz dieser beschämenden Hinterlassenschaft wird der postkolonialen Kritik an Europa und den damit einhergehenden Bemühungen um eine »Provinzialisierung Europas« mit Argwohn und Misstrauen begegnet. Schon Husserl (Husserl Hua, VI [1935]: 14) warf Kritikern, die seinen universalistischen Versuch als eurozentrisch zurückwiesen, vor, sich dabei in Wahrheit der Rationalität einer *»faulen Vernunft«* zu bedienen. In ähnlicher Weise wird postkolonialen Wissenschaftler:innen, die Europa und die Europäer:innen wegen schwerer Verbrechen gegen die Menschlichkeit verurteilen, auch heute noch vorgeworfen, Europa als homogene Herrschaftsmacht zu essentialisieren. Die Verurteilung Europas, so der Vorwurf, verallgemeinere und vereinfache Europa auf unzulässige Weise (Neiman 2021).[2] Und das postkoloniale Misstrauen gegenüber dem emanzipatorischen Charakter der Normen von Gerechtigkeit, Menschenrechten, Freiheit, Gleichheit, Rechtsstaatlichkeit, Säkularismus und Souveränität fördere kulturellen Relativismus oder gar »Stammesdenken« (ebd.).

Meiner Ansicht nach ist dieser Vorwurf der »Europafeindlichkeit« nichts weiter als ein fehlgeleiteter Versuch, die Aufmerksamkeit von der äußerst wichtigen Kritik, die postkoloniale Wissenschaftler:innen am selbstgefälligen Projekt namens »Europa« geübt haben, abzulenken. Postkoloniale Theoretiker:innen betonen die tiefgreifende Verflechtung zwischen Europas imperialen Unternehmungen und seinen »weltkundigen« und »weltschaffenden« Verfahren. Die glorifizierenden Erzählungen über Europa lassen den Gewaltzusammenhang außer Acht, in dem die Europäer:innen als ethische Subjekte zur Erlösung »rückständiger«

2 https://www.youtube.com/watch?v=gyDNKpoUYn4

Völker und zur Verbreitung von Freiheit, Recht und Gerechtigkeit auftraten. Solange Europa und die Europäer:innen nicht in der Lage und nicht willens sind, aus ihren historischen Fehlern, Versäumnissen und Verbrechen zu lernen, bleiben sie dazu verdammt, diese zu wiederholen.

In seinem Buch *Das andere Kap. Die vertagte Demokratie* stellt Derrida fest, dass Europa immer dazu tendiert habe, sich als das »kulturelle Kapital« (von *caput*, Kopf) der Welt zu betrachten, also als Vorreiter der »weltumspannenden Zivilisation oder der menschlichen Kultur im allgemeinen« (Derrida 1992: 22). Die Macht, rechtliche oder soziokulturelle Normen setzen zu können, die sich Europa historisch angemaßt hat, impliziert immer auch, dass das, was als gut für Europa angesehen wird, auch für den Rest der Welt gut sein soll. Diese Überzeugung geht mit einem ausgeprägten Sendungsbewusstsein einher, in dem die Europäer:innen sich selbst die Verantwortung zusprechen, Freiheit, Recht und Gerechtigkeit weltweit verbreiten zu müssen. Die Idee Europas als Garant für den Weltfrieden und die Demokratie steht in der Tradition der vermeintlichen »Last des weißen Mannes« (Kipling 1899), also der Idee, die Europäer:innen hätten die Pflicht und Verantwortung, den Rest der Welt zu »retten« und »aufzuklären«. Nach dieser Logik wurde und wird die europäische Intervention als Akt der Befreiung gerechtfertigt, und jede Form des Widerstands wird als Zeichen der Barbarei gegen die Kräfte von Freiheit und Demokratie, als Ablehnung der europäischen Aufklärung und als Ausdruck der Undankbarkeit gegenüber den wohlwollenden Spendern von Frieden und Gerechtigkeit interpretiert. Dies wird auch zur Rechtfertigung der brutalen Unterdrückung jeglicher Opposition herangezogen. Rassendiskriminierung, kulturelle Unterordnung und wirtschaftliche Ausbeutung von Nichteuropäer:innen wurden und werden gerechtfertigt, wenn sie im Namen hehrer Ziele, etwa zur Förderung von Fortschritt und Entwicklung oder zur Verteidigung von Gleichheit, Freiheit und Unabhängigkeit, begangen werden. In derselben Logik müssen dann westliche Interventionen von all jenen Einheimischen, die moralisch und rational sind, gutgeheißen werden.

Der europäische Anspruch auf eine globale Führungsrolle im Bereich der Menschenrechte beruft sich auf moralische und militärische Überlegenheit und stellt den Kern der außenpolitischen Legitimität der meisten westlichen Länder dar, die vermeintlich den Maßstab für Recht und Gerechtigkeit setzen. Diejenigen, die Recht setzen, monopolisieren die »normative Macht«, um selbst darüber zu entscheiden, was »gerecht« und »legal« ist, während die Empfänger:innen von Recht und Gerechtigkeit zu bloßen »Konsumenten« von Normen degradiert werden. Die Vorstellung, es gebe eine Verantwortung, andere zu schützen, dient der Rechtfertigung der euro-amerikanischen Vormachtstellung. Die Dankbarkeit, die von denjenigen erwartet (und manchmal auch erhalten) wird, deren Unrechtserfahrung von den moralischen Weltverbesserern einer kleinen Elite wiedergutgemacht wurde, ist eine schonungslose Erinnerung daran, dass die formale Übertragung der Macht von den Kolonialherren auf die einheimischen Eliten weder im »globalen Süden« noch im »globalen Norden« zur Dekolonisierung geführt hat.[3] Das grundlegende Hindernis für die Dekolonisierung Europas ist seine Unfähigkeit, sich der außereuropäischen Welt auf eine nicht-orientalistische und nicht-hierarchische Weise zu nähern.

Europa steht vor der Entscheidung, ob es seinen bisherigen Weg der moralischen, wirtschaftlichen und militärischen Überlegenheitsansprüche gegenüber der außereuropäischen Welt fortsetzt oder ob es sich der Herausforderung stellen will, sich in ein ganz anderes Europa zu verwandeln, eines, das der Differenz und der Alterität mit Verantwortungsbewusstsein und Respekt begegnet. Ein ethisches Verhältnis zur europäischen Vergangenheit ist unabdingbar für die Zukunft Europas, für ein Europa der Zukunft. Diese doppelte Aufgabe erfordert, einerseits der europäischen Idee verpflichtet zu bleiben und sie andererseits ständig zu hinterfragen, um die in ihrem Namen begangene historische Gewalt nicht zu wiederholen. Europa findet sich heute ständig zwischen dem Nicht-mehr und dem Noch-nicht befangen. Die demokratisierenden Kräfte, die am Werk sind, scheinen ständig von brutalen Nationalismen, Rassismen und Ausgrenzungen heimgesucht zu werden.

Das Experiment eines verwandelten Europas würde bedeuten, durch seine Selbstdekonstruktion das zu fördern, was Derrida »Autoimmunität« genannt hat. Autoimmunität entsteht, wenn sich etwas durch eine Form der radikalen Kontamination gegen seine eigenen Verteidigungsmechanismen wendet. Autoimmunität ist jedoch keine Störung; sie ist eine Stärke und markiert zugleich auch eine Verwundbarkeit, die dem Selbst innewohnt. Autoimmunität besagt, dass das Subjekt sich selbst behütet und entblößt, sich schützt und gefährdet, sich bewahrt und zugleich kompromittiert (Derrida 2003: 63 f). Sie ist zugleich selbstzerstörerisch und selbstschützend, Gift und Gegengift (ebd.: 164). Im Jahr 2015, während der sogenannten »Flüchtlingskrise«, haben einige EU-Länder die Grenzkontrollen wieder eingeführt und die Freizügigkeit ihrer Bürger:innen und Nicht-Bürger:innen vorübergehend eingeschränkt. Damit wurde im Namen der vermeintlichen Sicherheit Europas eines der Gründungsprinzipien der EU in Frage gestellt. Um sich zu schützen, wendet sich Europa gegen sich selbst und nimmt die Züge seiner vermeintlichen Feinde an. Diese Einschränkung der europäischen Freiheitsgrundsätze deutet darauf hin, dass Europa sich selbst auflöst und neugestaltet. Die Anwesenheit der postkolonialen Geflüchteten und Migrant:innen ist zu einer Bewährungsprobe für Europas Bekenntnis zu seinen

3 https://carnegieendowment.org/research/2022/06/the-southern-mirror-reflections-on-europe-from-the-global-south?lang=en¢er=europe

Idealen von Humanität und Kosmopolitismus geworden. Derrida erinnert die Europäer:innen daran, dass Gastfreundschaft nur dann bedingungslos sein kann, wenn sie dem Gast ohne jegliche Auflagen gewährt wird. Dies erfordert auch, dass die Gastgeber ihr Verständnis von Heimat überdenken.

Im Anschluss an Freud setzt sich der postkoloniale Denker Homi Bhabha (1994: 10) mit dem Unheimlichen der postkolonialen Migration auseinander. Das Unheimliche ist der Name für alles, was geheim und verborgen bleiben sollte, aber ungewollt ans Licht kommt. Bhabha bringt dies mit der Anwesenheit postkolonialer Migrant:innen in Europa in Verbindung: »Wir sind hier, weil ihr dort wart«, so lautet die provokante Erinnerung, die die Europäer:innen daran hindere, ihre koloniale Vergangenheit zu vergessen oder zu verleugnen. Bhabha zufolge haben Migrant:innen die unheimliche Fähigkeit, überall zu Hause zu sein, was eine Bedrohung für diejenigen darstelle, die normative Vorstellungen von Heimat und Zugehörigkeit durchsetzen wollen. Wie die Erfahrungen mit dem Brexit gezeigt haben, stört die unheimliche Anwesenheit von Migrant:innen das Gefühl der »Heimlichkeit« im Sinne der Heimeligkeit und schürt Ängste vor dem Verlust der Souveränität. So kann das *Heimliche* zum *Unheimlichen* mutieren und ein Gefühl der Entfremdung vom Vertrauten und Behüteten erzeugen. Die Begegnung mit dem:der Fremden in der eigenen Heimat, also die Präsenz postkolonialer Migrant:innen in Europa, wird von manchen Europäer:innen als *unheimlich* empfunden.

Diese Orientierungslosigkeit kann aber auch eine Chance für Europa sein, seine liebgewonnenen Annahmen über Souveränität und Zugehörigkeit mit neugefundener Bescheidenheit kritisch zu hinterfragen. Angesichts der Ungewissheit würde eine verantwortliche Haltung Europas gegenüber dem:der Anderen erfordern, dass es seine territoriale Autorität und seine Herrschaft über das eigene Land und die Welt hinterfragt. Wie aber können die Europäer:innen beginnen, eine solch aporetische Verantwortung zu übernehmen, die paradox und doppelt ist und, wie Derrida es ausdrückt, »[aus mir] die Geisel des anderen macht« (2003: 66)? Können die Europäer:innen die europäische Identität bewahren und sich zugleich für Differenz und Alterität öffnen, indem sie sich von ihren tiefsten Überzeugungen, der Überlegenheit und Vorbildlichkeit Europas, lösen? Verantwortung zu übernehmen hieße, mit diesen beiden widersprüchlichen Anforderungen einen Umgang zu finden, das Europäische zu bewahren und gleichzeitig zu verwandeln. Dafür müsste Europa sich neu entwerfen und sich dem Experiment und der Erfahrung des *Unmöglichen* (ebd.: 117) aussetzen, indem es das nicht-europäische Andere als eine Kraft anerkennt, die Europas Begrenztheit sichtbar macht. Was von Europa verlangt wird, ist nichts weniger als die *Ent-Universalisierung* der europäischen Normen und Werte. Nur durch die Demontage des Vokabulars des westlichen politischen Denkens kann ein neuer Begriff von Politik und eine radikal andere Ethik entstehen. Die geografische, wirtschaftliche und politische Einheit in den Grenzen, die wir als Europa kennen, ist das räumliche Produkt komplexer kolonialer Prozesse, die dann aber zeitlich zurückprojiziert werden. Anstelle einer Sichtweise, die Geografie als Schicksal betrachtet und Europa als identifizierbare Region für gegeben hält, welcher darüber hinaus eine privilegierte Position in einer eurozentrischen Weltgeschichte zukomme, besteht die Herausforderung darin, Europa in seiner Pluralität zu verstehen, nicht als einen festen Ausgangspunkt, sondern als Horizont einer unmöglichen Ankunft. Darin liegen das Versprechen und die Herausforderung eines künftigen postimperialen Europas. Die Europäer:innen täten gut daran, den apokryphen Ratschlag Gandhis zu beherzigen: Als er von einem Journalisten gefragt wurde: »Was halten Sie von der westlichen Zivilisation?«, soll Gandhi geantwortet haben: »Ich denke, das wäre eine gute Idee.«

Jenseits der Entwestlichung: Epistemische Entflechtung und Dekolonialität

Der dekoloniale Ansatz wendet sich indigenen Epistemologien, Kosmologien, Ethiken und ästhetischen Praktiken zu, um das Projekt der Dekolonisierung zu verwirklichen. Das »post« in postkolonial vermittle den falschen Eindruck, der Kolonialismus sei überwunden und alle Paradigmen aus der »Ersten Welt« seien prinzipiell ungeeignet, periphere Kontexte zu verstehen, so die Argumentation (Mignolo 1995; Grosfoguel 2007). Dementsprechend werden sowohl der Marxismus als auch die Postmoderne als eurozentrische Kritiken an Moderne und Kapitalismus abgelehnt, und postkolonialen Wissenschaftler:innen wird vorgehalten, der kritischen Tradition Europas eine übertriebene Bedeutung beizumessen und dabei die Erfahrungen des nicht-anglophonen Kolonialismus zu vernachlässigen. Der »Indozentrismus« der Postkolonialen Studien und die Vernachlässigung Lateinamerikas komme einem »regionalistischen Aristokratismus« gleich (Beatriz Sarlo 2002 zit. in Natali 2012: 310). Darüber hinaus fehle es der postkolonialen Theorie an »ökonomischen und materialistischen Ansätzen« (Moraña/Dussel/Jáuregui 2008: 15). Während die Postmoderne als »interne« Kritik der Moderne und der Postkolonialismus als deren asiatische und afrikanische Modalität gelesen werden, sieht Mignolo (1993) den Postokzidentalismus als lateinamerikanische Manifestation der Kritik an der Moderne. Damit grenzt sich das dekoloniale Denken nicht nur vom Komplex Kolonialität/Moderne, sondern auch von den Postkolonialen Studien ab (2011b: 52). Mignolo fügt außerdem hinzu, dass der Postkolonialismus im Gegensatz zum dekolonialen Ansatz in der anglophonen Akademie Euro-Amerikas entstanden sei und nicht in der »Dritten Welt« (2011a: 6).

Dekoloniale Theoretiker:innen richten ihr Augenmerk auf die Unterschiede zwischen spanischem, französischem und britischem Kolonialismus und betonen die Besonderheiten der lateinamerikanischen Kolonialgeschichte, der eine eigene Qualität zukomme (Moraña/Dussel/Jáuregui 2008: 6). Die Geburt der europäischen Moderne gehe nicht auf die Aufklärung zurück, wie von postkolonialen Denker:innen angenommen, sondern habe ihren Ursprung in der spanischen Kolonialisierung Amerikas, dem ältesten Kolonialsystem, das diese Form der Herrschaft als legitime Strategie erst hoffähig gemacht habe (Mignolo 2009: 8). Trotz der erheblichen Unterschiede seien britische, spanische und französische Kolonialherrschaften alle in einer laut Quijano »kolonialen Matrix der Macht« (*patrón de poder colonial*) miteinander verwoben, die »die Eroberung Amerikas mit dem Krieg im Irak« verbinde (Mignolo 2005: 397).

Gegen die eurozentrische Annahme eines distanzierten und neutralen Beobachters, der nach Wahrheit und Objektivität strebt, mobilisiert Mignolo die »Dritte Welt« als Ort, an dem sich eine Verschiebung der »Geografie des Denkens« artikuliere und die westliche Epistemologie dezentriert und dekolonisiert werde (2009: 5). Mignolo argumentiert, dass alle, die zumindest eine Sekundarbildung durchlaufen haben, im epistemischen und hermeneutischen Vokabular des Westens befangen seien. Das gelte natürlich auch für Menschen aus den ehemaligen Kolonien, die Opfer einer Kolonialisierung des Denkens seien (2014: 202). Anstelle von Nachahmung und Integration soll die dekoloniale Methode darauf abzielen, sich von den philosophischen, wissenschaftlichen, religiösen und ästhetischen Konzepten des Westens komplett zu lösen (ebd.: 201), um so über eine bloße »Entwestlichung« (Mahbubani 2001) hinauszugehen. Der »Kolonialität der Macht« (Quijano 2000) könne durch die Wiederherstellung indigenen Wissens und lokaler Geschichtsperspektiven aus Lateinamerika entgegengetreten werden, wobei die »relative Subalternität« (ebd.: 7) kreolischer und vernakularer Eliten betont wird. Dekolonialität entsteht laut Mignolo (2011a: 4) aus den lokalen Geschichten, körperlichen Erfahrungen und epistemisch-interpretativen Ansätzen der »Dritten Welt«. Darin unterscheide sie sich grundsätzlich von den christlichen, kolonialen oder auch entwicklungspolitischen »Modernisierungsmissionen«, aber auch von Liberalismus, Marxismus oder Islamismus, die sich alle im Rahmen des Staates bewegten. Dekolonialität zeige sich insbesondere in den indigenen Beziehungen zur Natur, die der europäischen Vorstellung von Land als Eigentum und Ressource, wie sie von christlichen Missionaren, Kaufleuten, Plantagenbesitzern, Zivilisatoren und Unternehmern vertreten wurde und wird, diametral entgegengesetzt seien (Mignolo 2014: 199).

Zugleich warnt Mignolo davor, dekoloniale Wissensformen zu regionalisieren und einheimische Subjekte auf Repräsentant:innen »ihrer« Kulturen zu reduzieren. Eine Person aus Lateinamerika werde stereotyp als Verkörperung »lateinamerikanischer« kultureller Werte gesehen. Dies gelte jedoch nicht für westliche Gesellschaften und Subjekte, von denen nicht erwartet werde, als authentische Vertreter:innen »ihrer« kolonialistischen Kulturen aufzutreten. Das Dilemma für nicht-westliche Subjekte sei, dass von ihnen zugleich erwartet werde, europäische Normen und Werte zu verinnerlichen und nachzuahmen, um sich als rationale, autonome Subjekte zu qualifizieren. Dies erinnert an Fanons aufschlussreiche Beobachtung, dass der Kolonisierte »sich desto mehr dem wahren Menschsein annähert, je besser er sich die französische Sprache aneignet« (1985 [1952]: 14).

Auch Grosfoguel (2011) fordert eine Dekolonisierung der Postkolonialen Studien, denen er vorwirft, trotz ihrer Bemühungen um alternative Epistemologien das Modell der Regionalstudien, die in den USA als *Area Studies* bekannt sind, zu stärken. Postkoloniale Studien würden den »globalen Süden« auf einen Lieferanten von Rohdaten reduzieren, die dann im »globalen Norden« zu Theorie verarbeitet werden. Postkoloniale Wissenschaftler:innen, so Grosfoguel, produzieren Wissen »über die Subalternen«, »Studien aus einer subalternen Perspektive« gäbe es hingegen kaum (ebd.). Die dekoloniale Kritik hingegen pluralisiere und diversifiziere unser Verständnis von Epistemologien und Kosmologien, indem sie bisher zum Schweigen gebrachte rassifizierte, ethnische und feministische Perspektiven aus dem »globalen Süden« zu Wort kommen lasse. Unter Rückgriff auf Dussels Idee einer Geopolitik des Wissens und in Anlehnung an Fanon und Gloria Anzaldúa plädiert Grosfoguel für eine Körperpolitik des Wissens, die sich gegen die universelle, nicht verortete Epistemologie des Westens wendet, die den Ort und die Stätte, von der aus Wissen produziert wird, auslösche. Er zieht eine Verbindung zwischen dem cartesianischen *cogito ergo sum* (»Ich denke, also bin ich«) und dem *ego conquistus* (»Ich erobere, also bin ich«) und kritisiert postkoloniale Wissenschaftler:innen, die sich zu sehr auf europäisches Denken stützen würden, wodurch das Projekt der Kritik seine Radikalität einbüße. Dementsprechend unterscheidet er (2011) zwischen einer poststrukturalistischen/postmodernen Kritik des Eurozentrismus, die selbst eurozentrisch sei, und einer dekolonialen Kritik, die den Eurozentrismus aus subalterner Perspektive radikal in Frage stelle.

Obwohl diese Argumente durchaus überzeugend klingen, tappt der dekoloniale Ansatz in meinen Augen letztlich in die Falle einer sentimentalen Idealisierung außereuropäischer Subjektivitäten, Epistemologien und Gesellschaften. Jede Diskussion über koloniale Formen wirtschaftlicher, politischer, sozialer und epistemischer Gewalt muss sich meiner Meinung nach auch mit den gewalttätigen und unterdrückerischen Aspekten einheimischer Machtverhältnisse auseinandersetzen, denn die Romantisierung außereuropäischer Gesellschaften läuft zwingend auf eine Relativierung vorkolonialer Formen der Gewalt in den Bereichen von Sexualität, Arbeit, Sprache, Religion, Kaste, Alter und Geschlecht hinaus. Bei Grosfoguel (2011) lässt sich diese Tendenz in seinen Ausführungen über ländliche Gemeinschaften und die Agrarproduktion ausmachen, etwa wenn er die »alten Weisen« in diesen Gemeinschaften lobt, damit aber die Gewalt, die möglicherweise von ihnen ausgeht, herunterspielt. Als Gegenbeispiel möchte ich auf die *Khap Panchayats*, vorkoloniale Stammes- und Dorfverwaltungen in Nordindien, verweisen. Die Mitglieder der *Khaps* bestehen ausschließlich aus solchen älteren »weisen« Männern, die unglaublich mächtig sind und sich häufig zu sozialen Fragen äußern, die Frauen betreffen. Außerdem sind sie auch für die gewaltsame Durchsetzung von Kastennormen berüchtigt, weshalb diese *Khaps* vom Obersten Gerichtshof Indiens als illegal eingestuft wurden. Diese Form der traditionellen Gemeinschaftsorganisation ist nicht nur undemokratisch, sondern auch verfassungswidrig. Dies verdeutlicht die Fallstricke einer »Rückkehr« zu indigenen Traditionen als Blaupause für die Dekolonisierung, wie sie vom dekolonialen Ansatz als vermeintlicher Ausweg vorgeschlagen wird. Statt darauf zu beharren, dass der Kolonialismus allein für die Einleitung der Prozesse der Entmenschlichung verantwortlich sei, also für »die massive Umwandlung von menschlichem Leben in Wegwerfmaterial (die in der Menschheitsgeschichte beispiellos ist und im 16. Jahrhundert ihren Anfang nahm)« (Mignolo 2011b: 61), unterziehen postkolonial-queer-feministische Wissenschaftler:innen auch vorkoloniale Herrschaftsformen von Kaste, Klasse, Rasse sowie geschlechtsspezifischer Herrschaft und Ausbeutung einer schonungslosen Kritik. Nehmen wir den Fall einer Gruppe von Kindern, die am 1. Mai 2023 im Amazonas-Regenwald in Kolumbien einen Flugzeugabsturz überlebt haben. Die Kinder überlebten 40 Tage im Wald, indem sie auf das indigene Wissen zurückgriffen, das ihnen von ihrer Großmutter vermittelt worden war. Dank dieser uralten Weisheiten konnten die Kinder Nahrung, Wasser und Unterschlupf finden, was letztlich ihr Überleben sicherte.[4] Tragischerweise kam die Mutter, die über Jahre häusliche Gewalt erfahren hatte, bei dem Absturz ums Leben.[5] Der Beitrag des postkolonialen queeren Feminismus besteht darin, das Augenmerk auf die befähigenden Aspekte indigener Epistemologien zu richten, ohne dabei aber die Gewalt innerhalb indigener Gemeinschaften zu negieren.

4 https://www.theguardian.com/world/2023/jun/12/colombia-plane-crash-how-four-siblings-survived-jungle

5 https://www.theguardian.com/world/2023/jun/13/colombia-plane-crash-custody-battle-breaks-out-between-relatives-of-children

Problematisch ist auch, dass »Rasse« als das zentrale Organisationsprinzip des Kolonialismus in den Vordergrund gestellt wird (Grosfoguel 2011), dadurch aber andere Kategorien wie Geschlecht, Sexualität, Klasse, Religion und Kaste in den Hintergrund gedrängt werden, was einen intersektionalen Ansatz unterläuft. Trotz der Behauptung, einen nicht-reduktionistischen Ansatz zu verfolgen, merkt Grosfoguel (ebd.) an, dass »auch die globale Geschlechterhierarchie von der Rasse beeinflusst wird: im Gegensatz zu vor-europäischen Formen des Patriarchats, in denen alle Frauen allen Männern unterlegen waren, haben in der neuen kolonialen Machtordnung einige Frauen (europäischer Herkunft) einen höheren Status und besseren Zugang zu Ressourcen als einige Männer (nicht-europäischer Herkunft).« Dieser Einschätzung läuft aber nicht zuletzt die Tatsache zuwider, dass Schwarze Männer in den Vereinigten Staaten zumindest formal das Wahlrecht vor weißen Frauen erhielten. Zweifellos müssen die Jim-Crow-Gesetze und die Unterdrückung der Schwarzen Wählerschaft berücksichtigt werden, wenn man die Auswirkungen von »Rasse« und »Geschlecht« auf die sozialen und politischen Beziehungen nachzeichnet. Schwarze Feminist:innen argumentieren jedoch, dass es sowohl den antirassistischen als auch den antisexistischen Kämpfen der postkolonialen Feminist:innen schade, wenn der Kategorie der »Rasse« der Vorrang vor der des »Geschlechts« eingeräumt wird.

Die Postkolonialen Studien sollen angeblich auch den eurozentrischen Mythos verbreiten, dass der Kolonialismus der Vergangenheit angehöre (ebd.). Gegen den Postkolonialismus, der sich nur auf die historischen Bedingungen des Kolonialismus konzentriere, wendet Grosfoguel (2011) ein, dass der Begriff »Kolonialität« gerade die Kontinuität kolonialer Formen der Unterdrückung und Ausbeutung innerhalb des heutigen globalen Systems beschreibe. Diese Unterstellung ist aber nichts weiter als die Wiederholung des trivialen Missverständnisses, dass die Vorsilbe »post-« in »Postkolonialismus« ein vermeintliches Ende des Kolonialismus anzeige und damit den Kolonialismus in die Vergangenheit verlege. Tatsächlich bezeichnet das »post-«, wie immer wieder betont wurde, aber gerade eine komplexe Zeitlichkeit, die auf die andauernden soziopolitischen, wirtschaftlichen und kulturellen Folgen des Kolonialismus hinweist. Auch Mignolo betont (2009: 8), dass die »Dritte Welt« das epistemische Privileg der Ersten Welt in Frage stelle und sich davon entferne, einfach nur westliche Epistemologie zu konsumieren, indem sie immer häufiger Einspruch erhebe und zur Schöpferin ihrer eigenen Epistemologie werde. Er (ebd.: 14–15) gibt zu bedenken, dass »die Wahrscheinlichkeit groß ist, dass die Maoris besser wissen, was gut oder schlecht für sie ist, als eine Expertin aus Harvard oder ein weißer Anthropologe aus Neuseeland«.

Während dekoloniale Wissenschaftler:innen, die sich auf indigene Traditionen stützen, aber meist nicht selbst indigen sind und in der Regel an renommierten US-amerikanischen Universitäten lehren, für sich in Anspruch nehmen, einen rigoroseren Ansatz zur Dekolonisierung zu verfolgen, hat Raymond Morrow (2013: 127) auf die Ungereimtheiten des dekolonialen Ansatzes hingewiesen. So praktiziert beispielsweise die Mehrheit der Schwarzen und Indigenen in Lateinamerika das Christentum und wäre somit in der Logik von Mignolo und Grosfoguel in einer »kolonialen Mentalität« befangen. Morrow beruft sich auf Victor Li, um zu argumentieren, dass dekoloniale Denker:innen radikale Alterität ausnutzen, um ihre antimoderne Position zu unterfüttern. Li meint, dass »das Primitive aufgewertet wird, *um uns zu retten*, wobei seine radikale Heterogenität *nur allzu vorhersehbar unserem Wunsch nach einem Ausweg aus der modernen Zivilisation dient*« (zit. in Morrow 2013: 127, Hervorhebung im Original). Die dekoloniale Geste, die Indigenen »zu Wort kommen zu lassen«, ist irreführend, da dies keine Entsubalternisierung ermöglicht. Spivaks prägnantestes Argument in ihrer Kritik an Deleuze und Foucault, nämlich die Einsicht, dass Subalternität eine Position ohne Identität sei und Dekolonisierung deshalb nicht bedeuten kann, dass man den Subalternen »einfach« ihre Stimme zurückgibt, wird hier ausgeblendet (ich diskutiere das Problem ausführlich in Kapitel 4).

Ein weiterer Vorwurf an die Postkolonialen Studien lautet, dass sie davon ausgingen, »das kapitalistische Weltsystem sei primär kulturell bestimmt, während die politische Ökonomie ihr Hauptaugenmerk auf die wirtschaftlichen Beziehungen legt« (Grosfoguel 2011). Der Ansatz der »Kolonialität der Macht« hingegen betrachte die Wahl zwischen Kultur und Wirtschaft als »ein falsches Dilemma, ein Henne-Ei-Problem, das die Komplexität des kapitalistischen Weltsystems verschleiert« (ebd.). Grosfoguel zufolge berücksichtigen Weltsystemtheoretiker:innen die kulturellen Aspekte nicht angemessen, während postkoloniale Denker:innen es versäumten, sich mit politisch-ökonomischen Prozessen auseinanderzusetzen. Der Umstand, dass erstere überwiegend Sozial-, letztere aber mehrheitlich Geisteswissenschaftler:innen seien, deute darauf hin, dass das Problem zum Teil in der disziplinären Organisation des akademischen Wissens wurzele. Grosfoguel (ebd.) scheint zu implizieren, dass nur der dekoloniale Ansatz in der Lage ist, die doppelte Gefahr von wirtschaftlichem Reduktionismus und Kulturalismus zu umschiffen. In diesem Zusammenhang ist es aber aufschlussreich, an Halls (2014) Kritik an Aijaz Ahmads (1992) Gegenüberstellung von »Dritte-Welt-Marxismus« und »Erste-Welt-Poststrukturalismus« zu erinnern. Hall warnt davor, das Problem der Herrschaft auf ein entweder/oder zu reduzieren, also eine falsche Alternative von ökonomischen *oder* sozio-politisch-kulturellen Faktoren aufzubauen. Wie Fanon uns gelehrt habe, müsse Dekolonisierung vielmehr mehrdimensional sein und sowohl materialistische als auch nicht-materialistische Kämpfe umfassen. Für Hall sind die Postkolonialen Studien ein Versuch, die radikalen kritischen Einsichten von Marxismus *und*

Poststrukturalismus zusammenzubringen, ohne dabei eine Seite auf Kosten der anderen zu privilegieren.

Die Behauptung, die Postkolonialen Studien seien in der Ersten Welt entstanden, während dekoloniale Ansätze ihren Ursprung in der »Dritten Welt« hätten, homogenisiert beide Räume und verliert so die vielschichtigen und heterogenen Machtverhältnisse in beiden Kontexten aus den Augen. Nur weil beispielsweise Mikrokredite als Mittel gegen die globale Armut in Bangladesch »erfunden« wurden, sind sie nicht weniger ausbeuterisch oder problematisch. Es ist naiv zu glauben, dass alles, was von einem benachteiligten Ort und von historisch diskriminierten Subjekten ausgeht, deshalb automatisch gutartig ist. Das von Mignolo zustimmend zitierte Diktum Kwesi Wiredus, »Afrika, erkenne dich selbst« (Africa, know thyself) (zit. in Mignolo 2009: 10), klingt angesichts des wachsenden Nationalismus in der »Dritten Welt« bedenklich. Vielmehr ist Wole Soyinka (2002) zuzustimmen, dass Dekolonialisierung bedeutet, gegen den »repressiven Stiefel zu sein, wobei die Hautfarbe des Fußes, der ihn trägt, keine Rolle spielen darf«. Nicht-westliche Formen des chinesischen oder asiatischen Kapitalismus und nicht-westliche Subjektivitäten, Ökonomien und Politiken als per se subversiv und fortschrittlich zu feiern, ist bestenfalls naiv und schlimmstenfalls gefährlich (Mignolo 2009: 14). Obwohl er klarstellt, dass er nicht für eine Rückkehr zur vorkolonialen Zeitlichkeit plädiert, romantisiert Mignolo (ebd.: 10) doch die antimoderne Politik als emanzipatorisch: »Für China und Indien lässt sich die Zeit nicht zurückdrehen. Sie warten nicht darauf, dass der IWF, das Weiße Haus, oder die Europäische Union ihnen Anweisungen erteilt, was sie zu tun haben, um ›wirklich modern‹ zu werden, um nicht zu scheitern und den Zug der ›Moderne‹ nicht zu verpassen.«

Mignolo argumentiert, dass in indigenen Sprachen produziertes Wissen eine »Dezentrierung« und »Vervielfältigung« der epistemischen Praktiken ermögliche. Ich würde aber zu bedenken geben, dass auch die Vernakularsprache nicht unbedingt ein Ort der Subversion oder des ›Ungehorsams‹ sein muss. Nachdenklich stimmt auch, dass die meisten dekolonialen Denker:innen indigene Sprachen wie Aymara oder Quechua weder sprechen noch verstehen. Zudem ist schon unser Zugang zu diesen Sprachen durch den Kolonialismus vermittelt. So veröffentlichte der Jesuitenpater Ludovico Bertonio 1612 das grundlegende Wörterbuch der Aymara-Sprache, *Vocabulario de la Lengua Aymara*, das noch immer von Studierenden der Aymara-Sprache verwendet wird. Bertonio übertrug die Regeln der lateinischen und romanischen Sprachen auf eine indigene Sprache und veränderte dabei deren Grammatik und Wortschatz nachhaltig.[6] Einen »unverfälschten« Zugang zu vorkolonialen Sprachwelten kann es also gar nicht geben.

Anders als Spivak lehnt Mignolo das Konzept der Repräsentation als eurozentrisch ab und setzt den Begriff der »Artikulation« (*enunciation*) dagegen, die er als ständige Neuerfindung der Welt im Sprechen von der bloßen Repräsentation unterscheidet (2014: 198 f). Spivaks »Can the Subaltern Speak?« problematisiert dagegen die Politik der Repräsentation im doppelten Sinne von *Vertretung* und *Darstellung* als die Kernfrage der Dekolonisierung (dies wird in Kapitel 4 ausführlicher behandelt). Dabei fordert sie uns dazu auf, der verlockenden Logik einer vermeintlichen »Reinheit« von Sprachen, Epistemologien oder Kosmologien und der Sehnsucht nach »authentischen«, von Moderne und Aufklärung unberührten Narrativen zu widerstehen.

Mignolo schlägt Abkoppelung (*dis-engagement*) und Dis-Identifikation als dekoloniale Strategien vor, um die Aufmerksamkeit auf die Singularität der politischen Handlungsfähigkeit der Verdammten (*damnés*) zu lenken, die er als eine »rassifizierte Kategorie« verstanden wissen will (2005: 390). Den intersektionalen Feminismus blenden dagegen sowohl Mignolo als auch Grosfoguel einfach aus; jahrzehntelange Schwarze feministische Theoriebildung, Aktivismus und der »Hype« um die Intersektionalität fallen bei ihnen einfach unter den Tisch. Stattdessen wimmelt es in Mignolos Werk von Zitaten wie diesem: »Was Waman Puma, Cugoano, Gandhi und Fanon gemein ist, ist die Wunde, die durch die koloniale Differenz verursacht wurde« (2011b: 63). Bei den hier genannten nichtwestlichen Denkern handelt es sich ausnahmslos um gebildete, einheimische, männliche Eliten, die sich zwar als kolonisierte Subjekte in einer verletzlichen Position befanden, aber dennoch im Vergleich zu ihren subalternen Mitbürger:innen privilegiert waren. Dem Kollektiv der *South Asian Subaltern Studies* wirft Mignolo Eurozentrismus vor, weil sie sich auf Marx, Gramsci, Foucault und Derrida berufen; die Kritik, die das Kollektiv am antikolonialen Nationalismus à la Gandhi geübt hat, bleibt hingegen unerwähnt (dies wird in Kapitel 5 ausführlicher diskutiert).

Wie Mignolo und Grosfoguel plädiert auch Fernando Coronil (2008: 414) dafür, die Besonderheit der historischen Erfahrungen Lateinamerikas zu berücksichtigen. Coronil (ebd.: 413) zieht dabei die Parabel »Die Blinden und der Elefant« heran, um die Privilegierung der postkolonialen Perspektiven Afrikas und Asiens auf Kosten der Unterdrückung lateinamerikanischer Erfahrungen zu veranschaulichen (ebd.: 413–414): »Als Reflexion über die Beziehung zwischen Postkolonialismus und Lateinamerikastudien könnte man die Parabel buchstäblich

6 https://www.encyclopedia.com/humanities/encyclopedias-almanacs-transcripts-and-maps/aymara-language

lesen, wobei das Fehlen indigener Elefanten in Amerika die Rechtfertigung dafür liefert, dass die Postkolonialen Studien de facto mit der wissenschaftlichen Arbeit zu Afrika und Asien zusammenfallen. Die einzigen Elefanten, die es in Amerika gibt, wurden importiert und werden künstlich im Zoo oder Zirkus gehalten, um sie vor dem für sie unwirtlichen Terrain zu schützen. Nehmen wir das Gleichnis also beim Wort, könnte man vielleicht sagen, dass wir unseren lateinamerikanischen ›Elefanten‹ zu viel Aufmerksamkeit schenken, dass wir also nur diese seltenen Kreaturen betrachten wollen, die es geschafft haben, ihre asiatischen oder afrikanischen Gegenstücke zu imitieren.«

Zugleich warnt Coronil davor, einem »lateinamerikanischen Exzeptionalismus« das Wort zu reden und die Relevanz der Postkolonialen Studien und der *South Asian Subaltern Studies* für Lateinamerika auszublenden. Lateinamerika dürfe nicht »als eine selbstgestaltete und klar abgegrenzte Region« romantisiert werden, deren »autochthone intellektuelle Produktionen« vor dem Import der Postkolonialen Studien »geschützt« werden müssen (ebd.). »Die Einbeziehung Lateinamerikas in das Feld der Postkolonialen Studien erweitert deren geografische Reichweite und auch ihre zeitliche Tiefe«, so Coronil, der zu bedenken gibt: »Ein breiterer Fokus, der sich von Asien und Afrika bis nach Amerika erstreckt, führt zu einem tieferen Blick« (ebd.: 415). Während die asiatische Perspektive versuche, das europäische Denken zu »provinzialisieren« (Chakrabarty 2000), strebe eine lateinamerikanische Perspektive danach, »die Peripherie zu globalisieren« (Coronil 2008: 414).

Spivaks Bemerkung, »Lateinamerika hat *nicht* an der Dekolonisierung teilgenommen« (1993: 57), wird oft als Beispiel für das schwierige Verhältnis zwischen dem Adjektiv »postkolonial« und »Lateinamerika« angeführt. Dabei ist aber zu beachten, dass es Spivak bei dieser Äußerung darum ging, zu zeigen, warum der magische Realismus nicht als Paradigma für die Literatur der gesamten »Dritten Welt« herhalten sollte. Um zu entschlüsseln, was Spivak mit ihrer Bemerkung zu einer fehlgeschlagenen Dekolonisierung in Lateinamerika meint, ist es hilfreich, sich mit der Arbeit des lateinamerikanischen Anthropologen Jorge Klor de Alva auseinanderzusetzen.

Klor de Alva zeichnet nach, wie nach der Ankunft der Europäer:innen in Amerika die Mehrheit der Indigenen vielerorts durch »Krankheit und Genetik« ausgerottet wurde, während »die Bevölkerung der Nicht-Indigenen zunahm und sie in der Folge auch sozial und wirtschaftlich mächtiger wurden« (1995: 256). Aus diesem Grund erklärt er: »Es ist falsch, die nicht-indigenen Sektoren vor der Unabhängigkeit als kolonisiert darzustellen; es ist inkonsequent, die Unabhängigkeitskriege als antikoloniale Kämpfe erklären zu wollen, und es ist irreführend, die Amerikas nach den Bürgerkriegen der Abspaltung als postkoloniale Staaten zu charakterisieren« (ebd.: 247). Wie Spivak kommt auch Klor de Alva (ebd.: 270) zu dem Schluss, dass »weder Postkolonialismus noch Dekolonisierung in den Amerikas jemals so stattgefunden haben wie in Südasien, Afrika oder irgendeinem anderen Teil der Alten Welt, wo nach der Unabhängigkeit das Ideal einer vorkolonialen Vergangenheit ein gerade erst befreites Volk, das sich ethnisch nicht mit seinen ehemaligen Kolonisatoren identifizierte, zumindest inspirieren konnte.« Er erklärt, dass sich in Amerika »Nachfahren von Weißen und Indigenen [*mestizo*], von Weißen und Schwarzen [*mulatto*], insbesondere aber Nachfahren der Spanier und anderer Europäer:innen [*criollo*]« vom kaiserlichen Spanien lossagten und Souveränität erlangten, was jedoch keineswegs automatisch auch zur Dekolonisierung der Indigenen geführt habe.

Marcos Natali hat herausgearbeitet, dass sowohl Spivak als auch Klor de Alva hinterfragen, ob der Begriff »Dekolonisierung« angemessen ist, wenn es um den Übergang der Macht von den europäischen Kolonisator:innen auf die einheimischen Eliten geht. Wie Natali (2012: 314) zeigt, waren die Protagonist:innen der Unabhängigkeitsbewegungen »größtenteils Nachkommen der iberischen Kolonisator:innen« und eben nicht indigene Erb:innen politischer Machtansprüche. Dies wiederum deckt sich mit den Bedingungen der Subalternität, die von den Historiker:innen Südasiens beschrieben werden. Und auch wenn »Mexiko kein zweites Indien ist« (Klor de Alva 1995: 247), weist das Scheitern der Dekolonisierung in beiden Kontexten trotz aller Unterschiede erhebliche Gemeinsamkeiten auf. Während die dekolonialen Theoretiker:innen nicht müde werden, die Unterschiede zwischen Lateinamerika, Afrika und Asien zu betonen, ist es ebenso wichtig daran zu erinnern, dass Kuba und Argentinien (Mignolos Herkunftsland) nicht wie Guatemala, Bolivien oder Peru sind, wo die Indigenen in der Mehrheit sind (Natali 2012: 316).

Dies wirft die Frage auf, wie die Begriffe »Kolonialismus«, »Postkolonialismus« und »Dekolonisierung« verwendet werden sollten, um den Besonderheiten, aber auch den Gemeinsamkeiten der verschiedenen räumlichen und zeitlichen Erfahrungen gerecht zu werden. Und sind es nicht gerade die subalternen Perspektiven, die zum Schweigen gebracht werden, selbst wenn dekoloniale Intellektuelle behaupten, ihnen eine Stimme zu geben? Spivak merkt dazu an: »Die Radikalen der großen Industrienationen wollen die Dritte Welt sein. [...] Im größten Teil der Dritten Welt ist das Problem aber, dass der vermeintliche Bruch der ›Dekolonisierung‹ nur eine eintönige Wiederholung des Rhythmus der Kolonisierung darstellt« (1993: 57). Einheimische Eliten verkünden die nationale »Unabhängigkeit« als Dekolonisierung, während indigene Gemeinschaften keine Dekolonisierung erfahren. Ähnlich wie Spivak betont auch Natali (2012: 325) mit Nachdruck, dass »ein indigener Ort der Äußerung in der öffentlichen Debatte und im kollektiven Imaginären Lateinamerikas praktisch nicht existiert«.

Zwar üben sowohl postkoloniale als auch dekoloniale Ansätze Kritik an der von Zwang und Gewalt geprägten Aufklärung, zugleich stehen wir hinsichtlich möglicher Auswege aber vor einem Dilemma: Einerseits betrachten die dekolonialen Wissenschaftler:innen die postkoloniale Auseinandersetzung mit der Aufklärung als eine Form der »epistemologischen Knechtschaft« oder des »halluzinatorischen Weißmachens« (Fanon 1985 [1952]: 74, Übersetzung angepasst), d.h. als einen Versuch, zuvor disqualifizierte Ansätze und Interventionen zum Mainstream zu machen, um innerhalb der westlichen Wissenschaft Legitimität zu erlangen. Andererseits sehen sich dekoloniale Denker:innen dem Vorwurf ausgesetzt, an einer Phobie gegenüber dem Westen zu leiden und indigene Epistemologien als »reine« Wissensformen zu romantisieren und zu musealisieren, als würden diese nur darauf warten, von radikalen Denker:innen mit einem moralisch reinen Gewissen zurückgewonnen zu werden. Meiner Ansicht nach ist es unerlässlich, diese falsche Wahl zwischen Eurozentrismus und Europafeindlichkeit zu umgehen. Das Gegenmittel gegen Eurozentrismus und Imperialismus liegt weder im Nativismus noch in der kategorischen Negation der normativen Theorien der Aufklärung. Stattdessen müssen wir anerkennen, dass Unterschiede in Erfahrung, Perspektive und Standort einen Unterschied machen.

Während dekoloniale Wissenschaftler:innen sowohl den Marxismus als auch den Postkolonialismus wegen ihres Eurozentrismus prinzipiell ablehnen, möchte ich mich nun der marxistischen Kritik an der postkolonialen Theorie sowie der postkolonialen Kritik am Marxismus zuwenden. Im Gegensatz zum dekolonialen Ansatz, der zur Dekolonisierung der Postkolonialen Studien aufruft, weil diese zu tief im westlichen Marxismus verankert seien, bezichtigen einige Marxist:innen, insbesondere aus dem »globalen Süden« (Ahmad 1992, Chibber 2018), postkoloniale Denker:innen, aufklärungsfeindlich zu sein. Ich möchte im Folgenden die überaus kniffligen Beziehungen zwischen Postkolonialismus und Marxismus skizzieren und zeigen, warum jede Positionierung »dafür« oder »dagegen« sinnlos ist.

Die Entuniversalisierung Europas: Welchen Unterschied macht ein Unterschied?

»Marx ist in Ordnung,
aber wir müssen Marx zu Ende denken.«
(Césaire 1972 [1955]: 70)

Der Marxismus gilt als die radikalste Form der Aufklärung und Marx' Analyse der kapitalistischen Wirtschaftsbeziehungen ist zweifellos die prägnanteste und zukunftsträchtigste Form des kritischen Denkens. Obwohl er in Europa entstanden ist, macht ihn seine Ausbreitung von Kuba bis Vietnam und von China bis Südafrika zu einer wahrhaft globalen Ideologie. Und doch hat der Marxismus auch unter Sympathisant:innen seine Kritiker:innen. In seiner ungemein wichtigen Abhandlung *Black Marxism: The Making of the Black Radical Tradition* (1983) argumentiert beispielsweise Cedric Robinson, dass marxistische Analysen, die europäische Geschichtsmodelle in den Vordergrund stellen, das Handeln und die einzigartigen Erfahrungen von Schwarzen im Westen wie auch in der postkolonialen Welt ausblenden. Diese Kritik steht auch mit der postkolonialen Kritik an Marx' materialistischem Konzept des historischen Fortschritts im Einklang. Marx' Geschichtsmodell weist Ähnlichkeiten mit einem entwicklungsgeschichtlichen Denken auf und führt zu einer eurozentrischen Darstellung der Produktionsweise. »Nichteuropäische« Formen der Akkumulation wie die »asiatische Produktionsweise« gelten hier als ein »niedrigeres« Stadium im Vergleich zu den industriellen kapitalistischen Ökonomien im Westeuropa des 19. Jahrhunderts (Morton 2007: 74). Marx' Schriften über den britischen Kolonialismus in Indien sind ein gutes Beispiel für seine eurozentrische Sicht der Weltgeschichte: »Gewiß war schnödester Eigennutz die einzige Triebfeder Englands, als es eine soziale Revolution in Indien auslöste, und die Art, wie es seine Interessen durchsetzte, war stupid. Aber nicht das ist hier die Frage. Die Frage ist, ob die Menschheit ihre Bestimmung erfüllen kann ohne radikale Revolutionierung der sozialen Verhältnisse in Asien. Wenn nicht, so war England, welche Verbrechen es auch begangen haben mag, doch das unbewußte Werkzeug der Geschichte, indem es diese Revolution zuwege brachte.« (Marx MEW 9 [1848]: 133) Während Marx einerseits die Auflösung der Familiengemeinschaften und der einheimischen Produktion in den ländlichen Dörfern Indiens beklagte, behauptete er andererseits, dass die idyllischen Dorfgemeinschaften die Grundlage des orientalischen Despotismus bilden würden (Morton 2007: 74). Daher wirft Said Marx zu Recht vor, mit seiner »romantisch-orientalistische Sicht« das Stereotyp des rückständigen Asiens zu reproduzieren (Said 2009: 181).

Anders als Kant oder Hegel sprach Marx aber den Nichteuropäer:innen das geschichtliche Handlungsvermögen nicht ab, auch wenn er (problematischerweise) im Kolonialismus ein »notwendiges Übel« sah, das den Übergang der feudalen Gesellschaften in kapitalistische Produktionsverhältnisse beschleunige, also die Produktionsweise und die Eigentumsverhältnisse an den Produktionsmitteln umwälze. Den integralen Zusammenhang zwischen Kolonialismus und Kapitalismus hat Marx ebenso nachdrücklich wie hellsichtig betont: »Die Entdeckung der Gold- und Silberländer in Amerika, die Ausrottung, Versklavung und Vergrabung der eingebornen Bevölkerung in die Bergwerke, die beginnende Eroberung und Ausplünderung von Ostindien, die Verwandlung von Afrika in ein Geheg zur Handelsjagd auf Schwarzhäute bezeichnen die Morgenröte der kapitalistischen Produktionsära. Diese idyllischen Prozesse sind Hauptmomente der ursprünglichen Akkumulation« (Marx MEW 23 [1867]: 779).

Entgegen Marx' Annahme, dass »fortgeschrittenere« Produktionsweisen »primitivere« einfach ersetzen würde, weisen postkoloniale marxistische Wissenschaftler:innen wie die der *South Asian Subaltern Studies Group*, die ich im Folgenden einfach Subalternisten nennen möchte, darauf hin, dass die »asiatische Produktionsweise« im Zeitalter des globalen Kapitalismus nicht vollständig verschwindet. Chakrabarty (2000: 93) stellt eurozentrische Geschichtsnarrative in Frage, die einen Anspruch auf Universalität erheben, indem er deren Charakterisierung der subalternen Arbeit als »primordial« zurückweist. Chakrabarty richtet sein Augenmerk auf ganz verschiedene Geschichten subalterner Arbeit und konterkariert so die Sichtweise, der »Vorkapitalismus« entspreche einfach einer »primitiven« Stufe in der linearen Geschichte der globalen kapitalistischen Akkumulation (Morton 2007: 94). Westliche Marxist:innen und Aktivist:innen für globale Gerechtigkeit müssen sich ein kritischeres Vokabular erarbeiten, das es ihnen auch erlaubt, die heterogenen Register subalterner Arbeit zu berücksichtigen und den reproduktiven Körper der subalternen Frauen des »globalen Südens« in den Mittelpunkt zu rücken. Nur so kann die zu enge Definition der produktiven Arbeit aus der Marxschen Arbeitswerttheorie erweitert, also pluralisiert und diversifiziert werden.

Die Bedingungen der industriellen Produktion und Arbeit im Westeuropa des 19. Jahrhunderts, die im Mittelpunkt von Marx‹ Analyse standen, wurden zunehmend durch Formen flexibler, nicht gewerkschaftlich organisierter, vergeschlechtlichter und rassifizierter Arbeit im »globalen Süden« ersetzt (Spivak 2014a: 104 f; Morton 2007: 73). Um die heutige Relevanz der »asiatischen Produktionsweise« für die globale Wirtschaft zu skizzieren, überdenkt Spivak die Marxsche Arbeitswerttheorie im Hinblick auf die geografische Dynamik der internationalen Arbeitsteilung. Spivak (2014a: 174) lobt Marx dafür, die zunehmende Bedeutung der weiblichen Arbeitskraft in der modernen Industrie vorweggenommen zu haben und verweist auf neue Formen der Überausbeutung nicht gewerkschaftlich organisierter, an Subunternehmen ausgelagerter, prekärer weiblicher Arbeit im globalen Kapitalismus der Gegenwart.

Marx ging davon aus, dass der Kapitalismus unweigerlich dem Sozialismus weichen müsse, da er die Saat seiner eigenen Zerstörung in sich trage. Spivak schlägt dagegen vor, den Sozialismus als die andauernde und sich immer wieder neu stellende ethische und politische Aufgabe zur verstehen, den Kapitalismus zu ent-mach(t)en (*undo*) (2014: 417). Obwohl Spivak Arbeiterbewegungen und die soziale Umverteilung von Kapital zur Förderung wirtschaftlicher Gerechtigkeit unterstützt, bezweifelt sie, dass eine programmatische sozialistische Alternative zum Kapitalismus machbar ist (Morton 2007: 89). Sie betrachtet den Sozialismus vielmehr als die *Différance* des Kapitalismus und nicht als dessen Gegensatz oder im Sinne seiner Überwindung oder Aufhebung. Damit wendet sie sich von einer evolutionären, linearen Erzählung ab hin zu einem unbestimmteren Verständnis postkapitalistischer Zukünfte.

Wenden wir uns nun der marxistischen Erwiderung auf die postkoloniale Kritik zu. Einer der hartnäckigsten und am häufigsten wiederholten Vorwürfe gegen die postkoloniale Theorie lautet, dass sie die Differenz zwischen dem Westen und dem Osten ontologisiere, indem sie universalisierende Kategorien wie »Fortschritt« oder »Entwicklung« als eurozentrisch ablehnt und für das Verständnis außereuropäischer Praktiken, Erfahrungen und Realitäten untauglich befindet. Wenn, wie von Befürworter:innen universalistischer Theorien behauptet, die Menschen tatsächlich gemeinsame Bedürfnisse und Interessen haben, die von historischen, kulturellen und wirtschaftlichen Unterschieden unabhängig sind, dann wird das postkoloniale Bestreben, Europa zu »provinzialisieren« (Chakrabarty 2000) und je besondere Geschichten ganz verschiedener Kontexte zu schreiben, fragwürdig. Darüber hinaus wird jede Kritik an der Aufklärung und ihrem gewalttätigen Erbe als symptomatisch für den Verzicht auf eine emanzipatorische Politik gelesen, die zugleich mit einer Rechtfertigung der Exotisierung des Ostens einhergehe.

Postkoloniale Wissenschaftler:innen lehnen die Annahme, dass die außereuropäische Welt Europa auf seinem Weg einfach folgen werde, ab und versuchen, die Entstehungsprozesse ganz verschiedener kultureller, politischer und wirtschaftlicher Praktiken und Institutionen auf der ganzen Welt nachzuvollziehen, um die unterschiedlichen Vorgänge innerhalb der Moderne zu verstehen. Sie argumentieren, dass die nicht-westliche Welt Europa nicht einfach nachahme, weshalb westliche Theorien zur Untersuchung des Kapitalismus und der Moderne zwar relevant, aber dennoch unzureichend seien, um die postkoloniale Welt zu verstehen (Chakrabarty 2000). Obwohl von Marx geprägt, kritisieren viele postkoloniale Wissenschaftler:innen die universalistischen Annahmen des historischen Materialismus, der davon ausging, dass sich der koloniale Kapitalismus von Europa aus weltweit ausbreiten und überall auf der Welt einheitlich funktionieren würde. Die Annahme, der Westen sei die Norm für den gesamten Globus, auf den aufklärerische und marxistische Kategorien projiziert wurden, übergeht die komplexen Realitäten und Erfahrungen der postkolonialen Welt und macht sie unsichtbar. Weil sie die Besonderheit der außereuropäischen Gesellschaften betonen, wird den postkolonialen Theoretiker:innen jedoch vorgeworfen, die universelle Gültigkeit von Normen wie Modernität und Säkularismus zu leugnen, die angeblich auf den gemeinsamen Interessen aller Menschen beruhen, unabhängig von Kultur, rassischer Zuschreibung, Geschlecht, Sexualität, Religion oder anderen Unterschieden.

Der Vorwurf des marxistischen Soziologen Vivek Chibber, der Postkolonialismus sei antiaufklärisch, wiederholt diese Geste. Chibber meint, dass die Behauptung, Kapitalismus und Moderne hätten sich in der postkolonialen Welt anders entwickelt, den Orientalismus[7] perpetuiere (2018: 18 f). Chakrabarty, so Chibber, lehne (ebd.: 137 ff.) eine »universelle Geschichte des Kapitals« ab, weil die besonderen Formen der Machtverhältnisse, die in der Postkolonie entstanden sind, nicht dieselben kapitalistischen Machtverhältnisse sind, die aus der Modernisierung hervorgegangen sind. Chakrabarty veranschaulicht dies, indem er sich auf unterschiedliche politische Bereiche konzentriert, insbesondere auf die subalternen Klassen in Indien, die nicht in das normative Modell der europäischen kapitalistischen Kulturen und politischen Systeme passen. Chibber argumentiert dagegen, dass die Universalisierung des Kapitalismus die Homogenisierung sozialer Vielfalt oder kultureller Unterschiede gar nicht erfordere, weil der Kapitalismus sich dadurch auszeichne, kultureller und religiöser Vielfalt Raum zu geben und sie so zu erhalten (ebd.: 171 f). Obwohl sich die Subjekte im Widerstand gegen den Kapitalismus auf lokale Kulturen und Praktiken stützten, bedeute dies nicht, dass es keine gemeinsamen Grundbedürfnisse wie Nahrung, Unterkunft und Sicherheit gebe, die alle Menschen universell motivierten (ebd.: 253 f). Mit der Behauptung, dass das kollektive Handeln der Bäuer:innen in Indien nicht mit dem der westlichen Bäuer:innen identisch sei, würden die Subalternisten ausgerechnet in die essentialistischen Denkmuster verfallen, die sie den Kolonisatoren vorwerfen (ebd.: 229, 245 f, 260). Chibber ist der festen Überzeugung, dass die Aufrechterhaltung einer universellen Theorie des menschlichen Handelns, wie sie sowohl von der Aufklärung als auch vom Marxismus vertreten wird, es ermöglichen würde, demokratische Politik in global

7 In seinem einflussreichen Buch *Orientalism* (1978) zeigt der palästinensisch-amerikanische Intellektuelle Edward Said, wie der Westen stereotypes Wissen über den Orient produziert, das zur Rechtfertigung von kolonialer und imperialistischer Herrschaft dient.

geteilten Normen zu verankern und so den Orientalismus zu umgehen (ebd.). Wenn Indigene und Stammesgemeinschaften so behandelt werden, als sei ihr Handeln durch traditionelle und kulturelle Unterschiede statt durch gemeinsame Grundbedürfnisse motiviert, gefährde dies die Vorstellung von universellen Interessen, die die gesamte Menschheit umspannen.

Bruce Robbins (2014) hat darauf hingewiesen, dass Chibbers marxistische Kritik des Postkolonialismus sich ausschließlich auf das Problem kultureller Vielfalt konzentriert, die Vielfalt ökonomischer Formen aber außer Acht lässt und deshalb verschiedene Spielarten des Kapitalismus nicht erklären kann. Partha Chatterjee (2013: 74–75) argumentiert in seiner Antwort auf Chibbers Kritik, dass die westliche kapitalistische Moderne sich insofern nicht universalisiert habe, als dass es ihr nicht gelungen sei, die vorhergehenden Produktionsweisen in der außereuropäischen Welt grundlegend umzuwälzen. Den *Subaltern Studies* sei es nie um einen vermeintlichen Unterschied zwischen »West« und »Ost« gegangen, ob psychologisch oder kulturell definiert, wie Chibber behauptet. Ihre Problemstellung habe sich vielmehr aus dem Widerspruch ergeben, dass der Auflösung der bäuerlichen Klassen im kapitalistischen Europa ihre fortgesetzte Reproduktion im Kapitalismus der außereuropäischen Welt gegenüberstand. Chatterjee erklärt, dass die *Subaltern Studies* trotz scheinbarer Ähnlichkeiten über das marxistische Projekt hinausgingen; im Vergleich zum Verschwinden der Bauernschaft in der Zeit des Aufstiegs des Kapitalismus in Europa sei die unvermeidliche Transformation der Agrargesellschaften in der außereuropäischen Welt anders verlaufen (ebd.). Der Kapitalismus habe sich in Kontexten wie Indien nicht universalisiert, weil der Kolonialstaat die halbfeudalen Arbeitspraktiken nicht abgeschafft, sondern sich diese vielmehr zunutze gemacht habe. In der Folge seien kapitalistische Formationen entstanden, die sich von denen der freien Lohnarbeit deutlich unterschieden. Es reiche eben nicht aus, die europäische Geschichte richtig zu verstehen, um die Probleme in der nicht-westlichen Welt zu lösen, so Chatterjees Botschaft an Chibber (ebd.: 75). Mit seiner Behauptung, politisches Handeln leite sich aus einer universellen menschlichen Natur ab, rede Chibber letztlich nur der Vertragstheorie des liberalen politischen Denkens das Wort (ebd.: 74).

In Anlehnung an Universalist:innen wie Martha Nussbaum argumentiert Chibber, dass menschliche Bestrebungen nicht kulturell konstituiert seien; gemeinsame Interessen und Grundbedürfnisse, wie das universelle Bedürfnis nach körperlichem Wohlbefinden, seien grundlegende Merkmale der menschlichen Natur (2018: 251). Wie insbesondere postkoloniale Feminist:innen in ihrer einschneidenden Kritik gezeigt haben, verschleiern solche universalisierenden Gesten aber die konkreten historischen Formen von Familie, Gemeinschaft, Gesellschaft und Staat in der postkolonialen Welt, unter denen wiederum Verletzlichkeit und Handlungsmacht ganz unterschiedliche Gestalten annehmen können. Außerdem ignoriert Chibber die Frage der Ideologie sowie die Diskontinuität zwischen Interessen und Wünschen, wenn er sich zu der Behauptung versteigt, dass Subalterne, die seiner Ansicht nach ein gemeinsames politisches Bewusstsein teilen, in Zukunft zwangsläufig für die »liberale Demokratie« kämpfen würden, um ihr physisches Wohlergehen zu erhalten oder zu verbessern (ebd.: 229). Spivak setzt sich mit dieser Problematik in »Can the Subaltern Speak?« intensiv auseinander (was ich in Kapitel 4 ausführlicher diskutieren werde).

Die Postkolonialen Studien greifen laut Hall (2022) aus diesem Grund auf poststrukturalistische Ideen wie Differenz und Kontingenz zurück, weil die (orthodoxen) marxistischen Theorien, die sich in erster Linie auf die politische Ökonomie konzentrieren, Mängel aufweisen, was Marxisten wie Chibber bequemerweise unter den Tisch fallen lassen. Wenn, wie Chibber behauptet, die Logik des Kapitals tatsächlich universell ist und ihre Ausbreitung in postfeudalen und postkolonialen Gesellschaften eine »universelle Geschichte des Klassenkampfes« hervorbringe, wie können dann die vielen unterschiedlichen Spielarten des Kapitalismus in ihren je spezifischen Kontexten und historischen Erfahrungen der politischen Ökonomie erklärt werden? Auch müsste nachvollzogen werden, wie dieselben Waren unter unterschiedlichen Bedingungen produziert und konsumiert werden, aber gleichzeitig auf lokalen und globalen Märkten miteinander konkurrieren.

Spivak (2014b: 188) weist darauf hin, dass von Gramscis Überlegungen zum Risorgimento bis hin zu W.E.B. Du Bois' Schriften über die panafrikanische Bewegung die Vorstellung subalterner sozialer Gruppen nicht dazu gedacht war, die Figur eines »internationalen Proletariers« zu konstruieren, sondern vielmehr solche Teile der Gesellschaft beschreiben sollte, die von der universellen Logik des Kapitals nicht assimiliert werden konnten. »Klassenunterschiede« überschneiden sich mit vermeintlich »rassischen«, religiösen, geschlechtlichen und historischen Differenzen, was zu verschiedenen Ausprägungen kapitalistischer Systeme führt. Wenn Chibber einen über die Kulturen hinwegreichenden Widerstand jenseits der Kategorien von »Rasse« und »Geschlecht« beschwört, lässt er die Beziehung des Internationalismus der Arbeiterbewegung zum Kolonialismus außer Acht (ebd.). Im Gegensatz zu einem universalistischen, romantisch-utopischen linken Narrativ argumentiert Spivak unter Berufung auf Gramsci, dass subalterne soziale Gruppen nicht geeint seien und sich erst dann vereinigen könnten, wenn sie selbst Staat würden (ebd.: 193). Indem sie die Subalternen heroisieren und sie zu einem Teil einer universellen proletarischen Klasse machen, integrieren Marxisten wie Chibber sie nahtlos in »die Geschichte Europas« (ebd.: 197). Solche Ansätze lassen nur einen westlich orientierten Marxismus zu (den Spivak

»Klein-Britannien-Marxismus« nennt), der andere Lesarten von Marx delegitimiert (ebd.). Schließlich geht es nicht um die Frage »Marxismus oder Aufklärung versus Postkolonialismus«, sondern darum, wie man die von Marx oder auch von Kant und Hegel entwickelten Kategorien nutzen kann, um Situationen zu analysieren, die diese Denker weder erfahren noch voraussehen konnten. Dies würde bedeuten, dass man unter den Bedingungen geopolitischer und historischer Differenz auf unterschiedliche Weise marxistisch oder aufklärerisch denken muss.

Als Kontrapunkt zum dekolonialen Ansatz, der vorschlägt, die Aufklärung radikal abzulehnen und sich (wieder) außereuropäischen Epistemologien zuzuwenden, und zum (orthodoxen) marxistischen Ansatz, der die Sensibilität für Unterschiede als anti-universalistisch verdammt, möchte ich im nächsten Abschnitt die Verbindung zwischen der Entsubalternisierung nicht-westlicher Epistemologien und der Enthegemonisierung eurozentrischer Theorien skizzieren.

Können Nicht-Europäer:innen philosophieren?

Eine einfache Antwort auf die rhetorische Frage »Können Nichteuropäer:innen philosophieren?« wäre, Beispiele aus afrikanischen, asiatischen oder lateinamerikanischen philosophischen Schulen anzuführen, um zu zeigen, dass außereuropäische Kontexte in der Tat ihre eigenen einzigartigen Epistemologien und ethischen Prinzipien hervorgebracht haben, die sich von denen der europäischen Tradition unterscheiden. Die Aufgabe, die ich mir in diesem Abschnitt stelle, ist jedoch eine andere; ich möchte nämlich darlegen, dass die normative Idee der »Kritik«, insbesondere in der Form, die ihr von der europäischen Aufklärung gegeben wurde, immer noch außereuropäische Perspektiven disqualifiziert und darüber hinaus auch jene Paradigmen entwertet, die ihr als »nicht-theoretisch« oder »unkritisch« gelten. Meiner Ansicht nach reicht es für eine »Dekolonialisierung des Denkens« nicht aus, zuvor marginalisiertes und abgewertetes Wissen anzuerkennen und aufzuwerten. Um nicht-westliche Epistemologien zu ent-subalternisieren, ist es vielmehr unerlässlich, das Verhältnis des Postkolonialismus zur europäischen Aufklärung und ihrem Erbe neu zu definieren. Beim kritischen Denken geht es nicht darum, Wissen über außereuropäische Epistemologien anzuhäufen oder den »Anderen« zu Wort kommen zu lassen, sondern vielmehr darum, der ungleichen Verteilung der intellektuellen Arbeit weltweit entgegenzuwirken. Argumentativ werde ich mich auf Spivaks Ideen der transnationalen Literalität und der planetarischen Ethik beziehen (Dhawan 2017).

In seinem viel diskutierten Aufsatz »Can non-Europeans think?« (»Können Nicht-Europäer:innen denken?«), fragt Hamid Dabashi (2013), warum europäischen Wissensordnungen das Etikett »Philosophie« verliehen wird, während afrikanische, asiatische und lateinamerikanische Denkformen als »Ethnophilosophie« bezeichnet werden. Das europäische Denken erhebt Anspruch auf Universalität, indem es seine Provinzialität ideologisch verschleiert, so dass europäische Philosoph:innen wie Kant sich anmaßen können, sich selbst als »Maß und Maßstab der Globalität« zu setzen (Dabashi 2013: 34). Das Selbstbewusstsein der europäischen Denker:innen, die Philosophie in der Form großer Erzählungen betrieben, rühre von ihrer Selbstwahrnehmung als zentrale Akteur:innen der Weltgeschichte her. Dabashi zieht dabei eine direkte strukturelle Verbindung zwischen dem Imperialismus und dem Universalitätsanspruch des europäischen Denkens, zwischen dem europäischen Egozentrismus und seiner Ignoranz, was sich in der Missachtung anderer Welten und anderer Arten des In-der-Welt-Seins äußere.

Wenn Europa seine Normen, Werte und epistemischen Ansätze durch den Kolonialismus universalisiert hat, dann muss das Projekt der Dekolonisierung untrennbar mit dem Projekt der Ent-Universalisierung Europas verbunden sein. Wie aber lässt sich Europa »provinzialisieren«, wenn akademische Disziplinen wie Philosophie, Geschichte, Politikwissenschaft, Soziologie und Ethnologie von der disziplinären Hegemonie Europas geprägt sind? Dieses Dilemma macht das vielgerühmte Plädoyer für eine »Provinzialisierung Europas« (Dipesh Chakrabarty) zu einem notwendigen, aber zugleich unmöglichen Unterfangen. Die andere wichtige Frage, die selten angesprochen wird, lautet: Wer wird Europa »provinzialisieren«? Wer verfügt über die Autorität und die Ressourcen, um die Hegemonie der europäischen intellektuellen Tradition verhandelbar zu machen? Angesichts der Tatsache, dass akademische Disziplinen nicht nur euro-, sondern auch androzentrisch sind, stellt sich die Frage, wo die postkoloniale, queer-feministische Wissenschaft gegenüber dem Projekt der Dekolonisierung des Denkens steht.

Dabashi (2013) endet seinen Aufsatz mit der Beobachtung, dass zeitgenössische außereuropäische Denker:innen, Dichter:innen, Künstler:innen und öffentliche Intellektuelle die eurozentrischen epistemischen Ordnungen aufgrund eines gerechteren und demokratischeren Umfelds immer häufiger hinterfragen können. Seiner Ansicht nach hat dies zu einer Verbreiterung der Perspektiven geführt, die sowohl auf die unmittelbare geografische Umgebung ihrer Entstehung wirkt als auch globale Auswirkungen hat. Obwohl Dabashis Optimismus, dass außereuropäische Perspektiven die Hegemonie der europäischen Philosophie verdrängen könnten, verlockend klingt, darf nicht vergessen werden, dass angesichts der Ausgrenzungen und Marginalisierungen, die auch außereuropäische Wissensordnungen entlang der Grenzen von Geschlecht, Kaste und Sexualität durchziehen, eine solche Verschiebung keineswegs die Neukonfiguration der weltweiten Machtverhältnisse garantieren würde. So waren schon in den vorkolonialen philosophischen Traditionen des indischen Subkontinents Frauen und die sogenannten »Unberührbaren« von der intellektuellen Arbeit ausgeschlossen, da ihnen aufgrund ihrer vermeintlichen »Unreinheit« die Teilhabe an der Wissensproduktion versagt wurde (Dhawan 2007). In den Veden und der Bhagavad Gita gelten die »unteren« Kasten als *jñānaśūnya,* ohne Intellekt, und zu nichts anderem würdig, als den »oberen« Kasten zu dienen (Sharma 2021: 53). Eine bloße Aufnahme von zuvor marginalisiertem, nicht-westlichem Denken in den Kanon wird die normative Gewalt der europäischen Philosophie nicht ungeschehen machen; die Entsubalternisierung außereuropäischer Epistemologien ist ein viel komplexerer und schwierigerer Prozess.

Meiner Ansicht nach besteht eine der wichtigsten Einsichten der postkolonialen Theorie darin, dass es »authentische« nicht-westliche Perspektiven, die einfach abgerufen werden könnten, nicht gibt. Dekolonisierung kann kein bloßes »Rückgängigmachen« von allem, was westlich ist, sein (Dhawan 2019a). Wer dies ignoriert, reduziert postkoloniale Intellektuelle auf »einheimische Informanten«, die empirische Erkenntnisse aus ihren jeweiligen regionalen Kontexten liefern und dem akademischen Diskurs des Westens nur als Informationsquelle dienen. Die »normative Gewalt« der Kolonialpolitik war bei der Abwertung außereuropäischer Epistemologien enorm erfolgreich. So wurde etwa das Studium der einheimischen Philosophien, Theorien und Sprachen systematisch durch das koloniale Bildungssystem ersetzt, eine Art Kolonisierung des Geistes. Andererseits wurden die Einheimischen selbst als unzuverlässige Interpret:innen ihrer eigenen Gesetze, Kulturen und Theorien angesehen, so dass die Europäer:innen damit begannen, diese für sie zu interpretieren (Niranjana 1992: 2). Dies war die zentrale Aufgabe des Orientalismus, einheimische Theorien und Texte in europäische Sprachen zu übersetzen. Der Drang, den Orient zu studieren, zu kodifizieren und wissenschaftlich zu durchdringen, wurde durch die institutionalisierte Übersetzung einheimischer Theorien befriedigt, was zugleich einen ganz wesentlichen Aspekt der Beherrschung der Einheimischen durch Wissen darstellte (Niranjana 1992: 16). Diese Tradition lebt heute in den sogenannten Regionalstudien oder *Area Studies* fort, die Lateinamerika, Asien oder Afrika als identifizierbare Regionen betrachten, denen eine geografische und historische Position innerhalb einer eurozentrischen Weltgeschichte zugewiesen wird – als territoriale Einheiten, die in Fächern wie Geschichte, internationale Beziehungen, Anthropologie, Philosophie und Literaturwissenschaft als selbstverständlich hingenommen werden. Als »Laboratorien der Moderne« waren die Kolonien unverzichtbare Produktionsstätten für westliches Wissen, und die postkoloniale Welt hat noch immer mit den ambivalenten Hinterlassenschaften der Aufklärung zu kämpfen.

Statt Fragen wie »Was ist indische oder afrikanische Philosophie?« zu beantworten, indem wir versuchen darzulegen, was an indischen oder afrikanischen Erkenntnistheorien besonders charakteristisch ist, müssen wir die Bedeutung der Philosophie in ihrem Kontext überdenken. Wenn man von afrikanischer oder asiatischer »Philosophie« spricht, impliziert man dann, dass es eine besondere Art des Denkens gibt, die diesen Kulturen und Völkern eigen ist? Richard King (2000: 1) betont, dass es so etwas wie eine indische Philosophie als homogenes und einheitliches Phänomen oder als eine bestimmte Art, die Welt zu betrachten, die von den Menschen in Indien einseitig gebilligt würde, nicht gibt. Seiner Ansicht nach handelt es sich hier vielmehr um einen Mythos kultureller Homogenität, der aber sowohl in der westlichen als auch in der indischen Selbst- und Fremdwahrnehmung gängig ist. Darüber hinaus können Kategorien wie »lateinamerikanisch«, »asiatisch« oder »afrikanisch« die Heterogenität, die sie repräsentieren sollen, einfach nicht erfassen, auch und gerade, weil diese Begriffe selbst koloniale Hinterlassenschaften sind. Wenn man sich mit der möglichen Existenz von so etwas wie »Philosophie« in außereuropäischen Kulturen beschäftigt, darf man nicht aus den Augen verlieren, dass das Wesen der Philosophie im Westen selbst ausgrenzend war, zum Beispiel aufgrund von Klasse, Religion und Geschlecht. Dementsprechend neigten die frühen westlichen Orientalisten dazu, die indische Kultur mit dem elitären Denken der vedischen Brahmanen gleichzusetzen und dabei andere kritische Ansätze zu ignorieren (King 2000: 7).

Die Akzeptanz lateinamerikanischer oder afrikanischer Philosophie könnte als positive Anerkennung der Existenz systematischer Epistemologien angesehen werden. Die geografische Spezifizität des Begriffs kann das lateinamerikanische oder afrikanische Denken aber auch marginalisieren, etwa indem vermeintliche kulturelle Besonderheiten in den Vordergrund gestellt werden, die dann mit der angeblich universellen Natur der europäischen Philosophie kontrastiert werden. Bemühungen, die »Respektabilität« des außereuropäischen Denkens gegen die gängigen eurozentrischen Vorstellungen von Philosophie durchzusetzen (ebd.: 28), laufen oft Gefahr, asiatisches oder afrikanisches Denken im Rahmen der vorherrschenden europäischen Vorannahmen über die Natur des kritischen Denkens und dessen angemessenen Gegenstand zu »domestizieren«. Trotz der Ausbreitung »anderer« Wissensformen bleiben europäische Denker:innen in ihrem Unvermögen, sich mit nicht-westlichen Denkweisen auseinanderzusetzen, kompromisslos eurozentrisch. Die größte Herausforderung für die postimperiale kritische Theorie liegt daher in der Frage, wie sie sich ohne Gewalt auf ihr Anderes beziehen kann; und damit meine ich nicht nur die »nicht-westliche« Theorie, sondern auch ihr nicht-theoretisches Anderes.

Das stetige Fortschreiten der wirtschaftlichen Globalisierung, so wird behauptet, stelle für die eurozentrische Weltanschauung – samt ihren Begleiterscheinungen Kolonialismus und Orientalismus – eine ernsthafte Herausforderung dar.[8] Dementsprechend würden nicht-westliche Kulturen und Gesellschaften das monologische Privileg des westlichen Diskurses zunehmend unterbrechen. Dies gehe mit einer »inneren« Selbstbefragung oder Selbstdezentrierung des europäischen Denkens einher. Nicht-westliche Epistemologien in westliche kategoriale Rahmen zu pressen und als Gegenbilder des Westens im Einklang mit europäischen Machtinteressen zu essentialisieren, wird die Philosophie aber nicht dekolonisieren und kann auch nicht dazu beitragen, den Orientalismus zu überwinden. Vielmehr muss dringend untersucht werden, wie postkoloniales Denken die Grenzen dessen, was wir unter kritischer Theorie verstehen, verschieben kann.

Ein solcher Ansatz würde noch vor dem Prozess der Kritik die unhinterfragte Gültigkeit des Begriffs Philosophie weiter voraussetzen und könnte deshalb den impliziten Eurozentrismus kritischer Diskurse nicht überwinden. Wenn oppositionelle Diskurse ihre eigenen Kriterien und Positionen nicht problematisieren, laufen sie Gefahr, herrschende Machtverhältnisse zu stabilisieren. Kritik muss von einem Standpunkt aus artikuliert werden, der es möglich macht, herrschende Konzepte wie Erkenntnistheorie, Ethik und Ästhetik zu hinterfragen. Neben der Einbeziehung bisher ausgeschlossener Diskurse, um die philosophische Gemeinschaft zu erweitern, ist es unerlässlich, dass das westliche Denken die Bedingungen seiner eigenen Möglichkeit mittels einer Genealogie seiner gewaltsamen Geschichte reflektiert. Der Impuls, die Integrität der Theorie bewahren zu wollen, rührt zum Teil von der Unfähigkeit der westlichen Philosophie her, die epistemologische Last des Kolonialismus abzuschütteln und ihre Universalitätsansprüche als eurozentrisch in Frage zu stellen. Die binäre und hierarchisierende Unterteilung in »östliches« und »westliches« Denken muss dekonstruiert werden, indem man Begriffen wie »asiatisch« oder »afrikanisch« ihre Selbstverständlichkeit nimmt und sich auf die Konstruiertheit solcher Konzepte als Effekte von Macht besinnt. In derselben Logik wird auch das Adjektiv »europäisch« zu einem dehnbaren universellen Konzept, das den Rest der Welt unter sich subsumiert und den Kolonialismus als logisches Ergebnis dieses universellen Ethnozentrismus erscheinen lässt, so dass jeder Wille zur Differenz in einer Ökonomie der Gleichheit ertränkt wird. Die Schwachstellen des kritischen Denkens zeigen sich schon in seinen Anfängen: Es bringt zwar selbstkritische Diskurse hervor, doch bleiben diese in den epistemologischen Rahmenbedingungen gefangen, die von kolonialen und patriarchalen Diskursen vorgezeichnet wurden.

8 https://www.aljazeera.com/opinions/2013/1/15/can-non-europeans-think

Die postkoloniale Theorie hinterfragt die Selbstgenügsamkeit des westlichen kritischen Denkens, dessen »begriffliches Arsenal« nicht ausreicht, um die Welt zu interpretieren (Bardawil 2018: 774). Es würde die westliche Welt enorm bereichern, »die eigenen kritischen Einsätze in einem fremden Idiom« wiederzuentdecken; diese Entfremdung könnte den Horizont des europäischen kritischen Denkens erweitern (ebd.). Europa würde sich entgegen seiner Gewohnheit in intellektueller Demut üben, wäre es in der Lage, sich selbst so zu sehen, wie die postkoloniale Welt es sieht (Ramgotra/Choat 2023). Wie Adorno scharfsinnig bemerkte, »gehört [es] zur Moral, nicht bei sich selber zu Hause zu sein« (GS 4 [1951]: 40). Eine bloße Ablehnung der europäischen Aufklärung bewirkt noch keine Dekolonisierung; vielmehr ist eine begriffliche Neupositionierung Europas notwendig (Agnani 2013: xvii). Der Aufstieg des chinesischen oder indischen Kapitalismus, den Mignolo begrüßt, wird sicherlich keine postimperialen Zukünfte einleiten. Um die Prozesse der Dekolonisierung und Entsubalternisierung zu verwirklichen, möchte ich in Anlehnung an Spivak für eine transnationale Literalität und eine planetarische Ethik plädieren.

Epistemischer Wandel: Transnationale Literalität und planetarische Ethik

Die globalen Ströme von Ideen, Theorien, Bildern und Normen konfrontieren uns mit der Inkommensurabilität zwischen unterschiedlichen epistemischen Ordnungen. Was geschieht, wenn Begriffe von einer Sprache in eine andere übertragen werden? Wie durchlässig sind die Grenzen? (Liu 1995: xv, 21)? Sind zuverlässige vergleichende Kategorien auf überhistorischer Basis möglich (ebd.: xv)? Immer, wenn solche Fragen konkrete Form annehmen, beispielsweise »Wie lautet das Wort für Kritik in Tiwi oder Tigrinya?«, wird das vermeintliche Nichtvorhandensein eines Äquivalents in der Landessprache entweder sofort als »Mangel« interpretiert oder der landessprachliche Begriff wird an seinen vermeintlichen westlichen Entsprechungen gemessen. Die Implikationen der sprachlichen Interaktion zwischen Ost und West sind vielfältig, so dass die Überschreitung von Sprachgrenzen nicht mehr »nur« eine linguistische Frage ist (ebd.: 6).

Wenn die Sprachpolitik das Herzstück des Kolonialismus ist, dann muss jeder Versuch der Dekolonisierung translinguale Praktiken ernst nehmen. Was passiert, wenn ein westliches Konzept in eine nicht-europäische Sprache übersetzt wird und umgekehrt? Kann das Machtverhältnis zwischen Ost und West ganz neu gestaltet werden? Meiner Ansicht nach stellen außereuropäische Sprachen nicht automatisch Orte des Widerstands gegen den Eurozentrismus dar, die Vernakularsprache garantiert nicht Dekolonisierung. Dementsprechend beinhaltet transnationale Literalität mehr als nur die Zusammenstellung und den Vergleich verschiedener ethischer Konzepte wie *Ubuntu*,[9] *pachamama*[10] oder *dhamma*[11] in den einheimischen Sprachen. Ein Konzept in Bantu, Quechua oder Pali ist nicht automatisch gegenhegemonial, da es seinerseits einen ideologischen Rucksack hinsichtlich der Politiken von Geschlecht, Religion, Sexualität, rassischer Zuschreibung und Klasse mit sich herumschleppt.

Wenn wir uns eine postimperiale Politik vorstellen wollen, müssen wir der Versuchung widerstehen, immer entweder das Lokale, das Nationale oder das Globale zu fetischisieren. Unter den Bedingungen der kapitalistischen Globalisierung entstehen durch die Vereinheitlichung der Bildung, die nur noch einer Handvoll herrschender Paradigmen folgt, »Monokulturen des Geistes« (Shiva 1993). Um die imperialistischen Praktiken der Entzifferung und Interpretation der Welt zu unterbrechen (Spivak 2008b: 34 f), muss man über die Beherrschung des Lesens und Schreibens in der Lingua franca des Finanzkapitals hinausgehen. Als eine Form der kritischen Praxis verbindet die »transnationale Literalität« (ebd.: 30) Literatur und Kultur mit der Ökonomie. »[E]ine Ausbildung darin, die Welt in einem literarischen Lektüremodus lesen zu können« (Spivak 2014a: 24), verändert, was wir über die Welt zu wissen glauben, ebenso wie unseren Platz in ihr: Es verändert die Art und Weise zu denken und den Gegenstand des Wissens zu rahmen. Damit wird es zum Supplement akademischer und politischer Diskurse über Globalität. Transnationale Literalität bringt also eine Neuorientierung unserer normativen Einsätze mit sich, wobei wir uns nicht nur mit dem Unbekannten vertraut machen, sondern uns auch der größeren Herausforderung stellen, das Vertraute zu entfremden. Im Gegensatz zu Theoretiker:innen der globalen Ethik, die programmatisch an die »Rettung« der Menschheit herangehen, sind »transnationale Literalität« und »planetarische Ethik« unbestimmte Praktiken, die versuchen, die Mobilisierung von Epistemologie und Ethik als Alibi für den Imperialismus zu unterbrechen. Dies erleichtert das Überschreiten epistemischer Grenzen, wobei verschiedene Formen der Bedeutungsgebung aufeinanderprallen und sich gegenseitig durchkreuzen. Als Bildungssupplement sowohl für die Eliten der Metropolen als auch für die ländlichen Massen ver-

---

9 Wichtige Ideen der afrikanischen philosophischen Ethik sind die Loyalität und die Beziehungen zwischen den Menschen, die in dem Satz »Ich bin, was ich bin, weil wir alle sind« zum Ausdruck kommen.

10 Die »Weltmutter« oder »Mutter Erde« gilt in der Kosmologie der indigenen Völker der Anden als heilig.

11 *Dhamma* ist die politische Theologie buddhistischer *Dalit* (sogenannte »Unberührbare«) in Indien, die moralisches Handeln für sozialen Wandel beinhaltet.

sucht die transnationale Literalität, den Mangel an ethischer Gegenseitigkeit zwischen Hegemon und Subalternen zu überwinden. Einer solchen Bildung geht es darum, Linien der Kontinuität zu zeichnen, die verschiedene epistemische Gemeinschaften verbinden und über sie hinweg reichen, um so Räume geteilter Intelligibilität zu schaffen. Zugleich wirkt sie damit den neoliberalen Forderungen nach exotischer Alterität und einer vermarktbaren Peripherie für den globalen Konsum entgegen.

Im Gegensatz dazu ist transnationale Illiteralität die Ignoranz darüber, wie der Neokolonialismus die ungleiche Verteilung der intellektuellen Arbeit verstärkt und das epistemische Handlungsvermögen der Subalternen behindert. Anstatt die Wissensproduktion als einen Prozess der Tatsachenermittlung und Datensammlung auf der ganzen Welt zu betrachten, schlägt Spivak die Vorstellung eines Planeten vor, der für uns unzugänglich ist. Sie richtet sich damit gegen den digitalen Idealismus und die technikverblendeten Ermächtigungsstrategien, die eine Entsubalternisierung durch digitale Kompetenz versprechen. Nur wenn wir die Grenzen unserer epistemischen Praktiken anerkennen, werden andere Ansätze zur Entzifferung der Ethik möglich, die auch mit der Herausforderung einhergehen, wie Aushandlungsprozesse zwischen verschiedenen sprachlichen und epistemischen Gemeinschaften vonstattengehen können.

Ein planetarischer Ansatz zur Ethik, der sich auf die altgriechische Idee von *Planētes* bezieht, was wörtlich »Wanderer« bedeutet, ermöglicht multidirektionale Ströme von Epistemologien und ethischen Prinzipien. Dadurch wird die Reproduktion hegemonialer Paradigmen, die ein »extraktives Lernen« fördern und für den Massenkonsum geschaffen werden, unterbrochen. Wer sich der Ethik nähert, indem er:sie sich Wissen über »fremde« Kulturen aneignet, um inklusiver und diversitätsfreundlicher zu werden, reproduziert letztlich den moralischen Imperialismus. Im Gegensatz dazu verpflichtet sich die planetarische Ethik dazu, die Anderen nicht paternalistisch auf einheimische Informant:innen für die westliche Informationsbeschaffung zu reduzieren. Sie sucht nach einem alternativen theoretischen Vokabular, nach Begriffen, die sich inkommensurable Geschichten oder Erfahrungen von Subalternen nicht aneignen und sie nicht marginalisieren. Planetarische Ethik ist auch ein Versuch, die Nicht-Beziehung zwischen altruistischen Weltverbesserern und den Empfängern von Philanthropie und Wohlwollen zu überwinden (Spivak 2014a: 415). Eine ethische Beziehung zwischen dem Hegemon und den Subalternen zu ermöglichen, erfordert mühsame politische Arbeit, auch wenn diese Begegnungen letztlich nie ohne Zwang sein können.

Die planetarische Ethik bietet einen ethischeren Weg, die Materialität der Welt sowie unseren gemeinsamen Platz und unsere Verantwortung in ihr zu verstehen. Statt als globale Akteure zu fungieren, sollten wir uns als planetarische Subjekte vorstellen, die eine uns nur »geliehene« Erde bewohnen (Spivak 2003a:

30). Wir müssen uns von einer nur »auf Rechten basierenden Kultur« zu einer »auf Verantwortung basierenden Kultur« wandeln, in der wir nicht *für* die Anderen verantwortlich sind, sondern *gegenüber* den Anderen (Spivak 2008b: 29). Bei der planetarischen Ethik geht es nicht nur darum, materielle Güter für die leidenden Klassen zu organisieren, wodurch die Benachteiligten auf ihre Bedürfnisse reduziert werden. Sie werden für diejenigen, die die Hand zur globalen Solidarität ausstrecken, zu einem konsumierbaren Text, der für ihre Lektüregewohnheiten transparent ist. Die Aufgabe ist vielmehr, sich mit der Vorstellungskraft und dem Begehren jener, die geben, wie auch jener, die empfangen, auseinanderzusetzen, ganz gleich ob es sich um Gerechtigkeit, Rechte oder humanitäre Hilfe handelt. Darüber hinaus verlangt die Praxis der planetarischen Ethik von denjenigen, die auf der privilegierten Seite der Transnationalität stehen, dass sie ihre Mitschuld anerkennen und die historischen Prozesse hinterfragen, die sie überhaupt erst als Spender:innen von Recht und Gerechtigkeit konstituiert haben. Dazu gehört es, unbedingt auf Formeln und universelle Entwürfe zur Lösung globaler Probleme zu verzichten; vielmehr ist der Selbstzweifel ein wichtiger Aspekt ethisch-politischer Praxis, weil er es uns ermöglicht, uns der Grenzen unserer eigenen Überzeugungen gewahr zu werden. Der Prozess der Dekolonisierung kann nicht allein durch krisengetriebene Philanthropie oder ungeduldige Menschenrechtsinterventionen gelingen. Ohne eine grundlegende Neuordnung der internationalen intellektuellen Arbeitsteilung wird die ungeprüfte Reproduktion des Eurozentrismus fortbestehen.

Den kantischen kosmopolitischen Agenten der Solidarität, die von einer moralischen Warte aus agieren, setzt Spivak (2003a: 102) die Idee der planetarischen Wesen entgegen. Meiner Ansicht nach bedeutet dies, ethische Verantwortung zu übernehmen, also die Fähigkeit, auf den Ruf des Anderen in Form eines subversiven Zuhörens zu erwidern. Diese Politik des Zuhörens ist eine Praxis der Gastfreundschaft gegenüber der unerwarteten Stimme der Anderen (Dhawan 2007: 273–83). Subalternes Sprechen wird unmöglich bleiben, wenn nicht geeignete Bedingungen geschaffen werden, damit die Subalternen erhört werden können. Pluralisierung und Diversifizierung epistemischer Praktiken sind notwendig, aber nicht hinreichend. Die planetarische Ethik verlangt darüber hinaus eine nicht-formelhafte Offenheit für das Ungedachte, welches nicht nur das ist, was noch nicht gedacht wurde, sondern auch das, was sich rigorosen epistemischen Bestrebungen entzieht (Dhawan 2007: 317). Dieses Nicht-Wissen stellt nicht etwa einen Mangel oder ein Versagen dar; es deutet vielmehr auf das hin, was sich sträubt, ein »richtiger« Gegenstand des Wissens zu sein und sich damit dem positivistischen Wissen entzieht.

Kritische Theorien und Praktiken der Dekolonisierung erfordern eine Genealogie der emanzipatorischen Normen von Freiheit, Gleichheit und Solidarität.

Dies würde der Versuchung entgegenwirken, die Geschichte zur bloßen Selbstrechtfertigung und Selbstbeweihräucherung zu missbrauchen, wie dies im Fall der europäischen Aufklärung zu beobachten war. Statt freischwebende Normen oder einen normativen Fundamentalismus zu fördern, ginge es also darum, einen nicht-relativistischen, nicht-universellen Ansatz zur Normativität zu entwerfen, der den Kontexten, in denen bestimmte Normen operationalisiert werden, besondere Beachtung schenkt. Anstatt sich immer wieder nur auf deren angeblich kontextunabhängigen Charakter zu berufen, sollte sich das Engagement für die Ideale der Menschenrechte und der Gerechtigkeit immanent legitimieren. Ein solcher Ansatz würde entrechtete Gruppen epistemisch handlungsfähig machen, so dass Normativität nicht mehr von oben nach unten durchgesetzt werden müsste; die normative Legitimität würde vielmehr von denjenigen ausgehen, die diese Ideale aushandeln. Das Projekt der Dekolonisierung muss unvollständig bleiben, wenn nicht Bedingungen geschaffen werden, die es den Subalternen ermöglichen, ihre epistemische Handlungsfähigkeit auszuüben.

Die meisten kritischen Ansätze versprechen, dass eine Verbesserung der materiellen Verhältnisse eine Entsubalternisierung ermögliche. Wirtschaftliche und politische Ermächtigung sind zwar notwendig, aber nicht hinreichend, wenn sie nicht durch einen dauerhaften epistemischen Wandel bei den Unterdrückten ergänzt werden, der nur durch kontinuierliche pädagogische Arbeit herbeigeführt werden kann (Spivak 2008b: 70 f). Es geht darum, in die ideologische Subjektkonstitution der Subalternen einzugreifen, so dass sie ihre Unterwerfung nicht länger als immanent akzeptieren. Um den Anstoß zur Entsubalternisierung zu geben, ist es »wichtiger, einen kritischen Geist zu entwickeln, als unmittelbares Wohlbefinden zu sichern« (ebd.: 65). Den Subalternen muss also vor allem der Zugang zu den Werkzeugen der Aufklärung ermöglicht werden, damit sie die Gewohnheiten des Gehorsams verlernen können, die sie als die gemeinsame Hinterlassenschaft von Feudalismus und Kolonialismus mit sich herumschleppen (ebd.: 55) (mehr dazu in Kapitel 4). Am anderen Ende des Spektrums müssen die Eliten der Großstädte und der ehemaligen Mutterländer lernen, ihre Seinsweise als imperialistische Subjekte zu verlernen, die davon ausgehen, dass die Lösung globaler Probleme ihre Sendung, ihr *manifest destiny* ist.

Die Aufgabe, ein post-imperialistisches kritisches Denken zu schaffen, macht es erforderlich, unser Verständnis von »Kritik« und »Theorie« zu überdenken. Dies bedeutet, die Grenzen des kritischen Diskurses zu überschreiten und die unangefochtenen Annahmen und Ausschlussmechanismen aufzudecken, die ihm innewohnen. Ohne eine solche Neukonfiguration sind nicht-repressive epistemische und ethische Praktiken und Erfahrungen weder intelligibel noch lesbar. Hierin liegt das Risiko wie auch die Verantwortung kritischer Theorien der Dekolonisierung.

Den Postkolonialen Studien wird vorgeworfen, eine manichäische Denkweise zu verstärken, die die Welt in böse Europäer:innen und viktimisierte Nichteuropäer:innen unterteilt. Das Ziel im vorangehenden Teil I mit drei Kapiteln war es, dieser Fehlinterpretation des postkolonialen Denkens entgegenzuwirken. Die folgenden drei Kapitel von Teil II widmen sich der Politik, der Ethik und der Ästhetik der Dekolonisierung.

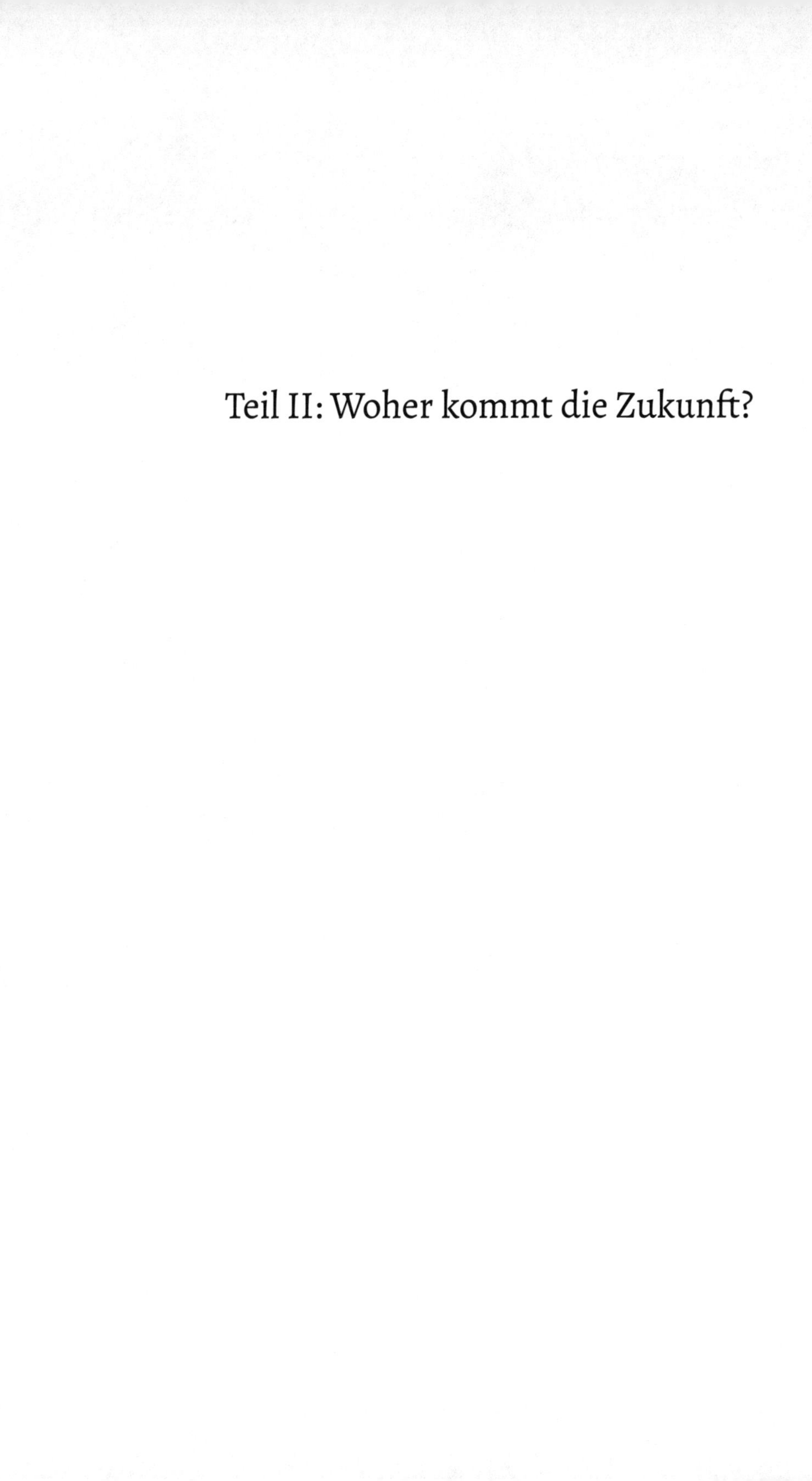

Teil II: Woher kommt die Zukunft?

Kapitel 4: Die Nicht-Performativität der Kritik: Protestpolitik, Staatsphobie und die Erotik des Widerstands

Im Kampf gegen die koloniale Macht werden die zeitgenössischen Debatten um Dekolonisierung immer häufiger in Begriffen des Abolitionismus geführt, d.h. im Lichte der Utopie einer Welt ohne Staaten. Konkret würde das bedeuten, den bürokratisch-militärischen Staatsapparat durch dezentrale demokratische Gesellschaften ohne Staat zu ersetzen (Davis/Spivak/Dhawan 2019). Der Kampf, der sich zunächst gegen die Sklaverei und dann gegen den Strafrechts- und Gefängniskomplex richtete, wird heute durch die Forderung nach der Abschaffung und Demontage des rassistischen kapitalistischen Staates und seiner Polizeifunktionäre radikalisiert (Gilmore 2022). Um sicherzustellen, dass Dekolonisierung nicht nur eine »Metapher« ist (Tuck/Yang 2012), müsse das staatliche Gewaltmonopol durch die Abschaffung des Staates selbst aufgehoben werden. Das Absterben des Staates, so die Hoffnung, würde den Zerfall der kapitalistischen Wirtschaft einleiten und der Ausbeutung der Arbeiterklasse wie auch der rassistischen und heterosexistischen Gesellschaft ein Ende bereiten.

Die neuen sozialen Bewegungen unserer Gegenwart sind aus dem Scheitern der liberalen Reformen hervorgegangen und haben die Demonstrant:innen als Protagonist:innen der Dekolonisierung in den Mittelpunkt gerückt. Wer sich zum Projekt der Dekolonisierung bekennt, wird diesen kritischen Interventionen zwar positiv gegenüberstehen, und doch sollte, wie ich in diesem Kapitel argumentieren möchte, ein Unterschied zwischen Staatskritik und Staatsphobie gemacht werden. Ich möchte anhand theoretischer Erkenntnisse und historischer Beispiele zeigen, warum die Dekolonisierung nicht im Sinne des Anti-Etatismus verstanden werden sollte, sondern vielmehr eine Neukonzipierung des Verhältnisses zwischen dem Staat und den Subalternen erfordert. Indem ich die Nicht-Performativität der Kritik der Protestbewegungen skizziere, werde ich dafür plädieren, den Staat, eines der wichtigsten Vermächtnisse der Aufklärung, als ein *pharmakon* zu verstehen, d.h. als Gift und Medizin zugleich. Von Haiti über Indien bis Südafrika wurden nach dem Ende der Kolonialherrschaft postkoloniale Staaten mit fortschrittlichen Verfassungen gegründet. Die Souveränität dieser postkolonialen Staaten folgte der Logik der Aufklärung, auch wenn diese auf die Ziele der frisch entkolonialisierten Gesellschaften zugeschnitten wurde. Unser Nachdenken über die Dekolonisierung sollte sich von diesen historischen Beispielen inspirieren lassen. Letztlich geht es in diesem Kapitel darum, dass sowohl dem Staat als auch nicht-staatlichen Akteuren im Prozess der Dekolonisierung wichtige, wenn auch unterschiedliche Rollen zukommen.

Ziviler Ungehorsam: Damals und heute

Über die Rolle von Kritik und politischem Handeln bei der Herbeiführung sozialer Veränderungen ist viel Tinte vergossen worden, wobei sich Wissenschaftler:innen und Aktivist:innen auf unterschiedliche Weise mit der Rechtmäßigkeit, Legitimität und Wirksamkeit des Widerstands auseinandergesetzt haben. Während einige den zivilen Ungehorsam als aufrührerisch und unmoralisch ablehnen und befürchten, dass er in Rechtslosigkeit enden könnte, befürworten andere ihn als wesentliche Komponente politischer Teilhabe und demokratischer Prozesse. Ob in der Suffragettenbewegung, den antikolonialen Kämpfen, der Anti-Apartheid-Bewegung oder der Amerikanischen Bürgerrechtsbewegung – der Weitblick und Mut vieler Dissident:innen hat nachfolgenden Generationen immer wieder als Inspiration gedient. Der Begriff »ziviler Ungehorsam« umfasst eine Vielzahl ganz unterschiedlicher Praktiken, darunter Randale, Sit-ins, Proteste, Demonstrationen, Hungerstreiks, Streikposten, Boykotte und andere nicht-konforme Handlungen. Auch die Ziele dieser Protestformen variieren; manchmal geht es darum, durch öffentlichkeitswirksame Aktionen die Mehrheitsgesellschaft auf ein bestimmtes Problem aufmerksam zu machen, manchmal sind konkrete und dauerhafte soziale oder politische Veränderungen das Ziel. Ähnlich vielfältig sind die Taktiken und Strategien, die von der Akzeptanz der für begangene Gesetzesverstöße verhängten Strafen bis hin zum Sturz der Machthaber:innen und der Einsetzung eines neuen Regimes reichen können. Die Rechtfertigung leitet sich dabei aus dem folgenden Postulat ab: Wenn der Rechtsstaat die Gewalt nicht aufhebt, sondern verschärft, büßt er seine Legitimität ein. Und wenn friedliche Proteste keine Wirkung zeigen, dann, so das Argument, wird als Reaktion auf die staatliche Gewalt der Rückgriff auf Gegengewalt seitens der Protestierenden unumgänglich; Gewaltlosigkeit werde andernfalls zu einem Irrweg, der letztlich nur den repressiven Staatsapparat schützt. Oder in den prägnanten Worten Martin Luther Kings: »[…] der Aufruhr ist die Sprache der Unerhörten« (1968). Schon Fanon (1969b [1961]) hatte in seinem Text »Von der Gewalt« argumentiert, dass Gewaltzyklen paradoxerweise unvermeidlich seien, wenn die Menschheit aus der

Sackgasse ausbrechen und gewaltfreie Beziehungen ermöglichen wolle. Fanon ging es weniger um eine Rechtfertigung der Gewalt als vielmehr darum zu verstehen, wie Gewalt entsteht und eingesetzt wird, um sie schließlich ein für alle Mal zu überwinden. Wie aber der Gegensatz zwischen Mitteln und Zwecken in dieser Hinsicht versöhnt werden kann, bleibt bis heute ein Dilemma und eine Herausforderung (mehr dazu in Kapitel 5).

Viele der jüngsten weltweiten Proteste zeugen nicht nur von der zentralen Rolle des zivilen Ungehorsams, sondern auch von seiner Ambivalenz. Solange Proteste friedlich und geordnet verlaufen, werden sie im Westen oft als Alibi genutzt, um nicht-westliche Mächte wie China, Russland, Nordkorea und den Iran an den Pranger zu stellen. Den vermeintlichen Schurken wird so eine Lektion erteilt, wie der »Karneval der Demokratie« zu funktionieren hat. Der Westen bedient sich dieser sozialen Bewegungen also, um seine eigene Überlegenheit als tolerant und weltoffen zu unterstreichen und so nicht-westliche Staaten für ihr »Demokratiedefizit« bloßzustellen. Sobald Proteste aber gewalttätig werden, kriminalisieren und delegitimieren die westlichen Staaten die Kritik oft, etwa indem sie die Protestierenden als »Gewalttouristen« abstempeln.[1]

Angesichts des schwierigen Wechselverhältnisses zwischen kritischer Theorie und kollektivem Handeln argumentieren einige, dass kritisches Denken einen Bewusstseinswandel bewirken und so auch die soziale Realität verändern könne, während andere darauf bestehen, dass die kritische Theorie von den Erfordernissen der alltäglichen Kämpfe getrennt bleiben sollte, weil sie sonst pedantisch und präskriptiv werde. In diesem Abschnitt möchte ich verschiedene Konzeptualisierungen des Verhältnisses zwischen kritischem Denken und politischem Handeln historisch nachzeichnen, um die Verlockungen und die Grenzen der Politik des Widerstands besser zu verstehen.

Zu den wichtigsten Vermächtnissen der Aufklärung gehört, dass sie den Anstoß zu einer Neugestaltung der Beziehungen zwischen den Bürger:innen und dem Staat gab. Für Foucault war die Aufklärung primär eine Neukonfiguration der asymmetrischen Beziehungen zwischen dem Staat mit seinen Institutionen und den Individuen: »Folglich besteht das Ziel der Aufklärung gerade in der Neuverteilung der Beziehungen zwischen der Regierung des Selbst und der Regierung der anderen« (Foucault 2009: 53). Die Denker der Aufklärung argumentierten, es sei die Pflicht der Bürger, dem Staat zu gehorchen, denn um die Bürger zu schützen und Gesetze (manchmal auch unter Zwang) durchzusetzen, müssten Regierungen »unanfechtbar« sein. Die juristische Maxime *rex non potest peccare* (»Der König kann kein Unrecht tun«) bringt diese Doktrin der souveränen Immu-

1 Der Begriff wurde verwendet, um Demonstrant:innen während des G20-Gipfels von 2017 in Deutschland zu diskreditieren.

nität auf den Punkt. Als Gegenleistung für den Gehorsam ermöglicht das Gewaltmonopol des Souveräns es dem Staat, Konflikte zwischen Subjekten friedlich zu regeln und so Recht und Ordnung zu gewährleisten. Das Ziel des Gesellschaftsvertrags besteht also darin, Krieg und Unsicherheit zu beenden. Bliebe die »private« Gewaltanwendung angesichts der ungleichen Verteilung der Macht innerhalb der Bevölkerung legitim, wäre das nicht möglich.

Die Denker der Aufklärung betonen andererseits aber auch, dass es wichtig sei, sich gegen unterdrückerische Praktiken und Gesetze auszusprechen, wenn sie gegen den allgemeinen Willen des Volkes verstoßen. Sie unterscheiden deshalb zwischen der Unrechtmäßigkeit einer bewaffneten Rebellion und der legitimen Ausübung eines Rechts auf Widerstand.[2] Während die Rebellion die Verfassung und die Grundlagen der politischen Souveränität bedroht, gefährden stumme Unterordnung und fügsame Selbstgenügsamkeit die aktive Bürgerschaft, die offene Gesellschaft und die lebendige Demokratie. Der Slogan der Aufklärung *sapere aude* ruft bekanntlich dazu auf, den Mut aufzubringen, das eigene Urteilsvermögen reflexiv einzusetzen. Während das Gesetz dem Einzelnen gleiche Freiheitsrechte zusichert und im Gegenzug ein gewisses Maß an Gehorsam verlangt, bleibt die Autonomie des freien, rationalen Wesens von zentraler Bedeutung (Reiss 1956: 180–181). Das Recht auf Revolution kollidiert hier also mit dem Gebot des Gehorsams gegenüber Gesetz und Verfassung, weshalb Kant betont, dass die Menschen sogar »den für unerträglich ausgegebenen Mißbrauch der obersten Gewalt« hinnehmen müssten (MS, AA 06 [1797]: 320). Dieser Logik zufolge darf man die Legitimität des tatsächlichen Staates nicht an der normativen Idee eines idealen Staates messen, der in vollkommener Übereinstimmung mit dem allgemeinen Willen des Volkes regieren würde. Selbst die größte Unvollkommenheit der bestehenden Gesellschaft könne einen Aufstand gegen den Souverän nicht rechtfertigen (Cummiskey 2008: 232).

Wie Hobbes, der jeden Aufstand gegen die Autorität des Leviathan ablehnte, sprach also auch Kant den Bürgern das Recht ab, sich gegen eine ungerechte Herrschaft aufzulehnen, da dies Frieden und Ordnung gefährden würde. Die Revolte gegen den Staat bringe nämlich das Paradox mit sich, dass die Ermächtigung zum Widerstand ausgerechnet von der Autorität gewährt werden müsste, gegen die sich der Widerstand richtet, was zu einer unhaltbaren Situation führen würde. Überdies müsste die Staatsgewalt angerufen werden, um das Recht

2 Ein gutes Beispiel für die Verankerung der Aufklärung im modernen Europa ist das Recht auf Widerstand: im deutschen Grundgesetz wird das Widerstandsrecht (Grundgesetz Artikel 20 Absatz 4) seit 1968 garantiert. Kritiker:innen wenden aber ein, dass dies letztlich nur den Staat in die Lage versetze, den Status quo aufrechtzuerhalten, anstatt die Bürger:innen zum Widerstand gegen staatliche Gewalt zu befähigen.

der Bürger:innen auf Widerstand gegen die Staatsgewalt zu schützen, was den Rechtsstaat funktionsunfähig mache (Williams 1983: 200).

Gegen das Recht auf Revolution wendet Kant (Kant MS, AA 6 [1797]: 320) ein: »Denn um zu demselben befugt zu sein, müßte ein öffentliches Gesetz vorhanden sein, welches diesen Widerstand des Volks erlaubte, d.i. die oberste Gesetzgebung enthielte eine Bestimmung in sich, nicht die oberste zu sein und das Volk als Unterthan in einem und demselben Urtheile zum Souverän über den zu machen, dem es unterthänig ist; welches sich widerspricht und wovon der Widerspruch durch die Frage alsbald in die Augen fällt: wer denn in diesem Streit zwischen Volk und Souverän Richter sein sollte (denn es sind rechtlich betrachtet doch immer zwei verschiedene moralische Personen); wo sich dann zeigt, daß das erstere es in seiner eigenen Sache sein will.« Kant scheint Hobbes' Warnung zu beherzigen, dass die Missachtung der Gesetze des Souveräns auch die Rechte des Volkes untergraben und damit die Möglichkeit der Legitimität selbst gefährden würde. Statt zu einem gerechteren Staat zu führen, könne der Umsturz eines Zwangsregimes in Gesetzlosigkeit und einer Rückkehr zum Naturzustand enden. Ebenso wie ein Gesetz, das Gesetzlosigkeit zulässt, widersprüchlich wäre, ist für Hobbes eine schlechte Regierung immer noch besser als gar keine. Obwohl viele Aufklärer Hobbes' Position teilen, räumen einige doch ein, dass es sich beim zivilen Ungehorsam um einen legitimen und rationalen Rechtsbruch handelt, der notwendig sein kann, um ungerechte und gewaltsame politische Herrschaft öffentlich anzuklagen.

Trotz kontroverser Meinungsverschiedenheiten und zahlreicher Unstimmigkeiten in ihren Positionen erkannten viele der auf Hobbes folgenden politischen Philosophen wie Locke, Rousseau und Kant letztlich die Möglichkeit und Zulässigkeit der Kritik an tyrannischer Herrschaft als eine moralische Pflicht aufgeklärter Bürger an. Darüber hinaus wurde argumentiert, dass es die Pflicht des Staates sei, das unveräußerliche Recht seiner Bürger auf das, was Kant als Öffentlichkeit bezeichnet, zu schützen. Das Recht auf politische Kritik sei nicht nur ein prinzipielles Recht, sondern auch die Bedingung aller anderen Rechte und damit eine grundlegende Pflicht, denn die öffentliche Debatte in Form der politischen Rede ist Kant zufolge für den moralischen Fortschritt der Gesellschaft unabdingbar. Indem der Souverän die öffentliche Kritik respektiert und auf sie eingeht, könne er eine Revolution überflüssig machen und gleichzeitig die Kritikfähigkeit der Bürger fördern, um so einem blinden Gehorsam gegenüber dem Gesetz entgegenzuwirken.

In *Was ist Aufklärung?* erklärt Kant programmatisch: »[D]er öffentliche Gebrauch seiner Vernunft muß jederzeit frei sein, und der allein kann Aufklärung unter Menschen zu Stande bringen« (WA, AA 8 [1784]: 37). Die eigenen kritischen Fähigkeiten einzusetzen, ist nicht nur das Recht, sondern die Pflicht eines jeden

Einzelnen; umgekehrt ist der Staat dafür verantwortlich, den Bürgern die Bedingungen für Selbstreflexion und kritische Äußerung zu garantieren. In »Theorie und Praxis« erklärt Kant, dass die »Freiheit der Feder« das »einzige Palladium« der Rechte des Volkes sei, ohne das die Menschen gar keine Möglichkeit hätten, Rechte zu beanspruchen (TP, AA 8 [1793]: 304). Daher sieht er die Bürger in der Pflicht, an der bürgerlichen Gesellschaft teilzuhaben und so ihre Fähigkeit zur kritischen Reflexion zu pflegen. Kant geht sogar so weit, Gewalt zu rechtfertigen, wenn diese zur Schaffung einer bürgerlichen Gesellschaft unverzichtbar ist. Zugleich warnt er vor paternalistischen Regierungen, die ihre Bürger wie Kinder behandeln und ihnen leere Glücksversprechen machen, statt die aktive Ausübung ihrer Vernunft zu fördern (ebd.: 291). Allerdings stellt Kant diese Überlegungen unter einen Vorbehalt: »Gehorche der Obrigkeit (in allem, was dem inneren Moralischen nicht widerstreitet), die Gewalt über euch hat« (MS, AA 6 [1797]: 372). Die Möglichkeit einer Verweigerung aus Gewissensgründen und die Zulässigkeit zivilen Ungehorsams besteht für Kant also durchaus, allerdings eher im Sinne von Gandhis gewaltlosem Widerstand[3] als im Sinne einer gewaltsamen Revolution (Cummiskey 2008: 232).

Im Mittelpunkt dieser Debatte steht die schwierige Frage nach der »Legitimität« zivilen Ungehorsams und die Wahl zwischen zivilen und gewaltsamen Mitteln des Widerstands. Trotz seiner bedingungslosen Ablehnung von Rebellionen im Allgemeinen, insbesondere von gewaltsamen, pries Kant die Französische Revolution als Beweis für den moralischen Fortschritt der Menschheit (Axinn 1971: 424), was ihm sogar den Spitznamen »der alte Jakobiner« einbrachte (Beck 1971: 411). Allerdings verurteilte er zugleich die Schreckensherrschaft aufs Schärfste und befürwortete Reformen und eine allmähliche politische Emanzipation als Mittel der Wahl, um politischen Wandel zu erreichen, also durch eine allmähliche Aufklärung des Volkes. In der Kant-Forschung wird seine überraschende Begeisterung für die Amerikanische Unabhängigkeit und die Französische Revolution bis heute kontrovers diskutiert (Reiss 1956: 179).[4] In Übereinstimmung

3 Obwohl Kant, wie in Kapitel 1 erörtert, antikoloniale Unabhängigkeitsbewegungen gegen die »legitime« Kolonialherrschaft nicht unterstützen würde.

4 Der Herausgeber der Zeitschrift, in der Kants Aufsatz »Über den Gemeinspruch: Das mag in der Theorie richtig sein, taugt aber nicht für die Praxis« veröffentlicht wurde, berichtete von seiner Erleichterung, als er Kants Ablehnung des Rechts auf Revolution las (siehe Biester an Kant, 5. Oktober 1793), (Kant AA 11 [1793]: 456). Es gab natürlich Spekulationen darüber, ob Kant in seinen veröffentlichten Schriften aus Rücksicht auf die preußische Zensur Zurückhaltung walten ließ. Als er die Anweisung erhielt, seine Ansichten über das Christentum nicht öffentlich zu äußern, gehorchte Kant. Andere argumentieren, dass er Revolutionen in Theorie und Praxis aus Überzeugung nicht unterstützte. In einem Brief an Moses Mendelssohn betonte Kant: »Zwar dencke ich vieles mit der allerkläresten Überzeugung und zu meiner großen Zufriedenheit was ich niemals den Muth haben werde zu sagen; niemals aber werde ich etwas sagen was ich nicht dencke« (Kant AA 10 [1766]: 69).

mit Heinrich Heine bezeichnete Marx (MEGA I 1 [1842]: 194) Kants Philosophie als »die *deutsche Theorie* der französischen Revolution«. Kant lehne zwar das Recht auf Widerstand prinzipiell ab, würde aber nicht behaupten, dass Widerstand an und für sich kein Recht sei (Nicholson 1976: 220). In Kants (MS, AA 6 [1793]: 99) eigenen Worten: »wenn die [Menschen] etwas gebieten, was an sich böse (dem Sittengesetz unmittelbar zuwider) ist, [darf und soll] ihnen nicht gehorcht werden [...].« Die Wahl ist die zwischen dem Widerstand gegen den Souverän zur Verhinderung von Ungerechtigkeit, einerseits, und dem Gehorsam gegenüber dem Souverän zur Ermöglichung von Gerechtigkeit, andererseits (Nicholson 1976: 222).

Kants Überlegungen zum Widerstandsrecht wurden auch von seinen Ansichten über das Eigentumsrecht und die bürgerliche Gesellschaft beeinflusst (Cummiskey 2008: 220). Wie in Kapitel 1 erläutert, bedeutet das Eigentumsrecht, dass eine Person eine legitime Autorität über äußere Dinge ausübt (Kant MS, AA 6 [1797]: 247 f). Die Inanspruchnahme eines zuvor nicht besessenen Gegenstandes unter Berufung auf das Prinzip des Erstbesitzes schließt andere von der Nutzung dieser Dinge aus und schmälert damit deren Freiheit, ohne dass diese ihr Einverständnis geben könnten (Cummiskey 2008: 223–224). Da aber ein einseitiger Zwang keine legitime Grundlage für die Durchsetzung von Rechten sein kann, erklärt Kant, dass es »nur im bürgerlichen Zustand ein äußeres Mein und Dein geben [kann]« (MS, AA 6 [1797]: 256). Eine der wichtigsten Funktionen einer bürgerlichen Gesellschaft ist es, die legitime Anwendung von Zwang in Übereinstimmung mit dem allgemeinen Willen des Volkes zu regeln. Umgekehrt beruht der allgemeine Wille auf dem gemeinsamen Interesse, öffentliche Gesetze für die Durchsetzung von Eigentumsansprüchen zu haben (Cummiskey 2008: 226). Eine bürgerliche Gesellschaft, in der die gegenseitige Verpflichtung, die legitimen Ansprüche der anderen zu respektieren, durchgesetzt wird, ermöglicht das Recht auf Eigentum überhaupt erst. Im Naturzustand sind alle Eigentumsansprüche vorübergehend; konkurrierende Ansprüche können nicht auf einer Rechtsgrundlage entschieden werden und daher auch nicht als rechtmäßige Eigentumsrechte gelten (MS, AA 6 [1797]: 256 f). Somit sind Privateigentum und der Zwang, Teil der bürgerlichen Gesellschaft zu sein, miteinander verknüpft. Einerseits lautet das Argument, dass ohne Privateigentum niemand Gebrauch von den Dingen machen könnte; andererseits werden diejenigen, die sich weigern, der bürgerlichen Gesellschaft beizutreten, als eine Bedrohung für alle anderen angesehen (Cummiskey 2008: 224). Darüber hinaus ist die Pflicht, in die bürgerlichen Gesellschaft einzutreten, untrennbar mit dem Verbot der Rebellion verbunden; es geht also nicht nur um bestimmte ungerechte Herrscher, sondern auch um eine prinzipielle Ablehnung der Revolution, weil diese die Rechtsstaatlichkeit selbst schädige (Cummiskey 2008: 235). In unserem Alltagsverständnis gehen wir zumeist davon aus, dass kritisches Denken Demokratie und Gerechtigkeit fördert, wobei Kant oft als Kronzeuge dieser Annahme herangezogen wird. Es lohnt sich deshalb, etwas genauer auf die Verstrickungen von Privateigentum und Kapitalismus zu blicken und darauf einzugehen, wie Kants Ablehnung der Revolution mit seiner Idee der bürgerlichen Gesellschaft zusammenhängt. Für die Untersuchung der Frage, ob kritisches Denken sozialen Wandel eher ermöglicht oder behindert, sind diese Zusammenhänge äußerst aufschlussreich, insbesondere im Kontext der Dekolonisierung. Wie ich zeigen möchte, ist die bürgerliche Gesellschaft nicht nur Ausgangspunkt emanzipatorischer Politik, sondern auch ein Ort der Hegemoniebildung.

Der allgemeine Wille spiegelt Rousseau zufolge (1978 [1762]) das einheitliche und gemeinsame Interesse des »politischen Körpers« wider, das über den individuellen und widerstreitenden privaten Interessen steht. Kants Verständnis der bürgerlichen Gesellschaft stützt sich auf Rousseaus Begriff eines von allen geteilten allgemeinen Willens, und insofern es sich um eine gemeinsame bürgerliche Gesellschaft handelt, kann sie aufgrund ihres inklusiven Charakters die Lösung möglicher Konflikte zwischen den Bürgern erleichtern. Im Gegensatz zu Rousseau verpflichtet Kant seine Subjekte aber dazu, Gesetzen zu gehorchen, die sie unterdrücken; er verweigert ihnen das Recht auf eine Revolution, die ihre Lage verbessern könnte. Das gilt insbesondere für Frauen und verklavte Menschen, die für ihn eine Art Eigentum darstellen. Während Kant in Bezug auf die Handlungen derjenigen, die er als Bürger betrachtet, widersprüchlich ist, ist seine Position zu anderen Subjekten unzweideutig. Kant scheint also dem unbedingten politischen Gehorsam und der Gesetzestreue Priorität gegenüber dem zivilen Ungehorsam einzuräumen. In Platons *Krito* (1977 [360 v. Chr.]) finden wir ein hervorragendes Beispiel für eine kantische Reaktion auf Ungerechtigkeit: Obwohl Sokrates beschuldigt wird, ein Gesetzesbrecher zu sein, weil er die Jugend verderbe und Atheismus predige, weigert er sich selbst im Angesicht des Todes, das Gesetz zu brechen und aus dem Gefängnis zu fliehen. Als Antwort auf den Einwand, dass es doch möglich wäre, nur ein falsches Urteil und nicht das gesamte Gesetz zu bekämpfen, erwidert Sokrates, dass er mit seiner Entscheidung, in Athen zu leben, den Gesetzen Athens zugestimmt habe und daher die Hinrichtung, auch wenn sie ungerecht sei, dem Leben in einem anarchischen Staat ohne Ordnung vorziehe.

Henry David Thoreau, der in einem Essay von 1848 den Begriff des »zivilen Ungehorsams« prägte, wies dagegen auf die Notwendigkeit bestimmter Formen der Kritik hin, selbst wenn man dafür als Staatsfeind gebrandmarkt würde. Thoreau sprach aus eigener Erfahrung; er wandte sich gegen die US-amerikanische Bundesregierung, welche die Sklaverei unterstützte, indem er sich weigerte, eine Kriegssteuer zu zahlen, die eine militärische Auseinandersetzung mit Mexiko finanzieren sollte, was zu seiner Inhaftierung führte (1969 [1849]: 77). Außerdem half er ehemals versklavten Menschen, die geflohen waren, sich den Schergen zu entziehen und verstieß damit gegen den umstrittenen Fugitive Slave Act von 1850, der die Nordstaaten dazu verpflichtete, flüchtige Sklaven an die Südstaaten auszuliefern. Thoreau betonte die Pflicht zum zivilen Ungehorsam, was auch die Abschaffung einer Regierung bedeuten könne, wenn diese den Prinzipien und Zielen, für die sie ursprünglich gegründet worden war, zuwiderhandele. Thoreaus Verstoß gegen das Kriegssteuergesetz war aber kein Versuch, die Öffentlichkeit auf ein Unrecht aufmerksam zu machen; es ging ihm nicht darum, ein Exempel zu statuieren. Da seine Weigerung, die Kriegssteuer zu zahlen, und seine Unterstützung von Menschen, die aus der Sklaverei geflohen waren, erst Jahre später ans Licht kamen, scheint es sich hier eher um eine Verweigerung aus Gewissensgründen als um eine Aufklärung der Öffentlichkeit gehandelt zu haben. Für Thoreau büßen unmoralische Gesetze ihre Legitimität ein, so dass ihre Verletzung nicht justiziabel sei. Während Thoreau sich jedoch weigerte, Kriegssteuern zu zahlen und damit eine »friedliche Revolution« durchführte, indem er sich aus der Finanzierung von Gewalt zurückzog, bestand Kant trotz seines Engagements für den Frieden darauf, dass es die Pflicht der Bürger sei, Kriegssteuern zu zahlen, selbst wenn der Staat einen illegalen Krieg führe (TP, AA 08 [1793]: 308, 311).

Vielleicht hatte Lenin Kant im Sinn, als er beklagte, dass eine Revolution in Deutschland unwahrscheinlich sei. Die Deutschen seien so gesetzestreu, dass sie, wenn sie einen Bahnsteig stürmen wollten, sich zuvor in die Schlange stellen würden, um Bahnsteigkarten zu kaufen (Minnerup 2003:103). Im Gegensatz dazu können für Marx die Ziele des Kommunismus »nur durch den gewaltsamen Umsturz aller bestehenden Gesellschaftsordnung« erreicht werden (MEW 4 [1848]: 493), wobei die Revolution für das Proletariat, das »nichts zu verlieren hat als seine Ketten« (ebd.), das einzige Mittel der Veränderung darstellt. Während Marx auf die Macht des kollektiven Handelns organisierter Bürger:innen wie der Arbeiterschaft setzte, sahen Denker wie John Stuart Mill (2021 [1835]: 97) darin eine Gefahr: »Die Fähigkeit zur Kooperation für ein gemeinsames Ziel, bis dahin ein monopolisiertes Machtinstrument in den Händen der höheren Klassen, ist nun in denen der niedrigsten Klassen eines geworden, das größten Respekt einflößt.« Anstatt politisches Handeln mit rationaler Deliberation zu verknüpfen, stellte Marx eine Verbindung zwischen Revolution und kollektiver Leidenschaft her. Das Geschäft der Emanzipation ließe sich nicht betreiben, »ohne ein Moment des Enthusiasmus in sich und in der Masse hervorzurufen« (Marx MEGA I 2 [1844]: 179). Diese Einsicht steht dem Kant'schen und Habermas'schen Modell der rationalen Deliberation diametral entgegen und nimmt die queerfeministische Affekttheorie und Politik vorweg.

Statt mit revolutionärem Bewusstsein kann der Widerstand der Arbeiterschaft aber auch in reaktionärem Ressentiment enden (Caygill 2013: 45). Da der Umfang des Widerstands und die Subjektivität der Arbeiter:innen von den materiellen Bedingungen bestimmt würden, gab Lenin (1955 [1929]: 435 f) zu bedenken, dass das Klassenbewusstsein sich nicht von selbst aus den ökonomischen Kämpfen heraus entwickeln würde. Ohne ergänzende Intervention von außen und den Einfluss einer Avantgarde, die das Bewusstsein aktiv fördere, werde der organisierte Widerstand reaktiv bleiben und nicht in der Lage sein, sich in etwas Neues zu verwandeln (Caygill 2013: 46). Anstelle eines Bruchs mit der Vorgeschichte befürchtet Lenin »die umgekehrte Einschreibung dieser Geschichte in den Widerstand selbst. So akzeptiert der Kampf für mehr Lohn die Lohnform, der Kampf für bessere Arbeitsbedingungen die Disziplin der Fabrikproduktion – kurzum, der Widerstand tendiert eher zur Reform als zur Revolution« (ebd.: 46). Im Gegensatz zu Lenin vertrat Rosa Luxemburg die Auffassung, dass das Bewusstsein der Bewegung des Widerstands folge, statt diese zu bestimmen. Luxemburg richtete ihr Augenmerk dabei auf »kleine«, aber hartnäckige Akte des Widerstands und nicht auf ein einzelnes glorifiziertes Ereignis. Diese kleinen Momente des Widerstands würden jedoch Spuren hinterlassen und auf diese Weise künftige Kämpfe prägen. So spürte Luxemburg nicht nur bewusste, sondern auch unbeabsichtigte und spontane Unterströmungen des politischen Handelns auf. Lenin ging es hingegen darum, spontane lokale Kämpfe in eine organisierte globale Revolution zu verwandeln (ebd.: 104).

Während Lenin und Luxemburg über die Bedingungen nachdachten, die Widerstand ermöglichen, zeigte Freud, dass Widerstand nicht immer eine emanzipatorische Kraft sein muss, sondern auch mit Unterdrückung einhergehen kann (ebd.: 141). Freud zufolge (1948a [1926]: 192 f) kultiviert der Patient eine Bindung an seine Krankheit und widersetzt sich damit ironischerweise der Genesung. Wenn die Analytikerin die Verdrängungen der Patientin aufdeckt, weist die Patientin die Interpretationen üblicherweise zurück. Freud (1948b [1926]: 255) machte deshalb deutlich, dass die Analytikerin die Patientinnen zunächst dazu bringen müsse, diesen Widerstand zu überwinden, um so den Wunsch nach Heilung zu wecken und die Bindung an die Krankheit zu lösen. Um eine umfassendere Heilung zu ermöglichen, muss zunächst eine Geschichte der Verdrängung unterbrochen werden. Je stärker der Widerstand der Patientin sei, desto mehr müsse die Analytikerin die Fähigkeit der Patientin, Widerstand zu leisten, schwächen, um sie für positivere Wünsche für die Zukunft zu öffnen. Der Widerstand kann also sowohl zur Unterdrückung beitragen als auch die Befreiung ermöglichen. Howard Caygill (2013: 55) hat überzeugend argumentiert, dass, wenn Faschismus und Nazismus Akte des Widerstands gegen die vermeintlichen Bedrohungen der Moderne und des Kommunismus gewesen seien, das Bekämpfen dieser »Widerstände«

nicht durch Konfrontation erfolgen kann. Heilung und Wiedergutmachung kann es vielmehr nur dann geben, wenn, in Anlehnung an die Psychoanalyse, eine affirmative und resiliente Subjektivität geschaffen wird.

Ein weiterer kontroverser Beitrag zum Verhältnis von Widerstand und Repression stammt von Adorno (GS 20.1 [1969]: 402), der Protest und Demonstrationen bekanntlich als »Aktionismus« abtat und für ein Symptom der Verzweiflung hielt. Dem »Hurra Optimismus der unmittelbaren Aktion« (ebd.), der zum Scheitern verurteilt sei, stellt er die autonome Kritik entgegen, die sich der Ablenkung und flüchtigen Befriedigung durch die unmittelbare Aktion entziehe. Statt sich in spezifischen lokalen Erfahrungen zu verlieren, empfiehlt Adorno eine Analyse der »gesellschaftlichen Totalität«, ohne dabei Rezepte für erfolgreiches widerständiges politisches Handeln anzubieten.

In einem oft zitierten *Spiegel*-Interview betont Adorno, dass sich die Wirkung seiner Ideen nicht direkt in politischem Handeln niederschlage, sondern dass es vielmehr darum gehe, das Denken zu verändern. Er »hätte zwar ein theoretisches Modell aufgestellt, hätte aber nicht ahnen können, daß Leute es mit Molotow-Cocktails verwirklichen wollen.« (GS 20.1 [1969]: 399) Adorno lehnt jegliche Gewaltanwendung strikt ab, denn seiner Meinung nach kann »eine sinnvolle verändernde Praxis nur als gewaltlose Praxis« gedacht werden (ebd.: 403). Auf den Vorwurf, »Wissenschaft im Elfenbeinturm« zu betreiben, erwidert Adorno, dass er sich vor dem Begriff »Elfenbeinturm« nicht fürchte, sondern vielmehr besorgt sei, dass Theorie »sich von vornherein der Praxis unterwirft« (ebd.: 400). Seiner Ansicht nach geht die Vorherrschaft der Praxis mit Theoriefeindlichkeit einher. Dies widerspricht dem dialektischen Ansatz, den Marx vertritt, nach dem Theorie und Praxis gleichermaßen notwendige und voneinander abhängige Formen menschlicher Tätigkeit sind.

Im Gegensatz zu Habermas' Diskursethik weist Adorno auf aktivistische Kontexte hin, in denen politische Diskussionen oft in narzisstische Spiele ausarteten. Anstatt gleicher Teilnahme und respektvollem Zuhören zur Sicherstellung fairer Entscheidungsfindung komme es hier zu ideologischen Konflikten, in deren Verlauf partikulare Interessen bestimmter Teilnehmer:innen als universell dargestellt würden (Cook 2004: 55). Abweichende Positionen würden »kaum wahrgenommen; allenfalls, damit man mit Standardformeln dagegen aufwarten kann« (Adorno 10.2 [1969]: 322). Utopisches kritisches Denken schaffe dagegen Raum für Ideen, die sich der Assimilation in vorherrschende identitäre und universelle Kategorien widersetzten.

Adornos Position wird oft als elitär verurteilt, weil er die Theorie von der Praxis abkoppelt. Er weist die romantische Verherrlichung der revolutionären Aktion als narzisstisch zurück und warnt vor den Gefahren des sich aus der Dringlichkeit des Hier und Jetzt ergebenden Handlungsdrucks. Dafür wurde Adorno von

Studierenden und Aktivist:innen angegriffen, insbesondere von denen der sogenannten »Außerparlamentarischen Opposition« (APO), die ihn einst als ihren Verbündeten betrachtet hatten. Im Sommer 1969, während der Besetzung des Instituts für Sozialforschung durch die Studierenden, entschieden sich Adorno und Habermas dazu, die Polizei zu rufen; in den Augen der Studierenden ein für einen Theoretiker des Antifaschismus unverzeihlicher Akt (Richter 2010: 228–229). Seine Vorlesungen wurden wiederholt gestört. So überschütteten ihn drei Studentinnen mit Blumenblättern und entblößten ihre Brüste, was später als »Busenattentat« so berühmt wie berüchtigt wurde. Adorno verließ daraufhin den Hörsaal und Flugblätter mit der Aufschrift »Adorno als Institution ist tot« wurden auf dem gesamten Campus verteilt (Richter 2010: 230). Der Aktivist und Politiker Daniel Cohn-Bendit beschimpfte Adorno gar als »reaktionäres Schwein«, das kastriert werden sollte (zit. nach Scheible 1989: 144).

Im Vergleich zu Adorno vertrat Herbert Marcuse, der sich aktiv an der Bürgerrechtsbewegung und den Antikriegsprotesten in den Vereinigten Staaten beteiligte, eine sehr optimistische Sicht auf das Potenzial des studentischen Aktivismus, den »inneren Verfall des Herrschaftssystems« herbeizuführen (Marcuses Brief an Adorno [21.06.1969] in Kraushaar 1998: 653). Dies führte zu Spannungen in seiner Beziehung zu Adorno, den er in einem Brief für sein Einschalten der Polizei kritisierte: »Brutal: wenn die Alternative ist: Polizei oder Studenten der Linken, bin ich mit den Studenten [...]. Und ich würde selbst eine disruption of »business as usual« in Kauf nehmen, wenn der Konflikt dazu ernst genug ist. Du kennst mich gut genug, um zu wissen, daß ich eine unmittelbare Umsetzung der Theorie in Praxis genau so emphatisch verwerfe wie Du es tust. Aber ich glaube, daß es Situationen, Momente gibt, in denen die Theorie von der Praxis weitergetrieben wird – Situationen und Momente, in denen die sich von der Praxis fernhaltende Theorie sich selbst untreu wird« (Marcuses Brief an Adorno [05.04.1969] in Kraushaar 1998: 601 f).

Adorno zeigte sich von Marcuses Verteidigung der »studentischen Aktionen« enttäuscht und äußerte sich besorgt, dem Institut könnten wegen der Proteste die Fördermittel gekürzt werden (Adornos Brief an Marcuse [05.05.1969] in Kraushaar 1998: 624). Er wandte sich auch gegen die Diffamierung der Polizei durch die Studierenden, die ihn besser behandelt habe als die Protestierenden. Zwar versicherte er Marcuse, dass er der Letzte sei, »[die Meriten der Studentenbewegung] zu unterschätzen: sie hat den glatten Übergang zur total verwalteten Welt unterbrochen« (Adornos Brief an Marcuse [06.08.1969] in Kraushaar 1998: 671), doch lehne er den »öde[n] und brutale[n] Praktizismus« (Adornos Brief an Marcuse [05.05.1969] in Kraushaar 1998: 624) ab, der mit Theorie nichts zu tun habe.

Könnten beide Denker die weltweiten Campus-Proteste im Jahr 2024 kommentieren, würde Adorno die Demonstrierenden vermutlich als »berechnend Regredierende« (Adornos Brief an Marcuse [05.05.1969] in Kraushaar 1998: 625) mit »linksfaschistischen« Tendenzen kritisieren, die seiner Meinung nach »Regression auch noch mit Revolution« (Adornos Brief an Marcuse [19.06.1969] in Kraushaar 1998: 652) verwechseln. Er würde sehr wahrscheinlich davor warnen, dass »eine Bewegung, kraft ihrer immanenten Antinomik, in ihr Gegenteil umschlagen könnte« (Adornos Brief an Marcuse [05.05.1969] in Kraushaar 1998: 625). Im Gegensatz dazu ließe sich mit Marcuse argumentieren, dass es »unverantwortlich [ist], vom Schreibtisch aus denen zu Aktionen zu raten, die mit vollem Bewußtsein bereit sind, sich für die Sache die Köpfe einschlagen zu lassen.« (Marcuses Brief an Adorno [04.06.1969] in Kraushaar 1998: 649). Marcuse erklärt vorausschauend, dass »die Herrschenden eine richtigere Einschätzung der Bedeutung der Studentenopposition [haben], als diese sie selbst hat: in den Vereinigten Staaten wird die Repression vordringlich gegen die Schulen und Universität organisiert – wo die Cooptierung nicht hilft, hilft die Polizei.« (Marcuses Brief an Adorno [21.07.1969] in Kraushaar 1998: 654)

Widerstand wird gemeinhin als Opposition gegen den Staat und seine Institutionen sowie gegen die kapitalistischen Märkte artikuliert. Ein Sprichwort besagt, dass Leiden dazu anspornt, Ungerechtigkeit und Gewalt nicht länger ohne Dissens hinzunehmen. Im Gegensatz zu Kants Überzeugung, dass das Handeln durch die Vernunft motiviert sein müsse, suchen Poststrukturalist:innen den Impuls zum Widerstand in unbewussten, unwillkürlichen und unbeabsichtigten Quellen. So formuliert Foucault (1983: 96) etwa optimistisch, »Wo es Macht gibt, gibt es Widerstand«, wohingegen Adorno sich überzeugt zeigt, dass Widerstand selten und meist unwirksam sei (Cook 2018: 63). Anstelle von politischem Aktivismus plädiert Adorno für kritisches Denken, um der Gefahr vorzubeugen, dass das Handeln, »auch wenn es das Bessere will, zum Schlechten auszuschlagen drohte« (Adorno 1966: 240–241). Indem er das Verhältnis zwischen Theorie und Praxis verkompliziert, dreht Adorno das Marx'sche Diktum um und argumentiert, dass die Welt »wahrscheinlich auch deswegen nicht verändert [ward], weil sie zu wenig interpretiert wurde« (Adorno NS IV, 16 [1965]: 89). Kritisches Denken ist für Adorno vor allem deshalb dringlich, weil wir »in einer Welt leben, in der man sich das Bessere gar nicht mehr vorstellen kann« (Horkheimer/Adorno 1996 [1956]: 70).

Überraschenderweise befürwortet aber auch Foucault, wie Adorno, die Revolution nicht kategorisch. »Anders Politik [zu] machen als in der Weise der Politiker«, erfordert Foucault zufolge, »mit größtmöglicher Ehrlichkeit in Erfahrung zu bringen, ob die Revolution wünschbar ist.« (2004c: 350) Indem sie das Selbstverständliche und Offensichtliche in Frage stellt, versucht Foucaults Kritik, den Einzelnen von »den Erkenntnissen, Gewohnheiten und [...] nicht reflektierten Denkweisen« zu entfremden (2005a: 221). Foucault lehnt Reformen durch kleine Veränderungen ab und plädiert stattdessen dafür, die Macht durch eine kritische Beziehung zum Selbst (*rapport à soi*) immer wieder zu destabilisieren (Cook 2018: 66, 69). Widerstand ist nicht Emanzipation von der Macht, sondern eher ein Gegenverhalten zum Verhalten der Macht. Bemerkenswerterweise greift Mbembe diese Warnung auf, wenn er schreibt, dass »[i]n diesen Zeiten der Dringlichkeit, in denen schwache und faule Geister fordern, dass wir dem ›Denken‹ die ›direkte Aktion‹ entgegensetzen, [...] gerade wegen dieser Neigung zur ›gedankenlosen Aktion‹, [...] harte Fragen gestellt werden müssen«.[5]

Vor dem Hintergrund dieser theoretischen Überlegungen möchte ich mich einem besonders lehrreichen historischen Beispiel zuwenden, der Haitianischen Revolution, um die Komplexität und die Widersprüche der Widerstandspraktiken in den Prozessen der Entkolonialisierung besser zu verstehen. In seinem beeindruckenden Buch *Conscripts of Modernity: The Tragedy of Colonial Enlightenment* zeichnet Scott (2004: 135) nach, wie aus antikolonialen Utopien postkoloniale Albträume wurden. Scott bringt die Praxis der Kritik mit der Tragödie in Verbindung. Im Gegensatz zum Liebesroman, der eine positive Auflösung garantiere, seien Tragödien durch moralische Konflikte, Schicksalsschläge und Verletzlichkeiten geprägt, wobei alle Errungenschaften scheitern und Hoffnungen zerschellen können. Tragödien bringen uns von jeder progressiven dialektischen Lösung ab und verweigern Trost. Die postkoloniale Lage, die von unerfüllten Versprechen gezeichnet sei, stehe weder für die Erweiterung des Aufklärungsprojekts noch für seine Ablehnung; die Aufklärung sei vielmehr das »ständige Erbe«, das die »Bedingungen« der zukünftigen postkolonialen Möglichkeiten bestimmt und »das daher eine ständige Neuverhandlung und Neuanpassung erfordert« (ebd.: 20–21). Die haitianische Revolution war nicht nur ein Prozess der erfolgreichen Verwirklichung fortschrittlicher Normen der Aufklärung; sie wurde auch von den Irrungen und Wirrungen der Befreiung geprägt.

Dekolonisierung als Tragödie

Mit seinen Zucker- und Kaffeeplantagen von weltwirtschaftlicher Bedeutung galt Saint-Domingue als die reichste Kolonie der Welt, was die erbitterte Rivalität zwischen Spanien, Frankreich und Großbritannien schürte (Agnani 2013: 141). Saint-Domingue war ein Ort der Gegensätze: »[D]ie Plantagen waren erstaunlich moderne kapitalistische Unternehmen, die mit Orten wie Amsterdam (wegen seiner Banken), Afrika (wegen seiner Arbeitskraft), Neufundland (um Kabeljau

---

5 https://africasacountry.com/2015/09/achille-mbembe-on-the-state-of-south-african-politics

zu bekommen) und Mexiko (für die Silberspekulationen) Geschäfte machten«, während zugleich die Versklavten auf barbarische Weise unterdrückt wurden.[6] Wie Philippe Girard betont, unterschied sich die »Lieferkette für einen Zuckerhut nicht so sehr von der eines iPhones heute [...]!«[7] Dieses »Weltsystem des sklavenbasierten Agrarkapitalismus« (Nesbitt 2008: 4) wurde durch die Haitianische Revolution in Frage gestellt. Die Revolution, die als der einzige erfolgreiche Sklavenaufstand der Geschichte gilt und 1804 zur haitianischen Unabhängigkeit und zur Errichtung des ersten postkolonialen Staatsapparats führte, inspirierte antikoloniale Kämpfe auf der ganzen Welt und wurde auch für die postkoloniale Kritik ein Fanal. Der inzwischen verstorbenen haitianische Anthropologe Michel-Rolph Trouillot (1995: 73) betont, wie unvorstellbar die Geburt der ersten postkolonialen Nation angesichts des eurozentrischen Verständnisses von Handlungsfähigkeit und Widerstand war: »Die Haitianische Revolution trat also mit der besonderen Eigenschaft in die Geschichte ein, dass sie sogar dann noch undenkbar blieb, als sie bereits stattfand.« Nick Nesbitt (2008: 7) beschreibt die Haitianische Revolution als »einen kreativen Prozess der Subjektivierung, in dem ganz neue Subjekte der Aufklärung erfunden wurden, die unangekündigt und skandalös erschienen«. Die menschliche Autonomie wurde hier nicht einfach als gegeben vorausgesetzt, wie im westlichen Liberalismus, sondern als ein Bestreben betrachtet, das in einer freien und gleichen Gesellschaft erst verwirklicht werden sollte (ebd.: 20). In Anbetracht der Prekarität des Sklavenlebens stellte schon »das bloße Überleben und die Existenz an sich eine Form des Widerstands dar« (Forsdick/Høgsbjerg 2017: 8).

Die Schlüsselfigur der Revolution, Toussaint Louverture (»die Öffnung«), wurde zum »schwarzen Spartakus« (Hazareesingh 2020) stilisiert, der das Verbrechen der Sklaverei gerächt habe. Dabei verkörperte Louverture in vielerlei Hinsicht selbst die Widersprüche der Aufklärung und war zugleich »den republikanischen Prinzipien von Freiheit und Gleichheit« und der »Ein-Mann-Herrschaft« (Girard 2016: 209) verpflichtet. Einerseits wird er als ikonischer Schwarzer Revolutionär, Emanzipator und Nationalist gefeiert, andererseits wurde auch darauf hingewiesen, dass Louverture selbst Sklavenhalter und einer der reichsten Pflanzer war, dem es in erster Linie darum gegangen sei, sich Respekt zu verschaffen und in die weiße französische Gesellschaft aufgenommen zu werden. Angesichts der Fülle von stark mythologisierten Berichten über sein Leben, einschließlich der Behauptungen seines Sohnes, er stamme von der königlichen Dynastie der Allada aus Benin ab, ist erstaunlich wenig über Louvertures frühe Jahre bekannt (Forsdick/Høgsbjerg 2017: 19). Er wurde um 1743 in die Sklaverei hineingeboren und in

6 https://www.full-stop.net/2017/02/08/interviews/andrew-mitchell-davenport/philippe-girard/
7 https://www.full-stop.net/2017/02/08/interviews/andrew-mitchell-davenport/philippe-girard/

seinen Dreißigern befreit, zu einer Zeit, als die Sklavensterblichkeit unvorstellbar hoch war. Als gläubiger Katholik distanzierte sich Louverture von früheren Rebellionen, die vom Voudou inspiriert waren (später, im Jahr 1800, versuchte er, den Einfluss des Voudou zu beenden) (ebd.: 92). In den 1780er Jahren begannen die immer lauter werdenden Forderungen nach der Abschaffung der Sklaverei die Pflanzer von Saint-Domingue zu beunruhigen. Inspiriert von der Amerikanischen Revolution glaubten sie, dass sie politische Autonomie von Frankreich fordern und gleichzeitig die profitable Institution der Sklaverei aufrechterhalten konnten, eine »Revolution von oben« also, die aber scheiterte (ebd.: 27). Obwohl Louverture anfangs nicht zu den führenden Revolutionären gehörte, schloss er sich im Oktober 1791 den Rebellen an und wurde schließlich militärischer Anführer der schwarzen Sklavenarmee (ebd.: 40, 47). In der *Erklärung der Menschen- und Bürgerrechte* von 1789 wurden zwar weder Versklavte noch Frauen erwähnt, doch als die Nachricht von der Französischen Revolution Saint-Domingue erreichte, war die Zeit in der Kolonie reif, der »Aristokratie der Haut« ein Ende zu bereiten (ebd.: 28).

C.L.R. James hat gezeigt, wie die Französische Revolution Louverture und die Sklaven dazu brachte, die Ideale der Aufklärung wie Freiheit, Gleichheit und Brüderlichkeit anzustreben. Louverture verstand sofort, dass die revolutionären Slogans von Freiheit und Gleichheit »gewichtige Waffen in einem Zeitalter der Versklavung« waren, die er »mit der Finesse und der Gewandtheit eines Fechters [gebrauchte]« (James 2021 [1938]: 142). Unter Berufung auf das universelle und uneingeschränkte Menschenrecht auf Freiheit führte Louverture die Revolution unter dem Banner »Freiheit oder Tod« zum Sieg (ebd.: 35, 104). Statt die Lehrsätze der Aufklärung einfach nur nachzubeten oder sie zu hybridisieren, hat Louverture eine inspirierende antikoloniale Interpretation der Prinzipien von Freiheit und Gleichheit geliefert: »[…] Lasst uns hinausgehen, um den Baum der Freiheit zu pflanzen und die Ketten unserer Brüder zu sprengen, die noch unter dem schändlichen Joch der Sklaverei gefangen gehalten werden. Bringen wir sie in den Schoß unserer Rechte, der unantastbaren und unveräußerlichen Rechte freier Menschen. [Überwinden wir] die Schranken, die die Nationen trennen, und vereinigen wir die Menschen zu einer einzigen Bruderschaft« (Louverture 2008: 28).

Die Revolutionäre in Saint-Domingue sprachen die Sprache von Recht, Vernunft und Emanzipation, zugleich radikalisierten und singularisierten sie die Aufklärung aber, indem sie die besonderen Erfahrungen der Sklaverei und der Entmenschlichung artikulierten und so die eurozentrischen Rahmungen der Vernunft sprengten (Nesbitt 2008: 29, 54). Dabei offenbarte die Sklavenrevolution die Unfähigkeit und den Unwillen der Europäer:innen, den universellen Charakter von Recht und Emanzipation wirklich zu begreifen. Nesbitt (ebd.: 70) versteht

Saint-Domingue im Sinne einer inklusiven und erweiterten, transnationalen subalternen Öffentlichkeit, was zugleich eine Kritik an Habermas beinhaltet; seine Darstellung des widerständigen, antikolonialen Subjekts ist aber zutiefst romantisch. Im Gegensatz dazu möchte ich argumentieren, dass Louverture nicht nur die universellen Ideale der Aufklärung verkörpert, sondern auch deren Widersprüchlichkeiten und Ambivalenzen.

Obwohl das Plantagensystem abgeschafft wurde, wurde Louverture ironischerweise zum wohlhabendsten Pflanzer; er führte ein Regime der (wenn auch jetzt bezahlten) Zwangsarbeit ein, um die Plantagenwirtschaft wieder in Gang zu bringen. Es ist bemerkenswert, dass die weiblichen Arbeitskräfte im Zwangsarbeitssystem die Mehrheit bildeten. Die von Louverture einberufene Versammlung, die eine neue Verfassung für Saint-Domingue ausarbeiten sollte, bestand ausschließlich aus Weißen und freien Nicht-Weißen wie Julien Raimond, umfasste aber außer Louverture selbst keine ehemalig versklavten Afrikaner:innen (Forsdick/Høgsbjerg 2017: 94). Nach der neuen Verfassung wurde Louverture ohne jede Einschränkung seiner Macht Gouverneur auf Lebenszeit. Es war die erste Verfassung überhaupt, die das universelle Recht auf Freiheit von Versklavung bekräftigte, zugleich wurde aber der obligatorische Charakter der Arbeit auf den Plantagen in Artikel 14 bestätigt. Mit seinem totalitären Regierungsstil und Aussagen wie der folgenden erweckte Louverture den Verdacht, »der schwarze Robespierre« zu sein (ebd.: 99): »Ihr seid frei; was wollt ihr mehr? Was soll das französische Volk sagen, das bereit ist, hierher zu kommen, wenn es erfährt, dass ihr, nachdem ihr dieses Geschenk erhalten habt, so undankbar wart, eure Hände mit dem Blut ihrer Kinder zu besudeln?« (Louverture zit. in ebd.: 90). Louvertures unpopuläre Gesetzgebung zum Landbesitz und die Militarisierung der Plantagenarbeit stießen auf den Widerstand der landlosen schwarzen Arbeiter:innen (ebd.: 93). In Artikel 6 der Verfassung wurde auch das frühere Verbot des Voudou bekräftigt und der Katholizismus als einziger Glaube, zu dem man sich öffentlich bekennen durfte, bestätigt. Schließlich wurde in einem regressiven Schritt weg von mehr Gleichberechtigung der Geschlechter das Recht auf Scheidung abgelehnt (ebd.: 95). Louverture behauptete, die Verfassung sei von den Massen begeistert aufgenommen worden, wobei er die Frustration und den Zorn der schwarzen Arbeiter:innen und Offiziere unter den Tisch fallen ließ (Dubois 2004: 249–250). Dank seiner Zusammenarbeit mit weißen Plantagenbesitzern in Haiti und mit Europäern im Ausland gelang es Louverture aber, die Wirtschaft wieder anzukurbeln (ebd.). Nesbitt (2008: 5) betont, dass dies trotz aller Unzulänglichkeiten dazu führte, dass die Sklavenarbeit auf der Insel ein für alle Mal abgeschafft wurde.

In den europäischen Schriften über die Haitianische Revolution wurde bedauerlicherweise vor allem die rassistisch motivierte Gewalt hervorgehoben und nicht das emanzipatorische Streben der Haitianer nach universeller Freiheit. Thomas Jefferson tat Louverture als »Kannibalen« ab und Edmund Burke bezeichnete die aufständischen Sklaven als eine »Rasse wilder Barbaren« (zit. in Forsdick/Høgsbjerg 2017: 75). Es ist kein Wunder, dass die Haitianische Revolution in weiten Teilen der westlichen Welt nicht mit der Befreiung von der Sklaverei assoziiert wurde, sondern mit einem Massaker an Weißen durch »mörderische« Schwarze. Da die weißen Europäer in Bonapartes Armee keine Immunität hatten, soll das Gelbfieber in der auf die Revolution folgenden militärischen Auseinandersetzung eine wichtige Rolle gespielt haben, weil es Bonapartes konterrevolutionäre Bemühungen um die Wiedereinführung der Sklaverei und die Rückführung Saint-Domingues unter koloniale Herrschaft behindert haben soll. James warnt aber davor, dass die Franzosen dieses Argument als Vorwand genutzt hätten, um schwere Verluste auf Seiten der französischen Armee zu erklären und dabei die Errungenschaften der Sklavenrevolution herunterzuspielen. Haiti wurde so aufgrund seiner revolutionären Gewalt für Europäer:innen zur ultimativen Illustration der »schwarzen Wildheit« (Garraway 2017: 293).

Dagegen beschrieb Pompée Valentin Vastey, der in Louvertures Armee gekämpft haben soll, wie die Haitianische Revolution nicht nur die rechtmäßige Wiedererlangung der Menschenrechte und politischen Autonomie der ehemals versklavten Völker ermöglichte, sondern ihnen auch ihren eigenen Platz in der Zivilisation einräumte. Vastey war überzeugt, dass Haiti ein Mittel göttlicher Vergeltung sei und die Revolution ein Akt heiliger Gewalt gegen die Kräfte der Sklaverei (ebd.). Der europäische Kolonialismus habe den Fortschritt der universellen Zivilisation entgleisen lassen und den heiligen Weg der Geschichte pervertiert. Dies bedeute, dass Europa sich nur dann moralisch und spirituell erlösen könne, wenn es Haiti anerkenne und die Grundsätze der Aufklärung wirklich hochhalte (ebd.: 291).

Trotz durchaus kontroverser Einschätzungen sind sich die meisten Wissenschaftler:innen heute einig, dass Louverture die Widersprüche und Ambivalenzen der Aufklärung verkörpert. Sudhir Hazareesingh (2020) schreibt Louverture die Etablierung eines »kreolischen Republikanismus« zu, der sich auf die Philosophie der Aufklärung, die karibische Mystik und politische Traditionen Afrikas gestützt und gleichzeitig europäische und afrikanische Militärtechniken miteinander kombiniert habe, um bei den Versklavten den Wunsch nach Freiheit zu wecken. Louverture sei es zwar gelungen, die Versklavten zu befreien und die Wirtschaft wieder anzukurbeln, an der Errichtung einer freien, demokratischen Gesellschaft sei er aber letztlich gescheitert. Wie James (2021 [1938]: 183, 257) darlegt, ist Louvertures Scheitern mit dem von Robespierre vergleichbar. Seine Geschichte sei ein warnendes Beispiel für die postkoloniale Welt. Angesichts der hohen Sterblichkeitsrate unter den Versklavten vermutet Girard (2016: 5), dass Louverture »ein sozialer Aufsteiger und Selfmademan« war und er seine Befreiung aus der Sklaverei durch Anbiederung an die Pflanzer erreicht habe. Seine späteren Siege verdankten sich einer Kombination aus politischem Geschick und militärischer Taktik, wodurch er zum »berühmtesten Sklaven der Geschichte« wurde. Louvertures komplexe Kehrtwende im Jahr 1794, als er von den Spaniern zu den Franzosen überlief, wird oft als Beispiel für seinen Pragmatismus und sein Geschick angeführt. Louverture war an der Ermordung seiner schwarzen Verbündeten beteiligt, wurde aber auch selbst von denen verraten, die ihm am nächsten standen. Bis zum Schluss ist sein ambivalentes Verhältnis zur Aufklärung offensichtlich: Selbst in seiner Autobiografie, die er während seiner Gefangenschaft in Joux schrieb, stellt Louverture die Ausarbeitung der Verfassung von 1801 als einen Akt der Loyalität und nicht der Feindschaft gegenüber Frankreich dar. Tragischerweise konnte nichts davon Bonaparte umstimmen, der dafür sorgte, dass Louverture einen qualvollen Tod starb.

Während Louverture an die Möglichkeit eines Zusammenlebens der verschiedenen ethnischen Gruppen glaubte, konzentrierte sich Jean-Jacques Dessalines, der den Kampf gegen Bonapartes konterrevolutionäre Kräfte übernahm und der erste Führer des unabhängigen Haiti wurde, ausschließlich darauf, die Franzosen zu besiegen und die Kontrolle der weißen Kolonisatoren über Saint-Domingue endgültig zu beseitigen. Nach dem Sieg erklärte Artikel 14 der 1805 verabschiedeten Verfassung des unabhängigen Staates Haiti: Haitianer zu sein bedeutet, Schwarz zu sein (Forsdick/Høgsbjerg 2017: 126).

Auch der amerikanische Historiker Jeremy Popkin, der sich auf die Figur von Julien Raimond konzentriert, gibt eine überaus aufschlussreiche Darstellung der komplexen Beziehungen zwischen der Aufklärung und der Haitianischen Revolution. Raimond, ein wohlhabender freier Mann, war das Kind einer »gemischten« Ehe und eine prominente Figur während der Revolution. Wie Louverture ist auch Raimond voller Widersprüche. Als großer Sklavenhalter war er nicht an der Abschaffung der Sklaverei interessiert; sein Bestreben war es vielmehr, die französische Regierung dazu zu bewegen, die diskriminierenden Rassengesetze gegen freie Schwarze in Saint-Domingue zu reformieren. Raimond drängte auf die Abschaffung der Unterschiede zwischen Weißen und freien Nicht-Weißen, um alle Freien in einer Klasse zu vereinen, die dann in der Lage wäre, ihre Herrschaft über die zahlenmäßig überlegenen Sklaven aufrechtzuerhalten (Popkin 2017: 274).

In Popkins Lesart ging es bei den ideologischen Kämpfen zwischen den von Schwarzen und Weißen abstammenden Eliten und den versklavten Schwarzen nicht um die Frage der rassischen Zuschreibung, sondern vielmehr um aufklärerische Tugenden, die sich letztere in den Augen der Eliten erst aneignen mussten, bevor sie frei werden konnten. Im Gegensatz zu den Abolitionisten stellt Raimond nicht das Leiden der Versklavten in den Mittelpunkt, sondern bestand darauf, dass sie sich ihre Freiheit erst »verdienen« müssten, indem sie bewiesen, dass sie in der Lage seien, sich selbst zu regieren. Die Versklavten sollten sich einen rationalen Individualismus aneignen, die Eigentumsrechte respektieren, Moral, soziale Tugenden und die Arbeitsdisziplin pflegen und vor allem gute Konsument:innen werden (Popkin 2017: 276). Außerdem schlug Raimond vor, dass sie für ihre Freiheit bezahlen und die ehemaligen Kolonialherren so für ihre Verluste entschädigen sollten. Tatsächlich willigte Haiti schließlich ein, 90 Millionen Francs als Entschädigung für das in Form von Sklaven und Land »verlorene Eigentum« an Frankreich zu entrichten. Erst 1947 konnte Haiti diese Schuld ganz begleichen.

Als die Nachricht von den Sklavenaufständen Frankreich erreichte, schrieb der Präsident der Generalversammlung von Saint-Domingue, P. de Cadusch, einen Brief an den *Moniteur*, die wichtigste Zeitung während der Französischen Revolution, in dem er die Aufklärung für die Rebellion verantwortlich machte: »Unsere Sklaven sind bewaffnet, um uns zu vernichten, und die Philosophie, die den Menschen Trost spenden sollte, bringt uns nur Verzweiflung« (zit. in Nesbitt 2008: 143). Was die Haitianische Revolution für die Europäer:innen so gefährlich machte, war nicht nur, dass sie dem profitablen System der kolonialen Sklaverei ein Ende setzte und den europäischen Rassismus im Namen der Werte von Freiheit und Gleichheit anklagte; mindestens ebenso bedrohlich war, dass die Kolonisierten mit der Gründung eines souveränen, unabhängigen Staates ihre Fähigkeit und ihr Vermögen, sich ohne europäische Leitung selbst zu regieren, unter Beweis stellten (ebd.: 131). In der *Anthropologie* behauptet Kant, dass »die wichtigste Revolution in dem Innern des Menschen ist: ›der Ausgang desselben aus seiner selbstverschuldeten Unmündigkeit‹« (Kant Anth, AA 7 [1798]: 229). Die versklavten Schwarzen in Saint-Domingue verkörperten diesen Grundsatz der Aufklärung, indem sie sich weigerten, als Eigentum der weißen Herren behandelt zu werden. Ganz unabhängig von der Frage, ob Kant in den versklavten Schwarzen von Saint-Domingue Subjekte der Aufklärung erkennen konnte oder nicht, legen diese die Unwahrheit und Engstirnigkeit von Kants Behauptung über die Minderwertigkeit der Nichteuropäer:innen bloß (Nesbitt 2008: 111).

Auch Hegels Position zur Haitianischen Revolution ist umstritten. In ihrem einflussreichen Text »Hegel und Haiti« argumentiert Susan Buck-Morss (2009), dass Hegel seine Analyse der Dialektik von Herr und Knecht unter dem Eindruck der Ereignisse in Saint-Domingue entwickelt habe, ohne diese aber ausdrücklich zu erwähnen. In ihrer Lesart bejaht Hegel das Recht der Sklaven auf Rebellion. Im Gegensatz dazu gibt Nesbitt (2008: 115) im Anschluss an Jean Hyppolite zu bedenken, dass die Dialektik von Herr und Knecht nicht etwa zu einer Revolte führe, sondern die sozialen Beziehungen der Sklaverei überhaupt erst begründe. Der Kampf um Leben und Tod gehe der Sklaverei voraus und sei keine Reaktion auf sie. Die Beziehung zwischen Herr und Knecht resultiere aus dem gescheiterten Kampf des Knechts, der in die Sklaverei führe. In Hyppolites Hegel-Lektüre kann der Zustand der Sklaverei aber überwunden werden, indem der Sklave sich seiner Autonomie bewusst wird (ebd.: 116). Dies geschehe, wenn der Sklave den »sich selbst eigne[n] Sinn« (Hegel GW 9 [1807]: 115) erwerbe, den er nach Hegels Auffassung durch seine Arbeit und durch die Erkenntnis, die Welt frei verändern zu können, erlange. Der Herr hingegen, der aufgrund seines Status als Herr vom Knecht abhängig ist, ist eigentlich unfrei (Nesbitt 2008: 120). Hegel zufolge kann der Knecht seine Freiheit aber nicht durch lokale Revolte, sondern nur durch die Institution des Staates erlangen. So betont Hegel (GW 14 [1821]: 65), »daß die Idee der Freiheit nur wahrhaft als der Staat ist«. Die Verfassungen von 1801 und 1804, die Abschaffung der Sklaverei, die Unabhängigkeitserklärung und die Gründung des Staates Haiti unterstützen Hegels Argument, dass die Freiheit nicht wirklich erreicht werden kann, wenn sie wohlwollend von oben ›verliehen‹ wird, sondern vielmehr im Staat verkörpert und institutionalisiert werden muss, wie im Fall des Staates Haiti geschehen (Nesbitt 2008: 123). Interessanterweise wurden die haitianischen Verfassungen von 1801 und 1804 zwar von den französischen Verfassungen von 1791 und 1793 inspiriert (Fischer 2004: 264), doch während die französischen Verfassungen wie auch die amerikanische die Sklaverei nicht abschafften, versuchten die Verfassungen Haitis, eine post-rassische Gesellschaft zu errichten. Die Ambivalenzen und Widersprüche der haitianischen Verfassungen zeugen dabei von den Dilemmata des Dekolonisierungsprozesses im Allgemeinen und der Frage des Abolitionismus im Besonderen. Haiti ist ein Beispiel dafür, wie die (Un-)Möglichkeit von Freiheit, Gleichheit und Gerechtigkeit in einem gerade dekolonisierten Staat aufrechterhalten werden kann, obwohl der größere geopolitische und wirtschaftliche Kontext von der gefährlichen europäischen Kolonialideologie und den entsprechenden Wirtschaftsstrukturen beherrscht wurde. Leider konnte sich Haiti dabei nicht gegen die Zwänge des globalen Kontexts immunisieren.

Nach jahrzehntelanger Vernachlässigung interessieren sich heute auch immer mehr westliche Wissenschaftler:innen für die Haitianische Revolution. Die Verwandlung von versklavten Menschen in Bürger bietet eine faszinierende Emanzipationsgeschichte und liefert eine Rechtfertigung für die Universalität der Normen von Freiheit, Gleichheit und Souveränität. Scott (2004: 2) widmet seine Aufmerksamkeit der heroischen, aber tragisch irrenden Figur Louvertures und stellt fest, dass die schmerzhafte Lehre der Haitianischen Revolution darin besteht, dass die Flucht aus der Knechtschaft noch keine Garantie für Freiheit ist. Die Haitianische Revolution ist nicht nur eine Erfolgsgeschichte der universellen Menschenrechte, sondern auch eine des tragischen Scheiterns Schwarzer Selbstbestimmung. Gegen romantische Lesarten der Sklavenaufstände gibt Scott fragend zu bedenken: »Was ist das begriffliche Rätsel oder der ideologische Problemraum, in Bezug auf den Haiti heute als sichtbares Zeichen eines Dilemmas, einer Lösung, einer Wahrheit erscheinen soll? [...] Kurz, wie lautet die Frage, auf die uns Haiti als exemplarische Antwort angeboten wird?« (2014: 35).

Es versteht sich von selbst, dass sich der nachdenkliche Tonfall Scotts deutlich von zynischen Berichten wie Hesketh Pritchards Reiseerinnerungen *Where Black Rules White* unterscheidet. Pritchard reiste 1899 nach Haiti, um die Schwarze Republik kennenzulernen, und fragt in seinem letzten Kapitel: »Kann der Schwarze sich selbst regieren?« Für Pritchard lieferte Haiti eine »abschließende« Antwort auf diese Frage. Er schreibt: »[Der] Schwarze hat seine Chance gehabt, gleiche Spielregeln für alle. Er hatte den fruchtbarsten und schönsten Teil der Karibik für sich; er hatte den Vorteil ausgezeichneter französischer Gesetze; er hat ein florierendes Land geerbt, mit Cap Haytien als sein Paris. [...] Hier war ein weites, mit Wohlstand gesegnetes Land, ein Land mit Wald, Wasser, Städten und Plantagen, und mittendrin wurde der Schwarze losgelassen, sein eigenes Glück zu machen. [...] Wie aber regiert sich der Schwarze nach hundert Jahren? Welche Fortschritte hat er gemacht? Überhaupt gar keine« (zit. in Scott 2014: 45). Haiti soll hier den Beweis für die Unzulänglichkeit schwarzer Souveränität und die Notwendigkeit europäischer Bevormundung liefern (ebd.: 46).

Scott (ebd.) zeigt, wie als Reaktion auf diese Verunglimpfung »eine Tradition des vindikationistischen Gegendiskurses in der Schwarzen Literatur der Neuen Welt entstand, in der Haiti als Vorhut der Schwarzen Befreiung und der Schwarzen Selbstbestimmung gefeiert wurde«. So stellt James in Scotts Lesart die Selbstbefreiung der Sklaven als einen Fall von Universalgeschichte dar, in der »der Protagonist Louverture als weltgeschichtliche Figur trotz seines Erfolgs scheitert« (ebd.: 48). Auch Agnani merkt an, dass die größte Sklavenrevolution der Geschichte »schwer an der Last ihrer zu Tyrannen gewordenen Befreier (von Toussaint bis Christophe) zu tragen hat« (Agnani 2013: 133). Während die Abschaffung der Sklaverei im Jahr 1804 unter dem Banner von Freiheit und Gleichheit eine der größten Errungenschaften der antikolonialen Aufklärung war, wurde die Sklaverei ab 1834 faktisch durch das System der Zwangsarbeit aus Indien und China (»Kulis«) ersetzt. Dieses neue System der ausbeuterischen Schuldknechtschaft rekrutierte Zwangsarbeiter für die Arbeit auf den Zucker-, Baumwoll- und Teeplantagen sowie für den Eisenbahnbau in den Kolonien. Tragischerweise, so warnt Spivak, weisen diese historischen Prozesse nicht nur Brüche, sondern auch Wiederholungen auf, was die Dekolonisierung zu einem nie endenden, fortlaufenden Prozess macht (Spivak 1993a: 210).

Vor dem Hintergrund dieser historischen Überlegungen möchte ich nun auf die aktuellen Ereignisse und Diskussionen rund um das politische Handeln und sein Verhältnis zum kritischen Denken eingehen. Zu den spannendsten Beiträgen zur Frage von Kritik und Widerstand gehören die Überlegungen von Spivak und Butler, die aus ihrer jeweiligen Auseinandersetzung mit den Problemen von Subalternität und Prekarität hervorgehen. In Anlehnung daran möchte ich meine Bedenken hinsichtlich der Nicht-Performativität von Kritik und der Risiken von Staatsphobie in Prozessen der Dekolonisierung darlegen.

Der Wille zum Widerstand: Kritik und Protest

In den letzten Jahrzehnten sind zahlreiche Protestbewegungen entstanden, die versuchen, die internationale Politik umzugestalten, indem sie sich an einen globalen *Demos* richten, dem durch die Monster des Neoliberalismus schweres Unrecht zugefügt worden sei. Von der Puerta del Sol bis zum Taksim, vom Syntagma-Platz bis zum Tahrir-Platz, von Hongkong bis Neu-Delhi scheint die Politik der Straße die Art und Weise, wie Macht, Handlungsvermögen und Widerstand wahrgenommen und dargestellt werden, verändert zu haben (Butler/Athanasiou 2014). Indem sie durch die Aneignung und Umkodierung politischer Diskurse neue Akteure auf die politische Bühne bringen, stoßen diese subalternen Gegenöffentlichkeiten (Fraser 1992: 129) eine neue Debatte über Fragen der Umverteilung, Anerkennung und Repräsentation an, so die These. Im Gegensatz zur rationalen Deliberation à la Habermas werden subalterne Gegenöffentlichkeiten als Affektwelten gelesen, in denen öffentliche Wut, Empörung und Frustration die Bedingungen der Beziehung zwischen Staat und Zivilgesellschaft umgestalten. Die »EuroMayDay«-Bewegung, die »Arabellion«, die »Indignados«, die »Occupy-Wall-Street«-Proteste und die verschiedenen Flüchtlingsstreiks gegen die Zwangsregimes der Migration sind Beispiele für das Entstehen von Gegenbewegungen gegen Neoliberalismus und Neokolonialismus, die sich mit vielfältigen und einander vielfach überschneidenden Machtdynamiken auseinandersetzen. Trotz erheblicher Unterschiede in den Zielen und Strategien der oben genannten Protestbewegungen wird argumentiert, sie seien alle horizontal organisiert und meist über soziale Medien wie Facebook, TikTok und Twitter vernetzt. Die direkte Aktion auf der Straße soll diese sehr heterogenen Gruppen zusammenbringen und in »spontaner Solidarität« vereinen. Die Körperlichkeit und die Kollektivität der so im Protest gegen politische und ökonomische Enteignung versammelten Massen könne als Ausübung des Volkswillens, als körperliche Botschaft der Volkssouveränität verstanden werden (Butler/Athanasiou 2014: 206 f). Die Besetzung und Inanspruchnahme öffentlicher Räume markiere eine Verlagerung des politischen Lebens von den Korridoren der Macht auf die Straße. Die Demokratie werde so vom Kapitalismus und der Macht der Konzerne zurückerobert, was das subversive und störende Potenzial der enteigneten Körper aufzeige (ebd.: 193).

Protestbewegungen in verschiedenen Teilen der Welt versprechen einen radikalen politischen Wandel und versuchen, das Handeln mächtiger Staaten und internationaler Finanzinstitutionen durch öffentliche Bloßstellung in andere Bahnen zu lenken. Aber wie wirksam sind diese Visionen eines radikalen Wandels durch »Facebook-Revolutionen« und »Twitter-Aufstände« wirklich? Können sie die sozialen, politischen und wirtschaftlichen Beziehungen im Zeitalter des postkolonialen Spätkapitalismus grundlegend verändern? Meiner Ansicht nach wohnt diesen Protestbewegungen eine Ambivalenz inne: Einerseits ist Widerstand ohne die Sehnsucht nach einer anderen politischen Ordnung, ohne Ideen zu ihrer Umsetzung und ohne die notwendige Vorstellungskraft für beides gar nicht denkbar. Auf das Prinzip der Alternativlosigkeit antworten sie mit einem lautstarken *Doch*. Andererseits scheint mir, dass die Sehnsüchte, die sich in den aktuellen Protesten kundtun, bewusst und unbewusst auch Prozesse der Subalternisierung von marginalen Subjekten und Kollektiven reproduzieren, deren Verhältnis zum Staat und zur (internationalen) Zivilgesellschaft (und damit auch zur Gegenöffentlichkeit) ohnehin schon schwach ist. Die romantische Begeisterung, die diese Bewegungen hervorrufen, blendet die ausbeuterischen und ausgrenzenden materiellen Bedingungen, die dissidentes Handeln erst ermöglichen, aus. Wenn antikapitalistische Demonstrant:innen auf ihren iPads twittern, die unter hyperausbeuterischen Arbeitsbedingungen im »globalen Süden« produziert wurden, offenbart sich das Phantasma der Subversion des Kapitalismus als ein surreales Moment klassenprivilegierter Jouissance, als eine Erotik des Widerstands. Diese ist von einer neuen internationalen Arbeitsteilung geprägt, die die Diskontinuitäten zwischen denen, die Widerstand leisten können und denen, die sich das nicht leisten können, aufrechterhält. Foucaults optimistisches Diktum, »Wo es Macht gibt, gibt es Widerstand« (1983: 96), bedarf also einer Ergänzung, die lautet: »Wo es Widerstand gibt, gibt es auch Macht.«

Wie steht es vor diesem Hintergrund um Butlers Lob der öffentlichen Versammlungen als Orte der Kritik und des Widerstands gegen Prekarität und staatliche Gewalt? Um diese Frage zu beantworten, möchte ich Prekarität und Subalternität miteinander vergleichen. Ich möchte zeigen, wie prekäre Subjekte Butler zufolge ihre Kritik in erster Linie gegen den Staat richten und die Abschaffung staatlicher Gewalt anstreben, während subalterne Subjekte in Spivaks Lesart weder Zugang zur Zivilgesellschaft noch zur Öffentlichkeit haben und vom Staat weder »beschützt« noch beachtet werden. Ich glaube, dass wir uns sehr ernsthaft mit den Risiken auseinandersetzen müssen, die es mit sich bringt, Kritik und Widerstand in erster Linie als Anti-Etatismus zu definieren. In Anlehnung an Gramscis Überlegungen zur Zivilgesellschaft als Ort der Hegemonieproduktion und Foucaults Einsichten in die Staatsphobie als Strategie neoliberaler Gouvernementalität möchte ich die Nicht-Performativität von Kritik skizzieren. Obwohl ich von Butlers Standpunkt abweiche, beziehe ich mich auf sie, um meine eigene Position zu verdeutlichen, genauso wie sie es in ihrer Auseinandersetzung mit Arendt und Adorno tut. Mein eigener Standpunkt bleibt so dem Butlers verpflichtet.

Der Staat als *monstre froid*

Friedrich Nietzsches (KGW VI, Bd. 1 [1883–1885]: 57) Darstellung des Staates als *monstre froid* (»das kälteste aller kalten Ungeheuer«) hat zeitgenössische Ansätze zum Staat von Louis Althussers Idee des repressiven Staatsapparats bis hin zu Mbembes Begriff der Nekropolitik stark beeinflusst. Den juristischen Instrumenten des Staates, die seinen Bürger:innen Schutz und Wiedergutmachung bieten sollen, wird vorgeworfen, sich zunehmend gegen die eigenen Bürger:innen zu richten. Eine ganze Reihe von Begriffen wie »Prekarität«, »nacktes Leben«, »entbehrliche/verfügbare Leben (*disposable lives*)« und »Ausgestoßene« werden zur Beschreibung marginalisierter politischer Subjektivitäten herangezogen. Trotz erheblicher Unterschiede in den konkreten Herangehensweisen befassen sich all diese Konzepte mit den Bedingungen der Entrechtung und Enteignung. Sie beschreiben, wie die Gouvernementalität von Effizienz, Rentabilität, Akkumulation und Optimierung die große Mehrheit der Bevölkerung durch Ausbeutung und Militarisierung verzichtbar und entbehrlich/verfügbar macht.

Auch Butler neigt dazu, das Augenmerk vor allem auf die Straf- und Zwangsfunktionen des Staates zu richten, wobei sie dem Staat vorwirft, sich seiner Verantwortung gegenüber seinen prekären Bürger:innen zu entziehen. Der Schwerpunkt liegt auf den staatlichen Zwangs- und Disziplinierungsmaßnahmen, die weltweit Protestbewegungen ausgelöst haben. Dabei interpretiert sie Widerstand im Sinne der öffentlichen Versammlung prekärer Körper, die für ein lebenswertes Leben kämpfen. Für Butler (2016: 40) sind Massendemonstrationen eine kollektive Kritik an der sozial und wirtschaftlich bedingten Prekarität, die die Bevölkerung entbehrlich/verfügbar mache. Öffentliche Proteste sind nach den Morden an George Floyd und Mahsa Amini zu Symbolen des globalen Widerstands geworden. Wenn sie der staatlichen Gewalt entgegentreten, demonstrierten die protestierenden Körper ihre Prekarität und träten zugleich gegen alle Bemühungen, sie zu beseitigen, für ihr Recht auf Selbstbehauptung ein. Öffentliche Versammlungen, insbesondere gewaltfreie, seien Leuchttürme des politischen Handelns und würden dem Staat damit drohen, ihn zu delegitimieren (ebd.: 112 f). Für Butler wohnt der demokratischen Ordnung damit ein Prinzip der permanenten Revolution inne.

Angesichts eines immer individueller werdenden Gefühls der Angst verkörperten öffentliche Versammlungen eine kollektive Verwundbarkeit und würden so eine Alternative zu den isolationistischen Taktiken des Neoliberalismus bieten (ibid: 13). Die geteilte Prekarität sei keineswegs nur ein Opferstatus; vielmehr ermutige sie zu verkörpertem Handeln und ermögliche so Koalitionen über Unterschiede hinweg. Wir leben nicht aus Liebe zur Menschheit oder Liebe zum Frieden zusammen, sondern »weil wir keine andere Wahl haben« (ebd.: 161). Die Bündnispolitik setze eine Ethik des Zusammenlebens voraus, zugleich gelte es aber, gegenüber einer Politik der Spaltung wachsam zu sein, die versuche bestimmten Gruppen Rechte zu gewähren, nur um dies dann als Waffe einzusetzen, mit der anderen Gruppen grundlegende Rechte entzogen werden können (ebd.: 96). Ein gutes Beispiel dafür ist die Dämonisierung von Geflüchteten und Migrant:innen in Europa, die gegen die Bürger:innen aus der Arbeiterschaft ausgespielt werden. Butler räumt aber ein, dass Körper auf der Straße auch für rechte Anliegen eintreten können. Nicht alle Formen von Versammlungen seien emanzipatorisch und kämpfen für Gerechtigkeit, Gleichheit und Demokratie (ebd.: 164).

Gegen Arendt, die in *Vita activa* (1996 [1958]) zwischen dem Bereich des Privaten als Raum der Abhängigkeit und des Nichthandelns und der Öffentlichkeit als Sphäre des unabhängigen Handelns unterscheidet, betont Butler (2016: 170) die wechselseitigen Abhängigkeitsverhältnisse in der Öffentlichkeit. Performatives Handeln finde nicht im luftleeren Raum statt, sondern immer »zwischen Körpern«, die von anderen Körpern abhängig und so auch verletzlich seien. Wechselseitige Abhängigkeit ist aber keine harmonische Koexistenz; vielmehr komme unserer Solidarität mit anderen eine Dimension zu, die nicht unsere Wahl ist (ebd.: 199). Ungeachtet des Anspruchs auf ein universelles »Recht zu erscheinen«,[8] regeln differenzierte Formen der Macht, wer erscheinen kann und wer nicht (ebd.: 50). Die Öffentlichkeit, in der in Abgrenzung zum Privaten der Sprechakt als paradigmatische politische Handlung gilt, hat Bevölkerungsgruppen wie Frauen und Versklavte lange ausgeschlossen. Der feminisierte und rassifizierte Körper blieb auf die Privatsphäre beschränkt, während sich die politische Subjektivität des sprechenden weißen Bürgers in der Öffentlichkeit konstituieren konnte (ebd.: 45).

---

8 Das Recht auf Versammlungsfreiheit ist im internationalen Recht verankert, und die IAO weist ausdrücklich darauf hin, dass das Versammlungs- oder Vereinigungsrecht mit dem Recht auf Tarifverhandlungen verbunden ist (Butler 2016: 205). In Menschenrechtsdiskursen wird die Versammlungsfreiheit als eine grundlegende Form der Freiheit beschrieben, die von Regierungen geschützt werden muss.

In *Über die Revolution* (2013 [1963]: 145) bemerkt Arendt, dass die Armen von einem »Element der Unwiderstehlichkeit« auf die Straße getrieben würden. Für Arendt handeln die Armen aus Entbehrung, Hunger und Not heraus; sie suchen sich mit Hilfe von Gewalt von den Notwendigkeiten des Lebens zu befreien. Die Notwendigkeit dringe dabei aber in den politischen Bereich ein (Butler 2016: 64–65). Die Befreiung der Armen verläuft in dieser Perspektive nicht *in Richtung* Freiheit, sondern rührt *von den* Notwendigkeiten des Lebens her. Die Elite hingegen strebe nach abstrakter Freiheit, so dass die Armen aus dem Körper heraus zu handeln scheinen, während die Elite aus dem Geist heraus agiere. Im Gegensatz zu diesem Geist-Körper-Dualismus und dem traditionellen Schwerpunkt auf der Verankerung von Politik in rationalen, deliberativen Prozessen stellt Butlers queer-feministischer Ansatz die Verkörperung als zentrales Element von Politik und Kritik in den Vordergrund (ebd.: 232). Butler argumentiert, dass »jeder Mensch gefährdet ist« (*everyone is precarious*); dies ergebe sich aus unserer gegenseitigen Abhängigkeit und Verwundbarkeit (ebd.: 157). Die Politik der Straße beinhalte oft die körperliche Gefährdung durch mögliche Angriffe, so dass Verletzlichkeit als eine bewusste und aktive Form des politischen Widerstands mobilisiert werde (ebd.: 166). Der »SlutWalk«[9] zum Beispiel sei ein Versuch, »die Straßen als einen Ort zu beanspruchen, der frei von Belästigung und Vergewaltigung sein sollte« (ebd.: 182).

Anstatt zu versuchen, die zuvor Marginalisierten in die Öffentlichkeit aufzunehmen, gehe es hier also darum, die Widersprüche des öffentlichen Raums selbst aufzudecken. Dieser sei nicht einfach gegeben; vielmehr streiten und kämpfen Demonstrationen um den öffentlichen Charakter des Raums, wobei die Menge das Öffentliche erst produziere, indem sie ihre materielle Umgebung umgestaltet (ebd.: 97). Angesichts des Zustands der Infrastruktur im »globalen Süden« könne man die Straße oder den öffentlichen Platz als Ort für politische Aktionen aber nicht immer als selbstverständlich voraussetzen. Die Privatisierung des öffentlichen Raums, die der Logik des Marktes folgt, sei ein Angriff auf die Versammlungsfreiheit (ebd.: 225). Wenn die infrastrukturellen Voraussetzungen für Politik nicht vorhanden seien, würden Versammlungen unmöglich gemacht (ebd.: 166–167).

In ihrer Kritik an Agambens Begriff des »nackten Lebens«, der davon ausgehe, dass entrechtete Subjekte kein Handlungsvermögen hätten und von der Sphäre des Handelns ganz ausgeschlossen seien (ebd.: 107–108), schlägt Butler vor, dass Demonstrationen als eine verkörperte und plurale Performativität im Namen »des Volkes« verstanden werden sollten, auch wenn dies notwendigerweise nur partiell und niemals total gelten könne (ebd.: 15–16). Der Begriff »das Volk«

9 https://de.wikipedia.org/wiki/Slutwalk

steht dabei nicht für eine bereits existierende Ansammlung von Menschen; vielmehr sei die Kollektivität immer ein im Entstehen begriffener Prozess; ihre Unzulänglichkeit und Selbstaufspaltung seien Teil ihrer vermittelten Bedeutung und ihres Versprechens (ebd.: 219). Auch ohne eine schon existierende Gruppe könne es kollektives Handeln geben, wobei das »Wir« von einer Versammlung von Körpern »inszeniert« werde (ebd.: 81).

Interessanterweise stehen sowohl Adorno als auch Foucault dem Gebrauch des »Wir« kritisch gegenüber. Adorno warnt, dass jede »Rede von einem Wir, mit dem man sich identifiziert, bereits Komplizität mit dem Schlechten ein[schließt] [...]« (GS 10.2 [1963]: 9). Er schlägt vor, dass sich die Individuen, selbst wenn sie sich von der »Partikularität des sturen Einzelinteresses« befreien, auch von dem »genauso sturen Einzelinteresse der Totalität« lösen müssen (NS IV, 13 [1964]: 68). Auch Foucault gibt als Erwiderung auf Rortys Vorwurf, er appelliere nicht an ein »Wir«, zu bedenken, dass »das Problem [...] gerade darin [besteht] herauszufinden, ob es wirklich angebracht ist, sich innerhalb eines ›Wir‹ zu platzieren, um die Prinzipien, die man anerkennt, und die Werte, die man akzeptiert, geltend zu machen; oder ob man nicht mit der Ausarbeitung der Frage die zukünftige Ausbildung eines ›Wir‹ möglich machen muss.« (2005e: 728)

Butler (2016: 276) wirft Adorno vor, dass er die Idee des Widerstands von unten ausschließe, Formen der Dissidenz also, die dann entstünden, wenn Körper auf der Straße eine Masse formen, um ihre Opposition gegen bestehende Machtregime zu artikulieren. Adorno reduziere die Praxis der Kritik darauf, »Nein« zu dem Teil des Selbst zu sagen, der sonst in den bestehenden Verhältnisse ›mitspielen‹ würde. Selbstkritik sei für Adorno also eine Art Kontrollmechanismus gegen die Komplizenschaft (ebd.: 277). Kann aber, so fragt Butler, die bloße Verleugnung der eigenen Verstrickung uns unschuldig machen? Sind Kritiker:innen mit reinem Gewissen das Modell des Widerstands? Für Butler sind die Grenzen, die Adorno der Kritik zieht, zu eng und auch seine Einschätzung, Protestpolitik sei langfristig unwirksam, könne nicht überzeugen. Vielmehr sieht Butler gerade im flüchtigen Charakter von Versammlungen ihre »kritische« Funktion (ebd.: 14), weshalb sie als »einleitende« oder »flüchtige Momente« der Demokratie verstanden werden müssten (ebd.: 32).

Jede Versammlung laufe auch immer Gefahr, das Versammlungsrecht zu verwirken, und werde von der Androhung von Gewalt und Inhaftierung heimgesucht. Polizeieinsätze würden staatlich sanktionierte Gewalt offen zutage treten lassen, während Widerstand gegen staatliche Gewalt, auch friedlicher Art, oft als »Randale« und »Krawall« delegitimiert würden (ebd.: 39–40). Im Gefängnis sieht Butler den Grenzfall der Öffentlichkeit, in dem der Staat bestimmt, wer eingekerkert oder sogar getötet werden darf, manchmal einfach nur, weil er:sie sich versammelt (ebd.: 224). Die Verfolgung von Demonstrant:innen im Iran und in Russland sind abschreckende Beispiele. Während für Butler die Inhaftierung eine Taktik des Staates ist, Krieg gegen prekäre Subjekte zu führen, indem er ihnen den Zugang zum öffentlichen Raum verwehrt, versteht Spivak den Ausschluss nicht nur im Sinne von Einsperrung und Kriminalisierung; vielmehr sei es der ideologischen Subjektkonstitution der Subalternen eigen, dass sie vom Zugang zu den ermöglichenden Funktionen des Staates und der Zivilgesellschaft ausgeschlossen werden. Der mangelnde Zugang der Subalternen zur intellektuellen Arbeit sorge dafür, dass ihre Körper lediglich dazu ausgebildet würden, den Hegemonen zu dienen.

Während Butler den Staat also mit Gewalt, Brutalität und Terror assoziiert, ist die Zivilgesellschaft für sie die Sphäre einer gewaltfreien Praxis, die nach einer anderen Welt strebe. In Anlehnung an Gandhi argumentiert Butler, dass widerständige Körper kollektives Handeln zu einer gewaltfreien Praxis kultivieren können, die über einen heroischen Individualismus hinausgehe (ebd.: 248). Gewaltfreie Strategien wie Boykotte und Streiks seien kein Krieg mit anderen Mitteln, sondern ethische Alternativen zu offeneren Konflikten (ebd.). Ich werde auf das Thema von Gewalt und Gewaltfreiheit in Kapitel 5 zurückkommen.

Butlers (2016: 187) Überzeugung, dass Versammlungen nur dann erfolgreich sein können, wenn sie sich den Prinzipien der Gewaltlosigkeit verschreiben, stimmt überraschenderweise mit Kants Position überein, dass der Einsatz von Gewalt die Kritik delegitimiere. Spivak hat dagegen aufgezeigt, wie subalterne Aufstände immer wieder als gewalttätig und prinzipienlos diskreditiert wurden. Anhand des Falles von Bhubaneshwari Bhaduri (1994a), die den Auftrag erhielt, einen Kolonialoffizier zu ermorden, diesen aber nicht ausführen konnte und sich stattdessen aus Scham darüber, ihre Kamerad:innen enttäuscht zu haben, selbst tötete, zeigt Spivak, dass die Subalternen nicht aus ethisch-politischen Prinzipien heraus gewaltlos handeln, sondern aufgrund einer Unfähigkeit, Gewalt auszuüben, außer gegen sich selbst. Es ist auffällig, wie häufig in Spivaks Schriften das Problem der Subalternität im Zusammenhang mit der Selbsttötung auftaucht.

Prekarität versus Subalternität

Trotz der starken Bilder, die durch Begriffe wie »entbehrliche/verfügbare Leben« und »Prekarität« evoziert werden und die auch die Demonstrant:innen verwenden, um ihrer Verletzlichkeit Ausdruck zu verleihen, laufen viele dieser Konzepte meiner Ansicht nach Gefahr, den Eurozentrismus zu reproduzieren. So ist etwa die kritische Auseinandersetzung mit Prekarität in der jüngeren Forschung eng mit dem Zusammenbruch des europäischen Wohlfahrtsstaates verbunden; eine solche Perspektive lässt aber außer Acht, dass die daraus entstandene Situation in der nicht-westlichen Welt immer schon die Norm war. Die Mehrheit der Bevölkerung des »globalen Südens« hatte nie Zugang zum formellen Arbeitsmarkt, zur Krankenversicherung oder zur Arbeitslosenunterstützung und lebt seit Jahrzehnten mit der Unsicherheit und Angst, die mit prekären Beschäftigungsverhältnissen einhergeht. Nichts davon ist also neu, aber der Ort des Verbrechens hat sich ausgedehnt. Was der nicht-westlichen Welt im Namen der Strukturanpassungsprogramme (SAPs) angetan wurde, wird nun im »globalen Norden« fortgesetzt. Das Verb »prekarisieren« ist eurozentrisch gefärbt; es markiert den Übergang von der relativen Sicherheit des Sozialstaats zur Unsicherheit eines prekären und flexibilisierten Arbeitsmarktes. Da in den gerade dekolonisierten Staaten ein Sozialstaat entweder gar nicht erst entstehen konnte oder im Prozess des postkolonialen Staatsaufbaus von den internationalen Finanzorganisationen frühzeitig abgebaut wurde, ist das Verb »prekarisieren« für die Mehrheit der Arbeitnehmer:innen in der postkolonialen Welt bedeutungslos.

Meine andere Sorge ist, dass enthusiastische Diskurse über Widerstand und die Fantasien einer »Hyper-Handlungsfähigkeit« dazu neigen, die Reichweite und den Einfluss dieser politischen Initiativen zu überschätzen, insbesondere was den sogenannten Hashtag-Aktivismus betrifft; es gibt eine Selbstbezogenheit der widerständigen Subjekte im »globalen Norden«, die mit einer Ignoranz gegenüber den Ausschlüssen, die sie produzieren, und den Ungleichheiten, die ihre Politik aufrechterhält, einhergeht. Ein Beispiel dafür sind die sozialen Medien. Butler argumentiert etwa, dass »[...] soziale Netzwerke sehr eindrucksvolle und effektive solidarische Bindungen im virtuellen Bereich hervorbringen« (ebd.: 200). An anderer Stelle werden die (sozialen) Medien als »Gegenüberwachung« von militärischen und polizeilichen Aktionen angepriesen (ebd.: 126).

Nun hat aber beispielsweise Facebook wiederholt seine äußerst negative Rolle im öffentlichen Raum einräumen müssen. So bekannte sich der Konzern schuldig, nicht genug gegen die Aufstachelung zu Hass und Gewalt gegen die muslimische Minderheit der Rohingya in Myanmar auf seiner Plattform getan zu haben. Im Dezember 2021 wurde beim Bezirksgericht in San Francisco eine Sammelklage eingereicht, in der es hieß, dass Facebooks Algorithmen »zur besseren Marktdurchdringung Hetze gegen das Volk der Rohingya amplifizierten«. Der Konzern habe es versäumt, »in lokale Moderation und Faktenchecks zu investieren; er versäumte es, bestimmte Beiträge, die zur Gewalt gegen die Rohingya aufriefen, zu löschen; und er ließ die Konten, Gruppen und Seiten, die zu ethnischer Gewalt aufriefen, gewähren, statt sie zu schließen und zu löschen«.[10] Auch die Verbreitung von Hass auf Twitter, und zwar schon vor der Übernahme durch Elon Musk, widerspricht der These von der positiven Rolle digitaler Gegenöffentlichkeiten.

Angesichts der Tatsache, dass die meisten unserer elektronischen Geräte unter extrem ausbeuterischen Bedingungen im »globalen Süden« hergestellt werden, erscheint die Hoffnung, man könne sich aus dem Kapitalismus sozusagen heraustwittern, heuchlerisch. Gilles Deleuze und Felix Guattari haben in *Anti-Ödipus* die Erotik des Kapitalismus betont: »wie ein Bürokrat seine Akten streichelt, wie ein Richter Recht spricht, wie ein Geschäftsmann Geld fließen lässt, wie die Bourgeoisie dem Proletariat in den Arsch fickt, und so weiter und so fort. [...] Fahnen, Nationen, Armeen, Banken [geilen] viele Leute auf [...]« (2008: 378). Dieser Liste ließe sich hinzufügen, dass sich viele junge, urbane, klassenprivilegierte Subjekte stark von Fantasien radikaler Veränderungen durch Hashtag-Aktivismus erregen lassen. Das Spektakel des Widerstands als Jouissance verleitet sie zu der Annahme, dass es ihre Pflicht und Schuldigkeit sei, die Welt zu retten und Solidarität mit den Marginalisierten zu zeigen. Dies verschleiert dann die Tatsache, dass sie an den Strukturen, die sie anfechten, selbst mitschuldig sind. Da nur eine kleine Gruppe von Eliten das Kriterium der Staatsbürgerschaft erfüllt, auf das sich das demografisch begrenzte normative Konzept von Zivilgesellschaft und Gegenöffentlichkeit beruft, können entrechtete Gruppen nur ungleichmäßig Zugang zur Arena der organisierten Politik erhalten. Auch Räume des Widerstands produzieren Ausschlüsse und verkomplizieren damit jedes einfache Verständnis von Macht, Handlungsvermögen und Verletzlichkeit.

Butlers (2016: 157) Behauptung, dass jede:r prekär sei, möchte ich entgegenhalten, dass nicht jeder Mensch subaltern ist; dies hat wichtige Implikationen für unser Verständnis von Kritik und Widerstand. Subalternität bedeutet nicht nur, von organisierten Kämpfen ausgeschlossen zu sein; die ideologische Subjektkonstitution der Subalternen impliziert vielmehr, dass sie sich nicht vorstellen können, ein Teil der abstrakten Idee »des Volkes« zu sein. Subalternität ist der Zustand, die eigenen Interessen nicht zur Geltung bringen zu können, denn die Sprechakte der Subalternen haben keine Adressaten; weder die Zivilgesellschaft noch der Staat schenken ihnen Gehör. Es lohnt sich, kurz auf den von Gramsci herrührenden Begriff der Subalternität einzugehen, der ein Schlüsselbegriff in postkolonialen Überlegungen zum Handlungsvermögen und zu Prozessen der Entrechtung ist. Trotz jahrzehntelanger Forschungsarbeit wird der Begriff der Subalternen nach wie vor missverstanden oder missbraucht, indem er synonym mit »Armen«, »Migranten«, »Queeren«, »Schwarzen« oder »BIPOC« verwendet

10 https://www.theguardian.com/technology/2021/dec/06/rohingya-sue-facebook-myanmar-genocide-us-uk-legal-action-social-media-violence

wird. Es ist mir daher ein großes Anliegen, mein Verständnis dieses Konzepts und seine zentrale Bedeutung für meine Argumentation zu klären.

Antonio Gramsci, der als einer der einflussreichsten politischen Denker gilt, war Gründungsmitglied und vorübergehend auch Vorsitzender der Kommunistischen Partei Italiens, ehe ihn Benito Mussolinis faschistisches Regime einsperren ließ. Während der Haft schrieb Gramsci in seiner winzigen Gefängniszelle 2848 Seiten, die später als 36 Gefängnishefte veröffentlicht wurden. Gramsci lehnt die Unvermeidlichkeitsthese ab, der zufolge die Krise des Kapitalismus automatisch zum Sozialismus führen werde. Sein politisches Ziel sind nicht nur höhere Löhne oder kürzere Arbeitszeiten, sondern auch eine grundlegende Neuordnung der gesellschaftlichen Verhältnisse. Statt den Schwerpunkt auf eine vermeintlich revolutionäre Funktion von Wirtschaftskrisen zu legen, die ihm zufolge lediglich dazu führen, dass eine Ordnung durch eine andere ersetzt wird, galt Gramscis Interesse der Neugestaltung des Verhältnisses zwischen Freiheit und Zwang. Dabei legte er sein Augenmerk insbesondere auf die Bürger:innen, die letzterem unterworfen waren, ohne Zugang zu ersterer zu haben. Er analysiert, wie Staat und Zivilgesellschaft zusammen Subalternität erzeugen, indem er das Bündnis zwischen sozialistischer Arbeiterschaft und kapitalistischem Management auf Kosten der Landbevölkerung rekonstruiert. Das Fehlen einer Allianz zwischen städtischem Proletariat und ländlicher Bauernschaft habe den italienischen Faschismus ermöglicht. Überraschenderweise legt Gramsci den Schwerpunkt aber nicht auf die Revolution, sondern argumentiert, dass nur der Staat die Entsubalternisierung ermöglichen könne.

In den *Gefängnisheften* (*Quaderni del Carcere,* 1929–1935) spricht Gramsci von »classi subalterne«, »classi subordinate« und »classi strumentali«, um nicht-hegemoniale Kollektive zu beschreiben. Insbesondere im 25. Heft, »An den Rändern der Geschichte. Geschichte der subalternen gesellschaftlichen Gruppen«, führt Gramsci aus, dass Subalternität nicht nur durch ökonomische Unterdrückung, sondern ebenso durch soziale, politische und kulturelle Unterordnung entstehen könne (H. 25 [1934]). Damit weicht er vom orthodoxen oder klassischen marxistischen Fokus auf die Klassenausbeutung von Industriearbeitern ab, um die Aufmerksamkeit auf die Landbevölkerung und deren Not zu lenken.

Marx geht davon aus, dass Rebellionen in den hoch entwickelten Volkswirtschaften am wahrscheinlichsten seien, wo Arbeit in Kapital und die Arbeiterschaft ins Proletariat verwandelt worden war und wo der industrielle Fortschritt und die damit einhergehende Intensität der Ausbeutung der Arbeiterklasse günstige strukturelle Bedingungen für eine erfolgreiche Revolution geschaffen hatten (MEW 23 [1867]: 790 f). Zugleich ist es aber unwahrscheinlich, dass die Arbeiter, wenn sie von einem robusten Wirtschaftswachstum profitieren, die Vorteile in ihrem Leben aufs Spiel setzen, indem sie eine gescheiterte Rebellion riskieren.

Marx warnt außerdem davor, dass der Klassenzusammenhalt durch Konflikte bedroht sei, etwa zwischen der schwarzen und der weißen Arbeiterschaft, die die Solidarität behindern würden. In seiner Analyse von Klassenkonflikten und umfangreichen gewaltsamen Aktionen gegen den Staat lässt Marx die ländliche Bauernschaft weitestgehend außer Acht, da es ihr seiner Ansicht nach an revolutionärem Klassenbewusstsein, Organisation und Führung mangele, was sie als Subjekt des Wandels disqualifiziere. Wenn es zu Aufständen auf dem Lande kommt, würden sie oft von städtischen Revolutionären oder linken Parteien organisiert, was den vermeintlichen Mangel an Handlungsvermögen in der Bauernschaft zu bestätigen scheint.

Auch Hobsbawm (1969, 1971 [1959]) tut die Kämpfe der ländlichen und landwirtschaftlich geprägten Massen als »antimoderne« oder emotionale Formen des sozialen Protests ab; ihrer »primitiven Denkweise«[11] fehle der intellektuelle Rahmen, um die durch den Kapitalismus verursachten Veränderungen zu verstehen und eine angemessene Antwort darauf zu entwickeln. Im Gegensatz zu urbanen sozialen Bewegungen wie der Arbeiterbewegung seien Protestformen wie das soziale Banditentum oder der Millenarismus spasmodisch und flüchtig und könnten daher keine dauerhaften politischen Veränderungen bewirken. Hobsbawm unterscheidet dementsprechend zwischen »modern« und »archaisch« sowie zwischen »revolutionärem Traditionalismus« und »modernen Revolutionen«. Der Unterschied zwischen sporadischen Kämpfen und systematischen Bewegungen ist für ihn letztlich eine Frage robuster Ideologien und systematischer Organisation:

»Demonstrationen, deren ursprünglicher Zweck ganz utilitaristisch gemeint war – nämlich ihrem Gegner die massierte Kraft der Arbeiterschaft vor Augen zu führen und Anhänger dadurch zu ermutigen –, werden zu Zeremonien der Solidarität, deren Wert für viele Teilnehmer ebensosehr in der Erfahrung des ›Einsseins‹ wie in sonst einem praktischen Ziel liegt, das sie zu erreichen suchen. Eine ganze Reihe ritueller Anhängsel können dann erscheinen: Banner, Flaggen, gemeinsames Singen etc.« (Hobsbawm 1971 [1959]: 191 f)

Gramsci liefert dagegen eine nuancierte Analyse von Macht und Widerstand, um die vielfältigen und komplexen Dynamiken der Marginalisierung und Entrechtung der subalternen Klassen nachzuzeichnen, die nicht nur wirtschaftlicher Natur sind. Während hegemoniale Gruppen ihre Macht im und durch den Staat konsolidieren, haben Subalterne weder Zugang zum Staat noch zur Zivilgesellschaft und sind damit auch von Bündnissen mit anderen marginalisierten Gruppen wie der Arbeiterschaft ausgeschlossen. Im militärischen Gebrauch be-

11 Anders als Hobsbawm setze ich Wörter wie »primitiv« und »archaisch« in Anführungszeichen, um eine gewisse kritische Distanz zu diesen Begriffen, die auf eine evolutionistische Sicht der Geschichte verweisen, zu signalisieren.

zeichne »subaltern« jemanden, der Befehle annehme und gehorche, so Gramsci. Da ihre dissidenten politischen Praktiken nicht als systematischer oder kohärenter Widerstand gegen die Macht lesbar sind, sind Subalterne nicht-hegemonial. Sie sind nicht Teil organisierter Kämpfe, und dieser Ausschluss beraubt sie der Möglichkeit, sich selbst zu vertreten oder ihren Interessen Geltung zu verschaffen, da sie keine institutionelle Anerkennung erhalten. Anstatt ein vermeintlich subalternes Handlungsvermögen zu romantisieren, bedeutet Entsubalternisierung für Gramsci, die Bedingungen aufzuheben, die die Subalternen in einer den hegemonialen Gruppen untergeordneten Position halten. Gramsci betont die Bedeutung des Bewusstseins des eigenen Handlungsvermögens, denn nur wenn ein Gefühl des Selbstwerts vorhanden ist, sei Entsubalternisierung möglich. Subalterne sind nicht nur diejenigen, die noch keine Macht haben, sondern auch diejenigen, die der Mittel zur Machtausübung beraubt wurden. Subalternität ist der Zustand, keine Möglichkeit der Einheit oder Solidarität zu haben, der Geste des Widerstands beraubt zu sein. Diese Lektion nimmt sich Spivak zu Herzen und wendet sie auf das postkolonial-feministische Dilemma an.

Während Butler die kritische Funktion kollektiven politischen Handelns auf der Grundlage des Prinzips der Solidarität und der gemeinsamen Verwundbarkeit hervorhebt, wird für Spivak der Prozess der Entsubalternisierung durch die Avantgarde der internationalen Zivilgesellschaft behindert, die durch die Diskontinuität zwischen denen, die Widerstand leisten, und denen, die das nicht können, gekennzeichnet sei. Wird die Idee abstrakter Rechte von prekären Individuen lautstark eingefordert, verwandele sich die Idee selbst, so Butler, und es entstehe eine Pluralität von verkörperten Akteuren, die ihre Ansprüche im Namen »des Volkes« geltend machen würden (2016: 204). Dies scheint darauf hinauszulaufen, dass die Subalternen eben doch sprechen können, wir nur besser zuhören müssen, um über normative Rahmungen des Politischen hinauszugehen, die dazu neigen, das politische Handlungsvermögen der Enteigneten zu übersehen. Verletzliche Kollektive, so wird behauptet, seien trotz struktureller und materieller Einschränkungen »fähig«, kollektiv Kritik zu üben.

Dabei geht Butler aber nicht auf Spivaks so wichtige Kritik an Foucault und Deleuze in *Can the Subaltern Speak?* ein. Spivak wirft den beiden Philosophen vor, politisches Handeln und Widerstand zu romantisieren und die ideologische Subjektkonstitution der Subalternen auszublenden, die aber dazu führe, dass Subalterne weder zustimmen noch widersprechen können, da sie sich gar nicht als Träger:innen von Rechten verstehen; ihre Subjektivität konstituiere sich vielmehr im Sinne des Gehorsams à la Gramsci. Ich möchte Spivaks Kritik hier kurz skizzieren, ehe ich zeige, wie Butler die Fehler von Foucault und Deleuze zu wiederholen scheint.

In einem Gespräch mit dem Titel »Die Intellektuellen und die Macht« argumentiert Foucault (2002b: 383 f), dass die Massen nicht in einer Ideologie befangen seien und sich folglich selbst ausdrücken könnten, was die Rolle der Intellektuellen in politischen Prozessen überflüssig mache. Foucault will also das Problem der Repräsentation vermeiden, entzieht sich damit aber laut Spivak der Verantwortung, wobei sein die Repräsentationslogik unterlaufendes Vokabular in Wahrheit eine essentialistische Agenda verdecke. Für Spivak ist der Begriff der Repräsentation für den Prozess der Dekolonisierung unerlässlich. In Anlehnung an Marx unterscheidet sie zwischen zwei Bedeutungen des Wortes »Repräsentation«, nämlich *Vertretung* (sprechen für) und *Darstellung* (sprechen über) (Spivak 2011a: 33). Foucault und Deleuze scheinen sich einig zu sein, dass nur das »sprechen über« notwendig sei, nicht aber das »sprechen für«. Für Spivak gibt es jedoch keine Darstellung ohne Vertretung, wobei beide Begriffe zusammengehören, aber nicht miteinander vermengt werden sollten (ebd.: 36). Werden entmachtete Gruppen als kohärente politische Subjekte konstituiert, wird das ästhetische Porträt,[12] das sie symbolisch repräsentiert, als transparenter Ausdruck ihrer politischen Wünsche und Interessen verstanden. Spivak argumentiert, dass die Kluft zwischen ästhetischer und politischer Repräsentation noch ausgeprägter ist, wenn dieses Modell der politischen Repräsentation auf die »Dritte Welt« angewendet wird.

Eine der Schlüsselfragen für die kritische Theorie im Allgemeinen und den postkolonialen Queer-Feminismus im Besonderen ist die knifflige Frage, warum Subjekte ihre eigene Unterwerfung akzeptieren. Warum sind wir so beschaffen, dass wir gegen unser Eigeninteresse begehren? Hier lohnt es sich, kurz auf Deleuze und Guattari einzugehen, die unter Berufung auf Spinoza und mit einem Zitat von Wilhelm Reich eine ähnliche Frage stellen: »Warum kämpfen die Menschen für ihre Knechtschaft, als ginge es um ihr Heil? […] das Erstaunliche [liegt] nicht darin, daß Leute stehlen, andere streiken, vielmehr darin, daß die Hungernden nicht immer stehlen und die Ausgebeuteten nicht immer streiken. […] Nein, die Massen sind nicht getäuscht worden, sie haben den Faschismus in diesem Augenblick und unter diesen Umständen gewünscht. Nur in solcher Perspektive läßt sich diese Perversion des Massenwunsches angehen.« (Deleuze/Guattari 2008: 39)

12 Im Gegensatz zum Verständnis der Darstellung als »Proxy« weist die Idee des »ästhetischen Porträts« darauf hin, dass die Darstellung immer auch ein Element der Interpretation enthält. Es handelt sich nicht um »natürliche« oder »wörtliche« Darstellungen, sondern um symbolische und allegorische. Der Schwerpunkt liegt nicht nur auf dem, was re-präsentiert wird, sondern auch darauf, wer die Darstellung und Interpretation vornimmt.

Eine zentrale Erkenntnis der postkolonialen Kritik ist, dass es im Imperialismus nicht nur um die militärische Eroberung von Territorien oder die Ausbeutung von Arbeitskräften und Ressourcen geht, sondern auch um die Kolonisierung des Geistes. Dementsprechend kann sich Dekolonisierung nicht auf eine »bloße« Übertragung der Macht von den europäischen Kolonisator:innen auf die Einheimischen beschränken, sondern muss als ein Eingriff in die imperiale und subalterne Subjektkonstitution diesseits und jenseits der kolonialen Kluft gedacht werden. Angesichts des Fortbestehens von sozialer Ungerechtigkeit und wirtschaftlicher Ausbeutung in der postkolonialen Welt betont Spivak, dass die politische und wirtschaftliche Transformation durch einen »epistemischen Wandel« ergänzt werden muss, wenn wir das Projekt der Dekolonisierung und Entsubalternisierung verwirklichen wollen.

Butlers Interesse gilt vor allem der ungleichen Verteilung von Verletzlichkeit und Prekarität. Zwar bringt dies auch einen ungleichen Zugang zum Versammlungsrecht mit sich, dennoch bleiben aber unterschiedliche Formen politischen Handelns für sie ein integraler Bestandteil des Kampfes für Gerechtigkeit. Spivak widersteht dagegen der Versuchung, das Handlungsvermögen der Subalternen zu überschätzen. Sie lenkt die Aufmerksamkeit auf die ideologische Subjektkonstitution der Subalternen, also auf die Frage, warum sie ihre Unterwerfung als unausweichlich und schicksalhaft hinnehmen. Die Subalternen haben kein Verständnis von sich selbst als einem Subjekt politischer Rechte, so dass sie ihre wirtschaftliche und soziale Marginalisierung in ihrem »Alltagsverstand«, so der Begriff Gramscis, akzeptieren. Für Spivak kann die Entsubalternisierung nicht allein durch wirtschaftliche und politische Ermächtigung erreicht werden, sondern muss um pädagogische Interventionen ergänzt werden, soll die Subalternität beseitigt werden. Dieser Ansatz geht auch über die Bemühungen der Subalternisten hinaus, das subalterne Handlungsvermögen zurückzugewinnen und wiederherzustellen.

Für Marx konnten die unorganisierten subalternen Gruppen keinen systematischen und effektiven Gegenpol zur Bourgeoisie bilden, weshalb er in erster Linie auf das städtische Proletariat als Subjekt der Revolution setzte. Gramsci hingegen interessiert sich gerade für die ländlichen Subalternen, die sowohl von Marxist:innen als auch von Leninist:innen als vorpolitisch abgetan worden waren. Bekanntlich wendet er sich gegen die These, dass eine »Diktatur des Proletariats« (Marx MEGA III, 5 [1852]: 76; Gramsci H. 6, § 12 [1930–32]: 720 f) Herrschaft überwinden könne. Subaltern ist für Gramsci ein relationaler Begriff, dessen Gegenpol der Hegemon ist, worunter er alle Gruppen versteht, die ihre historische Einheit im Staat verwirklichen, der sich aus Teilen der politischen und bürgerlichen Gesellschaft zusammensetzt. Dabei versteht Gramsci den Staat als einen Konsens, der in der Zivilgesellschaft hergestellt und durch Zwang wehrhaft gemacht wird. Die Zivilgesellschaft steht also nicht außerhalb des Staates und in Opposition zu ihm, sondern fungiert als Raum, in dem der Staat seinen Einfluss durch Überzeugung statt durch explizite Gewalt ausübt. Im Gegensatz zu den hegemonialen Gruppen, deren Interessen im Staat vereint sind, sind die Interessen der subalternen Gruppen fragmentiert und sie haben keinen Zugang zum Staat. Gramsci zufolge könnte aber ein Bündnis zwischen städtischem Industrieproletariat und ländlichen Subalternen einen wichtigen gegenhegemonialen politischen Block hervorbringen.

Die Subalternisten ließen sich von Gramsci und Foucault inspirieren und versuchten, »der kleinen Stimme der Geschichte Gehör zu schenken« (Guha 1996: 11). Sie kritisieren, dass subalterne Aufstände als sporadisch, gewalttätig, unorganisiert und führungslos abgetan und dementsprechend in den Bereich der Kriminalität abgeschoben wurden. Die postkoloniale Nationenbildung wurde so zu einem Elitenprojekt, bei dem die kolonialen Interessen durch die Interessen der privilegierten Einheimischen ersetzt wurden. Die Subalternisten wollen einen Beitrag zum Projekt der Dekolonisierung *und* der Entsubalternisierung leisten, indem sie den Subalternen ihre Stimme, ihren Willen, ihr Bewusstsein oder kurz, ihr Handlungsvermögen zurückgeben. Am Beispiel des postkolonialen Indiens zeigen sie auf, wie den Menschen, die gegen den Feudalismus und den Kolonialismus gekämpft haben, die Teilhabe an der Nationenbildung verwehrt wurde, die also abermals ein ausgrenzendes Projekt der Eliten war.

Spivak unterstützt das Bestreben der Subalternisten, warnt aber zugleich davor, das subalterne Handlungsvermögen zu überschätzen und ein vermeintlich subversives und widerständiges subalternes Subjekt als Gegenpol zur hegemonialen Geschichtsschreibung zu konstruieren. In den Subalternen einen »Willen zum Widerstand« zu verorten sei ein Fall von Metalepsis, bei dem die Ursache durch den Subjekt-Effekt ersetzt werde (2006: 281). Subalternität sei aber keine Identität, sondern vielmehr ein Effekt von Macht, der sich daraus ergibt, dass man vom Zugang zur Hegemonie abgeschnitten ist. Historiker:innen würden den Fehler begehen, im Namen der Wiederherstellung subalterner Handlungsfähigkeit einen vermeintlich »authentischen« und »unverfälschten« politischen Willen und ein politisches Bewusstsein auf die subalternen Aufständischen (Spivak 2006: 279, 349 f) zu projizieren. In diesem Prozess werde die:der Subalterne als souveränes Subjekt konstruiert, das als Akteur des Widerstandes mit vermeintlich klaren Absichten, Begehren und dem Wissen darüber, was im eigenen Interesse liegt, romantisiert wird.

Besonders wichtig ist hier die Einsicht, dass eine Entsubalternisierung nicht möglich ist, ohne die Diskontinuität von Begehren und Interesse zu thematisieren, also die Frage, warum Subjekte so konstituiert sind, dass ihr Begehren ihrem Eigeninteresse zuwiderlaufen kann. Das Argument von Foucault und Deleuze geht letztlich von einer Kontinuität zwischen Begehren und Interesse aus und stellt damit auch in Abrede, dass Intellektuelle bei der Förderung, aber auch Behinderung der Entsubalternisierung eine Rolle spielen. Wenn Spivak die Behauptung, dass die Massen das Skript ihrer Unterwerfung kennen würden und es daher auch überwinden könnten, bestreitet, erinnert sie dabei zugleich an die wichtigsten Lektionen aus Foucaults eigener Arbeit, nämlich, dass unsere Interessen und Wünsche uns selbst nicht immer transparent sind. Im Gegensatz zu einem »expressiven« Subjekt, das weiß und spricht und daher nicht repräsentiert werden muss, verweist Spivak darauf, dass die Frage »Kann die Subalterne sprechen?« rhetorisch gemeint ist, denn die Unfähigkeit der Subalternen, Gehör zu finden, ist im Begriff der Subalternität implizit enthalten. So muss die:der Intellektuelle wohl oder übel bei der Repräsentation der Subalternität eine vermittelnde Rolle einnehmen, die Spivak als eine »unzugängliche Leere« (Spivak 2011a: 71) beschreibt, die unmöglich, aber notwendig ist.

Ähnlich wie Foucault zeigt sich Butler überzeugt, dass Versammlungen Orte sind, an denen prekäre, verwundbare, marginalisierte und zum Schweigen gebrachte Individuen und Kollektive sichtbar, vernehmbar und intelligibel werden können – dass sie folglich also auch in der Lage sind, für sich selbst zu sprechen. Das würde aber einen transparenten und unkomplizierten Akt der Selbstdarstellung und Selbstvertretung voraussetzen. Es müsste davon ausgegangen werden, dass sich verletzliche Subjekte der Art und Weise ihrer Ausbeutung und ihres Ausschlusses bewusst sind. Nur dann gäben öffentliche Versammlungen ihnen die Möglichkeit, ihre Entrechtung zum Ausdruck zu bringen und staatlichen Zwang anzufechten. Wie Foucault und Deleuze verkennt auch Butler die Bedeutung von Ideologiekritik. Spivak warnt uns eindringlich, dass der Moment, in dem wir glauben, die Subalternen zu hören, genau der Moment ist, in dem sie verstummen. Der Mitteilung wohne eine Geste der Auslöschung inne (2014a: 245). Statt ein vermeintlich militantes weibliches Subjekt zu verherrlichen, müssten sich die transnationalen Eliten ihre Mitschuld an der Unmöglichkeit subalternen Sprechens bewusst machen. Spivak (1985: 245) wendet sich gegen solche Alteritätsromantik, denn »wenn wir uns von einer Nostalgie nach verlorenen Ursprüngen treiben lassen, laufen wir Gefahr, das ›Einheimische‹ auszulöschen und als ›der wirkliche Caliban‹ hervorzutreten«. Auch das ist eine indirekte Kritik an der dekolonialen Forderung nach einer »Rückkehr« zu indigenen Epistemologien (2008: 273 fn 25).

Während einige enteignete Individuen tatsächlich Gehör finden, indem sie die Aufmerksamkeit hegemonialer Gruppen erlangen, markiert die Subalternität in gewisser Weise die Grenze der Lesbarkeit und Verständlichkeit. Ich möchte auf diesen Punkt etwas näher eingehen und auf Spivaks Lektüre von J.M. Coetzees Roman *Foe* (der bereits in Kapitel 2 kurz erwähnt wurde) zurückkommen. In

Robinson Crusoe erfüllt Robinson die zivilisatorische Mission des europäischen Imperialisten, indem er Freitag, dem Eingeborenen, die englische Sprache beibringt. In ähnlicher Weise versucht in *Foe* die weibliche Erzählerin des Romans, die Engländerin Susan Barton, Freitag eine Stimme zu geben (Spivak 1991: 169). Die Gewalt der kolonialen Erziehung, die in *Robinson Crusoe* ausgeblendet wird, rückt in *Foe* in den Mittelpunkt, wenn wir erfahren, dass Freitag von Sklavenhändlern die Zunge rausgeschnitten wurde. Spivak betont die wichtige Tatsache, dass eines der Wörter, die Barton Freitag beibringt, »Afrika« ist. Sie versucht damit, Freitag eine Sprache zu geben, in der er die nationale Unabhängigkeit fordern und damit das koloniale Narrativ herausfordern kann. Für Spivak ist das Wort »Afrika« aber eine Katachrese, ein unpassendes Wort, weil es historisch betrachtet dem Kontinent von der europäischen Kolonialmacht aufgezwungen wurde (ebd.: 170). Nach mehreren erfolglosen Versuchen fragt sich Barton frustriert: »Wie soll Freitag verstehen, was Freiheit bedeutet, wenn er kaum seinen eigenen Namen kennt?« (zit. in ebd.: 171)

Das Scheitern von Bartons Schreibstunde ist für Leser:innen postkolonialer Texte besonders lehrreich. Statt nur passives Opfer der Kolonialgeschichte zu sein, ist Freitag für Spivak »ein Akteur der Vorenthaltung im Text«, der sich weigere, eine authentische einheimische Stimme hervorzubringen (ebd.: 172). In Bartons wohlwollender antikolonialer Erzählung gebe es für Freitag keinen rhetorischen Raum. Seine Weigerung zu sprechen könne daher als Widerstand gegen die nationalistischen und identitätsstiftenden Agenden gesehen werden, die Barton einsetzt, um Freitag zu emanzipieren und ihm seine Stimme zurückzugeben. Freitags Handlungsvermögen liegt für Spivak gerade in seiner Weigerung, repräsentiert zu werden, in seinem Schweigen.

Diejenigen, die sich auf der privilegierten Seite der Transnationalität befinden, sollten dem Schweigen der Subalternen unbedingt Aufmerksamkeit schenken; das heißt auch zu akzeptieren, dass unseren Bemühungen, zuzuhören, notwendigerweise etwas entgehen muss. Diese Einsicht war einer der wichtigsten Beiträge Spivaks zur Verkomplizierung des politischen Programms der Subalternisten, das sich ja der Wiederherstellung der subalternen Handlungsmacht verschrieben hatte. Spivak bereichert das politische Projekt des Marxismus um dekonstruktive und poststrukturalistische Überlegungen und zeigt damit auch die Grenzen einer geradlinigen revolutionären Agenda auf.

Eine noch größere Herausforderung als der mangelnde Zugang zur Öffentlichkeit stellt der Wille zum Gehorsam dar, der tief in der vergeschlechtlichten Subalternen verwurzelt ist, die ihren Zustand der Entrechtung als »Normalität« verinnerlicht hat. Des Privilegs beraubt, sich abstrakt als Teil des Nationalstaates vorstellen zu können, ist die Subalterne auf den öffentlichen Raum völlig »unvorbereitet«. Die größte Aufgabe der Dekolonisierung besteht also darin, eine Krise in der Subalternität auszulösen. Dies kann jedoch nicht allein dadurch geschehen, dass die Subalternen ökonomisch unabhängig oder politisch ermächtigt werden: Formalisierte demokratische Rechte befreien ökonomisch verarmte Bürger nicht automatisch, ebenso wie ökonomische Ermächtigung nicht mit Entsubalternisierung gleichzusetzen ist.

Schon für Aristoteles sind nicht alle Menschen dazu geeignet, Teil der regierenden Klasse zu werden, weil nicht jeder die notwendige praktische Weisheit oder ethische Tugend besitze. Die Regierungspraktiken in den meisten postkolonialen Gesellschaften beruhen immer noch auf dieser Prämisse. Wie also kann aus dem subalternen Subjekt ein:e Bürger:in werden? In Anlehnung an Gramsci argumentiert Spivak, dass es in der Demokratie nicht darum geht, die ungelernten Arbeiter:innen arbeitsfähig zu machen, sondern darum, alle Bürger:innen zum »Regieren« zu befähigen (2009: 36). Wenn Abhilfe ohne Eingriffe von außen nicht möglich ist, werde die Entsubalternisierung behindert. Es ist also dringend notwendig, zwischen der Ausübung der eigenen Handlungsmacht und der Schaffung der notwendigen Bedingungen für die Handlungsfähigkeit der Subalternen zu unterscheiden.

Angesichts der systematisch herbeigeführten Prekarität und der rassifizierten Verelendung (Butler 2016: 237) ist es sicherlich dringlich, Kämpfe für nachhaltigere Lebensbedingungen zu unterstützen. Und doch ist die Beseitigung der Subalternität viel komplexer als nur den Zugang zu Grundbedürfnissen zu ermöglichen. Armutsbekämpfung ist zwar notwendig, garantiert aber noch keine Entsubalternisierung (Spivak 2008b: 24–25). Tief verwurzelte Machtasymmetrien können nicht einfach durch eine Neuordnung der Einkommen und Vermögen korrigiert werden. Vor allem müssen die Subalternen in die Lage versetzt werden, die »Klassengewohnheit des Gehorsams« (ebd.: 55) zu verlernen und in den »Kreislauf der bürgerlichen Rechte und Pflichten« (Davis et al. 2019: 71) einzutreten. Es gilt der Versuchung zu widerstehen, die Frömmigkeit derer, die leiden, zu romantisieren. Für Spivak sind Subalterne nicht »die Armen« oder »arme Frauen« oder gar »arme braune Frauen«. Vielmehr ist Subalternität eine Position ohne Identität. Gegen den positivistischen Wunsch, die Subalternen als kohärente politische Akteure zu entdecken und zu repräsentieren, macht Spivak den der Intuition zuwiderlaufenden Vorschlag, dass die Subalternen, selbst wenn die »theoretische Fiktion« wirksam ist, ohne die Vermittlung der Elite nicht »erscheinen« können (Morton 2003: 54; Morton 2007: 101–105). Man muss sich davor hüten, als Antwort auf die Frage »Wer ist subaltern?« die Kategorie »Subalterne« zu ontologisieren. Auch den besten Anstrengungen, Subalternität darzustellen, muss etwas entgehen, da Subalternität einen Grenzfall unserer Wissensproduktion markiert. Wer auf der Suche nach geradlinigen politischen Programmen und Agenden ist, wird von Spivaks kritischen Interventionen enttäuscht sein.

Subalterne Gegenöffentlichkeiten: Ein Paradoxon?

Wenn ein:e Bürger:in nicht in der Lage ist, den öffentlichen Raum für sich zu reklamieren, der ja selbst ein Produkt der Kolonialgeschichte ist, wird eine bestimmte Art von Subalternität erzeugt (Spivak 2008b: 3, 154). Das Konzept transnationaler subalterner Gegenöffentlichkeiten wäre dann ein Oxymoron, da Subalterne keinen Zugang zum Staat und zu den Strukturen der nationalen und internationalen Zivilgesellschaft haben und somit auch nicht zu den staatsbürgerlichen Rechten (Spivak 2011b). Subalterne Gruppen werden von der postkolonialen Nationenbildung ausgegrenzt und sind zugleich Ziel der neokolonialen Globalisierung. Da die »Normen der Anerkennung« nicht zu ihren Gunsten gestaltet sind, bleiben die politischen Ansprüche subalterner Gruppen unverständlich und unlesbar. Umgekehrt bedeutet dies, dass die Subalternität in eine Krise gerät, wenn ein zuvor entrechtetes Individuum oder eine Gemeinschaft die Anerkennung eines politischen Subjekts erlangt.

Der Behauptung, dass unsere geteilte Verletzlichkeit uns zusammenführen kann, möchte ich entgegenhalten, dass sich tiefgreifende Macht- und Wohlstandsasymmetrien nicht einfach dadurch ausgleichen lassen, dass wir alle zusammen im Cyberspace für eine gemeinsame Sache eintreten oder uns kollektiv auf der Straße der Polizeigewalt aussetzen. Wir mögen zwar demselben Sturm ausgesetzt sein, aber wir sitzen nicht alle im selben Boot, und das macht einen großen Unterschied. Die Zivilgesellschaft und die sozialen Bewegungen sind durch Hierarchien und Ausgrenzungen gekennzeichnet, die in den feierlichen Diskursen über den Widerstand gegen den Staat einfach untergehen. Die Fiktion, dass alle Körper auf der Straße oder in digitalen Gegenöffentlichkeiten gleich sind, blendet völlig aus, dass zwischen einem arbeitslosen Jugendlichen in Spanien und einem Bauern in Indien, der sein Grundstück verliert, weil er gezwungen ist, gentechnisch veränderte BT-Baumwolle von Monsanto zu kaufen, immer noch ein gewaltiger Unterschied besteht. Erstere wehren sich als Teil der *Indignados* auf den Straßen Madrids gegen ihre Prekarisierung, während letztere möglicherweise schon zu den namenlosen Tausenden gehören, die sich seit der Durchsetzung von Biopatenten selbst getötet haben – und zwar nicht als Akt des Widerstands, sondern weil sie einfach nicht in der Lage waren, ihren Interessen Geltung zu verschaffen und den postkolonialen Staat dazu zu bringen, auf ihre Subalternisierung zu reagieren.

Die internationalen Akteure der Zivilgesellschaft stecken in einer Zwickmühle und müssen sich eingestehen, dass sie innerhalb der Strukturen operieren, die sie zu kritisieren versuchen. Die »Stimme des Volkes« als Artikulation des Volkswillens entpuppt sich als Phantasma, so dass Protestbewegungen die Massen paradoxerweise genau in dem Moment in die Subalternität stoßen, in dem sie ihnen angeblich das Wort erteilen. Unsere Komplizenschaft bei der fortgesetzten Reproduktion von Subalternität zieht auch die Idee von Allianzen entlang von Klassen-, Rassen- und Geschlechtergrenzen in Zweifel und wirft so beunruhigende Fragen zu den Herausforderungen einer postimperialen Politik im Zeitalter der neoliberalen Globalisierung auf. Diejenigen, die auf der privilegierten Seite der Transnationalität stehen, müssen der Versuchung widerstehen, sich selbst als moralische Unternehmer:innen zu ermächtigen, die sich für die Lösung der Probleme der Welt zuständig halten. Wir müssen dringend unser Verständnis von Politik überdenken und neu entwerfen, indem wir zunächst einmal hinterfragen, warum subalterne Gruppen trotz aller Bemühungen internationaler zivilgesellschaftlicher Akteure und Institutionen immer noch als »Objekte« des Wohlwollens gelten und nicht als Akteure des Wandels wahrgenommen werden.

Den Staat als Agenten des Terrors und die Zivilgesellschaft als Heilsbringerin zu inszenieren kann bösartige neokoloniale und imperialistische Folgen haben. Das gilt insbesondere für subalterne Gruppen, die unverhältnismäßig oft das Objekt zivilgesellschaftlicher Bevormundung und staatlicher Gewalt sind (Spivak 2009). Transnationale Gegenöffentlichkeiten neigen dazu, privilegierte zivilgesellschaftliche Akteure zu stärken, deren »Wille zum Guten« feudale Züge trägt und durch eine neoliberale Haltung ermöglicht wird. Es stellt sich daher die Frage, ob enthusiastische Widerstandsdiskurse für entrechtete Gemeinschaften wirklich ermächtigend sind oder ob sie lediglich die Asymmetrie zwischen den Handelnden und denjenigen, in deren Namen diese bunten und lebendigen Aufstände inszeniert werden, verstärken.

Der Unterschicht in der »Dritten Welt« stehen die Instrumente des politischen Widerstands und des globalen Protests nicht immer zur Verfügung. Da es keinen anderen Akteur gibt, der in der Lage wäre, zwischen den subalternen Gruppen und den transnationalen Machtstrukturen zu vermitteln, müssen die subalternen Kämpfe immer noch innerhalb der Territorialität des Staates gewonnen werden (Spivak 2009). Die größte Aufgabe der Dekolonisierung besteht also darin, eine Krise der Subalternität auszulösen, was über die Organisation materieller Güter für die leidenden Klassen hinausgeht. Einfach nur Rechte zu haben, ist nicht genug, wenn es keine Ausbildung zur Ausübung der Freiheit gibt. Handlungsfähigkeit und politische Macht bleiben leere Versprechen für subalterne Gruppen, so lange sie nicht einmal Zugang zu den grundlegenden Bürgerrechten haben, obwohl sie *de jure* Bürger:innen sind (ebd.: 105).

Der Prozess der Entsubalternisierung verläuft unerträglich langsam, während sich die revolutionären Fantasien via Twitter und Instagram mit »Gedankenschnelle« verbreiten (für Marx (MEW 42 [1857–8]: 453), so erinnert uns Spivak, bewegt sich das Kapital mit *Gedankenschnelle*[13]). Bei der Entsubalternisierung geht es nicht nur darum, den Subalternen durch politische Indoktrination oder Bewusstseinsbildung beizubringen, wie man Widerstand leistet; vielmehr müssen die Klassenprivilegierten den Impuls verlernen, das Handlungsvermögen im Namen der Rettung der Welt zu monopolisieren, während es den Subalternen ermöglicht werden muss, die Klassengewohnheit des Gehorsams zu verlernen (ebd.). Dies würde eine Verlagerung von der Politik der Straße als Ort der Entsubalternisierung auf andere Interventionsschauplätze erfordern, wie z.B. den postkolonialen Staat, der ein *Pharmakon* ist – schädliches Gift und nützliche Medizin zugleich. Im Gegensatz zur staatsfeindlichen Rhetorik der Protestbewegungen fordere ich, dass die Beziehungen zwischen dem postkolonialen Staat und den Subalternen neu konfiguriert werden muss, um das Gift in Gegengift zu verwandeln.

Im Lichte dieser Überlegungen ist es eine große Herausforderung, das Verhältnis zwischen Kritik und Widerstand neu zu definieren und dabei die Frage der Subalternität im Auge zu behalten. In weiten Teilen der postkolonialen Welt wird den subalternen Gruppen jeglicher Zugang zu intellektueller Arbeit systematisch verwehrt, während ihre Körper darauf trainiert werden, der herrschenden Klasse zu dienen. Um diesen Prozess umzukehren, müssen wir die Subalternen in die Hegemonie treten lassen, und zwar nicht durch »Ermächtigungstraining«, sondern durch die »Aktivierung« demokratischer Gewohnheiten (Spivak 2008b: 49). Es bedarf einer immensen Anstrengung, die Subalternen davon zu überzeugen, dass alle die gleichen unveräußerlichen Rechte haben.

Der Zugang zur globalen Telekommunikation und das Recht auf Mikrokredite werden oft mit einer Ermächtigung der Subalternen gleichgesetzt, da die Globalisierer des freien Marktes suggerieren, dass diese Veränderungen gleiche Wettbewerbsbedingungen schaffen würden (Spivak 2012a: 100). Wenn Bürger:innen mit Konsument:innen in eins fallen, verschmilzt der »Wille des Volkes« in der neoliberalen Demokratie mit den Entscheidungen des Marktes. Die Herausforderung besteht also darin, wie aus subalternen Subjekten Bürger:innen werden können. Sowohl die Menschenrechtsdiskurse als auch das entwicklungspolitische Versprechen eines »gerechten Kapitalismus« sind unzureichend. Die Ausweitung der elektronischen Zugänge führt nicht automatisch zu »epistemischem Wandel« (Spivak 2008b: 50). Wirtschaftliche Ermächtigung ist unvollständig, wenn sie nicht von einer »zwangsfreien Umgestaltung des Begehrens« im »globalen Norden« wie auch im »globalen Süden« (ebd.: 31) ergänzt wird, damit es nicht mehr notwendig ist, die Entrechteten durch Entwicklungshilfe zu bevormunden.

---

13 https://zeitschrift-luxemburg.de/artikel/marx-global/

Die transnationale feministische Bewegung ist ein gutes Beispiel dafür. Befürworter:innen betonen die wichtige Rolle grenzüberschreitender zivilgesellschaftlicher Netzwerke, die die Teilhabe entrechteter Frauen an der »globalen« Politik erleichtern sollen. Subalterne Frauen stehen aber außerhalb organisierter Bewegungen und sind weder Teil eines vereinten »Frauenwiderstands der Dritten Welt« noch einer globalen Bündnispolitik. Die Verschmelzung lokaler Frauenkämpfe mit einer globalen Frauenbewegung hat in den vergangenen Jahrzehnten nur die Hegemonie elitärer feministischer Agenden verfestigt, wobei die UN-Konferenzen von Kairo (1994) und Peking (1995) intensive Debatten über die Kollusion der transnationalen Frauenbewegung mit dem Imperialismus auslösten. Ein »dekolonisierender Feminismus« würde also bedeuten, dass »Feministinnen mit einem transnationalen Bewusstsein« ihre eigene »Komplizenschaft« anerkennen (Spivak 2014a: 387).

Postkoloniale Staaten bleiben die wichtigsten Vermittler zwischen den Forderungen des globalen Kapitals und entrechteten Gruppen. Anstatt den Staat nur als einen Repressionsapparat aufzufassen und entweder »für« oder »gegen« Nationalstaaten zu sein, sollten wir einen anderen Staat anstreben, der die Prozesse der Entsubalternisierung fördert. Der Angriff auf den Staat wird weitgehend durch das Diktat der neoliberalen politischen Ökonomie vorangetrieben, die einen falschen Gegensatz zwischen den Übeln der staatlichen Planung und den Tugenden des freien Marktes durchgesetzt hat. Dabei wird aber verschwiegen, dass es der Neoliberalismus selbst ist, der den Staat als Voraussetzung benötigt. Statt sich in einer »Staatsphobie« zu ergehen, sollte man sich auf die Frage konzentrieren, wie die Interessen und Forderungen entrechteter Gruppen im Kampf um Hegemonie artikuliert werden können, idealerweise durch eine »Änderung der Umverteilungsprioritäten des Staates« (Spivak 2009: 89). Es sollte darum gehen, subalterne Gruppen in die Lage zu versetzen, innerhalb der formalen Grammatik der Bürgerrechte Ansprüche an den Staat stellen zu können, um eine »Demokratie von unten« zu aktivieren.

Die meisten Befürworter:innen des Abolitionismus konzentrieren sich ausschließlich auf die Bekämpfung der staatlichen Macht, die sie als repressiv kodieren. Dabei übersehen sie die toxische Politik bestimmter Teile der Zivilgesellschaft. Ein gutes Beispiel ist PEGIDA (Patriotische Europäer gegen die Islamisierung des Abendlandes), eine rechte Bewegung, die regelmäßig Versammlungen in deutschen Städten abhält, um gegen die Gewährung von Asyl für Geflüchtete durch den deutschen Staat zu protestieren. Hier gehen Gewalt und Zwang von der öffentlichen Versammlung aus, nicht vom Staat. Auch während der Covid-19-Pandemie waren sogenannte »Freiheitsdemonstrationen« und Proteste gegen jegliche Einschränkungen in Großstädten wie Berlin an der Tagesordnung und wurden in erster Linie von der deutschen Rechten im ganzen

Land organisiert. Unter dem Motto »Wir sind das Volk« machten Impfgegner:innen, Wissenschaftsleugner:innen, Antifeminist:innen, Hooligans, Neonazis, Holocaust-Leugner:innen, Evangelikale und Esoteriker:innen, Migrant:innen und Jüd:innen für die Ausbreitung des Virus in Deutschland zum Sündenbock. Gleichzeitig beschuldigten sie den Staat, Freiheiten und Mobilität einzuschränken. Gruppen wie Querdenken, Widerstand 2020 und andere nahmen für sich in Anspruch, die demokratischen Grundrechte der Bürger:innen vor dem deutschen Staat zu schützen. Diese Beispiele zeigen deutlich, wie ambivalent das Auftreten des »Volkes« ist.

Obwohl der Staat und seine Institutionen zweifellos für die Entstehung von Prekarität verantwortlich sind, sollte man auch die Rolle der privilegierten zivilgesellschaftlichen Akteure nicht aus den Augen verlieren, die unmittelbar von der Schwächung der postkolonialen Staaten profitieren. Die Gewalt, die nichtstaatliche Akteure gegeneinander ausüben, darf nicht vernachlässigt werden. Sonst entsteht der falsche Eindruck, Gewalt gehe nur vom Staat aus und richte sich immer gegen prekäre Subjekte. Butler führt die Occupy-Wall-Street-Demonstrationen als Beispiel für einen offenen Raum an, in dem »niemand [...] je nach einem Ausweis gefragt [wird], um Zugang zu solchen Demonstrationen zu erhalten« (2016: 80). Obwohl Butler immer wieder auf die Bedingungen eingeht, die die Möglichkeit des Erscheinens definieren, wird die Tatsache, dass das Erscheinen der einen auch vom Nicht-Erscheinen-Können der anderen abhängt, durchweg ausgeblendet. Butler betont zwar die intersubjektive Abhängigkeit und Verletzlichkeit, vernachlässigt aber das »parasitäre« Handeln. Zwei konkrete Beispiele verdeutlichen die Multidirektionalität von Gewalt und Ausgrenzung: die sexuellen Übergriffe auf dem Tahrir-Platz[14] sowie die Tatsache, dass die Frauen auf dem Syntagma-Platz nach Hause gingen, um die Haus- und Pflegearbeit zu erledigen, damit die Männer weiter demonstrieren konnten. Wie im Fall der athenischen Polis, wo der Demos ausschließlich von den erwachsenen Männern athenischer Abstammung konstituiert wurde, deren Teilnahme an den öffentlichen Versammlungen parasitär gegenüber der Sklavenökonomie und der Arbeit der Frauen war, die nicht als Teil des Demos betrachtet wurden, ist die Zivilgesellschaft im postkolonialen Spätkapitalismus durch »Klassenapartheid« (Spivak 2008b: 32) gekennzeichnet. Während Butler die Handlungsmacht der Demonstrant:innen und ihr Recht, den Staat zu kritisieren und herauszufordern, in den Mittelpunkt stellt, beschäftigt sich Spivak mit der Unfähigkeit der Subalternen, sich Gehör zu verschaffen. Die Subalternen melden sich zwar zu Wort, werden aber weder von den Akteuren der Zivilgesellschaft noch von den staatlichen Behörden angehört. Für Spivak ist der Adressat der subalternen Rede der Staat; sobald der Staat die

14 https://www.theguardian.com/world/2013/jul/05/egypt-women-rape-sexual-assault-tahrir-square

Subalternen als legitimes politisches Subjekt anerkennt, d.h. als jemand, die:der Ansprüche an den Staat stellen kann, ist ein erster Schritt zur Entsubalternisierung getan.

Auf die Frage Butlers, »Beruht die Versammlungsfreiheit auf dem Schutz *durch* die Regierung oder *vor* der Regierung?« (Butler 2016: 206), würde ich erwidern, dass es paradoxerweise einem Organ des Staates obliegt, die Versammlungsfreiheit vor Eingriffen durch seine anderen Organe zu schützen. Dies bedeutet, dass wir vorsichtig sein müssen, den Staat auf seine strafrechtliche Funktion und seinen Repressionsapparat zu reduzieren und seine Ermöglichungsfunktion darüber zu vergessen. Heute scheint Althussers Auffassung vom Staat gegenüber jener von Gramsci die Überhand gewonnen zu haben, der Schwerpunkt liegt also auf dem repressiven Staatsapparat, nicht auf dem ambivalenten und widersprüchlichen Charakter des Staates, dem ein stabiler Kern fehlt. Wie Gramsci bin aber auch ich der Überzeugung, dass wir uns vor einer Ontologie des Staates als wesenhaft repressiv und gewalttätig hüten müssen, die darauf hinausläuft, den Staat zu verdinglichen, »als ob« er wirklich existierte.

Eine der akutesten Herausforderungen der globalen Ethik liegt in der Entfernung zwischen denjenigen, die »verteilen«, und denjenigen, die als »Opfer von Unrecht« und »Empfänger:innen« von Solidarität, Gerechtigkeit, Hilfe und Rechten kodiert werden (Spivak 2008b: 15, 266 n14). Jeder Versuch globaler ethischer Verpflichtungen muss sich dringend mit den historischen Prozessen befassen, durch die bestimmte Individuen in Situationen gekommen sind, aus denen heraus sie globale Solidarität anstreben können. Wenn progressive Aktivist:innen und Intellektuelle mit viel »gutem Willen« in die Kämpfe subalterner Gruppen um mehr Anerkennung und Rechte eingreifen, verstärken sie genau die Machtverhältnisse, die sie zu überwinden suchen. Interessanterweise erklärt Spivak, dass es im Kontext der globalen Ethik die Subalternen sind, bei denen die Intellektuellen, wenn es um Machtfragen geht, in die Lehre gehen müssen. Ohne es zu beabsichtigen, untergraben die Intellektuellen die Fähigkeit der Subalternen zum Widerstand. Die Herausforderung besteht darin, eine Art Selbstinventur unseres Weltbilds zu machen und gleichzeitig eine kritische Vorstellungskraft zu kultivieren. Subalterne fantasieren nicht von der Rettung der Welt, sie haben kein Selbstverständnis als »politische Subjekte«. Dies bringt eine internationale Arbeitsteilung der Vorstellungskraft zum Ausdruck zwischen denjenigen, die sich selbst als widerständige Subjekte verstehen, und denjenigen, die »kognitiv entmündigt« wurden und sich deshalb gar nicht als Träger:innen von Rechten wahrnehmen.

Wir gehen gemeinhin davon aus, dass eine starke Zivilgesellschaft automatisch auch die Demokratie stärke. Wie Gramsci gezeigt hat, ist aber die Zivilgesellschaft selbst der Ort, an dem Hegemonie erzeugt wird. Elitäre Akteure der Zivilgesellschaft erlangen ein bemerkenswertes Maß an politischer Macht und damit Zugang zur transnationalen Öffentlichkeit, ohne aber von den Menschen, die zu vertreten sie vorgeben, je direkt gewählt worden zu sein. Die Avantgarde der zivilgesellschaftlichen Akteure, die organischen Intellektuellen des globalen Kapitalismus, bleiben dem Paternalismus verhaftet. Eine der wirksamsten Strategien außerstaatlichen kollektiven Handelns ist es, durch internationale Verbündete und Foren öffentlich Druck auf den Staat auszuüben, was aber in Bezug auf die Souveränität knifflige Fragen aufwirft, insbesondere wenn es sich um erst kürzlich entkolonisierte Länder handelt.

Vielleicht könnte man sagen, dass subalterne Gruppen gewissermaßen zwischen zwei Stühlen stehen. Auf der einen Seite steht »der listige Staat«, um einen Begriff von Shalini Randeria (2003) aufzugreifen, der die Rhetorik der Souveränität strategisch einsetzt, um internationale Interventionen in bestimmten Bereichen wie den Menschenrechten zu verhindern, der aber bereit ist, die von internationalen Institutionen vorgeschriebenen wirtschafts- und handelspolitischen Regeln umzusetzen. Auf der anderen Seite stehen zivilgesellschaftliche Akteure, die für Interventionen in Menschenrechtsfragen plädieren, aber jeder Einmischung in die nationale Wirtschafts- und Sozialpolitik sehr kritisch gegenüberstehen.

Dieses Problem verweist auf die Nicht-Performativität kritischer Praktiken in Gegenöffentlichkeiten. Wie bereits erwähnt, hat Ahmed (2006: 104) gezeigt, dass progressive Politik zwar nicht völlig wirkungslos ist, aber nicht unbedingt die Wirkungen erzielt, die sie verspricht. Trotzdem wird sie aber weiterhin als performativ wahrgenommen. Dies zeitigt insofern Machteffekte, als dass die nicht-performative Rhetorik die Bekämpfung dessen verhindert, was sie abzuschaffen vorgibt.[15] Diese negative Beziehung zwischen Rhetorik und Realität, zwischen Anspruch und Praxis bestätigt, dass die Kritik hegemoniale Verhältnisse stabilisieren kann, auch wenn sie vorgibt, diese zu stören. Protestpolitik und öffentliche Versammlungen können zu Prozessen der Subalternisierung beitragen, anstatt die sozialen, politischen und wirtschaftlichen Beziehungen neu zu ordnen. Die staatsfeindliche Politik sozialer Bewegungen verdeckt, dass diese Bewegungen selbst nicht unbedingt »außerhalb« oder »jenseits« des Staates und seines Zwangsapparates stehen.

Entgegen der landläufigen Meinung möchte ich argumentieren, dass es trotz der Legitimationskrise des Nationalstaates gefährlich ist, die politischen Implikationen staatsfeindlicher Positionen außer Acht zu lassen. Der staatlichen

15 Viele Institutionen wie z. B. Universitäten und NROs geben an, diversitätsfreundlich oder anti-rassistisch zu sein, aber die Bekenntnisse zu Inklusion und Gleichstellung in ihren Leitbildern stimmen nicht mit ihren Einstellungs- oder Antidiskriminierungspraktiken überein, wodurch systemische Ungleichheiten in den Einrichtungen aufrechterhalten werden.

Gewalt wird die Gewaltlosigkeit der Zivilgesellschaft gegenübergestellt, die als Sphäre der Gemeinschaft konstruiert wird. Trotz anhaltender Auseinandersetzungen um gemeinsame Ziele wird so getan, »als ob« es eine Kollektivität gäbe. Dabei wird außer Acht gelassen, dass der Staat seinen Einfluss gerade mittels der Zivilgesellschaft ausdehnt, diese also als Ort der Hegemoniebildung fungiert. Unter Hegemonie versteht Gramsci einen Konsens, der »gepanzert mit Zwang« (H. 6, § 88 [1930–32]: 783) verteidigt wird, was der Staat durch die Zivilgesellschaft zum Ausdruck bringt. Für Gramsci ist die Zivilgesellschaft die Domäne der Intellektuellen (bei Gramsci nicht unbedingt ein positiver Begriff), in der sie ihre Hegemonie festigen, indem sie ihre partikularen Klasseninteressen als die gemeinsamen Interessen aller inszenieren. Die Zivilgesellschaft vermag den Zwangsapparat des Staates nicht auszuschalten; sie ist vielmehr an der Herstellung von Hegemonie beteiligt. Ein hervorragendes Beispiel dafür sind die Demonstrationen gegen den Putsch in Myanmar Anfang 2021. Vergleichbare Proteste gegen die Ermordung und Vertreibung von Tausenden Rohingya gab es nämlich nicht. Kenan Malik fragt deshalb zu Recht: »Wo waren die Demonstrant:innen, als die Rohingya ermordet wurden?«[16] Ohne die wichtige Funktion von Protestpolitik und Gegenöffentlichkeiten negieren zu wollen, möchte ich doch behaupten, dass sich die Zivilgesellschaft als staatsfeindlich und oppositionell inszeniert, dabei aber ungewollt zur Festigung der Hegemonie beiträgt. In einigen Ländern des »globalen Südens« sind die NGOs mächtiger als die postkolonialen Staaten. Ein gutes Beispiel ist BRAC, ein Global Player aus Bangladesch und die größte nichtstaatliche Entwicklungsorganisation der Welt. In Bangladesch gilt BRAC interessanterweise als »Parallelstaat«, »Franchise« und »Schattenstaat« (Fink 2018: 222). Im ländlichen Bangladesch werden die NGOs auch als *»Sarkar«* bezeichnet, was auf Bengalisch und Urdu sowohl ›Regierung‹ als auch ›Herr‹ bedeutet (ebd.).

In Anlehnung an Gramsci und Spivak könnte man argumentieren, dass die Zivilgesellschaft als Sicherheitsventil des Staates fungiert; sie baut Druck ab und deeskaliert die Situation, ohne dabei aber die ausbeuterischen Strukturen selbst zu verändern. In den fragilen Demokratien der »Dritten Welt« ist der Staat ein *Pharmakon*, oder, wie Spivak bemerkt: »Was Medizin hätte sein können, wurde Gift« (2008b: 71). Dies ist kein Plädoyer für den Etatismus; vielmehr geht es darum, ein Bewusstsein der Gefahren zu erzeugen, die mit der Ersetzung des Staates durch nichtstaatliche Akteure verbunden sind. In Indien gibt es den Witz, dass das einzige demokratische Recht, das die Inder:innen gerne ausüben, das Recht ist, den Staat zu kritisieren; alle anderen Rechte werden als koloniales Überbleib-

16 https://www.theguardian.com/commentisfree/2021/feb/21/where-were-the-protesters-when-the-rohingya-were-being-murdered-myanmar

sel betrachtet. In diesem Sinne liegt eine Politik der Regierten in der Ära der neoliberalen Globalisierung nicht jenseits des Staates, sondern in seiner Neugestaltung. Nicht der Staat als *monstre froid*, sondern als *pharmakon*: Die Herausforderung besteht darin, Gift in Gegengift, in Medizin zu verwandeln. Abschließend möchte ich skizzieren, worin sich die Staatskritik, die wichtig ist, von den Gefahren der Staatsphobie unterscheidet.

Der Tod des Leviathan[17]

Sollten es religiöse und rassifizierte Minderheiten, Feminist:innen und Queers angesichts des staatlichen Gewaltmonopols und seiner patriarchalen, rassistischen und imperialistischen Tendenzen vermeiden, sich mit dem Staat einzulassen und ihre progressive politische Arbeit stattdessen in nicht-staatlichen Initiativen ansiedeln? Kann der Staat in Anbetracht der berechtigten Ängste vor seinen Zwangsmechanismen überhaupt als eine mögliche Quelle von Wiedergutmachung angesehen werden? Oder sollte sich fortschrittliche Politik ganz auf »die Kunst, nicht regiert zu werden«, konzentrieren, wie James Scott (2010) es empfiehlt, für den Staatsflucht die einzige Überlebensstrategie für die subalternen Klassen ist? Da die Staatsbildung eine Form des »internen Kolonialismus« sei, würden die staatenlosen Völker des südostasiatischen Zomia-Hochlandes alternative Formen der Selbstbestimmung erkunden, indem sie dem Nationalstaat entfliehen. Scott schlägt vor, dass die Menschen hier bewusst staatenlos bleiben und Taktiken erfinden sollten, um Staaten davon abzuhalten, sie in ihre Territorien einzugliedern. In einem Interview gibt Scott jedoch später zu bedenken, dass die Nicht-Einbindung in den Staat als bewusste politische Strategie des Ausweichens ihre Grenzen hat: »Die einzige Alternative besteht heute darin, diesen Nationalstaat irgendwie zu zähmen, weil er nicht in Schach gehalten werden kann. […] der Film Avatar, der so tut als könne man Brücken einfach abbrechen und die ›Moderne‹ fernhalten, ist einfach utopisch.«[18]

Progressive politische Projekte scheinen gegenüber dem Staat und seinen Zwangsbefugnissen in einem Double Bind zu stecken. Es hat einen hohen politischen Preis, den Staat als Korrektiv, das wirtschaftlicher, rassifizierter und sexueller Ungerechtigkeit Abhilfe schaffen kann, aufzugeben. Die ermöglichende Rolle des Staates zu unterschlagen und sich ganz dem Anti-Etatismus zu verschreiben, birgt erhebliche Risiken. Mir geht es nicht darum, eine ideale

17 https://anishkapoor.com/963/death-of-leviathan

18 http://www.theory-talks.org/2010/05/theory-talk-38.html (abgerufen am 6. März 2019).

Staatstheorie zu entwerfen, sondern ich möchte unser Verständnis des Staates überdenken und folgende Fragen klären. Ist es möglich, die Staatsgewalt für progressive politische Ziele zu nutzen? Oder kann ein besonderer Schutz von Minderheiten diesen sogar schaden, weil sie dann als per se verletzlich konstruiert und so ihrer Handlungsfähigkeit beraubt werden, was letztlich zu einer Konsolidierung der Staatsgewalt beiträgt? Unterscheiden sich nicht-staatliche Formen der Macht von staatlicher Macht? Und wenn der Staat nicht mehr existieren sollte, wie sähe eine progressive Politik ohne Staat aus? Wenn gruppenspezifische Verletzlichkeit vom Staat hervorgebracht und sanktioniert wird, kann dann derselbe Staat dafür verantwortlich gemacht werden, Abhilfe zu schaffen, oder würde das die Macht des Staates nur weiter festigen? Sollten außerstaatliche Räume zu Sammelbecken für abolitionistische Politik werden? Und kann die Forderung, Gleichheit per Gesetz herzustellen, ein anderes Verhältnis zwischen dem Staat und seinen verletzlichen Bürger:innen und Nicht-Bürger:innen begründen? (Cooper/Dhawan/Newman 2019)

Zwei Einsichten können dabei helfen, uns einer Antwort auf diese Fragen zu nähern. Erstens sollte man sich, wie bereits im Zusammenhang mit der Subalternität erörtert, davor hüten, in einer Metalepse eine Wirkung anstelle der Ursache zu sehen (Spivak 2006: 281). Der Staat sollte nicht zum Ursprung eines »Willens zur Gewalt« gemacht werden, sondern als Wirkung vielfältiger, widersprüchlicher und inkohärenter Kräfte verstanden werden. Zweitens sollte man der Versuchung widerstehen, staatliche und nicht-staatliche Bereiche einander gegenüberzustellen: Tatsächlich zementieren soziale Normen durch ihre Institutionalisierung die Macht des Staates und sind nicht von ihm zu trennen. Der Staat kann ein Instrument hegemonialer Gruppen zum Schutz ihrer Interessen sein, aber auch eine Waffe der Schwachen in ihrem Kampf um Gleichberechtigung und soziale Gerechtigkeit. Es ist unmöglich, eine eindeutige Position für oder gegen die Staatsgewalt einzunehmen, ist doch der Staat, wie ich immer wieder betone, ein *pharmakon* (Derrida 1995), nämlich Gift und Medizin zugleich.[19] Derrida erläutert dazu: »Das Pharmakon ist also ›ambivalent‹, weil es genau die Mitte bildet, in der die Gegensätze sich entgegensetzen können, die Bewegung und das Spiel, worin sie aufeinander bezogen, ineinander verkehrt

19 Ein hervorragendes Beispiel für *Pharmakon* ist die Gesichtserkennungssoftware. Die für die Erstellung von »Rassenprofilen« verwendete Technologie, die die Vorurteile ihrer Programmierer reproduziert, ist dieselbe Technologie, die von sehbehinderten Menschen zur Navigation im Raum verwendet wird. So wird einerseits eine rassistische Technologie zur Massenüberwachung eingesetzt, die von den Strafverfolgungsbehörden als Waffe gegen marginalisierte Gemeinschaften eingesetzt werden kann, andererseits ermöglicht die Gesichtserkennungstechnologie sehbehinderten Menschen soziale Interaktionen.

und verwandelt werden (Seele/Körper, gut/böse, Drinnen/Draußen, Gedächtnis/Vergessen, Sprechen/Schrift, etc.).« (1995: 143)

Ich möchte mich auf postkolonial-queere Studien konzentrieren, um die Gefahren der Staatsphobie zu veranschaulichen. Wenn zum Beispiel die Gesetzgebung zur gleichgeschlechtlichen Ehe als Vorwand für neoliberale und neokoloniale Sexualpolitik abgelehnt wird, laufen postkoloniale Queer-Wissenschaft und -Aktivismus Gefahr, den Staat als ausschließlich zwanghaft zu verteufeln, ohne seine ermöglichenden Funktionen anzuerkennen. Meiner Ansicht nach muss die antiimperialistische und antirassistische Auseinandersetzung mit queerer Politik von einer Kritik sowohl der staatlichen als auch der nicht-staatlichen »reproduktiven Heteronormativität« in postkolonialen Kontexten begleitet werden. Das eine ohne das andere schadet der Sache der Dekolonisierung eher, als dass es sie voranbringt.

Im Rahmen der Gender Studies wurden queerer Rassismus, Homonationalismus und die imperialistische Agenda der globalen Queerpolitik scharf kritisiert (Massad 2007, Puar 2007). Der von Jasbir Puar eingeführte Begriff »Homonationalismus« bezeichnet die Strategie westlicher Staaten, emanzipatorische Gesetzgebung wie die gleichgeschlechtliche Ehe als Waffe einzusetzen, um Minderheiten im Westen zu schikanieren sowie ganze Bevölkerungen im »globalen Süden« als repressiv und rückständig zu stigmatisieren. Die Kritik am Einsatz queerer Politik als Alibi für Diskriminierung innerhalb der euro-amerikanischen Grenzen und für militärische Interventionen außerhalb ist einer der wichtigsten Beiträge der neueren queer-postkolonialen Forschung. Sie will zeigen, wie queere emanzipatorische Politik zum Vorwand dient, koloniale Konstruktionen des Orients als Ort regressiver geschlechtlicher und sexueller Unterdrückung zu reproduzieren und sie dem vermeintlich egalitären Westen gegenüberzustellen, der sexuelle Freiheit garantiere. So wie die Kolonialherren den Kolonisierten aufgrund ihrer angeblich »barbarischen« Haltung gegenüber Frauen die Fähigkeit zur Selbstbestimmung abgesprochen haben, werden in queeren Zeiten schwule und lesbische Identitäten zu Markierungen sowohl der ›westlichen Modernität‹ als auch der ›orientalischen Unterdrückung‹. Das vermeintliche »Scheitern« der queeren Emanzipationen in »diesen Kulturen« wird herangezogen, um die euro-amerikanische Vorherrschaft zu legitimieren (Dhawan 2013a). Das koloniale Europa verurteilte die orientalische Welt für ihre angebliche sexuelle Zügellosigkeit; der moderne Westen verurteilt sie für die vermeintliche Unterdrückung sexueller Freiheit. Dass Homosexualität in großen Teilen des »globalen Südens« erst während des europäischen Kolonialismus kriminalisiert wurde, wird dabei bequemerweise dem Vergessen anheimgegeben, so dass sich Euro-Amerika gegenüber dem nicht-westlichen Anderen als sexuell aufgeklärt in Szene setzen kann. Die Selbstwahrnehmung des Westens als normative Macht hat eine blutige Spur von gewalttätigen und ausbeuterischen Systemen hinterlassen, die alle im Namen von Modernität, Fortschritt, Rationalität, Emanzipation, Rechten, Gerechtigkeit und Frieden auftraten. Der sogenannte »Orient« hat keine andere Wahl, als dem Beispiel Europas zu folgen, will er nicht riskieren, gegen seinen Willen gewaltsam »zivilisiert« und modernisiert zu werden.

Neokoloniale Agenden sind nach wie vor am Werk: Auf der einen Seite führen evangelikale Missionare aus den Vereinigten Staaten und Südkorea in postkolonialen Ländern wie Uganda Kampagnen gegen Homosexualität, auf der anderen Seite müssen Migrant:innen in Europa obligatorische Einwanderungstests und Integrationskurse absolvieren, um die Staatsbürgerschaft zu erhalten. Von den Bewerber:innen wird dabei verlangt, dass sie ihre Bereitschaft zur Integration in die europäische Grundwerteordnung unter Beweis stellen, indem sie sich zu den Normen der »sexuellen Freiheit« und der »Toleranz« bekennen. Geprüft wird, ob die Bewerber:innen das Zeug zur:zum Musterbürger:in haben. Besonders bemerkenswert ist, dass dieser Test bei Deutschlands wichtigstem LGBTIQ-Verband, dem LSVD (Lesben- und Schwulenverband in Deutschland), auf Zustimmung stieß. Dies veranschaulicht, wie emanzipatorische Politik als Waffe eingesetzt werden kann, um hegemoniale normative Ordnungen zu stärken. In dieser Logik wird die Figur des »homophoben Migranten« und *nicht* die heteronormative Gesellschaft zum Hindernis für queere Gerechtigkeit (Harithaworn/Petzen 2011: 121). Die zugrundeliegende Botschaft ist, dass Europa seine Schwulen und Lesben vor solchen »homophoben Migrant:innen«, insbesondere vor Muslim:innen, schützen müsse. Sexualität wird in einen Sicherheitsdiskurs über Bedrohung und Schutz übersetzt. Queeren Kämpfen geht es plötzlich nicht mehr um die Ungleichheit zwischen heterosexuellen und queeren Menschen, sondern um die Differenz zwischen den schwulenfreundlichen Europäer:innen und den »homophoben Migrant:innen« (ebd.). Ein solcher Diskurs unterschlägt nicht zuletzt die Existenz queerer Diasporas. Migrant:innen werden als heterosexuelle »Andere« der Schwulenrechtsagenda gegenübergestellt und als Hindernisse für sexuellen Fortschritt konstruiert. Wie von queeren Wissenschaftler:innen aus der Diaspora herausgearbeitet wurde, dient dieser Mechanismus europäischen Schwule und Lesben dazu, ihre eigene Eingliederung in die Nation zu sichern, und zwar durch die Orientalisierung der Homophobie und somit auf Kosten von Migrant:innen (ebd.). Die Gleichberechtigung der einen Gruppe geht auf Kosten der Entmündigung einer anderen.

In ähnlicher Weise berichten westliche Medien regelmäßig über die Verfolgung von queeren Menschen und anderen sexuellen Minderheiten in Ländern wie dem Iran, Uganda und Afghanistan. Die rassistische und imperialistische Queer-Politik, die an der Selbstdarstellung des Westens als »sexuell aufgeklärt und modern« gegenüber dem »sexuell unterdrückten« und »unemanzipierten Anderen«

mitschuldig ist, speist sich aus paternalistischen Rettungserzählungen, in denen »weiße Queere versuchen, braune Queere vor den braunen Homophoben zu retten« (frei nach Spivak). Der Einfluss der Politik der Homonormativität reicht über die euro-amerikanischen Grenzen hinaus und beansprucht für ihre eurozentrische Queer-Politik transnationale Legitimität, wobei solche Initiativen und Politiken von den zentralen LGBTIQ-Interessengruppen in ganz Euro-Amerika unterstützt werden.

Diese und unzählige andere Beispiele stellen uns vor die folgende Herausforderung: Was, wenn kritisch-emanzipatorische Politiken instrumentalisiert werden, um (insbesondere religiöse) Minderheiten zu diskriminieren (Puar 2007: 15)? Wenn queere Kritik als Alibi für westliche imperiale Projekte fungiert, die queere liberale Subjekte zelebrieren, besteht meines Erachtens die Gefahr, dass queere *People of Color* auf bloße Opfer von queerem Rassismus und staatlicher Gewalt reduziert werden, wie es Massad und Puar tun. Dadurch werden nicht-staatliche Formen heteronormativer Gewalt unsichtbar gemacht. Anti-homonationalistische Politik lehnt den Kampf um die rechtliche Anerkennung sexueller Minderheiten oft als Beschwichtigungspolitik ab. In den meisten Ländern des »globalen Südens« aber ringen queere Aktivist:innen und Theoretiker:innen für die verfassungsmäßige Anerkennung sexueller Rechte, einschließlich der gleichgeschlechtlichen Ehe, als wichtigen Aspekt sexueller Gleichstellung. Diese Kämpfe werden von »radikalen« Queer-Theoretiker:innen, die meist im »globalen Norden« beheimatet sind, als »banale« Sorgen um die Assimilation in einen »korrupten Mainstream« zurückgewiesen. So sieht Puar in der gleichgeschlechtlichen Ehe nur die »Forderung nach der Wiedereinführung weißer Privilegien und Rechte« (2007: 29) sowie der »damit verbundenen staatsbürgerrechtlichen Privilegien« (ebd.: 30).

Auch wenn ich die Kritik am Homonationalismus teile, stehe ich dem eindimensionalen Verständnis der Gewaltmechanismen, das diesen Positionen zugrunde liegt, skeptisch gegenüber. Macht und Zwang gehen nicht nur von westlich-liberalen Staaten aus, sondern haben auch viele andere Quellen, die zudem aufs engste miteinander verwoben sind. Das Augenmerk ausschließlich auf den queeren Rassismus und Homonationalismus im »globalen Norden« zu richten, erschwert die Auseinandersetzung mit homophob-heteronormativen Praktiken und Strukturen in der Diaspora wie auch im Rest der postkolonialen Welt. Trotz Homonationalismus und der Einbeziehung von Queers in die Staatsbildung sind Nationen – ob westlich oder nicht – durch und durch heteronormativ. Heterosexualität muss rituell (immer wieder) beschworen werden, um das Narrativ der postkolonialen Nation am Leben zu halten. Es überrascht deshalb nicht, dass viele hart erkämpfte sexuelle Rechte, wie das Recht auf Abtreibung, auch im »globalen Norden« derzeit immer häufiger wieder zurückgenommen werden. Das verdeutlicht die Kurzsichtigkeit der Kritik am Homonationalismus, die das schwerwiegende Problem demokratischer Rückschritte außer Acht lässt.

Feministische Historiker:innen des Kolonialismus haben gezeigt, dass der antikoloniale Nationalismus von Anfang an auf der Konstruktion einer respektablen Sexualität beruhte, die für die Herausbildung bürgerlich-nationalistischer Subjektivitäten von zentraler Bedeutung war. Die normative Heterosexualität spielte in der postkolonialen Nationenbildung eine zentrale Rolle, weil sie vergeschlechtlichte koloniale und bürgerliche wie auch religiöse und nationalistische Subjekte hervorbrachte. Körper, Begehren und Lüste wurden so zu den Fundamenten von maskulinen religiösen und nationalen Kollektiven. Sowohl das Imperium als auch sein Antagonist, die antikoloniale Nation, sind zutiefst heteronormative Projekte. Fanon (1986 [1952]: 113), einer der wichtigsten Vertreter antikolonialer und postkolonialer Politik, sah Homosexualität als eine Störung an, die ausschließlich dem Westen eigen sei und in direktem Zusammenhang mit der weißen Vorherrschaft stehe, insofern für ihn »der Negrophobe ein verdrängter Homosexueller ist«. Dementsprechend fantasiert Fanon von nichtwestlichen Völkern ohne Homosexualität. Kobena Mercer (1996: 125) vertritt die These, dass Fanons Paranoia vor dem »homosexuellen Territorium« und seine Vermeidung von schwarzer Homosexualität selbst Symptome einer homophoben Fixierung sowie der Verleugnung der politischen Ökonomie von Männlichkeit im schwarzen Befreiungsdiskurs sind.

Auch die Chicana-Feministin Gloria Anzaldua betont in ihren Schriften die Notwendigkeit, die Kollusion zwischen dem einheimischen Heteropatriarchat und dem kolonialen Rassismus einer gründlichen Kritik zu unterziehen: »Als *Mestiza* habe ich kein Land, mein Heimatland hat mich verstoßen; dennoch sind alle Länder mein, denn ich bin die Schwester oder potenzielle Geliebte jeder Frau. (Als Lesbe habe ich keine ›Rasse‹, mein eigenes Volk lehnt mich ab; aber ich gehöre zu allen *Races*, denn in allen *Races* gibt es das Queere in mir)« (Anzaldua 1987: 182). Auch Hanif Kureishi setzt sich gleichzeitig mit Rassismus, Homophobie, Männlichkeit, Dekolonisierung, kommunaler Identität und den Ideologien der Diaspora auseinander. Sein Buch *My Beautiful Laundrette* hat in der südasiatischen Gemeinde im Vereinigten Königreich für Aufsehen gesorgt, weil viele sich an der Darstellung von queerem, rassische Zuschreibungen unterlaufendem Begehren störten. Diese und andere Beispiele verdeutlichen, wie eng unterschiedliche Nationalismen mit dem Patriarchat zusammenhängen, was jedes einfache Verständnis von Widerstand und Kritik verkompliziert. Spivak (2008b: 129) hat immer wieder darauf hingewiesen, dass die »reproduktive Heteronormativität« die umfassendste und älteste aller Institutionen ist, die gleichermaßen von Kolonisatoren wie antikolonialen Nationalisten instrumentalisiert wurde und wird. Sich im Kontext queerer Politik ausschließlich auf westliche Formen von

Herrschaft und Gewalt zu konzentrieren, bedeutet, die heterosexistische Gewalt, die queere Menschen im/aus dem »globalen Süden« erfahren, zu vernachlässigen. In der Kritik an homophober Gewalt in postkolonialen Kontexten nur einen »orientalistischen Reflex« sehen zu wollen, während nicht-normative sexuelle Praktiken und Identitäten mit lebenslanger Haft oder sogar dem Tod bestraft werden, ist unredlich. Postkoloniale Queer-Kritik darf sich deshalb nicht auf Kritik am Homonationalismus beschränken, sondern muss eine komplexere, multidirektionale Politik verfolgen, die sich gegen Zwangspraktiken diesseits und jenseits der postkolonialen Kluft richtet. Die anti-imperialistische und antirassistische Kritik der Queer-Politik muss um eine Auseinandersetzung mit der »reproduktiven Heteronormativität« in postkolonialen Kontexten ergänzt werden. Das eine ohne das andere zu tun, schadet der Sache der Dekolonisierung mehr, als dass es ihr nützt.

Theoretiker:innen wie Puar greifen aus guten Gründen auf Foucault zurück, um zu entschlüsseln, wie nicht-normative Sexualitäten in der biopolitischen Produktion verschiedener Bevölkerungen im Verhältnis zueinander eingesetzt werden, wie also z.B. europäische Queers so konstruiert werden, dass sie Schutz vor der vermeintlichen Bedrohung durch homophobe Migrant:innen im eigenen Land und regressive muslimische Kulturen anderswo benötigen. Dennoch ist die anti-homonationalistische Haltung, die jegliche Auseinandersetzung mit dem Staat als eine Form der Kooptation und Beschwichtigung ablehnt, meiner Meinung nach problematisch. Sie richtet sich gegen das Projekt, mit rechtlichen und politischen Maßnahmen für die soziale Anerkennung und den rechtlichen Schutz nicht-normativer Sexualitäten zu kämpfen, weil dies auch hieße, Formen von Gewalt anzuerkennen, die sich nicht auf den westlichen Rassismus und Imperialismus reduzieren lassen. Ein solcher Anti-Etatismus verweigert also anderen einen Teil des Schutzes, den postkoloniale Queers auf der privilegierten Seite der Transnationalität genießen, wenn sie in Staaten leben, in denen Homosexualität entkriminalisiert wurde. Spricht man das Problem der Homophobie in Minderheitenkulturen an, wird man schnell als rassistisch abgestempelt, und jede Erwähnung homophober Gewalt kann sexuelle Minderheiten in ihren Gemeinschaften oder Ländern in Schwierigkeiten bringen. Wer sich für die Ideale von Gleichheit, Freiheit oder Emanzipation einsetzt, wird entweder als »westlich« abgestempelt oder von liberalen und konservativen Kräften als Trophäe vereinnahmt. Wird aber die Entkolonialisierung einfach als Umgehung des Erbes der Moderne und der Sprache von Rechten, Gleichheit, Freiheit und Emanzipation kodiert, dann werden die weitreichenden Folgen des Kolonialismus verleugnet.

Eines meiner Hauptprobleme mit Puar und der Politik des Anti-Homonationalismus ist die Neigung, den Staat zu enthistorisieren, zu dämonisieren und zu essentialisieren und ihn auf seine strafenden Funktionen zu reduzieren. In den

Diskussionen über das »Pink-Washing«[20] in Israel oder die Entkriminalisierung der Homosexualität in Indien vermittelt Puar den Eindruck, dass es zwischen Israel und Indien oder den USA und Deutschland keinen Unterschied gebe. Eine Auseinandersetzung etwa mit Foucaults Kritik an der Staatsphobie, die er in seinen Vorlesungen zur Gouvernementalität artikuliert, findet hier gar nicht statt. Foucault richtete seine Kritik an Marxist:innen und Linksradikale ebenso wie an Liberale und Neoliberale, die alle den Staat als Raubtier betrachten, das eingedämmt und »gezähmt« werden muss (2004 f: 264 f). In seinen historischen Untersuchungen zeichnet er nach, wie diese Staatsphobie in Europa auf die Erfahrungen mit Faschismus und Totalitarismus während des Nationalsozialismus und im Stalinismus zurückzuführen ist. Um das Verhältnis zwischen Staat und Gesellschaft neu zu gestalten, wurde in der Folge versucht, den despotischen Staat oder den Polizeistaat durch den Rechts- und Verfassungsstaat zu ersetzen.

Foucault zufolge wurde der Anti-Etatismus, der sich vor allem als Kritik an der wachsenden Bedeutung der Sicherheitsapparate und am Repressionsapparat äußerte, ab Ende der 1970er Jahre rasch zur Grundlage liberaler, linksgerichteter Politik. Dies führte auch zu einer unkritischen Solidarität mit den sowjetischen Dissidenten. Liberalen wie Linken galt der Staat zusehends nur noch als Bedrohung, insbesondere im Zusammenhang mit der weitverbreiteten Angst vor einem Atomkrieg. Foucault problematisiert die Staatsphobie sowohl in der liberalen als auch in der linken Politik, da sie nicht mehr zwischen verschiedenen Formen wie dem Verwaltungsstaat, dem Wohlfahrtsstaat, dem bürokratischen Staat, dem faschistischen Staat oder dem totalitären Staat unterscheide. Dieser inflationären Staatsphobie setzt er eine Betrachtung der Rolle der Zivilgesellschaft als einer Regierungstechnologie entgegen (Foucault 2004 f: 19).

Die dynamische und ambivalente Rolle des Staates wird von Wissenschaftler:innen wie Puar auf gefährliche Weise übergangen, deren Staatskritik schnell in Staatsphobie umschlägt, so dass jeder Versuch queerer Individuen und Gruppen, mit dem Staat zu verhandeln, als Homonationalismus denunziert wird. Dabei sind die Grenzen zwischen Staatskritik, Staatsphobie und Anti-Etatismus fließend. Letzterer zeichnet sich durch ein tiefes Misstrauen gegenüber den staatlichen Institutionen *als solchen* aus. Wie Foucault überzeugend darlegt, bildet die Staatsphobie eine Grundvoraussetzung für die Entstehung der neoliberalen Gouvernementalität, indem sie eine Kritik des Staates mit einer Kritik der Herrschaft verbindet, in der der Staat zum Ursprung aller Gewalt wird.

---

20 Pinkwashing bezeichnet eine Reihe von Marketing- und politischen Strategien, die darauf abzielen, Unternehmen oder Länder als queer-freundlich darzustellen, um sie als fortschrittlich, modern und tolerant zu inszenieren und so von den Zwangspraktiken und -politiken abzulenken, die von diesen Einrichtungen verfolgt werden.

Die Herausforderung für die postkoloniale queer-feministische Theorie besteht darin, eine Kritik des Staates und der hegemonialen Heteronormativität zu formulieren, ohne dabei in die Falle der Staatsphobie zu tappen. Liberale und linke Staatsphobie wird selbst vom Eurozentrismus geprägt, insofern hier eine spezifische europäische Erfahrung mit dem Faschismus universalisiert wird, wodurch die Komplexität verschiedener historischer Prozesse der Staatsbildung und des Staatsaufbaus in postkolonialen Kontexten verloren geht. Puars Kritik an den USA, Israel und Indien homogenisiert sehr unterschiedliche Antidiskriminierungspolitiken und -gesetze, so dass sie am Ende nur noch ein und dieselbe Politik der Beschwichtigung erkennen kann. Dieser Ansatz ist in seiner Einfachheit riskant. Interessanterweise kommen Staaten wie Saudi-Arabien oder Mauretanien, in denen homosexuelle Handlungen mit dem Tod bestraft werden, in Puars Schriften kaum vor. Sowohl die vorläufige Entkriminalisierung gleichgeschlechtlicher sexueller Handlungen in Indien als auch die Aufhebung der Sodomiegesetze in den USA sind für sie Beispiele ein und desselben Homonationalismus, wobei die Unterschiede zwischen diesen sehr verschiedenen historischen und regionalen Kontexten unter den Tisch fallen. Tatsächlich sind beide Gesetzesreformen das Resultat sehr komplexer sozialer und rechtlicher Kämpfe, die ambivalente und vielfältige Auswirkungen haben, über die nicht einfach hinweggegangen werden darf. Wenn Europa seine Normen und Epistemologien durch den Kolonialismus universalisiert hat, dann bleibt die Dekolonisierung ohne die Entuniversalisierung und Provinzialisierung, wie Chakrabarty argumentiert, der euro-amerikanischen Erfahrungen und Politik unvollständig. Dies würde aber eine nuancierte historische Analyse ganz unterschiedlicher Konfigurationen voraussetzen. So wäre es etwa verhängnisvoll, die spezifisch deutsche Erfahrung mit Faschismus und Totalitarismus nahtlos auf postkoloniale Kontexte zu projizieren, um eine transnationale, staatsfeindlich-queere Politik zu fördern.

Warum also findet Foucaults Kritik an der Staatsphobie so wenig Beachtung, und zwar nicht nur in der radikalen Queer-Politik, sondern auch unter Anhänger:innen Foucaults? Einer der Gründe ist sicherlich die Inkonsistenz und Ambivalenz in Foucaults eigener Position. Foucault macht die Sexualität als ein zentrales Objekt der Regulierung in liberal-kapitalistischen Staaten aus. Sicherheit und Sexualität, Gefahr und Schutz, Familie und Nation lauten die Standardphrasen staatlicher Praxis. Dementsprechend misstraut Foucault dem Staat, wenn es um die Frage der Gesetzgebung zur Sexualität geht, warnt zugleich aber auch vor der Staatsphobie. Um ein konkretes Beispiel zu nennen: In einer Gesprächsrunde von 1977 machte Foucault den umstrittenen Vorschlag, Vergewaltigung wie einen »Faust[schlag] in die Fresse« zu behandeln (Foucault 2004d: 457). Eine solche »Entsexualisierung der Vergewaltigung« sollte eine Strategie gegen die Disziplinarmacht darstellen. Die sexuelle Definition von Vergewaltigung, so sein Argument, verstärke die Genitalisierung des Körpers und rechtfertige damit die disziplinäre Zurichtung der Sexualität. Warum sollte Körperverletzung durch einen Penis rechtlich von Körperverletzung mit einem anderen Körperteil unterschieden werden, so seine provokante Frage (ebd.). Es geht ihm dabei darum, Begehren und Verbrechen, Sexualität und Gesetz zu entkoppeln, um die Sexualität davor zu bewahren, zum Ziel staatlicher Intervention zu werden. Genau hier verfällt er aber selbst der Staatsphobie und seine Position verliert ihre Konsistenz. Indem er Vergewaltigung als zivilrechtliche Straftat einstufen lassen will, die dann mit Geldstrafen und Bußgeldern geahndet würde, versucht Foucault, sexuelle Handlungen vor staatlicher Intervention zu bewahren, d.h. die Inhaftierung der Vergewaltiger:innen zu verhindern. Das moderne Recht hat seiner Ansicht nach die Funktion der Disziplinierung, Überwachung und Normalisierung. Von seinem Vorschlag einer juristischen Neudefinition des Verbrechens erwartet sich Foucault eine Verschiebung des juridischen Diskurses, der Frauen als »potentielle Opfer« konstruiert, und will zugleich die männliche Sexualität vor der disziplinierenden Kraft des Gesetzes schützen (Dhawan 2013b). Indem Frauen diskursiv und politisch als »verletzlich« konstruiert werden, so ließe sich vor dem Hintergrund von Foucaults Überlegungen zur Gouvernementalität argumentieren, werden sie zu regierbaren Subjekten gemacht. Die Regulierung ihrer Körper und ihrer Mobilität wird so rationalisiert, während gleichzeitig ein paternalistischer Schutz aktiviert wird, der die Prozesse der Vergeschlechtlichung verstärkt. Wenn Foucault mit Nachdruck für eine Entsexualisierung der Vergewaltigung plädiert, geht es ihm darum, die Sexualität aus dem Einflussbereich des Staates herauszulösen. Auch wenn man Foucaults Misstrauen gegenüber der Justiz verstehen kann, läuft er bei seinen Versuchen, die Sexualität von der Gesetzgebung auszunehmen, aber Gefahr, die Rolle des Rechts zu verkennen. Eine Abkehr vom Gesetz würde ja hier auch bedeuten, dass man sich von vielen Strukturen trennen müsste, die vor Gewalt und Diskriminierung schützen und die durch das staatliche Gewaltmonopol erst ermöglicht werden. Foucault (2004a: 264 f) argumentiert in dieser Sache ebenso staatsfeindlich wie die Neoliberalen und Anarchist:innen, die er kritisiert. Bemerkungen wie »[…] die Abschaffung des Staats als Ziel vom strategischen Gesichtspunkt eines Widerstandskampfes aus [ist ge]rechtfertigt« spiegeln den marxistischen Traum von einer zukünftigen staatenlosen Gesellschaft wider, die Freiheit *vom* Staat und nicht nur Freiheit *im Staat* bieten würde. So versicherte Engels, dass mit der Verwirklichung der sozialistischen Ideale der Staat aufhören würde zu existieren und langsam verschwinden würde. In der dann staatslosen Gesellschaft würden sich die Menschen selbst regieren, ohne dass sie auf die zwangsweise Durchsetzung des Gesetzes angewiesen wären: »Das Eingreifen einer Staatsgewalt in gesellschaftliche Verhältnisse wird auf einem Gebiete nach dem andern überflüssig und schläft dann von selbst ein. An die Stelle der Regierung über Personen tritt die Verwaltung von Sachen und die Leitung von Produktionsprozessen. Der Staat wird nicht ›abgeschafft‹, er stirbt ab« (Engels MEW 20 [1877]: 262).

Obwohl das Schlagwort vom »Tod des Staates« sich nach wie vor großer Beliebtheit erfreut, ist Foucaults Warnung vor der Staatsphobie, die tief in liberale und neoliberale Vorstellungen von der Zivilgesellschaft eingeschrieben ist, meiner Meinung nach äußerst überzeugend. Die meisten kritischen Diskurse stellen die Bösartigkeit des Staates der vermeintlich inhärenten Gutartigkeit der Zivilgesellschaft gegenüber und hegen deshalb den Traum, den Staat eines Tages abzuschaffen. Diese anti-staatliche Perspektive auf Macht verortet radikale Politik in einem außerstaatlichen Innovationsraum. »Pragmatische« Politik wie die Einführung der gleichgeschlechtlichen Ehe oder Antidiskriminierungsgesetzgebung abzulehnen und stattdessen ganz auf die Unterstützung von zivilgesellschaftlichen Kampagnen wie Pink-Watching (Jackman/Upadhyay 2014) zu setzen, die selbst zunehmend Strategien der Überwachung einsetzen, um staatliches Handeln zu disziplinieren, grenzt an Staatsphobie. Auch wenn man die Instrumentalisierung von Geschlecht und Sexualität durch den neoliberalen Kapitalismus kritisieren muss, ist es selbstschädigend, feministisch-queere Politik, die sich auf der Suche nach Lösungen auch an den Staat wendet, prinzipiell als Teil einer biopolitischen Agenda abzulehnen.

Wie die jüngste Rekriminalisierung von Homosexualität in Uganda und Nigeria und der Widerstand gegen LGBTIQ-Gesetze in der Trump-Ära und in Ländern wie Ungarn und Russland zeigen, sind Verhandlungen mit dem Staat für eine emanzipatorische transnationale queer-feministische Politik unverzichtbar. Das ist kein Plädoyer für Etatismus; man muss sich aber der Gefahren bewusst sein, die darin liegen, den Staat als Motor der sexuellen Gleichstellung durch nicht-staatliche Akteure ersetzen zu wollen. In diesem Zusammenhang ist die zunehmend antistaatliche Haltung innerhalb der postkolonialen Queer-Forschung alarmierend; sie blendet die Bedeutung des Staates für jene Bürger:innen aus, die keinen Zugang zu transnationalen Gegenöffentlichkeiten haben, um für ihre Rechte zu kämpfen. Dekolonisierung kann nicht allein dadurch erreicht werden, dass der Staat an den Pranger gestellt wird; vielmehr ist es im gramscianisch-spivakianischen Sinne unabdingbar, verletzlichen entrechteten Individuen und Gruppen Zugang zum Staat zu verschaffen. Statt Anti-Etatismus stellt sich also eher die Frage, wie der Staat umgestaltet werden muss, damit er seinen schwächsten Bürger:innen dienen kann. Die Herausforderung besteht darin, eine nicht-staatsfeindliche queere Politik zu verfolgen, die gleichzeitig weder das biopolitische Staatsprojekt rationalisiert noch die queeren Körper regierbar macht.

Die Frage ist also, ob sich der Staat so umgestalten lässt, dass er den Interessen derjenigen dient, auf deren Ohnmacht seine Macht beruht. Kann das Verhältnis zwischen Staat, Markt und verletzlichen (Nicht-)Bürger:innen neu konfiguriert werden? (MacKinnon 1989: 161) In Anlehnung an Althusser sind die meisten Wissenschaftler:innen, die den progressiven Einsatz staatlicher Gewalt ablehnen, der Ansicht, dass der Repressionsapparat der wahre Kern des Staates sei, gegen den sich folglich der Widerstand richten sollte. Dabei wird jedoch eine wichtige Kritik an der marxistischen und anarchistischen Staatstheorie außer Acht gelassen, denn selbst wenn der Staat tatsächlich obsolet würde und verschwände, würde Politik nicht automatisch zu einem gewaltlosen Aushandlungsprozess zwischen nichtstaatlichen Akteuren. Die Vision, dass die Gesellschaft keines Zwangs mehr bedarf, um hegemoniale Gruppen zu nicht-sexistischem, nicht-rassistischem und nicht-homophobem Verhalten zu bewegen, und der Glaube, dass bürokratische und ordnungspolitische Funktionen des Staates durch kollektive und dezentrale Verhandlungen zwischen nicht-staatlichen Akteuren ersetzt werden können, übersieht, dass soziale Konflikte und Antagonismen auch in nicht-staatlichen Räumen nicht immer gewaltfrei sind, auch wenn der Zwang dort andere Formen annimmt. Es geht mir nicht darum, staatliche und nichtstaatliche Gewalt gleichzusetzen, sondern ich möchte auf ihre Verflechtungen aufmerksam machen.

Der Hauptfehler der staatsfeindlichen Positionen besteht darin, dass sie von einer spezifischen Ontologie des Staates als »einem einzigen, gravitationsähnlichen Mechanismus mit kausalen Kräften, die eine entsprechende Menge ›tatsächlicher‹ Effekte erzeugen« (Jessop 2014: 483) ausgehen. Dabei wird aus der komplexen Wechselwirkung von Tendenzen und Gegentendenzen, die heterogene »Staatseffekte« hervorbringt, eine vermeintlich kohärente Einheit gemacht, die mit einem intentionalen Kalkül ausgestattet ist (ebd.). Wie der marxistische Staatstheoretiker Bob Jessop (2014: 485) argumentiert, ist der Staat jedoch eher ein »heterogenes institutionelles Ensemble (das mindestens ein Territorium, einen Apparat und eine Bevölkerung umfasst), das keine Handlungsfähigkeit *an sich* hat, aber verschiedene Fähigkeiten und handlungsrelevante Vorurteile, die ihm als strategischem Terrain eingeschrieben sind«. Dies deckt sich mit Pierre Bourdieus (2014) strukturalistischem Verständnis, das den Staat als ein von Differenzen zerfurchtes Feld auffasst, eine Arena des Kampfes, in der eine Vielzahl von »Akteuren« und »Institutionen« miteinander konkurrieren, die unterschiedliche Ressourcen und Fähigkeiten einsetzen und verschiedene Agenden verfolgen und vorantreiben. Anstatt also die Funktionen des Staates und seiner Bürokratie in den Vordergrund zu stellen, wird der Staat hier als ein Ensemble von Positionen verstanden, die in einem relationalen Verhältnis zu anderen Positionen stehen. Obwohl Bourdieu zwischen der »linken Hand« (Sozialstaat,

Bildung, der untere Teil der Justiz) und der »rechten Hand« (Finanzinstitutionen und Ministerkabinette) unterscheidet, sind beide gleichermaßen an der Formulierung und Umsetzung von Politik beteiligt (ebd.: 640). Während sich Bourdieu hauptsächlich auf den konventionellen, demokratischen und bürokratischen Nationalstaat im Westen bezieht, wendet Georg Steinmetz (2016) Bourdieus Ansatz auf die Analyse von Kolonialstaaten an. Er versteht koloniale Imperien als asymmetrisch strukturierte Ansammlungen von Staaten, die aus einer Vielzahl von staatlichen Feldern bestehen. Schon Mamdani hat gezeigt (1996), wie die »indirekte Herrschaft« in den Kolonien zur Koexistenz des europäischen Staates mit einheimischen Staaten mit verminderter Macht geführt hat. Diesen Herangehensweisen ist gemein, dass sie den widersprüchlichen und unbestimmten Charakter des Staates hervorheben.

Wer die Macht des Staates als die größte Bedrohung für das Individuum ansieht, ignoriert die intersubjektive (rassistische und sexuelle) Gewalt, die verletzlichen Bürger:innen und Nicht-bürger:innen von mächtigeren Gruppen angetan wird. Das blinde Vertrauen auf Aushandlungsprozesse zwischen nichtstaatlichen Akteuren als Schlüssel zur Bekämpfung von staatlicher Gewalt übersieht, dass eine der wichtigsten Funktionen des Staates gerade darin besteht, zwischen und unter Bürger:innen und Nicht-bürger:innen zu vermitteln. So wie der Staat in seinen Handlungen nie neutral ist, sind auch die außerstaatlichen Verhandlungsmechanismen zwischen und unter unterschiedlich verletzlichen Bürger:innen und Nicht-bürger:innen nie frei von Zwang. Jessop gibt zu bedenken, dass die Vorstellungen über das Wesen und die Ziele staatlicher Macht oft den Anschein erwecken, dass der Staat so handelt, »als ob« er ein einheitliches Subjekt wäre. Der Staat scheint eine passende Folie zu bieten, auf welche die virulenten und unangenehmen Probleme, mit denen sich Gemeinschaften und Gesellschaften konfrontiert sehen, projiziert werden können. Man kann geradezu den Eindruck bekommen, dass, wenn es den Staat nicht gäbe, staatsfeindliche Positionen ihn erfinden müssten (siehe Hay 2014). Demokratische Politik sollte der Versuchung widerstehen, den Staat zu ontologisieren, und stattdessen auf die heuristische Kraft des Staates zurückgreifen, »als ob« er potenziell als Motor der Gerechtigkeit mobilisiert werden könnte, um Diskriminierung, Ungleichheit und Entrechtung zu bekämpfen. Eine gewaltfreie Politik der Anfechtung ohne Zwang kann nicht dadurch garantiert werden, dass die Mechanismen ökonomischer, »rassischer« und sexueller Gerechtigkeit auf außerstaatliche Räume beschränkt und so informalisiert werden.

Wir sollten uns vor der Annahme hüten, dass der Staat entweder omnipotent oder impotent ist. Der Begriff der Staatsphobie ermöglicht eine gründliche Kritik politischer Ideologien, die die negative Rolle des Staates durch ein spezifisches Narrativ staatlicher Macht überbetonen (Foucault 2004 f: 390–393). Obwohl es wichtige Unterschiede zwischen anarchistischen und neoliberalen Positionen gibt, ontologisieren beide den Staat, anstatt ihn als »Ort strategischer Dilemmata sowie struktureller Widersprüche« zu begreifen (Jessop 2013). In seinem späteren Werk scheint sich auch Foucault von seiner früheren, anti-staatlichen Haltung zu distanzieren, wie sie etwa in der Forderung, »dem König den Kopf abzuschlagen«, zum Ausdruck kam (Foucault 2003: 200). Die Definition der Souveränität als ein »Recht des Todes« (1983: 159) suggeriert einen allmächtigen, genozidalen und nekropolitischen Staat, der von Grund auf ruchlos ist. Im Spätwerk skizziert Foucault dann aber die Fallstricke dieser denunziatorischen Haltung gegenüber dem Staat und seinen alltäglichen Operationen, bei der jede Ausübung der den Staat konstituierenden Autorität als repressiv angesehen wird (Dean/Villadsen 2016: 2). Diese »Schläge […] auf oder gegen den Staat« (Foucault 1999: 159) sind eine Strategie der neoliberalen Rationalität, die sich die Macht des Staates aneignet, indem sie ihn einschränkt, abbaut und umstrukturiert. Das neoliberale Projekt besteht darin, den Staat wie ein Unternehmen zu führen und die Bürger:innen wie Kunden zu behandeln. Dementsprechend steuern neoliberale Techniken die Konstruktion und das Verhalten von Subjekten und instrumentalisieren die Normen von Freiheit und Wahlmöglichkeit. Paradoxerweise eignet sich der Neoliberalismus parasitär die Macht des Staates an, auch wenn er behauptet, für die Freiheit des Einzelnen einzutreten. Diejenigen, die staatliche Interventionen ablehnen, fordern, den Staat im Bereich des Politischen auf eine passive Funktion zu beschränken; dies entspricht genau der neoliberalen Forderung nach staatlicher Inaktivität in Bezug auf die Wirtschaft, die stattdessen von einer »unsichtbaren Hand« gelenkt werde, wie Adam Smith es ausdrückte. Wie wir wissen, ist der Staat jedoch weder neutral noch passiv.

Staatsfeindliche Positionen verorten nicht-staatliche Räume als jenseits oder außerhalb des repressiven Staatsapparats. Foucault warnt davor, dass die Antwort der radikalen Linken auf die neoliberale Gouvernementalität diese ungewollt verstärke. Das Gegenmittel, das gegen den repressiven Staat angeboten wird, besteht darin, sich aus seinem Geltungsbereich zurückzuziehen und auf staatliche Macht zu verzichten, um so alternative Räume außerhalb seiner Kontrolle zu schaffen. Doch wie Mitchell Dean und Kaspar Villadsen (2016: 19) argumentieren, ist der Staat nicht nur etwas, dem es zu widerstehen gilt, sondern er ist auch die Bedingung für die individuellen und kollektiven Fähigkeiten, die zivile Kämpfe möglich machen. Wenn sie die kreative Handlungsmacht nichtstaatlicher Akteure betonen, setzen Positionen, die staatliche Interventionen ablehnen, die unterstützende Infrastruktur, die für die Ausübung der vom Staat bereitgestellten Dienste und Kapazitäten notwendig ist, einfach voraus (ebd.: 177). In staatsfeindlichen Diskursen wird übersehen, dass soziale Rechte, soziale Absicherung, öffentliche Bildung und Gesundheitsversorgung allesamt

Ansprüche sind, die durch die Errichtung einer stabilen politischen Ordnung mit territorialer Zuständigkeit in Form eines Staates gesichert werden (ebd.: 5).[21] Die Dämonisierung des Staates und die Romantisierung nicht-staatlicher Räume und Akteure verortet deren unverfälschte politische Handlungsfähigkeit in Strukturen wie der Familie, der Gemeinschaft oder dem Markt, die letztlich alle mit dem Staat verbunden sind (ebd.: 30).

Ein gutes historisches Beispiel für die Verflechtungen zwischen staatlicher und nicht-staatlicher Gewalt sind die sogenannten *lettres de cachet*. Die Briefe enthielten direkte Befehle des Königs, oft zur Durchsetzung willkürlicher Maßnahmen und Urteile, gegen die kein Rechtsmittel eingelegt werden konnte. Bei seiner Archivarbeit stieß Foucault auf ein Dossier mit *lettres de cachet*, die von »einfachen« Leuten eingereicht wurden, um die Freiheit eines unmittelbaren Familienmitglieds durch Hausarrest, Verbannung oder Inhaftierung einschränken zu lassen (Farge/Foucault: 1989: 9). Was einmal das Vorrecht religiöser Autoritäten war, wurde nun von unten nach oben orchestriert, wobei diejenigen, die als »sündig« oder »anders« galten, von den einfachen Leuten überwacht und bestraft wurden (Dean/Villadsen: 2016: 61–2). Die souveräne Machtausübung des Königs war hier in der Tat eine Antwort auf die Forderungen der Massen, die sich gegenseitig die intimen sozialen Praktiken und Verhaltensweisen vorgaben. Foucault hat sich eingehend mit diesen Denunziationsschreiben und den Antworten der offiziellen Institutionen auseinandergesetzt (Rocha 2012: 189), was sein Denken über Macht und darüber, wie private Familienangelegenheiten der »einfachen« Leute in die Arbeit der politischen Institutionen und staatlichen Behörden einflossen, grundlegend veränderte (ebd.). Foucault zeigt, dass Macht nicht nur von oben nach unten ausgeübt wird, sondern der soziale Körper, zu dem Nachbarn, Priester und Pächter gehörten, als ein Raum verstanden werden muss, in dem Denunziation operationalisiert wurde (ebd.: 184). Indem man den König davon überzeugte, den Brief zur Bestrafung eines Verwandten auszustellen, machte der *lettre de cachet* private Unterdrückung unter Umgehung des öffentlichen Rechtssystems legal.

Im System der *lettres de cachet* durchdringen sich die politische Souveränität und die elementarste Dimension des sozialen Körpers wie auch die Struktur des alltäglichen Lebens wechselseitig (Foucault 2004b: 323 f). Die Massen fordern zur Intervention auf und mobilisieren die Gewalt des Souveräns gegen die Schwachen und Ausgegrenzten. Die alltäglichen Praktiken der Denunziation, Überwachung und Kontrolle, die Teil des sozialen Körpers waren, bildeten die Grundlage für die Regierungstaktik des Herrscher-Monarchen und schließlich der modernen staatlichen Institutionen wie Schulen, Gefängnisse und Krankenhäuser (Dean/Villad-

21 Die antikolonialen Kämpfe waren oft von dem Bestreben begleitet, Souveränität und Selbstbestimmung in Form von postkolonialen Staaten zu erlangen.

sen 2016: 63). Statt Vorbilder für Gewaltlosigkeit und Toleranz zu sein, waren soziale Gruppen wie die Familie Vorreiter für para-rechtliche Kontrollmechanismen und Überwachung vermittelst der Durchsetzung lokaler Normen. Die späteren, staatlich gelenkten Formen der Biopolitik stützten sich wesentlich auf diese »von unten« entstandenen Mikrotechnologien (ebd.). Die große Reichweite der Dispositive rechtlicher und disziplinärer Macht nahm ihre bescheidenen Anfänge in der Familie, der Gemeinschaft und dem sozialen Körper. Hier scheint Foucaults Auffassung der materialistischen Theorie sehr ähnlich zu sein, die staatliche Macht als »formbestimmte (institutionell vermittelte) Verdichtung eines sich verschiebenden Kräftegleichgewichts« versteht, »das auf die Ausübung von Kapazitäten und Befugnissen ausgerichtet ist, die mit bestimmten politischen Formen und Institutionen verbunden sind, die wiederum in die breitere soziale Formation eingebettet sind« (Jessop 2014: 485).

In seinen späteren Schriften setzt sich Foucault ausführlich mit den Auswirkungen einer Verortung der Politik jenseits des Staates auseinander. Für Foucault funktioniert die liberale Gouvernementalität durch die Zivilgesellschaft und macht so das Regieren des Lebens in alltäglichen Räumen möglich, was an Gramscis Analyse der Zivilgesellschaft als Ort der Hegemoniebildung erinnert (Dean/Villadsen 2016: 24). Hier kann das Subjekt nicht nur als *homo oeconomicus* oder Rechtssubjekt regiert werden, sondern auch als soziales Subjekt mit Bindungen und gemeinschaftlichen Netzwerken (ebd.: 138). Anstatt die Individuen durch Disziplinierung und Sanktionen zu unterwerfen, optimiert der Neoliberalismus Differenz und Vielfalt, um Individuen durch das Versprechen von Freiheit und Toleranz zu subjektivieren. Die Utopie der Zivilgesellschaft, die den Einzelnen von der Herrschaft des Staates befreit, verschleiert, dass sie selbst eine Erweiterung des Staates ist und nicht nur in Opposition zu ihm steht, selbst wenn die Zivilgesellschaft die Art und Weise, wie staatliche Institutionen Macht ausüben, formt und gestaltet. Die Artikulation des Widerstands durch die Zivilgesellschaft, ihr »Wille zur Opposition«, dient dazu, ihre Verstrickung in staatliche Strukturen zu übertünchen. Ohne die Regulierung von Konflikten zwischen zivilgesellschaftlichen Akteuren und Gruppen durch die souveräne Staatsmacht könnte die Handlungsmacht in der Zivilgesellschaft gar nicht ausgeübt werden (ebd.: 36). Gleichzeitig formt und gestaltet die Zivilgesellschaft, wie und in welchem Ausmaß staatliche Institutionen Macht ausüben. Wie Foucault diagnostiziert, ist die Zivilgesellschaft nicht die singuläre Sphäre ethischer Beziehungen und demokratischer Erwägungen, sondern auch Operationsfeld von Kontrollstrategien, Normalisierungstaktiken und gegenseitiger Überwachung (ebd.: 64). Statt von hehren Idealen der Gemeinschaftlichkeit und des sozialen Zusammenhalts geleitet zu werden, ist die Zivilgesellschaft von unerbittlichen Kämpfen um Macht und Herrschaft geprägt. Der Staat wiederum ist kein kohärenter und zentralisierter Ort der Macht, sondern ein Effekt vielfältiger und widersprüchlicher Strategien und Taktiken, wie Foucault gezeigt hat (2004 f: 17). Der moderne Staat erlässt Gesetze nicht nur, sondern untersteht ihnen auch (Dean/Villadsen 2016: 174). Er wird von institutionellen Kontingenzen und unterschiedlichen Rationalitäten geprägt und kann daher sowohl repressive als auch schützende Funktionen ausüben. Auch Butler (2009: 190) scheint zuzugeben, dass wir »gar nicht immer [wissen], was wir mit ›dem Staat‹ meinen [...]. Der Staat ist kein simples Gebilde, und seine Teile und Operationen sind untereinander nicht immer koordiniert. Der Staat lässt sich nicht auf das Recht beschränken, und Macht lässt sich nicht auf Staatsmacht reduzieren. Es wäre falsch, sich den Staat so vorzustellen, als operierte er im Sinne eines einzelnen Interessenbündels, und seine Wirkungen so zu bewerten, als seien sie durchgängig erfolgreich. Aus meiner Sicht kann der Staat ebenfalls benutzt und ausgebeutet werden, und Sozialpolitik, zu der die Anwendung des Rechts auf lokale Instanzen gehört, bietet sehr oft eine Gelegenheit, das Recht anzufechten, indem es zur Entscheidung vor Gericht gebracht wird [...]«.

Eines der aufschlussreichsten Beispiele für die ambivalente Natur von Staaten bietet der Historiker Timothy Snyder in seinem Buch *Black Earth: Der Holocaust und warum er sich wiederholen kann* (2015). Snyder zeigt, dass es im Kolonialismus um die Zerstörung der einheimischen Souveränität ging, während der Nationalsozialismus eine Ideologie der Zerstörung des Staates war. Carl Schmitt, der deutsche Rechtstheoretiker und prominentes Mitglied der NSDAP, verkündete in einer seiner Schriften: »Die Epoche der Staatlichkeit geht zu Ende« (zit. in Snyder 2015: 163). Snyder argumentiert sogar, dass Hitler kein Nationalist oder Autoritarist gewesen sei, der einen vergrößerten deutschen Staat anstrebte (ebd.: 262), sondern ein »in zoologischen Kategorien denkender Anarchist«.[22]

Als Deutschland 1938 Österreich annektierte, wurden die Bedingungen geschaffen, die die Vernichtung der österreichischen Jüd:innen ermöglichten. Snyder nimmt ein Bild zum Ausgangpunkt seiner Analyse, auf dem Jüd:innen zu sehen sind, die gezwungen wurden, die Straßen Wiens zu schrubben und das Wort *Österreich* zu tilgen (ebd.: 100 f). Die österreichischen Jüd:innen wurden also gezwungen, den Namen des Staates, dessen Bürger sie gewesen waren, auszulöschen. Als 1939 die Tschechoslowakei zerschlagen wurde, erlitten die Jüd:innen ein Ausmaß an Verfolgung, das in Deutschland zu dieser Zeit noch nicht möglich war. Als Deutschland dann 1939 in Polen einmarschierte und die rechtlichen und sozialen Strukturen vor Ort zerstörte, erreichte die Verfolgung der polni-

22 https://www.theatlantic.com/international/archive/2015/09/hitler-holocaust-antisemitism-timothy-snyder/404260/

schen Jüd:innen eine neue Dimension.[23] Snyder spricht in diesem Zusammenhang von einer »doppelten Staatszerstörung« (ebd.: 134) und schildert, wie auch während der sowjetischen Besatzung in Estland, Lettland und Litauen das öffentliche Recht und die Eigentumsrechte abgeschafft und der Staatsapparat demontiert wurden. Obwohl sie sich von ganz anderen Ideologien leiten ließen, erleichterten die Sowjets den Nazis ungewollt die Verfolgung von Jüd:innen, weil sie alle Formen institutionellen Schutzes zerstört hatten. Auch die von Snyder angeführten Überlebensraten von Jüd:innen in Ländern, in denen der Staat nicht aufgelöst wurde, sprechen eine deutliche Sprache. So überlebten in Dänemark 99 Prozent der Jüd:innen, die die dänische Staatsbürgerschaft besaßen, im Gegensatz zu jüdischen Geflüchteten, denen der staatliche Schutz verweigert wurde (ebd.: 232). In Estland wurden dagegen 99 Prozent der Jüd:innen ermordet. Nicht weil die Dän:innen weniger antisemitisch gewesen wären als Slaw:innen und Balt:innen, sondern weil die institutionellen Rahmenbedingungen und die Verbindungen zum souveränen Staat die Umsetzung der »Endlösung« behinderten (ebd.: 225 f). Auch die Überlebensrate der französischen Jüd:innen war höher als die der niederländischen Jüd:innen. Obwohl Frankreich ein größeres Problem mit Antisemitismus hatte, überlebten 75 Prozent der französischen Jüd:innen, während 75 Prozent der niederländischen Jüd:innen getötet wurden. Wo immer der Staat zerstört oder die Souveränität ausgehöhlt wurde, so Snyder, wurden die meisten Jüd:innen ermordet (ebd.: 270).

In Anlehnung an Arendt und im Lichte dieser Statistiken kommt Snyder zu dem Schluss, dass der erste Schritt zur Massenvernichtung der Jüd:innen während des Nationalsozialismus darin bestand, sie staatenlos zu machen (ebd.: 134). Er argumentiert, dass »[d]ie Staatszerstörung [...] nicht das Ende der Politik [brachte], sondern [...] vielmehr eine neue Form von Politik [schuf], die Verbrechen neuer Art möglich machte« (ebd.: 165). Die Zerstörung des Staates sei untrennbar mit der Tötung der juristischen Person verbunden, wodurch der Schutz des Gesetzes wegfalle, was wiederum das Töten der Person erleichterte.[24] Snyder warnt daher eindrücklich vor der Illusion, dass die Zerstörung des Staates eine schöne *tabula rasa* schaffe, auf der Freiheit und Demokratie wie auf dem Reißblatt ganz neu entworfen werden könnten.[25] Verstehe man den Holocaust in erster Linie als ein Produkt des autoritären deutschen Staates, komme man zum Schluss, dass der Autoritarismus zerstört werden müsse. Verstehe man die deutsche Herrschaft unter den Nazis hingegen als eine besondere Art von Rassenregime, dessen Ideologie und Praxis darauf abzielten, die Überreste von

23 https://www.eurozine.com/beware-the-destruction-of-the-state/
24 https://www.eurozine.com/beware-the-destruction-of-the-state/
25 https://www.eurozine.com/beware-the-destruction-of-the-state/

Staatlichkeit auszulöschen, trete die enge Verbindung des Holocaust mit der Zerstörung des Staates deutlich hervor.[26]

Mit Blick auf das aktuelle Geschehen argumentiert Snyder, dass zwar auch innerhalb der Grenzen von Staaten wie den USA oder Russland Menschen getötet würden, Tod, Zerstörung und Vertreibung aber dort ein ganz anderes Ausmaß annähmen, wo staatliche Strukturen von diesen Mächten zerstört worden sind, wie etwa in Syrien, dem Jemen, Libyen oder der Ukraine. Die Zerstörung des Staates in einem kleinen Gebiet richte mehr Schaden an als der Autoritarismus in einem größeren Land. Snyder zieht aus diesen Überlegungen den Schluss, dass wir uns vor der Zerstörung des Staates hüten sollten.[27] Die der Intuition zuwiderlaufende historische Lehre ist, dass Bürokratien und Pässe Leben auch retten können.

Steve Bannon, der Vordenker von Trumps nationalistischer Ideologie und ehemalige Vorstandsvorsitzende von Breitbart News, eine Plattform, auf der die Alt-Right-Bewegung ihre rassistischen, antisemitischen und sexistischen Standpunkte austauscht, erklärte, das Ziel sei ein permanenter Kampf um die »Dekonstruktion des Verwaltungsstaats«.[28] Foucault hat eine solche Verzahnung von linkem und rechtem Anti-Etatismus vorausgesehen, als er vor der Staatsphobie warnte. Gegen Nietzsches (KGW VI, Bd. 1 [1883–1885]: 57) Bild des Staates als »das kälteste aller kalten Ungeheuer« ist der Staat für Foucault »der bewegliche Effekt eines Systems von mehreren Gouvernementalitäten«, die sich überschneiden, aber auch widersprechen (2004 f: 115). Indem er die Mythologie und Monstrosität des Leviathan demontiert, stellt Foucault das Politische als ein Spiel zwischen verschiedenen Rationalitäten dar (Dean/Villadsen: 2016: 103). Er erklärt, dass der Staat ständig im Entstehen begriffen ist und somit »zugleich das Bestehende, aber auch das, was noch nicht genügend existiert«, ist (Foucault 2004 f: 16).

Im Gegensatz zu Scott plädiert Foucault nicht für eine Kunst, nicht regiert zu werden; er schlägt vielmehr vor, nicht auf diese Art und Weise regiert zu werden. In seinen Worten: »Wie ist es möglich, daß man nicht derartig, im Namen dieser Prinzipien da, zu solchen Zwecken und mit solchen Verfahren regiert wird – daß man nicht so und nicht dafür und nicht von denen da regiert wird?« (1992: 11–12) Anstatt sich also derartig und um diesen Preis regieren zu lassen, schlägt Foucault (2009: 53) vor, dass die Aufklärung eine Neuverteilung der Beziehungen zwischen dem Regieren des Selbst und dem Regieren der Anderen erfordere (Cook

26 https://www.eurozine.com/beware-the-destruction-of-the-state/

27 https://www.eurozine.com/beware-the-destruction-of-the-state/

28 https://www.washingtonpost.com/politics/top-wh-strategist-vows-a-daily-fight-for-deconstruction-of-the-administrative-state/2017/02/23/03 f6b8da-f9ea-11e6-bf01-d47 f8cf9b643_story.html?noredirect=on&utm_term=.9ac12dc0c4d4

2018: 85). In Anlehnung an Kant erklärt er, dass sowohl Kritik als auch Aufklärung »die Kunst der freiwilligen Unknechtschaft, der reflektierten Unfügsamkeit« beinhalten würden (Foucault 1992: 15). In meiner Lesart betont Foucault hier den wichtigen Unterschied zwischen der Kritik am Staat und der Staatsphobie. Werden Staat und Recht einfach nur als Quelle von Befehlen des Souveräns verstanden, wie in den staatsfeindlichen Positionen, wird vergessen, dass der Staat selbst auch durch das Recht reguliert wird (Dean/Villadsen 2016, 174). Der Staat wird durch institutionelle Kontingenzen und ein ständiges Bemühen um Kohärenz geprägt. Die Kluft zwischen dem Staat, wie er bereits existiert, und dem Staat, der konstruiert werden soll, macht den Staat zu einem dauerhaft unvollendeten Projekt (Foucault 2004 f: 16). Angesichts dieser Ambivalenz möchte ich abschließend etwas näher auf das Konzept des *pharmakon* eingehen, das sehr wertvoll ist, um die ambivalenten Hinterlassenschaften der europäischen Aufklärung zu verstehen, zu denen auch der Staat gehört.

Das altgriechische Wort *pharmakon* ist eine paradoxe Zusammensetzung aus drei Bedeutungen: Heilmittel, Gift und Sündenbock. Im alten Athen bezeichnete *pharmakos* ein ritualisiertes Opfer, eine Art gesellschaftliche Katharsis, mit der das Böse aus dem Körper und der Stadt verbannt werden sollte. *Pharmakon* war der Name eines symbolischen Sündenbocks, auf den alle Missetaten der Gemeinschaft, die es zu reinigen galt, übertragen wurden, so dass seine Vernichtung dem Leiden ein Ende bereiten würde. Die ideologische Tötung eines *pharmakons* war ein Akt der gesellschaftlichen Reinigung. Als Gift musste *pharmakon* aus dem System ausgeschieden werden, was zu *Katharsis* führen sollte. *Pharmakos* war die Lösung für die Übel der Gesellschaft – eine Reinigung durch Erniedrigung. In Krisenzeiten wie Naturkatastrophen oder Kriegen wurde ein »Außenseiter«, z. B. ein Sklave oder ein Verbrecher, aus der Gemeinschaft vertrieben, um die Stadt zu schützen. Es ist bemerkenswert, dass die Wahl eines Sündenbocks einvernehmlich erfolgte, der Auserwählte den Status also freiwillig annahm. Man glaubte, dass dies eine Reinigung bewirken würde, indem das Böse, das die Stadt infiziert hatte, für immer entfernt und nach »draußen« verbannt wurde. *Pharmakos* steht für diese Verbindung zwischen Katharsis, Opfer und Reinigung (Girard 1986: 37–38). Damit verbunden war der politische Prozess der *Ächtung*, der im Athen des 5. Jahrhunderts v. Chr. üblich war und bei dem Personen, die als zu mächtig oder gefährlich für die Stadt angesehen wurden, per Volksabstimmung für zehn Jahre ins Exil geschickt wurden. Der *pharmakos* (Sündenbock) ist also ein stärkendes *pharmakon* (Gegenmittel, Heilmittel), um das giftige *pharmakon* (Gift, Krankheit) zu beseitigen, das die Gemeinschaft plagt. Ein gutes Beispiel für ein solches Sündenbock-Gift-Heilmittel ist Sokrates. Er wurde der »Pietätlosigkeit« und der »Verderbnis der Jugend« für schuldig befunden, zum Tode verurteilt und dazu gezwungen, seine eigene Hinrichtung zu vollziehen, indem er einen aus der giftigen Pflanze Schierling gebrühten tödlichen Trank zu sich nahm. Sokrates lehnte das Angebot, zu fliehen, ab und willigte in seine Hinrichtung ein. Durch seinen freiwilligen Tod wird Sokrates, der Sündenbock, zum Gegengift/Heilmittel für Athen.

In seinem Essay »Platons Pharmazie« konzentriert sich Derrida (1995) auf die Wortkette *pharmakeia-pharmakon-pharmakeus* und ihre Verbindung zum fehlenden Begriff *pharmakos*, der aber dennoch in der Wortkette *pharmakeia-pharmakon-pharmakeus* immer schon anwesend ist. Für Derrida spielt *pharmakon* auf die Unbestimmtheit und Mehrdeutigkeit seiner Identifizierung als »Heilmittel« *oder* »Gift« an. Übersetzt man *pharmakoi* (Droge) entweder nur als Heilmittel oder nur als Gift, wählt man eine Bedeutung statt der anderen und verliert dabei die Pluralität der Möglichkeiten (1995: 145 f). Anstelle dieses Entweder-Oder setzt Derrida auf das Sowohl-Als-Auch, so dass er die Entscheidung zwischen dem einen und dem anderen aufschiebt.

Pharmakon ist eine magische Dosis, die zugleich Zerstörung und Heilung bewirkt. Es ist ein giftiges Heilmittel und ein heilendes Gift. Dies ist eine Anspielung auf das produktive Potenzial von Arzneimitteln und ihre Fähigkeit, Körper und Krankheiten auf vielfältige, unvorhersehbare Weise umzugestalten. In ihrem Aufsatz »Incorporating Pharmakon: HIV, Medicine, and Body Shape Change« beschäftigt sich Asha Persson (2004: 49) mit den Erfahrungen einiger HIV-Patient:innen, die eine anti-retrovirale Therapie erhalten. Persson argumentiert, dass »die ambivalente Qualität des Pharmakon mehr ist als nur eine Frage von falschem Medikament, falscher Dosis, falschem Verabreichungsweg, oder falsch:em/er Patient:in«. Medikamente können, wie im Fall der anti-retroviralen Therapie, für ein und dieselbe Person gleichzeitig nützlich und schädlich sein. Ein weiteres gutes Beispiel ist die Chemotherapie, bei der starke Gifte eingesetzt werden, um zur Rettung des Wirts ein Pathogen abzutöten und abweichende, fremde Zellen zu zerstören. Die Chemotherapie ist eine Dialektik zwischen Töten und Heilen, wobei die moderne Medizin die Reinigungsrituale der alten Griechen nachahmt, bei denen das *pharmakon* das richtig eingesetzte Gift war, das sein Potenzial als Heilmittel offenbarte. In ähnlicher Weise war der *pharmakos* der Sündenbock, der mit den Sünden der gesamten Gemeinschaft beladen wurde und dessen rituelle Ausstoßung die Gemeinschaft reinigen sollte.

Wenn ich vom Staat als *pharmakon* spreche, meine ich das also in allen drei Bedeutungen von Gift (staatliches Gewaltmonopol), Medizin (die Ermöglichungsstrukturen des Staates) und Sündenbock (Folie, auf die alle gesellschaftlichen Probleme projiziert werden). Dies verweist auf die inhärente Kontingenz des Staates, dessen Institutionen von Ausrutschern, Ambivalenzen und Inkonsistenzen geprägt werden. Der Staat als *pharmakon* hat kein stabiles Wesen und ist voller Widersprüche: Gewalt und Gerechtigkeit, Ideologie und Emanzipation, Recht und

Repression. Die Unentscheidbarkeit, Kontingenz und Doppeldeutigkeit des Staates, seine Januskӧpfigkeit, implizieren, dass er sein eigenes Gegenteil bereits in sich trägt, die Möglichkeit der Verwandlung von Gift in Heilmittel, von Fluch in Heilung (Derrida 1995: 143). Die ausschließliche Konzentration auf die negativen Aspekte dieses *pharmakon*, also auf Tod und Zerstörung, neutralisiert und ignoriert die befähigenden und ermächtigenden Möglichkeiten, die ihm innewohnen. Um Gift in Gegengift zu verwandeln, ist eine Kritik des Staates von Nöten, die über bloß staatsfeindliche Rhetorik und Politik hinausgeht. Dafür ist es unerlässlich, die Ambivalenzen bei der Entstehung von Staaten und die widersprüchlichen Funktionen ihrer Institutionen und Apparate anzuerkennen. Ich möchte mit der tiefgründigen Bemerkung Saids schließen, der ankündigte: »Ist der Staat Palästina einmal gegründet, werde ich sein erster Kritiker sein.«[29]

In diesem Kapitel habe ich dargelegt, warum mir die Staatsphobie in den emanzipatorischen Bewegungen und in der kritischen Forschung Sorgen bereitet, obwohl ich für die heutige postkoloniale, queer-feministische Opposition gegen staatliche Gewalt und ihr Verständnis von Dekolonisierung im Sinne des Abolitionismus, dem es um die Abschaffung und Demontage des rassistisch-patriarchalisch-kapitalistischen Staates geht, durchaus Sympathien hege. Wie ich argumentiert habe, dürfen wir die Zivilgesellschaft nicht einfach als Opposition zum Staat betrachten, sondern müssen verstehen, dass sie sowohl eine Erweiterung des Staates als auch ein Gegenspieler desselben ist. Betrachtet man den Staat als *pharmakon*, muss es bei der Dekolonisierung immer auch um Entsubalternisierung gehen, also darum, subalternen Gruppen den Zugang zum Staat und zur Zivilgesellschaft überhaupt erst zu ermöglichen.

Im nächsten Kapitel möchte ich ausführlicher auf die umstrittene Rolle von Gewalt und Gewaltlosigkeit in Prozessen der Entkolonialisierung eingehen. Gandhi sprach sich bekanntlich für einen gewaltfreien Kampf gegen den Kolonialismus aus, weil er befürchtete, dass gewaltsamer Widerstand das Risiko berge, dass die Unterdrückten sich den Unterdrücker:innen angleichen. Die Ethik von Mittel und Zweck sucht kritische Theorien der Dekolonisierung immer wieder heim: Kann man Gewaltregime gewaltfrei überwinden oder ist revolutionäre Gegengewalt unverzichtbar? Oder multipliziert sich die Gewalt dann in einer endlosen Spirale, wobei jeder Gewaltakt ihre Dynamik verstärkt? Kann man gewaltfrei gegen vergeschlechtlichte oder rassifizierte Ungerechtigkeit kämpfen? Im nächsten Kapitel möchte ich mich genauer mit dem Verhältnis von Kritik und Gewalt(-freiheit) auseinandersetzen.

29 Zit. nach Spivak: https://shuddhashar.com/gayatri-chakravorty-spivak-a-borderless-world-3/

Kapitel 5: Kritik der Gewalt – Gewalt der Kritik

Angesichts anhaltender Kriege und Konflikte wird das umstrittene Verhältnis zwischen politischer Gewalt und Widerstand erneut virulent. Seit den brutalen Angriffen der Hamas auf Israel am 7. Oktober 2023 sehen sich die postkolonialen Studien dem Vorwurf ausgesetzt, die ideologische Grundlage für die Legitimierung der im Namen von Entkolonialisierung und Befreiung begangenen Gräueltaten zu liefern. Das postkoloniale Denken wird als gewaltverherrlichend an den Pranger gestellt und seine Glaubwürdigkeit scheint auf dem Spiel zu stehen. Während Gandhi, Martin Luther King Jr. und Nelson Mandela früher als Ikonen der gewaltfreien Entkolonialisierung galten, werden Fanon und Malcolm X heute als Verfechter postkolonialer Rachsucht und Barbarei geschmäht.[1] Dabei wird übersehen, dass Fanon jede Form von Gewalt und Terrorismus gegen Zivilist:innen entschieden abgelehnt hätte (Shatz 2024). Er warnte ausdrücklich, dass »der Haß, das Ressentiment, ›das legitime Rachebedürfnis‹ […] keinen Befreiungskrieg unterhalten [können]« (Fanon 1969b [1961]: 139). Die entgiftende Wirkung antikolonialer Gewalt sei bestenfalls flüchtig.

Welche Strategie ist angemessen, um sich Sklaverei und Genozid entgegenzustellen? Wenn gescheiterte politische Rebellionen ästhetisch dem Ekel äquivalent sind, wie Kant sagt, unter welchen Bedingungen gelten Aufstände dann als erhebend und heldenhaft? (Ross 2004: 384) Welche Normen fundieren unser Urteil darüber, welcher Widerstand legitim und welcher illegitim ist? Anders als Arendt, die Gewalt als einen Ersatz für Macht ansieht und zwischen imperialer Gewalt und der von totalitären Regimen wie dem Nationalsozialismus unterscheidet, behauptet Fanon, der bewaffnete Kampf sei »entgiftend« (*la violence désintoxique*).[2] Berühmt sind die Worte Fanons (1969b [1961]: 27), wonach »die Dekolonisation […] immer ein Phänomen der Gewalt [ist]«, nicht weil die Kolonisierten zur Gewalt neigen würden, sondern weil die Europäer:innen nur die Sprache der Gewalt

1 https://www.theatlantic.com/ideas/archive/2023/10/decolonization-narrative-dangerous-and-false/675799/

2 https://www.lrb.co.uk/the-paper/v45/n21/adam-shatz/vengeful-pathologies

verstünden. Im Gegensatz zu Arendt stimmt Améry Fanon darin zu, dass Gewalt für die Unterdrückten tatsächlich ein Mittel ist, um ihre Menschlichkeit zu bekräftigen. Gandhi befürchtete hingegen, dass die kolonisierten Inder:innen wie ihre Kolonisatoren brutal und unmenschlich werden würden. Für ihn vollzieht sich die Tragödie der Entkolonialisierung gerade dann, wenn die Unabhängigkeit mit Gewalt erlangt wird. Als Antwort auf das Gebot der Gewaltlosigkeit sagte Malcolm X bekanntlich: »Ich bin nicht für Gewalt. Wenn wir mit friedlichen Mitteln erreichen könnten, dass wir Schwarzen respektiert und anerkannt werden, dann wäre alles gut. Jeder möchte seine Ziele auf friedliche Weise erreichen. Aber ich bin auch Realist. Die einzigen Menschen in diesem Land, von denen man Gewaltlosigkeit verlangt, sind die Schwarzen.«[3] Im antikolonialen und postkolonialen Denken gibt es also eine Vielzahl ganz unterschiedlicher Perspektiven auf die Rolle von Gewalt und Gewaltlosigkeit in Prozessen der Dekolonisierung. In diesem Kapitel geht es darum, diese konfliktreiche Dynamik zwischen kritischem Denken und Gewalt zu verstehen und gleichzeitig die Postkolonialen Studien gegen den pauschalen Vorwurf zu verteidigen, sie seien unethisch und gewaltverherrlichend.

In einem berühmten Brief richtete sich Einstein mit der Frage an Freud, wie man die Gewalt in der Welt reduzieren und die latenten Hassimpulse im Menschen zähmen könne.[4] Könnten die destruktiven (nationalistischen) Triebe eingedämmt werden, wenn die Staaten ihre Souveränität an globale Institutionen abträten, die Kriege verhindern und den Frieden garantieren würden, indem sie Konflikte zwischen den Staaten friedlich schlichten? Anstelle supranationaler politischer Arrangements, die sich auf juristische Macht stützen, um für Gerechtigkeit zu sorgen und der Gewalt entgegenzuwirken, empfiehl Freud eine »Interessengemeinschaft« (September 1932).[5] Diese würde spalterische Einstellungen überwinden, nicht-nationalistische Solidaritätsgefühle fördern und so den Verlockungen des Krieges widerstehen. In seinen Überlegungen zur Gruppenpsychologie argumentiert Freud, dass destruktive Impulse besonders dann gedeihen, wenn das Kritikvermögen gehemmt wird. Dies impliziert, dass die Pflege der kritischen Reflexion den Todestrieb durch bewusste Formen der Selbstbeschränkung entschärfen kann. Freud scheint dabei eine direkte Verbindung zwischen kritischer Praxis und Gewaltlosigkeit herzustellen.

Ausgehend von diesen Überlegungen möchte ich mich in diesem Kapitel mit der folgenden Frage beschäftigen: Ist angesichts der Brutalität und Entmenschli-

---

3 https://www.marxists.org/history/etol/newspape/youngsocialist/1964-1965/v08n03-w63-%5B2nd-w63%5D-mar-apr-1965-young-socialist-ysa.pdf

4 https://en.unesco.org/courier/may-1985/why-war-letter-albert-einstein-sigmund-freud

5 https://en.unesco.org/courier/marzo-1993/why-war-letter-freud-einstein

chung, die den Mechanismen von Besatzung und Sklaverei innewohnen, ein gewaltfreier Übergang vom Kolonialismus zum Postkolonialismus überhaupt möglich oder neigen die durch den Kolonialismus verrohten Menschen zwangsläufig zu Gewalt? Der indische Freiheitskampf wird oft als Beispiel für eine gewaltfreie Revolution angeführt, aber wie ich zeigen werde, veranschaulicht der Konflikt zwischen Gandhi und B.R. Ambedkar, zwei der wichtigsten antikolonialen Denker Indiens, die Komplexität der Definition von Gewaltfreiheit und ihrer Ausübung im Kontext der Dekolonisierung.

Das Kapitel gliedert sich in vier Abschnitte und beginnt mit einer Gegenüberstellung von Gandhi, Arendt und Butler, einerseits, und Fanon und Ambedkar, andererseits, um die komplexe Beziehung zwischen Gewalt und Gewaltlosigkeit zu untersuchen. Der zweite Abschnitt befasst sich dann mit dem Problem, dass sich die Ausübung von Kritik nicht immer gegen Gewalt richtet, sondern diese auch schüren kann. Im dritten Teil werde ich auf die Mechanismen eingehen, anhand derer emanzipatorische Normen wie Demokratie, Gerechtigkeit und Rechtsstaatlichkeit, die ein Erbe der Aufklärung sind, normative Gewalt ausüben. Ich möchte zeigen, warum diese Normen trotz ihres Emanzipationsversprechens selbst gewaltförmig sind. Zum Abschluss werde ich das Dilemma der postkolonialen Kritik staatlicher Gewalt diskutieren.

Gewalt: Symptom oder Heilmittel?

Eine der größten Herausforderungen für eine kritische Theorie der Gewalt liegt in der Frage, wie sie zu definieren ist. Kann eine Definition universell und ahistorisch sein oder muss sie sich immer auf eine konkrete Zeit und einen bestimmten Ort beziehen? Wie konstituieren unterschiedliche Praktiken der Gewalt Körper und Räume? Durch welche physischen, strukturellen, diskursiven, normativen und affektiven Mittel wird Gewalt inszeniert und ausgeübt? Welche Formen von Gewalt sind gerechtfertigt und welche sollten illegitim bleiben? Wie reagieren wir auf die ethischen Forderungen, die diese Fragen an uns richten?

Die komplexe Beziehung zwischen Politik und Gewalt ist seit langem ein ernsthafter Streitpunkt unter kritischen Theoretiker:innen. Während einige, wie Fanon, die kathartische und rehabilitierende Funktion der revolutionären Gewalt betonen, mobilisieren andere, wie Gandhi, die Strategie der Gewaltlosigkeit, um die Fähigkeit des Gegners zum Widerstand zu kompromittieren (Caygill 2013: 11). Eine weitere wichtige Herausforderung liegt in der Ethik der Mittel und Zwecke, der politischen Ziele und der legitimen Mittel, um sie zu erreichen. So verteidigte etwa Engels die Pariser Kommune von 1871 gegen den Vorwurf brutaler Gewaltausübung mit den Worten (MEW 18 [1874]: 308): »Haben diese Herren nie eine Revolution gesehen? Eine Revolution ist gewiß das autoritärste Ding, das es gibt; sie ist der Akt, durch den ein Teil der Bevölkerung dem anderen Teil seinen Willen vermittels Gewehren, Bajonetten und Kanonen, also mit denkbar autoritärsten Mitteln aufzwingt [...]«.

Gandhi, Arendt und Butler misstrauen der instrumentalistischen Rechtfertigung von Gewalt und warnen davor, dass Gewalt dazu neigt, über das Ziel hinauszuschießen und außer Kontrolle zu geraten. Obwohl Gewalt »taktisch erforderlich« sein mag, sei sie kein »neutrales« Werkzeug, das eingesetzt und dann einfach weggeworfen werden könne; vielmehr konstituiere und gestalte ihr Einsatz die Welt auf spezifische Weise (Butler 2020: 25 f). Gewaltlosigkeit sei kein Zeichen von Schwäche, naivem Idealismus oder moralischem Kalkül, sondern ein Mittel ohne Zweck und eine Anerkennung der gegenseitigen Abhängigkeit und der gemeinsamen Verwundbarkeit. Vertreter:innen der Gewaltlosigkeit wie Gandhi und Butler sind der festen Überzeugung, dass unsere wechselseitige Abhängigkeit uns gewaltlos machen kann, denn zwischen der Zerstörung des Anderen und der Selbstzerstörung besteht immer ein Zusammenhang. Wenn es, wie sie argumentieren, unmöglich ist, gegenüber dem Leiden Anderer gleichgültig zu sein, dann ist das Ethos der Gewaltlosigkeit keine individuelle Entscheidung oder Einstellung, sondern eine kollektive politische Praxis, die sich in der Vorstellung eines weniger gewalttätigen Zusammenlebens übt.

Wie für Gandhi ist Gewalt auch für Arendt nicht ein unvermeidlicher Aspekt von Politik, sondern vielmehr eine Bedrohung für sie. Macht und Gewalt seien Gegensätze, so dass »man auch nicht eigentlich sagen [kann], das Gegenteil von Gewalt sei eben die Gewaltlosigkeit. Von ›gewaltloser‹ Macht zu sprechen, ist ein Pleonasmus. Gewalt kann Macht vernichten; sie ist gänzlich außerstande, Macht zu erzeugen« (Arendt 1985: 85). Gewalt könne zwar illegitime Macht zerstören, aber im Gegensatz zu Fanon glaubt Arendt nicht, dass sie ein geeignetes Mittel ist, um Macht zu erlangen. In ihrer Kritik an Fanon argumentiert Arendt, dass Gewalt über ihren Zweck hinausgehe und unbeabsichtigte Folgen zeitigen könne, wodurch die Welt insgesamt nur noch gewalttätiger werde. Zwar könne Gewalt ein Heilmittel sein, meistens aber sei sie schlimmer als die Krankheit, die sie heilen soll, weil sie endlose Gewaltspiralen in Gang setze (Arendt 1985: 79 f).

Die Rolle von Gewalt in der Politik wird oft damit begründet, dass sie der menschlichen Natur vermeintlich innewohnt, wie zum Beispiel in Hobbes Fiktion eines *bellum omnium contra omnes*. Selbst Fanon ging bekanntermaßen davon aus, dass »der Kolonialismus [...] die Gewalt im Naturzustand [ist] und sich nur einer noch größeren Gewalt beugen [kann]« (1969b [1961]: 47). Butler (2020: 218) lehnt diese Annahme ab und greift auf Freud zurück, um genauer zu untersuchen, wie bestimmte Annahmen über die »menschliche Natur« eine politische

Kritik der Gewalt untergraben, während andere sie stärken können. Butler argumentiert, dass wir verpflichtet seien, unsere destruktiven Tendenzen zu zügeln, gerade weil wir als Menschen zu Gewalt und Zerstörung fähig sind (ebd.: 186 f). Butler geht der Frage nach, was getan werden kann, um Grausamkeiten, die die »Möglichkeit der künftigen friedlichen Koexistenz« gefährden, in Schach zu halten (ebd.: 192) und greift dabei auf Freuds Überlegungen zu Eros und Thanatos und zu den Bindungen, die eine Gemeinschaft zusammenhalten, zurück. Der Freudianische Imperative, »Töte deine eigenen mörderischen Impulse« (zit. in. ebd.: 112), wobei das Über-Ich seinen gewalttätigen Trieben entsagen soll, beschwöre das Versprechen einer Gesellschaft jenseits der Gewalt.

Im Gegensatz zu einem paternalistischen Ansatz, dem es um den Schutz der Schwachen zu tun sei, könne Identifikation als politische Strategie soziale Bindungen fördern. Identifikation und Empathie, so schlägt Butler in Anlehnung an Melanie Klein vor, könnten den Prinzipien der Solidarität und radikalen Gleichheit als Fundament dienen. Andererseits könne die Förderung der von Freud angeregten Desidentifikation mit tyrannischen und autoritären Kräften eine kritische Distanzierung von brutalen Regimen ermöglichen (ebd.: 207). Die Kultivierung unserer pazifistischen Impulse durch die Förderung des Kritikvermögens könne eine Abneigung gegen den Nervenkitzel des Krieges wecken und damit destruktive Tendenzen untergraben. Während Schuld und Gewissen in der Regel negativ konnotiert sind, erklärt Butler (ebd.: 93), dass wir unsere eigenen Kränkungen gegenüber anderen überwinden könnten, indem wir unser Ich zur Verantwortung ziehen. Allerdings kann dieser Prozess der Achtsamkeit natürlich auch zur Selbstverherrlichung führen (Rose 1998: 144). Neben der Wiedergutmachung vergangener Schäden müssen wir auch danach streben, künftige Schäden in Form einer »vorwegnehmende[n] Wiedergutmachung« (Butler 2020: 129) zu vermeiden. Dies würde bedeuten, wirtschaftliche Strukturen und Institutionen zu schaffen, die eine ungleich über die Gesellschaft verteilte Produktion von Verwundbarkeit verhindern.

Einer der größten Skeptiker dieses normativen Ansatzes der Gewaltlosigkeit war Fanon, der argumentierte, dass die Gewaltlosigkeit genauso wie die Gewalt zum politischen Kalkül der kolonialen wie auch der kolonisierten Eliten gehöre. Fanon bemerkt dazu:

»Im Moment der entscheidenden Auseinandersetzung tritt die kolonialistische Bourgeoisie, die bis dahin immer ruhig geblieben war, in Aktion. Sie führt einen neuen Begriff ein, der im Grunde nur ein Produkt der kolonialen Situation ist: Gewaltlosigkeit. In ihrer Rohform bedeutet diese Gewaltlosigkeit für die kolonisierten intellektuellen und wirtschaftlichen Eliten, daß die kolonialistische Bourgeoisie die gleichen Interessen hat wie sie, daß es also unvermeidlich und dringlich ist, zu einer Einigung über das gemeinsame Wohl zu gelangen. Die Gewaltlosigkeit ist ein Versuch, das koloniale Problem am grünen Tisch zu regeln, noch vor jeder unwiderruflichen Geste, jedem Blutvergießen, jeder bedauerlichen Handlung. Wenn aber die Massen, ohne darauf zu warten, bis am grünen Tisch Platz genommen wird, nur auf ihre eigene Stimme hören und mit Brandschatzungen und Attentaten beginnen, dann sieht man die ›Eliten‹ und die Führer der nationalistischen bürgerlichen Parteien zu den Kolonialisten stürzen und ihnen sagen: ›Es ist sehr ernst! Niemand weiß, wie das enden wird, es muß eine Lösung, ein Kompromiss gefunden werden‹.« (1969b [1961]: 47–48)

Selbst Kant, der eigentlich jede Regierung, die ihre Bürger in Knechtschaft und Sklaverei gefangen hält, als illegitim ablehnte, sprach den Kolonisierten das Recht auf Revolution ab (Kant MS, AA 6 [1797]: 329 f). Kants Begründung für die Ablehnung von Revolutionen setzt aber voraus, dass man bereits in einem gut funktionierenden republikanischen Rechtsstaat lebt; für einen kolonialen Staat, der die einheimische Bevölkerung entmenschlicht und versklavt, kann sie hingegen nicht ohne Einschränkungen gelten. Manchmal ist die gewaltsame Revolution die einzige Möglichkeit, ein tyrannisches Regime zu stürzen und Freiheit zu erlangen. In diesem Sinne sieht Fanon die Gewalt als unabdingbar für die Politik an; er konzentriert sich auf das strategische Element der Gewalt, die eingedämmt und auf bestimmte Ziele hin kanalisiert werden muss. Fanons Überlegungen zur untrennbaren Verflechtung von Gewalt und Freiheit stützen sich auf Hegels Dialektik von Herr und Knecht, die dieser vor dem Hintergrund von Europas Übergang vom Feudalismus zum Kapitalismus entwickelt hatte. In seiner Lektüre von Hegels *Phänomenologie des Geistes* zeigt Fanon die Grenzen und Verlockungen der Herr-und-Knecht-Dialektik für das radikale antikoloniale Denken auf. Im Gegensatz zu Hegels Behauptung, dass der Herr die Anerkennung des Sklaven suche, argumentiert Fanon, dass der Schwarze Sklave für den kolonialen Herrn nicht einmal vollständig menschlich sei. Eine Gegenseitigkeit zwischen den beiden könne es also nicht geben: »[...] hier pfeift der Herr auf das Bewußtsein des Sklaven. Er will nicht seine Anerkennung, sondern seine Arbeit« (Fanon 1985 [1952]: 184). Fanon zufolge sieht der weiße Herr den Schwarzen Sklaven nur als Arbeitskraft. Anders als Hegels Knecht kann der Schwarze Sklave in seiner Arbeit keine Emanzipation finden.

Für Hegel sind Risiko und Freiheit insofern miteinander verbunden, als die Versklavung dadurch entsteht, dass man im Kampf um Anerkennung sein Leben nicht aufs Spiel setzt. Fanon (ebd.: 156) beklagt dagegen, dass der »Weiße als Herr« paternalistisch das Geschenk der Freiheit gewähre und diese anerkenne, ohne dass der Sklave um die Anerkennung kämpft: »Aber der Schwarze kennt den Preis der Freiheit nicht, denn er hat nicht um sie gekämpft« (ebd.). Um wahre Freiheit zu erlangen, müsse der Unterworfene die Anerkennung einfordern, indem er die Macht in die eigene Hand nimmt; Gewalt wird so zu einer »entgiftenden Kraft«, die den Sklaven befreit. Fanon (1969b [1961]: 72) spricht sich immer wieder für die Gewalt aus, weil sie »den Kolonisierten von seinem Minderwertigkeitskomplex [befreit], von seinen kontemplativen und verzweifelten Haltungen. Sie macht ihn furchtlos, rehabilitiert ihn in seinen eigenen Augen«.

Es wurde immer wieder darauf hingewiesen, dass Fanon die Gewalt nicht um ihrer selbst willen verherrlichte, sondern sich der Kosten des Einsatzes von Gegengewalt als Mittel schmerzlich bewusst war, weil er sehr wohl wusste, dass Gewalt oft über ihren Zweck hinausschießt und sich selbst reproduziert (Caygill 2013: 100). Er war sich darüber im Klaren, dass antikoloniale Gewalt, die auf die Zerstörung der kolonialen Macht abzielt, mit der Entkolonialisierung nicht einfach enden, sondern auch die postkoloniale Welt weiterhin heimsuchen würde: »Man kann schon beobachten, daß die Gewalt, die zur Zeit des Befreiungskampfes in ganz bestimmten Kanälen verlief, durch den Zauber einer neuen Nationalflagge nicht zum Erlöschen gebracht wird« (Fanon 1969b [1961]: 58). Als Psychiater wusste Fanon, dass das Subjekt und die Welt, die mit der Gewalt in Berührung kommen, gegen die Auswirkungen ihrer Entfesselung nicht immun sind. Die koloniale Gewalt provoziert eine Reaktion der Kolonisierten, die um ihr Schicksal und ihre Zukunft kämpfen; daher hatte Fanon eine ambivalente Position zur Frage der widerständigen Gewalt. Die komplexe und von Dilemmata geprägte Beziehung zwischen Mittel und Zweck, zwischen Gewalt und Freiheit in Fanons Ansatz wird manchmal fälschlicherweise als einfach und eindeutig dargestellt, was dann seiner Dämonisierung als »Schutzpatron der politischen Gewalt« Vorschub leistet.[6] Fanon war sich aber sehr wohl bewusst, dass die Emanzipation *von der* kolonialen Vergangenheit nicht dasselbe ist wie die Befreiung *für* eine postkoloniale Zukunft (Caygill 2013: 103). Vergessen wir nicht, dass Fanon nicht nur ein Revolutionär, sondern auch Arzt und Heiler war.

Angesichts der Breite und Vielfalt von Fanons kritischen Interventionen hat das gerade einmal 71 Seiten umfassende Kapitel »Von der Gewalt« unverhältnismäßig viel Aufmerksamkeit erhalten (Gordon 1995: 68). Insbesondere seine Ausführungen über die erlösende Funktion des bewaffneten Widerstands und über die psychologische Befreiung, die die Kolonisierten bei der Ausübung von Gewalt gegen die Unterdrücker erfahren würden, sind umstritten. Gordon (1995: 82) schlägt vor, Fanons Betrachtungen als einen »tragischen Text über eine tragische Welt« zu lesen. Positionen wie die von Fanon sind weniger ein Plädoyer für Gewalt als vielmehr der Versuch, die unheilvollen Bedingungen nachzuzeichnen, die Gewalt hervorrufen. Durch die ungleiche Verteilung der Handlungsmacht wurden die Kolonisierten zur Gegengewalt getrieben, für die sie dann dämonisiert wurden. In *Die schwarzen Jakobiner* führt James (2021 [1938]: 92 f) aus:

6 https://www.theatlantic.com/books/archive/2024/03/frantz-fanon-adam-shatz-the-rebels-clinic/677904/

»Die Sklaven zerstörten unermüdlich. [...] Sie wussten, solange es diese Plantagen gab, würden sie bis zum Zusammenbruch darauf arbeiten müssen. Sie zu vernichten, war der einzige Ausweg. Von ihren Herren kannten sie: Vergewaltigung, Folter, Erniedrigung und bei dem geringsten Vergehen den Tod. Nun zahlten sie es ihnen mit gleicher Münze heim. Zwei Jahrhunderte lang hatte ihnen die höhere Zivilisation gezeigt, dass Macht genutzt wird, um dem Beherrschten den Willen des Mächtigen aufzuzwingen. Jetzt besaßen sie die Macht und taten, wie man es ihnen vorgemacht hatte. [...] Und doch waren sie erstaunlich zurückhaltend, damals und auch später, weitaus humaner als ihre Herren ihnen gegenüber waren oder jemals sein würden.«

Wie Gordon (1995: 83) beobachtet, hielt James trotz harscher Kritik an seiner Formulierung, die haitianischen Revolutionäre seien »erstaunlich moderat« gewesen, fest. Innerhalb der Bürgerrechtsbewegung existierte ein breites Spektrum an Positionen zur Frage der Gewalt, und Gordon weist darauf hin, dass Malcolm X weder mit Maos kategorischer Befürwortung (»immer die Waffe«) noch mit Kings ebenso prinzipieller Ablehnung von Gewalt (»niemals die Waffe«) übereinstimmte und stattdessen einen situationsbedingten Ansatz verfolgte, der sich als »schließe die Waffe nicht aus« beschreiben ließe. Sowohl Fanon als auch Malcolm X betonen Gordon zufolge, dass es unmöglich ist, die Ziele, aber auch die Mittel zur Erreichung dieser Ziele, im Voraus zu kennen. Gewalt ist also nicht immer ein Symptom der Unterdrückung, sondern kann auch als Gegenmittel wirken, wenn sie strategisch und angemessen eingesetzt wird. Anstatt Gewaltlosigkeit als ethische Doktrin anzustreben und Gewalt als letztes Mittel des politischen Widerstands zu betrachten, sollte man also die untrennbare Verbindung zwischen beiden in den Blick nehmen. In unserem Alltagsverständnis gehen wir gemeinhin davon aus, dass das Scheitern der Gewaltlosigkeit zu einer Gewaltspirale führt. Fanon unterbricht diese lineare Erzählung, um die dynamische Beziehung zwischen Gewalt und Gewaltlosigkeit hervorzuheben (Marasco 2015: 160). Außerdem dekonstruiert er den Gegensatz zwischen der angeblichen Rationalität von Gewaltlosigkeit und der vermeintlichen Irrationalität von Gewalt.

Wie Fanon ging auch Mao Zedong davon aus, dass Gewalt kathartisch und für die Konstituierung einer revolutionären Subjektivität unverzichtbar sei (Caygill 2013: 63). In Anlehnung an Clausewitz stellte Mao in seinen Überlegungen zum Volkskrieg fest: »Die Politik ist Krieg ohne Blutvergießen, der Krieg ist Politik mit Blutvergießen« (Mao 1968 [1938]: 179). Mao bevorzugte Taktiken des Aufschubs, der Verlängerung und des Nichtangriffs gegenüber der Konfrontation und Eskalation. Während Lenin das widerständige Subjekt als Träger eines klaren und ausgeprägten Klassenbewusstseins in den Mittelpunkt stellte und Luxemburg das sich herausbildende Geschichtsbewusstsein betonte, konzentrierte sich Maos Strategie darauf, die Initiativen des Gegners zu vereiteln, was ein taktisches Verständnis der gegnerischen Strategie voraussetzt (Caygill 2013: 66–69). Der absichtliche und kluge Einsatz von Gewalt zur Emanzipation ist eine taktische Option.

Während Mao alles dem Sieg unterordnet, wenn nötig auch unter Anwendung von Gewalt, warnt Gandhi davor, dass Gewalt als Vergeltungsmaßnahme eine zerstörerische Gegenseitigkeit und »wiederkehrenden Terror« in Gang setzen kann. Obwohl Gandhis Name zum Synonym für den antikolonialen Freiheitskampf geworden ist, bleibt die Rolle von Gewalt und Gewaltlosigkeit in Prozessen der Dekolonisierung umstritten. Dies betrifft auch das Verhältnis zwischen Postkolonialismus und den Normen der Aufklärung wie Emanzipation, Gerechtigkeit und Gleichheit. Der folgende Abschnitt ist für meine Überlegungen zu Politik und Ethik der Dekolonisierung entscheidend.

Es gibt kein besseres Beispiel für das gleichermaßen ambivalente wie unmögliche Verhältnis der postkolonialen Welt zur europäischen Aufklärung als die einander unversöhnlich gegenüberstehenden Haltungen Gandhis und Ambedkars gegenüber dem Westen. Ambedkar war nicht nur Gandhis schärfster Widersacher, sondern auch einer der bedeutendsten Intellektuellen Indiens. Er war einer der Architekten der indischen Verfassung, Kämpfer für die Rechte der *Dalits*[7] und Autor des äußerst einflussreichen Buches *Die Auslöschung des Kastensystems* (*Annihilation of Caste*, 1936). Stark von der europäischen Aufklärung beeinflusst, lehnte er Gandhis Modernekritik und seinen romantischen *Swadeshismus* (ein Begriff, der sich aus den Wörtern »selbst« und »Land« zusammensetzt) ab, da er für marginalisierte Gruppen kontraproduktiv sei. Der Gandhismus könne dem einfachen Mann keine Perspektive bieten und die Dalits empfänden keine Nostalgie für die vorkoloniale Vergangenheit, die mit ihrem Kastensystem eine brutale Erfahrung der Erniedrigung und Ausbeutung darstellte. Trotz ihres gemeinsamen Engagements für die Schaffung eines unabhängigen Indiens als egalitärer Gesellschaft gab es unüberbrückbare Differenzen zwischen Gandhi und Ambedkar, insbesondere was ihr Verständnis von Gleichheit und Freiheit betraf. Die erbitterten Meinungsverschiedenheiten zwischen beiden betrafen nicht nur die Kastenreform oder den Kampf gegen den Imperialismus, sondern auch das grundlegende Verhältnis zwischen Politik und Gewalt.

Während die einen Gandhi als heilige Figur und Propheten von Frieden und Gewaltlosigkeit verehren, wird er von anderen als hoffnungslos naiver Idealist verspottet (Lal 2009: 281). Zu seinen Gunsten spricht, dass Gandhi bei seinem Besuch in den Tuchfabriken von Lancashire trotz des von ihm initiierten Boykotts der dort hergestellten Kleidung und der negativen Auswirkungen auf den Lebensunterhalt der englischen Arbeiter:innen von diesen mit Begeisterung empfangen

7 Das Marathi-Wort *Dalit* (gebrochen/zerstört) ist ein selbstgewählter Begriff für Menschen, die der untersten Kaste in Indien angehören und von anderen als »unberührbar« bezeichnet werden.

wurde (ebd.: 281). Allerdings, so heißt es dann, sei Gandhi zwar gegen die britischen »Gentlemen« erfolgreich gewesen, gegen ein totalitäres Regime wie den Nationalsozialismus wäre er aber zum Scheitern verurteilt gewesen. Auch wird Gandhi vorgeworfen, dass er durch die Einbeziehung der Religion in die Politik der Verankerung säkularer Normen im postkolonialen demokratischen Indien geschadet habe (Sharma 2021). Ob man ihn nun vergöttert oder verunglimpft, unbestreitbar ist, dass Gandhi eine zutiefst ambivalente und widersprüchliche Figur im postkolonialen Denken ist.[8] Als Inbegriff von Bhabhas »Mimikry-Mensch« (2000) eiferte Gandhi in seiner Jugend den britischen Gentlemen nach, kleidete sich im britischen Stil und ließ sich in Geige, Tanz und Rhetorik unterrichten (Lal 2009: 285). Er habe von den Briten »Pünktlichkeit, Zurückhaltung, öffentliche Hygiene, unabhängiges Denken und Urteilsvermögen […]« gelernt, so Gandhi (zit. in Lal 2009: 285). Markenzeichen der Moderne wie rationales Denken und ein wissenschaftliches Weltbild waren für seine intellektuelle Entwicklung prägend. Wie allgemein bekannt ist, ließ er sich von westlichen Intellektuellen wie Thoreau, Tolstoi und Ruskin inspirieren, und seine treuesten Freunde und Unterstützer waren Europäer:innen, darunter auch europäische Jüd:innen, die er während seiner Zeit in Südafrika kennenlernte (ebd.: 284). Gandhis *Satyāgraha* wurde bekanntlich von Thoreaus *Über die Pflicht zum Ungehorsam gegen den Staat* beeinflusst. Obwohl Mignolo Gandhi als Inspiration für die dekoloniale Option in Anspruch nimmt, passt Gandhi eigentlich nicht zur dekolonialen Strategie der »epistemischen Entkopplung«, wurden doch sein Denken und seine Praxis zutiefst von westlichen Intellektuellen geprägt. Zugleich war Gandhi aber kein blinder Nachahmer westlicher Werte und Normen sondern stellte die europäische Überlegenheit radikal in Frage. Vinay Lal (2009: 284) argumentiert überzeugend, dass es Gandhi auch darum ging, den Westen vor sich selbst zu retten: »Sollte Gandhis Begegnung mit dem Westen nicht auch als Parabel auf seine Überzeugung gelesen werden, dass die Sieger ebenso befreit werden müssen wie die Besiegten, die Kolonisatoren ebenso wie die Kolonisierten?«

Angesichts der Tatsache, dass Gandhis intellektuelle und politische Bildung in England und Südafrika erfolgte, ist es gar nicht einfach, die Frage zu beantworten, was an ihm eigentlich indisch ist, denn in vielerlei Hinsicht war er in seiner Heimat ein Fremder (Devji 2012: 9–10). Während Caygill (2013: 71) argumentiert, dass es Gandhis Verständnis von gewaltfreiem Handeln an theoretischer Strenge fehle, warnt Jyotirmaya Sharma davor, dass seine *ahiṃsā* nicht auf irgendeine uns zugängliche indische Tradition, ob Jain oder Hindu, zurückprojiziert werden sollte (Sharma 2021: 8). Ich möchte dagegen zeigen, dass Gandhis Gewaltlosigkeit zutiefst von der *Anekāntavāda* (Lehre vom Nicht-Absolutismus) beeinflusst

8 https://unherd.com/2023/01/gandhi-hasnt-aged-well/

wurde, die für den heterodoxen Jaina-Ansatz in Erkenntnistheorie, Politik und Ethik von zentraler Bedeutung ist (Dhawan 2007: 43–53). Für die Jainas ist *dhárma* (Pflicht) ein Synonym für *ahiṃsā* (Gewaltlosigkeit). In Übereinstimmung mit ihrem Geist von *ahiṃsādhárma* schützen sich die *Anekāntavādins* vor *bhava hiṃsā* (epistemischer Gewalt), indem sie kategorische Behauptungen oder Negationen vermeiden und sich eine Haltung des Nicht-Absolutismus (*anekānta*) bewahren. *Anekāntavāda* als Teil der Jaina-Praxis der »epistemischen *ahiṃsā*« ist also der Versuch, eine nicht-assimilative, nicht-ausschließende Politik der Wahrheit zu verfolgen (ebd.). In der Zeitschrift *Young India* (21. Januar 1926) schrieb Gandhi: »Die sieben blinden Männer, die sieben unterschiedliche Beschreibungen des Elefanten gaben, hatten alle aus ihrer jeweiligen Sicht Recht und aus der Sicht eines anderen Unrecht. Aus der Sicht des Mannes, der den Elefanten kannte, hatten sie sowohl Recht als auch Unrecht. Mir gefällt diese Lehre von der Vielfältigkeit der Wirklichkeit sehr gut. […] Mein *Anekāntavāda* ist das Ergebnis der Zwillingslehren von *Satyāgraha* und *ahiṃsā*.« (CWMG 29: 410)

Gandhis Taktik der Gewaltlosigkeit trug entscheidend dazu bei, der indischen Unabhängigkeitsbewegung einen moralischen Vorteil zu verschaffen (Hardiman 2003: 60). Er befolgte nicht nur Thoreaus Maxime, dass es eine Pflicht sei, nicht mit einer unmoralischen Herrschaft zu kooperieren, sondern ging im Kampf gegen das britische Raj auch über die bloße Nicht-Kooperation hinaus und argumentierte, dass man die Briten zu Reue und Versöhnung bewegen müsse, indem man altruistische Nachsicht walten lasse. Lal (2009: 283) erklärt treffend, dass die Briten nicht wussten, »wie sie auf einen Mann reagieren sollten, der eher darauf aus war, sich selbst zu bestrafen als die Briten«. Die Kolonisatoren steckten angesichts der Gewaltlosigkeit in einer Zwickmühle, da ihre Unterdrückung des friedlichen Widerstands zum Symbol des »moralischen Bankrotts« ihrer Herrschaft wurde (ebd.: 59). Tatsächlich traten mehrere britische Beamte von ihren Ämtern zurück, da sie Gewalt gegen unbewaffnete, gewaltlose Widerstandskämpfer nicht billigen wollten (ebd.). Gandhi behauptete, dass die britische Herrschaft in Indien nicht aufgrund militärischer Stärke möglich war, sondern weil die Inder:innen sie akzeptierten (ebd.: 293). Diese Erkenntnis wird von Gene Sharp (2013: 14) aufgegriffen, wenn er argumentiert, dass Gewaltregime auf die Komplizenschaft der einfachen Menschen angewiesen sind. Durch die Verweigerung der Zustimmung und durch Ungehorsam können gewaltfreie Kämpfe entstehen.

Später änderte sich Gandhis anfänglich positive Haltung gegenüber dem Westen jedoch dramatisch. Sein ambivalentes und von Widersprüchen geprägtes Verhältnis zeigt sich exemplarisch in seinem Buch *Hind Swaraj* (2011c [1909]), in dem er die moderne Zivilisation scharf angreift (Lal 2009: 291). Obwohl Gandhi den bewaffneten Aufstand ablehnt, wurde der Text von den Briten als aufrührerisch bewertet und entsprechend zensiert. Die zentrale These des Buches lautet, dass die moderne Zivilisation England korrumpiert habe und es moralisch geboten sei, den britischen Kolonialismus zu beenden, bevor sie auch Indien irreparablen Schaden zufüge (ebd.: 292). Gandhi wollte die Freiheit aber nicht um jeden Preis und war besorgt, dass die Inder:innen wie die Brit:innen enden würden, denn er wandte sich grundsätzlich gegen die Mentalität von Herrschaft und Knechtschaft: »In Wirklichkeit bedeutet das, dass wir die englische Herrschaft wollen – nur ohne Engländer. [...] Das heißt: Sie würden Indien englisch machen.« (Gandhi 2011c [1909]: 93)

Weil er den Ursprung der Gewaltlosigkeit auf die hinduistische Zivilisation zurückführt, kann Gandhi behaupten, dass »der Weg der Gewalt eine Europäisierung Indiens bedeuten würde«, so dass eine Entkolonialisierung durch Gewalt einem Scheitern gleich käme (Sharma 2021: 193). Eine Vision von Indiens Zukunft, die sich auf die europäische Vergangenheit stützt, war für Gandhi ein Albtraum. Sein Verständnis von Selbstbestimmung ging darüber hinaus, »weiße Gesichter durch braune zu ersetzen oder für Inder lediglich die politischen Freiheiten zu erkämpfen, die die Engländer besaßen« (Devji 2012: 2–3). Indien sollte vielmehr durch die Überwindung der Gewalt ein Experiment in der universellen Praxis der Gewaltlosigkeit sein und so eine moralische und politische Transformation der gesamten Menschheit ermöglichen (ebd.).

Paradoxerweise lehnte Gandhi, obwohl er für die indische Unabhängigkeit und Selbstverwaltung kämpfte, den Nationalstaat als eine gewalttätige Form, Kollektive zu organisieren, ab (Lal 2009: 306). Tragischerweise war Gandhis Attentäter ein hinduistischer Ideologe, der Gandhis angeblichen Verrat an den Hindus und an der Idee der Hindu-Nation bestrafen wollte. Sharma wiederum wirft Gandhi vor, er habe die Religion in die Politik eingeführt und damit selbst den Hindu-Nationalisten den Weg bereitet. Gandhis Selbstbeschreibung der Hindus als im Wesentlichen gewaltlos und des Hinduismus als einer Religion, die sich durch Gewaltlosigkeit vervollkommnet habe (Sharma 2021: 78), stereotypisiere die Hindus als tolerant und friedlich. Obwohl Gewalt allgegenwärtig und unvermeidlich sei, habe die hinduistische Zivilisation in Gandhis Sicht die Gewalt durch die Beschränkung der Gewaltanwendung auf die Kriegerkaste reguliert und so die Gewaltlosigkeit gefördert (ebd.: 95). *Ahiṃsā* könne überhaupt nur von denen praktiziert werden, die zum Töten fähig sind (ebd.: 177). Der einfache Verzicht auf Gewalt bedeutet noch nicht die Überwindung des Tötungswunsches; ein wahrer Krieger sei nicht der, der tötet, sondern der, der bei der Verteidigung der Schwachen zu Tode kommt (ebd.: 179, 192). Und weil die Seele ewig und der Körper nur ein vergängliches Vehikel sei, sei die Kriegerkaste bereit, den eigenen Körper im Dienste der Gewaltlosigkeit zu opfern (ebd.: 233). Gandhis Teleologie der Gewaltlosigkeit konvergiert mit seiner Theologie.

Gandhis Praxis des *Satyāgraha* (Festhalten an der Wahrheit) ist ein unabdingbares Element bei der Ausübung von *ahiṃsā*. Er will jedoch keine allgemeingültige Darstellung des Widerstands und keine Theorie der Wahrheit anbieten, sondern lediglich Richtlinien für die Praxis vorgeben, weshalb er von »Experimenten mit der Wahrheit« spricht (Gandhi 2011a [1927]). *Ahiṃsā* wird bezeichnenderweise als Strategie der »Schwachen« und »Machtlosen« verstanden, derjenigen, die nicht die Kraft haben, sich zu wehren. Gewaltlosigkeit ist nicht die Folge mangelnden Mutes oder mangelnder Widerstandskraft, sondern das Bestreben, der Gewalt ein Ende zu setzen, so dass es unmöglich ist »einen Menschen, der den Tod fürchtet und keine Kraft zum Widerstand hat, Gewaltfreiheit zu lehren« (Gandhi 2011b [1935]: 116). Die Praxis der *ahiṃsā* betont die Entsubjektivierung der Gewalttat. Dies bedeutet, dass die »Tat« vom »Täter« losgelöst wird und sich der Fokus vom Subjekt, das die Handlung ausführt, auf die Gewalttat selbst verlagert. Damit entfällt die Notwendigkeit eines »Feindes«, während gleichzeitig andere Taktiken angeboten werden, um mit dem eigenen »Hass« und der »Wut« umgehen zu können. So umfasst die Ausübung der Gewaltlosigkeit kollektive Praktiken und Rituale, wie etwa öffentliche Fastengelübde und Gebetstreffen. *Satyāgraha* ist also sowohl eine Strategie des Widerstands als auch eine Lebensweise. Gandhi befürwortet die Gewaltlosigkeit, selbst wenn sie den Tod und das Leiden des Widerständlers zur Folge hat. Anstatt nur eine »Waffe der Schwachen« zu sein, fördert der *satyāgrahi*, also der:die Widerständler:in, sowohl die Fähigkeit zum Widerstand als auch – überraschenderweise – die zur Liebe, anstatt auf Gewalt, Hass oder Zwang zurückgreifen zu müssen.

Die Vergeschlechtlichung des gewaltfreien Widerstands wurde kontrovers diskutiert, wobei Gandhi behauptete, dass Frauen »von Natur aus« zu Gewaltlosigkeit neigen würden, was auch von Ökofeministinnen wie Vandana Shiva (2017) bekräftigt wurde. Feministische Kritiker:innen haben die enge Verbindung zwischen Männlichkeit und Gewalt im Detail analysiert. So behauptet etwa Fanon, »das kolonisierte ›Ding‹ wird Mensch gerade in dem Prozess, durch den es sich befreit« (1969b [1961]: 28), indem es diejenigen, die Gewalt erlitten, durch Gewalt heilt. Aus einer queer-feministisch-postkolonialen Perspektive ist es wichtig festzuhalten, dass sowohl Gewalt als auch Gewaltlosigkeit auf historisch und geopolitisch spezifische Weise vergeschlechtlicht und rassifiziert wurden sowie kasten- und klassengebunden sind. Man sollte sich also sowohl vor hochtrabenden Verurteilungen von Gewalt als auch vor naiven Proklamationen der ethischen Überlegenheit von Gewaltlosigkeit hüten. In vielen postkolonialen Kontexten wurde der Kolonialismus als eine Form der Entmannung wahrgenommen, so dass antikoloniale Gewalt als Mittel der Remaskulinisierung fungierte. So beklagten Hindu-Nationalisten, Gewaltlosigkeit laufe auf eine »Feminisierung« der Hindu-Nation hinaus; der Attentäter Gandhis rechtfertigte den Mord als einen Akt der Befreiung von der entwaffnenden, verweichlichten Gewaltlosigkeit (van der Veer 1994: 96).

Analysiert man Gandhis Beziehung zum Westen, darf man seinen großen Einfluss auf die amerikanische Bürgerrechtsbewegung, insbesondere auf Martin Luther King Jr., nicht aus den Augen verlieren. Gandhi maß den freiwilligen Opfern und dem gewaltlosen Kampf von Minderheiten wie der Jüd:innen in Nazi-Deutschland und der Schwarzen in den Vereinigten Staaten eine besondere Bedeutung bei. Sie galten ihm als moralische Vorbilder, die seiner Überzeugung nach die Weltgeschichte verändern können (Devji 2012: 59). Der Charakter von Individuen, aber auch von Kollektiven, werde durch selbstloses Leiden geformt (ebd.: 3–4).

Die Rolle der Gewalt im antikolonialen Kampf ist also überaus komplex und lässt sich nicht in Begriffen von »Negation« oder »Überwindung« verstehen; so tritt etwa die moralische Überlegenheit von Gewaltlosigkeit erst gegen die Folie von Gewalt in aller Deutlichkeit hervor (ebd.). Für Gandhi ist das Sterben dem Töten moralisch überlegen, und mit dieser Gewichtung schlägt er letztlich eine andere Idee von Souveränität vor (ebd.: 6). Während Foucault, Butler und Mbembe sich auf den genozidalen und nekropolitischen Staat und seine Fähigkeit zu töten konzentrieren, ruft Gandhi in Erinnerung, dass, auch wenn »Individuen in ihrer Fähigkeit zu töten ungleich sein mögen, sie alle gleichermaßen zum Sterben fähig sind und uns damit die Universalität des Leidens und des Opfers gegenüber jeder Art von Gewalt vor Augen führen« (ebd.). Wie Devjis konzise Analyse zeigt, stehen sich bei Gandhi nicht der gewalttätige Staat und die gewaltlosen nicht-staatlichen Akteure gegenüber. Vielmehr sind die gewalttätigen Revolutionär:innen, die bereit sind, für Freiheit und Unabhängigkeit zu töten, die Gegenspieler:innen von Gandhis gewaltlosen Protagonist:innen (ebd.).

Gandhis Haltung zum indischen Aufstand von 1857, den er zunächst guthieß, später aber verurteilte, ist ein typisches Beispiel. Während andere Nationalisten die Rebellion als Indiens ersten Unabhängigkeitskrieg feierten, der Hindus und Muslime zusammengebracht habe, und Marx sie mit der französischen Revolution verglich, lehnte Gandhi den Aufstand als eine Gewaltorgie ab (ebd.: 12). Wie die Haitianische Revolution diente auch der indische Aufstand, der einige Jahrzehnte später stattfand, den Europäer:innen als Beweis für die Barbarei und Brutalität der Einheimischen. Gandhi war der Überzeugung, dass die Inder:innen, solange sie zu Gewalt griffen, nicht bereit für die Freiheit waren (ebd.: 93). Wenn es unter seiner Aufsicht zu Massengewalt kam, übernahm Gandhi oft die Verantwortung für die von seinen Anhängern begangenen Gräueltaten und büßte für die Taten anderer (ebd.: 86). Der gewaltlose Protest war kein bloßes Mittel zur Erreichung eines in die Zukunft verschobenen Ziels, sondern ein Selbstzweck (ebd.: 94). Eine Gewalttat in der Gegenwart kann für Gandhi nicht im Namen hehrer, in der Zukunft zu verwirklichender Ideale legitimiert werden. Gandhi entkoppelt moralisches Handeln von politischem Kalkül und versteht Tugend im Sinne von Notwendigkeit. Anstelle von Normen, die moralische Entscheidungen leiten sollen, streicht Gandhi überraschenderweise die Wahlmöglichkeit aus dem moralischen Handeln und macht sie für die ethische Praxis überflüssig (ebd.: 108). Wenn die Zukunft unbestimmt ist, dann sind Entscheidungen bedeutungslos und illusorisch, was Kalkül und politischen Opportunismus für die Ethik irrelevant macht. Gandhi rät, dass man zu Lebzeiten keine Ergebnisse oder Belohnungen für das Praktizieren von Gewaltlosigkeit erwarten sollte (Sharma 2021: 23). Dies steht im Widerspruch zu liberalen westlichen Ethikansätzen, bei denen Normen von Freiheit und Wahlmöglichkeiten im Mittelpunkt der moralischen Verantwortung stehen, die von einem autonomen rationalen Akteur ausgeübt wird.

Gandhi argumentiert, dass die Gegengewalt den vom Gegner ausgeübten Zwang bestätige, weshalb die Wirksamkeit von gewaltsamem Widerstand fraglich sei. Wird die zerstörerische Gewalt erst einmal entfesselt, kann die Eskalation das Ende der Politik einläuten. Im Umkehrschluss kann die Weigerung, aus Vergeltung ebenfalls auf Gewalt zurückzugreifen, das Verhältnis zwischen Macht, Zwang und Gerechtigkeit umgestalten. Wenn eine Gesellschaft einmal den Weg der Gewalt beschreitet, hat dies Auswirkungen, die auch dann noch andauern, wenn das Ziel erreicht ist, ganz gleich, wie gerechtfertigt der Grund gewesen sein mag. Die Erlangung der Unabhängigkeit mit gewaltsamen Mitteln würde zur Konstituierung von gewaltsamen Subjektivitäten führen, die die postkoloniale Welt dann auf Dauer heimsuchen würden.

Wie aber Arundhati Roy (2017: 24) zu Recht feststellt, besteht eine der größten Herausforderungen bei der Lektüre von Gandhi darin, »dass [er] eigentlich alles und sein Gegenteil gesagt hat«. So war Gandhi, auch wenn er für sich in Anspruch nahm, ein Verfechter der Unterdrückten zu sein, weder bei Marxist:innen noch bei der Anti-Kasten-Bewegung beliebt. Marxist:innen warfen ihm vor, »ein Prophet der Bourgeoisie« zu sein und argumentierten, dass Gandhis Gewaltlosigkeit vom bewaffneten Klassenkampf ablenke und die Arbeiterschaft von der Verfolgung ihrer Klasseninteressen abhalte (Lal 2008: 61). Während das sogenannte »Zugerlebnis«, bei dem Gandhi auf einer Zugfahrt in Südafrika aus rassistischen Gründen gewaltsam aus der ersten Klasse geworfen wurde, oft als Moment seiner Politisierung beschrieben wird, wenden Kritiker ein, dass sich Gandhi in Südafrika nur für die Interessen der sogenannten »Passenger Indians«[9] einsetzte, nicht aber für die der indischen Zwangsarbeiter:innen (der Kulis) oder der einheimischen Afrikaner:innen (Roy 2017: 70). Er bestand zwar darauf, wie die Ärmsten

9 »Passenger Indians« waren Einwanderer aus den oberen Klassen, die nach Südafrika kamen, um Handel zu treiben und nicht als Zwangsarbeiter.

der Armen leben zu wollen, aber seine Strategie der Hungerstreiks und der sexuellen Enthaltsamkeit war nicht Teil einer systematischen Kapitalismuskritik. Allerdings gibt es einen Unterschied zwischen Fasten und Hungern. Wie die indische Dichterin und Aktivistin Sarojini Naidu scharfzüngig anmerkte: »Wenn Gandhi nur wüsste, wie viel es uns kostet, ihn in Armut zu halten!«[10] Angesichts der asketischen Tradition in Indien argumentiert Roy (2017: 62), »dass der Akt des Verzichts von jemandem, der viel aufzugeben hat […], die Vorstellungskraft des Volkes ansprach. Gandhi legte seinen westlichen Anzug ab und trug einen Dhoti, um sich wie der Ärmste der Armen zu kleiden. Ambedkar hingegen, der ohne Geld und als Unberührbarer geboren wurde und dem das Recht, die Kleidung der privilegierten Kasten zu tragen, verweigert worden war, drückte seinen Widerstand aus, indem er einen dreiteiligen Anzug trug.« Zwar setzte Gandhi das Spinnrad als politische Waffe ein und lehnte Maschinen und Industrialisierung als Zeichen westlicher Verderbtheit ab, seine Ashrams aber ließ er von dem Industriellen Birla finanzieren (ebd.: 73). Auch Ambedkar wurde von Mitgliedern der privilegierten Hindu-Kasten unterstützt, aber im Gegensatz zu Gandhi beeinträchtigte das nicht seinen Kampf gegen das hinduistische Kastensystem und dessen strukturelle Gewalt.

Gandhi wird dementsprechend vorgeworfen, seine Entsagung und sein mangelndes Interesse an politischer Macht seien nur eine Inszenierung gewesen, während er tatsächlich Macht durchaus strategisch und taktisch ausgeübt habe. Sein Einfluss habe auf einem Populismus beruht, der keiner verfassungsmäßigen Rechenschaftspflicht unterlag (Devji 2012: 124–125). Obwohl er für sich in Anspruch nahm, ein Anwalt der *Dalits* zu sein, schwor Gandhi seinem Glauben an *cāturvarṇa*, das Kastensystem, nie kategorisch ab. So lehnte er etwa Ehen zwischen verschiedenen Kasten ab und hielt damit letztlich an den herkömmlichen Praktiken von Kaste und Gemeinschaft fest (Sharma 2021: 116–117). Jede Infragestellung des Kastensystems, so seine Befürchtung, könnte zu Unruhen führen: »Ich glaube, dass die Kaste die Hindus vor dem Zerfall bewahrt hat. Die Zerstörung des Kastensystems und die Übernahme des westeuropäischen Gesellschaftssystems würde bedeuten, dass die Hindus das Prinzip der erblichen Tätigkeit aufgeben müssten, welches die Seele des Kastensystems ausmacht. Das Vererbungsprinzip ist ein ewiges Prinzip. Es zu ändern würde Chaos bedeuten« (1921–2 cit. in Ambedkar 2014: 275–76). Wer vorkoloniale Epistemologien idealisiert, wie der dekoloniale Ansatz, sollte sich beim Entwurf seiner Visionen von Dekolonisierung mit diesen Problemen auseinandersetzen.

Trotz seiner Besorgnis über das Blutvergießen und seines bedingungslosen Engagements für Gewaltlosigkeit bestand Gandhi darauf, dass die Briten Indien

---

10 https://www.epw.in/journal/2008/40/special-articles/gandhi-everyone-loves-hate.html

seinem Schicksal überließen, und verkündete, dass selbst Chaos und Unordnung der Kolonialherrschaft vorzuziehen wären. Die Teilung Indiens, die darauffolgenden Unruhen, die schätzungsweise zwei Millionen Menschenleben kosteten und zur religiös motivierten Vertreibung von zehn bis zwölf Millionen Menschen führten, und eine Flüchtlingskrise unvorstellbaren Ausmaßes gehören zum grausamen Erbe des gewaltlosen indischen Kampfes für die Unabhängigkeit. Wie von Gandhi befürchtet, wandten Hindus und Muslime im gewaltlosen Kampf gegen die Briten die Gewalt gegeneinander (Devji 2012: 163).

Obwohl er kein Vertrauen in die Demokratie und den Staat hatte, lehnte Gandhi kurz vor der Teilung Indiens, als die Vertriebenen in den Lagern ankamen, die Hilfe von Privatpersonen und Wohltätigkeitsorganisationen ab. Er wollte, dass die Regierung die Verantwortung übernimmt und die Geflüchteten wie Bürger:innen in einer Demokratie behandelt werden und sich wie solche verhalten (ebd.: 188). Ohne dass die Bürger:innen ihre politischen Rechte einfordern und der Staat seine Verantwortung ihnen gegenüber anerkennt, könne keine stabile Demokratie entstehen (ebd.: 189). Gandhi war bereit, großes Leiden in Kauf zu nehmen und sogar Menschenleben zu opfern, um sicherzustellen, dass die Geflüchteten als Bürger:innen und nicht als Opfer behandelt würden, und um eine politische Beziehung zwischen dem Staat und den Subalternen herzustellen (ebd.: 189). Die Idee unveräußerlicher Rechte, die die Grundlage der UN-Menschenrechtskonvention bildet, lehnte Gandhi interessanterweise ab. Stattdessen schlug er die Vision einer »Weltbürgerschaft« vor, bei der die Pflichten gegenüber den Rechten im Vordergrund stünden. Anstelle von Staatsbürgerrechten, die nur von einzelnen Staaten garantiert werden können, betont Gandhi die Idee von Pflichten, die nicht durch Grenzen limitiert sind und die niemals von einer politischen Einheit entzogen oder entfremdet werden können (ebd.: 190–191).

In seinem Beharren darauf, dass die Moral universell sei und keine Ausnahmen zulassen dürfe, da dies ihre Legitimität beeinträchtigen würde, klingt Gandhi schon fast kantianisch. Devji (2012: 132) merkt an, dass Gandhi »Gewaltlosigkeit nicht nur für die rationale, sondern für die unausweichliche Schlussfolgerung jeder Ethik hielt, die Universalität für sich beansprucht«. Gandhis umstrittenste Position war sein Eintreten für einen gewaltlosen Widerstand gegen den Nationalsozialismus. Gewalt und Brutalität mit denselben Waffen zu bekämpfen, war nach Gandhis Ansicht ein vergebliches Unterfangen, die Menschheit zu retten. Nicht-Kooperation sollte den Nazismus ohne bewaffneten Widerstand besiegen. Gandhi ging es nicht so sehr darum, Kolonisatoren und Faschisten zu besiegen, als sie zur Gewaltlosigkeit zu bekehren (ebd.: 132). Das Bestreben war, Gewalt mit der Kraft des Leidens zu konfrontieren und sie dadurch in Gewaltlosigkeit zu verwandeln (ebd.: 7). Sharma erklärt: »Wer *ahiṃsā* praktiziert, setzt seine Seele gegen den Körper des Tyrannen ein, in der Hoffnung, die Seele des Unterdrückers zu erwecken. Zuviel *ahiṃsā* kann es gar nicht geben« (2021: 10).

Gandhi warf Großbritannien, das sich weiterhin weigerte, seine Kolonien aufzugeben, Heuchelei vor und stellte die moralische Legitimität des britischen Krieges gegen den deutschen Faschismus im Namen der Freiheit in Frage (1977 [1939]: 122). Sein Appell in einem Brief an Hitler, »im Namen der Menschheit [...] den Krieg zu beenden« (Gandhi 2011d [1940]: 203), wird als Beleg für die Naivität seiner Politik angeführt. Gandhis Warnung, dass ein Zusammentreffen der nationalsozialistischen Gewalt mit der bewaffneten Intervention der Alliierten die gesamte Menschheit in Gefahr bringen könne, bewahrheitete sich allerdings mit der Bombardierung von Hiroshima und Nagasaki. Auf die Frage, ob die Atombombe die Gewaltlosigkeit nicht überholt habe, antwortete Gandhi (1982 [1946]: 371): »Wenn die Welt jetzt nicht zur Gewaltlosigkeit übergeht, bedeutet das für die Menschheit den sicheren Selbstmord.«

Statt auf staatliche Gewalt zu setzen, um den Faschismus zu besiegen, ermutigte Gandhi Privatpersonen dazu, sich als moralische Akteure des Wandels zu begreifen, insbesondere diejenigen, die als zu verletzlich und unterdrückt galten, um als Avantgarden fungieren zu können. Einige von Gandhis engsten Freund:innen waren Jüd:innen, denen er riet, »sich nicht zu passiven Opfern des Nazismus machen zu lassen« (Devji 2012: 135). Als er für seine vermeintlich gefährliche Naivität verspottet wurde, verteidigte Gandhi den »sinnlosen« Widerstand, weil er nicht nur die moralische Integrität seiner Akteure in der Gegenwart bewahre, sondern auch ein Ideal für künftige Praktiken setze (ebd.: 142). Während Gewalt historische Grenzen habe, sei Gewaltlosigkeit ausnahmslos universell und damit von Dauer. Gandhis Ansatz entmilitarisiert den Widerstand und macht ihn alltäglich und allgegenwärtig. Nicht jeder mag Zugang zu Waffen oder die Fähigkeit haben, Gewalt auszuüben, aber es gibt niemanden, der nicht gewaltfrei sein kann.

Eine Bollywood-Schauspielerin löste in Indien einen Shitstorm aus, als sie behauptete, dass »die Freiheit uns in Gandhis Bettelschale gelegt wurde«, weil der antikoloniale Kampf gewaltlos geführt worden sei.[11] Sie forderte die Inder:innen auf, ihre Helden mit Bedacht zu wählen und machte sich über Gandhi lustig: »Wenn man die andere Wange hinhält, bekommt man *bheekh* (Almosen), nicht *azaadi* (Freiheit)«. Ihrer Meinung nach hat Indien erst 2014 die wahre Unabhängigkeit erlangt, als die Hindu-Nationalisten an die Macht kamen. Solche Einlassungen erinnern an Hegels Warnung vor der Rache der Geschichte an den Helden der Revolution, die nicht wegen ihrer Taten in Ungnade fallen, sondern

11 https://www.thehindu.com/news/national/kangana-plays-defiant-card-asks-which-war-took-place-in-1947/article37469671.ece

weil sie überflüssig werden, »so fallen sie, die leeren Hülsen des Kernes, ab« (1989 [1822/28]: 47). Die Klage verweist auch auf das Fehlen »indischer Jakobiner« und zeigt, dass die Gewaltlosigkeit Gandhis nicht unbedingt für heroische Narrative taugt. Die Schauspielerin übersieht aber, dass Gandhis Schlachtruf für den antikolonialen Kampf in Indien »Freiheit oder Tod« lautete, genauso wie der der haitianischen Aufständischen. Wie Martin Luther King Jr. in seiner Gandhi-Lektüre verdeutlicht, kann es durchaus sein, dass »Ströme von Blut fließen müssen, bevor wir unsere Freiheit erlangen, aber es muss unser Blut sein«.[12] Die Beziehung zwischen Entkolonialisierung und Gewaltlosigkeit bleibt also ein Dilemma. Im Gegensatz zum politischen Kalkül militärischer Strategien und biopolitischer Regime, die Leben um der »Rasse«, der »Religion« oder des »nationalen Interesses« willen opfern, ist Gewaltlosigkeit ein Experiment jenseits der Zwänge von Sieg und Niederlage. Paradoxerweise argumentiert Gandhi, dass man nur durch die Bereitschaft zu leiden und durch die Beherrschung der Kunst, »sein Leben wegzuwerfen«, den Mut aufbringen könne, Gewaltlosigkeit zu praktizieren (1976b [1937]: 361).

Während Gandhi in verletzlichen Gruppen den Inbegriff einer gewaltlosen, widerständigen Subjektivität sah, versteht Ambedkar Minderheiten als »eine explosive Kraft, die, wenn sie ausbricht, das ganze Gefüge des Staates sprengen kann« (2002 [1948]: 487). Seine positive Haltung gegenüber dem Westen steht in krassem Gegensatz zu Gandhis Ablehnung der Industrialisierung, der modernen Medizin und der westlichen Bildungssysteme. Als kleiner Junge wollte Ambedkar Sanskrit studieren, weil er aber als »unberührbar« galt, war ihm das Erlernen der »heiligen« Sprache untersagt. Daraufhin machte er seinen Abschluss in Englisch und Persisch, den einzigen ihm zur Verfügung stehenden Möglichkeiten. Aufgrund seiner ausgezeichneten Englischkenntnisse wurde ihm ein Stipendium für ein Studium an der Columbia University in New York angeboten, wo er Schüler von John Dewey wurde (Omvedt 2005: 19). Wie Roy (2017: 27) bemerkt, ist es aufschlussreich, dass Millionen von Ambedkar-Statuen in ganz Indien die indische Verfassung in der Hand halten, an deren Konzeption er maßgeblich beteiligt war, während Gandhi üblicherweise bei der Lektüre der *Bhagvada Gita* dargestellt wird, ein zentraler brahmanischer Text über den gerechten Krieg, den er sein »spirituelles Wörterbuch« nannte. Im Gegensatz zu Gandhis stark idealisierter Sicht Indiens als dem Westen spirituell überlegen, stellt Ambedkar die Gewalt des hinduistischen Kastensystems in den Vordergrund. Für ihn ist die Entkolonialisierung ein sehr viel komplexerer Prozess als eine bloße Entwestlichung. Diejenigen, die für die Freiheit Indiens kämpfen, kämpfen nicht unbedingt für die Freiheit der

12 https://kinginstitute.stanford.edu/king-papers/documents/address-thirty-sixth-annual-dinner-war-resisters-league

»Niedrigsten der Niedrigen«, wie Ambedkar (2014 [1945]: 202) aus guten Gründen immer wieder betont.

Wie Gandhi bezog sich auch Ambedkar auf westliche Denker wie Rousseau und Marx, obwohl er sich sowohl bei den Kommunisten, bei denen es sich zumeist um Brahmanen handelte, die nicht bereit waren, sich mit den Überschneidungen von Kaste und Klasse auseinanderzusetzen, als auch bei den Säkularisten in Indien unbeliebt machte. Als überzeugter Verfassungsrechtler und republikanischer Denker war Ambedkar an der Ausarbeitung der Verfassung des freien Indiens beteiligt und diente zwischen 1947 und 1950 als gewählter Vorsitzender des Redaktionsausschusses (Kumar 2015: 4). Zuvor, im Dezember 1927, verbrannte Ambedkar öffentlich ein Exemplar des *Manusmṛiti*, das als einer der ältesten Rechtstexte der Welt gilt und von der britischen Kolonialregierung zur Formulierung des Hindu-Rechts verwendet worden war. Im Gegensatz zu Gandhis *Hind Swaraj* (Indian Home Rule), das die westliche Zivilisation als (selbst-)zerstörerisch ablehnt, ist Ambedkars *Annihilation of Caste* eine Abhandlung über den Widerstand gegen die hinduistische Kastenordnung, die es aufgrund der in ihr angelegten strukturellen Gewalt auszulöschen gelte.

Für Ambedkar zeugte *Hind Swaraj* von Gandhis Unwillen und Unfähigkeit, die untrennbare Verbindung zwischen kastenbasierter Arbeitsteilung und Gewalt zu erkennen, die die Grundlage des indischen Kapitalismus bildete (Kumar 2015: 12). Er bringt Gandhis mangelnde Bereitschaft, Arbeits- und Kastenreformen zu unterstützen, mit der Marginalisierung der verarmten »unberührbaren« Gemeinschaften in der politischen Sphäre des zivilen Ungehorsams in Verbindung (ebd.: 13). Für Ambedkar (2019 [1936]: 75 f) ist eben nicht nur der Kolonialismus, sondern auch das hinduistische Kastensystem mit den Normen von Freiheit und Gleichheit unvereinbar.

Gandhi (1976a [1936]: 135) schlug vor, den Preis für Ambedkars (2019 [1936]) *Die Auslöschung des Kastensystems*, das dieser auf eigene Kosten veröffentlicht hatte, drastisch zu senken. Aishwary Kumar (2015: 13) fragt sich, ob Gandhis Vorschlag wirklich darauf abzielte, das Buch für die breite Masse zugänglicher zu machen, oder ob es ihm nicht vielmehr darum ging, Ambedkars Kritik zu trivialisieren, indem er implizierte, das Buch sei überteuert. Gandhis feindselige Haltung gegenüber Ambedkar ist Kumar zufolge »ein Krieg gegen die Gleichheit, der das emanzipatorische Versprechen des Antikolonialismus untergräbt« (ebd.: 14). Als die Briten die Einrichtung separater Wahlkreise für »Unberührbare« zugestanden, drohte Gandhi damit, sich zu Tode zu fasten. Letztlich wurde die Bestimmung zurückgenommen und Ambedkar wurde vorgeworfen, dass er mit dieser Forderung sowohl Gandhis Leben als auch die antikoloniale Einheit gefährdet habe. Ambedkar kommentierte den Vorfall mit den Worten: »Nichts an diesem Fasten war edel. Es war eine üble und schmutzige Tat […] [Es] war die schlimmste Form der Nötigung eines hilflosen Volkes, die verfassungsmäßigen Garantien aufzugeben, die es durch die Verordnung des Premierministers erhalten hatte, und sich damit einverstanden zu erklären, von der Gnade der Hindus zu leben. Dies war ein abscheulicher und bösartiger Akt. Wie können die Unberührbaren einen solchen Mann als ehrlich und aufrichtig ansehen?« (Ambedkar 2014 [1945]: 259) Anstatt die »Unberührbaren« mit Rechten auszustatten, romantisierte Gandhi sie. Er versuchte, sie in eine Opferrolle zu drängen und sie in den Hinduismus zu integrieren, indem er ihnen den Zutritt zu Tempeln »erlaubte«. Während die Frage der Unberührbarkeit für Ambedkar eine politische Frage war, sah Gandhi sie als eine Frage religiöser und sozialer Reformen (Sharma 2021: 17).

Gandhi, der sich selbst als Anarchist bezeichnete, träumte von einer Souveränität ohne Staat in Form einer dezentralisierten bäuerlichen Wirtschaft (Mantena 2012). Er idealisierte ein staatenloses, gewaltfreies Gemeinwesen und verortete die Gewalt eindeutig in der Sphäre des Staates: »Der Staat repräsentiert Gewalt in einer konzentrierten und organisierten Form. Das Individuum hat eine Seele, aber da der Staat eine seelenlose Maschine ist, kann er nie von der Gewalt befreit werden, der er seine Existenz verdankt« (Gandhi 1974 [1934]: 318). Im Gegensatz zu Gandhis Anti-Etatismus war sich Ambedkar, der radikale Kastengegner und Verfassungsrechtler, des ausgrenzenden Charakters der modernen staatsbürgerlichen Privilegien zutiefst bewusst und doch »konnte er offenbar nur in der Sprache des Staates träumen« (Kumar 2015: 15). Seine Aussage, »Gandhiji, ich habe kein Heimatland« (zit. in ebd.: 16), problematisiert dessen anarchistische Begeisterung für die Staatslosigkeit. Als erster Justizminister des unabhängigen Indiens war sich Ambedkar sowohl der ermöglichenden als auch der gewaltsamen Aspekte der verfassungsmäßigen Macht bewusst, als er versuchte, »die Bedingungen einer egalitären Staatsbürgerschaft« in der »juristischen und institutionellen Sprache des Staates« zu entwerfen (ebd.: 17). Die Wiederherstellung der Würde der »Unberührbaren«, die jahrhundertelang unter Erniedrigung und Ausbeutung gelitten hatten, konzipierte er »im Sinne verfassungsrechtlicher Schutzmaßnahmen und rechtlicher Regelungen gegen kastenbasierte Grausamkeit und religiöse Unterdrückung« (ebd.: 20). Während Gandhi das Moralische gegenüber dem Politischen in den Vordergrund stellte, verknüpfte Ambedkar das Juristische, Soziale und Politische mit dem Ethischen. Gandhis westliche Einflüsse werden oft als Beweis für seine Fähigkeit, »den Feind« zu umarmen, gepriesen, während Ambedkar wegen seines Engagements für den republikanischen Konstitutionalismus vorgeworfen wird, dem Eurozentrismus gegenüber nicht kritisch genug gewesen zu sein. Kumar (2015: 22, 260) weist zurecht darauf hin, dass, während Gandhi und Fanon als antikoloniale Denker und Aktivisten par excellence gefeiert werden, Ambedkars Verständnis von Dekolonisierung nicht dieselbe globale Anerkennung erhalten habe. Gandhi und Fanon konzentrierten sich auf die Freiheit durch den Sturz der Kolonialherrschaft, Ambedkar hingegen setzte auf die Verfassung des unabhängigen Staates, die Gleichheit und Bürgerrechte garantieren sollte, was seinen Ausdruck in der längsten Verfassung der Welt gefunden hat (ebd.: 25). Stellt man die revolutionäre Macht à la Gandhi und Fanon der Verfassungsmacht à la Ambedkar gegenüber, bleibt die Spannung zwischen Freiheit und Gleichheit, »Revolution und Verfassung, Volkssouveränität und geteilter Verwundbarkeit« unauflösbar (ebd.). Gandhis Antikolonialismus ist staatsfeindlich, während Ambedkars Widerstand gegen imperialistische, kasten- und klassenbasierte Unterwerfung im Konstitutionalismus mündet. Kumar argumentiert, dass Ambedkars Begriff der »konstitutionellen Moral« einen »produktiven Raum zwischen Verfassung und Aufstand, zwischen ziviler Tugend und zivilem Ungehorsam« eröffne (ebd.: 260). Die Frage lautet, wie die Bürger:innen, insbesondere die schwächsten und verletzlichsten, die richtige Balance zwischen Gehorsam und Widerstand gegenüber der Verfassung finden können, die sie sowohl schützen als auch verfolgen kann (ebd.: 264). Da Ambedkar die Unantastbarkeit des Dokuments, das er mitverfasst hat, immer wieder in Frage stellt, ist die Bezeichnung »aufrührerischer Konstitutionalist« in der Tat passend (ebd.: 265).

Ebenso aufschlussreich ist Gandhis und Ambedkars unterschiedliches Verhältnis zum Hinduismus. Gandhis letzte Worte waren *»O Ram«*[13], die auf seinem Denkmal eingraviert sind; Ambedkar (2007 [1935]: 271) hingegen lehnte den Hinduismus ab: »Es war mein Pech, als Hindu geboren zu sein. Es steht nicht in meiner Macht, diesen Fehler in mir zu beseitigen. Aber ich habe die Kraft, mich den erniedrigenden Praktiken, denen ich als Unberührbarer ausgesetzt war, zu widersetzen. Es liegt in meiner Macht, die hinduistische Religion abzulehnen. Ich werde öffentlich sagen, dass ich, obwohl ich als Hindu geboren wurde, nicht als Hindu sterben werde.« Roy zufolge war Ambedkars Utopie (2017: 32) »ein aufgeklärtes Indien […], das die besten Ideen der europäischen Aufklärung mit buddhistischem Denken verschmelzen würde«. Gandhi hingegen blieb der westlichen Moderne gegenüber misstrauisch: »Gott bewahre, dass Indien jemals nach westlichem Vorbild industrialisiert wird. Der Wirtschaftsimperialismus eines einzigen winzigen Inselreichs hält heute die Welt in Ketten. Wenn ein ganzes Volk von 300 Millionen Menschen mit einer ähnlichen wirtschaftlichen Ausbeutung anfinge, würde es die Welt wie Heuschrecken ausplündern.«[14] Gandhi hatte einen scharfen Blick für die Brutalität, zu der Modernisierung, Industrialisierung und Technologie führen würden, auch wenn seine Nostalgie für die »indische pasto-

---

13 Ram ist eine der wichtigsten Gottheiten des Hinduismus, der zum Gesicht des hinduistischen Nationalismus geworden ist. Indien wird hier als Hindu-Nation, als *»Ram Rajya«* (Königreich von Ram) konstruiert.

14 *Young India*, 20. Dezember 1928; CWMG 43, 412.

rale Glückseligkeit« ausblendete, dass den von ihm so idealisierten Dörfern das hinduistische Kastensystem zugrunde lag, dessen Opfer entmenschlicht und erniedrigt wurden (Roy 2017: 33). Während Gandhis »dörfliche Selbstbestimmung« (*village swaraj*) das staatslose Ideal einer aufgeklärten Anarchie der Selbstverwaltung war, machte Ambedkar am 4. November 1948 während der Debatten in der verfassungsgebenden Versammlung (CAB) die umstrittene Bemerkung: »Was ist das Dorf anderes als ein Hort des Lokalismus, eine Höhle der Unwissenheit, der Engstirnigkeit und des Kommunalismus?«

Während Gandhi den »Unberührbaren« die Vorzüge der im Kastensystem vererbten Tätigkeiten predigte, ging Ambedkar in radikaler Weise über die traditionelle Frage von Kaste und Unberührbarkeit hinaus, indem er sie in den Begriffen der politischen Ökonomie und Ausbeutung neu formulierte. Unter Berufung auf die Tradition der europäischen Aufklärung und den Buddhismus beschreibt Ambedkar, wie die Entrechteten durch kognitive Knechtschaft von Demokratie und Revolution abgeschnitten werden (dies entspricht der Position Spivaks):

> »Warum hat die Masse der Menschen die gesellschaftlichen Übel, denen sie ausgesetzt waren, ertragen? Es gab soziale Revolutionen in anderen Ländern der Welt. Warum gab es keine sozialen Revolutionen in Indien? Diese Frage beschäftigt mich unaufhörlich. […] Wegen des Chaturvarnya-Systems konnten sie keine Bildung erlangen. Sie konnten sich nicht ausdenken und nicht wissen, welches der Weg zu ihrer Rettung gewesen wäre. Und da sie keine Möglichkeit des Entkommens hatten, fanden sie sich mit der ewig währenden Knechtschaft ab und akzeptieren dies als ihr unentrinnbares Schicksal.« (Ambedkar 2019 [1936]: 57 f)

Leider entsprach Ambedkars Haltung gegenüber den *Adivasi*, d.h. den Ureinwohnern, dem Vokabular des westlichen Liberalismus; obwohl er für die Würde der unterdrückten Kasten kämpfte, bezeichnete er die Adivasi als »unzivilisiert« und »primitiv« (Roy 2017: 102). Dementsprechend räumt auch die indische Verfassung von 1950 den *Adivasi* zwar das Wahlrecht ein, machte aber den Staat zum Verwalter der Adivasi-Homelands, angeblich zu ihrem Schutz (ebd.). Dies zeigt, wie schwierig sich die Beziehungen zwischen Revolution, Verfassung und Demokratie gestalten.

Kumar (2015: 51) liest Ambedkars Verhältnis zu Imperialismus und Nationalismus als eines der »affirmativen Negativität« oder »nicht-negativen Negation«. Dies beinhaltet eine »aufrührerische Auseinandersetzung« sowohl mit der europäischen Aufklärung als auch mit den volkstümlichen Traditionen, um deren zwanghafte Impulse zu bekämpfen. Wichtig ist, dass Ambedkar eine ebenso »rebellische Beziehung zu dem Dokument hatte, dem er die produktivsten und wichtigsten Jahre seines politischen Lebens gewidmet hat«; er erklärte sich bereit, die von ihm entworfene Verfassung zu verbrennen, wenn sie die Minderheit nicht vor der Mehrheit schützen könne (Kumar 2015: 342). Für Ambedkar ist dies der härteste Test für eine Demokratie, die er als »revolutionäre Gewaltlosigkeit« beschreibt (ebd.).

Es ging mir in diesem Abschnitt darum, die zutiefst ambivalente Dynamik zwischen Emanzipation und Gewalt, zwischen Mitteln und Zwecken zu skizzieren. Mit Blick auf die komplizierte Aufgabe der Dekolonisierung stellt sich die schwierige Frage, wie die Macht die Ausübung von Kritik beeinflusst und wie die Kritik die Macht nährt. Intuitiv geht man davon aus, dass sich kritisches Denken gegen Gewalt richtet, dass es sie aufdeckt und bekämpft. Was aber, wenn die Praxis der Kritik selbst Gewalt erzeugt und verstärkt? Was, wenn die Medizin die Patient:innen tötet? Im nächsten Abschnitt möchte ich aufzeigen, wie kritisches Denken zur Unterminierung, aber auch zur Aufrechterhaltung von Macht beitragen kann.

Die Waffe der Kritik und die Kritik der Waffe

Kritisches Denken, so ein gängiges Bild, kann die repressiven Aspekte politischer, wirtschaftlicher, sozialer und kultureller Diskurse, Institutionen und Strukturen aufdecken, die unsere gegenwärtige Welt prägen, und im Namen von Gleichheit und Emanzipation oppositionelle Kräfte aktivieren. Ernst Bloch (1995 [1954–1959]) zum Beispiel verband die kritische Praxis mit der Utopie und der Vorstellung des Noch-Nicht. Immanente Kritik und die Transformation der bestehenden Ordnung sollen untrennbar miteinander verbunden sein. Dies erfordere eine soziale Kritik der Gegenwart, die auf die Möglichkeit einer grundlegend anderen Zukunft verweise, die jedoch aus der kritisierten Gegenwart selbst hervorgehen soll. In ihrer Konfrontation mit Macht und Herrschaft sieht sich die Kritik als »heroische« Praxis (Asad 2009a: 49). Aber ist es richtig, dass Kritik Macht und Gewalt immer untergräbt, oder kann sie diese auch befördern? Für Derrida (1985: 87) war die Kritik in erster Linie ein Akt der Liebe und keine negative Praxis. Aber kritische Praxis kann auch Grausamkeiten verüben, allen Emanzipationsversprechen zum Trotz.

In Zeiten planetarischer Zerstörung und Katastrophen, wachsender rechter und weißer Vorherrschaft sowie multipler Krisen und Konflikte, die transnational zu Verelendung, Enteignung und Entrechtung führen, ist die Klärung der Aufgabe des Denkens eine der herausforderndsten und notwendigsten Aufgaben der kritischen Wissenschaft. In Anlehnung an Hegel definiert Marx Kritik als die »Selbstverständigung (kritische Philosophie) der Zeit über ihre

Kämpfe und Wünsche« (MEGA III, 1 [1843–4]: 599). Der »kritische[n] Kritik«,[15] die aus wütender Verzweiflung entstehe und zur Lähmung führe, bringt Marx nur Geringschätzung entgegen. Aber die Frage bleibt: Obliegt es der kritischen Theorie, wirksame politische Antworten auf die von ihr aufgedeckten Probleme zu geben? Und wäre, wenn sie dies nicht täte, alle Hoffnung verloren? Wären wir dann angesichts der harten Realitäten, die allen Versuchen der Veränderung zu trotzen scheinen, zur Verzweiflung verdammt?

Eine weitere Herausforderung, die sich aus dem Nachdenken über die Aufgabe der Kritik ergibt, ist das Verhältnis zwischen Denken und Handeln. Der Theorie wird oft mit Ungeduld begegnet und man wirft ihr vor, dass sie nicht in der Lage sei, mit der Dringlichkeit der aktuellen Ereignisse Schritt zu halten oder dem politischen Handeln rechtzeitig die Richtung zu weisen. Berühmt wurde der Spruch von Marx und Engels, dass sich »Philosophie und Studium der wirklichen Welt [...] zueinander [verhalten] wie Onanie und Geschlechtsliebe« (MEW 3 [1845–6]: 218). Kritisches Denken wird oft als ein »impotentes«, sich selbst dienendes, einsames Unterfangen verunglimpft, das von jeder transformativen kollektiven politischen Praxis abgekoppelt ist. Doch könnte es sein, dass unsere politische Bindung an die Frage »Was ist zu tun?« den Wandel eher behindert, als dass sie ihn fördert? Was geschieht mit der kritischen Theorie, wenn man sie von dem Imperativ befreit, Anderen normative Entwürfe zu liefern und ihnen so die Mühe zu ersparen, selbst zu denken? Für Kant bedeutet Kritik, über die Möglichkeiten und Grenzen des Denkens nachzudenken, und für Foucault besteht eine »kritische Haltung« (1992: 12) darin, die Grenzen nicht nur unseres Denkens, sondern auch unseres Lebens zu überschreiten. Indem sie Raum für zuvor ausgeschlossenes Denken und Handeln eröffnet, ist Kritik *»die Kunst, ein bisschen weniger feige zu werden«* (Marasco 2015: 182).

In den juristischen Diskursen der griechischen Antike bezeichnete Kritik oder *krinein* die Kunst des Schneidens, Aussiebens, Trennens und Unterscheidens sowie des Urteilens und Entscheidens als Reaktion auf eine Krise, Störung, Kontroverse oder Unordnung in der Polis (Koselleck 2021). Kritik als eine Form der freien und offenen Rede (*parrhesia*) wurde besonders mit den Kynikern in Verbindung gebracht. Der griechische Begriff *kynikos*, von dem sich der Name herleitet, bedeutet »hundeähnlich«. Die Kyniker galten als Wachhunde der Menschheit, deren ausdrückliches Ziel es war, die *doxa*, die vorherrschende Meinung, in Frage zu stellen. Diogenes [412 oder 404 v. Chr. bis 323 v. Chr.] merkt dazu an: »Andere Hunde beißen ihre Feinde, ich beiße meine Freunde, um sie zu retten« (2012: 24). Durch die systematische Aufdeckung von Irrtümern im Laufe der nächsten Jahrhunderte wurde die Kritik zunehmend zur exemplarischen Tätigkeit, die die

15 https://www.marxists.org/archive/marx/works/1845/holy-family/index.htm

Vernunft von der Offenbarung unterscheidet. Ihr berühmtester Vertreter war natürlich Kant, der als Reaktion auf Humes Skeptizismus, der jegliche Gewissheit der Erkenntnistheorie untergrub, versuchte, die reine Vernunft vor spekulativen Irrtümern zu bewahren, indem er sie in den richtigen Grenzen hielt. Bekanntlich nannte Kant seine Transzendentalphilosophie schließlich »kritische Philosophie« und unterschied zwischen solchen Grenzen und Möglichkeiten, die dem Erkenntnisprozess immanent sind, und Beschränkungen, die von einer äußeren Autorität auferlegt werden. Der zweite Aspekt der kritischen Philosophie Kants ist die Auseinandersetzung mit Anderen in der Form einer öffentlichen Ausübung rationaler Kritik. Der »Gerichtshof der reinen Vernunft« wird zur Arena für die Praxis der Kritik als Prozess epistemologischer Selbstkorrektur. Das kantische Diktum, dass alles der Kritik unterworfen werden muss, sogar die Vernunft selbst, impliziert, dass Kritik damit beginnt, die Forderung nach absolutem Gehorsam in Frage zu stellen und jede Verpflichtung, die den Menschen auferlegt wird, einer rationalen und reflektierten Bewertung zu unterziehen. In Anlehnung an Horaz macht Kant den Mut der Vernunft, das *sapere aude*, zum Motto der Aufklärung (Kant WA, AA 8 [1784]: 35). Sind Feigheit, Faulheit oder externe Einschränkungen des öffentlichen Gebrauchs der Vernunft die einzigen Hindernisse für Freiheit und Emanzipation, dann können die Menschen ihre Lebensumstände verändern, indem sie den Mangel an Entschlossenheit und Mut, sich der Vernunft zu bedienen, als die Quelle ihrer eigenen Unterdrückung erkennen. Aufklärung ist nach Kants Auffassung *»der Ausgang des Menschen aus seiner selbstverschuldeten Unmündigkeit«*. Unwissenheit ist nicht ein Mangel an Wissen, sondern eine Schwäche des Willens, die »das Unvermögen, sich seines Verstandes ohne Leitung eines anderen zu bedienen« (ebd.), indiziert.

Nach Kant führte dann Hegel (GW 4 [1802]) das Prinzip der immanenten Kritik ein, deren Parameter im historischen Prozess zu finden sind. Hegels Analyse setzt nicht von außen an, sondern geht vom inneren Antagonismus der zu kritisierenden Dinge aus, deren Risse den Möglichkeitsraum für das Entstehen von Kritik bieten. Marx wiederum ließ sich vom Hegelianismus inspirieren, auch wenn er das Wesen der immanenten Kritik radikal veränderte. Für ihn sind immanente Prinzipien notwendige Waffen im Kampf für fortschrittliche soziale Veränderungen, weil sie der Kritik eine Grundlage innerhalb der historischen Wirklichkeit bieten. Diese immanente Grundlage wurde zur Achse seiner emanzipatorischen Kritik des Kapitalismus. Die Erkenntnisse von Marx beleuchten auch die komplexe Beziehung zwischen der Gesellschaft und dem kritischen Bewusstsein ihrer Mitglieder. Die Emanzipation der Arbeiterschaft, so Marx' Botschaft, kann nur von den Arbeiter:innen selbst vollzogen werden. Darüber hinaus verbindet die marxistische Theorie die öffentliche Ausübung der Kritik mit ihrer revolutionären Funktion. Indem er die Grenzen, die der Kritik im Rahmen der Erkenntnistheorie auferlegt wurden, überschreitet, verwandelt Marx die Kritik in eine Waffe für diejenigen, die die Wirklichkeit verändern und nicht nur interpretieren wollen. Hier kommt Nietzsches Ausdruck »mit dem Hammer philosophieren« (KGW VI, Bd. 1 [1889]) ins Spiel. Kritisches Denken bedeutet für Nietzsche, sich von hergebrachten Sitten und überlieferten Meinungen zu befreien, und ist mit dem Mut verbunden, sie zu überschreiten (KGW VII, Bd. 4/2 [1885]: 363). Das Misstrauen gegenüber ererbten Ideen ist ein wichtiger Bestandteil des kritischen Denkens.

Edmund Husserl (1935) hat in den 1930er Jahren auf die enge Verbindung zwischen Kritik und Krise verwiesen und gewarnt, dass die größte Krise die Unfähigkeit ist, die Krise zu erkennen. Für Husserl besteht die subtile Gefahr der Krise gerade im Vergessen, wobei auch die Vergangenheit ihre kritische Kraft verliert, wenn sie lediglich als »gewesen« behandelt wird. Das Nietzscheanisch-Foucaultsche Konzept der Genealogie als eine Form der Gegenerinnerung gewinnt hier seine Bedeutung. Als eine Form der Kritik ist die Genealogie eine Bestandsaufnahme unserer Diskurse und ihrer Machtwirkungen. Wenn Zwangsregime die Individuen unterjochen, dann ist Kritik für Foucault die »Kunst der freiwilligen Unknechtschaft, der reflektierten Unfügsamkeit« (1992: 15). Die wesentliche Funktion der Kritik wäre die der Entsubjektivierung. Diese kritische Haltung besteht nicht in einer kategorischen Ablehnung der Regierung als solcher, sondern in einer Kritik der Technologien, Taktiken und Rationalitäten, die uns regierbar machen.

Das Verhältnis der Kritik zu sich selbst ist ein Versuch, ihre Fehler und Schwächen zu hinterfragen. Eine solche Selbstreflexivität wurde von den kritischen Theoretikern der Frankfurter Schule gefordert, die dargelegt haben, wie das antiautoritäre Prinzip der Vernunft den Weg für neue Herrschaftslogiken ebnete. Horkheimer und Adorno sehen das Projekt der Aufklärung als gescheitert an, kommen aber zu dem Schluss, dass die Aufklärung selbst radikalisiert werden sollte, anstatt sie aufzugeben. Es ist die Aufgabe kritischer Theoretiker:innen, die Herrschaft positivistischer und instrumenteller Kategorien und Strukturen, die unsere gegenwärtige Welt prägen, aufzudecken und oppositionelle Kräfte zur menschlichen Emanzipation zu aktivieren.

Trotz erheblicher Unterschiede ist westlichen Paradigmen die Annahme gemein, dass Kritik, um wirklich frei zu sein, in der Öffentlichkeit geäußert werden und mit einem Risiko einhergehen muss. Wie noch zu zeigen sein wird, kann Kritik sowohl gewaltsam als auch emanzipatorisch wirken. In einem der herausforderndsten philosophischen Dispute unserer Zeit debattierten Foucault und Derrida über die Grenzen und Mittel der Kritik. In seinem Vortrag »Cogito und die Geschichte des Wahnsinns« formuliert Derrida (1972: 57 f) seine Einwände gegen Foucaults kritischen Versuch, über die westliche Form der Vernunft und die damit verbundene Gewalt hinauszugehen. Foucault will die Vernunft im Namen derer vor Gericht stellen, die von ihr zum Schweigen gebracht wurden, doch sei dies nicht möglich, ohne auf den Diskurs zurückzugreifen, der dieses Schweigen verursache. Derrida zeigt auf, dass Foucaults kritischem Projekt ein heikles Paradox innewohnt, nämlich die Frage, wie man für diejenigen sprechen kann, die von der Vernunft zum Schweigen gebracht wurden, wenn man sich dabei selbst der Sprache der Vernunft bedient. Derrida gibt zu bedenken: »Das Unglück der Irren, das endlose Unglück ihres Schweigens ist, dass ihre besten Sprecher diejenigen sind, die sie am besten verraten. Wenn man ihr Schweigen selbst aussagen will, ist man bereits zum Feind und auf die Seite der Ordnung übergetreten, selbst wenn man in der Ordnung sich gegen die Ordnung auflehnt« (ebd.: 61).

Derridas These ist provokant; er legt nahe, dass es unmöglich ist, die Komplizenschaft mit den Ausschlussmechanismen der Vernunft zu vermeiden. Sobald man sich der Sprache bediene, beteilige man sich am Prozess des Verstummens und übe folglich Gewalt aus. Eine Alternative gebe es nicht, so dass die Vernunft als solche nicht überwunden werden könne. Derrida (1972: 69) erklärt, Foucault wisse um die Unmöglichkeit seines Vorhabens, denn die Sprache des Ausschlusses, nämlich die Sprache der Vernunft, könne selbst nicht zur Bekämpfung des Ausschlusses verwendet werden. Foucaults Projekt hält er für trügerisch, da es vorgibt, sich von seinen Verstrickungen in die Vernunft befreien zu können.

Fünf Jahre später antwortete Foucault auf Derrida in einem Aufsatz mit dem Titel »Mein Körper, dieses Papier, dieses Feuer« (2002a), in dem er sich selbst und Derrida einer doppelten Kritik unterzieht. Foucault gibt zu bedenken, dass Derridas Argumente, auch wenn sie plausibel erscheinen, sein Denken aller politischen Kraft berauben. Wenn, wie Derrida behauptet, Ausschluss und Gewalt nicht historisch, sondern systemisch sind, d.h. wesentlich für die Ökonomie der Sprache als solche, dann ist der Ausschluss die allgemeine Bedingung und die konstitutive Grundlage der Möglichkeit von Sprache selbst. Wie soll dann noch eine Form der Kritik möglich sein, die nicht die Mechanismen der Gewalt reproduziert, die sie in Frage stellen will? Würde das nicht bedeuten, so fragt Foucault, dass Gewalt unumgänglich und Gewaltlosigkeit unmöglich ist?

Achtzehn Jahre später, in seinem Vortrag *Wie nicht sprechen. Verneinungen* (1996), bezieht sich Derrida auf Wittgensteins Aussage »[w]ovon man nicht sprechen kann, darüber muss man schweigen« und hebt die Bedeutung des Imperativs »man muss« hervor. Auf die ethische Alternative von Sprechen und Schweigen antwortet Derrida, dass »man das Sprechen nicht vermeiden darf« (1996: 11). Zwar wird Foucault in diesem Vortrag nicht explizit erwähnt, Derrida bekennt sich aber zu »eine[r] Notwendigkeit, zu sprechen, sei es selbst um den Preis eines von der Sprache der Vernunft gegen sich selbst erklärten Krieges«

(1972: 61), weil »die Sprache in sich die Notwendigkeit ihrer eigenen Kritik birgt.« (Ebd.: 429)

In der Debatte zwischen Derrida und Foucault steht nicht nur die Frage nach den Grenzen der Kritik auf dem Spiel, sondern auch die nach den Grenzen ihrer Werkzeuge. Für die kritisch Denkenden, deren Aufgabe es ist, die Mechanismen der Gewalt zu bekämpfen, besteht die Herausforderung darin zu vermeiden, in der eigenen Darstellung die Geste der Gewalt und des Ausschlusses zu reproduzieren, die für die Geschichte als solche konstitutiv ist. Das Bemühen des:der Kritiker:in bleibt in der begrifflichen Ökonomie gefangen, die er:sie zu kritisieren vorgibt. Schon Marx warnt in »Zur Kritik der Hegelschen Rechtsphilosophie«, dass »[d]ie Waffe der Kritik [...] die Kritik der Waffen nicht ersetzen [kann]« (MEGA I, 2 [1843–4]: 177).

Ein solches Experiment mit der Waffe der Kritik wurde historisch von den *nāstikas*, den Vertretern der heterodoxen Schule der klassischen indischen Philosophie, unternommen. Ihre Theorie und Praxis der *ahiṃsā* setzt sich intensiv damit auseinander, wie in der Praxis der Kritik Macht ausgeübt wird. Den *nāstikas* geht es darum, eine gewaltfreie Ethik der politischen Intervention zu entwickeln (Dhawan 2007: 301–305). Wie oben dargelegt, verband die antikoloniale Kritik Gandhis die marxistische Strategie des Generalstreiks mit einer (heterodoxen) *nāstika*-Ethik. Gandhis Taktik der Gewaltlosigkeit, so wird argumentiert, sei der Schlüssel zu einem moralischen Vorteil im antikolonialen Kampf gewesen. Angesichts der Gewaltlosigkeit befanden sich die Kolonisatoren in einer Zwickmühle; ihre Brutalität war zum Symbol für den moralischen Bankrott ihrer Herrschaft geworden. Wie wir gesehen haben, hatten Gandhis Experimente mit der Gewaltlosigkeit jedoch viele Gegner: Gegen Gandhis Position, Gewaltlosigkeit sei ein absoluter Wert, argumentierte beispielsweise Nelson Mandela im Kontext des Kampfes gegen die Apartheid, dass Gewaltlosigkeit nicht immer durchführbar sei. So versieht Mandela Gandhis Position mit einer wichtigen Einschränkung: »Gewaltloser passiver Widerstand ist wirksam, solange der Gegner sich an die gleichen Regeln hält wie man selbst« (Mandela zit. in Hardiman 2003: 60). Gramsci (H. 6, § 78 [1930–32]: 769) kritisiert Gandhis Taktik als passiven Nicht-Widerstand, der gleichsam mit der »Matratze gegen die Kugel« ankommen wolle. Trotz der guten Presse ist die Gewaltlosigkeit als Mittel der Kritik also nicht überall auf positive Resonanz gestoßen. Im Spannungsverhältnis zwischen Kritik und Gewalt, soviel ist klar, gibt es keine einfachen Antworten.

Ein weiterer wichtiger Aspekt in unserer Diskussion über kritische Praxis ist der Status von Kategorien wie Klasse, Rasse oder Geschlecht, die zugleich Zweck und Mittel der Kritik sind. Im Fall der Critical Race Theory hat das Adjektiv »kritisch« einerseits die negative Funktion, das zu bestimmen, was es zu überwinden gilt, in diesem Fall also »Rasse« als Diskriminierungskategorie. Andererseits soll »kritisch« im Sinne Kants dabei helfen, die Bedeutungsbedingungen und Grenzen des Begriffs »Rasse« zu bestimmen. So beschränkte sich beispielsweise W. E. B. Du Bois' berühmte Kritik an der »Color Line« in *Die Seelen der Schwarzen* (2008 [1903]: 43) nicht darauf, die vorherrschenden rassistischen Vorurteile in Frage zu stellen, sondern zielte zugleich auf das Studium der Kategorie »Rasse«. Das Herzstück von Du Bois' kritischer Theorie der »Rasse« besteht aus einer Kritik der Theorie selbst.

Critical Race Feminists und intersektionale Feminist:innen (Crenshaw 2010, Davis 2022, Hill Collins 2023, Lorde 2021, hooks 1996) verkomplizieren die Diskussion weiter, indem sie die unauflöslichen Verflechtungen von »Rassenpolitik« sowie Geschlechter- und Sexualpolitik herausarbeiten. Sie machen deutlich, dass Kritik, die sich nur mit einer Dimension von Herrschaft beschäftigt, Gefahr läuft, Gewalt zu reproduzieren, indem sie andere Quellen und Formen von Gewalt außer Acht lässt. Dies erfordert eine antiimperialistische und antirassistische Kritik innerhalb der feministischen und Queer-Politik, während die Postkolonialen Studien sich umgekehrt mit einer Kritik der »reproduktiven Heteronormativität« befassen sollten. Wer das eine ohne das andere betreibt, läuft Gefahr, gewaltsame Unterdrückungsmechanismen zu verstärken (Castro Varela/Dhawan 2017).

Wie können feministische, queere und postkoloniale Theorie den Anspruch erheben, legitime Erben der Aufklärung zu sein, wenn sie die Aufklärung im gleichen Atemzug anfechten? Wenn der Kritikbegriff historisch betrachtet eng an Kategorien wie »Europa« oder »der Mensch« gebunden ist, welche Beziehung kann dann »das Andere« zur Aufgabe der Kritik unterhalten? Wenn, wie es in der westlichen philosophischen Tradition heißt, »Aufklärung Kritik *ist*«, wie kann dann die Aufklärung über die Grenzen Europas hinaus für die »Anderen« fruchtbar gemacht werden? Die primäre Funktion der Kritik bestand darin, »Mündigkeit« zu ermöglichen und »Männer« zu »Erwachsenen« zu erziehen, die äußere Autoritäten ablehnen und selbstständig denken können. Vor diesem Hintergrund fragt sich Asad (2009b: 141), wie es möglich ist, dass der »globale Norden« dem »globalen Süden« immer noch das aufzwingen will, was er für eine »reife« kritische Haltung hält. Andererseits sollte man sich auch fragen, ob es ausreicht, die westlichen Operationen rassistischer und imperialistischer Gewalt zu kritisieren, oder ob die »Postkolonie« (Achille Mbembe) sich nicht auch mit ihrem eigenen Versagen auseinandersetzen müsste. Wie aber könnte man dann sicherstellen, dass eine solche Selbstkritik nicht wiederum als Waffe eingesetzt würde, um postkoloniale, queer-feministische Perspektiven zu disqualifizieren?

Darüber hinaus muss die Rolle des kritischen Denkens angesprochen werden. Einerseits sind »professionelle Kritiker:innen« gefordert, die Tätigkeit der Kritik zu systematisieren, ihre Ziele und Methoden zu klären und ihren Rahmen abzustecken (Asad 2009a: 55). Andererseits wird die Freiheit, Kritik zu üben, als das

Recht und die Pflicht eines jeden modernen Individuums kodiert, dessen unermüdliches Streben nach Wahrheit die Signatur seines politischen Handelns ist. Wie Asad uns in Erinnerung ruft, ist aber jede kritische Praxis zugleich in den materiellen Bedingungen verortet, die die Formen ihrer Entstehung bestimmen (ebd.: 54). Was die Praxis der Kritik untergräbt und verstärkt, wird selbst durch die Macht der Unternehmen und des Staates ermöglicht und reguliert, nämlich die Adressaten der Kritik (ebd.). In Anbetracht dieser Überlegungen lässt sich sagen, dass die angemessenen Kriterien für eine Kritik der Gewalt schwer fassbar und umstritten bleiben. Die Freudsche Überzeugung, dass die Förderung der Kritikfähigkeit destruktive Impulse zähmen könne, impliziert eine kausale Beziehung zwischen Gewaltlosigkeit und der Ausübung von Kritik, die im sozialen und politischen Denken des Westens auf die Aufklärung zurückgeht. Die kritische Tradition der Aufklärung, das versuche ich mit diesem Buch zu zeigen, ist aber eben nicht nur emanzipatorisch, sondern auch gewaltsam, sie ist nicht nur befähigend, sondern auch repressiv.

Ein weiteres Beispiel für die normativen Dilemmata, mit denen Dekolonisierungsprozesse konfrontiert sind, ist das Verhältnis der postkolonialen Welt zur internationalen Rechtsordnung. Die unsägliche Tragödie der Verflechtungen zwischen Kolonialismus und Nationalsozialismus entfaltet sich seit Oktober 2023 im Krieg zwischen der Hamas und Israel. Der Völkermordprozess Südafrikas gegen Israel hat dazu geführt, dass der Internationale Gerichtshof (IGH) in Den Haag zu einem historischen Ort der Kollision von Erzählungen über Recht und Gerechtigkeit, Apartheid und Holocaust sowie Krieg und Frieden geworden ist. Während die einen den Prozess als postkolonialen Lackmustest für das Ausmaß der Entkolonialisierung der westlich geprägten Ordnung loben, betrachten ihn andere als einen weiteren Beweis für postkolonialen Antisemitismus. Der Einsatz könnte größer nicht sein, denn es geht um die Legitimität des Völkerrechts und die universelle Gültigkeit der Menschenrechte.[16] Da die Geldgeber des IGH überwiegend aus den westlichen Ländern stammen, steht der Ruf der »globalen, regelbasierten Ordnung« auf dem Prüfstand. Andererseits ist er ein einmaliges Beispiel für das ambivalente Verhältnis der postkolonialen Welt zum vertrackten Erbe der Aufklärung, das sich hier in der aktuellen Geopolitik verkörpert. Am 26. Januar 2024 entschied der IGH, dass einige Aspekte des Genozidvorwurfs gegen Israel plausibel sind, doch das Gericht verzichtete darauf, einen Waffenstillstand anzuordnen. Obwohl die Völkermordkonvention ein Eckpfeiler des Völkerrechts ist, verfügt der IGH über keinen Durchsetzungsmechanismus. Mit dem weltweiten Interesse an der Entscheidung des IGH wurde die Rolle der ugandischen

16 https://www.boell.de/en/2024/01/10/south-africas-icj-case-against-israel-judicial-stress-test-multilateral-system

Richterin Julia Sebutinde, die als erste Afrikanerin im IGH sitzt und gegen alle von Südafrika beantragten vorläufigen Maßnahmen gegen Israel gestimmt hat, zu einem Brennpunkt der Diskussion. Während Länder wie die USA, das Vereinigte Königreich und Deutschland den Fall Südafrikas herunterspielten, verdeutlicht Sebutindes abweichende Meinung die Vielfalt der Ansätze in der postkolonialen Welt. Sebutinde argumentierte, der Konflikt zwischen Israel und Palästina sei »politisch« und kein Rechtsstreit, der »juridisch durch den Gerichtshof«[17] zu lösen sei. Während einige sie als »Stimme der Vernunft«[18] am IGH lobten, stellten andere sie an den Pranger. Uganda distanzierte sich von Sebutinde und erklärte, dass ihre Position nicht Ugandas Standpunkt zu Palästina vertrete. Es wurde berichtet, dass die Richterin Julia Sebutinde mit der Watoto Church assoziiert wird, einer der größten und einflussreichsten evangelikalen Kirchen weltweit. Diese Kirche ist für ihre Unterstützung der Todesstrafe für LGBTIQ-Personen sowie ihre Affinität zu einer christlich-zionistischen Lehre bekannt. Zudem gehört Sebutindes Ehemann zu den Gründungsmitgliedern der Watoto Church, was Menschenrechtsaktivist:innen dazu veranlasst hat, ihre Unparteilichkeit zu hinterfragen.[19]

Solche Beispiele verdeutlichen die normativen Dilemmata der postkolonialen Welt. Sie zeigen, dass emanzipatorische Ideale wie Menschenrechte und Gerechtigkeit für kritische Theorien der Dekolonisierung zwar nicht hinreichen, aber dennoch unerlässlich sind.

Die postkoloniale Kritik der normativen Gewalt

Postkoloniale Wissenschaftler:innen sind sich bewusst, dass die hochfliegenden kritischen Diskurse von Kant bis Marx koloniale Gewalt legitimiert haben. Gerade deshalb fällt es der postkolonialen Welt schwer, den Versprechen der Aufklärung auf Frieden und Ordnung zu trauen. Fanon (1969b [1961]: 33–34) bemerkte dazu:

»In der Dekolonisationsperiode wird plötzlich an die Vernunft der Kolonisierten appelliert. [...] Es geschieht aber, daß der Kolonisierte, wenn er eine Rede über die westliche Kultur hört, seine Machete zieht oder sich doch versichert, daß sie in Reichweite seiner Hand ist. Die Gewalt, mit der sich die Überlegenheit der weißen Werte behauptet hat, die Aggressivität, die die siegreiche Konfrontation dieser Werte mit den Lebens- oder Denkweisen der Kolonisierten gezeichnet hat, führt durch eine legitime Umkehr der Dinge dazu, daß der Kolonisierte grinst, wenn man

17 https://www.icj-cij.org/node/203449
18 https://nationalpost.com/opinion/the-voice-of-reason-on-the-international-court-of-justice
19 https://taz.de/Proisraelische-Richterin-am-IGH/!5985718/

diese Werte vor ihm heraufbeschwört. [...] In der Dekolonisationsperiode aber macht sich die kolonisierte Masse über eben diese Werte lustig, beschimpft sie und spuckt auf sie aus vollem Halse.«

Anstatt die europäische Rhetorik für bare Münze zu nehmen, so Fanon (1985 [1952]: 159), reflektieren die Unterdrückten über ihre gelebten Erfahrungen kolonialer Unterwerfung, so dass sie in der Lage sind, die Verbindung zwischen Gewalt und westlichen Idealen herzustellen. Die vom Westen ausgeübte Gewalt wird durch Rechtfertigungsnarrative sublimiert, während Befreiungskämpfe als rücksichtsloser Terror und destruktiver Hass dämonisiert werden.

Angesichts der postkolonialen, queer-feministischen Kritik an den Werten der Aufklärung wird oft die Sorge geäußert, dass dieser Ansatz darauf hinauslaufe, anarchische Gewalt, religiösen Konservatismus, moralischen Relativismus und ethnozentrischen Nativismus zu unterstützen. Die Kritik an der Rationalität habe ironischerweise aufklärungsfeindliche Ideologien gestärkt, anstatt uns von Faschismus und Nationalismus zu befreien. Ein extremes Beispiel für eine Ideologie, die sich gegen die Moderne richtet, ist der Islamische Staat in Westafrika, allgemein bekannt als Boko Haram, dessen Motto frei übersetzt »Westliche Bildung ist verboten« lautet. Alles, was mit dem Westen in Verbindung gebracht werden kann, wird als Sakrileg und Sünde verdammt. Von Klimaleugner:innen bis hin zu weißen Rassist:innen haben antirationale, antiliberale und wissenschaftsfeindliche Ideologien im aktuellen politischen Klima Hochkonjunktur. Kritiker:innen der Aufklärung wie postmoderne Intellektuelle, intersektionale Feminist:innen, postkoloniale Wissenschaftler:innen oder die sogenannte Islamo-Linke (*islamo-gauchisme*)[20] werden für den Aufstieg der *post-truth politics* verantwortlich gemacht. Dabei wird argumentiert, die Infragestellung der Normen und Ideale der Aufklärung sei gefährlich und stelle eine Bedrohung für die progressive und emanzipatorische Politik dar. Der linken kritischen Theorie wird vorgeworfen, sich mit rechten Ideologien zu verbünden, indem sie demokratische Institutionen wie die Justiz ablehne und die freie Presse als Handlangerin des neoliberalen Kapitalismus verteufele. Die Anklage der Aufklärung *tout court* als Quelle und Ursprung des Albtraums der Moderne verkenne aber deren Errungenschaften. Universelle Normen wie Freiheit, Gerechtigkeit, Gleichheit und Souveränität würde als Alibi für neoliberale und neokoloniale Politik geschmäht und verunglimpft.

Andererseits sind, wie in den vorangegangenen Kapiteln dargelegt, von der Aufklärung inspirierte Institutionen selbst in Gewaltstrukturen verstrickt und tragen zu ihrer Aufrechterhaltung bei. Demokratie, Menschenrechte und trans-

20 https://www.cnrs.fr/en/islamo-leftism-not-scientific-reality-0

nationale Gerechtigkeit sind nicht nur Leuchttürme fortschrittlicher Politik, sondern auch in Gewaltdynamiken verwickelt. Hier sei an Adornos hellsichtige Warnung erinnert: »Ich betrachte das Nachleben des Nationalsozialismus *in* der Demokratie als potentiell bedrohlicher denn das Nachleben faschistischer Tendenzen *gegen* die Demokratie.« (GS 10.2 [1963]: 107)

Obwohl die Idee der Demokratie ihre Wurzeln im antiken Griechenland hat, ist sie in ihrer heutigen Form eine der zentralen Normen der Aufklärung, die mit der Entstehung des modernen Verwaltungsstaates und des liberalen Konstitutionalismus verbunden ist (Bohman 2005: 714). Der kollektive Wille des Volkes verspricht, soziale, politische und wirtschaftliche Prozesse gerecht zu regeln. Darüber hinaus rühmen liberale Demokratieansätze, die auf Hobbes zurückgehen, ihre Fähigkeit, die Gewalt im Zaum zu halten und dem Gemeinwesen Frieden und Gerechtigkeit zu garantieren, welches im Austausch für seinen Gehorsam gegenüber dem Gesetz Sicherheit und Freiheit durch das Gewaltmonopol des Staates erhält. Einwände werden mit dem oft zitierten Sprichwort Deweys (2001 [1927]: 125) beantwortet: »das Mittel gegen die Krankheiten der Demokratie [ist] mehr Demokratie«. Was dabei außer Acht gelassen wird, ist Deweys Feststellung, dass diese Krankheiten nur dann behoben werden können, wenn eine Demokratie entsteht, die wirklich von einer anderen Qualität ist. Eine der Schwächen dieses liberalen Narratives ist, dass es nach einem »technischen Problem« (Bohman 2005: 714) klingt, so als würde das System gut funktionieren, wenn nur informierte und geschulte Bürger:innen optimale, rationale Entscheidungen treffen würden. Die Formalisierung von Reflexivität und Urteilsvermögen in demokratischen Verfahren verspricht eine reibungslose Ausübung normativer und deliberativer Befugnisse, bei denen Überzeugung anstelle von Zwang vorherrschen soll (Bohman 2005: 715).

Postkoloniale, queere und feministische Wissenschaftler:innen warnen aber davor, dass in der derzeitigen Phase von Populismus und Nationalismus die schädlichsten und repressivsten Aspekte der Demokratie im System eingebettet seien, was zu einer »Tyrannei der Mehrheit« führe. Anstatt zur Waffe der Schwachen zu werden, fungieren Demokratie, Gerechtigkeit, Menschenrechte und Rechtsstaatlichkeit zunehmend selbst als Instrumente des Zwanges. In diesem Kontext ist Butlers (1999: xx) Begriff der normativen Gewalt, also einer Gewalt der Normen, äußerst relevant. Wenn bestimmte Subjekte die normativen Vorstellungen von »Bürger:in« oder »Mensch« nicht erfüllen können, werden sie für Gewalt in ihren verschiedenen Formen anfällig. Andererseits sind die privilegierten Subjekte, die sich als »Bürger:innen« oder »Menschen« qualifizieren, durch demokratische Normen und internationale Gesetze über »Menschenrechte« geschützt. Postkoloniale, queere und feministische Wissenschaftler:innen konzentrieren sich besonders darauf, wie die Normen der »Geschlechtergerechtigkeit« und der »Menschenrechte der Frauen« von westlichen Staaten als Waffen eingesetzt werden, um Kriege zu führen und Gewalt gegen die nicht-westlichen Anderen zu legitimieren. Trotz dieses Missbrauchs plädiert die postkoloniale Kritik aber nicht für den Verzicht auf Freiheits- und Gerechtigkeitsnormen, sondern versucht, sich gegen deren zwanghafte Instrumentalisierung zur Wehr zu setzen.

Es handelt sich beim Kolonialismus und dann in der Folge bei der Debatte über die Postkolonialen Studien um einen klassischen Fall von *victim blaming*, bei dem die (ehemals) Kolonisierten als Quelle der Gewalt konstruiert werden, die die westlichen Normen und Werte sowie die Rechtsstaatlichkeit bedrohe. Die Verteidigung von Land und Leben durch die Kolonisierten wurde von den europäischen Kolonisatoren, die behaupteten, mit dem Geschenk der Aufklärung gekommen zu sein und im Gegenzug die Dankbarkeit und Wertschätzung der Einheimischen erwarteten, als Affront empfunden. So argumentierte Kant, der Mensch sei »zu einem Zwange gegen den befugt, der ihm schon seiner Natur nach damit droht« (MS, AA 6 [1797]: 307). Wenn die Anderen in Europa als diejenigen charakterisiert werden, die eine gesetzlose Freiheit anstreben, dann sind Präventivschläge gegen sie gerechtfertigt. Dementsprechend wäre es zulässig, einseitigen Zwang gegen Nichteuropäer:innen anzuwenden, wenn das Ziel darin bestünde, sie in einen juridischen Gesellschaftszustand zu zwingen (Kant MS, AA 6 [1797]: 316). Hier werden die Kategorien von legitimer und illegitimer Gewalt für die Rechtfertigung des Kolonialismus entscheidend. Der Rechtswissenschaftler Antony Anghie (2007: 13) führt als historisches Beispiel den Juristen und Theologen Francisco de Vitoria (1492–1546) an, der wegen seiner Theorien zum Kriegsrecht als »Vater« des Völkerrechts gilt. Vitoria zufolge bestand der Unterschied zwischen Spaniern und *Indios* darin, dass letztere aufgrund ihrer barbarischen kulturellen Praktiken und in Ermangelung einer Rechtspersönlichkeit nicht zur Souveränität fähig seien (ebd.: 27). Da sie nicht in der Lage seien, die universellen Gesetze, insbesondere die spanischen, anzunehmen, hätten die Indigenen ihre Autonomie verwirkt, was wiederum die Spanier berechtige, ihnen ihre Normen, Praktiken und Identität aufzuzwingen (ebd.: 29). Anghie zeigt, wie Vitorias Argumente die Entwicklung des internationalen Rechts in dreierlei Hinsicht maßgeblich beeinflussten. Erstens konnten bestimmte Gruppen von Menschen rechtmäßig aus der Sphäre der Souveränität ausgeschlossen werden, weil sie die europäischen Normen, die als universell erklärt wurden, nicht erfüllten. Zweitens galten diejenigen, die Souveränität besaßen, als berechtigt, die Nicht-Souveränen zu beherrschen. Und drittens lieferte der Widerstand gegen die Beherrschung eine weitere Rechtfertigung für den Kolonialismus (ebd.: 31).[21]

In der gegenwärtigen Situation gewinnen Anghies Argumente im Zusammenhang mit dem Internationalen Strafgerichtshof an Bedeutung, der bisher nur Strafverfolgungen in afrikanischen Ländern durchgeführt hat.[22] Zu den erklärten Zielen des IStGH gehört die Verbesserung der nationalen Justizsysteme und der Rechtsstaatlichkeit in sogenannten »Entwicklungsländern«. Kritiker:innen weisen aber darauf hin, dass die Strafverfolgung durch den IStGH in Fällen wie Norduganda das lokale Justizsystem sogar geschwächt und damit einen langfristig stabilen Frieden untergraben habe. Die Legitimität und Effizienz »lokaler« Mechanismen und Praktiken wurde durch von oben verordnete eurozentrische Normen ausgehöhlt, die die Einzigartigkeit des Kontexts, in dem sie angewandt werden sollen, ignorieren (Mbeki/Mamdani 2014). Indem die nicht-westliche Welt als zur Selbstregierung unfähig konstruiert wird, wie im Fall von Libyen, werden westliche Interventionen und Sanktionen gerechtfertigt, angeblich zum Schutz vor Anarchie und Krieg auf der ganzen Welt.

Postkoloniale Feminist:innen haben gezeigt, wie der Imperialismus insbesondere Diskurse über geschlechtsspezifische Gewalt mobilisiert hat und immer noch mobilisiert, um sich immer wieder aufs Neue zu (re)legitimieren. So untersucht Spivak (2014a: 284) beispielhaft, wie koloniale Regime als zivilisatorische Mission, bei der »Weiße Männer […] braune Frauen vor braunen Männern [retten]«, geschlechtliche Gewalt instrumentalisierten und so einheimische Frauen auf den Status von »Opfern« reduzierten. Diese Schlüsseloperation rechtfertigte die Auferlegung des imperialen Modernisierungs- und Befreiungsregimes – ein Prozess, der dann wiederum das Selbstbild des imperialen Europas als zivilisatorisch überlegene Kraft festigte. Bis heute legitimiert ein solcher »Opferdiskurs« »Rettungsfantasien«, in denen einheimische Subjekte als erlösungsbedürftig konstruiert und repräsentiert werden (Abu-Lughod 2013). Die Tatsache, dass diese Logik noch immer zur Begründung zeitgenössischer Interventionen, z. B. in Afghanistan, herangezogen wird, zeigt, dass Gender dem Neokolonialismus nach wie vor als Alibi dient. Die srilankische Feministin Malathi de Alwis (2010) zeichnet nach, wie der »verletzte Körper der Frau aus der Dritten Welt«, insbesondere im Fall von »Vergewaltigungsnarrativen« in Konflikt- und Post-Konflikt-Gesellschaften, zum Ort eines »Opferspektakels« wird und wie nationale und internationale Eliten den Schmerz anderer konsumieren. Die Produktion transnationaler Solidarität funktioniert durch die Identifikation mit dem Leiden der

21 Wie wir wissen, wird diese Argumentation auch weiterhin zur Legitimierung der gegenwärtigen Kriege im Namen der Verbreitung der Demokratie verwendet.

22 https://www.un.org/africarenewal/magazine/october-2009/pursuit-justice-or-western-plot

Frau in der »Dritten Welt.« De Alwis wirft die Frage auf, ob wir überhaupt in der Lage sind, uns in den Schmerz anderer einzufühlen, oder ob dies nur dazu dient, unsere Menschlichkeit und unsere Fähigkeit zur Fürsorge unter Beweis zu stellen, und ob es uns überhaupt erlaubt sein sollte, dem Leid anderer beizuwohnen. Damit geht natürlich das Bedürfnis nach »echten« Opfern einher, die unser Wohlwollen »wirklich« verdienen. Was hat es mit diesem »Willen zur Ermächtigung« der »Schwachen und Verletzlichen« auf sich? Und wie lässt sich die Distanz zwischen den »Opfern« und den »Rettern« neu aushandeln?

Der ideologische Konflikt und die Zusammenarbeit zwischen kolonialen und einheimischen Patriarchaten sind dabei immer zu berücksichtigen. Ebenso besteht die Gefahr, dass die Komplizenschaft des westlichen Feminismus mit dem Kolonialismus und dem Neokolonialismus durch Diskurse über eine vermeintliche »globale Schwesternschaft« verschleiert wird. In diesem Zusammenhang ist es besonders wichtig, die Prozesse zu untersuchen, durch die bestimmte Geschlechternormen hegemonial werden und in der Folge die Diskurse über Geschlechtergerechtigkeit und die Menschenrechte der Frau prägen. Postkoloniale Feminist:innen erforschen, wie Fragen der sexuellen Gewalt und der Geschlechterungleichheit, insbesondere im »globalen Süden«, angegangen werden können, ohne dabei orientalistische und eurozentrische Impulse im »globalen Norden« zu verstärken. Seit den sexuellen Übergriffen in Köln im Jahr 2016 und dem Aufkommen der #MeToo-Bewegung wird dem Thema geschlechtsspezifischer Gewalt in den Medien, in politischen Diskursen und in der feministischen Wissenschaft im »globalen Norden« zunehmend Aufmerksamkeit geschenkt. Zuvor galten diese Themen nur im »globalen Süden« als relevant. Gleichzeitig äußern postkolonial-queer-feministische Wissenschaftler:innen und Aktivist:innen berechtigte Bedenken, das Thema der sexuellen Gewalt könne von hegemonialen Kräften eingesetzt werden, um migrantische Gemeinschaften und postkoloniale Gesellschaften als von Natur aus gewalttätig und sexistisch zu stigmatisieren. Das gestörte Verhältnis zwischen Gewalt, Recht und Gerechtigkeit verweist auf die Herausforderungen einer dekolonisierenden Geopolitik. Werfen wir einen genaueren Blick auf die Frage der legitimen Gewalt, um die normativen Dilemmata der postkolonialen Rechtsprechung besser zu verstehen.

Nach dem Hobbes'schen Verständnis des Gesellschaftsvertrags wird mit dem Eintritt in die staatliche Souveränität der »primitive« und gewaltsame Naturzustand durch eine Rechtsordnung ersetzt, die Frieden und Sicherheit garantiert. Jede Anfechtung der staatlichen Autorität, so wird gewarnt, berge die Gefahr eines Rückfalls in anarchische, außerjuridische Gewalt. Gegen diese vorherrschende *doxa* arbeitet Benjamin in seinem einflussreichen Essay »Zur Kritik der Gewalt« heraus, wie sich das normative Verhältnis zwischen Recht und Gerechtigkeit in der Gewalt überschneidet. Benjamin (GS 2.1 [1921]: 182) untersucht zunächst die verschiedenen Bedingungen, unter denen eine Handlung als gewalttätig eingestuft werden kann. Ein instrumentalistischer Ansatz, der häufig vom Staat und dem Rechtssystem vorgegeben wird, versucht, Gründe für die Unterscheidung zwischen legitimen und illegitimen Mitteln und Zielen zu liefern. Der Staat errichtet sein Gewaltmonopol, indem er andere an der Ausübung von Gewalt hindert. So argumentiert Benjamin: »Aus dieser Maxime folgt, dass das Recht die Gewalt in den Händen der einzelnen Person als eine Gefahr ansieht, die Rechtsordnung zu untergraben« (ebd.: 183). Was den Staat am meisten bedroht, ist aber nicht die Rechtmäßigkeit oder Unrechtmäßigkeit der menschlichen Zwecke, sondern ob diese Zwecke mit Gewalt verfolgt werden, wobei die bloße Existenz von Gewalt außerhalb des Gesetzes eine Bedrohung darstellt (Newman 2004: 571). Benjamin unterscheidet zwischen rechtsetzender und rechtserhaltender Gewalt und argumentiert, dass beide zu einer Stärkung des Gesetzes und folglich der Macht führen. Rechtserhaltende Gewalt, sei es bei der Umsetzung bestehender Gesetze oder ihrer Reform, bewahre die Autorität des Rechtssystems und des Staates. Die rechtsetzende Gewalt, die darauf abziele, bestehende Gesetze zu stürzen, ersetze die alten Gesetze durch neue. Beide Formen der Gewalt bewahren und stärken die symbolische Stellung des Gesetzes (ebd.: 574). Für Benjamin (GS 2.1 [1921]: 190) ist jeder juridische oder rechtliche Vertrag durch Gewalt begründet. Es gibt keinen Vertrag, der Gewalt nicht sowohl als *Ursprung* als auch als *Ausgang* hätte. Die Revolution als Zerstörung des Staatsapparates und damit des gesamten Rechts ist seiner Ansicht nach nicht mit Gewalt, sondern mit einem utopischen Moment der Gewaltlosigkeit zu verbinden (Avelar 2005: 98). Die Korruption einer Institution entstehe, wenn sie den gewaltsamen Ursprung, aus dem sie hervorgegangen ist, außer Acht lasse (ebd.: 97). Mit anderen Worten: Die schlimmste Form der Gewalt entsteht, wenn eine anfängliche Gewalt verschwiegen wird, da so die brutalsten Formen der herrschenden Gewalt begründet werden (ebd.). Einer der wichtigsten Beiträge von Benjamins Analyse ist seine Kritik am Verschweigen der »ursprünglichen Gewalt«.

Eine »gewaltlose Einigung« ist nach Benjamin nur in der privaten Welt möglich, wenn eine »Kultur des Herzens« herrscht (GS 2.1 [1921]: 191), in der Höflichkeit, Sympathie, Friedensliebe, Vertrauen, und Freundschaft vorherrschen. Die gewaltfreie Lösung von Konflikten ist jedoch nur so lange plausibel, wie die Möglichkeit von Gewalt nicht prinzipiell ausgeschlossen ist (ebd.: 191 f). Eine der wichtigsten Lehren Foucaults (1983: 97) ist, dass »der Widerstand niemals außerhalb der Macht« liegt. Das bedeutet, dass Widerstand wesenhaft ein Produkt der Macht ist, sowohl in ihren produktiven als auch in ihren repressiven und gewalttätigen Ausprägungen.

Die Rechtfertigung von Gewalt im Namen von »Frieden« und »Gerechtigkeit« beschäftigte auch Levinas, der eine gewaltfreie Ethik vorschlägt, die den Frieden dem Krieg bedingungslos vorzieht. Sowohl Gandhi als auch Levinas verstehen Gerechtigkeit im Sinne einer gewaltfreien Begegnung mit der Alterität, in der selbst Feinde mit Liebe und Mitgefühl beschenkt werden. Dies sei der Ursprung der »unbegrenzten Verantwortung« (Levinas 1995: 186), sogar gegenüber jenen, die einen verfolgen, und führe zur Ablehnung der Brutalität der Gewalt (Tahmasebi-Birgani 2014: 147). Für Levinas ist der:die Andere ein Gesprächspartner und kein Gegner oder Feind. Nicht die Angst bindet uns an die Anderen, sondern die durch die Sprache vermittelte Sorge um deren Tod und Leid. Da die Konfrontation mit dem:der Anderen im Reich der Sprache untrennbar mit dem Verzicht auf Gewalt verbunden sei, sei die Sprache selbst gewaltfrei (ebd.: 131–132). Gegen Levinas' Behauptung, dass nicht die Gewalt sondern der Frieden der ursprünglichere Zustand sei, wendet Derrida ein, dass jeder Diskurs ursprünglich gewalttätig ist, da »Gewalt [...] mit der Artikulation in Erscheinung [tritt]« (1972: 226). Eine gewaltfreie Sprache müsste demnach eine sein, die ohne Verb, ohne Prädikation, ohne »sein« auskommt. Die Prädikation ist der erste Akt der Gewalt, so dass der absolute Frieden Levinas' nur im Bereich des absoluten Schweigens, in einer Utopie ohne Sprache existieren könnte. Für Derrida ist »die reine Gewalt [sowie] die reine Gewaltlosigkeit ein sich widersprechender Begriff«, denn beide sind gleichermaßen unmöglich (ebd.: 224).

In Anlehnung an Benjamin und Derrida zeigt die feministische politische Theoretikerin Drucilla Cornell auf, wie sich Machtkämpfe und Gewalt als Formen der Rechtsstaatlichkeit maskieren. Sie argumentiert, dass die Gerechtigkeit dem Recht, wie sehr es auch danach strebt, gerecht zu sein, durch dessen Rückgriff auf Gewalt immer entgleiten müsse. Dieses unausweichliche Paradox mache das Recht zu einer Aporie. Cornell warnt, das »Faule« an einem Rechtssystem bestehe darin, dass es seine gewalttätigen Ursprünge verschweige und sich in den Schein der Gerechtigkeit kleide (Cornell 1992: 167). Diese Einsicht ist besonders aufschlussreich im Kontext der Diskussion über die Genealogie des Völkerrechts und seine Verwicklung in die andauernde Entrechtung postkolonialer Staaten, die – auch nach Erlangung der formalen Unabhängigkeit – weiterhin in einem Verhältnis struktureller Ungleichheit zu ihren ehemaligen Kolonisatoren gefangen sind. Da diese historische Mitschuld an der kolonialen Gewalt unter den Teppich gekehrt wird, kann sich das internationale Recht, oft unter Berufung auf die Menschenrechte, als ein Mechanismus der Gerechtigkeit »verkleiden«. Einerseits werden die Ideale des Fortschritts, der Entwicklung und des Rechts, die alle von internationalen Institutionen gefördert werden, weiterhin benutzt, um die humanitären und militärischen Interventionen des Westens in der nichtwestlichen Welt zu rechtfertigen. Sie können so als Neokolonialismus mit anderen Mitteln gelesen werden. Andererseits nehmen fragile postkoloniale Staaten ihre vermeintliche Machtlosigkeit gegenüber dem wachsenden Einfluss internationaler Institutionen oft zum Vorwand, sich der Verantwortung für den Schutz ihrer schwächsten Bürger:innen zu entziehen.

In *Gesetzeskraft* (2013) widmet sich Derrida der Unentscheidbarkeit, der Diskontinuität, den Verschiebungen und der Inkommensurabilität zwischen Gerechtigkeit und Gesetz bzw. Recht. Auch wenn das Eine für das Funktionieren des Anderen unabdingbar ist, besteht doch ein wichtiger Unterschied zwischen beiden. Die Ausübung von Gerechtigkeit in der Form von Recht und Gesetz erfolgt in einem System geregelter und kodierter Vorschriften, die in sich geschlossen und berechenbar sind und so Stabilität, Regelmäßigkeit und Konsistenz gewährleisten (2013: 44). Derrida arbeitet heraus, dass es Recht und Gesetz ohne Gewalt nicht geben kann (2013: 11 f). Die Gerechtigkeit erfordert eine andauernde Auseinandersetzung mit Recht und Gesetz in bestimmten Situationen, die sich von Fall zu Fall unterscheiden können, wie auch Aufmerksamkeit für das, was vom Recht übersehen, ausgeschlossen und zum Schweigen gebracht wird. Im Bemühen um Gerechtigkeit müssen Recht und Gesetz ständig revidiert, nachjustiert und neu erfunden werden (2013: 45). Resolution 1325 des UN-Sicherheitsrates zu Frauen, Frieden und Sicherheit ist ein Beispiel für diesen Prozess. Die UNSCR 1325, die am 31. Oktober 2000 im Anschluss an den Prozess der *Transitional Justice* in Ruanda und Jugoslawien ratifiziert wurde, bekräftigt, dass sexuelle Gewalt sowohl ein Verbrechen gegen die Menschlichkeit als auch Völkermord sein kann. Diese Revision war eine Reaktion auf die Kritik an früheren Gesetzen, die nicht dazu in der Lage waren, den Überlebenden sexueller Gewalt Gerechtigkeit widerfahren zu lassen, und zeugt von deren Handlungsfähigkeit. Recht und Gesetz können sich nicht von den ethischen Interventionen der Gerechtigkeit und der Aufforderung, auf das Spezifische und Besondere zu reagieren, abkoppeln. Die Herausforderung besteht darin, den Akt der Gerechtigkeit, der sich mit dem Singulären befasst, mit dem Gebot der Gerechtigkeit, das die allgemeine Form einer Norm hat, zu versöhnen. Es geht nicht nur darum, innerhalb der Legalität oder des Rechts zu sein, sondern auch innerhalb der Gerechtigkeit (2013: 34).

Recht und Gesetz als Mittel zur Gerechtigkeit sind zugleich aber auch Quelle von Gewalt. Wenn also jede an den Staat und die Rechtsstaatlichkeit gerichtete Forderung deren Zwangsbefugnisse stärkt, stellt sich die Frage, wie sich der (antirassistische und postkoloniale) Feminismus zu Recht, Gesetz und Staat verhalten soll. Beugt sich der postkoloniale Feminismus bei dem Versuch, den Staat für marginalisierte Subjekte in Anspruch zu nehmen, am Ende der Macht des Staates? Können die Zwangsmittel des Staates der Gewalt gegen verletzliche Bürger:innen und Nicht-Bürger:innen ein Ende setzen? Die britische Soziologin Carol Smart warnt: »So wie die Medizin als heilend und nicht als iatrogen angesehen wird, so werden Recht und Gesetz als Erweiterung der Rechte und nicht als Schaffung von Unrecht betrachtet. [...] wir müssen aber bedenken, dass wir bei der Anwendung von Gesetzen Wirkungen erzeugen können, die die Zustände verschlechtern, und dass wir bei einer Verschlechterung der Zustände oft den Fehler machen, mit noch mehr Gesetzen zu reagieren« (1989: 12, 161). So wie die Medizin nicht nur Krankheiten heilt, sondern auch einen medizinischen Beruf und eine pharmazeutische Industrie schafft, so schafft das Recht nicht nur Ansprüche, sondern auch einen juristischen Beruf und eine juristische Industrie, die patriarchale und rassistische Strukturen verstärken.

In der treffenden Formulierung Derridas: »Das Recht ist nicht Gerechtigkeit, [obgleich] es [...] nur (ge)recht [ist], daß es ein Recht gibt« (2013: 33 f). Auch wenn Recht und Gerechtigkeit untrennbar miteinander verbunden sind, wird das Recht immer wieder von der Gerechtigkeit unterbrochen, die selbst schwer zu fassen und unberechenbar ist. In jeder juristischen Entscheidung gibt es ein Bemühen, Gerechtigkeit durchzusetzen, zugleich wird sie aber unweigerlich vom Unentscheidbaren heimgesucht (2013: 48). Recht und Gesetz müssen daher ständig revidiert werden, um dem Ruf dessen, was ausgeschlossen, missachtet und zum Schweigen gebracht wurde, nachzuhorchen. Gerechtigkeit geht über das Recht hinaus, auch wenn sie ohne den regulierenden Rahmen des Rechts nicht verwirklicht werden kann. Dies erfordert dekonstruktive Wachsamkeit und geduldige, sorgfältige Arbeit für die »Spender« von Gerechtigkeit. Spivak merkt an, dass man, obwohl das Recht nicht immer Gerechtigkeit schafft, die befähigenden und ermächtigenden Möglichkeiten, die das Recht bietet, »nicht nicht wollen [kann]« (2013: 121), auch wenn man seine zwanghaften und gewaltsamen Aspekte bekämpfen muss. Oder wie Spivak es ausdrückt: »Konzentrieren wir uns auf das Gesetz, aber denken wir an die Gerechtigkeit.«[23] Dies ist weder ein Plädoyer für eine Verrechtlichung der Politik, d.h. für die Mobilisierung juristischer Mittel zur Bewältigung moralischer Dilemmata und sozialer Konflikte, noch für eine Vormachtstellung der Justiz. Aber auch die Forderung nach juristischer und institutioneller Passivität gegenüber sozialen, politischen und wirtschaftlichen Problemen ist wenig überzeugend (Dhawan 2019b, 2020). Ich plädiere nicht dafür, dass juristische Verfahren öffentliche Beratungen und außergerichtliche Verhandlungen ersetzen sollen, was in der Tat dazu führen könnte, dass das Recht die sozialen und politischen Beziehungen zu dominieren beginnt. Das Recht der (Nicht-)Bürger:innen, verfassungsmäßig Widerstand zu leisten, um die Staatsgewalt anzufechten, sollte auf keinen Fall verworfen werden. Dennoch besteht die Hoffnung, dass das Recht die potentiellen Opfer diskriminierender Gewalt schützt und auch verletzlichen Einzelpersonen und Gruppen den Zugang

23 https://youtu.be/jSQKojA_XRk?si=VeTeYrl4WB6j-4at

zu Strukturen der Wiedergutmachung ermöglicht. Darüber hinaus würde dies eine demokratischere und gleichberechtigtere Gesellschaft fördern, in der sich gefährdete (Nicht-)Bürger:innen bei der Wiedergutmachung erlittenen Unrechts auf den Staat verlassen könnten. Dabei geht es nicht nur darum, Menschen, die von Diskriminierung betroffen sind, zu schützen, sondern vielmehr darum, ihnen ihre Würde als gleichberechtigte Mitglieder der Gesellschaft zu garantieren. Angesichts des Engagements der queer-feministisch-postkolonialen Wissenschaft im Kampf gegen Ungleichheit wäre es widersinnig zu fordern, der Staat solle sich gegenüber diskriminierender Gewalt zurückhalten. Meiner Ansicht nach ist die Angst vor der staatlichen Gewalt zwar berechtigt, aber der Verzicht auf staatliches Eingreifen zugunsten gefährdeter Gruppen ist mit großen Risiken verbunden. Zweifellos besteht zwischen Recht und Gerechtigkeit eine Diskontinuität; die Gerechtigkeit vom Recht abkoppeln zu wollen, indem man Mechanismen zum Beispiel der Geschlechtergerechtigkeit informalisiert und auf außerstaatliche Räume beschränkt, garantiert jedoch keine gewaltfreie Politik des Widerstandes. Den Rechtsstaat als unverzichtbaren Ort der Wiedergutmachung abzulehnen, würde bedeuten, sich von vielen der Strukturen zu trennen, die vor Diskriminierung schützen und die gerade durch das staatliche Gewaltmonopol ermöglicht werden. Man sollte nicht vergessen, dass der Staat und das Recht weder allmächtig noch ohnmächtig sind. Die Frage ist, ob der Staat dazu gebracht werden kann, den Interessen derjenigen zu dienen, auf deren Ohnmacht seine Macht errichtet wurde. Interessanterweise räumt selbst Butler (2012: 94–98) in einem Interview ein: »Natürlich möchte ich, dass bestimmte Arten von Freiheiten gesetzlich geschützt werden [...]. Es geht nicht darum, gegen jedes Gesetz zu sein, und es geht auch nicht darum, ohne irgendwelche Gesetze zu leben. Es geht meines Erachtens darum, ein kritisches Verhältnis zum Recht zu entwickeln, das ja ein Feld der Macht ist, das in unterschiedlicher Weise angewandt und gestützt wird«. Der Knoten von Recht, Gerechtigkeit und Gewalt ist also nicht aufzulösen. Dies konfrontiert uns einmal mehr mit dem Staat und seinem Gewaltmonopol.

Während Theoretiker wie Hobbes Gesetzlosigkeit mit anarchischer Gewalt in Verbindung bringen und auf das Ende der Gewalt durch den Gesellschaftsvertrag setzen, verfolgen Foucault, Butler und Mbembe eine alternative Genealogie, die souveräne Macht mit genozidaler Gewalt und Biopolitik verbindet. Die komplexe und ambivalente Beziehung zwischen Staat, Recht und Gewalt wird von Martin Luther King Jr. treffend beschrieben:

> »Als ich mit den verzweifelten, ausgestoßenen und zornigen jungen Menschen marschierte, habe ich ihnen gesagt, dass Molotow-Cocktails und Gewehre ihre Probleme nicht lösen würden. Ich habe versucht, ihnen mein tiefstes Mitgefühl und meine Solidarität zu bezeugen, gleichzeitig aber meine Überzeugung aufrechtzuerhalten, dass gesellschaftliche Veränderungen am

sinnvollsten durch gewaltloses Handeln herbeigeführt werden. Aber sie fragten [...]: Und was ist denn mit Vietnam los? Sie fragten, ob unsere Nation denn nicht massive Gewalt anwendet, um ihre Probleme zu lösen, um die Veränderungen herbeizuführen, die sie wünscht. Diese Fragen trafen mich tief. Und ich wusste, dass ich niemals wieder meine Stimme gegen Gewalttaten der Unterdrückten in den Gettos erheben könnte, bevor ich nicht eindeutig den größten Gewaltausüber in der heutigen Welt adressiert habe, und das ist meine eigene Regierung.« (1981 [1967])

Wir finden uns also abermals mit einem Dilemma konfrontiert: Wenn das Mittel zur Beendigung der (kolonialen) Gewalt in der Errichtung des (postkolonialen) Staates und der Einführung von Rechtsstaatlichkeit besteht, was ist dann zu tun, wenn der (postkoloniale) Staat selbst gewalttätig wird? Wenn der eigentliche Zweck des (postkolonialen) Staates darin besteht, der (kolonialen) Gewalt ein Ende zu setzen, wäre es kontraproduktiv, sich der Existenz des postkolonialen Staates zu widersetzen. Tragischerweise hat aber die Gründung postkolonialer Staaten nicht zu einer Überwindung von Zwang und Gewalt geführt. Im Vergleich zu den hochfliegenden antikolonialen Idealen von Freiheit und Gleichheit und dem Versprechen von Frieden, Fortschritt und Ordnung blieb das Projekt der Dekolonisierung leider unvollendet. Welche Rolle der Staat in diesem Prozess spielt, bleibt umstritten.

In den vorangegangenen Kapiteln habe ich bereits die postkoloniale Kritik an der europäischen Aufklärung erörtert und in Kapitel 4 habe ich eine detaillierte Analyse der Probleme der anti-etatistischen Politik vorgelegt. In diesem letzten Abschnitt des vorliegenden Kapitels möchte ich argumentieren, dass man trotz der völkermörderischen Gewalt, die die Staatsbildung in Europa und darüber hinaus begleitete, Normen der Souveränität und des Konstitutionalismus, die für subalterne Gruppen von zentraler Bedeutung sind, »nicht nicht« befürworten kann (Spivak 1989: 214). Es ist wichtig, sich erneut auf den Staat zu konzentrieren, da er in den jüngsten abolitionistischen Ansätzen als einzige Quelle von Gewalt und Zwang verurteilt wird.

Genozidaler versus fehlender Staat

Die seit langem immer wieder vorgebrachte Behauptung, dass demokratische Regierungsformen Frieden und Gerechtigkeit fördern und schützen würden, steht im Widerspruch zu der historischen Erfahrung, dass das Entstehen der liberalen Demokratie und Rechtsstaatlichkeit in Europa mit genozidaler Gewalt in den Kolonien einherging. Obwohl Normen wie Gleichheit und Freiheit propagiert wurden, sind die westlichen kapitalistischen Gesellschaften nach wie vor Schauplatz von Unterdrückung und Überwachung, sowohl innerhalb ihres eigenen Territoriums als auch global. Indem er disziplinarische Macht und Biopolitik miteinander verbindet, liefert Foucault (1983: 178) eine scharfsinnige Analyse der Mechanismen, durch die Staaten ihre Macht, über Leben und Tod zu entscheiden, ausüben. Der Nationalsozialismus ist für ihn der Inbegriff des staatlichen Rassismus, da er »das Recht des Souveräns [...] zu töten« verallgemeinert habe (Foucault 1999: 301). In seiner Analyse des staatlichen Rassismus versäumt es Foucault jedoch, den Kolonialismus zu berücksichtigen. Diese Leerstelle wird von Mbembe gefüllt, dessen Begriff der Nekropolitik Foucaults Vorstellungen von Biopolitik (Politik des Lebens), Thanatopolitik (Politik des Todes) und Biomacht weiterdenkt. Mbembe (2011: 89) denkt Foucaults Erkenntnisse mit denen Fanons zusammen und richtet das Augenmerk so auf die weltweite Schaffung von »Todeswelten«. Technologien des Staatsterrors und des institutionellen Rassismus hätten bestimmte rassifizierte Bevölkerungsgruppen einer »beständige[n] [...] Erfahrung ausgesetzt [...], im Leid zu sein«« (ebd.: 88). Mbembe zufolge lässt sich eine Kontinuität zwischen der Plantagensklaverei und den heutigen Formen des Ressourcenabbaus und der Zerstörung der Biosphäre nachweisen.[24] Darüber hinaus mutiere der koloniale Rassismus zu einem digitalen Rassismus, bei dem maschinelles Lernen und der »Datenkult«[25] an die Stelle des kritischen Denkens träten.

Anstelle der Gemeinplätze von Souveränität als Rahmen für Demokratie, Frieden und Gerechtigkeit argumentiert Mbembe in Anlehnung an Foucault, dass Souveränität vor allem in der Macht liege, zu bestimmen, wer entbehrlich ist und wer nicht, Politik also ein Krieg mit anderen Mitteln sei (ebd.: 77). Die Parameter dafür werden auf der Grundlage von Freund-Feind-Beziehungen festgelegt, die dem Staat und seinen Kriegen als Fundament dienen, indem sie das Leben instrumentalisieren und bestimmte Bevölkerungsgruppen auf den Status von »lebendige[n] Tote[n]« reduzieren (ebd.: 89). Der nekropolitischen Macht geht es um die Abschaffung von Schutzmechanismen und Garantien wie Recht und Gesetz oder Freiheit und Verantwortung, um ungestraft töten zu können, was die konstitutive und latente Gewalt offenbart, die Demokratien innewohnt (Mbembe 2017a: 73 f).

Angesichts von staatlichem Rassismus und Terror plädiert Mbembe für Gerechtigkeit ohne Rache. In Anlehnung an Fanons Überlegungen zur Heilung der Welt als Gegenmittel zu Feindschaft und Zerstörung schlägt Mbembe vor, dass eine »radikale Dekolonisierung« erreicht werden könnte, wenn die postkoloniale Welt zur »Quelle der Zukunft« würde (ebd.: 158–162). Dabei geht es nicht darum, die koloniale Logik einfach rückgängig zu machen oder umzukehren, sondern

24 https://www.noemamag.com/how-to-develop-a-planetary-consciousness/
25 https://www.noemamag.com/how-to-develop-a-planetary-consciousness/

um eine Öffnung für das Unerwartete und Unberechenbare, für das Neue und das Noch-Nicht. Es ist eine Abkehr von Brutalität (*brutalisme*) und Feindschaft hin zu einer Politik der Fürsorge und Reparatur. Diejenigen, denen Subjektivität und Menschlichkeit abgesprochen werden, können zum Projekt einer gemeinsamen Planetarität beitragen. Um jedoch eine postimperialistische Zukunft zu entwerfen, müssen die Fragen der Restitution und Wiedergutmachung angegangen werden. In Anlehnung an afrozentrische, afropessimistische und afrofuturistische Strömungen verweist Mbembe (ebd.: 192 f) auf die Unmöglichkeit, aber auch auf den nie endenden Prozess der Aufarbeitung und Überwindung historischer Gewalt, der über die formale politische, wirtschaftliche und soziale Unabhängigkeit und Selbstbestimmung in der postkolonialen Welt hinausgehe. Zu diesem Zweck müsse man »die Fähigkeit zur Kritik zurückgewinnen, unser Begehren umgestalten und die Vernunft als Schlüsselfähigkeit für jedes Freiheits- oder Emanzipationsprojekt rehabilitieren. Auf ihre instrumentelle Dimension reduziert, befindet sich die Vernunft im Belagerungszustand.« (Mbembe 2021b: 132 f) Mbembe (ebd.) zeigt sich aber »zutiefst davon überzeugt, dass die Demokratie ohne die Vernunft nicht überleben kann, dass wir die Welt nicht teilen, sie nicht reparieren und uns nicht angemessen um das Leben kümmern können, wenn wir keinen reformierten Begriff der Vernunft haben, der Denken, Fühlen und Projizieren miteinander verbindet«.[26] Seine Überlegungen widerlegen den Vorwurf, das postkoloniale Denken sei antiaufklärerisch und vernunftfeindlich. Wie ich im vorliegenden Buch zu zeigen versuche, bedeutet Dekolonisierung eine multidirektionale Kritik sowohl an den ausgrenzenden Aspekten der westlichen Vernunft als auch an den essentialistischen Differenzansprüchen in radikalen antikolonialen Ansätzen wie der Négritude-Bewegung oder der dekolonialen Option. Dies umfasst auch die Erforschung von Möglichkeiten der Vernunft jenseits orientalistischer, rassistischer und sexistischer Begriffe, was viel komplexer ist als die Überwindung des Eurozentrismus. Obwohl ich die gewaltsame Ausbreitung der europäischen Normen skizziert habe, hüte ich mich davor, die Grundsätze von Gerechtigkeit, Demokratie und Menschenrechten aufzugeben, die allesamt auf die europäische Aufklärung zurückgehen.

Wie im vorigen Kapitel dargelegt, üben postkoloniale Wissenschaftler:innen eine überzeugende Kritik am genozidalen Staat als Fortsetzung des kolonialen Terrors. Die Befürworter:innen einer abolitionistischen Politik konzentrieren sich dabei auf Lager, Gefängnisse, Internierung, Besatzung, Trennung und Teilung, die allesamt immer häufiger zu den Erscheinungsformen gehören, in denen Staaten ihr Gewaltmonopol anwenden. Die vom Staat ausgeübte souveräne Macht umfasst sowohl die Inkraftsetzung als auch die Aufhebung durch

26 https://www.noemamag.com/how-to-develop-a-planetary-consciousness/

die Erklärung der Ausnahme (Banerjee 2017: 27). Dekolonisierung wird hier im Sinne einer Demontage und Definanzierung des rassistisch-patriarchal-kapitalistischen Staates verstanden, dem das Gewaltmonopol entzogen werden soll. Leider scheinen die Verfechter:innen des abolitionistischen Ansatzes in ihrer anti-etatistischen Politik die Lektion Foucaults, dass die Quellen der Gewalt vielfältig sind, außer Acht zu lassen. Wer davon ausgeht, dass der Staat per se nekropolitisch ist, ist nicht in der Lage, differenzierte Formen der Staatsbildung und Regierungstechniken zu berücksichtigen, die unterschiedliche Formen von Subjektivitäten hervorbringen.

In *Der Wille zum Wissen* (1983: 94) behauptet Foucault, »die Macht kommt von unten, d. h. sie beruht nicht auf der allgemeinen Matrix einer globalen Zweiteilung, die Beherrscher und Beherrschte einander entgegensetzt«. In Anlehnung an Gramsci spricht Foucault von »Hegemonie-Effekten«, um die »vielfältigen Kräfteverhältnisse« und Machtkämpfe zu erklären, die »in den Familien, in den einzelnen Gruppen und Institutionen« ins Spiel kommen. Wie bereits ausführlich erörtert, entlarvt Foucault damit den traditionellen Machtbegriff, dem zufolge Macht immer von oben nach unten ausgeübt wird und Widerstand wie Kritik nur als Gegnerschaft zum Staat und seinen Institutionen verstanden werden kann. Foucault führt die »negative Theologie des Staates als das absolut Böse« auf den deutschen Ordoliberalismus zurück (Cook 2018: 33), aus dem sich die Staatsphobie herleite. Der Markt werde zum »ökonomischen Tribunal«, um staatliches Handeln auf den Prüfstand zu stellen (Foucault 2004c: 342), zum »Ort der Wahrheit für die staatliche Praxis« (Cook 2018: 33). Die neoliberale Sichtweise des Staates sei »inflationär«, weil es »eine Verwandtschaft […] zwischen verschiedenen Staatsformen gibt: Der Verwaltungsstaat, der Wohlfahrtsstaat, der bürokratische Staat, der faschistische Staat, der totalitäre Staat, all das sind […] aufeinanderfolgende Zweige ein und desselben Baumes, der in seiner Kontinuität und Einheit wächst und der der große Baum des Staates wäre« (2004 f: 262).

In Anlehnung an Foucault möchte ich vorschlagen, dass wir neben dem »repressiven Staatsapparat« ebenfalls berücksichtigen müssen, dass Staaten auch andere Formen von Infrastruktur wie Krankenhäuser, Schulen, Universitäten und Kliniken schaffen. Obwohl der frühe Foucault diese Institutionen als Quellen der Disziplinarmacht kritisierte und Mbembe sie dementsprechend mit der Nekromacht in Verbindung bringen würde, sind sie Orte einer tieferen Ambivalenz hinsichtlich der Grenzbeziehungen zwischen Leben und Tod. Würde es sich hier um ausschließlich repressive Anstalten handeln, hätten weder Foucault noch Mbembe angesichts ihrer entschiedenen Verurteilung der staatlichen Macht an einer Universität gearbeitet oder im Krankheitsfall ein Krankenhaus besucht.[27] Wie bereits dargelegt, verdeckt die Reduzierung des Staates auf seinen genozidalen Trieb seine ermöglichenden Fähigkeiten. Die Covid-19-Pandemie ist ein lehrreiches Beispiel dafür, wie einige Staaten wie die USA, Brasilien und Schweden der Wirtschaft Vorrang vor dem Leben einräumten, während andere wie Taiwan, Neuseeland und Südkorea[28] den Staatsapparat, einschließlich der Bürokratie und des öffentlichen Gesundheitswesens, mobilisierten, um gezielte wirtschaftliche und medizinische Hilfe zum Schutz ihrer schwächsten Bürger zu leisten. Die Ungleichheit der Sterblichkeitsraten zeigt, wie das souveräne Recht, »leben zu machen und sterben zu lassen« (Foucault 1999: 278), dem biopolitischen Projekt, die alten, gebrechlichen und »ökonomisch unproduktiven« Subjekte sterben zu lassen, entgegenwirken kann. Der vielfältige Einsatz des staatlichen Gewaltmonopols bei der »Bekämpfung« des Virus – die Schließung der Grenzen, die Lockdowns oder die Durchsetzung der Maskenpflicht – schützte einen Teil der »Schwachen« vor der Gleichgültigkeit der »gesunden« neoliberalen Subjekte, die ihre Freiheit über die Verletzlichkeit ihrer Mitbürger:innen stellten. Das Horten von Toilettenpapier wurde zum Sinnbild für die Panik und die Ängste des neoliberalen Subjekts in Krisenzeiten. Ein weiteres bemerkenswertes Phänomen waren die Proteste gegen die Pandemieschutzmaßnahmen, einschließlich der Erstürmung der Treppe vor dem deutschen Reichstag, dem Symbol des postfaschistischen Deutschlands, durch Neonazis. So kam es (vor allem im »globalen Norden«) zu »Freiheitskundgebungen« gegen den angeblichen »Coronafaschismus« des pastoralen Staates, als dieser Quarantänemaßnahmen einführte und das Recht auf Mobilität und Versammlung einschränkte. Wenn sie den genozidalen Staat in den Vordergrund stellen, vernachlässigen die Abolitionist:innen Aspekte der sozialen Sicherheit, der öffentlichen Gesundheit und des Bildungswesens, also Strategien zur Förderung des Lebens. Nekropolitik und Souveränität werden so eng aneinander gebunden, dass sie analytisch ununterscheidbar werden. Wo sich das Augenmerk ausschließlich auf die Technologien des Todes richtet, wird die Politik der Pflege und des Wohlergehens ignoriert.

Auf der anderen Seite steht das Beispiel des »abwesenden Staates« in Indien. Im Mai 2021 druckte die Zeitschrift *Outlook India* für ihre Mai-Ausgabe eine leere weiße Seite als Titelblatt, die einer Vermisstenanzeige ähnelte. Darauf stand, dass die »Regierung Indiens« inmitten der verheerenden zweiten Covid-19-Welle »verschwunden« sei. Die »Bürger:innen Indiens«, so hieß es auf dem Titelblatt weiter, sollten informiert werden, wenn die Regierung gefunden

27 Foucault starb in einem Krankenhaus in Paris an den Folgen von HIV/AIDS.

28 Leider muss man festhalten, dass beispielsweise Migrant:innen ohne Papiere und Inhaftierte weiterhin am Rande der staatlichen Schutzprioritäten stehen.

werde.[29] Während rund um die Uhr Scheiterhaufen brannten und der Platz auf den Einäscherungsstätten knapp wurde, kursierten weltweit Bilder von Leichen, die im Ganges trieben oder im Sand seiner Ufer begraben lagen – ein Beweis dafür, was passiert, wenn der Staat nicht nur in seiner grundlegendsten Funktion versagt, das Leben seiner Bürger zu schützen, sondern auch nicht mehr in der Lage ist, dem Tod eine gewisse Würde zu verleihen. Konnten die Lebenden in Indien nicht gehört werden, so konnten die Toten nicht zum Schweigen gebracht werden. Während der verheerenden zweiten Welle hatte Indien, der größte Impfstoffproduzent der Welt, nicht ausreichend Impfstoff, um seine schwächsten und bedürftigsten Bürger:innen zu impfen.[30] Während einige Bürger:innen im »globalen Norden« gegen die disziplinierende und normalisierende Macht ihrer Staaten protestierten, verfolgten die reicheren Staaten paradoxerweise einen »Impfstoff-Nationalismus« oder eine »Impfstoff-Apartheid«.[31] So lehnte insbesondere Deutschland den Vorschlag, die Patente für Covid-19-Impfstoffe auszusetzen, entschieden ab,[32] während zugleich das türkisch-deutsche »Dreamteam« hinter dem BioNTech-Impfstoff als das neue Gesicht Europas gefeiert wurde.[33] Im Juni 2021 wurde berichtet, dass Deutschland seine in der Kolonialzeit verübten Terrorakte offiziell bedauere und die geplünderten Benin-Bronzen, die in deutschen Museen ausgestellt sind, an Nigeria zurückgeben werde; außerdem wurde angekündigt, dass Deutschland mit der Impfung von Kindern über zwölf Jahren beginnen werde. Zu diesem Zeitpunkt hatten die meisten Ärzte und Gesundheitsfachkräfte auf dem afrikanischen Kontinent noch nicht einmal die erste Impfung erhalten. Dies zeigt, wie zynisch die Proklamationen von globaler Solidarität, Weltoffenheit und Kosmopolitismus ist.[34]

Wir müssen in der Tragödie des abwesenden Staates das Spiegelbild des genozidalen Staates erkennen. Natürlich darf man nicht ausblenden, dass viele Staaten den Erreger tatsächlich als Waffe eingesetzt haben, um ihre Zwangsbefugnisse im Bereich von Polizei und Überwachung auszuweiten. Dies wird langfristige Auswirkungen haben, auch lange nachdem die Pandemie vorbei ist (Hannah/Hutta/Schemman 2020). Gleichzeitig dürfen wir die unterschiedlichen Machtef-

29 Ironischerweise ist die Titelseite nicht mehr auf der Website des Magazins zu finden: https://theprint.in/india/outlooks-missing-govt-cover-page-goes-missing-online-magazine-says-part-of-new-format/658444/

30 https://edition.cnn.com/2021/04/17/india/covid-vaccine-shortage-covishield-covaxin-intl-hnk-dst/index.html

31 https://www.opendemocracy.net/en/vaccine-apartheid-is-prolonging-covid-not-vaccine-hesitancy/

32 https://www.spiegel.de/international/business/biontech-curevac-and-co-patent-suspensions-threaten-germany-s-booming-biotech-industry-a-2d4907 f3-a03 f-4a7c-8d2d-c5c455b45c8f

33 https://www.theguardian.com/world/2020/nov/10/ugur-sahin-and-ozlem-tureci-german-dream-team-behind-vaccine

34 https://www.berlin.de/sen/kultur/en/funding/funding-programmes/weltoffenes-berlin/

fekte der verschiedenen staatlichen Rationalitäten nicht aus den Augen verlieren. Erstaunlicherweise vernachlässigen ausgerechnet Foucauldianer:innen oft eine seiner scharfsinnigsten Einsichten in das Wesen der Kritik, nämlich dass es nicht darum geht, die Regierungsrationalität pauschal abzulehnen, sondern vielmehr darum, »[w]ie es möglich [ist], daß man nicht derartig, im Namen dieser Prinzipien da, zu solchen Zwecken und mit solchen Verfahren regiert wird – daß man nicht so und nicht dafür und nicht von denen da regiert wird?« (1992: 11–12) Foucault richtet sein Augenmerk auf verschiedene Strategien, Mechanismen, Techniken und Instrumente des Zwangs, die von unterschiedlichen staatlichen Rationalitäten eingesetzt werden, ohne dabei die Unterschiede zwischen den verschiedenen Taktiken zu verflachen oder zu homogenisieren. Diese Herangehensweise ermöglicht eine nuancierte Analyse der Frage, welche Formen des Zwangs und der Machtbeziehung unter welchen Umständen und für wen akzeptabel sind. Selbst wenn Subjekte regierbar gemacht werden und sich selbst und andere regieren, eröffnet die Forderung, nicht »so« regiert zu werden, die Möglichkeit, den Zwang zum Gegenstand von Aushandlungsprozessen zu machen. Wenn Foucault sagt, »Wo es Macht gibt, gibt es Widerstand«, meint er damit nicht, dass der Widerstand Macht und Gewalt beseitigt, sondern dass er die Macht verschieben kann und sie so zwingt, auf andere Weise zu regieren.

Es ging mir in diesem Abschnitt darum, das Denken über politische Gewalt im Sinne einer universellen Binarität von gewalttätigem Staat und widerständiger Zivilgesellschaft in Frage zu stellen. Eine solche Sichtweise reduziert den Staat auf seinen Unterdrückungsapparat, so dass die Entstehung des modernen Staates durch souveräne Gewalt definiert wird. Der Staat als Quelle des Terrors, der seinen Untertanen absichtlich Gewalt antut, wird einer widerständigen und erlösenden Gewalt gegenübergestellt, die von den Unterdrückten ausgeht. Indem der Staat auf seine strafende Funktion reduziert wird, wird er zum Monopolisten der Gewalt, der diese ausschließlich im Namen der Sicherung von Leben und Eigentum ausübt. Mein Ziel war es, diesen staatszentrierten Fokus zu pluralisieren, indem ich politischer Gewalt in ihren verschiedenen Erscheinungsformen nachspürte. Im westlichen Denken wird der Verlust des staatlichen Gewaltmonopols als »gescheiterte« oder »schwache« Staatsbildung interpretiert, insbesondere in postkolonialen Kontexten. Im Gegensatz dazu weisen die extremen Gewaltepisoden in der Postkolonie, zum Beispiel gegen Minderheiten und Frauen in Form von Unruhen und Vergewaltigungen, auf die Unfähigkeit, vielleicht sogar den Unwillen des Staates hin, die volle souveräne Macht zu übernehmen (Banerjee 2017: 28). Der Staat lagert die Ausübung von Gewalt aus und delegiert sie an (globale) außerstaatliche Akteure, um seine eigenen Geschlechter-, Kasten-, Rassen- und Religionsideologien zu stärken. Gleichzeitig wird der Staat selbst zu einer Waffe in den Händen der dominanten Gruppen, um Minderheiten zu terrorisieren. Politische und soziale Gewalt vermitteln sich gegenseitig, so dass der Staat nicht mehr eine kohärente und einheitliche Quelle des Terrors ist, sondern vielmehr ein Netzwerk von Akteuren Gräueltaten gegen verletzliche Gruppen verübt, während der Staat auf sein Gewaltmonopol verzichtet und in seiner Verantwortung gegenüber seinen Bürger:innen versagt (ebd.). Die Armen und Schwachen in den postkolonialen Gesellschaften sehen sich mit einer Multidirektionalität und Transnationalisierung von Gewalt konfrontiert, d.h. sie erfahren Terror aus mehreren Quellen und Gewalt von mehreren Akteuren, sowohl staatlichen als auch außerstaatlichen. Die dezentralisierten Quellen von regulativer und strafender Macht in postkolonialen Gesellschaften bilden einen Kontrapunkt zu normativen Theorien staatlicher Gewalt, die diese als zentral und kohärent betrachten. Diese Erkenntnisse machen den fiktiven Charakter universeller Theorien über staatliche Souveränität und territoriale Integrität deutlich. (ebd.). Eine wichtige Lehre für kritische Theorien der Dekolonisierung.

Gegen Ende dieses Kapitels werde ich die Herausforderungen darstellen, denen sich die postkoloniale Welt bei der Rettung der Aufklärung vor Europa gegenübersieht, und mich dabei besonders dem Völkerrecht und der Frage der postkolonialen Souveränität widmen.

Wer hat Angst vor postkolonialer Souveränität?

Vielleicht gibt es kein besseres Beispiel für die postkolonialen Bemühungen, die Aufklärung und ihre Normen, wie das kantische Verständnis von Souveränität und Kosmopolitismus, zu retten, als TWAIL (Third World Approaches to International Law). TWAIL-Wissenschaftler:innen versuchen, das Völkerrecht zu reformieren, indem sie seine kolonialen und neokolonialen Rahmungen offenlegen. Die Entkolonialisierung des internationalen Rechts erfordert die Umkehrung der selektiven und rassifizierten Anwendung der nationalen Souveränität, die während des Kolonialismus etabliert wurde und die die Beherrschung der kolonisierten Völker rechtfertigte, indem sie ihnen die Autonomie absprach (Anghie 2007: 99; 109). Vorkoloniale Rechts- und Wirtschaftssysteme wurden, wie zum Beispiel in Amerika, für null und nichtig erklärt, wodurch den Indigenen ihr Recht auf Selbstbestimmung genommen wurde.

Um ungerechte internationale Rechtspraktiken zu korrigieren, z. B. Streitigkeiten über die Rechtsprechung oder Wiedergutmachung, fordern die TWAIL-Wissenschaftler:innen, dass westliche Politiker:innen und Gesellschaften bereit sein müssen, auf die Erfahrungen des »globalen Südens« zu hören und von ihnen zu lernen. Anstatt internationale Institutionen und Diskurse abzulehnen, wird versucht, das eurozentrische Verständnis von Souveränität und Rechten neu zu gestalten und alternative Paradigmen anzubieten. Ein treffendes Beispiel für TWAIL in Aktion ist die Kritik an den Strukturanpassungsprogrammen (SAPs), die von der Weltbank und dem Internationalen Währungsfonds in den 1980er und 1990er Jahren den sogenannten Entwicklungsländern auferlegt wurden. TWAIL-Wissenschaftler:innen zeigen, dass diese Politik den Neokolonialismus aufrechterhielt, indem sie wirtschaftliche Abhängigkeiten verfestigte und dadurch die Souveränität der neu unabhängigen ehemaligen Kolonien untergrub (Pahuja 2011). Die Privatisierung von Staatsbetrieben und die Liberalisierung von Handel und Gewerbe im »globalen Süden« unterminierten die staatliche Autonomie und zementierten ein Machtungleichgewicht. Anstatt jedoch das Völkerrecht aufzugeben, das als Handlanger der internationalen Wirtschaftsinstitutionen instrumentalisiert wurde, bemühen sich TWAIL-Wissenschaftler:innen um eine Neugestaltung der postkolonialen Souveränität, die sowohl die politische als auch die wirtschaftliche Dimension umfasst. Dies bedeutet zum Beispiel, dass postkoloniale Staaten eine dauerhafte Souveränität über natürliche Ressourcen erlangen (Anghie 2007: 211).

Der kenianisch-amerikanische TWAIL-Wissenschaftler Makau Mutua (2002) verdeutlicht, wie Menschenrechte und Demokratie unter dem Vorwand der »Responsibility to Protect« (R2P) oft als Vorwand für westliche imperialistische Interessen genutzt werden. Ein Beispiel hierfür ist der Fall Libyen, in dem die Souveränität einer afrikanischen Nation durch NATO-Truppen verletzt wurde. TWAIL-Wissenschaftler:innen untersuchen das Spannungsverhältnis zwischen den Menschenrechten und dem Selbstbestimmungsrecht postkolonialer Staaten und versuchen, die Souveränität aufrechtzuerhalten, ohne sich europäischen Universalitätsansprüchen zu beugen. Trotz jahrzehntelanger Interventionen von Wissenschaftler:innen und Aktivist:innen bleiben die postkolonialen Bemühungen, die Aufklärung vor Europa zu retten, eine oft frustrierende und anspruchsvolle Aufgabe. Die Konflikte um die Rolle des IGH und des IStGH in Bezug auf die territoriale Zuständigkeit während des Krieges zwischen Israel und der Hamas im Jahr 2023 liefern ein treffendes Beispiel dafür.

Am 20. Mai 2024 beantragte der Ankläger des IStGH, Karim Khan, Haftbefehle gegen den israelischen Premierminister Benjamin Netanjahu, den israelische Verteidigungsminister Yoav Gallant sowie gegen die Hamas-Führer Yahya Sinwar, Mohammed Diab Ibrahim Al-Masri (Deif) und Ismail Haniyeh wegen mutmaßlicher Kriegsverbrechen und Verbrechen gegen die Menschlichkeit.[35] Khan stellte klar, dass der IStGH die Anklage nach dem Prinzip der Komplementarität

35 https://www.icc-cpi.int/news/statement-icc-prosecutor-karim-aa-khan-kc-applications-arrest-warrants-situation-state

erneut prüfen werde, wenn Israel die mutmaßlichen Kriegsverbrechen untersuche. Vier Tage später, am 24. Mai 2024, wies der IGH Israel an, die Rafah-Offensive einzustellen.[36] Am 19. Juli 2024 entschied der Internationale Gerichtshof, dass Israel kein Recht auf Souveränität über das palästinensische Gebiet hat und seine Siedlungen das Völkerrecht verletzen, weil sie das Recht der Palästinenser:innen auf Selbstbestimmung behindern.[37] Obgleich nicht bindend, besitzen die Feststellungen des Gerichts politisches Gewicht, da sie, wenn sie als Resolution angenommen würden, die rechtlichen Parameter für eine zukünftige Verhandlungslösung definieren könnten.

Die Vereinigten Staaten, das Vereinigte Königreich und Deutschland haben Israel nahezu bedingungslose Unterstützung zugesagt. Im Vorgriff auf die Haftbefehle warnten zwölf republikanische Senatoren der Vereinigten Staaten am 24. April 2024 in einem an Karim Khan gerichteten Schreiben, dass mögliche Haftbefehle gegen den israelischen Premierminister Benjamin Netanjahu und andere hochrangige israelische Beamte unrechtmäßig seien und jeder rechtlichen Grundlage entbehrten. Sie drohten den IStGH-Mitgliedern und ihren Familien mit schweren Sanktionen, falls sie ihren Plan, Haftbefehle auszustellen, weiterverfolgen sollten.[38] Eine Einmischung in eine gerichtliche Angelegenheit sowie die Einschüchterung von Entscheidungsträger:innen stellen eine Behinderung der Justiz dar und sind strafbar.[39] Dem IStGH wird vorgeworfen, sich zu weit vorgewagt zu haben und die israelische Souveränität zu gefährden.

Es ist bemerkenswert, dass weder die Vereinigten Staaten noch Israel das Römische Statut unterzeichnet haben. Gemäß dem sogenannten »Den-Haag-Invasionsgesetz«, welches im Juli 2002, also nur wenige Wochen nach der Gründung des IStGH, durch den US-Kongress verabschiedet wurde, ist der Präsident der Vereinigten Staaten dazu befugt, alle verfügbaren Mittel einzusetzen, um eine Person, die »durch, im Namen oder auf Ersuchen« des IStGH inhaftiert wurde, freizubekommen.[40] Dies gilt nicht nur für US-Bürger, die für die Regierung der Vereinigten Staaten oder für Verbündete wie NATO-Mitgliedstaaten handeln, sondern auch für Nicht-NATO-Verbündete. In der Konsequenz haben zahlreiche andere Staaten dem IStGH die Anerkennung und Zusammenarbeit versagt, da sie eine Konfrontation mit den Vereinigten Staaten vermeiden wollten.

Palästina ist dem IStGH nach einer Vereinbarung mit der Hamas beigetreten, wodurch auch der derzeitige Krieg in den Zuständigkeitsbereich des IStGH fällt, wie viele argumentieren. Zuvor hatte der IStGH bereits einen Haftbefehl ge-

36 https://www.icj-cij.org/sites/default/files/case-related/192/192-20240524-pre-01-00-en.pdf
37 https://www.icj-cij.org/sites/default/files/case-related/186/186-20240719-adv-01-00-en.pdf
38 https://www.youtube.com/watch?v=Aq2aDR6Mq0Q
39 https://www.youtube.com/watch?v=Pwm4A_E068A
40 https://en.wikipedia.org/wiki/American_Service-Members%27_Protection_Act

gen Putin wegen mutmaßlicher Kriegsverbrechen in der Ukraine erlassen, obwohl auch Russland das Römische Statut nicht unterzeichnet hat. Interessanterweise haben die Vereinigten Staaten in diesem Fall die Zuständigkeit des IStGH anerkannt und dem IStGH Informationen über mutmaßliche russische Kriegsverbrechen in der Ukraine übermittelt.

Sowohl Biden als auch Netanjahu reagierten empört auf die Anklage des IStGH, wobei Biden unilateral erklärte, dass im Gazastreifen kein Genozid stattfinde, obwohl dieses derzeit vom IGH geprüft wird. Auch die Hamas verurteilte den Antrag auf Erlass eines Haftbefehls unter Verweis auf ihr Recht auf bewaffneten Widerstand gegen die Besatzung. Israel, die Vereinigten Staaten,[41] das Vereinigte Königreich und Deutschland[42] haben unterdessen Kritik am IGH geäußert, dieser betreibe eine falsche moralische Gleichsetzung zwischen dem demokratischen Israel und der terroristischen Hamas. Viele Bewohner:innen des Gazastreifens verwahren sich auch gegen die ihrer Meinung nach falsche Symmetrie der Anklagen des IStGH. Sie kritisieren jedoch die Unverhältnismäßigkeit der israelischen Militäroperationen, die ihrer Meinung nach gegen die Genfer Konventionen und das humanitäre Völkerrecht verstoßen. Andere betonen, dass der IStGH die beiden Parteien nicht gleichstellt, sondern lediglich hervorhebt, dass Kriegsverbrechen der einen Seite nicht die Kriegsverbrechen der anderen Seite legitimieren können.[43] Jeder Staat hat das Recht, sich zu verteidigen; die Kriegsregeln bestimmen, wie dieser Krieg zu führen ist.[44] Die Vereinigten Staaten drohen schon damit, den IStGH erneut zu sanktionieren, wie sie es bereits 2020 getan haben, damals um die Ermittlungen des IStGH in Afghanistan zu vereiteln.[45] Khan wird von Netanyahu der Verbrechensbeteiligung beschuldigt.[46]

Meine größte Sorge ist, dass die inkonsequente Reaktion des Westens seinem Anspruch, prinzipientreuer Verfechter der Rechtsstaatlichkeit zu sein, enormen Schaden zufügen wird. Wird dieser Kurs nicht korrigiert, werden internationale Institutionen wie der IGH und der IStGH als illegitim und irrelevant angesehen werden. Es könnte einen Wendepunkt in der Geschichte des Völkerrechts einläuten, wenn der IGH, der bisher die Normen des Rechts und der Menschenrechte nur gegen Gegner westlicher Regime eingesetzt und ausschließlich Kriegsverbre-

41 https://www.foreign.senate.gov/press/rep/release/bipartisan-senators-condemn-icc-action-against-israel

42 https://www.auswaertiges-amt.de/en/newsroom/news/-/2657664

43 https://www.ft.com/content/aa2089c5-6388-437d-bf5c-9268 f3a788ce

44 https://www.icc-cpi.int/sites/default/files/2024-05/240520-panel-report-eng.pdf

45 https://www.hrw.org/news/2020/12/14/us-sanctions-international-criminal-court

46 https://edition.cnn.com/2024/05/21/middleeast/israel-netanyahu-interview-icc-intl-latam/index.html

cher in Afrika verfolgt hat,[47] jetzt die Botschaft aussendet, dass es in der der regelbasierten internationale Ordnung weder Ausnahmen noch Straffreiheit geben darf. In seiner Stellungnahme mahnte Khan entsprechend: »[...] wenn wir nicht unsere Bereitschaft zeigen, das Recht für alle gleich anzuwenden, wenn der Eindruck entsteht, es wird selektiv angewandt, bereiten wir den Boden für seinen Zusammenbruch [...].« Ein Gremium aus drei Richter:innen prüft den Antrag derzeit, und Berichten zufolge gibt es bereits Versuche, Druck auf deren Heimatländer auszuüben.[48]

Am Tag nach Khans Antrag kündigten Spanien, Irland und Norwegen an, dass sie den palästinensischen Staat offiziell anerkennen würden. Seit 1988 haben rund 140 der 193 UN-Mitgliedstaaten die palästinensische Staatlichkeit anerkannt. Während einige dies als rein symbolische Geste verurteilen, begrüßten andere diese Anerkennung als einen konkreten Schritt zur Bekräftigung des palästinensischen Rechts auf Selbstbestimmung. Als souveräner Staat könnte Palästina etwa Rechtsansprüche auf seine Hoheitsgewässer und seinen Luftraum geltend machen.

In seiner Rede »Schatten der Geschichte, Gespenster der Gegenwart: Der Krieg im Nahen Osten und die Herausforderung für Europa«[49] im Rahmen der Wiener Festwoche stellte Omri Boehm die Widersprüche zwischen nationaler Souveränität und Menschenwürde heraus. Sein Argument lautet, dass die Betonung der nationalen Souveränität nicht den universellen Schutz der Menschenrechte gewährleistet, sondern vielmehr die Menschenwürde, insbesondere die des Anderen, beeinträchtigt. Er führt das Beispiel der postkolonialen und der jüdischen Souveränität an, die beide aus der Erfahrung von Verfolgung und der versuchten Auslöschung hervorgegangen sind. Während die kolonisierten Gesellschaften die nationale Souveränität als ultimatives Mittel zur Befreiung in den Vordergrund stellten, wurde nach dem Holocaust der souveräne jüdische Staat als der Weg zur Wiederherstellung der Würde des jüdischen Volkes angesehen. Obwohl Boehm betont, dass dies die richtigen Antworten waren, befinden sie sich seiner Meinung nach nun auf »Kollisionskurs«.[50] Die engen Rahmen sowohl der postkolonialen als auch der jüdischen Souveränität führten dazu, dass die nationale Souveränität über die Menschenwürde gestellt werde.

Boehm argumentiert, dass die Europäische Union eine überzeugende Antwort auf die Frage »Was tun nach dem Empire?« biete und so einen Weg in die Zukunft weise. In Anlehnung an Timothy Snyder empfiehlt er Europas wirksame

47 https://mondediplo.com/2013/11/05icc
48 https://www.youtube.com/watch?v=sAXNopi29js&t=5s
49 https://www.youtube.com/watch?v=NAxxpsNPNno
50 https://www.youtube.com/watch?v=NAxxpsNPNno

Antwort an seine ehemaligen Opfer. Boehm behauptet, dass es der EU durch die Einführung eines starken Konzepts der Staatsbürgerschaft, unabhängig von rassistischen Zuschreibung oder ethnischer Zugehörigkeit, gelungen sei, die nationale Souveränität zugunsten der Universalität der Menschenwürde einzuschränken, indem es eine Förderation einging und sich dem internationalen Recht unterwarf.[51] Indem es die nationale Souveränität in Frage stellte und ersetzte, habe Europa erfolgreich auf seine gewalttätige Vergangenheit geantwortet. Boehm wehrt sich gegen den Vorwurf, dass europäische Ideen des Kosmopolitismus und der Menschenwürde den postkolonialen Gesellschaften als eine Form des Neokolonialismus aufgezwungen würden. Seiner Ansicht nach könnte Europas gelungener Schritt, »Souveränität zu dekonstruieren und Menschenwürde zu behaupten«, vielmehr einen Ausweg aus der Verletzung der Menschenrechte derjenigen bieten, die der postkolonialen und jüdischen Souveränität »im Wege zu stehen scheinen«.[52]

Boehm allerdings räumt auch ein, dass Europa seine eigenen Grundsätze mitunter verrät. So weist er zum Beispiel darauf hin, wie Deutschland in der Vergangenheit die Untersuchung mutmaßlicher israelischer Kriegsverbrechen in Palästina mit dem Argument angefochten hat, dass der IStGH nicht für die Palästinensischen Gebiete zuständig sei. Die Bundesrepublik Deutschland, einer der größten Geldgeber des Internationalen Strafgerichtshofs (IStGH), habe, so Böhm, die Autonomie und Autorität des Gerichtshofs gefährdet, um die jüdische Souveränität zu schützen. Er verurteilt dies als eine »unverantwortliche Art, von historischer Verantwortung zu sprechen«.[53]

Wie ich zu Beginn angemerkt habe, sind Deutschlands Bemühungen um Wiedergutmachung angesichts seiner beschämend gewaltvollen Geschichte lobenswert. Merkels Doktrin von der Sicherheit Israels als deutscher Staatsräson, die sie erstmals am 18. März 2008 formulierte, und die Singularitätsthese, die aus dem Historikerstreit 1986–1987 hervorging, dienen als Beleg für dieses Engagement. Obwohl beide die intellektuellen und öffentlichen Debatten in Deutschland maßgeblich beeinflusst haben, sind sie nicht gesetzlich festgeschrieben, im Gegensatz zur Leugnung oder Verharmlosung des Holocaust und der NS-Kriegsverbrechen, die beide in Deutschland strafbar sind. Für einen anderen Staat Verantwortung zu übernehmen, wie es Deutschland gegenüber Israel tut, bedeutet eine starke Verbundenheit mit diesem Staat.[54] Daniel Marwecki (2020) spricht in

51 https://www.youtube.com/watch?v=NAxxpsNPNno
52 https://www.youtube.com/watch?v=NAxxpsNPNno
53 https://www.youtube.com/watch?v=NAxxpsNPNno
54 https://taz.de/Deutschland-Israel-und-der-Gaza-Krieg/!6010016/

diesem Kontext von »Ersatznationalismus«,[55] was in scharfem Kontrast zu dem optimistischen Bild des EU-Kosmopolitismus steht, das Boehm zeichnet.

Als Mitglied des Römischen Statuts und Unterzeichner der Völkermordkonvention sieht sich die Bundesrepublik Deutschland einem Widerspruch zwischen ihrer Staatsräson und ihrer Verpflichtung zur Einhaltung des Völkerrechts gegenüber. Die ausweichende Reaktion Deutschlands auf die Anklage gegen Netanjahu wegen mutmaßlicher Kriegsverbrechen bestätigt Böhms Befürchtungen, dass nationale Souveränität über der Menschenwürde stehe. Es sind ausgerechnet die westlichen Staaten, welche die Glaubwürdigkeit des Völkerrechts untergraben, indem sie seine Institutionen delegitimieren, während postkoloniale Staaten wie Südafrika und Nicaragua angesichts der sich in Gaza abspielenden humanitären Krise das Völkerrecht bemühen.

In seiner Ablehnung der Souveränität übersieht Boehm aber deren Bedeutung als ein grundlegendes Erbe der Aufklärung. Wie ich am Beispiel von Ambedkar dargelegt habe, wurden die postkoloniale staatliche Souveränität und der Konstitutionalismus von der Aufklärung beeinflusst, auch wenn sie im Zuge der Dekolonialisierung einen erheblichen Wandel unterliefen. So waren beispielsweise indigene Ideen wie die der plurinationalen Souveränität in Ländern wie Bolivien, die Ideen des Panafrikanismus und des Panarabismus sowie die Bewegung der Blockfreien Staaten allesamt postkoloniale Versuche, mit dem eurozentrischen Verständnis von Souveränität zu experimentieren. Mit der Gründung der Afrikanischen Union (AU) und des Panafrikanischen Parlaments wurde nicht nur die Solidarität zwischen den afrikanischen Nationen gefördert, sondern auch versucht, afrikanische Interessen auf einer globalen Plattform durchzusetzen. Der Fall Palästina zeigt, dass die Menschen im Gazastreifen ohne Souveränität »kein Recht haben, Rechte zu haben« (Arendt 1962 [1951]: 614). Die von Arendt herausgestellte Diskontinuität zwischen den Rechten der Bürger:innen und den Rechten der Menschen bildet einen wesentlichen Aspekt im Hinblick auf die Notlage der Staatenlosen. Sie untersucht die Entrechtung jüdischer Geflüchteter nach dem Zweiten Weltkrieg, die ohne Staatsbürgerschaft oder rechtlichen Status in einem Nationalstaat nicht die grundlegenden Rechte und den Schutz genossen, die Staatsbürger:innen zustehen. Ihnen wurde nicht nur die deutsche Staatsbürgerschaft entzogen, sondern auch das Grundrecht auf Zugehörigkeit zu einer politischen Gemeinschaft und damit auch der damit verbundene Schutz. Die Staatenlosigkeit stellt ein unlösbares Problem für Boehms Behauptung dar, dass postkoloniale Souveränität und universelle Menschenrechte von Natur aus einander widersprechen.

---

55 https://taz.de/Deutschland-Israel-und-der-Gaza-Krieg/!6010016/

Boehm erweist nicht nur den postkolonialen Studien einen Bärendienst, sondern missachtet auch Kants oberstes Prinzip der Konsistenz. Seine Lobrede auf die Europäische Union unterschlägt deren Verrat an Tausenden von Staatenlosen, die das Völkerrecht bisher nicht geschützt hat. Indem er sich nur auf europäische, postkoloniale und israelische Bürger:innen konzentriert, vernachlässigt Boehm zudem die Not derjenigen, deren Rechtsstatus unsicher ist und die keine Staatsbürgerschaft in einem anerkannten Staat besitzen. Diese Menschen werden weder von Souveränität Israels oder postkolonialer Nationen, noch von internationalen Institutionen geschützt, obwohl es verschiedene Konventionen, Verpflichtungen und Gesetze gibt. Wie Arendt vor dem Hintergrund des Holocaust überzeugend dargelegt hat, können Staatenlose keine legitimen politischen Subjekte sein, weil sie keinen Adressaten haben, der ihnen ihre Rechte garantieren könnte. Ohne Staatsbürgerschaft oder Zugehörigkeit zu einer politischen Gemeinschaft fehlt ihnen der notwendige institutionelle Rahmen, um ihre Rechte wirksam geltend zu machen. Das Fehlen einer Rechtspersönlichkeit als Träger von Rechten innerhalb eines Nationalstaates macht sie politisch prekär.

Boehm versäumt es auch zu erwähnen, dass Kant, sein Lieblingsaufklärer, nicht für einen einzigen, allumfassenden republikanischen Weltstaat eintrat, sondern auf dem Recht auf Souveränität der einzelnen Staaten beharrte. Ungeachtet seines Engagements für ein universelles kosmopolitisches Recht war die Abschaffung der staatlichen Souveränität Kant ein Gräuel. Trotz der universellen Gültigkeit der Menschenrechte gibt es keine ständige internationale Polizei, die die Macht hätte, Rechtsverletzungen zu ahnden. Dies wirft die Frage nach der Macht zur Durchsetzung des Völkerrechts auf.

Anstatt in der einheitlichen Sprache der Gerechtigkeit und Menschlichkeit zu kommunizieren, gleicht die Weltordnungspolitik zunehmend dem Turmbau zu Babel: Wir scheinen dazu bestimmt, aneinander vorbeizureden. Als beispielsweise die Vereinigten Staaten im UN-Sicherheitsrat eine Resolution einbrachten, die einen sofortigen und dauerhaften Waffenstillstand im Gazastreifen forderte, legten Russland und China ihr Veto ein.[56] Zuvor hatten die Vereinigten Staaten bereits drei Resolutionsentwürfe für einen humanitären Waffenstillstand abgelehnt, die zuerst von Brasilien, dann von Algerien und schließlich von den Vereinigten Arabischen Emiraten vorgelegt worden waren.[57] Während sich im Gazastreifen eine akute humanitäre Krise mit Zehntausenden von Toten, Hunger und Zerstörung abspielt, betreiben mächtige Staaten, die sich zur Einhaltung des

56 https://www.reuters.com/world/middle-east/un-security-council-fails-pass-us-resolution-calling-immediate-ceasefire-gaza-2024-03-22/

57 https://www.reuters.com/world/us-casts-third-veto-un-action-since-start-israel-hamas-war-2024-02-20/

humanitären Völkerrechts verpflichtet haben, eine machiavellistische Realpolitik. »Wenn man einer Seite Waffen gibt und der anderen Brot«,[58] ist das sicher kein Rezept für einen »ewigen Frieden«. Schließlich ist es vor allem die Rüstungsindustrie, die vom Krieg zwischen Israel und der Hamas profitiert und aufgrund der fortschreitenden globalen Militarisierung hohe Gewinne einstreicht. Nach 247 Tagen Krieg im Gazastreifen hat der Sicherheitsrat die Resolution 2735 (2024) verabschiedet, mit der ein umfassendes Waffenstillstandsabkommen erreicht werden soll. Obwohl diese rechtlich bindend ist, hat auch sie leider nicht zu einem sofortigen Waffenstillstand in Gaza geführt.

Es sei zudem festgehalten, dass 19 arabische Staaten zwar der Völkermordkonvention beigetreten sind, jedoch im Gegensatz zu Südafrika keine Klage gegen Israel vor dem IGH eingereicht haben. Dies kann dadurch erklärt werden, dass es ihnen angesichts eigener, schwerwiegender Menschenrechtsverletzungen an Glaubwürdigkeit fehlt. Darüber hinaus zögern sie, die Vereinigten Staaten zu verprellen. Man könnte daraus schließen, dass die arabische Welt zwar rhetorisch die palästinensische Sache unterstützt, in der Praxis aber nicht genug für die palästinensische Unabhängigkeit getan hat.[59] Es überrascht nicht, dass Said mit der Zensur zu kämpfen hatte, weil er autoritäre Regime in der arabischen Welt verurteilte. In »Peace and its Discontents« (1994: 111) äußert sich Said wie folgt über die Hamas: »[…] wenn säkulare Intellektuelle einen Teufelspakt mit einer religiösen Bewegung eingehen, verraten sie meiner Meinung nach ihre Prinzipien an die Bequemlichkeit. Es ist einfach die Kehrseite des Paktes, den wir in den letzten Jahrzehnten mit Diktatur und Nationalismus geschlossen haben […].« Diese lange und facettenreiche Geschichte der postkolonialen Kritik am Nationalismus, einschließlich des antikolonialen Nationalismus, wird von Boehm konsequent außer Acht gelassen.

In diesem Abschnitt geht es nicht darum, Lösungen für die aktuellen Konflikte vorzuschlagen oder eine Position dazu zu beziehen, ob eine Ein- oder Zweistaatenlösung für Israel/Palästina sinnvoller ist. Ziel meiner Argumentation ist es vielmehr, das Dilemma der postkolonialen Welt im Hinblick auf die aufklärerischen Normen der Souveränität, der Menschenrechte und des Humanitarismus aufzuzeigen. Was das Verhältnis von postkolonialer Souveränität und Völkerrecht betrifft, so scheint sich das Blatt zu wenden. Jahrhundertelang predigte der Westen der postkolonialen Welt Rechtsstaatlichkeit und stellte sie wegen Korruption, Willkür, mangelnder Rechenschaftspflicht und Missachtung der Menschenrechte an den Pranger. Jetzt vertauschen sich die Rollen. Die postkoloniale Welt stützt sich auf internationale Institutionen, um für Gerechtigkeit zu sorgen, auch wenn

58 https://taz.de/Deutschland-Israel-und-der-Gaza-Krieg/!6010016/
59 https://www.aljazeera.com/opinions/2023/10/30/arab-leaders-must-walk-the-talk-on-palestine

diese Mängel und Versäumnisse aufweisen. In ihrem Eröffnungsplädoyer in Den Haag, wo die Klage Südafrikas gegen Israel vor dem Internationalen Gerichtshof verhandelt wird, mahnte die irische Anwältin Blinne Ní Ghrálaigh KC als Vertreterin Südafrikas: »Man könnte sagen, dass der Ruf des Völkerrechts selbst – seine Fähigkeit und Bereitschaft, alle Völker gleichermaßen zu binden und zu schützen – in der Schwebe hängt«.[60] Das Urteil wird das künftige Verhältnis der postkolonialen Welt zum Völkerrecht, einem der wichtigsten Vermächtnisse der Aufklärung, nachhaltig bestimmen.

Das Kapitel begann mit Einsteins Frage an Freud, ob und wie es möglich sei, die Gewalt in der Welt zu reduzieren, und beschäftigte sich dann mit verschiedenen Ansätzen und Überlegungen zur Rolle von Gewalt und Gewaltlosigkeit in den Dekolonisierungsprozessen. Eine Kritik der Gewalt, so habe ich argumentiert, führt nicht automatisch zu einer Kritik jenseits der Gewalt. Die Antinomien und Aporien der kritischen Praxis bestehen darin, dass sie im Kampf gegen die Gewalt das zerstören kann, was sie zu bewahren sucht. Selbst wenn kritische Praktiken von emanzipatorischen Normen geleitet werden, reproduzieren sie normative Gewalt. Wenn die postkoloniale Welt mit den Widersprüchen und Inkonsistenzen konfrontiert wird, die den Normen von Demokratie, Gerechtigkeit und Rechtsstaatlichkeit innewohnen, ist die Versuchung groß, diese Normen aufgrund ihrer Defizite rundheraus abzulehnen. Wie ich mit diesem Buch zeigen möchte, sind die Normen der Aufklärung, auch wenn sie unzureichend sind, für Prozesse der Dekolonisierung aber unverzichtbar. Kritische Theorien der Dekolonisierung können die normativen Dilemmata, mit denen sie konfrontiert sind, nicht einfach umgehen.

Ein hervorragendes Beispiel für postkoloniale Aporien liefert Derrida in seinen Betrachtungen zu den Kämpfen um die Demokratie in seinem Heimatland Algerien. Mit der Aussicht auf einen überwältigenden Sieg der islamistischen Partei *Front Islamique du Salut* wurde 1992 die demokratische Regierung aufgelöst und durch eine Militärherrschaft ersetzt. Wie Derrida betont, ist die Demokratie in postkolonialen Kontexten nicht nur eine Form des Regierens, sondern auch eine Form der radikalen Kritik: »Die Demokratie ist das einzige System, das einzige Verfassungsmodell, in dem man prinzipiell das Recht hat oder sich nimmt, alles öffentlich zu kritisieren, einschließlich der Idee der Demokratie, ihrer Geschichte, ihres Namens« (2004: 124). Und doch verweist die konstitutive selbstmörderische Natur der demokratischen Regierung auf die Unbeständigkeit der Dekolonisierung (ebd.: 55). Derrida (ebd.: 70) führt aus, dass »der Selbstmord der Demokratie eine Autoimmunreaktion ist«, bei der die demokratischen Prozesse

---

60 https://www.theguardian.com/law/2024/jan/26/icj-gaza-decision-shores-up-rules-based-order-and-puts-west-to-test

in Algerien von den demokratisch gewählten Führern unterbrochen und vorübergehend ausgesetzt wurden, um die demokratischen Strukturen vor einer dauerhaften Schädigung durch ihre Feinde zu schützen und zu bewahren, »ein Selbstmord, um einen Mord zu verhindern« (Thomson 2005).[61] Auch wenn Derrida sich bereits dazu bekannt hatte, dass es »keine Dekonstruktion ohne Demokratie, keine Demokratie ohne Dekonstruktion« (2000a: 156) geben könne, ist er sich der Autoimmunität von Normen, die den Keim ihrer eigenen Zerstörung in sich tragen, sehr wohl bewusst. Diese Fehlfunktion führt zu einem Körper, der, anstatt sich vor äußeren Bedrohungen zu schützen, seine eigene Immunität beeinträchtigt.

Indem er argumentiert, dass jeder demokratische Staat zugleich auch ein Schurkenstaat sei, stellt Derrida klar, dass das Problem nicht einfach darin liegt, dass bestimmte Staaten den Idealen der demokratischen Regierungsführung nicht nachkämen; vielmehr ist die staatliche Macht »ursprünglich exzessiv und missbräuchlich« (2003: 212). Sobald der Staat seinen legitimen Demos definiert, ist er undemokratisch gegenüber denjenigen, die sich nicht dafür qualifizieren. Die Demokratie ist also immer unzureichend und bleibt hinter der Norm zurück. Doch anstatt diese Ideale über Bord zu werfen, hält Derrida an der Verheißung und der Zweideutigkeit der Norm fest. Für ihn wird die Demokratie im Modus des »Zukünftigen« (*la démocratie à venir*) immer wieder aufgeschoben, nicht im Sinne ihrer künftigen Vollkommenheit, sondern in ihrer Unmöglichkeit und Unvorhersehbarkeit. Frieden, Sicherheit und Gleichheit werden mit Gewalt und Zwang durchgesetzt. Mit all ihren Widersprüchen ist die Demokratie »ein leerer Name« (Derrida 2003: 123). Derrida redet aber nicht Resignation oder Ablehnung das Wort, denn auch wenn uns die Demokratie nicht im Voraus vermitteln kann, was kommen und wohin sie uns in Zukunft führen wird, bleibt sie eine notwendige Idee, zu der wir uns immer wieder bekennen müssen.

Dies bringt die normativen Dilemmata, mit denen sich das Projekt der Entkolonialisierung der Aufklärung konfrontiert sieht, auf den Punkt. Das Gedicht »Kurze Gedanken über Landkarten« des tschechischen Dichters und Immunologen Miroslav Holub[62] ist eine brillante Lektion über die Unvorhersehbarkeit des Verhältnisses zwischen Zielen und dem Weg dorthin.[63] Das Gedicht lautet:

61 http://pmc.iath.virginia.edu/issue.505/15.3thomson.html

62 Miroslav Holub (1977): »Brief Thoughts on Maps«. In: *Times Literary Supplement*, Feb. 4, 1977, übersetzt von Jarmila und Ian Milner.

63 Siehe Adam Phillips talk »On Losing And Being Lost Again«: https://www.youtube.com/watch?v=rt70mp2AkY

»Albert Szent-Györgyi, der etwas von Landkarten verstand,
nach denen sich das Leben irgendwo bewegt,
pflegte diese Geschichte aus dem Krieg zu erzählen,
Durch die sich die Geschichte irgendwo hinbewegt.

Von einer kleinen ungarischen Einheit in den Alpen schickte ein junger Leutnant
einen Spähtrupp in die eisige Einöde.
Auf einmal

Begann es zu schneien, es schneite zwei Tage lang und die Truppe
kehrte nicht zurück. Der Leutnant war in großer Not: Er hatte
seine Männer in den Tod geschickt.

Am dritten Tag jedoch war der Spähtrupp zurück.
Wo waren sie gewesen? Wie hatten sie den Weg gefunden?
Ja, erklärte der Mann, wir dachten wirklich, wir seien
verloren und warteten auf unser Ende. Als plötzlich einer aus unserem Haufen
eine Karte in seiner Tasche fand. Da waren wir beruhigt.
Wir machten ein Biwak, warteten, bis der Schnee aufhörte, und fanden dann mit der Karte
die richtige Richtung.
Und hier sind wir nun.

Der Leutnant bat darum, diese bemerkenswerte Karte zu sehen,
um sie zu studieren. Es war keine Karte der Alpen
sondern der Pyrenäen.

Auf Wiedersehen.«

Normen wie Gerechtigkeit, Frieden und Gewaltlosigkeit geben uns eine Orientierung, was die ethisch und politisch angemessene Reaktion in einer bestimmten Situation sein kann. Das erklärt unsere Wut und Frustration, wenn Normen, statt zu halten, was sie versprechen, sich in ihr Gegenteil verkehren, etwa wenn sich Nekropolitik als Demokratie ausgibt und Gerechtigkeit zu Konflikten führt. Normen sind wie Landkarten; eine Garantie, dass sie uns dorthin bringen, wo wir hinwollen, gibt es nicht. Und manchmal, wenn wir orientierungs- und führungslos sind, wenn unsere Normen uns im Stich lassen, müssen wir erfinderisch werden. Dann müssen wir sowohl unsere politischen Ziele als auch die Wege zu ihrer Verwirklichung neu überdenken, neu erfinden und neu gestalten. Wenn Normen das sabotieren, was sie aufrechtzuerhalten versuchen, wenn wir uns selbst aus der Bahn werfen, kann uns diese Unbeständigkeit dazu bringen, kritisch zu denken und nach anderen Ankern für unser Denken und Handeln zu suchen. Normen können wie Landkarten beruhigen und leiten, aber sie können auch das Ergebnis überdeterminieren und den Blick für andere Möglichkeiten verstellen. Manchmal ist es für die Ethik am gefährlichsten zu wissen, wo man ist oder wohin man will und wie man dorthin kommt. Das Gefühl, verloren zu sein, ist für eine progressive Politik manchmal unerlässlich, wenn unsere Normen auf die Probe gestellt werden. Anstatt die Illusion aufrechtzuerhalten, dass es in Ethik und Politik nur darum geht, überlieferte Normen wirksam umzusetzen, offenbart die Fähigkeit, sich verloren zu fühlen, eine ihrer entscheidenden Tugenden: Sie kann uns den nötigen Raum geben, um unsere Beziehung zu diesen Normen neu zu definieren.

In der Einleitung zum Buch *Der Terrorismus und das Erbe der Aufklärung – Habermas und Derrida*« behauptet Giovanna Borradori (2004: 36): »Wie in der klinisch-medizinischen Praxis ist Diagnose für die Kritische Theorie kein spekulatives Unternehmen, sondern eine Bewertung, die auf die Möglichkeit der Heilung ausgerichtet ist. [...] Habermas nennt diese Forderung das ›unvollendete Projekt der Moderne‹. Begründet von Kant und anderen Denkern der Aufklärung, erfordert es den Glauben an Prinzipien, die ihrer Gültigkeit nach universal sind, weil sie sich inmitten historischer und kultureller Besonderheiten bewährt haben.« Unter völliger Missachtung postkolonialer, queer-feministischer Kritik singt Borradori ein eurozentrisches Loblied auf die Errungenschaften der Aufklärung und blendet dabei die gewalttätigen Hinterlassenschaften des europäischen Kolonialismus komplett aus. In ihrer Darstellung der Aufklärung und der Kritischen Theorie wiederholt sie die traditionelle Forderung, Kämpfe mit ethischen Prinzipien zu untermauern, und impliziert, dass ein Individuum oder eine Gruppe den Beweis erbringen müsse, dass ihre theoretischen Papiere in Ordnung sind, bevor sie sich auf eine emanzipatorische Mission begeben könnten. Wie Poststrukturalist:innen und postkoloniale Wissenschaftler:innen seit langem gezeigt haben, kann man aber weder die »richtige« politische Position aus einer Reihe vorgefertigter Möglichkeiten auswählen, noch gibt es ein unmittelbar vorgegebenes Subjekt des Kampfes, so dass es absolut »gute« oder »schlechte« Ursachen, passende Strategien oder widerstandsfähige Subjekte nicht gibt. Politik besteht nicht aus einer Reihe von Praktiken, die sich aus den vermeintlichen Interessen »vorgefertigter« Subjekte ableiten ließen. Angesichts des Mangels an stabilen Identitäten und Metanarrativen müssen die konventionellen Theorien des politischen Handelns durch experimentelle Normen ersetzt werden, die unerwartete und unvorhersehbare Ergebnisse mit sich bringen. Normen wie Gerechtigkeit, Demokratie und Gewaltlosigkeit sind gute Diener, aber schlechte Meister, so dass wir unser Verhältnis zu ihnen immer wieder neu justieren müssen. Normen sind in diesem Sinne »abtrünnig«, ungläubig und vagabundierend, unzureichend und doch unverzichtbar, aber nie ganz das, was wir aus ihnen zu machen versuchen. Wir wissen nie, »ob wir gut oder schlecht gewählt haben, ob sich etwas als gut oder schlecht herausstellen wird, ob es sich als Bedrohung oder als Chance erweisen wird«. Vielmehr kann »die Chance die Bedrohung« sein »[…] und die Bedrohung die Chance« (Naas 2006: 29). Als Double Bind von Chance und Verrat können Normen zwar Ethik und Politik durch selbstmörderische Autoimmunität zerstören, aber sie können auch die Möglichkeit einer neuen Ethik oder Politik eröffnen. Derrida (2003: 213 f) beendet *Schurken* mit der Feststellung, dass die Aufklärung angesichts des Fehlens einer zuverlässigen Gewaltprophylaxe mit »dieser vergifteten Medizin, diesem Pharmakon einer unflexiblen und grausamen Autoimmunität, die manchmal ›Todestrieb‹ genannt wird«, einen Umgang finden müsse.

Zum Abschluss möchte ich mich der Frage zuwenden, wie die Ästhetik die Spannung zwischen der Politik und der Ethik der Dekolonisierung verhandelt. Gegen das Vertrauen in demokratische Prozesse argumentiert Adorno, dass der Aufstieg der Massenkultur die kapitalistischen Strukturen konsolidiere und gleichzeitig die demokratische Rede sowie die Öffentlichkeit als Ganzes aushöhle, was letztlich kontraproduktiv für die Herausbildung einer kritischen Haltung sei. Die Verquickung von Kunst und Unterhaltung durch die Kulturindustrie entziehe der Gesellschaft alle kritischen und utopischen Inhalte und erzeuge unreflektierte, isolierte Individuen (Adorno GS 10.1 [1967]: 342). Anstatt zum Nachdenken anzuregen und den Geist zu verändern, wie die griechischen Tragödien, wirke die Kulturindustrie sedierend, tröstend und beschwichtigend. Im abschließenden Kapitel werde ich noch einmal die Affinitäten zwischen der Kritischen Theorie der ersten Generation und den postkolonialen Studien aufzeigen, insbesondere zwischen Adorno und Spivak, und gleichzeitig die Unterschiede zwischen der dekolonialen Option und den postkolonialen Studien herausarbeiten. Abschließend möchte ich die Fragen der Entsubalternisierung und die wichtige Rolle der ästhetischen Bildung ansprechen.

Kapitel 6: Ästhetische Aufklärung und die Kunst der Dekolonisierung

»An einem Philosophen ist es eine Nichtswürdigkeit zu sagen: das Gute und das Schöne sind Eins: fügt er gar noch hinzu ›auch das Wahre‹, so soll man ihn prügeln. Die Wahrheit ist häßlich: wir haben die Kunst, damit wir nicht an der Wahrheit zu Grunde gehen.« (Nietzsche KGW VIII, Bd. 3 [1888]: 296)

Von Krieg und politischen Konflikten bis hin zu Naturkatastrophen und Umweltzerstörung werden wir täglich mit Bildern des Leidens überflutet. Während manche auf den Schmerz anderer (Sontag 2003) mit Solidarität reagieren, klagen viele über »Empathiemüdigkeit«. Kann Kunst uns politisieren und für die Ethik sensibilisieren, indem sie uns aus unserer Gleichgültigkeit und Verantwortungslosigkeit herausreißt? Könnten kreative und affirmative künstlerische Praktiken dazu beitragen, demokratische Prinzipien zu fördern, transnationale Gerechtigkeit zu schaffen und die Menschenrechte zu schützen? Oder sollte die Kunst vielmehr autonom und zweckfrei sein und sich nicht in den Dienst politischer und ethischer Imperative stellen?

Die Diskussion in der Einleitung über die umstrittene Documenta 15 diente mir als aufschlussreiches Beispiel für die Komplexität, die der politischen Kunst innewohnt. Auf der einen Seite steht das Versprechen und die Erwartung, dass Kunst Gerechtigkeit und Demokratie fördern kann. Auf der anderen Seite steht der Vorwurf, dass sie als Alibi für kapitalistische und hegemoniale Ziele fungiert. Angesichts der Kontroversen, die die Kunstwelt und ihre Institutionen vor und seit dem Krieg zwischen Israel und der Hamas plagen – sei es die Documenta, die Berlinale oder die Oscars – trägt dieses Kapitel dazu bei, die Spannung zwischen Artivismus[1], d.h. der Verquickung von Kunst und Aktivismus, und Artwashing sowie die Rolle der ästhetischen Bildung in Prozessen der Dekolonisierung zu verstehen.

Die Schlüsselfrage für die postkoloniale Forschung lautet, ob die politische Arbeit zur Übung der Vorstellungskraft imperialistischen, rassistischen, orientalis-

1 *Artivism*, ein Kofferwort aus den Begriffen *art* und *activism*.

tischen, antisemitischen und heteronormativen Strukturen und Praktiken entgegenwirken könnte. Während dekoloniale Wissenschaftler:innen einen radikalen Bruch mit der westlichen Ästhetik vorschlagen, berufen sich Denker:innen wie Spivak auf Kant und Schiller, um die ästhetische Erziehung als Schritt zur Dekolonisierung ganz neu zu denken. Anstatt die Aufklärung und ihr Erbe abzulehnen, schlägt Spivak vor, sie zu »sabotieren«, um den Prozess der Entsubalternisierung durch eine ästhetische Erziehung zu ermöglichen.

Während des Zweiten Weltkriegs wurde das Stück *Dak Ghar* (Die Post) insgesamt 105 Mal in deutschen Konzentrationslagern aufgeführt. Der antikoloniale Denker und Nobelpreisträger Rabindranath Tagore hatte das Stück auf Bengalisch verfasst, während er um seinen kleinen Sohn trauerte. André Gide übersetzte es ins Französische und las es in der Nacht, bevor Paris von den Nazis eingenommen wurde, im Radio.[2] Eine der vielleicht bemerkenswertesten Inszenierungen war die von Janusz Korczak (Pseudonym von Henryk Goldszmit), einem polnisch-jüdischen Pädagogen, der im Warschauer Ghetto ein Waisenhaus leitete.[3] Das Stück wurde von den Kindern nur wenige Wochen vor ihrer und Korczaks Deportation in das Vernichtungslager Treblinka aufgeführt. Die Geschichte dreht sich um den jungen Waisenjungen Amal, der an einer Krankheit leidet und zu Hause unter Quarantäne gestellt wird. In seinem Bestreben, die Welt zu erkunden, setzt er sich an ein Fenster mit Blick auf eine Straße und spricht mit den vorbeigehenden Menschen. Amal ist fasziniert von dem neu errichteten Postamt in der Nähe und stellt sich vor, einen Brief vom König zu erhalten, in dem dieser ihm mitteilt, dass er seinen Leibarzt schicken wird, um ihn zu heilen. Das Stück zeichnet ein eindrückliches Bild von Amal, von seinen Sehnsüchten und Ängsten.

In Korczaks Kinderheim im Warschauer Ghetto lebten fast zweihundert Kinder im Alter zwischen sieben und 14 Jahren. Der chronische Mangel an Lebensmitteln bedeutete, dass Hunger und Krankheit ebenso allgegenwärtig waren wie die Gefahr von Massendeportationen.[4] Warum ließ Janusz Korczak die Waisenkinder in dieser Zeit der Ungewissheit und des Leides ein Theaterstück aufführen, und das ausgerechnet von einem indischen Dramatiker?[5] Unter den miserablen Bedingungen des Warschauer Ghettos half Korczak den ausgemergelten Kindern dabei, sich aus alten Bettlaken und zerrissenen Socken Kostüme herzustellen, und widersetzte sich den Nazis, die jegliche kulturellen Aktivitäten im Ghetto untersagt hatten. Wenn sie erwischt worden wären, hätten die Beteilig-

---

2 https://forward.com/culture/477123/warsaw-ghetto-korczak-tagore-jai-chakrabarti-play-for-the-end-of-the-world/

3 https://www.telegraphindia.com/west-bengal/tagore-39-s-dakghar-in-warsaw-ghetto/cid/1323716

4 https://www.theholocaustexplained.org/the-camps/the-warsaw-ghetto-a-case-study/

5 https://www.jewishbookcouncil.org/pb-daily/the-post-office-a-play-from-india-to-wartime-poland

ten mit drakonischen Strafen rechnen müssen.[6] Die Kinder, so wird berichtet, waren von der Aussicht, dass die ganze Gemeinde kommen würde, um ihre Stück zu sehen, begeistert. Drei Tage später begannen die Massendeportationen nach Treblinka und weder Korczak noch die Waisenkinder überlebten. Möglicherweise wollte Korczak die Waisenkinder in seiner Obhut mit dem tragischen Stück über ein totkrankes Kind auf ihren eigenen Tod vorbereiteten. Noch überzeugender ist jedoch die Erklärung, dass es ihm darum ging, den Kindern durch Ästhetik die Würde zurückzugeben, die die Nazis ihnen genommen hatten.

Sollte man in Anbetracht ihrer historischen Verstrickung in koloniale und faschistische Regime der Kunst überhaupt die Aufgabe der Dekolonisierung anvertrauen? Nichts zeugt besser von der Desillusionierung mit dem Versprechen der Kunst, eine transformative Kraft zu sein, als Adornos berühmte Zeile, »nach Auschwitz ein Gedicht zu schreiben, ist barbarisch« (GS 10.1 [1955]: 27). Wie konnte eine Gesellschaft mit einer so reichen Tradition in Kunst, Musik, Poesie, Literatur und Philosophie solch abscheuliche Verbrechen gegen die Menschlichkeit begehen? Wie konnte das Land von Bach, Goethe und Kant auch Menschen wie Hitler, Goebbels und Eichmann hervorbringen? Angesichts der Tatsache, dass die Kunst in den Strukturen von Kapitalismus und Neokolonialismus operiert, bleibt die politische, soziale und wirtschaftliche Rolle von Kunst, künstlerischen Praktiken und Kunstinstitutionen unter den gegenwärtigen Bedingungen globaler Ungleichheit ambivalent und umstritten.

Ich beginne das Kapitel mit diesem historischen Beispiel von *Dak Ghar*, um die mögliche Rolle der Ästhetik bei der Transformation von Politik und Ethik hervorzuheben. Da es im Kolonialismus neben wirtschaftlicher Ausbeutung um die Produktion imperialer und subalterner Subjekte geht, ist es in Dekolonisierungs- und Entsubalternisierungsprozessen unerlässlich, sich nicht nur mit den Herausforderungen der wirtschaftlichen Umverteilung und der politischen Anerkennung auseinanderzusetzen, sondern auch mit der Rolle der Ästhetik. Im Folgenden möchte ich Mignolo, Adorno und Spivak vergleichen, um kontrastierende Auffassungen von Ästhetik herauszuarbeiten. Im ersten Abschnitt möchte ich rekonstruieren, wie »ästhetischer Ungehorsam« in der dekolonialen Option zu verstehen ist. Es handelt sich um eine Erweiterung der Idee der »epistemischen Entkopplung«, bei der nicht-eurozentrische Ansätze zur Ästhetik im Vordergrund stehen. Der nächste Abschnitt befasst sich dann mit Adornos und Spivaks Verständnis der Ästhetik als einer Erziehung zu kritischer Intelligenz. In Auseinandersetzung mit Kant und Schiller argumentiert Spivak überzeugend, dass eine ästhetische Erziehung die Vorstellungskraft darin schult, sich auf ethische Weise mit der Alterität in einer herrschaftsfreien Weise auseinanderzusetzen.

6 https://www.theholocaustexplained.org/the-camps/the-warsaw-ghetto-a-case-study/

In Anlehnung an Kant setzte Schiller auf die pädagogische Funktion des Ästhetischen, um die Subjekte darauf vorzubereiten, ideale Welten zu entwerfen und in ihnen zu verweilen. Für Kant resultierte aufgeklärtes politisches Handeln aus der Zirkulation von Ideen und Handel (*Bücher* und *Geld*) (Kant WA, AA 8 [1784]: 36). Da die Öffentlichkeit nur langsam zur Aufklärung gelangen könne und von den selbstbefreienden Handlungen kritischer Köpfe geleitet werden müsse, müsse auch die Verbreitung von Wissen schrittweise erfolgen (ebd.). So werde der politische Wandel durch die Förderung fortschrittlicher, von den gebildeten Kreisen verbreiteter Ideen ermöglicht (Kester 2012: 91). Interessanterweise kommt der Ästhetik in diesem Prozess eine Schlüsselrolle zu, die Schiller in seinem Begriff der »ästhetischen Erziehung« explizit aufgreift. Ihm zufolge wird die reife Teilhabe an der Öffentlichkeit durch den »zivilisierenden« Einfluss der ästhetischen Erfahrung ermöglicht. Statt die Zivilgesellschaft als Sphäre der Deliberation zu betrachten, in der sich das Bewusstsein bildet und aus der Veränderungen hervorgehen, argumentiert Schiller, dass kein sinnvoller politischer Wandel möglich sei, solange das menschliche Bewusstsein nicht durch einen Prozess der ästhetischen Erziehung eine Transformation erfahre: Schiller zeigt sich überzeugt, »[...] daß man, um jenes politische Problem in der Erfahrung zu lösen, durch das ästhetische den Weg nehmen muß, weil es die Schönheit ist, durch welche man zu der Freyheit wandert.« (Schiller SW XX [1795]: 312)

Mit diesem Ansatz stehen nicht mehr die Intellektuellen, sondern die Künstler:innen und Dichter:innen als Akteure der Aufklärung im Mittelpunkt. Während Schiller analysierte, wie das moderne Leben durch Industralisierung und Urbanisierung die bürgerlichen Subjekte schädigt, richtet Spivak ihr Augenmerk auf die epistemische Gewalt des Kolonialismus und Modernität. Trotz dieser und anderer Unterschiede stimmen Schiller, Spivak und auch Kant aber darin überein, dass die ästhetische Erfahrung eine kritische Intelligenz hervorbringen und damit zu einer dauerhaften und umfassenden Transformation gegebener sozialer Strukturen beitragen kann, die über einen flüchtigen Moment des Widerstands hinausgeht. Der Schwerpunkt liegt hier auf der pädagogischen Funktion des Ästhetischen, die uns darauf vorbereitet, unsere Welten verantwortungsvoll zu lesen und zu bewohnen. Die kognitive Biegsamkeit, die durch eine solche Erfahrung hervorgerufen wird, entfaltet komplexe Artikulationen von Politik, Ethik und Ästhetik. Spivak würde Adornos berühmtes Diktum, »*Es gibt kein richtiges Leben* im Falschen« (Adorno GS 4 [1951]: 40), um den Zusatz ergänzen, dass es in einem Kontext, der von einer schlechten Ethik geprägt ist, auch keine gute Politik geben kann. Die Hoffnung lautet, dass die Ästhetik Abhilfe schaffen kann.

Ästhetischer Ungehorsam und dekoloniale Optionen

Für die dekolonialen Denker Mignolo und Rolando Vazquez (2013) ist die »Ästhetik« Teil der kolonialen Matrix der Macht, die sich mit der Kolonisierung der Neuen Welt herausbildete. Das moderne/koloniale Projekt bedeutete nicht nur wirtschaftliche, politische, epistemische und militärische Herrschaft, sondern regulierte auch die ästhetischen Fähigkeiten; dies geschah mittels eurozentrischer Normen, die andere Vorstellungen des Schönen und des guten Geschmacks sowie nichteuropäische ästhetische Praktiken abwerteten und disqualifizierten. Die »moderne ÄstheTik« habe die europäischen Normen des Schönen und Erhabenen universalisiert, bis sie schließlich die Sinne und Wahrnehmung der Einheimischen zu beherrschen begann. Die »ÄstheTik« habe im Europa des 18. Jahrhunderts die »Poetik« und die »Poiesis« ersetzt und dabei eine westliche Sensibilität und Norm entlokalisiert und universalisiert, was für die Verfassung des modernen rationalen Subjekts von großer Konsequenz sei. In ihrer dekolonialen Lektüre von Kants *Beobachtungen über das Gefühl des Schönen und Erhabenen* (1764) arbeiten Mignolo und Vazquez den Unterschied zwischen »ÄstheTik« und »AiestheSis« heraus; während erstere eine regionale Erfindung der europäischen Aufklärung sei, biete letztere Alternativen zum Eurozentrismus, die aber über eine einfache Entwestlichung der Künste hinausgingen.

Dekoloniale Optionen wollen die koloniale/moderne Ordnung unterlaufen, indem sie Alternativen zum westlichen Kanon anbieten, nicht etwa in Form eines neuen »Überlegenheitsanspruches«, sondern vielmehr als Vorschläge, die die Legitimität alternativer Auffassungen von Schönheit und Erhabenheit betonen. Durch eine »Geopolitik des Wahrnehmens und Erkennens« (Mignolo 2011a) wirke die dekoloniale Ästhetik dem kolonialen/modernen Impuls entgegen, Menschen und Gesellschaften zu klassifizieren und zu hierarchisieren, während sie gleichzeitig die Differenz bekräftige und dadurch koloniale Wunden heile. Die dekoloniale Ästhetik will sich gegen den westlichen Kanon wenden und dekoloniale Subjektivitäten befreien, nicht durch eine in abstrakten Konzepten ausgedrückte Metakritik, sondern durch verkörperte Praktiken des »ästhetischen Ungehorsams« und eine Wiedergewinnung alternativer Erinnerungen, Kenntnisse und Empfindungen, aus der eine »Re-Existenz« zuvor marginalisierter und zum Schweigen gebrachter Subjektivitäten hervorgehen soll (Mignolo/Vazquez 2013). Indem sie auf ästhetische Konzepte und Praktiken jenseits des europäischen Kanons zurückgreift, will die dekoloniale Arbeit eurozentrische Ansätze ent-universalisieren und andere, nichteuropäische »Optionen« für die Welt des Sinnlichen eröffnen (Mignolo/Vazquez 2013). »Die dekoloniale transmoderne Ästhetik ist interkulturell, inter-epistemisch, inter-politisch, inter-ästhetisch und inter-spirituell, aber immer aus der Perspektive des ›globalen

Südens‹ und des ehemaligen Osteuropas.«[7] Gegen die »Kolonialisierung des Geistes«, die Differenz kontrolliert, negiert, standardisiert und homogenisiert sowie hegemoniale Sprachen und Institutionen festschreibt, will die dekoloniale Option demokratische und tolerante epistemische und ästhetische Praktiken ermöglichen, die von mehreren geopolitischen Orten der Aussage ausgehen (Mignolo 2009: 18).

Um ästhetische Praktiken jenseits des normativen Rahmens der Moderne wiederzugewinnen, richtet sich das Augenmerk auf die Masse der Menschen, die keine westliche Bildung genossen haben, aber über kreative Fähigkeiten verfügen, die ihrer Gemeinschaft Freude bereiten. Mignolo (2014: 204) schlägt »Entkoppelung« als eine Strategie vor, um Denk-, Handlungs- und Seinsweisen zu erkunden, die zuvor sowohl von der christlichen Theologie als auch von der modernen säkularen Wissenschaft disqualifiziert wurden. Dekoloniale Aisthe-Sis ist die Fähigkeit der kolonisierten Subjekte, ihre Empfindungen durch eine Überschreitung der europäischen Rahmung der Universalität zu dekolonisieren, indem sie vorkoloniale Erinnerungen, Empfindungen, Fähigkeiten und Kenntnisse wiederherstellen (ebd.: 201–202). Dementsprechend ist »dekoloniales Heilen« ein gemeinschaftliches Unterfangen, das etwa von den indigenen Menschen in Abya-Yala, die indigene Bezeichnung für den amerikanischen Kontinent, praktiziert wird und die Abkehr von europäischen Denk-, Hör-, Seh-, Fühl- und Handlungsweisen verfolgt. Es geht darum, »zu lernen, ein dekoloniales Subjekt zu sein« (ebd.: 207). Mignolo stellt aber klar, dass er als nicht-indigener Denker, Wissenschaftler, Aktivist und Künstler nicht in der Lage ist, darüber zu entscheiden, ob die »dekoloniale Option« für indigene Projekte sinnvoll und hilfreich ist (ebd.: 208).

In einer scharfsinnigen Kritik am dekolonialen Projekt der »Entflechtung« weist Mbembe (2021a: 79–80) darauf hin, dass der sezessionistische Imperativ des dekolonialen Ansatzes die Verflochtenheit der Welten, in denen wir leben, außer Acht lässt. Sollen »dekoloniale Akte« mehr sein als bloße »Gesten, durch die man sich von der Welt oder sich selbst abschneidet«, müssen sie gerade »in der Konnektivität und Elastizität« unserer globalisierten Bedingungen stattfinden (ebd.: 89), so Mbembe. Darüber hinaus beklagt er, dass »Afrika« in den meisten Diskursen über Dekolonisierung verdinglicht und essentialisiert werde, indem es mit dem »Einheimischen«/»Ethnischen«/»Eingeborenen« gleichgesetzt wird, als gäbe es für eine afrikanische Identität keine anderen Bezugspunkte (ebd.: 78). Was fehle sei eine »Kritik der so genannten ›indigenen Epistemologien‹, und in mehr als einem Fall werden letztere einfach mit traditionellen Kosmogonien oder volkstümlichen *arts de faire* wie Handwerk, Erzählkunst und Sprichwörtern in

7 https://transnationaldecolonialinstitute.wordpress.com/decolonial-aesthetics/

einen Topf geworfen« (ebd.). In Anlehnung an Yambo Ouologuem stellt Mbembe (2016: 275) »die für die Négritude so zentralen Begriffe der Herkunft, der Geburt und der Abstammung« in Frage und »relativiert [...] den Fetischismus der Herkunft, indem [er] zeigt, dass es keine reine Herkunft gibt; dass alle Herkunft auf einem Haufen Dreck beruht.«

Im Gegensatz zur dekolonialen Option, die die Gemeinschaft über den Staat stellt und Dekolonisierung als Subversion und Umkehrung sowohl der Moderne als auch der Kolonialität begreift, bin ich nicht von einer Entwestlichung oder Entkopplung als Formel für die Dekolonisierung überzeugt. Vorzuschlagen, dass Dekolonisierung ein einfacher Prozess der »Rückkehr« zu ursprünglichen, authentischen und unverfälschten vorkolonialen Epistemologien und Ästhetiken sein könne, ist fragwürdig. Um der Versuchung zu widerstehen, außereuropäische Subjektivitäten und Praktiken zu romantisieren, müssen wir uns vielmehr immerzu der komplizierten Beziehung zwischen Dekolonisierung, Entsubalternisierung und europäischer Aufklärung bewusst bleiben. Gegen die Gefahr einer eindeutigen Verherrlichung des Ästhetischen möchte ich, in Anlehnung an Spivak, die ambivalente Natur der ästhetischen Bildung in Erinnerung rufen. Kant (KU, AA 5 [1790]: 205) war der Ansicht, dass die ästhetische Interesselosigkeit zwar erlösend und präfigurativ wirken kann, sich aber vom normativen politischen Diskurs, der die Parameter für aufgeklärtes Handeln setzt, unterscheide. Im Anschluss an Kant argumentiert auch Adorno, dass eine autonome ästhetische Praxis eine kritische Distanz zu egozentrischem sozialem und politischem Handeln ermögliche (Kester 2012: 91). Ich möchte nun etwas genauer nachzeichnen, wie Spivak auf Kant, Schiller und Adorno zurückgreift, auch wenn sie von ihnen abweicht, um vorzuschlagen, dass die Ästhetik die Gemüter verändern kann, weg vom bloßen Eigeninteresse hin zur Dekolonisierung.

Ästhetische Bildung und Entsubalternisierung

Adorno (GS 7 [1970]: 9) beginnt seine *Ästhetische Theorie* mit der Frage nach dem Existenzrecht der Kunst. Vor Adorno wurde diese Frage von zahllosen Denker:innen sehr unterschiedlich beantwortet. Platon zum Beispiel behauptete, Kunst sei gefährlich, da sie die Wahrheit/Wirklichkeit verfälsche und die Gefühle manipuliere. In seiner *Politeia* (1973 [375 v. Chr.]) werden Künstler:innen aus der idealen Polis verbannt, da sie beschuldigt werden, im Gegensatz zu den Philosophen unverantwortliche Kritiker und Störenfriede zu sein, die zensiert werden müssen. In ähnlicher Weise warnten stoische Philosophen wie Seneca (2007 [45]) davor, dass Emotionen manipuliert werden könnten und künstlerische Praktiken in ihrer Wirkung unvorhersehbar seien, und erklärten daher den Zustand der Emotionslosigkeit zur angemessenen Grundlage für die ethische Praxis. Die Stoiker lehnten das Mitgefühl zugunsten der Apathie, der Freiheit von allen Affekten, als gewünschten Seinszustand ab. Die historische Rolle der Kunst in faschistischen und kolonialen Regimen schien die Bedenken der Stoiker in Bezug auf Ästhetik und Affekt zu bestätigen. Das Versprechen der Kunst, mündige und aufgeklärte Bürger hervorzubringen, schien angesichts des Scheiterns des eurozentrischen zivilisatorischen Ideals der Bildung im Kontext des europäischen Kolonialismus und Faschismus unhaltbar.

Andere wiederum argumentieren, die Kunst stelle eine ethische Beziehung zwischen dem Betrachter und dem:der Leidenden her und ermögliche so eine mitfühlende Handlungsfähigkeit. Die theatrale Szene des Leidens rege zur Entwicklung von Mitgefühl und Empathie an, d.h. zur Teilhabe am Schmerz der anderen; statt Schadenfreude oder Hoffnungslosigkeit angesichts der Not der anderen hervorzurufen, ermutige die Kunst zur Verantwortung. Anstelle von Überwältigung und Ohnmacht angesichts der Ungeheuerlichkeit des schmerzhaften Spektakels (Sontag 2003) sollen ästhetische Praktiken den Affekt für Gerechtigkeit und Freiheit mobilisieren. In seiner *Poetik* stellte Aristoteles (2008 [335 v. Chr.]) beispielsweise die reinigende Kraft der Tragödie in den Mittelpunkt und behauptete im Gegensatz zu Platon, dass eine perfekte Tragödie im Zuschauer Jammern (*eleos*) und Schaudern (*phobos*) hervorrufe, was zu einer Katharsis führe. Darüber hinaus argumentierte Aristoteles, dass die Katharsis nicht nur reinigend wirke, sondern auch Kunst und Ethik miteinander versöhnen könne und dabei Wissen schaffe. Aristoteles' Theorie hat Nussbaums (2014) Überlegungen zur positiven Rolle der politischen Emotionen stark beeinflusst.

Gegen die positivistische Annahme, dass Tortendiagramme und Statistiken ein wirksames Mittel seien, um Wissen über Armut oder Krieg zu vermitteln und das Bewusstsein für globale Probleme zu schärfen, könnte man argumentieren, dass ästhetische Praktiken geeigneter seien, um uns zu politisieren und ethisch sensibel zu machen, da sie uns aus unserer Gleichgültigkeit und Verantwortungslosigkeit herausreißen können. Spivak schlägt vor, dass Kunst uns mit dem Unbekannten vertraut mache, nicht nur indem sie die Undurchsichtigkeit des Offensichtlichen und Gegebenen »produktiv abbaut« (Spivak 2012a: 1), sondern auch, und das ist noch wichtiger, weil sie uns das Vertraute entfremdet (ebd.: 116). Dies erinnert an Freuds (GW XII [1919]: 231) Überlegungen zur Dynamik zwischen heimlich (heimisch, vertraut, aber auch verborgen und geheim) und unheimlich (unvertraut, aber auch unverborgen, enthüllt). Freud zufolge bezeichnet das Phänomen des Unheimlichen eine unerwartete und unbeabsichtigte Selbstoffenbarung. Im Unheimlichen kommt ungewollt etwas Vertrautes zum Vorschein, das das Selbst vor sich selbst verborgen hatte. Statt die Realität zu spiegeln oder zu testen, verwandeln ästhetische Praktiken das Gewöhnliche in das Unheimliche und umgekehrt. Die Ästhetik verspricht, uns das zu offenbaren, was zu konfrontieren wir nicht bereit sind, und hat somit die Fähigkeit, uns auch mit dem Gewöhnlichen zu überraschen. Das Versprechen lautet, dass eine unheimliche Politik der Repräsentation – im Sinne von Darstellung und Vertretung – neue politische Subjektivitäten schmieden und uns über reduktionistische Konzepte, in denen Gerechtigkeit und Demokratie eine bloße Checkliste sind, hinausführen kann.

Man könnte meinen, dass sich die Dekolonisierung durch die Sicherung der wirtschaftlichen Unabhängigkeit, der sozialen Ermächtigung und der politischen Beteiligung der subalternen Klassen erreichen ließe. Obwohl all diese Aspekte für Spivak notwendig sind, reichen sie nicht aus, um die Subalternität abzubauen; sie müssen durch eine ästhetische Bildung ergänzt werden, welche »die Art und Weise, in der Wissensobjekte konstruiert werden, transformiert, und vielleicht sogar die Begehren des Subjekts verändert« (2012a: 41). Hier geht es nicht um einen politischen Plan zur Förderung der Künste und ihrer Bildung oder um die Festlegung von Standards für Geschmacksurteile; vielmehr steht die Bedeutung des kritischen Werts einer ästhetischen Bildung im Mittelpunkt, d.h. die Praxis des Lehrens und Lernens zur Schulung der Vorstellungskraft. Die Umgestaltung der Vorstellungskraft ist ein unverzichtbarer Aspekt der Dekolonisierung, der »ein weiteres Vermächtnis der europäischen Aufklärung – die Ästhetik – produktiv abbaut« (ebd.: 1). Eine ästhetische Bildung geht über die bloße Vermittlung von Informationen und Fertigkeiten hinaus; sie ist vielmehr mit »der Gewohnheit des Ethischen« (ebd.: 9) verbunden, da sie »den Glauben in den Bereich der Vorstellungskraft« (ebd.: 10) verschiebt. In ihrer Lektüre des westlichen Kanons unternimmt Spivak den Versuch, »Schiller zu sabotieren« (ebd.: 2), indem sie seine Überlegungen zum Ästhetischen einer absichtlichen »Fehllektüre« unterzieht, um zum Projekt der Entsubalternisierung und folglich der Dekolonisierung beizutragen.

Bevor ich Spivaks Position weiter ausführe, möchte ich kurz auf die Argumente ihrer Quellen eingehen. In der Geschichte der westlichen Philosophie hat sich insbesondere Kant (KU, AA 5 [1790]) der Verbindung zwischen menschlicher Erkenntnis und ästhetischen Urteilen gewidmet. Im Gegensatz zur Befriedigung aus moralischem Handeln erzeugt die ästhetische Erfahrung für Kant ein »interesseloses Wohlgefallen«, das weder in der Realität verankert noch durch moralische oder politische Imperative belastet ist (ebd.: 205). Dieses Wohlgefallen wird nicht kausal durch ein Kunstwerk hervorgerufen, sondern ist vielmehr ein vom äußeren Gegenstand unabhängiger Geisteszustand. Ein ästhetisches Urteil ist für Kant eine Reflexion des Schönen und unterscheidet sich vom privaten sinnlichen Genuss. Dies ruft ein interesseloses und universelles Wohlgefallen hervor, das sich zwar vom objektiven Vernunfturteil unterscheidet, aber dennoch auf der Verbindung zwischen dem Individuellen und dem Universellen beruht (Eriksson 2008/2009: 36–37). Die Ästhetik emanzipiert uns von privaten Eigeninteressen und ermöglicht »Intersubjektivität«, sie fördert den Übergang vom »Ich« zum »Wir« (ebd.: 40). Eine der wichtigsten Lehren der *Kritik der Urteilskraft* (1790) ist, dass die Kluft zwischen Individualität und Humanität durch die Ästhetik überbrückt werden kann. Kant-Forscher:innen argumentieren, die größte Errungenschaft von Kants ästhetischer Theorie bestehe darin, dass sie die ästhetische Urteilskraft befreie, indem sie das feudale Monopol des »guten Geschmacks«, das ausschließlich der Aristokratie vorbehalten war, in Frage stelle und so den Prozess der Aneignung und Kultivierung der ästhetischen Urteilskraft demokratisiere.

Diese Lesart wird von Pierre Bourdieu bestritten, der darauf hinweist, dass Kants und Schillers bürgerliche Herausforderung der Aristokratie die Klassenfrage im Bereich der Ästhetik nicht löse. In *Die feinen Unterschiede* (1979) bestreitet Bourdieu den Universalitätsanspruch und interesselosen Charakter der kantischen Ästhetik. Er weist auf die »ästhetische Kluft« hin, die sich in der Abneigung der privilegierten Klassen gegenüber der Ästhetik der Arbeiterklasse kundtut (Eriksson 2008/2009: 39). Anstelle von Intersubjektivität und Universalität zementiert die Ästhetik also sozialen Status und Klassenprivilegien. Das Versprechen, dass ästhetische Urteile Hierarchien nivellieren können, indem sie den Geschmack demokratisieren, wird hier also in Zweifel gezogen. Kant wird vorgeworfen, dass er einen neuen ästhetischen Elitismus einführe, in dem privilegierte Personen in Fragen des Schönen und des Erhabenen Gesetze erlassen und Standards setzen und damit bestimmen, wer als kultiviert gilt und wer nicht.

Gegen den Vorwurf, dass bei Kant nur ausgewählte, ästhetisch kultivierte Menschen über Fragen des Geschmacks und der Schönheit urteilen dürfen, lässt sich freilich einwenden, dass das ästhetische Urteil für Kant gar nicht auf einer singulären Erfahrung des Schönen oder Erhabenen beruht. Obwohl er die subjektive Natur des Geschmacks betont, besteht Kant (KU, AA 5 [1790]: 190) auf einer gemeinsamen Grundlage des Urteils, die in unserem Menschsein begründet ist. Die Fähigkeit, das Schöne zu erleben, ist für ihn eine grundlegende menschliche Fähigkeit, die keinesfalls auf Menschen mit einer verfeinerten Sensibilität oder einer entwickelten Wertschätzung für die schönen Künste beschränkt ist. Das bedeutet, dass der ästhetische Genuss nicht einigen wenigen vorbehalten ist, die ihn in elitärer Abgeschiedenheit erleben; Kant betont vielmehr die Rolle des Ästhetischen bei der Bildung des intellektuell aktiven und moralisch verantwortlichen Bürgers. Die Kluft zwischen Vernunft und Neigung, zwischen Intellekt und Wille kann durch die »erweiterte […] Denkungsart« (Kant KU, AA 05 [1790]: 294), welche in der ästhetischen Erfahrung möglich wird, überwunden werden.

Für Kant ist die Ausübung der Vernunft als Gegenmittel gegen Unterwürfigkeit und Willkür kein einsames Unterfangen. Ein privates Individuum kann nicht erwarten, der »Unmündigkeit« zu entkommen; vielmehr ist die Autonomie im Denken immer intersubjektiv und wird durch den öffentlichen Gebrauch der Vernunft bestimmt. Für das Entstehen einer aufgeklärten Öffentlichkeit ist die Freiheit, von der eigenen Vernunft öffentlich Gebrauch zu machen, bedeutsamer als politische Reformen: »Daher kann ein Publikum nur langsam zur Aufklärung gelangen. Durch eine Revolution wird vielleicht wohl ein Abfall von persönlichem Despotism und gewinnsüchtiger oder herrschsüchtiger Bedrückung, aber niemals wahre Reform der Denkungsart zustande kommen; sondern neue Vorurteile werden, ebensowohl als die alten, zum Leitbande des gedankenlosen großen Haufens dienen. Zu dieser Aufklärung aber wird nichts erfordert als Freiheit; und zwar die unschädlichste unter allem, was nur Freiheit heißen mag, nämlich die: von seiner Vernunft in allen Stücken öffentlichen Gebrauch zu machen.« (Kant WA, AA 8 [1784]: 36)

Schillers Briefe *Über die ästhetische Erziehung des Menschen* (1795), eine Art Hommage an und Antwort auf Kants *Kritik der Urteilskraft*, wurden unter dem Eindruck der Schreckensherrschaft während der Französischen Revolution geschrieben. Der Text reflektiert über die Frage nach wahrer politischer Freiheit und spürt den Spannungen zwischen den gegensätzlichen Kräften des Sinnlichen und des Rationalen nach. In Vorwegnahme von Adornos Überlegungen zur instrumentellen Vernunft skizziert Schiller die Fallstricke der Überrationalisierung, die er mit »Barbarei« in Verbindung bringt (Schiller SW XX [1795]: 318): »Der Mensch kann sich aber auf eine doppelte Weise entgegen gesetzt seyn: entweder als Wilder, wenn seine Gefühle über seine Grundsätze herrschen; oder als Barbar, wenn seine Grundsätze seine Gefühle zerstören« (ebd.). Die ästhetische Erziehung könne Gefühl und Denken versöhnen und so als Gegenmittel fungieren. Schiller argumentiert mit Blick auf die Freiheit, dass man, um »jenes politische Problem in der Erfahrung zu lösen, durch das ästhetische den Weg nehmen muß, weil es die Schönheit ist, durch welche man zu der Freyheit wandert« (ebd.: 312). Schönheit und Freiheit sind so miteinander verbunden, dass die Erfahrung der Schönheit für die Erlangung der Freiheit unerlässlich ist. Die Befreiung, die aus Revolutionen hervorgehen soll, kann ohne ästhetische Bildung nicht gelingen; ohne den Sinn für das Schöne kann die Freiheit von der Tyrannei schnell in Barbarei enden. Das Scheitern der Aufklärung liegt für Schiller darin begründet, dass sie einseitig die intellektuelle Bildung privilegiert habe, ohne die Fähigkeit zu Gefühlen und Begehren gleichermaßen zu kultivieren (ebd.: 320). Die Empfindungen der Menschen müssten aber so geformt werden, dass sie die Neigung entwickeln, nach den Prinzipien der Vernunft zu handeln. Fortschritt im politischen Bereich sei nur möglich, wenn der Charakter der Bürger durch die Kunst veredelt werde (ebd.: 332). Schönheit könne erlösend wirken, so dass ein kultivierter ästhetischer Geschmack Voraussetzung für die Konstitution aufrechter Bürger sei. Statt einer rein instrumentellen Funktion zu dienen, fördert die Ästhetik die Fähigkeit und das Vermögen des Menschen zu moralischem und politischem Handeln.

Als spielende und schaffende Wesen vereinigt sich Schiller zufolge im Menschen eine ästhetische und eine spielerische Haltung, die nicht zweckgebunden, aber auch nicht frivol sei. Das freie Spiel des Fantastischen, der *Spieltrieb*, gehe dabei der Entstehung der Vernunft im menschlichen Subjekt voraus (ebd.: 353). Regelgeleitet, aber ohne Zweck, entführt die sinnliche Lust am Spiel in das Reich des Schönen (ebd.: 359). Das Ästhetische liegt für Schiller im Anschluss an Kant (KU, AA 05 [1790]: 225) zwischen dem sinnlichen Vergnügen der Zweckmäßigkeit/Zwecklosigkeit des Spiels und dem Gesetz der Vernunft, das das ethische Handeln bestimmt (Chesney 2014: 63). Was frei ist, hat keinen Zweck, der über sich selbst hinausweist, und Schönheit ist die Form, die Freiheit im Bereich der sinnlichen Erfahrung annimmt. Durch ihre besondere Bildung kann die Ästhetik den Menschen darauf vorbereiten, wirklich frei für ein moralisches Leben zu werden. Darüber hinaus wird der Mensch durch die Ästhetik auch vernünftig, da sie die Subjekte darauf vorbereitet, Entscheidungen zu treffen und ihren Willen auszuüben. Indem sie den Menschen lehrt, durch die Schulung der Sinne und der Vorstellungskraft formale Regeln zu akzeptieren, wird der Mensch frei. Die Ästhetik vermittelt zwischen der sinnlichen und der rationalen Natur des Menschen und ermöglicht uns den Zugang zum Epistemischen (ebd.: 64).

Schiller wird oft dafür kritisiert, dass seine Unterordnung der politischen Befreiung unter die ästhetische Bildung auf einer eurozentrischen Vorstellung von Schönheit beruhe. Auch Spivak rügt den universalistischen Anspruch der ästhetischen Theorien Kants und Schillers sowie das ahistorische, humanistische Modell der ästhetischen Erziehung in ihren Schriften. Doch anstatt ihn zu boykottieren, ist es Spivaks ausdrückliches Ziel, »Schiller zu sabotieren« (2012a: 2), indem sie ihn gegen den Strich liest. Dies bedeutet, die Rolle einer ästhetischen Erziehung in Prozessen der Dekolonisierung neu zu überdenken, nicht um die Ästhetik in politischen oder ethischen Begriffen zu rechtfertigen, sondern um darzulegen, warum das Streben nach einer befreienden Politik und einem ethischen Leben ohne die Förderung der Vorstellungskraft unmöglich ist. Bei der Ausbildung des Intellekts darf es nicht nur darum gehen, die Menschen durch Bildung auf eine universelle Vernunft zu »programmieren«. Stattdessen fordert Schiller in seinem Brief vom 13. Juli 1793 an seinen Gönner, den Herzog von Augustenburg: »[...] man wird damit anfangen müssen für die Verfassung Bürger zu erschaffen, ehe man den Bürgern eine Verfassung geben kann« (Schiller SW XXVI [1793]: 265). Es sei hier daran erinnert, dass *sapientia*, die Weisheit, sich aus *sapor*, dem Geschmack, also aus einer Fähigkeit des Gefühls, der Intuition und der Sensibilität herleitet.

Ein weiterer wichtiger Punkt ist die Diskontinuität zwischen Nützlichkeit und Wert, so dass der Wert der Kunst nicht nur in ihrem »Gebrauchswert« und in ihrer praktischen Funktion besteht; angesichts der irreduziblen Natur der ästhetischen Erfahrung und des Wohlgefallens ist Kunst an und für sich von Bedeutung. Mit Schiller stimmt Spivak darin überein, dass anstelle einer rein rationalen Subjektivität eine ästhetische Erziehung unabdingbar ist, um in den Bürger:innen eine Intuition des öffentlichen Raumes zu kultivieren. Dies kann aber nicht durch die Kodifizierung ästhetischer Gesetze gelingen, sondern muss durch die Förderung politischer und moralischer Tugenden in der Persönlichkeitsstruktur erreicht werden, die letztlich zu einer freien und gerechten Gesellschaft führen.

Gleichzeitig müssen wir uns davor hüten, Bildung und Ästhetik als an und für sich erlösende Kräfte zu idealisieren (Spivak 2012a: 19–20). Postkoloniale Intellektuelle wie Said und Spivak haben auf die Rolle der Kunst im Kolonialismus hingewiesen und aufgezeigt, wie das ästhetische Urteil als Kennzeichen der europäischen Zivilisation in Elitismus und Klassendiskriminierung verstrickt ist. Dabei haben sie herausgearbeitet, wie die koloniale Konstruktion von Ästhetik von »Rasse«, Religion, Geschlecht und Sexualität geprägt wurde. Ironischerweise lässt sich in den letzten Jahrzehnten eine Verschiebung des elitären Geschmacks, insbesondere im Westen, feststellen: von der snobistischen Ausgrenzung, Ablehnung und Abwertung außereuropäischer Praktiken hin zu einer Exotisierung, Orientalisierung und Kannibalisierung des Anderen. Vom Kino bis in die Küche, von Kunstwerken bis zur Kleidung ist die Kommerzialisierung und Fetischisierung der außereuropäischen Ästhetik eine milliardenschwere Industrie geworden. Statt dies als Ent-Universalisierung der kolonialen Ästhetik zu feiern, ist es dringend geboten, diese »Kulturindustrie« als Symptom des Scheiterns der Dekolonisierung der Ästhetik zu lesen. Die Entthronung der westlichen Hegemonie alleine reicht eben nicht aus, um die Künste zu dekolonisieren. Postkoloniale Wissenschaftler:innen stellen den Gegensatz zwischen den vermeintlich »kultivierten« und »verfeinerten« ästhetischen Normen der Elite und den angeblich »niedrigen« und »vulgären« Vergnügungen der Massen in Frage und betonen, dass Geschmack sozial erlernt und gebildet wird. Statt aber Kant als Sprecher des weißen Europas der Oberschicht abzutun und die Populärkultur als revolutionär und radikal zu romantisieren, gilt es zu verstehen, dass beide sowohl kritisch als auch unkritisch sein können. Die Herausforderung besteht darin, die beiden Pole miteinander zu verbinden.

Im Zentrum von Spivaks Verständnis der ästhetischen Bildung steht die Fähigkeit, die Paradoxien zu verhandeln, die unsere globalisierte Gegenwart beherrschen. In Anlehnung an Gregory Batesons Theorie des Double Bind, den Spivak als Konfrontation mit »widersprüchlichen Anweisungen« (ebd.: 3) beschreibt, untersucht sie, wie mit einer solchen unmöglichen Situation ein

Umgang zu finden ist. Während Bateson eine Spieltherapie als Mittel zur Bewältigung des Double Bind empfiehlt, schlägt Spivak eine ästhetische Bildung vor, um die Subjekte epistemologisch darauf vorzubereiten, der »abstumpfenden Vereinheitlichung der Globalisierung« (ebd.: 2) zu begegnen. Dieser erkenntnistheoretische Wandel setzt voraus, dass man überdenkt, was man weiß und wie man es weiß. Die Spannung zwischen Vernunft, Politik und Ethik wird durch eine ästhetische Bildung als »Training der Vorstellungskraft für die epistemologische Leistung« (ebd.: 122) vermittelt. Die Vorstellungskraft öffnet den Raum für einen Aushandlungsprozess zwischen den überlieferten Wissensformen und der Möglichkeit epistemischen Wandels.

Wie Schiller, der behauptet, dass Frauen keinen Zugang zur Wahrheit hätten, den Männern dafür aber im Bereich der Fantasie und der Sensibilität überlegen seien, schreibt auch Paul de Man noch: »Die Philosophie [...] ist die Domäne der Männer, die Kunst – im Grunde genommen das Schöne – ist die Domäne der Frauen« (de Man zitiert in ebd.: 32). Indem sie die Diskontinuität zwischen dem Zugang zu Wahrheit und zu Schönheit dekonstruiert, versucht Spivak nicht zuletzt, die Geschlechterbinarität zu verschieben, ohne die sexuelle Differenz auslöschen zu wollen (ebd.: 32). Ohne das Weibliche als erlösende Kraft zu essentialisieren oder zu biologisieren, thematisiert Spivak die Möglichkeiten des Ästhetischen/Geschlechtlichen als einen Ort möglichen epistemischen Wandels, der dem rationalisierten Empirismus zuwiderläuft. Aber dieses Potenzial des Ästhetischen ist kontingent, da es nur »gegen die Hoffnung hoffen kann« (ebd.: 28), ohne jede Garantie. Im Gegensatz zu den Beteuerungen von Denker:innen wie Nussbaum, die versprechen, dass die Geisteswissenschaften die Aufklärung bringen werden, argumentiert Spivak, dass »Veränderung kaum jemals allein auf der Grundlage der Vernunft möglich ist« (ebd.: 189). Es ist eine unmögliche, aber notwendige Aufgabe, die erkenntnistheoretischen und ethischen Folgen der Globalisierung, des Kapitals und der Daten abzubauen, weil »die Verfügbarkeit von Information das Wissen und das Lesen ruiniert [hat]. Wir wissen deshalb eigentlich gar nicht, was wir mit Information anfangen sollen« (ebd.: 1). Schauen wir uns nun die Rolle der ästhetischen Bildung in den Prozessen der Dekolonisierung genauer an.

Die Kunst der Dekolonisierung

Das Ziel kolonialer Bildung war die Interpellation von westlich gebildeten Einheimischen, die als Vermittler zwischen Europa und den Kolonien fungieren und eine Klassenallianz zwischen der einheimischen Elite und den Europäer:innen schmieden sollten (Sharpe 2014: 512; Spivak 2012a: 105). Wie in Thomas Babington Macaulays berüchtigtem Protokoll von 1835 über die indische Erziehung dargelegt, bestand das Ziel des britischen Raj darin, »eine Klasse von Personen zu schaffen, die indisch in Blut und Farbe, aber englisch im Geschmack, in den Meinungen, in der Moral und im Intellekt sind« (1952 [1835]: 729). Durch die Kraft der Aufklärung sollte in »unzivilisierten« Gesellschaften das Streben nach Wahrheit und Vernunft gefördert werden. Gleichzeitig wurde aber befürchtet, der Kontakt mit europäischer Literatur und Poesie könne die »ungezähmte« Fantasie der Einheimischen beflügeln und damit antikoloniale Gefühle wecken (Sharpe 2014: 512). Gauri Viswanathan hat darauf hingewiesen, dass »die Tatsache, dass gebildete Inder:innen Goethe in Übersetzung lasen, in britischen Verwaltungskreisen viel größere Bedenken auslöste als ihre Lektüre der Werke politischer Liberaler wie Locke oder Hume. Deren Appell an Vernunft und Konstitutionalismus schien nicht mit derselben Gefahr einherzugehen, eine einheitliche nationalistische Stimmung zu formen, wie dies der literarischen Vorstellungskraft zugetraut wurde« (Viswanathan 1989: 157). Das Versprechen der politischen Philosophie war ja, die Einheimischen in die koloniale Episteme der Moderne aufzunehmen, während die romantische Poesie die Gefahr barg, Widerstand und Revolution zu inspirieren. Die Bildung im englischen Stil hatte keine »modernisierende« Wirkung in Indien; sie führte eher zu einer Verfestigung der sozialen Differenzierung, als dass sie die Kastenzugehörigkeit gelockert hätte (ebd.: 151).

Die koloniale Geste, einheimische Subjektivitäten in der Episteme der Moderne zu formen, wurde in späteren Reformansätzen immer wieder aufgegriffen. Sie zielten darauf ab, ein neokoloniales Subjekt zu schaffen, das auf Grundlage seiner westlichen Bildung zum Projekt der Modernisierung in postkolonialen Gesellschaften und Nationen beitragen sollte (Sharpe 2014: 513). Postkoloniale Bürger:innen wurden seit der 1990er Jahre in der Episteme der globalen Finanzwelt geschult und in die Netzwerke des internationalen elektronischen Kapitals eingespeist (ebd.). Die Deterritorialisierung und Virtualisierung von Daten und Kapital hat zu einer »Berechnung des Globus ins Abstrakte« geführt (Spivak 2012a: 105). Hier kann die Ästhetik auch als Handlanger des elektronischen Kapitalismus fungieren, nicht nur in Bezug auf den globalen Kunstmarkt, sondern auch hinsichtlich der Ressource »Kreativität«, die den Kapitalismus weiter globalisiert. Die wirtschaftliche Ausrichtung der Universitäten impliziert die Instrumentalisierung der Wissenschaft, wobei das Denken zur Ware und die Sprache zum Vehikel des Kommerzes wird. Mit dem Rückgang der Urteilsfähigkeit wird dann auch das kritische Denken als »altmodischer Luxus« abgetan. Wissen wird zu einem Mittel, den Status quo aufrechtzuerhalten, während seine kritische und oppositionelle Funktion aufgegeben wird. Anstatt der Fantasie zu erlauben, über sich hinauszuwachsen und sich in der Vorstellung des Noch-Nicht zu üben, wird das Denken am Maßstab von Effizienz und Nützlichkeit gemessen.

Ein Gegenpol zur Strategie des »Artwashing« in Form der kapitalistischen und neoliberalen Vereinnahmung der Ästhetik ist der »Artivismus.« Kunst wird eingesetzt, um soziale und politische Veränderungen zu bewirken, indem militante ästhetische Praktiken zur Unterstützung progressiver Agenden angewendet werden. Dies bringt jedoch seine eigenen Probleme mit sich. Adornos Gegenüberstellung von Brecht und Beckett bietet eine lehrreiche Lektion zur komplexen Beziehung zwischen Ästhetik und Politik. Die Ästhetik Bertolt Brechts versucht, die Kluft zwischen einem Kunstwerk und den sozioökonomischen und politischen Problemen der Massen zu überwinden. Adorno weist Brechts Versuch, Ästhetik und Politik zu verbinden, als zweckmäßig zurück und unterscheidet zwischen »falscher Kunst«, die lediglich ein Instrument der Ideologie sei, und »echter Kunst«, die sich jeder Form der Beschwichtigung und »Affirmation« endlicher Schlüsse verweigere. Das Prinzip der idealistischen Ästhetik – Kants paradoxe Formulierung, dass das Schöne das Zweckmäßige ohne Zweck ist – wird im Modell der »Nützlichkeit« der bürgerlichen Kunst, die der Unterhaltung und der Freizeitgestaltung dient, ins Gegenteil verkehrt: »Zwecklosigkeit für vom Markt diktierte Zwecke.« (Horkheimer/Adorno 1987 [1947]: 184) Adorno lehnte die Populärkultur bekanntlich ab und ließ als »gute Kunst« nur das gelten, was in Form und Inhalt der Kommodifizierung und Homogenisierung, die die spätkapitalistische Kultur durchdringt, widersteht.

Im Gegensatz zu Lukács' Fokus auf Partisanenkunst und sozialistischen Realismus liegt für Adorno die Wahrheit eines Kunstwerks in einer autonomen ästhetischen Logik (Adorno GS 7 [1970]: 335). Ironischerweise bewahre gerade die »Funktionslosigkeit« des Kunstwerks es vor der Kommodifizierung (ebd.: 336). Die Funktionslosigkeit der Kunst ist für Adorno das Symbol ihrer Freiheit – nur sie vermag der Warenform, die alles zu funktionalisieren sucht, etwas entgegenzusetzen (ebd.). Kunst ist aber ökonomisch nicht autonom, wenn sie von Marketing, Branding, Werbung und der Warenform abhängig ist, um zu überleben. Ebenso ist sie politisch nicht autonom, wenn sie von herrschenden Mächten in Auftrag gegeben wird, um deren Macht zu verherrlichen. Abstrakte und experimentelle Kunst hingegen stärken die Vorstellungskraft des Publikums und wirken damit anti-ideologisch.

Genau aus diesen Gründen wendet sich Adorno gegen eine zweckgerichtete ethische oder politische Rolle der Ästhetik. In seiner Beurteilung von Brechts und Becketts Kunstwerken steht das Verhältnis von Kunst und Politik im Mittelpunkt. In einem Gespräch von 1967 erwähnte Beckett gegenüber Adorno, dass Brecht geplant habe, einen »Anti-Godot« zu schreiben. Adorno notiert dazu: »Mein Gott, was wäre das für ein Mist gewesen« (zit. in Tiedemann 1994: 24). Dieser

Vorfall ist bezeichnend für seine Position zu »engagierter« versus »autonomer« Kunst (Adorno GS 11 [1965]: 407; Klasen 2018: 1024), zumal Adorno Brecht sehr verkürzt interpretierte. Neben der berühmten Frage, »ob Kunstwerke nach den stattgefundenen Katastrophen überhaupt noch entstehen können« (Tiedemann 1994: 18), beschäftigte sich Adorno auch mit der (Nicht-)Funktion von Kunst in der Gesellschaft. Obwohl auch eine völlig »autonome«, d.h. von allen gesellschaftlichen Verpflichtungen losgelöste Kunst für Adorno nicht vertretbar war, verwarf er Kunst, die sich in den Dienst politischer und ethischer Imperative stellte, als bloße Propaganda. »Engagement« dürfe nicht einfach der Versuch sein, eine bestimmte Situation zu verbessern, sondern müsse darauf abzielen, die Bedingungen zu verändern, die diese Situation überhaupt erst möglich gemacht haben (Adorno GS 7 [1970]: 365). Wenn die ästhetische Praxis jedoch in direkte politische Aktion umschlägt, reproduziert sie ironischerweise das, wogegen sie ankämpft (Klasen 2018: 1025). Kunst wird dann zu einer Ablenkung von den Bedingungen, auf die sie aufmerksam machen will, und fungiert so als Alibi und Ersatz für substanzielle Veränderungen.

Adorno warf Brecht vor, die Autonomie der Kunst zu verraten, wodurch die Kunst in ihrem Bemühen um soziale und politische Transformation zweckmäßig werde. Wenn Kunst aber auf eine soziale Funktion reduziert werde, beraube diese Funktionalität sie ihres kritischen Potenzials. »Ästhetische Autonomie« sei die Hoffnung, die uns aus der Barbarei der modernen Aufklärung rette, indem sie sich der Vereinnahmung durch die Politik und der Integration in die Gesellschaft und ihre Normen widersetze (Adorno GS 7 [1970]: 26). Die Autonomie der Kunst ist die Sphäre, in der neue Welten entstehen können, die kontrafaktische Möglichkeiten eröffnen (Hohendahl 1985: 25). Der Gegenpol zu dieser Kunstauffassung ist der »sozialistische Realismus«, die doktrinäre Kunst der Sowjetunion seit den 1930er Jahren (Adorno GS 7 [1970]: 376; Klasen 2018: 1025). Fehlende Distanz zwischen Kunst und gesellschaftlicher Praxis ist Adorno so zuwider, dass er sogar erklärte: »Lieber keine Kunst mehr als sozialistischer Realismus« (Adorno GS 7 [1970]: 85). Er kritisierte Brechts Nähe zum Parteikommunismus ebenso wie dessen bewusste Verbindung von Kunst und Gesellschaft in seinen Lehrstücken. Brechts Wunsch, die Massen zu erziehen, führe dazu, dass er seine Kunst für einen politischen Zweck instrumentalisiere und damit dem Realismus erliege, so Adorno. Doch trotz seines politischen Engagements wirft Adorno (GS 10.2 [1969]: 329) Brecht vor, mehr am Theater als an der Veränderung der Welt interessiert gewesen zu sein. Indem er sich ganz den »Tatsachen« verschreibe, scheitere Brecht an der Abstraktion von der Realität und untergrabe damit letztlich die Integrität seiner Kunst. Brechts – in Adornos Lesart – vermeintlich fehlende Ambivalenz und »infantilistische Abkürzungen« (Adorno GS 11 [1961]: 255) führten dazu, dass seine Kunst die Wirklichkeit nur oberflächlich abbilden könne. Mit dieser didaktischen Darstellung gesellschaftlichen Leidens scheitere Brecht letztlich an seinen eigenen Ansprüchen.

Politische Kunst ist für Adorno eine Instrumentalisierung von Kunst, da sie zum Propagandistischen tendiere und dabei das Ästhetische opfere. Unabhängig vom Inhalt ist Kunst mit einer politischen Botschaft in Adornos Augen eher reaktionär als radikal, da sie die Ästhetik auf ein bloßes Instrument reduziere (Marasco 2015: 105). In seiner Ablehnung von Brechts »Herrschaftstechnik« (Adorno GS 7 [1970]: 360), die der Doktrin den Vorrang vor der Form einräume, betont Adorno die Mehrdeutigkeit autonomer Kunst, die nicht predige, sondern zum Nachdenken anrege. Der engagierten Kunst steht die autonome Kunst gegenüber, die keinen offensichtlichen Gebrauchswert hat. Sie übt dialektische Kritik durch Abstraktion, Absurdität und Parodie. In Adornos Lesart ist die autonome Kunst selbstkritisch und reflexiv, wie die Werke Becketts, die zwar *»geschichtsphilosophische Sonnenuhren«* (GS 11 [1961]: 314) seien, aber über die bloße Widerspiegelung der empirischen Wirklichkeit und die Dokumentation der Geschichte hinausgingen. Die Radikalität der autonomen Kunst bestehe nicht darin, eine bestimmte Ideologie zu fördern oder »gesellschaftlich nützlich« (Adorno GS 7 [1970]: 335) zu sein, sondern einen Kontrapunkt zu bestehenden gesellschaftlichen Normen zu setzen (Klasen 2018: 1027). Ohne explizit oppositionell oder transgressiv zu sein, kritisiere autonome Kunst »die Gesellschaft, durch ihr bloßes Dasein« (Adorno GS 7 [1970]: 335). Becketts Kunst, die die gesellschaftliche Erfahrung des Sinnverlusts zum Ausdruck bringe, widerstehe der Versuchung, aus der Bedeutungslosigkeit einen Sinn zu destillieren (Klasen 2018: 1029). Indem Beckett die Sprache in ein Instrument ihrer eigenen Absurdität verwandele, befreie er das Subjekt vom zielgerichteten Handeln. Die Sinnlosigkeit einer Tätigkeit werde zum Anlass, sie auszuführen. Angesichts der Tatsache, dass die Sprache historisch gesehen als Instrument der Herrschaft fungiert, schließe Beckett sie durch seine absurde Logik kurz. Ohne ein »politisches Wort« (Adorno GS 7 [1970]: 349) verkörpert Becketts Kunst für Adorno dennoch Radikalität. Weil sie nicht den Anspruch erhebe, logisch zu sein, untergrabe sie den Positivismus und wecke Hoffnung, obgleich sie diese verneine (Klasen 2018: 1031). Indem sie die Absurdität des Handelns aufzeigt, rege sie zur Veränderung an. Angesichts einer entzauberten Ästhetik könne nur eine Kunst, die sich dem Nützlichkeitsprinzip entzieht, der Instrumentalisierung widerstehen. Adorno ist sich freilich bewusst, dass autonome Kunst politisch und gesellschaftlich inkonsequent werden (ebd.: 1035) und als Alibi für die Vermeidung politischer Eingriffe missbraucht werden kann. Dennoch warnt er davor, beim Einsatz für politische Veränderungen in die Falle des Empirismus zu tappen (Adorno NS IV, 3 [1959]: 195; Adorno, GS 7 [1970]: 141).

Der Kontrast zwischen der ästhetischen Struktur der modernen Kunst und der verdinglichten Wirklichkeit des Alltags steht allerdings unter dem Vorwurf des Elitismus, der die Kluft zwischen der Ästhetik und dem allgemeinen Publikum weiter vergrößere (Hohendahl 1985: 23). Horkheimers und Adornos Missbilligung der Populärkultur wurde von Student:innen als Zeichen ihres bürgerlichem Elitismus und Snobismus gegenüber den Konsumenten von Hollywood-Filmen, Musicals, Jazz, Radiosendungen und Zeitschriften angeprangert. Die Verachtung, die Horkheimer und Adorno der »Vergnügungsindustrie« entgegenbringen (Horkheimer/Adorno 1987 [1947]: 171), spiegelt sicherlich die Voreingenommenheit eines elitären kulturellen Milieus wider. Die Behauptung, die »Vergnügungsindustrie« mache kritisches Denken zunichte, blendet die Rolle der Populärkultur bei der Entstehung neuer Subjektivitäten und politischer Praktiken aus. Wie ich in Kapitel 2 erörtert habe, war etwa der Jazz für die Herausbildung der politischen Handlungsfähigkeit Schwarzer Frauen entscheidend. In ihrem anregenden Buch *Blues Legacies and Black Feminism* (1999) analysiert Angela Davis, die unter anderem bei Adorno studiert hatte, die Rolle der Blues-Tradition als kraftvolle Artikulation eines alternativen Schwarzen Bewusstseins, das im Gegensatz zur US-amerikanischen Mainstream-Kultur stehe. Davis stellt überzeugend dar, wie die ästhetischen Praktiken der Sängerinnen und Künstlerinnen aus der schwarzen Arbeiterklasse die moralischen, sozialen und sexuellen Gepflogenheiten der respektablen Mittelklasse in Frage stellten. Vorstellungen, Körper, Vergnügen und Begehren werden durch diese historisch abgewerteten und delegitimierten ästhetischen Praktiken geformt und konstituiert, die sowohl ethische als auch politische Auswirkungen haben.

Gegen die Nützlichkeit und Vermarktbarkeit von Kunst, bei der es letztlich um politische Slogans geht, wendet Adorno (GS 11 [1965]: 425) ein, dass Kunst, die sozialen Zwecken dient, zu politischer Propaganda werde, die sich dem anpasse, wogegen sie protestiert. Anstatt ein nuanciertes ästhetisches Urteilsvermögen zu fördern, produziere die »Kulturindustrie« durch die Kommerzialisierung künstlerischer Praktiken ein unreflektiertes und gefügiges Publikum. Statt mit den Annahmen des Publikums zu experimentieren und seine normativen Rahmungen und seinen »gesunden Menschenverstand« in Frage zu stellen, wirke die Kunst insofern beruhigend und unkritisch, als sie das Publikum zu passiven Konsumenten von vorgefertigten, standardisierten Produkten mache (Adorno GS 10.1 [1967]: 345). Zweckgebundene Kunst mache kritische Intelligenz undenkbar und fördere eine kritikvergessene *Kontemplation. Im* Gegensatz dazu impliziert für Adorno die an Kant anknüpfende Zwecklosigkeit, dass Kunst keine nützliche Funktion erfüllt, was sie zur Kritik gegenüber der instrumentellen Vernunft befähige.

Gegen den Vorwurf des Elitismus ist es wichtig hervorzuheben, dass Adorno zwischen autonomer und engagierter Kunst unterscheidet und dabei die Erfahrungen des Faschismus und des Holocaust reflektiert. Statt ästhetische Praktiken zu romantisieren oder zu glorifizieren, fördert er ein kritisches Verständnis dafür, wie Kunst zum Handlanger autoritärer Regime werden kann. Obwohl ich Adornos kritische Analyse ästhetischer Praktiken schätze, birgt die Gegenüberstellung von autonomer und engagierter Kunst die Gefahr, zu übersehen, dass die Grenzen zwischen beiden nicht so klar sind, wie er sie darstellt. Dies kann dazu führen, dass ästhetische Praktiken als transparent und intentional vereinfacht werden und dabei die Vielschichtigkeit künstlerischer Prozesse, ihrer Motivationen und Rezeption durch das Publikum verloren geht. So spiegeln Adornos Ansichten über den Jazz zwar seine Verachtung für den passiven Konsum der Populärkultur und seine Sorge vor der Kommerzialisierung der Kunst wider, sie zeugen aber auch von einem mangelnden Verständnis für die reiche Geschichte des Jazz. Der Jazz hat konventionelle Normen von Harmonie, Rhythmus und Form überschritten und durch kreative Improvisation die Grenzen der ästhetischen Erfahrung erweitert. Statt nur Unterhaltung zu sein oder ein Symptom des kulturellen Niedergangs darzustellen, verkörpert Jazz die künstlerische und kulturelle Ausdruckskraft unterdrückter Gemeinschaften. Wer dies als Identitätspolitik abtut, erweist der Sache einen Bärendienst. Ich würde Adorno mit einem Zitat von Thelonius Monk antworten: »Jazz ist Freiheit. Denk darüber nach.«[8]

Ähnlich wie Adorno, der Konformität und Standardisierung ablehnt, ist auch Spivak gegenüber den utilitaristischen Anforderungen des globalen Kapitalismus misstrauisch. Für sie kann Ästhetik unsere Denkart verändern, und somit auch das, was wir wissen und letztlich, was wir wollen (Chesney 2014: 61). Um den homogenisierenden Kräften der Globalisierung entgegenzuwirken, hofft Spivak, dass eine ästhetische Bildung »die sich wiederholende Konstruktion kolonialer Subjekte« (2012a: 116) sabotieren kann. Wirtschaftliche Freiheit und politische Emanzipation für subalterne Klassen dürfen nicht als Zugang zu Finanzkapital kodiert werden, sondern sollten als eine Form von Bildung verstanden werden, die Subalterne als »Problemlöser« konstruiert, statt sie als Opfer zu betrachten, die gerettet werden müssen. Dies würde bedeuten, die asymmetrische und nichtreziproke Beziehung zwischen der hegemonialen und der subalternen Klasse abzubilden, damit »die Notwendigkeit, dass ›gute‹ reiche Leute die Probleme der Welt lösen, untergraben wird. […] Bettler:innen erhalten begrenzte materielle Güter und bleiben Bettler:innen« (ebd.: 135). Die Handlungsfähigkeit der Sub-

8 Ich danke María do Mar Castro Varela dafür, dass sie mir diese Bemerkung ins Gedächtnis gerufen hat, sowie eine weitere bedeutende Schwarz-jüdische Freundschaft, nämlich zwischen Monk und Pannonica de Koenigswarter, einem Mitglied der Rothschild-Familie, der Monk bedingungslos durch alle Höhen und Tiefen unterstützte.

jekte, die der aufklärerischen Errungenschaften beraubt wurden, muss durch Ästhetik aktiviert werden.

James Baldwin wurde einmal von einem Journalisten gefragt, ob er sich als junger Schriftsteller benachteiligt gefühlt habe, weil er arm, schwarz und schwul war. »Nein«, antwortete Baldwin, »ich dachte, ich hätte den Jackpot geknackt. Es war so ungeheuerlich, dass es einfach einen Weg geben musste, das zu nutzen.«[9] Spivak gebraucht dieselbe Vokabel und spricht davon, »die Aufklärung« im Sinne einer Neuverhandlung der kolonialen Episteme der Moderne »zu nutzen«. Anstatt das europäische Denken aufzugeben, gehe es darum, die Aufklärung zu »sabotieren«, indem wir »lernen, die europäische Aufklärung von unten zu gebrauchen [...], um dem Umstand entgegenzuwirken, dass die Aufklärung sowohl den Kolonisatoren als auch den Kolonisierten durch den Kolonialismus gebracht wurde [...]« (2012a: 3–4). Sich der Aufklärung »von unten« zu bedienen, ist keine Position der Minderwertigkeit oder Erniedrigung, sondern verleiht vielmehr dem Double Bind Ausdruck, in dem sich die postkoloniale Welt gegenüber der europäischen Aufklärung befindet. Der postkoloniale Ansatz ist einer der »kritischen Intimität«, so dass die Herausforderung darin liegt, gleichsam innerhalb der Aufklärung eine Kehrtwende zu vollziehen, anstatt sich von ihr zu entkoppeln. Spivaks »affirmative Sabotage« (ebd.: 4) der Aufklärung zielt nicht darauf ab, sie zu boykottieren, sondern die Instrumente der Herrschaft einzusetzen, um ihre Ziele zu untergraben. Es geht darum, diese Werkzeuge den subalternen Klassen zur Verfügung zu stellen, ihnen die Möglichkeit zu geben, intellektuelle Arbeit zu verrichten und sie so in die Hegemonie einzubinden (ebd.: 436). Darüber hinaus würde dies die Beziehung zwischen der Elite und den (geschlechtsspezifischen) Subalternen neu konfigurieren, wobei letztere nicht länger nur Objekte des Wissens oder Subjekte im Stil von einheimischen Informanten sein dürfen, die mit Herablassung betrachtet werden, weil ihnen eine epistemologische Leistung nicht zugetraut wird (ebd.: 60). Anstatt das »*Subjekt* der Krise« zu sein, werden die Subalternen so in die »Logik des *Handelns*« eingebettet (ebd.: 436).

Dies bringt mich zu der notorischen Frage nach dem Verhältnis zwischen den Subalternen und den Intellektuellen, zwischen »gewöhnlichen Menschen« und »dem *Gelehrten*« (Kant WA, AA 08 [1784]: 39), »dem Helden der kantischen Aufklärung, der sich als Individuum den Systemen widersetzt, indem er zu ihnen eine oppositionelle Haltung pflegt« (Spivak 2012a: 391). Hier müssen die Intellektuellen, insbesondere die diasporischen und einheimischen Frauen der Oberschicht des »globalen Südens«, den Drang verlernen, sich als Vorbilder für arme Landfrauen zu sehen. Um eine ethische Beziehung zwischen Intellektuellen und Subalternen zu ermöglichen, müssen sich erstere das Vertrauen der letzteren »erar-

9 Baldwin, James: The Price of a ticket. https://www.youtube.com/watch?v=4_hYraYI2J8 (4:39)

beiten«, und zwar durch »geduldiges Bemühen, mit dem Ziel zu lernen und dieses Lernen an andere weiterzugeben« (Sharpe/Spivak 2003: 619–620). Statt Daten über die Anderen zu sammeln, muss sich die Elite von der Vorstellung verabschieden, sie selbst sei das Subjekt des Wissens (Sharpe 2014: 516). Um erkenntnistheoretische Vorannahmen oder, wie Spivak es nennt, unkritische Gewohnheiten des Geistes zu verlernen, bedarf es der Bereitschaft, dem Willen zum Wissen zu entsagen. Dann sähen sich die Intellektuellen nicht mehr als Akteure des sozialen Wandels, sondern würden beginnen, sich als Teil des Problems zu erkennen statt sich als Teil der Lösung zu feiern. Die Einsicht in die eigene Verstrickung in hegemoniale Strukturen kann verändern, wie (intellektuelle) Eliten auf die Welt blicken. Sie öffnet die Vorstellungskraft für das radikal Andere, statt dieses dem eigenen Selbst zu assimilieren. Nicht nur die Subalternen, auch die Eliten bedürfen einer ästhetischen Aufklärung.

Eine der größten Herausforderungen der sozialen und politischen Theorie besteht darin zu verstehen, warum unterdrückte Gruppen ihre Unterwerfung und Ausbeutung akzeptieren. Wie kann eine ländliche, ungebildete Stammesfrau in der ärmsten Ecke der Welt davon überzeugt werden, dass sie die gleichen Rechte und die gleiche Würde hat wie die reichsten und mächtigsten Männer und Frauen der Welt? Wie vermittelt man das demokratische Prinzip »eine Person = eine Stimme« als Formel für eine starke und aktive Bürgerschaft? Spivak, die in den entlegensten Dörfern Indiens Schulen für die ärmsten Kinder der größten Demokratie der Welt leitet, berichtet von ihrer Erfahrung mit den Lehrer:innen ihrer Schule, die den örtlichen Kandidaten der Rechten unterstützen. Als sie sie nach ihrer ideologischen Zugehörigkeit fragte, kratzte sich einer der Lehrer am Kopf und antwortete, Demokratie sei zu kompliziert, er gebe einfach seine Stimme ab.

In ihrem brillanten Essay »Can the Subaltern Vote?« untersuchen Leerom Medovoi, Shankar Raman und Ben Robinson (1990), wie der Wahlprozess im »globalen Süden« die Subalternität der Menschen genau in dem Moment reproduziert, in dem er ihnen eine Stimme zu verleihen scheint. Sie analysieren den Rahmen, innerhalb dessen eine Wahl als politisches Sprechen und als transparenter Prozess der Repräsentation, der den Willen des Volkes »authentisch« zum Ausdruck bringt, anerkannt wird. Der Diskurs der Selbstbestimmung, der »freien und fairen« Wahlen, ermögliche es der postkolonialen Nation, sich gegenüber der ganzen Welt zu legitimieren, indem sie den »demokratischen Prozess« für sich in Anspruch nimmt. Die Autoren entfalten, wie die Sprache das symbolische Medium ist, in dem die Verleugnung der eigenen Differenz besonders augenfällig wird. »Das Volk« werde so dargestellt, als sei es sich seiner Interessen bewusst und auch in der Lage, diese zu kommunizieren, und werde so als ideales, homogenes Wahlsubjekt gesehen, dessen politisches Sprechen einfach eine Erweiterung seines »authentischen« alltäglichen Sprechens ist (ebd.: 134–135). Die doppelte Bedeutung des deutschen Wortes *Stimme* bringt das gut zum Ausdruck. Die Subalternen werden also genau in dem Moment zum Schweigen gebracht, in dem triumphierend verkündet wird, ihre Stimme sei gehört worden. Dies untergräbt das unmittelbare Versprechen einer demokratischen Postkolonialität durch Parlamentswahlen.

Die postkoloniale Welt kämpft also mit den folgenden Fragen: Wie kann man dafür sorgen, dass das Wählen als eine arithmetische Operation von Demokratie und Staatsbürgerschaft so zählt, dass wirklich jede:r Bürger:in durch die Wahl auch eine Stimme hat? Wie schult man die Vorstellungskraft derer, die von der intellektuellen Arbeit ausgeschlossen sind, so, dass sie sich selbst als Teil der abstrakten Einheit des Demos verstehen, damit ihre Teilnahme an Wahlen und die Auszählung der Stimmen ein ganz selbstverständlicher Teil ihres staatsbürgerlichen Handelns wird? Bildung als »langsames Kochen der Seele« (Spivak 2016) ist das Gegenteil von einfachem und schnellem Lernen und kann die menschlichen Begehren umgestalten, so dass sie nicht gegen ihre eigenen Interessen und die ihrer Mitbürger:innen handeln. Die widersprüchliche und komplexe Beziehung zwischen Eigeninteresse und Begehren fordert die rationale Wahl heraus und stellt die theoretische Vorstellung vom Menschen als bloßem *Homo oeconomicus* in Frage. Wenn sich das, was die Subalternen *wollen*, ändert, wird das, was sie *tun*, folgen. Bildung geht hier über Lese-, Schreib- und Rechenkenntnisse hinaus, die nicht automatisch ein demokratisches Urteilsvermögen mit sich bringen. Demokratie ist »das Tauziehen zwischen Autonomie und Rechten der anderen«.[10] Die Förderung der kritischen Intelligenz verwandelt eigennützige Subjekte mit unreflektierten politischen Motiven in Bürger:innen, die in der Lage sind, über sich selbst hinaus zu denken.

Die Entsubalternisierung zielt nicht darauf ab, die Armen arbeitsfähig zu machen, sondern vielmehr darauf, die »subalternen Intellektuellen« zu schaffen (Spivak 2012b). In Anlehnung an Gramsci, der argumentiert, dass jeder Mensch ein:e Intellektuelle:r sei, aber nicht jede:r die gesellschaftliche Funktion von Intellektuellen innehabe, argumentiert Spivak, dass Subalterne von der intellektuellen Arbeit ausgeschlossen seien, weshalb Entsubalternisierung auch bedeute, den Impuls zum Gehorsam zu verlernen. Dafür müsse die reflektierende Einsicht in der Vorstellungskraft derjenigen gefördert werden, die nie gelernt haben zu hinterfragen. Schon Kant erklärte, dass dies auch bedeuten müsse, dass »man es zugleich jedem der Bürger […] frei ließe, in der Qualität eines Gelehrten öffentlich, d. i. durch Schriften, über das Fehlerhafte der dermaligen Einrichtung seine Anmerkungen zu machen« (WA, AA 08 [1784]: 39). Während die Gelehrten der Aufklärung glaubten, dass die Bewusstwerdung der Unaufgeklärten nur von

10 https://www.kyotoprize.org/wp-content/uploads/2019/07/2012_C.pdf

denjenigen initiiert werden kann, die über kritische Einsicht verfügen, argumentiert Spivak, dass die Intellektuellen von den Subalternen lernen müssen, wie sie die Umgestaltung ihrer Wünsche und Vorstellungen am besten fördern können, also lernen, »geduldig von unten zu lernen« (Spivak 2008a: 76). Die kritische Souveränität der Intellektuellen wird dezentriert, indem sie bei den Subalternen und ihren Umständen in die Lehre gehen. Die Intellektuellen müssen von den untergründigen Praktiken der Subalternen und ihren kontraintuitiven Einsichten hinsichtlich der Konstitution von Macht und Subjektivität lernen. Im Gegensatz zu der Annahme, dass die Intellektuellen über eine einzigartig privilegierte Fähigkeit verfügen, die Totalität der Herrschaft zu begreifen, müssen sie von den Subalternen erlernen, wie die Bedingungen und Prozesse der Subalternisierung kritisiert und verändert werden können. Das Prinzip der kritischen Autonomie wird so neu konfiguriert, indem es um die Bedeutung alltäglicher subalterner Einsichten und Praktiken ergänzt wird.

Die Aufgabe der Intellektuellen ist es, in den subalternen Bürger:innen, denen der Zugang zum Staat verwehrt wurde, »demokratische Intuitionen« zu wecken. Für Spivak ist es »wichtiger, einen kritischen Geist zu entwickeln, als unmittelbares materielles Wohlbefinden zu sichern« (ebd.: 65). Einem solchen Ansatz könnte man vorwerfen, dass er den dringenden existenziellen Bedürfnissen der Verarmten gegenüber gleichgültig ist. Die Überwindung globaler Ungleichheit und Ungerechtigkeit darf aber nicht darauf reduziert werden, die »Grundbedürfnisse« der Entrechteten zu befriedigen; vielmehr muss es um die transnationale Umverteilung von Handlungsmacht gehen. Es lohnt sich, hier an Du Bois' Disput mit Booker T. Washington nach dem Amerikanischen Bürgerkrieg und dem Ende der Sklaverei zu erinnern. Die beiden schwarzen Intellektuellen, die zu den bedeutendsten ihrer Zeit gehörten, stritten darüber, welche Art von Bildung für die gerade befreiten Kollektivitäten am besten geeignet sei. Für Booker T. Washington lag der Schlüssel zur Emanzipation der Schwarzen in einer Berufs- und Industrieausbildung, die es ihnen ermöglichen sollte, als Klempner, Tischler, Mechaniker, Bauarbeiter und Elektriker finanziell unabhängig zu sein und ein existenzsicherndes Einkommen zu erzielen. Nach Washingtons Ansicht müssen zuvor ungebildete Gruppen schnell Lese-, Schreib- und Rechenkenntnisse erwerben, um dann durch wirtschaftliche Ermächtigung gleichberechtigte Mitglieder der Gesellschaft werden zu können. Du Bois hingegen vertrat die Ansicht, dass Emanzipation viel mehr bedeute als die Chance, eine Anstellung als Facharbeiter zu finden. Die 40 Morgen Land und ein Maultier, die den befreiten Schwarzen nach dem Bürgerkrieg als Entschädigung für die unbezahlte Arbeit während der Sklaverei versprochen wurden, reichten nicht aus, um Rechte oder Würde zu garantieren. Du Bois forderte, dass die befreiten Sklav:innen ihre Vorstellungskraft schulen sollten; die Freiheit zu haben, reiche nicht aus, solange man nicht wisse, *wozu* die

Freiheit gut ist. Washington warf Du Bois vor, wie ein Weißer zu denken, wenn er sich für Kunst und Geisteswissenschaften einsetze. Für Washington waren diese Dinge ein Luxus, den sich die Armen und Entrechteten nicht leisten konnten. Du Bois hingegen setzte sich dafür ein, die Fähigkeit für abstraktes Denken zu üben, insbesondere in benachteiligten Gruppen, als Schlüssel zur menschlichen Emanzipation und zur vollen Staatsbürgerschaft für Subjekte, denen dieses Recht zuvor verwehrt worden war.

In Anlehnung an Du Bois und Adorno warnt Spivak davor, den subalternen Klassen eine Bildung zu vermitteln, die das Wissen auf »rohe« Fakten reduziert, die vermeintlich berechenbar, quantifizierbar und unfehlbar sind, wie in der Utopie des logischen Positivismus. Diese Form der intellektuellen Bildung der Subalternen diene nur den Interessen der kapitalistischen Gesellschaftsstrukturen; ein solches Wissen sei aber an dem System, welches unterdrückt und Leid verursacht, mitschuldig. Die Förderung eines kritischen Bewusstseins bei den Unterdrückten mache ihnen dagegen die Bedeutung ihrer Entrechtung bewusst und versetze sie in die Lage, ihr »Schicksal« nicht mehr als natürlich und unvermeidlich hinzunehmen. In der Bildung sollte es darum gehen, den Geist der Subalternen zu verändern, damit sie demokratische Gewohnheiten und Reflexe entwickeln, und zwar nicht im Sinne von Formeln, die ihnen vorschreiben, wie sie »gute«, gesetzestreue Bürger sein sollen. Gebraucht würden vielmehr Bürger:innen, die zu kritischem Denken fähig sind. Die Vorbereitung subalterner Subjekte auf eine »epistemologische Leistung« (2012a) schaffe aktive Bürger:innen, die in einen demokratischen Prozess eingebunden sind, der über die formalen Verfahren der Wahl eines Gremiums von Vertretern hinausgeht. Die Vorstellungskraft muss so vorbereitet werden, dass die Subalternen sich selbst als Teil der abstrakten Einheit des Demos zu verstehen beginnen, in der alle Bürger:innen gleich sind, ungeachtet der Unterschiede in Klasse, Geschlecht, Sexualität, Alter, »Rasse« und Religion. In einer Demokratie hat jeder eine Stimme, egal ob er:sie zu den reichsten oder den ärmsten Bürger:innen des Landes gehört, nicht mehr und nicht weniger. Trotz aller Unterschiede sind formal alle gleich. Um diese abstrakte Idee der Gleichheit zu begreifen und zu reflektieren, muss unter Bildung viel mehr verstanden werden als Folgenabschätzung, effektiver Unterricht, NRO-Toolkits und Wissensmanagement. Schlechte Bildung zerstöre den Geist und beraube die Subalternen ihres Rechts, den Gehorsam zu verweigern, selbst wenn die Unterwürfigkeit belohnt wird. Im Gegensatz dazu durchbreche eine ästhetische Bildung, die viel mehr ist als ein Mittel zum Zweck oder eine effektive Pädagogik, die »Klassenapartheid« und ermögliche es den Subalternen, Bürger:innen zu werden (ebd.: 513 f. 23).

Die Herausbildung des rationalen Wirtschaftssubjekts im Kapitalismus geht einher mit einer sich entwickelnden Gleichgültigkeit gegenüber der Subjektivität des radikal Anderen. Dieses ethische Defizit reduziere die sozialen Beziehungen auf die »instrumentelle Vernunft«. Die Ästhetik könnte ein machtvolles Instrument sein, um diese konstitutiven eigennützigen »Denkgewohnheiten« neu zu gestalten. Dabei gilt es natürlich darauf zu achten, wie das Ästhetische manipuliert werden kann, um die vorherrschenden Ideologien von Faschismus, Kapitalismus, Nationalismus und Patriarchat zu fördern. Ideologiekritik ist in einer ästhetischen Bildung immer implizit enthalten.

Das kapitalistische Lob der kreativen Fantasie ist in einer individualistischen Ideologie befangen. Die »klassengeprägte« Voreingenommenheit der Ästhetik (Spivak 2012a: 6) bedeutet, dass eine ästhetische Bildung die Beziehung zwischen Klassenformation und Subjektivierung möglicherweise sogar verstärken könnte, anstatt ihr entgegenzuwirken. Eine ästhetische Bildung kann aber auch den subalternen Gruppen den Zugang zur Freiheit ermöglichen, indem sie hegemoniale Klassenformationen aufbricht. Anstelle von Bewusstseinsbildung kann »geduldige epistemologische Pflege« (ebd.: 519, Fn. 57) die Vorstellungskraft trainieren, von der eigenen Erfahrung zu abstrahieren, was es ermöglicht, sich mit anderen zu verbinden, anstatt selbstgerecht die Überlegenheit und Universalität des eigenen Ichs zu proklamieren. »Radikale Alterität«, so Spivak, ist »ein Anderssein, das die Vernunft braucht, aber nicht zu fassen vermag« (ebd.: 391), eines, das die monotone Reproduktion des Gleichen unterbricht. Kritische ästhetische Intelligenz kann die Sensibilität für Alterität kultivieren. Dabei geht es nicht darum, sich in andere hineinzuversetzen, sondern sich der Grenzen der eigenen Perspektive bewusst zu werden. Die Ästhetik ermöglicht es, unvereinbare Realitäten für einen Moment zusammenzubringen.

Eine ästhetische Bildung kann somit die Fähigkeit fördern, das eigene Ich hinter sich zu lassen und »in den Text eines anderen einzutreten« (ebd.: 6). Mit dem literarischen Begriff der Metonymie hebt Spivak die Fähigkeit hervor, die eigene Position durch die eines Anderen zu ersetzen. In ähnlicher Weise spielt die Synekdoche (2012a: 436) auf einen Teil des Selbst an, der sich als Mitglied eines Kollektivs identifizieren kann (wie bei Arbeiter:innen, Frauen oder Migrant:innen), so dass das kollektive Handeln von der »notwendigen Fiktion« gestützt wird, »als ob« die eigenen Interessen vollständig durch das Kollektiv vertreten würden. Dabei geht es aber nicht um Identitätspolitik oder Gruppendenken, weil diese Kollektive für Spivak immer strategische und kontingente Interpellationen sind. Die Koordinierung von Selbst und Kollektiv wird durch eine ästhetische Bildung ermöglicht, die es erlaubt, die Grenzen der eigenen Subjektbildung zu erkennen und zu analysieren. So wird die Fähigkeit erlernt, die Erzählung eines Anderen zu lesen, ohne sie sich anzueignen oder sie abzulehnen, indem man sich vorstellt, in die Welt eines Anderen hineingestellt zu sein. Wenn man dem Eigeninteresse widersteht und den Drang, sich selbst als Norm zu setzen, verlernen kann, ermöglicht diese reflexive Fähigkeit eine Neukonzeption der Beziehung zwischen dem Selbst und den Anderen. Dies bietet die Chance, nicht nur in die Gewohnheiten des imperialen Selbst einzugreifen, sondern auch am anderen Ende des Spektrums die Subalternität abzubauen. Um einen nicht-instrumentellen Zugang zur Episteme einer anderen Person oder Gruppe zu erhalten, ist eine Schulung der Vorstellungskraft unerlässlich. Eine solche ethische Beziehung zwischen den Subalternen und dem Hegemonen entsteht aber nicht in der anthropologischen Übung, bei der der Hegemon die Sprache der Subalternen zum Zwecke der Datengewinnung erlernt. Ein grausames Beispiel für solchen »kannibalischen Extraktivismus« ist die Arbeit der deutschen Anthropologin und führenden Mitarbeiterin des Rassenhygiene-Forschungszentrums, Eva Justin, die eine entscheidende Rolle bei den Nazi-Verbrechen gegenüber den Roma und Sinti spielte.[11] Sie argumentierte, dass Roma und Sinti aufgrund ihres »primitiven« Denkens nicht in die deutsche Gesellschaft integriert oder erzogen werden könnten. In ihren Beiträgen zu den Rassenhygiene-Gesetzen empfahl sie deren Sterilisation, um die deutsche Bevölkerung vor »unreinen« Elementen zu »schützen«.[12] Justin sprach Romanes und gewann dadurch das Vertrauen der Roma und Sinti, mit denen sie umfangreiche Interviews führte. Tatsächlich wurde die Deportation von Kindern nach Auschwitz-Birkenau verzögert, damit Justin ihre Forschung an ihnen abschließen konnte.[13]

Spivak (2009a: 32) mahnt, dass der Zugang zum »sprachlichen Gedächtnis« (*lingual memory*) von subalternen Gruppen sowohl für den Kolonialismus als auch für die Dekolonisierung von zentraler Bedeutung ist. Im scharfen Gegensatz zu Justin bedeutet für Spivak, die Sprache des Anderen zu lernen, die Möglichkeit, die eigenen Ideologien »zur Seite zu legen«. Dies erfordert eine andere Ethik des Zuhörens, die die Beziehung zwischen Rechten und Verantwortlichkeiten neu konfiguriert. »Die aufklärerischen Sozialtechniken der Linken können Verantwortung und Recht genauso wenig zusammendenken wie das liberale kapitalistische Zentrum«, konstatiert Spivak (Spivak 1999: 58). Dagegen impliziere die Konzept-Metapher von *al-haq*, die als »das Geburtsrecht, sich um andere Menschen kümmern zu können« (2012a: 294), übersetzt werden könnte, sowohl mein Recht *auf* den:die Andere:n als auch meine Verantwortung *für* ihn:sie. Dies wirkt der Tendenz entgegen, die Subalternen auf Objekte des neokolonialen Wohlwollens zu reduzieren. Andere Epistemen ermöglichen es uns nicht nur, anders zu denken, sie sind auch »dem Kapitalismus abträglich« (1999: 69). Mit dem Einsatz einer alternativen Episteme verfolgt Spivak aber keine dekoloniale

11 https://www.sintiundroma.org/en/auschwitz-birkenau-2/deportation-from-childrens-homes/
12 https://pubmed.ncbi.nlm.nih.gov/28092480/
13 https://encyclopedia.ushmm.org/content/en/photo/eva-justin-interviews-a-romani-woman-interned-in-a-gypsy-camp

Agenda, die indigene Epistemologien und Kosmologien als politische Modelle propagieren würde; die »nicht-europäische« Konzept-Metapher des *al-haq*, die im Arabischen und Bengalischen wie auch in Urdu und Hindi zuhause ist, ist ein Versuch, bei der Konzeption radikaler Alterität von subalternen Welten »von unten zu lernen«, ohne das Erlernte aber als »optimale Herangehensweise« oder »idiotensicheres Rezept« für die Dekolonisierung zu verkaufen.

Ästhetische Aufklärung fördert eine andere Politik des Lesens und Zuhörens, nicht durch Formeln oder Pläne, sondern durch eine intellektuelle Arbeit, die »zum Irren bestimmt« (2012a: 28) ist, aber dennoch verfolgt werden muss. Ihre wichtigste Lektion lautet, dass die Ästhetik unsere Gewohnheit, unsere Gewohnheiten zu missachten, kurzschließen kann. Einfach andere Regeln zu befolgen, garantiert nicht sozialen und politischen Wandel. Oft wird vergessen, dass Gewohnheiten den Kern unserer Subjektbildung ausmachen, und es ist die Ästhetik, die uns lehrt, über unsere habituellen Denkformen nachzudenken. Diese Achtsamkeit fördert die Fähigkeit, sich selbst zu verändern und eine ästhetische Sensibilität zu entwickeln, die es uns befähigt, zu lernen, wie man lernt. Eine ästhetische Bildung, die weder auf instrumenteller Vernunft noch auf Eigennutz beruht, ermöglicht die Auflösung gewohnheitsmäßiger Denkformen und eröffnet damit Möglichkeiten anderer Formen des Begehrens und der Imagination.

Der Einsatz für die Fähigkeit, die eigenen Vorstellungskräfte als »großes, uns eingebautes Instrument des Andersseins« (Spivak 2003a: 13) auszuüben, erlaubt es, dass wir uns auf imaginative Weise mit der Alterität auseinandersetzen. Die Ästhetik fördert den Zugang zu Erkenntnissen, die sich den Natur- und Sozialwissenschaften entziehen. Indem sie die Grenzen der Vernunft und ihrer epistemischen Reichweite umreißt, kann die Ästhetik über die Strukturen der Vernunft hinausweisen und uns zu ethischen Subjekten machen: »Ethik ist kein Problem des Wissens, sondern ein Ruf der Beziehung« (Spivak 1993b: 32). Oder in den Worten Benhabibs: »Freundschafts-, Solidaritäts- und Liebesbeziehungen sind nicht ästhetisch, sondern durchaus moralisch« (1992: 232). Im Gegensatz dazu würde Spivak aber gegen eine Trennung von Politik, Ethik und Ästhetik argumentieren. Dies erinnert an die umstrittene Inszenierung von Becketts *Warten auf Godot* durch Sontag während der Belagerung von Sarajevo 1993 in einem Theater mit zwölf Kerzen und einer Besetzung aus unterernährten und übermüdeten Schauspieler:innen. Während einige Sontag vorwarfen, es sei leichtfertig, ein solches Stück in einem Kriegsgebiet aufzuführen, argumentierten andere, es habe so viel Aufmerksamkeit auf die Notlage der Stadt gelenkt, dass es zum Ende des Krieges beigetragen habe. Unabhängig davon, ob man die Inszenierung als Akt der Solidarität oder der Selbstgefälligkeit interpretiert, trifft der Vorwurf, die Aufführung eines Theaterstücks mitten im Krieg sei wie »fiedeln, während Rom brennt«, nicht zu. Vielmehr zeigt dieses Beispiel unabhängig von unserer Bewertung, dass die Ästhetik tatsächlich politisch und ethisch *ist*.

In Anlehnung an Marx' dritte Feuerbach-These, die besagt, dass »der Erzieher selbst erzogen werden muß«, sollten sich auch die Mitglieder der Elite als Student:innen begreifen, die bei den Subalternen in die Lehre gehen und von ihnen erlernen müssen, wie sie zum Prozess der Entsubalternisierung beitragen können. Indem man sich den:die Andere:n gleichzeitig ähnlich und doch zugleich anders als das Selbst vorstellt, soll die Begegnung zwischen den Subalternen und den Intellektuellen eine »bewusstseinsverändernde Begegnung auf beiden Seiten« (Spivak 1999: 384) hervorbringen. Diese Aporie oder logische Sackgasse kann nicht aufgelöst werden; vielmehr ist es die Diskontinuität zwischen unserer Vorstellung vom Anderen und der Figur des Anderen, die verhandelt werden muss (Sharpe 2014: 516). Der ethische Imperativ im Ästhetischen besteht darin, die Grenzen des Epistemischen imaginativ anzuerkennen; es gilt, der Versuchung zu widerstehen, das Ethische auf den rationalistischen Sinn von »das Richtige tun« oder den »Wunsch, gut zu sein«, zu reduzieren, was nur durch das Ästhetische möglich ist (Spivak 2012a: 111). Spivak erklärt die Aporie des Ethischen wie folgt: »Vergessen Sie nicht: Ich sage nicht, dass die Ethik unmöglich ist, sondern dass die Ethik die Erfahrung des Unmöglichen ist [...]« (1994b: xxv). Die Ästhetik erlaubt es, »die intellektuelle Gewohnheit« (2012a: 111) einzuüben, diese ethische und epistemische Unmöglichkeit nicht als Niederlage zu erleben, sondern als eine Beckett'sche Gelegenheit, es immer weiter zu versuchen, zu scheitern und besser zu scheitern. Oder in Spivaks ominösen Worten über den Double Bind: »Wer gewinnt, verliert« (2012a: 3).

Schluss: Affirmative Sabotage der Werkzeuge der Herrschenden

Wie können wir uns eine post-imperiale Welt vorstellen?

Die beispiellosen Fortschritte in Wissenschaft und Technik und der rasche soziale und politische Wandel galten einmal als Versprechen, Gleichheit und Freiheit weltweit zu schützen und zu fördern. Heute sehen wir uns aber mit beispiellosen Herausforderungen konfrontiert: Die Verschmutzung und Zerstörung der Umwelt, das Erstarken rechter Bewegungen auf der ganzen Welt, Konflikte und Kriege, transnationale Enteignung und Entrechtung – die Liste ließe sich beinahe beliebig verlängern. Obwohl wir auf die Zerstörung und den Ruin unseres Planeten zuzusteuern scheinen, stehen wir zugleich aber auch an der Schwelle zu mehreren zuvor unvorstellbaren globalen Bewegungen, die für wirtschaftliche, politische, soziale und kulturelle Gerechtigkeit kämpfen. Die Situation, in der wir uns wiederfinden, bleibt dabei in vielerlei Hinsicht durch das Erbe des Kolonialismus geprägt. Vom Klimawandel bis zur Flüchtlingskrise, von den Kontroversen um die Rolle der Religion in der Politik bis hin zu Minderheitenrechten und staatsbürgerlichen Privilegien hat der Kolonialismus seine Spuren in den geopolitischen, sozialen und wirtschaftlichen Fragen der Gegenwart hinterlassen. Es ist daher zu beobachten, dass quer durch die Disziplinen, von der Robotikforschung bis zu den sozialen Medien, von der Ernährungssouveränität bis zur Friedens- und Konfliktforschung, von der Mode bis zur Musik, postkoloniale Perspektiven trotz wiederholter Versuche, sie zu delegitimieren, nicht ausgeblendet oder umgangen werden können. Im Gegenteil, sie bereichern und erweitern unser Verständnis für unsere verwickelte Vergangenheit und Zukunft. Wenn wir nicht in der Lage und bereit sind, aus unseren Fehlern und Verbrechen zu lernen, sind wir dazu verdammt, sie zu wiederholen.

In vielen außereuropäischen Sprachen wie Mandarin, Urdu und Hindi ist die Bezeichnung für Vergangenheit und Zukunft dieselbe. Der chinesische Begriff für »übermorgen« bedeutet wörtlich »hinterer Tag«, während »vorgestern« als »vorderer Tag« bezeichnet wird. In Hindi und Urdu sind »gestern« und »morgen« das gleiche Wort: कल kal. In *Mitternachtskinder* bemerkt Salman Rushdie (1983: 138) dazu: »[V]on Leuten, die für ›gestern‹ dasselbe Wort benutzen wie für ›morgen‹, kann man nicht behaupten, sie hätten die Zeit fest im Griff.« Rushdie spielt damit auf die schwierige Beziehung zwischen Zeitlichkeit und Hoffnung an, auf das Begehren nach einer herrschaftsfreien Zukunft und auf die Unmöglichkeit utopischen Denkens. Für Mbembe negierte der Kolonialismus nicht nur die Vergangenheit und die Geschichte der Kolonisierten, sondern untergrub auch ihre Fähigkeit zur Zukunft, die von Europa monopolisiert wird (2021a: 53). Diese Problematik erinnert an zwei wichtige Wörter der deutschen Sprache: *Vergangenheitsaufarbeitung* und *Zukunftsfähigkeit*. Um zukunftsfähig zu sein, muss man zur Aufarbeitung der Vergangenheit bereit sein, was bedeutet, sich Rechenschaft darüber abzulegen, wie wir in unseren jetzigen Zustand geraten sind. Ich bin der festen Überzeugung, dass unsere Geschichten der Vergangenheit uns dabei helfen sollten, die Gegenwart strategisch zu hinterfragen, um uns die Möglichkeiten einer postimperialistischen Zukunft vor Augen zu führen.

Angesichts der Gewaltgeschichte kolonialer Utopie-Experimente muss es paradox erscheinen, von postkolonialen Utopien zu sprechen. Doch wie soll man sich eine post-imperiale Welt vorstellen? Oder ist das in der Welt, in der wir heute leben, gar nicht mehr möglich? Jahrhundertelang haben europäische Kolonisatoren den Globus auf der Suche nach neuen Abenteuern durchkämmt und sind der Versuchung von vermeintlich unberührten Ländern und Menschen nachgejagt. Kolonien dienten als fantastische Projektionsflächen, auf denen Europa seine verbotenen Sehnsüchte und Ängste abbildete, während sie gleichzeitig als Laboratorien für europäische Hoffnungen und Vorstellungen fungierten. Thomas Mores *Utopia* von 1516 ist eine konzeptionelle Innovation und eines der frühesten Beispiele für imperialistische Weltgestaltung und imaginäre Geografie. More beschreibt eine fiktive Inselgesellschaft im südatlantischen Ozean vor der Küste Südamerikas. Als Christoph Kolumbus zum ersten Mal auf die »Neue Welt« und ihre Bewohner stieß, glaubte er, den Garten Eden gefunden zu haben. Bekanntlich ist der Begriff *Utopie* jedoch eine Zusammensetzung aus dem Präfix *ou-* (nicht) und dem Wort *topos* (Ort). Auch die homophone Vorsilbe *eu-* (gut) lässt sich in dem Wort vernehmen. Was also mitschwingt ist der Verdacht, dass der perfekte »gute Ort« in Wirklichkeit ein »nicht Ort« ist, der imaginäre Idealort also (noch) nicht existiert. Diese Unausführbarkeit der Zukunft ist aber kein Defätismus oder Zynismus, sondern drückt eine Melancholie hinsichtlich dessen aus, was noch sein wird. Es ist eine Sehnsucht nach dem, was immer wieder aufgeschoben wird. Wie aber können wir angesichts der unerfüllten Sehnsüchte, die die postkoloniale Welt heimsuchen, die akute Lähmung des Willens und den schieren Mangel an Visionen überwinden, so dass wir nach einer herrschaftsfreien Zukunft zumindest wieder streben können?

In Anbetracht der Tatsache, dass Europa seine Werte, Normen und Erkenntnistheorien durch den Kolonialismus universalisiert hat, ist die Dekolonisierung auf den ersten Blick eine einfache Angelegenheit: Es kommt darauf an, so scheint es, Europa zu ent-universalisieren. Wie ich mit diesem Buch zeigen wollte, ist dieses Bestreben aber viel komplexer, nämlich notwendig und doch zugleich unmöglich; Geschenk und Fluch des Erbes der Aufklärung können wir nicht entrinnen. Obwohl die Europäer:innen die Aufklärung und ihre Ideen von Gleichheit, Freiheit, Gerechtigkeit, Menschenrechten und Demokratie wie niemand sonst verraten und missbraucht haben, bleiben auch die hochfliegenden postkolonialen Ambitionen, das Erbe der Aufklärung vor den Europäer:innen zu retten, eine gewaltige Herausforderung.

Die postkoloniale Kritik an der Aufklärung ist, wie ich gezeigt habe, weniger eine Ablehnung der Aufklärung als vielmehr der Versuch, die Rolle der Kritik in Prozessen der Dekolonisierung neu zu bestimmen. Antikoloniale Revolutionen versprachen Emanzipation durch die Überwindung der Brutalität des Kolonialismus. Die verwundete Vergangenheit sollte durch die heilende Gegenwart und die regenerative Gegenkraft des Antikolonialismus ersetzt werden (Scott 2004: 6). Die totalisierende Entmenschlichung des Kolonialismus hallte im Vokabular der Empörung, das die antikolonialen Kämpfe prägte, wider. Die Überzeugungskraft der Vergangenheit allein kann jedoch nicht mehr als Garant für eine emanzipierte Zukunft herhalten. Vielmehr müssen die Begriffe des Widerstands und der Dissidenz angesichts der vielfältigen Krisen unserer Gegenwart neu definiert werden.

Die postkoloniale Welt muss sich mit der Tatsache auseinandersetzen, dass die antikolonialen Revolutionen die in sie gesetzten Hoffnungen enttäuscht haben. Die Klage Scotts, »Wir leben in tragischen Zeiten«, markiert das Scheitern der Dekolonisierung, so dass »aus antikolonialen Utopien langsam postkoloniale Albträume geworden sind« (ebd.: 7). Angesichts globaler wirtschaftlicher, sozialer und politischer Ungleichheit scheint die bloße Wiederholung früherer antikolonialer Slogans fehl am Platz (ebd.: 167). Dekolonisierung muss in anderen Begriffen neu gedacht werden, damit Emanzipation jenseits von antikolonialen Haltungen und Rechtfertigungsnarrativen imaginiert werden kann (ebd.: 7). Wollen wir postkoloniale Zukünfte entwerfen, müssen wir zunächst den Irrglauben bekämpfen, dass es für die Dekolonisierung ausreiche, den europäischen Kolonialismus zu überwinden, um eine Welt ohne Ungerechtigkeit und Unterdrückung zu schaffen.

Die Nichteuropäer:innen wurden nicht freiwillig Teil der Aufklärung und der Moderne, sondern sie wurden dazu gezwungen, sich zu deren Objekt und Agent zu machen (ebd.: 9). Die Moderne war für Nichteuropäer:innen keine Wahlmöglichkeit, für oder gegen die sie sich hätten entscheiden können, sondern »eine der grundlegenden Bedingungen der Wahl« (ebd.: 19). Wie in den vorangegangenen

Kapiteln erörtert, besteht die Tragödie der Haitianischen Revolution darin, dass die konzeptionellen und institutionellen Bedingungen, unter denen die Versklavten ihre Freiheit erkämpfen mussten, von der Kolonialmacht bestimmt worden waren (ebd.: 119). Dies bereitete der postkolonialen Sackgasse den Weg, in der koloniale Strukturen und Subjektivitäten der postkolonialen Welt in verwandelter Form wieder eingeschrieben wurden. So beklagt Mbembe (2021a: 50) in seinem Kommentar zu Haiti und Liberia, die als Republiken beide aus der Erfahrung der Plantagenwirtschaft hervorgegangen sind, wobei erstere ein gescheitertes Experiment der »Selbstbefreiung« und letztere eine »geplante Dekolonisierung« war, dass in beiden Fällen »die Knechtschaft den Prozess der Abolition überlebt. Die Emanzipation hat genau das Gegenteil von dem bewirkt, was sie erreichen wollte [...].«

Die tragische Gabe und der Fluch der Aufklärung bestehen darin, dass sie gleichzeitig befähigt und außer Gefecht setzt, zugleich stärkt und schwächt; ihr Skript ist uns allzu vertraut und doch schwer fassbar. Das Erbe der Aufklärung kann nicht ausgeschlagen werden; es muss zum Gegenstand von Aushandlungsprozessen werden. Postkoloniale Subjekte können von der Aufklärung nicht *nicht* rekrutiert werden, so dass wir »die Freiheit ausgerechnet in den Technologien, Begriffssprachen und institutionellen Formationen suchen müssen, in denen die Rationalität der Moderne unsere Unterdrückung orchestriert hat« (Scott 2004: 168). Die Herausforderung besteht darin, die Herrschaftsansprüche der Aufklärung zu erschüttern und zu untergraben, ohne ihre Prinzipien pauschal abzulehnen. Insofern wir historisch durch sie bestimmt sind, bleibt die Aufklärung unausweichlich eine der Bedingungen für die Analyse unserer selbst (Foucault 2005d: 702). Wir dürfen uns nicht den Loyalitätsforderungen gegenüber ihren doktrinären Elementen unterwerfen, sondern müssen ihre Rationalitäten immer wieder in Frage stellen (vgl. Butler 2011). Das paradoxe Verhältnis der postkolonialen Welt zur Aufklärung ergibt sich aus dem Dilemma, dass unser Modus der Kritik sowie unsere Konstitution als kritische Subjekte selbst zum Erbe der Aufklärung gehören. Eingeklemmt zwischen einer einseitig instrumentellen Vernunft und dem befähigenden kritischen Urteil, besteht die Herausforderung darin, die Widersprüche der Aufklärung in einer produktiven Spannung auszuhalten. Es gilt, eine »Geduld für das Paradoxe« zu entwickeln und anzuerkennen, dass die »koloniale Vergangenheit uns vielleicht nie loslassen wird« (Scott 2004: 220). Wenn die ehemals versklavten Menschen zu Rekrut:innen der Aufklärung geworden sind, die ungewollt ihr gewaltförmiges Erbe verstärken, welche Richtung und Grammatik kann die postkoloniale Kritik dann noch haben?

Wie sollen wir angesichts dieser unmöglichen Bedingungen noch unsere Hoffnungen, Wünsche und Vorstellungen formulieren, um die desillusionierte

Gegenwart zu überwinden? Der hochfliegende postkoloniale Ehrgeiz, eine alternative Zukunft zu entwerfen, entpuppt sich als verpasste Verabredung mit der Geschichte. Für Gramsci (H.3 § 34 [1930]: 354) stellt dies jedoch eine Chance dar: Die Krise besteht gerade in der Tatsache, dass »das Alte stirbt und das Neue nicht zur Welt kommen kann: in diesem Interregnum kommt es zu unterschiedlichsten Krankheitserscheinungen«. Wie soll man sich eine nicht von Herrschaft geprägte Zukunft vorstellen und dabei einen gewissen Pessimismus des Intellekts und einen Optimismus des Willens beibehalten? Was sind die Herausforderungen, wenn man eine post-imperiale Politik vom (Nicht-)Ort der Planetarität aus entwirft?

Anstelle einer eschatologischen Tradition, die mit ihren Heils- und Erfüllungsversprechen für sich in Anspruch nimmt, auf ein *telos* gerichtet zu sein, ermöglicht ein planetarischer Ansatz nach Gayatri Spivak im utopischen Denken multidirektionale Ströme von Hoffnungen, Wünschen und Vorstellungen, ohne dabei hegemoniale Paradigmen der Globalität zu reproduzieren, die romantische Sehnsüchte nach transnationaler Konvivialität und Solidarität bedienen. Der griechische Begriff *eschaton* enthält zwei unterschiedliche Lesarten des Begriffs »Ende«: das Ende als Abschluss eines Prozesses *(finis)* und das Ende als Vollendung eines Ziels *(telos)*. Im Gegensatz zur Zweckmäßigkeit von Zukünften (à la Kant) müssen wir uns der nicht-formelhaften Offenheit planetarischer Utopien bewusst sein, was nicht nur ein Nachdenken darüber beinhalten sollte, was zu hoffen, zu wünschen und zu imaginieren ist, sondern auch darüber, welche Grenzen unseren besten Bemühungen, dies zu erreichen, gesetzt sind. Denn sich das Unvorstellbare vorzustellen und angesichts der Hoffnungslosigkeit zu hoffen ist ja gerade die Aufgabe von Utopien, die der Sehnsucht nach dem, was noch nicht ist, nach dem Noch-nicht, Raum geben.

Der postkoloniale Queer-Theoretiker José Esteban Muñoz (2009) vertrat die Ansicht, dass die queere Zukunft ein Versuch sei, in die »geradlinige Zeit« (»straight time«) einzugreifen, die die Zeitlichkeit normalisiert. Im Gegensatz zu einer linearen, progressiven Erzählung schlägt Muñoz (2009: 1) vor: »[...] wir müssen neue und bessere Genüsse, andere Arten, in der Welt zu sein, und schließlich neue Welten erträumen und verwirklichen [...] Bei Queerness geht es im Wesentlichen um die Ablehnung eines Hier und Jetzt und um das Beharren auf der Möglichkeit einer anderen Welt.« Gegen Lee Edelman (2004), der die Politik des reproduktiven Futurismus ablehnt und Queerness mit dem Todestrieb in Verbindung bringt, präsentiert Muñoz eine überzeugende Erwiderung auf die von Edelman artikulierte queere Apokalypse, auf die sich so viele politische Projekte beziehen. Das queere Subjekt, so hatte Edelman argumentiert, sei epistemologisch an Negativität, Unsinn, Antiproduktion und Unverständlichkeit gebunden. Anstatt diese Charakterisierung zu bekämpfen, indem nach Anerkennung gerufen wird, solle die Negativität, die queere Subjekte strukturell verkörpern, affirmativ angenommen werden. Muñoz spricht sich dagegen für eine queere Welterschaffung aus, die auf der Möglichkeit beruhen soll, eine Welt zu skizzieren, in der es erlaubt ist, Bilder der Utopie zu entwerfen und so »trotz aller Pragmatik das Unmögliche zu inszenieren«.[1] Aber diese utopischen Gesten seien durch die beschädigte Vergangenheit und Gegenwart heterosexistischer rassifizierter kolonialer Gewalt und postkolonialer Verluste gekennzeichnet. Umso dringlicher die Frage: »Was tun?«

Was (nicht) tun?[2]

Nikolaj Tschernyschewskis Roman »*Was tun?*« von 1863, der als Handbuch des Radikalismus bezeichnet wird, ist eine Art »Lehrbuch« für das Leben. Der Titel weckt die Erwartung, dass das radikale Denken dazu verpflichtet sei, zufriedenstellende Antworten auf die drängenden Probleme zu geben, mit denen sich Individuen und Gesellschaften konfrontiert sehen. Die Frage setzt einen als richtig erkannten Zweck voraus, ein Ziel, das bereits bestimmt wurde und auf das die Planung der Zukunft sich ausrichtet. Obwohl es vernünftig erscheint, eine Versöhnung zwischen Theorie und Praxis zu fordern, ist es nicht immer möglich, einen adäquaten Entwurf dafür zu liefern, wie ein Gleichgewicht zwischen beiden aussehen würde. Ein möglicher Lackmustest für die politische und intellektuelle Integrität von Intellektuellen ist die Antwort auf die Frage, »Was tun?« Auch wenn die Forderung nach einer richtigen Antwort als solche unmöglich erfüllt werden kann, lässt sie sich nicht verleugnen. Da man die Frage weder lösen noch ihr entkommen kann, findet sich der:die Intellektuelle in einem Double Bind: Wer grübelt, ohne einen Plan zum Handeln zu haben, macht sich angreifbar.

Mit seiner Antwort auf die Frage, »Was soll ich tun?«, verabschiedete sich Kant von jedem vorgefassten Verständnis von Moral und Ethik und skizzierte eine Form des Handelns, die so tut, »als ob« ein universelles Ziel umrissen werden könnte. Nietzsche sprach diesbezüglich von einer »regulativen Fiktion« und spielt damit auf den erfundenen Charakter des Ziels an, der das Tun der Handlung von ihrem Ziel entkoppelt (Nancy 2014: 102). Obwohl letzteres unerreichbar bleibt, streben wir doch in unserem Tun danach. In ähnlicher Weise muss der Akt des Denkens als Kontemplation von der Zweckmäßigkeit befreit werden, um

1 http://www.socialtextjournal.org/periscope/2010/06/response.php#more

2 Dies ist eine Abwandlung von Alberts (1974): *What is to be Undone: A Modern Revolutionary Discussion of Classical Left Ideologies.*

seine Autonomie gegenüber dem Imperativ, Zukunftsentwürfe liefern zu müssen, zu bewahren. Adorno rügt das »Primat von Praxis« (GS 10.2 [1969]: 319) und warnt vor dem »automatische[n] Einschnappen der Frage nach dem Was tun, die auf jeglichen kritischen Gedanken antwortet, ehe er nur recht ausgesprochen, geschweige denn mitvollzogen ist« (ebd.: 330). Der Imperativ, umgehend und sofort handeln zu müssen, laufe immer Gefahr, in »Aktionismus« zu enden, ein Begriff, den Adorno (ebd.: 313, 322) verwendet, um den radikalen Aktivismus der 68er Generation und ihren Anti-Intellektualismus zu kritisieren. Für Adorno handelt es sich hier um eine Überbewertung der sozialen Aktion im Verhältnis zu Kontemplation, Reflexion und intellektueller Arbeit. Die Kluft zwischen Theorie und Praxis darf sich gar nicht schließen, sondern sollte aufrechterhalten werden, um zu verhindern, dass Theorie zur »bloßen« Interpretation und Praxis zur ruhelosen »Ungeduld« wird, die versucht, die Welt ohne die politische Arbeit der Interpretation zu verändern (ebd. [1969]: 317). Die Theorie muss als oppositionelle Kraft gegen den Ansturm des Positivismus verteidigt werden, indem sie von der Forderung befreit wird, pragmatisch auf soziale Probleme antworten zu mussen. Adorno zeigt, wie der Aktionismus eine Antipathie und Feindseligkeit gegenüber der Theorie verkörpert, und widerlegt so in meiner Lesart die berühmte elfte These von Marx über Feuerbach. Es geht darum, das Bild zurückzuweisen, demzufolge die Theorie abstrakt und passiv, die Praxis hingegen konkret und transformativ ist (Cook 2004: 58). Adorno stellt den Impuls, den Wert einer Idee nach ihrem »Gebrauchswert« für das Handeln zu beurteilen, in Frage und fordert uns so dazu auf, das Denken selbst als »Kraft zum Widerstand« zu betrachten (Adorno GS 10.2 [1969]: 343).

Dies kann sogar als Echo Lenins gelesen werden: »Ohne revolutionäre Theorie kann es auch keine revolutionäre Bewegung geben. Dieser Gedanke kann nicht genügend betont werden in einer Zeit, in der die zur Mode gewordene Predigt des Opportunismus sich mit der Begeisterung für die engsten Formen der praktischen Tätigkeit paart.« (Lenin 1955 [1929]: 379) Bei der Dialektik zwischen Theorie und Praxis geht es nicht darum, »die richtige Praxis aus der richtigen Theorie abzuleiten« (Bosteels 2005); statt Theorie und Praxis in Einklang zu bringen oder zu versöhnen, muss vielmehr die Spannung und Kontingenz zwischen beiden akzeptiert werden. Der Unvorhersehbarkeit und Ungewissheit, die in der Frage »Was tun?« immer mitschwingt, sollte Raum gegeben werden. Selbst Marx (MEGA III 1 [1843–4]: 599) räumt ein, dass »jeder sich selbst gestehen [muss], daß er keine exakte Anschauung von dem hat, was werden soll. Indessen ist das gerade wieder der Vorzug der neuen Richtung, daß wir nicht dogmatisch die Welt antizipieren, sondern erst aus der Kritik der alten Welt die neue finden wollen.«

Aus postkolonial-queer-feministischer Perspektive besteht die revolutionäre Funktion von Theorie und Praxis darin, die Herausbildung eines kritischen Bewusstseins zu erleichtern, das den Subalternen die Möglichkeit bietet, ihr politisches Handlungsvermögen auszuüben. Ein kritisches Bewusstsein erlaubt es den Subalternen zu träumen, zu hoffen, zu wünschen und sich das Unmögliche als das Mögliche vorzustellen. Es fördert die Fähigkeit, die Zukunft des Kommenden ohne einen von oben auferlegten Plan zu erkunden. Nach Derrida besteht die einzig ethische Antwort auf die Frage »Was tun?« darin, sie nicht zu beantworten oder Lenins eigenem Vorschlag zu folgen: »Wir müssen träumen!« (Bosteels 2005). Anstelle einer effizienten Abbildung der Begehren, wie sie etwa Algorithmen im digitalen Raum anstreben, muss die unkalkulierbare Unzulänglichkeit, Disjunktion und Unterbrechung des Teleologischen beachtet werden, um die Zukunft des Kommenden nicht zu verschließen. Im Bemühen, die Herrschaft abzubauen, muss die Antwort auf Lenins Frage notwendigerweise in der Schwebe bleiben (Derrida 2018: 62). Auch Adorno erwidert auf die Frage »Was tun?«, dass er niemals so vermessen wäre, den Menschen vorschreiben zu wollen, wie sie zu handeln haben. »Auf die Frage [...] kann ich wirklich meist nur antworten ›Ich weiß es nicht‹. [...] Dabei wird mir vorgeworfen: Wenn du schon Kritik übst, dann bist du auch verpflichtet zu sagen, wie man's besser machen soll.« (GS 20.1 [1969]: 401) Adorno warnt vor dem »Hurra [des] Optimismus, der [die] unmittelbare Aktion überschreit« und schlägt vor, dass Verzweiflung zuweilen politisch wirksamer sein kann (ebd.: 402). Dies ist kein Plädoyer dafür, nicht zu handeln, aber es legt den fiktiven Charakter der Ziele allen Handelns offen.

Wenn aber Denken und Handeln nicht vereinbar sind, wie kann Wandel dann noch stattfinden? Wir müssen uns mit der Beziehung zwischen dem kritischen Denken und den rassistischen, (hetero)sexistischen und imperialistischen Bedingungen befassen, unter denen radikale Ideen und Praktiken entstehen.

Die unerträgliche Langsamkeit des Wandels

Horkheimer kritisiert die Hegelsche Sozialphilosophie dafür, dass sie die individuelle Unterdrückung rational mit einer übergreifenden Bewegung des »ewigen Lebens des Geistes« zu erklären versucht (GS 3 [1931]: 25). Eine solche metaphysische Sichtweise versuche, menschliches Leiden zu legitimieren, ohne Anstrengungen zu unternehmen, es zu lindern. Wie im vorigen Abschnitt erörtert, liegt eine der größten Herausforderungen für diejenigen, die ungerechte soziale, politische und wirtschaftliche Verhältnisse verändern wollen, darin, die Diskontinuität zwischen Denken und Handeln aufzuheben. Dies birgt die Gefahr, dass entweder eine Theorie entsteht, die losgelöst und entpolitisiert ist und wenig Relevanz für den Alltag der Entrechteten und Marginalisierten hat, oder dass die Erfahrung verdinglicht wird und Selbstreflexion und Selbstkritik der Dringlichkeit unmittelbaren Handelns geopfert werden.

In ihrem eindringlichen Vortrag »How does change happen«[3] berichtet Davis (2017) von den Rassismuserfahrungen, die sie in ihrem politischen und intellektuellen Schaffen geprägt haben. Zu einer Zeit, als es segregierte Trinkbrunnen und Toiletten für Nichtweiße gab, sagte Davis' Mutter zu ihr: »So sollten die Dinge nicht sein [...] und sie werden auch nicht immer so bleiben« (2006).[4] Es war eine Lektion darüber, nicht zu akzeptieren, »was ist«, nur weil »es halt so ist«. Wir müssen die Rolle von Denken und Handeln und die Beziehung zwischen beiden neu durchdenken, wenn wir die Welt verändern wollen. Theorie und Handeln sind einander immer immanent. Sie werden durch den Kontext und die Bedingungen, unter denen sie ausgeübt werden, bestimmt, wobei sie die denkenden und handelnden Subjekte formen und von ihnen geformt werden. Davis erklärt: »Deprimierend ist es nur dann, wenn man annimmt, dass die Lage von heute auch die von morgen sein wird.«[5] Gleichzeitig warnt Davis vor Narrativen von heroischem Individualismus und Messias-Figuren, die die Kollektive als Träger des sozialen Wandels in der Figur eines Führers auslöschen: Die Rassentrennung sei nicht deshalb beendet worden, weil »Präsidenten oder Gesetzgebern oder Richtern eines Tages ein Licht aufgegangen ist. [...] (sondern) weil gewöhnliche Menschen sich kollektiv als potenzielle Akteure des sozialen Wandels bewusst wurden [...] (mit) der Macht, eine neue Welt zu schaffen« (2006).[6] Davis vertritt die Auffassung, dass die Diskrepanz zwischen Theorie und Praxis nicht unterdrückt, sondern vielmehr gefördert werden sollte, um zu verhindern, dass einerseits die Theorie zu einem bloßen Werkzeug verkommt, das Formeln für die Lösung der Probleme der Welt liefert, und andererseits die Praxis nur an ihrer Wirksamkeit gemessen wird. Wenn die Theorie dann nicht in der Lage ist, Formeln für politisches Handeln zu liefern, und wenn der Aktivismus nicht den angestrebten Wandel herbeiführt, seien Desillusionierung und Zynismus die Folge. Außerdem kann die Bevorzugung des einen gegenüber dem anderen zu Anti-Intellektualismus führen. Anstatt den sozialen und politischen Wandel zu fördern, behindert der hierarchische Gegensatz zwischen Theorie und Praxis die Emanzipation. Der Imperativ des Handelns kann die Aufgabe des Denkens nicht umgehen, denn jede Praxis geht über die bloße Umsetzung eines Aktionsplans hinaus. Das »Tun« ist viel mehr als eine bloße Operationalisierung des »Denkens«, das als mangel-

3 http://www.angiecoleman.me/music-tech/2017/2/2/how-does-change-happen-angela-davis-on-movements-erasure-and-the-dangers-of-heroic-individualism

4 https://www.ucdavis.edu/news/angela-davis-remaking-world/

5 http://www.angiecoleman.me/music-tech/2017/2/2/how-does-change-happen-angela-davis-on-movements-erasure-and-the-dangers-of-heroic-individualism

6 https://www.ucdavis.edu/news/angela-davis-remaking-world/

haft und unwirksam abgetan wird, wenn es – was unausweichlich ist – nicht das hält, was es verspricht. Kritisches Denken ist unverzichtbar für den sozialen und politischen Wandel, es ist nicht nur Mittel zum Zweck; vielmehr ist das Denken ein Zweck an sich. Um Veränderungen zu bewirken, müssen wir unser Denken ändern.

bell hooks verfolgt in »Theorie als befreiende Praxis« (2023: 69) einen ähnlichen Ansatz: »Ich kam zur Theorie, weil ich verletzt war – der Schmerz in mir war so stark, dass ich nicht weiterleben konnte. Ich kam zur Theorie, weil ich verzweifelt war, weil ich begreifen wollte, was um mich herum und in mir geschah. Vor allem wollte ich, dass der Schmerz verschwindet. Ich sah also in der Theorie einen Ort der Heilung.« Dies läuft dem Verständnis von Theorie als elitärer Praxis zuwider und deutet die zutiefst transformative Kraft des kritischen Denkens an.[7] Eine Feministin wie Lorde betont die komplexe Beziehung zwischen persönlicher Erfahrung und politischer Transformation, zwischen Worten und Taten, zwischen Überleben und Revolution. Sozialer und politischer Wandel ist untrennbar mit der Macht der Worte verbunden. Nachdem bei ihr Brustkrebs diagnostiziert worden war, wurde ihr klar, dass sie nichts in ihrem Leben so sehr bereute wie ihr Schweigen. Lorde rät, sich angesichts von Macht und Herrschaft den eigenen Ängsten zu stellen, denn »euer Schweigen wird euch nicht schützen« (2021: 35). In diesem Satz spricht Lorde eine ganze Reihe von Themen an, wie das Verhältnis zwischen Sprache und Tat, zwischen Gewalt und Schweigen, aber auch, dass die Unterschiede zwischen Frauen anerkannt werden müssen und es vor der Verantwortung keine Flucht gibt. Der Kampf gegen Ungleichheit und Ungerechtigkeit wird ihrer Ansicht nach nur dann erfolgreich sein, wenn der Zorn, den Schwarze Feminist:innen und *Feminists of Color* gegenüber weißen Feminist:innen hegen, ernst genommen wird. Ihr Misstrauen gegenüber den Behauptungen von »globaler Schwesternschaft« und »transnationaler Solidarität« ist zwar durchaus begründet, wird aber nicht immer beachtet. Ein lehrreiches Beispiel für feministische Arroganz in akademischen Kreisen ist Lordes Erfahrung auf einer Konferenz des Institute for the Humanities der New York University im Jahr 1979, bei der Frauen aus der »Dritten Welt« und Schwarzen sowie lesbischen Frauen das letzte Panel mit nur zwei Beiträgen zugewiesen wurde. Diese eklatante Missachtung der Kraft der Differenz war der Anlass für ihre ikonische Anklageschrift »Die Werkzeuge der Herrschenden werden das Haus der Herrschenden niemals einreißen« (2021). Lorde kritisiert die Diskrepanz zwischen der akademischen Wissenschaft und den Überlebenskämpfen von marginalisierten Subjekten. Sie richtet sich gegen die Ausschlussmechanismen,

7 Ich bin María do Mar Castro Varela dankbar, dass sie mich an diese wichtige Einsicht von bell hooks erinnert hat.

die Symbolpolitik und die Unsichtbarmachung der Minderheiten innerhalb der Elite feministischen Denkens.

Doch anstatt sich durch ihren Schmerz und ihr Leiden entmündigen zu lassen, rät Lorde Schwarzen und nicht-weißen Frauen, ihre Bitterkeit, Frustration und Wut zu kanalisieren, um sich gegen die elende Opferrolle zu wehren, die ihnen von den herrschenden Strukturen und Diskursen aufgezwungen wird. Indem der weiße Feminismus seine Privilegien und seine Unwissenheit verleugnet, verschleiert er seine Mitschuld an Rassismus und Imperialismus. Gleichzeitig müssen Schwarze Feministinnen und *Feminists of Color* die »Doppelbelastung« schultern, weiße Frauen aufzuklären und darum zu kämpfen, Koalitionen über Diskriminierungserfahrungen hinweg aufzubauen. Der paradoxe und ironische Titel der Textsammlung *Sister Outsider* (1984), in der Lorde die Position des »Nicht-Dazugehörens« als Stärke statt als Schwäche liest, bringt dies auf brillante Weise zum Ausdruck.

Ihr eindringlicher Appell »Es gibt keine Hierarchie der Unterdrückung« (2015: 45) nimmt die wichtigsten Einsichten des intersektionalen Feminismus vorweg. Als Schwarze, lesbische Frau konnte sich Lorde den Luxus, sich nur gegen eine Form der Unterdrückung zu wehren, nicht leisten; der Kampf gegen Sexismus, Heterosexismus, Rassismus und Kapitalismus muss an mehreren Fronten zugleich geführt werden, ohne dass eine davon über die andere gestellt werden darf. Lorde berichtet von Diskriminierungserfahrungen, die sie als Lesbe in der Black Community und als Schwarze Frau in der Queer Community gemacht hat. Rassismus ist für die queere Community ebenso ein Problem wie Heterosexismus und Homophobie für die schwarze. Feindseligkeit und Intoleranz gegenüber Alterität treten in allen Formen auf, so dass die eigene Erfahrung der Marginalisierung nicht automatisch zur Solidarität mit anderen diskriminierten Gruppen führt. Gleichzeitig werden unterdrückte Gemeinschaften gegeneinander ausgespielt, und diese Spaltung dient den Interessen hegemonialer Gruppen, die davon profitieren, wenn die Möglichkeit gemeinsamer politischer Aktionen verwirkt wird. Daher ist ein kollektiver Kampf gegen mehrere Achsen der Ungleichheit unabdingbar.

Lorde weist auch auf ihre Erfahrungen mit der Diskriminierung durch heterosexuelle Schwarze Frauen hin, die behaupteten, dass die Akzeptanz von Lesbentum darauf hinauslaufen würde, »das Aussterben aller Schwarzen« zu billigen (2021: 49). In einem eindringlichen Gespräch mit James Baldwin (2014)[8] beschreibt sie die Gewalt, der Schwarze Frauen durch Schwarze Männer ausgesetzt sind. Als Baldwin versucht, die Gewalt der Schwarzen Männer als Reaktion auf den weißen Terror zu erklären, indem er zwischen einem »Familienstreit«

8 http://theculture.forharriet.com/2014/03/revolutionary-hope-conversation-between.html

und einem »öffentlichen Streit« unterscheidet, hält Lorde überzeugend dagegen, dass es trotz gemeinsamer Rassismuserfahrungen »Machtunterschiede« zwischen Schwarzen Männern und Frauen gebe, so dass Schwarze Frauen manchmal gegen Schwarze Männer um ihr Überleben kämpfen müssen. »Vergießt nicht mein Blut«,[9] appelliert Lorde an Schwarze Männer, die sie dazu aufruft, sich nicht gegen die eigene Community zu wenden, sondern sich auf den gemeinsamen Kampf gegen Rassismus und Sexismus zu konzentrieren. Lorde (2021: 11) drängt darauf, dass »›teile und herrsche‹ durch ›bestimme über dich selbst und ermächtige dich‹« ersetzt werden muss.

Als Kind von Immigrant:innen war sich Lorde der Fragilität von politischer Zugehörigkeit und Staatsbürgerschaft, von Konzepten wie »Heimat« und »Sicherheit«, die entrechtete Subjekte niemals als selbstverständlich voraussetzen können, sehr bewusst. Für sie endeten die Kämpfe gegen Ausgrenzung und Entrechtung niemals, so dass Revolution ein Prozess und »kein einmaliges Ereignis« ist (ebd.: 155). Indem sie Politik und Ethik mit Ästhetik verbindet, zelebriert sie in ihrer Poesie und Prosa die Erotik des Schreibens und die Freude über das Überleben derer, die nicht zum Überleben bestimmt waren. Lordes Schriften sind eine Hommage an das Leben, die Liebe und die Sprache, was keineswegs eine einfache Aufgabe ist. Wie sie es so schön formuliert: »Aus jeder meiner Zeilen schreit die Erkenntnis: Es gibt keine einfachen Lösungen.« (Ebd.: 86) Im Angesicht von Angst und Verzweiflung bieten ihre Texte vor allem Hoffnung auf eine lebenswerte Zukunft. Trotz der zahllosen Herausforderungen birgt ihr unerschütterliches Engagement für die Kämpfe der Enteigneten ein Versprechen von Resilienz: »Ich werde nie weg sein. Ich bin eine Narbe, ein Frontbericht, ein Talisman, eine Auferweckung. Der raue Fleck am Kinn der Selbstzufriedenheit« (2021: 272).

Wie Lorde und Davis widmet sich auch Ahmed (2017) in ihrem Werk »Feministisch leben!« der Frage, wie Kollektive aus gemeinsamen Verlust- und Schmerzerfahrungen hervorgehen können. Indem sie Begriffen wie *resignation* (Resignation) und *complaint* (Beschwerde) eine neue Bedeutung verleiht, um sie von ihren negativen und lähmenden Konnotationen zu befreien, zeigt Ahmed, dass persönliche Krisen und Traumata politischen Widerstand und Erneuerung stiften können. In Anlehnung an Lordes Gedicht »A Litany for Survival« von 1978 bemerkt Ahmed (2017: 236), dass »der Feminismus ein Überlebenskit für Spielverderber ist«. Das Überleben sei politisch ambitioniert und es müsse darum gehen, die eigene Hoffnung am Leben zu erhalten und an den Projekten, die noch zu verwirklichen sind, festzuhalten. Ein feministisches Leben zu führen bedeute, die Rolle des Agitators, Außenseiters und Unruhestifters anzunehmen, der auch immer

9 http://theculture.forharriet.com/2014/03/revolutionary-hope-conversation-between.html

wieder in Schwierigkeiten gerät: »Manchmal muss eine Feministin in den Streik treten. Streiken heißt, seine Werkzeuge niederzulegen, sich zu weigern, mit ihnen zu arbeiten« (ebd.: 242).

Das ambivalente postkolonial-queer-feministische Verhältnis zu den Werkzeugen der Herrschenden wird auch von Spivak thematisiert, die die Strategie der affirmativen Sabotage vorschlägt. Der Zugang zur europäischen Aufklärung durch die Kolonisierung sei eine »ermöglichende Verletzung«, und sie schlägt vor, diese Ermöglichung strategisch zu nutzen, wodurch auch die Verletzung neu verhandelt werde (2008b: 259). Spivak betrachtet das Postkoloniale als das »Kind einer Vergewaltigung«. Vergewaltigung ist unter keinen Umständen zu rechtfertigen oder zu entschuldigen; das Kind der Vergewaltigung zu ächten, ist jedoch ebenfalls inakzeptabel (1994b: 279). Ohne koloniale Gewalt zu rechtfertigen, muss die postkoloniale Welt die Aufklärung und ihr Erbe lieben lernen. Die Herausforderung lautet: »Wie kann man lernen, das Kind einer Vergewaltigung, eines Aktes der Gewalt, zu lieben?« Spivak plädiert für einen »Miss-(ge-)-brauch« (*Ab-use*) der Aufklärung (2007: 219). Zwar könne »Miss-(ge)-brauch« ein irreführender Neografismus sein, wenn er einfach als »Missbrauch« missverstanden werde. Es handele sich jedoch weder um eine Misshandlung noch um einen Missbrauch, sondern um ein kritisches Verhältnis zu den Strukturen, denen wir uns nicht entziehen können. Wenn unterdrückte Minderheiten für bürgerliche und politische Rechte kämpfen, dann stellen sie diese Forderungen in einem von der Aufklärung ererbten Vokabular.

Statt das Erbe der Aufklärung kulturrelativistisch an den Pranger zu stellen oder »authentischen« nicht-westlichen Wissenssystemen nachzujagen, sollten wir unser Augenmerk auf die Verflechtungen westlicher und nicht-westlicher Theorieproduktion richten. Wie in vielen postkolonialen Kontexten hat die selektive Zurückweisung einiger Aspekte der Moderne insbesondere populistische und nationalistische Regime gestärkt. Das kritische Projekt der Dekolonisierung bedeutet, das Beste der Aufklärung zu retten und ihr Verhältnis zu den »delegitimierten Wissenschaften« zu überdenken. Die banale Opposition zwischen Aufklärung und Postkolonialismus ist eine vorsätzliche Verleumdung, die problematisiert werden muss, indem untersucht wird, wie sehr unser Sinn für Kritik von der Aufklärung geprägt ist, was aber nicht heißt, dass er auf sie beschränkt wäre. Gleichzeitig können künftige kritische Theorien aus den postkolonialen Erfahrungen im »globalen Süden« wichtige Lehren ziehen. In einer Analogie ausgedrückt: Wie wir aus der Geschichte des Impfens wissen, werden die Impfstoffe in den Ländern des »globalen Südens« meist an den Ärmsten getestet, die sich aber diese Impfstoffe nicht leisten können, wenn sie sich als sicher und wirksam erwiesen haben. Auch wenn emanzipatorische Kritik aus dem Kampf gegen Unterdrückung und Marginalisierung erwächst, werden ironischerweise die Entrechteten durch kritische Interventionen nicht immer gestärkt.

Während postkoloniale Eliten die Aufklärung anprangern und gleichzeitig von ihr profitieren, wird entrechteten Gruppen der Zugang zu den Früchten der Aufklärung verwehrt, wobei zugleich ihre vermeintliche nicht-westliche »Authentizität« fetischisiert wird. Angesichts des zugleich imperialen und anti-imperialen Charakters der Aufklärung ist es unerlässlich, anti-paternalistische Formen der Aufklärung in den Dienst der Entrechteten zu stellen. Die nativistische Denunziation des Erbes der Aufklärung oder eine ethnozentrische »Rückkehr« zu einheimischen Kosmologien und Epistemologien sind keine Lösung. Trotz ihrer weißen, bürgerlichen, und maskulinistischen Voreingenommenheit sind die Ideale der Aufklärung unverzichtbar, auch wenn wir ihre gewaltförmige Mobilisierung im Dienst der fortgesetzten Rechtfertigung des Imperialismus beharrlich kritisieren müssen (Spivak 2014a: 98). Derrida greift auf die Metapher des Erbrechens zurück, das eine Revolte gegen den korrekten Ablauf der Verdauung darstellt, um die Binarität von Ekel und Geschmack zu erschüttern (Derrida 1981: 21–25). Dies ist meines Erachtens eine treffende Beschreibung des postkolonialen Verhältnisses zur europäischen Aufklärung. Die postkoloniale Welt mag sich desillusioniert von der Aufklärung abwenden, hat aber dennoch nach wie vor ihr »Erbrochenes im Mund« (Ross 2004: 378), nämlich die Folgen der Verstrickungen zwischen Kolonialismus und Moderne. Das Dilemma der postkolonialen Situation besteht darin, dass sich das »Erbrochene« sowohl der Assimilation als auch der Ausstoßung widersetzt. Die Hinterlassenschaften der Aufklärung können weder einfach aus dem Körper entfernt noch vollständig in das System integriert, weder verschluckt noch ausgespien werden. Mit leeren Gesten der Ablehnung der Moderne, die dem widerständigen Subjekt ein gutes Gewissen verschaffen, ist der Unauflösbarkeit des postkolonialen Dilemmas jedenfalls nicht beizukommen, weshalb anti-aufklärerische Ansätze ihre disruptive und erlösende Kraft verlieren müssen. Gleichzeitig können die gewaltförmigen Aspekte der Aufklärung nicht einfach durch rekuperative Logiken der Wiedergutmachung historischen Unrechts rückgängig gemacht werden. Jeder Versuch, die Gewalt des Kolonialismus zu neutralisieren, muss sich mit dieser Aporie auseinandersetzen.

Für Spivak bedeutet Dekolonisierung eine »affirmative Sabotage« derjenigen Prinzipien der Aufklärung, »für die wir ausreichend Sympathie aufbringen, um sie zu untergraben!« (2012a: 4). Eine Etymologie von »Sabotage« führt auf das Wort *sabot*, Holzschuh, zurück. Im Holland des 15. Jahrhunderts warfen Arbeiter ihre Holzschuhe in die Zahnräder von Webstühlen, um deren Rädchen zu zerbrechen, damit die automatisierten Maschinen die menschlichen Arbeiter nicht überflüssig machten. Dieser Widerstand gegen Technologie mag rückständig und irrational erscheinen, aber die Arbeiter waren sich der Versuche der Kapitalisten, ihre Arbeitskraft durch Automatisierung noch mehr auszubeuten, sehr wohl bewusst. Wer Sabotage verübt, leistet Widerstand durch Störung, indem er die effizienten Abläufe absichtlich behindert. Sabotage wurde 1897 auch vom Allgemeinen Gewerkschaftsbund (CGT) in Frankreich als Waffe der Arbeiterschaft eingesetzt, um Druck auf ihre Arbeitgeber auszuüben und ihre Verhandlungsposition zu stärken. Die Arbeiter:innen standen dieser Strategie zunächst skeptisch gegenüber; während einige ihre Moralität in Frage stellten, prangerten andere sie als Feigheit an. Die amerikanische Arbeiterführerin, Aktivistin und Feministin Elizabeth Gurley Flynn (1916: 1) erklärte hingegen, die Notwendigkeit der Strategie mache sie auch ethisch vertretbar. Als bewusste Einmischung oder kreative Umgestaltung von Arbeitsaufträgen kann Sabotage in einigen Fällen durchaus im Rahmen des Gesetzes bleiben, während sie in anderen Fällen das Gesetz brechen muss (ebd.: 22). Gurley Flynn führt das Beispiel eines Arbeiters an, der einen wichtigen Teil eines Motors mitnahm und damit den Betrieb der Maschine lahmlegte (ebd.: 25). Ein Boykott oder ein Generalstreik sind aufgrund von extremem Elend und mangelnder Organisation nicht immer durchführbar; Sabotage hingegen ist eine Taktik, die den Arbeitgeber angreifbar macht und so das herrschende Drehbuch zwischen Kapital und Arbeit, in dem für die Arbeiter:innen ansonsten eher die Rolle des Opfers vorgesehen ist, umschreibt. Die Arbeit kann weitergehen, aber zu Bedingungen, die von den Arbeiter:innen und nicht von den »Herrschenden« festgelegt werden. Der Slogan der Hafenarbeiter von Glasgow lautete »*ca canny*«, was soviel wie »mach langsam!« bedeutet. Die Produktion entspricht damit dem ausgezahlten Lohn. Spivak ergänzt den Begriff durch das Adjektiv »affirmativ« und entwirft eine Strategie, in der die Instrumente des Kolonialismus in Werkzeuge seiner Überschreitung verkehrt werden, Gift also als Medizin eingesetzt wird. Sie erklärt: »Die Erfindung des Telefons durch einen Mann der europäischen Oberschicht schließt keineswegs aus, dass es für eine antiimperialistische Revolution eingesetzt wird« (Spivak zit. in Alcoff 1991–1992: 115). Dies spielt auf die ambivalente und unvorhersehbare Rolle der »Werkzeuge der Herrschenden« (Audre Lorde) in den Prozessen der Dekolonisierung an.

Diejenigen, die die postkoloniale Wissenschaft dafür verurteilen, dass sie sich auf die Aufklärung beruft, diese dabei aber zugleich auch in Frage stellt, verkennen, dass nicht die Anfechtung und Transformation der Prinzipien der Aufklärung, sondern deren unhinterfragte Affirmation den wahren Verrat darstellt. Adorno (GS 4 [1951]: 55) schreibt in der *Minima Moralia*, man müsse die Tradition »in sich selber haben, um sie *recht* zu hassen«. Anstelle eines »unangemessenen Hasses« (Agnani 2013: 183), der eine naive Ablehnung bedeuten würde, liegt die Herausforderung gerade darin, das zu kritisieren, was man nicht nicht lieben kann (Spivak 1989: 214), nämlich die Normen der Aufklärung wie Demokratie, Gleichheit, Freiheit und Gerechtigkeit. Adorno warnt, dass es »schlechte Psychologie [wäre], die annähme, das, wovon man ausgeschlossen ist, erwecke nur Haß und Ressentiment; es erweckt auch eine beschlagnehmende, unduldsame Art von Liebe, und jene, welche die repressive Kultur nicht an sich heranließ, werden leicht genug zu deren borniertester Schutztruppe« (GS 4 [1951]: 55). Agnani (2013: 185) weist darauf hin, dass die Schutztruppen deutsche Militärs im kolonialen Afrika waren, darunter auch Einheimische, die loyal die europäischen imperialen Interessen verteidigten. Hass und Ressentiments können zu einer »beschlagnehmenden, unduldsamen Art von Liebe« führen (Adorno GS 4 [1951]: 55). Spivak dreht dies um und argumentiert, dass die postkoloniale Welt lernen müsse, die Aufklärung »richtig« zu lieben; dies beinhalte ein kritisches Verhältnis sowohl zu ihren gewaltförmigen als auch zu ihren ermöglichenden Aspekten.

Wie ich in diesem Buch zu zeigen versucht habe, versteht das kritische Projekt der Dekolonisierung die Aufklärung sowohl als Erinnerung als auch als Hoffnung, die uns dazu anregen kann, verantwortungsvoll zu handeln und die Welt zu verändern, um sie weniger gewalttätig und ungerecht zu machen. Dieses Buch ist ein Versuch, eine Antwort auf die Frage zu geben: Was bedeutet der Imperativ »Dekolonisieren!«? Wissen wir, was wir tun, wenn wir versuchen, die Aufklärung zu dekolonisieren? Muss man im Voraus wissen, was zu tun ist, bevor man es tatsächlich tut? So fragt etwa Derrida (2019: 1), »Was tue ich?«, wenn ich sage: »(Es) muss getan werden [*faut le faire*].« Er führt aus, dass das »›Muss‹ kein Befehl oder Rezept ist, das dem Tun beigefügt wäre; einem Tun, dessen Bedeutung bekannt wäre« (ebd.: 17). In Anlehnung an Derridas Einsicht, dass »keine Politik jemals ihrem Begriff entsprochen [hat]« (2000a: 161), weist Nancy (2014: 107–108) darauf hin, dass keine Praxis ihrem Prinzip immer treu bleiben könne; in der Untreue liege vielmehr das Versprechen der Praxis, die immer über die bloße Umsetzung eines Handlungsplans hinausgehe.

Wir sehen uns also mit den widersprüchlichen Imperativen der elften These von Marx über Feuerbach konfrontiert: »Die Philosophen haben die Welt nur verschieden *interpretiert*; es kömmt drauf an, sie zu *verändern*.« Wie lässt sich das Rätsel des Zusammenhangs von Interpretation und Veränderung in Marxens letzter These zu Feuerbach entschlüsseln? Ließe sich in Anlehnung an Kants Überlegungen zu leerem Denken und blinden Anschauungen sagen, dass Interpretation ohne Veränderung »leer« und Veränderung ohne Interpretation »blind« sind? Wenn man das eine oder das andere ausblendet, behauptet man dann nicht paradoxerweise auch, dass das eine ohne das andere unmöglich ist? (Derrida 2019: 15) Auch das Beharren auf dem »Praktizismus« (ebd.: 22) muss sich letztlich seine Unvorhersehbarkeit eingestehen. Derrida (ebd.: 14) stimmt Gramscis Kritik an Benedetto Croce zu, der behauptete, Marx habe die Veränderung gegenüber der Interpretation in den Vordergrund gestellt. Statt kritisches Denken abzulehnen und der revolutionären Praxis den Vorrang zu geben, ist Marxens elfte Feuerbach-These für Gramsci (H. 10, § 31 [1932–35]) eine »energische Bekräftigung einer Einheit von Theorie und Praxis«. Kants Schlüsselfragen: »Was kann ich wissen?«, »Was soll ich tun?« und »Was darf ich hoffen?« verweisen auf das prekäre Verhältnis von Wissen, Tun und Hoffen, die sich nicht harmonisieren lassen.

Diese »Nicht-Antworten« mögen frustrierend sein, da sie angesichts der multiplen globalen Krisen keine Blaupause für Lösungsansätze liefern wollen. Das aktuelle politische Klima der *post-truth*-Politik hat das Misstrauen gegenüber den poststrukturalistischen Einflüssen der Postkolonialen Studien wieder hochkochen lassen, und wir erleben geradezu ein Comeback des Postmoderne-Bashings. Dies hat eine lange Vorgeschichte, wobei der Vortrag »Elend der Kritik« von Bruno Latour (2007) eine wichtige Rolle spielte. Latour fragt, ob Kritik wirksam sein kann, wenn Fakten als soziale Konstrukte relativiert werden und Objektivität aufgegeben wird. Angesichts der gegenwärtigen Krise der Wahrheit besteht die Sorge, dass das »Arsenal des kritischen Denkens« von Verschwörungstheoretiker:innen und irrationalen Ideolog:innen im postfaktischen Zeitalter als Waffe eingesetzt werden könnte. Latour (ebd.: 42, 44) verspottet die »*kritische Barbarei*« aufgrund ihrer angeblich kavalierhaften und chauvinistischen Haltung gegenüber »unbestreitbaren Fakten«. »Worum ging es uns eigentlich, als wir unbedingt die soziale Konstruktion wissenschaftlicher Tatsachen zeigen wollten? […] Nicht einmal für die Kritik gibt es sicheren Boden. […] Aber was heißt es, wenn dieses Fehlen eines festen Grundes von den übelsten Kerlen als Argument gegen die Dinge gerichtet wird, die wir wertschätzen?« (Ebd.: 12) Als Lösung empfiehlt Latour (ebd.: 46, 55), sowohl den Positivismus als auch den sozialen Konstruktivismus zu umgehen, um zu einer »*faire[n]* Position« zu gelangen, die nicht nur entlarvt, sondern auch »sammelt« und »versammelt«, um die epistemologische Kapazität zu fördern. Das Wort »Kritik« sollte Latour zufolge vor allem mit positiven Metaphern verbunden werden, die unseren erkenntnistheoretischen Horizont erweitern.

Gegen den Ruf nach einer »Rückkehr zu den Fakten« als Ausweg aus der wahrheitsvergessenen Gegenwart und gegen den Vorwurf, der Postkolonialismus trage durch die Infragestellung der Vernunftnormen zur Krise der Wahrheit bei, möchte ich an Otto Neuraths (1983 [1935]) Idee des »Pseudorationalismus« erinnern. In Anlehnung an Kant argumentierte Neurath, dass der Rationalismus die Grenzen des Wissens akzeptiert, während sich der Pseudorationalismus weigert, die Grenzen der Vernunft anzuerkennen und die Unmöglichkeit, letztgültige Aussagen über Fakten *und* Werte zu machen, verleugnet. Wird ein bestimmtes Problem nicht aus einer Vielzahl von Perspektiven angegangen und analysiert, führte dies zu einem Pseudorationalismus, der die Pluralität der ethischen, sozialen, historischen und ästhetischen Dimensionen auf eine monolithische Form der Vernunft reduziert.

Meine postkoloniale-queer-feministische Antwort auf Latour würde lauten, dass es bei kritischen Theorien der Dekolonisierung weniger darum geht, »immer Recht zu haben« oder »sich gut zu fühlen, weil man einen kritischen Geist hat«, sondern vielmehr darum, dass sie eine Überlebenskunst sind, weil sie die Erfahrung des Widerstands gegen Unterdrückung historisch verkörpern. Und auch wenn sie sich von dem feministischen Slogan »das Persönliche ist politisch« inspirieren lassen, ist das Politische nie nur das Persönliche, sondern geht immer darüber hinaus. Die Motivation zur Kritik entspringt nicht dem Überlegenheitsgefühl, das mit der Suche nach Fehlern einhergeht, und auch nicht der Befriedigung, anderen zu beweisen, dass sie im Unrecht sind oder in die Irre geführt wurden; sie verdankt sich vielmehr dem Gebot, die Vorenthaltung von Rechten und Würde anzufechten. Das Engagement für kritisches Denken ist nicht auf das Prestige und den Status zurückzuführen, die es dem Kritiker verleiht, sondern auf die Möglichkeit, auf eine weniger ausbeuterische Existenz zu hoffen und diese zu leben. Bei der Kultivierung einer »kritischen Haltung« geht es weniger um die Verfolgung von Fakten als vielmehr um die Veränderung von Machtverhältnissen.

In der Einleitung hatte ich die Frage gestellt, ob unser politisches Festhalten an der Frage »Was tun?« radikalen Wandel möglicherweise eher behindert als erleichtert. Was geschieht mit dem kritischen Denken, wenn es sich von dem Zwang befreit, Lösungen für soziale, politische und wirtschaftliche Probleme liefern zu müssen? Wie kann man Kritik üben, ohne beruhigende Antworten und positivistische Lösungen für globale Probleme anzubieten? Wenn die Medizin die Krankheit verursacht hat, dann muss die Dosis angepasst werden, wenn sie zum Heilmittel werden soll. Das Wieviel und Wann hängt vom Zustand des:der Patient:in ab. Anstelle allgemeingültiger Rezepte will dieses Buch dazu anregen, die Antworten auf den jeweiligen Kontext zuzuschneiden, je nach den Bestrebungen des jeweiligen Kollektivs in seinem Kampf für eine post-imperialistische Welt.

»[D]as Übel, von Kapitalisten ausgebeutet zu werden, [ist] nichts [...] im Vergleich zu dem Übel, überhaupt nicht ausgebeutet zu werden«, so heißt es im berühmten Zitat der Cambridge-Ökonomin Joan Robinson (1972 [1962]: 58). Das Argument, das ich auf diesen Seiten entfaltet habe, ließe sich in Anlehnung daran so zusammenfassen: Das Einzige, was noch schlimmer ist, als von der europäischen Aufklärung entmenschlicht und entrechtet zu werden, ist, gar keinen Zugang zu ihren ermöglichenden Werkzeugen zu haben. Wenn Dekolonisierung eine »Strategie der Umkehrung, Verdrängung und Beschlagnahmung des Wertkodierungsapparats« (Spivak, 1993a: 63) ist, dann ist es zwingend notwendig, die Beziehung zwischen der Aufklärung und den Subalternen neu zu gestalten. In

Kapitel 1 habe ich dargelegt, wie Mills durch eine schwarze, radikale Aneignung Kants dem postkolonialen kritischen Denken einen Weg zur Dekolonisierung der Aufklärung aufzeigt. Ich habe auch argumentiert, dass kritische Theorien der Dekolonisierung nicht die Ablehnung der Aufklärung und ihrer Hinterlassenschaften bedeuten, sondern die Normen von Gerechtigkeit, Demokratie, Menschenrechten, Säkularismus, Freiheit und Gleichheit neu konzipieren und kalibrieren. Kapitel 2 beschäftigte sich mit den Gemeinsamkeiten der Anliegen und Strategien der Kritischen Theorie der ersten Generation und der Postkolonialen Studien sowie mit den »unvollendeten Gesprächen« zwischen beiden. Außerdem ging es darum, den Fall der »Identitätsverwechslung«, bei der der Postkolonialismus und die dekoloniale Option in einen Topf geworfen werden, zu verdeutlichen. Ziel war es, die Postkolonialen Studien gegen den Vorwurf zu verteidigen, *zugleich* aufklärungsfeindlich *und* eurozentrisch zu sein. In Kapitel 3 habe ich dann analysiert, wie das doppelte Projekt, sowohl Europa als auch die Aufklärung zu dekolonisieren, die Frage aufwirft, ob das begriffliche Arsenal des europäischen kritischen Denkens hinreicht, die postkoloniale Situation zu verstehen. Um ein postimperialistisches kritisches Denken zu entwickeln, muss die Frage »Wer ist ein:e kritische:r Intellektuelle:r?« neu gestellt werden. Wie in Kapitel 4 argumentiert wurde, bleibt Kritik nicht-performativ, wenn nicht zuvor entrechtete Subjekte dazu befähigt werden, durch den Zugang zu den Werkzeugen der Aufklärung intellektuelle Arbeit ausüben zu können. Anstelle eines normativen Fundamentalismus wäre das Engagement für die Ideale der Menschenrechte und der Gerechtigkeit immanent zu rechtfertigen.

Wie ich im gesamten Buch argumentiere, muss das epistemische Handlungsvermögen entrechteter Gruppen gestärkt werden, damit sie in die Lage versetzt werden, die Ideale, die in ihrem Leben und in den besonderen sozio-politischen und wirtschaftlichen Kontexten, in denen sie leben, relevant sind, normativ zu legitimieren. Meiner Ansicht nach muss das Projekt der Dekolonisierung unvollständig bleiben, wenn nicht die Bedingungen geschaffen werden, die es den Subalternen ermöglichen, ihre epistemische Handlungsmacht auszuüben. Wie ich in Kapitel 5 argumentiert habe, müssen die unhinterfragten Annahmen und Ausschlüsse, die in unserem Verständnis von »kritisch« und »Theorie« enthalten sind, in Frage gestellt werden, damit sie weniger zwanghaft und gewalttätig sind. In diesem Buch habe ich dargelegt, wie kritische Theorien der Dekolonisierung weder das außereuropäische Denken romantisieren noch die Aufklärung verunglimpfen; sie erleichtern den Austausch zwischen verschiedenen epistemischen Gemeinschaften. Die Extraktion, bei der der »globale Süden« im Namen von interkultureller Kompetenz und globalem Lernen nach Daten und Informationen durchforstet wird, sollte durch eine planetarische Ethik und transnationale Literalität ersetzt werden. In Kapitel 6 habe ich schließlich untersucht, wie die

Ästhetik die politische Arbeit der Vorstellungskraft fördern kann, um imperialistische, rassistische, orientalistische und heteronormative Strukturen und Praktiken anzufechten.

Im Verlauf des Buches habe ich immer wieder an Spivaks wertvolle Einsichten angeknüpft, insbesondere was die Bedeutung der Entsubalternisierung und das Überwinden der Kluft zwischen Hegemon und Subalternen angeht. Meiner Ansicht bleibt sie aber eine Antwort auf die Frage schuldig, wie Allianzen über Differenzen hinweg effektiv gefördert werden können. Während Postkoloniale Studien mit »Identitätspolitik« und »Tribalismus« gleichgesetzt werden, proklamiert Spivak paradoxerweise, dass »wir [i]m Postkolonialismus unsere Freund:innen nicht kennen« (Spivak 1990: 17). Ich bin überzeugt, dass die größte Hoffnung für demokratische Politik darin liegt, Brücken zwischen verschiedenen epistemischen Gemeinschaften zu bauen, indem Koalitionen über unterschiedliche Formen von Verletzlichkeit und Handlungsfähigkeit hinweg gebildet werden. Der Fokus sollte nicht nur auf die eigene Diskriminierung und Entrechtung gerichtet sein, sondern auch auf das Leiden anderer Menschen. Ein inspirierendes Beispiel dafür sind queere Gruppen, die im Zusammenhang des Hamas-Israel-Krieges 2023 zu einem Waffenstillstand aufrufen. Sie wurden verspottet, da Kritiker:innen oft behaupten, dass queere Menschen, indem sie sich mit der palästinensischen Sache solidarisieren, Ideologien oder Regime unterstützen, die LGBTQ+-feindlich sind und queere Individuen unterdrücken. Die Solidarität mit Palästina wird dabei gegen die Rechte und Sicherheit von LGBTQ+-Personen in der Region, insbesondere in den von der Hamas kontrollierten Gebieten, ausgespielt. Diese Kritik suggeriert, dass queere Menschen, die Solidarität mit Gaza zeigen, in ihrem Engagement fehlgeleitet oder heuchlerisch seien. Als Beispiel kann die Rede Netanjahus vor dem US-Kongress am 24. Juli angeführt werden, in der er sich über queere Demonstrierende lustig machte, indem er süffisant bemerkte, der Aufruf »Schwule für Gaza« lese sich wie »Hühner für KFC«.[10] Die Kritiker:innen übersehen dabei aber, dass diese Solidarität nicht transaktional, sondern bedingungslos ist. Selbst auf die Gefahr hin, selbst verfolgt zu werden, stellen Queers, die einen Waffenstillstand fordern, die Verletzung von Rechten und die Ausübung von Ungerechtigkeit in Frage.

In der heutigen politischen Landschaft gibt es unzählige Echokammern, in denen Individuen hauptsächlich Informationen oder Standpunkten ausgesetzt sind, die ihre eigenen Ansichten wiederholen und bestätigen. Der Fluch des Neoliberalismus hat uns darauf getrimmt, eine verletzliche Gruppe gegen die andere auszuspielen. Kein Kampf ist wichtiger als der andere. Verschiedene Formen der Diskriminierung, einschließlich Rassismus, Antisemitismus, Sexismus, Trans-

10 https://www.youtube.com/shorts/ycK1gubjL9I

phobie und Ableismus müssen gemeinsam und gleichzeitig bekämpft werden. Praktisch müssen wir uns hier der Herausforderung der »Aufmerksamkeitsökonomie« stellen, in der Minderheiten sich gegeneinander ausspielen lassen, um Anerkennung für ihre individuellen Anliegen und Probleme zu erlangen. In einem solchen Szenario besteht die Gefahr, dass das feministische Prinzip »das Persönliche ist politisch« in »nur das Persönliche ist politisch« verkehrt wird. Dieser Ansatz reduziert Politik auf Eigeninteresse, sowohl individuell als auch kollektiv. Als Gegenmittel zur neoliberalen Strategie des »Teile und herrsche« ist es dringend notwendig, aktiv und effektiv Allianzen zu fördern, indem wir uns auf die Intertextualität unserer Erzählungen und Kämpfe besinnen. Ein beeindruckendes Vorbild hierfür ist »The Parents Circle-Families Forum«, eine gemeinsame israelisch-palästinensische Organisation von über 700 Familien, die in dem Konflikt Angehörige verloren haben und die sich um eine Versöhnung von Palästinensern und Israelis bemühen. Um nachhaltigen Frieden zu erreichen, müssen Feindseligkeit und Wut durch Toleranz und Respekt überwunden werden.[11]

Im letzten Kapitel von *Elemente und Ursprünge totaler Herrschaft* mahnt Arendt, dass die Isolierung von Individuen und Gruppen sie ihrer politischen Handlungsfähigkeit beraubt. Es ist meine feste Überzeugung, dass »politische Freundschaften« ein Bollwerk gegen Atomisierung und den Vertrauensverlust zwischen Gemeinschaften sein können (Castro Varela/Oghalai 2023). Gemeinsame Erfahrungen und Affinitäten schaffen Kollektivitäten, in denen wir einander zuhören und unsere eigene Stimme finden. Das Gegenmittel zu Tyrannei und Terror ist, sich miteinander zu verbinden und Wut, Angst und Sorgen, aber auch Lachen und Freude zu teilen. Die Aufgabe besteht darin, Beziehungen über Unterschiede hinweg aufzubauen, zu pflegen und zu festigen. Dies ist weder Nachgiebigkeit noch Opportunismus; es geht vielmehr darum, wachsam zu sein und anzuerkennen, dass wir jedes Mal, wenn wir andere für ihre Fehler und blinden Flecken kritisieren, unsere eigenen nicht außer Acht lassen sollten. Kritik ohne Selbstkritik ist faule Politik.

Das Buch begann mit dem postkolonialen Dilemma, ob die Aufklärung aufgegeben oder gerettet werden sollte. Obwohl die Bruchlinien in den Normen der Aufklärung bereits im Moment ihrer Konzeption zutage traten, sollte die postkoloniale Welt, anstatt diese Ideale zu verwerfen, danach streben, diese Hinterlassenschaften der Aufklärung zu retten, indem sie ihre andro- und eurozentrischen Vorurteile abbaut. Anstatt die Geschichte zur Selbstrechtfertigung und Selbstbeweihräucherung zu mobilisieren, kann das Aufspüren der Zwangswirkungen der Aufklärung vor einer Wiederholung ihrer gewalttätigen Tendenzen schützen. Es ging mir darum, die Selbstverherrlichung des westlichen kritischen Denkens zu

---

11 https://www.theparentscircle.org/en/about_eng-2

untergraben und zu skizzieren, wie sein Einsatz als Alibi für den westlichen Imperialismus unterbrochen werden kann. In seinem Vortrag »A Europe of Hope« beschreibt Derrida (2006: 41) »Europa« als ein unerfülltes Versprechen, das »das Beispiel dafür gibt, was eine Politik, ein Denken und eine Ethik sein könnten, die von der vergangenen Aufklärung ererbt wurden und die kommende Aufklärung tragen«. Das Buch endet mit dem Spivak'schen Vorschlag der affirmativen Sabotage der Aufklärung, die, anstatt die Dekolonisierung einfach als ein Rückgängigmachen des Kolonialismus zu kodieren, versucht, neu zu imaginieren, wie wir die Werkzeuge der Herrschenden gebrauchen können, um das Haus der Herrschenden zu demontieren. Die Aufklärung bleibt unweigerlich eine Bedingung der Analyse unserer postkolonialen Gegenwart, insofern diese historisch von ihr bestimmt wurde. Wie aber Chakrabarty betont hat: »Unsere Schuld gegenüber den Ideen der Aufklärung anzuerkennen heißt nicht, dem Kolonialismus dafür zu danken, dass er sie zu uns gebracht hat« (Chakrabarty/Ghosh 2002: 164). Für Chakrabarty liegt die Herausforderung darin, sich mit der Ironie abzufinden, dass wir zwar das gewaltsame Erbe der Aufklärung kritisieren, sie uns aber dennoch einige unserer mächtigsten Werkzeuge liefert.

Wenn das europäische Denken sowohl unverzichtbar als auch unzureichend für den Prozess der Dekolonisierung ist, dann ist es eine nie endende Aufgabe, die europäische Aufklärung *von* der postkolonialen Welt aus und *für* sie zu transformieren. Postkoloniales kritisches Denken ist immer mit der *Aporie* konfrontiert, das Undenkbare zu denken. In den Worten Ernesto Che Guevaras: »Sei realistisch, fordere das Unmögliche!« Spivak formuliert es anschaulicher, wenn sie sagt, dass das kritische Projekt der Dekolonisierung vergleichbar mit dem Zähneputzen ist (1990: 41). Wir werden niemals in der Lage sein, unsere Zähne ein für allemal zu reinigen. Es ist eine wiederkehrende und beharrliche Aufgabe, die dennoch ein immerwährender Kampf gegen die Sterblichkeit ist. Obwohl es keine Garantie dafür gibt, wie lange wir leben werden, betreiben wir Zahnpflege als einen Akt des Optimismus, der letztlich zum Scheitern verurteilt ist, da wir schließlich sterben werden. Sich angesichts der Gewissheit des Scheiterns abzumühen, ist für Spivak gleichbedeutend mit der praktischen Politik des offenen Endes. Aus dem vergeblichen Akt des Zähneputzens, aus der Praxis der Zahnhygiene als Kritik der Sterblichkeit, lässt sich eine wichtige Lehre über das Arbeiten ohne Garantien ziehen. Man kann kritische Praktiken nicht zukunftssicher machen: Die Zukunft ist ein Risiko, das sich als Versprechen tarnt. Trotz der scheinbar unüberwindbaren Herausforderungen müssen wir das kritische Projekt der Dekolonisierung beharrlich weiterverfolgen, indem wir auf das Beste hinwirken und das Schlimmste zu verhindern suchen. Die postkolonial-queer-feministische Antwort auf die Frage, »Was tun?«, ist der Appell an jede:n Einzelne:n, zu hinterfragen, was in eurem Namen getan wird und wer den Preis für eure Privilegien und eure Sicherheit zahlt. Die Aufgabe der postkolonialen Kritik besteht darin, das Leiden zu Wort kommen zu lassen, wobei kritische Theorien der Dekolonisierung weiter auch versuchen, sich herrschaftsfreie Zukünfte vorzustellen und hoffnungslosen Verhältnissen Utopien abzugewinnen. Es geht darum, das Unmögliche zu verwirklichen, indem man die Kunst des Möglichen beherrscht. Ein Gedicht von Lorde (2021: 144) bringt das treffend zum Ausdruck:

Wir haben einander gewählt
und die Scheidelinie unserer jeweiligen Kämpfe
der Krieg ist derselbe
falls wir verlieren
wird eines Tages das Blut von Frauen gerinnen
auf einem toten Planeten
ob wir gewinnen ist nicht zu sagen
wir suchen jenseits der Geschichte
nach einer neuen und möglicheren Begegnung.

Literatur

Abbas, Ackbar (2012): »Adorno and the weather. Critical theory in an era of climate change«, in: *Radical Philosophy*, 174: 7–13, https://www.radicalphilosophy.com/article/adorno-and-the-weather

Abu-Lughod, Lila (2013): *Do Muslim Women need saving?*, Cambridge, MA/London.

Adorno, Theodor W. (1966): *Negative Dialektik*, Frankfurt/M.

Adorno, Theodor W. (2001 [1964–5]): »Zur Lehre von der Geschichte und von der Freiheit (Vorlesung)«, in: Rolf Tiedemann (Hg.), *Nachgelassene Schriften*, Abteilung IV, Bd. 13, Frankfurt/M.

Adorno, Theodor W. (2003a [1951]): »Minima Moralia«, in: Rolf Tiedemann (Hg.), *Gesammelte Schriften*, Bd. 4, Frankfurt/M.

Adorno, Theodor W. (2003b [1973]): »Dissonanzen. Einleitung in die Musiksoziologie«, in: Rolf Tiedemann (Hg.), *Gesammelte Schriften*, Bd. 6, Frankfurt/M.

Adorno, Theodor W. (2003c [1970]): »Ästhetische Theorie«, in: Rolf Tiedemann (Hg.), *Gesammelte Schriften*, Bd. 7, Frankfurt/M.

Adorno, Theodor W. (2003d [1953]): »Individuum und Organisation«, in: Rolf Tiedemann (Hg.), *Gesammelte Schriften*, Bd. 8.2, Frankfurt/M., S. 440–456.

Adorno, Theodor W. (2003e [1955]): »Prismen«, in: Rolf Tiedemann (Hg.), *Gesammelte Schriften*, Bd. 10.1, Frankfurt/M., S. 7–286.

Adorno, Theodor W. (2003 f [1967]): »Résumé über Kulturindustrie«, in: Rolf Tiedemann (Hg.), *Gesammelte Schriften*, Bd. 10.1, Frankfurt/M., S. 346–352.

Adorno, Theodor W. (2003 g [1963]): »Eingriffe: Neun kritische Modelle«, in: Rolf Tiedemann (Hg.), *Gesammelte Schriften*, Bd. 10.2, Frankfurt/M., S. 7–124.

Adorno, Theodor W. (2003h [1969]): »Marginalien zu Theorie und Praxis«, in: Rolf Tiedemann (Hg.), *Gesammelte Schriften*, Bd. 10.2, Frankfurt/M., S. 311–334.

Adorno, Theodor W. (2003i [1969]): »Stichworte: Kritische Modelle 2«, in: Rolf Tiedemann (Hg.), *Gesammelte Schriften*, Bd. 10.2, Frankfurt/M., S. 147–290

Adorno, Theodor W. (2003j [1962]): »Marginalien zu Theorie und Praxis«, in: Rolf Tiedemann (Hg.), *Gesammelte Schriften*, Bd. 10.2, Frankfurt/M., 311–334.

Adorno, Theodor W. (2003k [1969]): »Kritische Modelle 3«, in: Rolf Tiedemann (Hg.), *Gesammelte Schriften*, Bd. 10.2, Frankfurt/M., S. 335–352.

Adorno, Theodor W. (2003 l [1961]): »Noten zur Literatur II«, in: Rolf Tiedemann (Hg.), *Gesammelte Schriften*, Bd. 11, Frankfurt/M., S. 125–320.

Adorno, Theodor W. (2003m [1965]): »Noten zur Literatur III«, in: Rolf Tiedemann (Hg.), *Gesammelte Schriften*, Bd. 11, Frankfurt/M., S. 321–490.

Adorno, Theodor W. (2003n [1937]): »Über Jazz«, in: Rolf Tiedemann (Hg.), *Gesammelte Schriften*, Bd. 17, Frankfurt/M., S. 72–106.

Adorno, Theodor W. (2003o [1969]): »Keine Angst vor dem Elfenbeinturm«, in: Rolf Tiedemann (Hg.), *Gesammelte Schriften*, Bd. 20.1, Frankfurt/M.

Adorno, Theodor W. (2003p [1965]): »Vorlesung über Negative Dialektik«, in: Rolf Tiedemann (Hg.), *Nachgelassene Schriften*, Abt. IV, Bd. 16, Frankfurt/M.

Adorno, Theodor W. (2009 [1958–9]): »Vorlesung über Ästhetik«, in: Eberhard Ortland (Hg.), *Nachgelassene Schriften*, Abt. IV, Vorlesungen, Bd. 3, Frankfurt/M.

Adorno, Theodor W. (2013 [1950]): *Studien zum autoritären Charakter*, Berlin.

Agnani, Sunil (2013): *Hating Empire Properly. The Two Indies and the Limits of Enlightenment Anticolonialism*, New York.

Ahmad, Aijaz (1992): *In Theory. Classes, Nations, Literatures*, Oxford.

Ahmed, Sara (2006): »The non-performativity of anti-racism«, in: *Merideans: Journal of Women, Race and Culture*, 7(1): 104–126.

Ahmed, Sara (2017): *Feministisch leben!*, übersetzt von Emilia Gagalski, Münster.

Albert, Michael (1974): *What is to Be Undone: A Modern Revolutionary Discussion of Classical Left Ideologies*, Massachusetts.

Alcoff, Linda (1991–92): »The Problem of Speaking for Others«, in: *Cultural Critique*, 20: 5–32.

Allen, Amy (2019): *Das Ende des Fortschritts: Zur Dekolonisierung der normativen Grundlagen der kritischen Theorie*, übersetzt von Frank Lachmann, Frankfurt/New York.

Altman, Mathew (2017): »The Limits of Kant's Cosmopolitanism: Theory, Practice, and the Crisis in Syria«, in: *Kantian Review*, 22(2): 179–204.

Améry Jean (2002 [1966]): »Jenseits von Schuld und Sühne«, in: Gerhard Scheit (Hg.): *Werke*, Bd. 2, Stuttgart: 149–177.

Améry, Jean (2005 [1968]): »Die Geburt des Menschen aus dem Geiste der Violenz«, in: Stephan Steiner (Hg.): *Werke*, Bd. 7, Stuttgart, S. 428–449.

Ambedkar, Bhimrao R. (1968 [1936]): *Annihilation of Caste: Speech Prepared for the 1936 Annual Conference of the Jat Pat Todak Mandal of Lahore But Not Delivered*, Jalandhar.

Ambedkar, Bhimrao R. (2002 [1948]): »Motion on the Draft Constitution«, 4 November 1948, in: Valerian Rodrigues (Hg.), *The Essential Writings of B. R. Ambedkar*, New Delhi.

Ambedkar, Bhimrao R. (2007 [1935]): »Speech at the All Bombay Province Depressed Classes Conference«, in: Vasant Abaji Dahake (Hg.), *Dr. Babasaheb Ambedkar*, New Delhi.

Ambedkar, Bhimrao R. (2014): *Babasaheb Ambedkar: Writings and Speeches*, Bd. 9, New Dehli.

Ambedkar, Bhimrao R. (2019 [1936]): *Die Auslöschung des Kastensystems*, übersetzt von Sarini (Hg.), Haardt.

Anghie, Antony (2007): *Imperialism, Sovereignty and the Making of International Law*, Cambridge.

Anghie, Antony / Bhupinder S. Chimni (2003): »Third World Approaches to International Law and Individual Responsibility in Internal Conflicts«, in: Chinese Journal of International Law, 1: 77–103.

Anijdar, Gil (2002): „›Once More, Once More‹: Derrida, the Arab, the Jew«, in: Derrida: *Acts of Religion*, London/New York.

Anker, Elizabeth S./Rita Felski (2017): *Critique and Postcritique*, Durham.

Anzaldúa, Gloria (1987): *Borderlands / La Frontera: The New Mestiza*, San Francisco.

Arendt, Hannah (1948): »Juden in der Welt von Gestern«, in: *Sechs Essays*, Heidelberg.

Arendt, Hannah (1962 [1951]): *Elemente und Ursprünge totaler Herrschaft. Antisemitismus, Imperialismus, totale Herrschaft*, 17. Aufl., München/Zürich.

Arendt, Hannah (1985): *Macht und Gewalt*, München.

Arendt, Hannah (1996 [1958]): *Vita activa oder Vom tätigen Leben*, München.

Arendt, Hannah (2013 [1963]): *Über die Revolution*, München.

Aristotle (1997 [335 BC]): *Poetik*, übersetzt von A. Schmitt, Berlin.

Asad, Talal (1993): *Genealogies of Religion*, Baltimore.

Asad, Talal (2003): *Formations of the Secular: Christianity, Islam, Modernity*, Stanford.

Asad, Talal (2009a): »Free Speech, Blasphemy and Secular Criticism«, in: Talal Asad/Wendy Brown/Judith Butler/Saba Mahmood (Hg.), *Is Critique Secular. The Townsend Papers in the Humanities*, 2, Berkeley, S. 20–63.

Asad, Talal (2009b): »Reply to Judith Butler«, in: Talal Asad/Wendy Brown/Judith Butler/Saba Mahmood (Hg.), *Is Critique Secular. The Townsend Papers in the Humanities*, 2, Berkeley, S. 137–145.

Avelar, Idelber (2005): *The Letter of Violence: Essays on Narrative, Ethics and Politics*, New York.

Axinn, Sidney (1971): »Kant, Authority, and the French Revolution«, in: *Journal of the History of Ideas*, XXXII: 423–32.

Bacon, Francis (1779 [1620]): *Novum Organum*, Wirceburgi.

Banerjee, Prathama (2017): »State (and) violence«, in: *India Seminar*, 691, https://www.india-seminar.com/2017/691/691_prathama_banerjee.htm.

Bardawil, Fadi A. (2018): »Césaire with Adorno: Critical Theory and the Colonial Problem«, in: *The South Atlantic Quarterly*, 117(4), 773–789.

Baucom, Ian (2009): »Cicero's Ghost: The Atlantic, the Enemy, and the Laws of War«, in: Russ Castronovo/Susan Gillman (Hg.), *States of Emergency: The Object of American Studies*, S. 124–142.

Baucom, Ian (2010): »Financing Enlightenment, Part Two: Extraordinary Expenditure«, in: Clifford Siskin/William Warner (Hg.), *This is Enlightenment*, Chicago, S. 336–356.

Beck, Lewis W. (1971): »Kant and the Right of Revolution«, in: *Journal of the History of Ideas* 32(3): 411–22.

Benhabib, Seyla (1986): *Critique, Norm, and Utopia*, New York.

Benhabib, Seyla (1992): *Kritik, Norm und Utopie: die normativen Grundlagen der Kritischen Theorie*, Frankfurt/M.

Benhabib, Seyla (2001): *The Rights of Others: Aliens, Residents, and Citizens*, Cambridge.

Benjamin, Walter (1991 [1921]): »Zur Kritik der Gewalt«, in: *Gesammelte Schriften*, Bd. II/1, Frankfurt/M., S. 181–204.

Bernasconi, Robert (2003): »Will the Real Kant Please Stand Up: The Challenge of Enlightenment Racism to the Study of the History of Philosophy«, in: *Radical Philosophy*, 117: 13–22.

Bernasconi, Robert (2011): »Kant's third thoughts on race.«, in: Stuart Elden/Eduardo Mendieta (Hg.), *Reading Kant's Geography*, , Albany, S. 291–318.

Bhabha, Homi (2000): *Die Verortung der Kultur*, übersetzt von Michael Schiffmann/Jürgen Freudl, Tübingen.

Bhambra, Gurminder K. (2014): »Postcolonial and Decolonial Dialogues«, in: *Postcolonial Studies*, 17 (2): 115–121.

Bloch, Ernst (1954–1959): *Das Prinzip Hoffnung*, 3 Bände, Berlin.

Bohman, James (2005): »We, Heirs of Enlightenment: Critical Theory, Democracy and Social Science«, in: *International Journal of Philosophical Studies*, 13 (3): 353–377.

Borradori, Giovanna/Jürgen Habermas/Jacques Derrida (2004): *Philosophie in Zeiten des Terrors: Zwei Gespräche*, Darmstadt.

Bosteels, Bruno (2005): »What Is To Be Dreamed? On the Uncommon Saying: That May be Correct in Practice, But It Is of No Use in Theory«, in: *Journal of Graduate Research*, 1(1).

Brumlik, Micha (2021): *Postkolonialer Antisemitismus? Achille Mbembe, die palästinensische BDS-Bewegung und andere Aufreger Bestandsaufnahme einer Diskussion*, Hamburg.

Bourdieu, Pierre (1979): *Die feinen Unterschiede*, Frankfurt/M.

Bourdieu, Pierre (2014): *Über den Staat*, Berlin.

Buck-Morss, Susan F (1977): »T. W. Adorno And The Dilemma of Bourgeois Philosophy«, in: *Salmagundi*, 36: 76–98.

Buck-Morss, Susan (2009): *Hegel, Haiti, and Universal History*, Pittsburg.

Burch, George B. (1964): »Seven-Valued Logic in Jain Philosophy«, in: *International Philosophical Quarterly*, 4(1): 68–93.

Busia, Abena (1989–90): »Silencing Sycorax: On African Colonial Discourse and the Unvoiced Female«, in: *Cultural Critique*, 14: 81–104.

Butler, Judith (1999): *Gender Trouble: Feminism and the Subversion of Identity*, London.

Butler, Judith (2009): *Die Macht der Geschlechternormen und die Grenzen des Menschlichen*, übersetzt von Martin Stempfhuber, Frankfurt/M.

Butler, Judith (2011): *Kritik, Dissens, Disziplinarität*, übersetzt von Vera Kaulbarsch, Zürich.

Butler, Judith (2012): »On Anarchism: An Interview with Judith Butler«, in: Jamie Heckert/Richard Cleminson (Hg.), *Anarchism & Sexuality: Ethics, Relationships and Power*, London/New York, S. 93–100.

Butler, Judith (2016): *Anmerkungen zu einer performativen Theorie der Versammlung*, übersetzt von Frank Born, Berlin.

Butler Judith (2020): *Die Macht der Gewaltlosigkeit*, übersetzt von Reiner Ansén, Berlin.

Butler, Judith/Athena Athanasiou (2014): *Die Macht der Enteigneten. Das Performative im Politischen*, übersetzt von Thomas Atzert, Zürich.

Camus, Renaud (2011): *Le Grand Remplacement*, beim Autor.

Carey, Daniel/Sven Trakulhun (2009): »Universalism, Deiversity and the Postcolonial Enlightenment.«, in: Daniel Carey/Lynn Festa (Hg.), *The Postcolonial Eighteenth Century*, Oxford, S. 240-80.

Carter, J. Kameron (2008): *Race: A Theological Account*, Oxford.

Cascardi, Anthony (1999): *Consequences of Enlightenment*, Cambridge.

Castro Varela, Maria do Mar/Nikita Dhawan (2017): »What Difference Does Difference make?: Diversity, Intersectionality and Transnational Feminist Politics«, in: Nikita Dhawan (Hg.), *Difference that makes no Difference. The Non-Performativity of Intersectionality and Diversity*, Special Issue, *Wagadu, A Journal of Transnational Women's and Gender Studies*, 16: 11–39.

Castro Varela Maria do Mar/Nikita Dhawan (2020): *Postkoloniale Theorie: Eine kritische Einführung*, Stuttgart.

Castro Varela, María do Mar/Bahar Oghalai (2023): *Freund*innenschaft. Dreiklang einer politischen Praxis*, Münster.

Caygill, Howard (2013): *On Resistance, A Philosophy of Defiance*, London.

Césaire, Aimé (1972 [1955]): »An Interview with Aimé Césaire«, in: Discourse on Colonialism, Interview mit René Depestre, New York: 65–79.

Césaire, Aimé (2021 [1955]): *Über den Kolonialismus*, übersetzt von Heribert Becker, Berlin.

Chakrabarty, Dipesh (2000): *Provincializing Europe: Postcolonial Thought and Historical Difference*, Princeton.

Chakrabarty, Dipesh (2002): *Habitations of Modernity*, New Delhi.

Chakrabarty, Dipesh/Amitav Ghosh (2002): »A Correspondence on Provincializing Europe«, in: *Radical History Review*, 83: 146–72.

Chatterjee, Partha (1993): *The Nations and Ist Fragments: Colonial and Postcolonial Histories*, Princeton.

Chatterjee, Partha (2011): *Lineages of Political Society: Studies in Postcolonial Democracy, Cultures of History*, New York.

Chatterjee, Partha (2013): »Subaltern Studies and Capital«, in: *Economic and Political Weekly*, xlviii(37): 69–75.

Chesney, Duncan M. (2014): »Aesthetic Education and Sympathetic Imagination«, in: *Tamkang Review*, 45(1): 61–66.

Chibber, Vivek (2018): *Postkoloniale Theorie und das Gespenst des Kapitals*, übersetzt von Christian Frings, Berlin.

Chimni, Bhubinder S. (2006): »Third World Approaches to international Law: Manifesto«, in: *International Community Law Review*, 8: 3–27.

Chow, Rey (1993): *Writing Diaspora: Tactics of Intervention in Contemporary Cultural Studies*, Bloomington, IN.

Colpani, Gianmaria/Jamila M. H. Mascat/Katrine Smiet (2022): »Postcolonial responses to decolonial interventions«, in: *Postcolonial Studies*, 25(1): 1–16, DOI:10.1080/13688790.2022.2041695

Cook, Deborah (2004): »Ein Reaktionäres Schwein? Political Activism and Prospects for Change in Adorno«, in: *Revue Internationale de Philosophie*, Vol. 58, 227(1): 47–67.

Cook, Deborah (2018): *Adorno, Foucault and the Critique of the West*, London/Brooklyn, NY.

Cooper, Davina/Didi Herman (2019): »Doing activism like a state: Progressive municipal government, Israel/Palestine and BDS«, in: *Environment and Planning C: Politics and Space*, 38(1): 40–59, DOI: https://doi.org/10.1177/2399654419851187

Cooper, Davina/Nikita Dhawan/Janet Newman (2019): *Reimagining the State: Theoretical Challenges and Transformative Possibilities. Social Justice Series*, London/New York.

Coronil, Fernando (2008): »Elephants in the Americas? Latin American Postcolonial Studies and Global Decolonization«, in *Coloniality at Large*, Durham, S. 396–416.

Cornell, Drucilla (1992): *The Philosophy of the Limit*, New York.

Crenshaw, Kimberle W. (2010): »Die Intersektion von ›Rasse‹ und Geschlecht demarginalisieren: Eine Schwarze feministische Kritik am Antidiskriminierungsrecht, der feministischen Theorie und der antirassistischen Politik.«, in: Helma Lutz/María T. H. Vivar/Linda Supik (Hg.), *Fokus Intersektionalität*, Wiesbaden, S. 35–58.

Cummiskey, David (2008): »Justice and Revolution in Kant's Political Philosophy«, in: Pablo Muchnik (Hg.), *Rethinking Kant, Current Trends in American Kantian Scholarship*, Cambridge, S. 217–240.

Dabashi, Hamid (2013): »Can non-Europeans think?«, in: *Al Jazeera*, letzter Zugriff: 09.11.2015, http://www.aljazeera.com/indepth/opinion/2013/01/2013114142638797542.html

Davis, Angela (1999): *Blues Legacies and Black Feminism: Gertrude »Ma« Rainey, Bessie Smith, and Billie Holiday*, New York.

Davis, Angela (2006): *Angela Davis: Remaking the world*, Interview mit Dave Jones, https://www.ucdavis.edu/news/angela-davis-remaking-world/

Davis, Angela (2017): *How does change happen? Angela Davis on Movements, Erasure, and the Dangers of Heroic Individualism*, Interview mit Angelica Coleman, https://medium.com/@angelicacoleman/how-does-change-happen-906eaf9bd9b5

Davis, Angela (2022): *Rassismus, Sexismus und Klassenkampf*, übersetzt von Erika Stöppler, Münster.

Davis, Angela/Gayatari C. Spivak/Nikita Dhawan (2019): »Planetary Utopias«, in: *Radical Philosophy*, 2(5): 67–77, https://www.radicalphilosophy.com/article/planetary-utopias

De Alwis, Malathi (2010): »The Apparition of Rape and the ›Sisterhood‹ of International Feminists«, in: *Keynote at the conference: Reimagining Gender and Politics. Transnational Feminist Interventions*, Goethe University Frankfurt, 27–28 November 2010.

Dean, Mitchell/Kaspar Villadsen (2016): *State Phobia and Civil Society: The Political Legacy of Michel Foucault*, Stanford, CA.

Deleuze, Gilles/Felix Guattari (2008): *Anti-Ödipus: Kapitalismus und Schizophrenie I*, übersetzt von Bernd Schwibs, Frankfurt/M.

Derrida, Jacques (1972): *Die Schrift und die Differenz*, übersetzt von Rodolphe Gasché, Frankfurt/M.

Derrida, Jacques (1981): »Economimesis«, in: *Diacritics*, 11(2): 2–25.

Derrida, Jacques (1985): *The Ear of the Other: Otobiography, Transference, Translation*, New York.

Derrida, Jacques (1992): *Das andere Kap*, übersetzt von Alexander G. Düttmann, Frankfurt/M.

Derrida, Jacques (1995): *Dissemination*, übersetzt von Hans-Dieter Gondek, Wien.

Derrida, Jacques (1996): »How to Avoid Speaking: Denials«, in: Sanford Budick/Wolfgang Iser (Hg.), *Languages of the Unsayable: The Play of Negativity in Literature and Literary Theory*, Stanford, CA, S. 3–70.

Derrida, Jacques (1998): *Archive Fever. A Freudian Impression*, Chicago.

Derrida, Jacques (2000a): *Politik der Freundschaft*, übersetzt von Stefan Lorenzer, Frankfurt/M.

Derrida, Jacques (2000b): »Hostipitality«, in: *Angelaki: Journal of the Theoretical Humanities*, 5(3): 3–18.

Derrida, Jacques (2003): *Schurken: Zwei Essays über die Vernunft*, übersetzt von Horst Brühmann, Frankfurt/M.

Derrida, Jacques (2006): »A Europe of Hope«, in: *Epoché*, 10(2): 407–412.

Derrida, Jacques (2013): *Gesetzeskraft. Der »mystische Grund der Autorität*, übersetzt von Alexander G. Düttmann, Berlin.

Derrida, Jaques (2018): *Was tun – mit der Frage,Was tun‹?*, übersetzt von Oliver Precht und Johannes Kleinbeck, Wien/Berlin.

Derrida, Jacques (2019): *Theory and Practice*, Chicago.

Devji, Faisal (2012): *The Impossible Indian: Gandhi and the Temptation of Violence*, Cambridge, MA.

Dewey, John (2001[1927]): *Die Öffentlichkeit und ihre Probleme*, übersetzt von Wolf-Dietrich Junghanns, Berlin.

Dews, Peter (Hg.) (1992): *Autonomy and Solidarity: Interviews with Jürgen Habermas*, London/New York.

Dhawan, Nikita (2007): *Impossible Speech: The Politics of Silence and Violence*, Sankt Augustin.

Dhawan, Nikita (2013a): »The Empire Prays Back: Religion, Secularity, and Queer Critique«, in: *boundary 2. An International Journal of Literature and Culture*, 40(1): 191–222.

Dhawan, Nikita (2013b): »Postkoloniale Gouvernementalität und die Politik der Vergewaltigung: Gewalt, Verletzlichkeit und der Staat«, in: *Femina Politica: Zeitschrift für Feministische Politikwissenschaft*, 2: 85–104 (PID): http://nbn-resolving.de/urn:nbn:de:0168-ssoar-447317

Dhawan, Nikita (2017): »Können Nicht-EuropäerInnen philosophieren? – Transnationale Literalität und planetarische Ethik in einem globalen Zeitalter«, in: *Allgemeine Zeitschrift für Philosophie (AZP). Sonderheft: Mobilität und Grenzen. Philosophie in einer globalisierten Welt.* 42.2: 145–167.

Dhawan, Nikita (2019a): »Die affirmative Sabotage der Aufklärung: Die postkoloniale Zwickmühle«, in: *Zeitschrift für Politik*, 66(2):183–198.

Dhawan, Nikita (2019b): »The Death of Leviathan: Feminist Dilemmas and State Phobia«, in: *Social Politics: International Studies in Gender, State & Society*, 28(3): 1–22.

Dhawan, Nikita (2020): »State as Pharmakon«, in: Davina Cooper/Nikita Dhawan/Janet Newman, *Reimagining the State Theoretical Challenges and Transformative Possibilities*, New York, S. 57–76.

Dhawan, Nikita (2021): »Aus jeder meiner Zeilen schreit die Erkenntnis: Es gibt keine einfachen Lösungen.«, in: *Sister Outsider*, München, S. 266–272.

Dhawan Nikita/Elisabeth Fink/Johanna Leinius/Rirhandu Mageza-Barthel (2016): *Negotiating Normativity: Postcolonial Appropriations, Contestations and Transformations*, New York.

Diderot, Denis (1876 [1751–1772]): *Encyclopédie*, Paris.

Diogenes (2012): *Diogenes the Cynic. Sayings and Anecdotes with Other Popular Moralist,* New York.

Djait, Hichem (1985): *Europe and Islam: Cultures and Modernity*, Berkeley.

Du Bois, William E. B. (2008 [1903]): *Die Seelen der Schwarzen*, übersetzt von Jürgen Meyer-Wendt, Berlin.

Dubois, Laurent (2004): *Avengers of the New World: The Story of the Haitian Revolution*, Cambridge, MA.

Edelman, Lee (2004): *No Future: Queer Theory and the Death Drive*, Durham.

Eigen, Sara/Mark Larrimore (Hg.) (2006): *The German Invention of Race*, New York.

Engels, Friedrich (1975 [1877]): »Herrn Eugen Dührings Umwälzung der Wissenschaft. ›Anti-Dühring‹«, in: *Marx-Engels-Werke*, Bd. 20, Berlin, S. 5–306.

Engels, Friedrich (1976 [1874]): »Von der Autorität«, in: *Marx-Engels-Werke*, Bd. 18, Berlin, S. 305–308.

Eriksson, Birgit (2008/2009): »On Common Tastes. Heterogeneity and Hierarchies in Contemporary Cultural Consumption.«, in: *The Nordic Journal of Aesthetics* 36–37: 36–53.

Eze, Emmanuel Chukwudi (1997a): »The Color of Reason: the Idea of »Race« in Kant's Anthropology«, in: Emmanuel C. Eze (Hg.), *Postcolonial African Philosophy: a Critical Reader*, New York, S. 103–140.

Eze, Emmanuel Chukwudi (1997b): *Race and the Enlightenment: A Reader*, Oxford.

Eze, Emmanuel Chukwudi (2001): *Achieving Our Humanity: The Idea of the Postracial Future*, New York.

Eze, Emmanuel Chukwudi (2008): *On Reason: Rationality in a World of Cultural Conflict and Racism*, Durham.

Fanon, Frantz (1969a [1959]): *Aspekte der algerischen Revolution*, übersetzt von Peter-Anton von Arnim, Frankfurt/M.

Fanon, Frantz (1969b [1961]): *Die Verdammten dieser Erden*, übersetzt von Traugott König, Hamburg.

Fanon, Frantz (1985 [1952]): *Schwarze Haut, weiße Masken*, übersetzt von Eva Moldenhauer, Frankfurt/M.

Fareld, Victoria (2021): »Entangled memories of violence: Jean Améry and Frantz Fanon«, in: *Memory Studies*, 14(1): 58–67.

Farge, Arlette/Foucault, Michel (1989): *Familiäre Konflikte: Die »Lettres de cachet«*, Frankfurt/M.

Festa, Lynn/Daniel Carey (2009): »What is Postcolonial Enlightenmment?«, in: Lynn Festa/Daniel Carey, *The Postcolonial Enlightenment*, Oxford, S. 1–33.

Fiedler, Lutz (2017): „›Schicksalsverwandschaft‹? Jean Amérys Fanon-Lektüren über Gewalt, Gegengewalt und Tod«, in: *Naharaim*, 11(1–2): 133–165.

Fink, Elizabeth (2018): *Transnationaler Aktivismus und Frauenarbeit: Social Movement Unionism in Bangladesch*, Frankfurt/New York.

Fischer, Sybille (2004): *Modernity Disavowed. Haiti and the Cultures of Slavery in the Age of Revolution*, Durham.

Flax, Jane (1992): »Is Enlightenment Emancipatory? A Feminist Reading of ›What is Enlightenment‹«, in: Francis Barker/Peter Hulme/Margaret Iversen (Hg.), *Postmodernism and the Re-Reading of Modernity*, Manchester, S. 232–249.

Flikschuh, Katrin/Lea Ypi (Hg.) (2014): *Kant and Colonialism*, Oxford.

Flikschuh, Katrin (2017): *What is Orientation in Global Thinking? A Kantian Inquiry*, Cambridge.

Forsdick, Charles/Christian Høgsbjerg (2017): *Toussaint Louverture. A Black Jacobin in the Age of Revolutions*, London.

Foucault, Michel (1977): *Überwachen und Strafen*, Frankfurt/M.

Foucault, Michel (1983): *Der Wille zum Wissen. Sexualität und Wahrheit I*, übersetzt von Ulrich Raulff/Walter Seitter, Frankfurt/M.

Foucault, Michel (1992): *Was ist Kritik*, Berlin.

Foucault, Michel (1999): *In Verteidigung der Gesellschaft*, Frankfurt/M.

Foucault, Michel (2002a): »Mein Körper, dieses Papier, dieses Feuer«, in: Daniel Defert/François Ewald (Hg.), *Schriften*, Bd. 2, Frankfurt/M., S. 300–330.

Foucault, Michel (2002b): »Die Intellektuellen und die Macht«, in: Daniel Defert/François Ewald (Hg.), *Schriften*, Bd. 2, Frankfurt/M., S. 382–393.

Foucault, Michel (2004a): »Gespräch mit Foucault«, in: Daniel Defert/François Ewald (Hg.), *Schriften*, Bd. 3, Frankfurt/M., S. 186–212.

Foucault, Michel (2004b): »Das Leben dern infamen Menschen«, in: Daniel Defert/François Ewald (Hg.), *Schriften*, Bd. 3, Frankfurt/M., S. 309–332.

Foucault, Michel (2004c): »Nein zum König Sex (Gespräch)«, in: Daniel Defert/François Ewald (Hg.), *Schriften*, Bd. 3, Frankfurt/M., S. 336–353.

Foucault, Michel (2004d): »Einsperrung, Psychiatrie, Gefängnis«, in: Daniel Defert/François Ewald (Hg.), *Schriften*, Bd. 3, Frankfurt/M., S. 434–467.

Foucault, Michel (2004e): »Methodologie zur Erkenntnis der Welt: Wie man sich vom Marxismus befreien kann (Gespräch)«, in: Daniel Defert/François Ewald (Hg.), *Schriften*, Bd. 3, Frankfurt/M., S. 748–775.

Foucault, Michel (2004 f): *Geschichte der Gouvernementalität II Die Geburt der Biopolitik Vorlesung am Collège de France 1978–1979*, Frankfurt/M.

Foucault, Michel (2005a): »Ist es also wichtig, zu denken?«, in: Daniel Defert/François Ewald (Hg.), *Schriften*, Bd. 4, Frankfurt/M., S. 219–223.

Foucault, Michel (2005b): »Raum, Wissen und Macht«, in: Daniel Defert/François Ewald (Hg.), *Schriften*, Bd. 4, Frankfurt/M., S. 324–340.

Foucault, Michel (2005c): »Strukturalismus und Poststrukturalismus«, in: Daniel Defert/François Ewald (Hg.), *Schriften*, Bd. 4, Frankfurt/M., S. 521–555.

Foucault, Michel (2005d): »Was ist Aufklärung?«, in: Daniel Defert/François Ewald (Hg.), *Schriften*, Bd. 4, Frankfurt/M., S. 687–707.

Foucault, Michel (2005e): »Polemik, Politik und Problematisierungen«, in: Daniel Defert/François Ewald (Hg.), *Schriften*, Bd. 4, Frankfurt/M., S. 724–733

Foucault, Michel (2009): *Die Regierung des Selbst und der Anderen*, übersetzt von Jürgen Schröder, Frankfurt/M.

Foucault, Michel (2022): *Wahnsinn und Gesellschaft*, übersetzt von Ulrich Köppen, Berlin.

Fraser, Nancy (1992): *Die halbierte Gerechtigkeit: Schlüsselbegriffe des postindustriellen Sozialstaats*, Frankfurt/M.

Freud, Sigmund (1948a [1926]): »Hemmung, Symptom und Angst«, in: *Gesammelte Werke*, Bd. XIV, London, S. 111–206.

Freud, Sigmund (1948b [1926]): »Die Frage der Laienanalyse«, in: *Gesammelte Werke*, Bd. XIV, London, S. 207–296.

Freud, Sigmund (1966 [1919]): »Das Unheimliche«, in: *Gesammelte Werke*, Bd. XII, Frankfurt/M.

Fuchs, Christian (2016): *Critical Theory of Communication: New Readings of Lukács, Adorno, Marcuse, Honneth and Habermas in the Age of the Internet*, London.

Gandhi, Mohandas K. (1967): *September Reader's Digest, Answer Men*, (Set of five miscellaneous quotations), 91.

Gandhi, Mohandas K. (1968 [1928]): »Three Vital Questions«, in: *The Collected Works of Mahatma Gandhi*, Bd. 29, Ahmedabad, S. 410–412, https://www.gandhiserve.net/about-mahatma-gandhi/collected-works-of-mahatma-gandhi/029-19251122-19260210/

Gandhi, Mohandas K. (1970 [1928]): »Discussion with a capitalist«, in: *The Collected Works of Mahatma Gandhi*, Bd. 38, Ahmedabad, S. 311, https://www.gandhiserve.net/about-mahatma-gandhi/collected-works-of-mahatma-gandhi/038-19281101-19290203/

Gandhi, Mohandas K. (1974 [1934]): »Interview with Nirmal Kumar Bose« Hindustan Times, 6/10 November 1934, in: *The Collected Works of Mahatma Gandhi*, Bd. 59, Ahmedabad, S. 316–320, https://www.gandhiserve.net/about-mahatma-gandhi/collected-works-of-mahatma-gandhi/059-19340916-19341215/

Gandhi, Mohandas K. (1976a [1936]): »Dr. Ambedkar's indictment -I«, in: *The Collected Works of Mahatma Gandhi*, Bd. 63, Ahmedabad, S. 134–136, https://www.gandhiserve.net/about-mahatma-gandhi/collected-works-of-mahatma-gandhi/063-19360601-19361102/

Gandhi Mohandas K. (1976b [1937]): »Interview to Capt. Strunk«, in: *The Collected Works of Mahatma Gandhi*, Bd. 65, Ahmedabad, S. 360–362, https://www.gandhiserve.net/about-mahatma-gandhi/collected-works-of-mahatma-gandhi/065-19370315-19370731/

Gandhi, Mohandas K. (1977 [1939]): »What to do?«, in: *The Collected Works of Mahatma Gandhi*, Bd. 69, Ahmedabad, S. 121–123, https://www.gandhiserve.net/about-mahatma-gandhi/collected-works-of-mahatma-gandhi/069-19390301-19390715/

Gandhi Mohandas K. (1982 [1946]): »Talk with an English journalist«,in: *The Collected Works of Mahatma Gandhi*, Bd. 85, Ahmedabad: 370–372, https://www.gandhiserve.net/about-mahatma-gandhi/collected-works-of-mahatma-gandhi/085-19460716-19461020/

Gandhi, Mohandas K. (2011a [1909]): Eine Autobiographie oder die Geschichte meiner Experimente mit der Wahrheit, Ausgewählte Werke, Bd. 1, Göttingen.

Gandhi, Mohandas K. (2011b [1935]): »Was Gewaltfreiheit bedeutet«, in: *Die Stimme der Wahrheit*, Ausgewählte Werke, Bd. 4, Göttingen, S. 117–8.

Gandhi, Mohandas K. (2011c [1909]): »Hind Swaraj«, in: *Grundlegende Schriften*, Ausgewählte Werke, Bd. 3, Göttingen, S. 79–170.

Gandhi, Mohandas K. (2011d [1940]): »Brief an Hitler«, in: *Ausgewählte Briefe*, Ausgewählte Werke, Bd. 5, Göttingen, S. 200–204.

Gani, Jasmine (2017): »The Erasure of Race: Cosmopolitanism and the Illusion of Kantian Hospitality«, in: *Millennium: Journal of International Studies*, 45(3): 425 – 446.

Garraway, Doris L. (2009): »Of Speaking Native and Hybrid Philosophers: Lahontan, Diderot and the French Enlightenment Critique of Colonialism« in: Daniel Carey/Lynn Festa (Hg.), *The Postcolonial Enlightenment*, Oxford, S. 207–239.

Garraway Doris L. (2017): »Black Athena in Haiti: Universal History, Colonization, and the African Origins of Civilization in Postrevolutionary Haitian Writing«, in: Damien Tricoire (Hg.), *Enlightened Colonialism*, Cham, S. 287–308.

Gasché, Rodolphe (2009): *Europe or the infinite task. A Study of a Philosophical Concept*, Stanford, CA.

Gilmore, Ruth W. (2022): *Abolition Geography. Essays Towards Liberation*, London.

Gilroy, Paul (2000): *Between Camps: Race, Identity and Nationalism at the End of the Colour Line*, London.

Girard, Philippe (2016): *Toussaint Louverture: A Revolutionary Life*, New York.

Girard, René (1986): *The Scapegoat*, übersetzt von Yvonne Freccero, Baltimore.

Goetschel, Willi/Ato Quayson (2016): »Introduction: Jewish Studies and Postcolonialism«, in: *Cambridge Journal of Postcolonial Literary Inquiry*, 3(1): 1–9, DOI: 10.1017/pli.2015.32

Gordon, Lewis R. (1995): *Fanon and the crisis of European man: an essay on philosophy and the human sciences*, New York.

Gordon, Lewis (2016): »Rarely Kosher: Studying Jews of Color in North America«, in: *American Jewish History*, 100(1): 105–116.

Gramsci, Antonio (1991): *Gefängnishefte*, Bd. 2, H. 2/3. Wolfgang F. Haug/Klaus Bochmann (Hg.), Hamburg.

Gramsci, Antonio (1992): *Gefängnishefte*, Bd. 4, H. 6/7. Wolfgang F. Haug/Klaus Bochmann (Hg.), Hamburg.

Gramsci, Antonio (1994): *Gefängnishefte*, Bd. 6, H. 10/11. Wolfgang F. Haug/Klaus Bochmann (Hg.), Hamburg.

Gramsci, Antonio (1999): *Gefängnishefte*, Bd. 9, H. 22–29. Wolfgang F. Haug/Klaus Bochmann (Hg.), Hamburg.

Grosfoguel, Ramón (2007): »The Epistemic Decolonial Turn. Beyond Political-Economy Paradigms.«, in: *Cultural Studies*, 21(2–3): 211–223.

Grosfoguel, Ramón (2011): »Decolonizing Post-Colonial Studies and Paradigms of Political-Economy: Transmodernity, Decolonial Thinking, and Global Coloniality«, in: *TRANSMODERNITY: Journal of Peripheral Cultural Production of the Luso-Hispanic World*, 1(1): 1–38.

Guha, Ranajit (2010): »The Small Voice of History«, in: *Subaltern Studies 9: Writings on South Asian History and Society*, Shahid Amin/Dipesh Chakrabarty (Hg.), S. 1–12.

Gurley Flynn, Elizabeth (1916): *Sabotage: the Conscious Withdrawal of the Workers' Industrial Efficiency*, Cleveland.

Habermas, Jürgen (1985): *Der philosophische Diskurs der Moderne. Zwölf Vorlesungen*, Frankfurt/M.

Habermas, Jürgen (1987): *Die neue Unübersichtlichkeit*, Frankfurt/M.

Habermas, Jürgen (1988): *Theorie des kommunikativen Handelns*, Bd. 1 Frankfurt/M.

Habermas, Jürgen (1990): »Der Golf-Krieg als Katalysator einer neuen deutschen Normalität?«, in: Vergangenheit als Zukunft, Zürich 1990, S. 10–44.

Habermas, Jürgen (1999): »Bestialität und Humanität Ein Krieg an der Grenze zwischen Recht und Moral«, in: *Die Zeit*, 29.04.24, https://www.zeit.de/1999/18/199918.krieg_.xml

Habermas, Jürgen (2009): »Exkurs: Transzendez von innen, Transzendenz ins Diesseits«, in: *Kritik der Vernunft*, Philosophische Texte, Bd. 5, Frankfurt/M., S. 417–450.

Habermas, Jürgen (2011): *Zur Verfassung Europas – Ein Essay*, Berlin.

Habermas, Jürgen (2021): *Strukturwandel der Öffentlichkeit – Untersuchungen zu einer Kategorie der bürgerlichen Gesellschaft*, Frankfurt/M.

Hall, Stuart (2014): »Wann gab es ›das Postkoloniale‹ Denken an der Grenze«, in: Sebastian Conrad/Shalini Randeria/Regina Römhild (Hg.), *Jenseits des Eurozentrismus. Postkoloniale Perspektiven in den Geschichts- und Kulturwissenschaften*, Frankfurt/M.

Hall, Stuart (2022): *Vertrauter Fremder: Ein Leben zwischen zwei Inseln*, Hamburg.

Hannah, Matthew G./Jan S. Hutta/Christoph Schemann (2020): »Thinking through Covid-19 responses with Foucault: An initial overview.«, in: *Antipode Online*, 05. Mai 2020, https://antipodeonline.org/2020/05/05/thinking-through-covid-19-responses-with-foucault/

Hardiman, David (2003): *Gandhi. In His Time and Ours*, Delhi.

Harithaworn, Jin/Jennifer Petzen (2011): »Integration as a Sexual Problem: An Excavation of the German ›Muslim Homophobia‹ Panic‹«, in: Koray Yilmaz-Günay (Hg.), *Karriere eines Konstruierten Gegensatzes: Zehn Jahre ›Muslime versus Schwule‹ Sexualpolitiken seit dem 11. September 2011*, Berlin.

Harvey, David A. (2012): *The French Enlightenment and Ist Others. The Mandarin, the Savage, and the Invention of the Human Sciences*, New York.

Hay, Colin (2014): »If It Didn't Exist We'd Have to Invent It . . . Further Reflections on the Ontological Status of the State«, in: *British Journal of Sociology*, 65(3): 487–91.

Hazareesingh, Sudhir (2020): *Black Spartacus: The Epic Life of Toussaint Louverture*, New York.

Hegel, Georg W. F. (1968 [1802]): »Einleitung. Über das Wesen der philosophischen Kritik überhaupt und ihr Verhältnis zum gegenwärtigen Zustand der Philosophie insbesondere«, in: Hartmut Buchner/Otto Pöggeler (Hg.), *Gesammelte Werke*, Bd. 4, Hamburg.

Hegel, Georg W. F. (1980 [1807]): »Phänomenologie des Geistes«, in: Wolfgang Bonsiepen/Reinhard Heede (Hg.), *Gesammelte Werke*, Bd. 9, Hamburg.

Hegel, Georg W. F. (1989 [1837]): »Vorlesungen über die Philosophie der Geschichte«,in: Eva Moldenhauer/Karl M. Michel (Hg.), *Werke*, Bd. 12, Frankfurt/M.

Hegel, Georg W. F. (2009 [1821]): »Grundlinien der Philosophie des Rechts [1] Naturrecht und Staatswissenschaft im Grundrisse«, in: Klaus Grotsch/Elisabeth Weisser-Lohmann (Hg.), *Gesammelte Werke*, Bd. 14.1, Hamburg.

Hersch, Charles (2013): „›Every Time I Try to Play Black, It Comes Out Sounding Jewish‹: Jewish Jazz Musicians and Racial Identity«, in: *American Jewish History*, 97(3): 259–282.

Hewitt, Andrew (1992): „›Feminine Dialectic Of Enlightenment?‹ Horkheimer and Adorno Revisited«, in: *New German Critique*, 56: 143–170.

Hewitt, Marsha (1995): *Critical Theory of Religion: A Feminist Analysis*, Minneapolis, MN.

Hill Collins, Patricia (2023): *Intersektionalität als kritische Sozialtheorie*, übersetzt von Echo Foidl/Daphne Nechyba/Anna von Rath, Münster.

hooks, bell (1996): *Sehnsucht und Widerstand: Kultur, Ethnie, Geschlecht*, übersetzt von Helga Pfetsch/Marion Sattler Charnitzky Berlin.

hooks, bell (2023): *Die Welt verändern lernen: Bildung als Praxis der Freiheit*, übersetzt von Helene Albers, Münster.

Hobbes, Thomas (1996 [1651]): *Leviathan*, übersetzt von Jutta Schlösser, Hamburg.

Hobsbawm, Eric (1969): *Die Banditen Räuber als Sozialrebellen*, übersetzt von Rudolf Weys/Andreas Wirthensohn, München.

Hobsbawm, Eric (1971 [1959]): *Sozialrebellen : archaische Bewegungen im 19. Und 20. Jahrhundert*, übersetzt von Renate Müller-Isenburg, Berlin.

Hobsbawm, Eric (1993): *The Jazz Scene*, New York.

Hohendahl, Peter U. (1985): »The Dialectic of Enlightenment Revisited: Habermas' Critique of the Frankfurt School«, in: *New German Critique*, 35: 3–26.

Hölderlin, Friedrich (1970 [1808]): *Sämtliche Werke*, Bd. 2, Friedrich Beissner (Hg.), Stuttgart.

Honneth, Axel (2007): *Pathologien der Vernunft: Geschichte und Gegenwart der Kritischen Theorie*, Frankfurt/M.

Horkheimer, Max (1985a [1936]): »Die Funktion der Rede in der Neuzeit«, in: *Gesammelte Schriften*, Bd. 12, Frankfurt/M., S. 23–38.

Horkheimer, Max (1985b [1946]): »Rettung der Aufklärung. Diskussionen über eine geplante Schrift zur Dialektik«, in: *Gesammelte Schriften*, Bd. 12, Frankfurt/M., S. 593–605.

Horkheimer, Max (1985c [1961]): »Über die Deutschen Juden«, in: *Gesammelte Schriften*, Bd. 8, Frankfurt/M., S. 160–174.

Horkheimer, Max (1988[1931]): »Die gegenwärtige Lage der Sozialphilosophie und die Aufgaben eines Instituts für Sozialforschung«, in: *Gesammelte Schriften*, Bd. 3, Frankfurt/M., S. 20–35.

Horkheimer, Max (1991 [1947]): »Zur Kritik der instrumentellen Vernunft«, in: *Gesammelte Schriften*, Band 6, Frankfurt/M., S. 21–188.

Horkheimer, Max (1996): »Briefwechsel 1941–1948«, in: *Gesammelte Schriften*, Bd. 17, Frankfurt/M.

Horkheimer, Max/Theodor W. Adorno (1987 [1947]): »Dialektik der Aufklärung«, in: *Gesammelte Schriften*, Bd. 5, Frankfurt/M.

Hulme, Peter (1990): »The Spontaneous Hand of Nature: Savagery, Colonialism and the Enlightenment.«, in: Peter Hulme/Ludmilla Jordanova (Hg.), *The Enlightenment and ist Shadows*, London, S. 16–34.

Husserl, Edmund (1976 [1936]): »Die Krisis der europäischen Wissenschaften und die transzendentale Phänomenologie. Eine Einleitung in die phänomenologische Philosophie«, in: *Husserliana*, Bd. VI, Walter Biemel (Hg.), Nachdruck der 2. verb. Auflage, Den Haag.

Ingram, James D. (2018): »Critical Theory and Postcolonialism«, in: *The Routledge Companion to the Frankfurt School*, Peter E. Gordon/Espen Hammer/Axel Honneth, London, S. 500–513.

Jackman, Michael C./Nishant Upadhyay (2014): »Pinkwatching Israel, Whitewashing Canada: Queer (Settler) Politics and Indigenous Colonization in Canada«, in: *WSQ: Women's Studies Quarterly*, 42(3): 195–210.

James, Cyril L. R. (2021 [1938]): *Die schwarzen Jakobiner*, Berlin.

James, Daniel/Franz Knappik (2022): »Exploring the metaphysics of Hegel's racism: The Teleology of the ›Concept‹ and the taxonomy of races«, in: *Hegel Bulletin*, 94(1): 1–28, DOI: 10.1017/hgl.2022.38

Jay, Martin (2016): *Reason After Ist Eclipse: On Late Critical Theory*, Wisconsin.

Jessop, Bob (2013): *State theory: Putting the capitalist state in ist place*, letzter Zugriff: 11.12.2018, https://bobjessop.wordpress.com/2013/12/05/state-theory-putting-the-capitalist-state-in-its-place/

Jessop, Bob (2014): »Towards a Political Ontology of State Power: A Comment on Colin Hay's Article«, in: *British Journal of Sociology*, 65(3): 481–6.

Kamdar, Mira (1990): »Subjectification and Mimesis: Colonizing History«, in: *American Journal of Semiotics*, 7(3): 91–100.

Kant, Immanuel (1902 [1775]): *»Von den verschiedenen Racen der Menschen«*, in: *Akademie-Ausgabe*, II, S 427–444.

Kant, Immanuel (1913a): *»Reflexionen aus dem Nachlaß: Entwürfe zu dem Colleg über Anthropologie aus den 70er und 80er Jahren«*, in: *Akademie-Ausgabe*, XV, S. 655–899.

Kant, Immanuel (1913b [1784]): *»Kritik der Urteilskraft«*, in: *Akademie-Ausgabe*, V, S 165–486.

Kant, Immanuel (1914 [1793]): *»Die Religion innerhalb der Grenzen der bloßen Vernunft«*, in: *Akademie-Ausgabe*, VI, S. 273–314.

Kant, Immanuel (1914 [1797]): *»Metaphysik der Sitten«*, in: *Akademie-Ausgabe*, VI, S. 203–494.

Kant, Immanuel (1917 [1798]): *»Anthropologie in pragmatischer Absicht«*, in: *Akademie-Ausgabe*, VII, S. 117–335.

Kant, Immanuel (1917 [1798]): *»Der Streit der Fakultäten«*, in: *Akademie-Ausgabe*, VII, S. 1–116.

Kant, Immanuel (1923a [1784]): *»Beantwortung der Frage: Was ist Aufklärung?«*, in: *Akademie-Ausgabe*, VIII, S. 33–42.

Kant, Immanuel (1923b [1784]): *»Idee zu einer allgemeinen Geschichte in weltbürgerlicher Absicht«*, in: *Akademie-Ausgabe*, VIII, S 15–32.

Kant, Immanuel (1923c [1784]): *»Zum Ewigen Frieden«*, in: *Akademie-Ausgabe*, VIII, S 341–386.

Kant, Immanuel (1923d [1785]): *»Bestimmung des Begriffs einer Menschenrace«*, in: *Akademie-Ausgabe*, VIII, S 89–106.

Kant, Immanuel (1923e [1793]): *»Über den Gemeinspruch: Das mag in der Theorie richtig sein, taugt aber nicht für die Praxis«*, in: *Akademie-Ausgabe*, VIII, S. 273–314.

Kant, Immanuel (1923 f [1802]): *»Immanuel Kants physische Geographie«*, in: Akademie-Ausgabe, IX. S. 151–436.

Kant, Immanuel (1969): *»Anthropologie«*, in: *Akademie-Ausgabe*, XV, Berlin.

Kant, Immanuel (1971 [1764]): *»Bemerkungen zu den Beobachtungen über das Gefühl des Schönen und Erhabenen«*, in: *Akademie-Ausgabe*, XX, S. 1–192.

Kant, Immanuel (1997 [1781–2]): *»Vorlesungen über Anthropologie«*, in: *Akademie-Ausgabe*, XXV, Berlin.

Kant, Immanuel (2020): *»Vorlesungen über Physische Geographie«*, in: *Akademie-Ausgabe*, XXVI, 2, Berlin.

Kester, Grant (2012): »The Noisy Optimism of Immediate Action: Theory, Practice and Pedagogy in Contemporary Art«, in: *Art Journal*, 71(2): 86–99.

King, Martin L. (1968): »The other America«, in: *gphistorical*, http://www.gphistorical.org/mlk/mlkspeech/index.htm

King, Martin L. (1981 [1967]): »Vietnam und der Kampf für die Menschenrechte«, in: *King, Martin Luther: Testament der Hoffnung: letzte Reden, Aufsätze u. Predigten*, 4. Aufl., übersetzt von Heinrich W. Grosse, Gütersloh.

King, Richard (2000). *Indian Philosophy. An Introduction to Hindu and Buddhist Thought*, New Delhi.

Kipling, Rudyard (1899): »The White Man's Burden«, in: *Modern History*: https://sourcebooks.fordham.edu/mod/kipling.asp1

Klasen, Isabelle (2018): »Rather No Art than Socialist Realism: Adorno, Beckett, and Brecht«, in: Beverley Best/Werner Bonefeld/Chris O'Kane (Hg.), *The SAGE Handbook of Frankfurt School Critical Theory*, Bd. 2, London, S. 1024–1037.

Kleingeld, Pauline (2007): »Kant's Second Thoughts on Race«, in: *The Philosophical Quarterly*, 57: 573–592.

Kleingeld, Pauline (2011): *Kant and Cosmopolitanism: The Philosophical Ideal of World Citizenship*, Cambridge.

Kleingeld, Pauline (2014): »Kant's Second Thoughts on Colonialism«, in: Katrin Flikschuh/Lea Ypi (Hg.), *Kant and Colonialism: Historical and Critical Perspectives*, Oxford, S. 43–67.

Kleingeld, Pauline (2019): »On Dealing with Kant's Sexism and Racism«, in: *SGIR Review*, 2(2): 3–22.

Klor de Alva, Jorge (1995): »The Postcolonization of the (Latin) American Experience: A Reconsideration of ›Colonialism,‹ ›Postcolonialism,‹ and ›Mestizaje‹«, in: Gyan Prakash (Hg.), *After Colonialism: Imperial Histories and Postcolonial Displacements*, Princeton, S. 241–275.

Koselleck, Reinhart (2021): *Kritik und Krise*, Frankfurt/M.

Kraushaar, Wolfgang (Hg.) (1998): *Frankfurter Schule und Studentenbewegung. Von der Flaschenpost zum Molotowcocktail 1946–1995*, Bd. 1, Frankfurt/M.

Kumar, Aishwary (2015): *Radical Equality: Ambedkar, Gandhi, and the Risk of Democracy*, Stanford, CA.

Lapidot, Elad (2020): *Jews Out of the Question. A Critique of Anti-Anti-Semitism*, New York.

Lal, Vinay (2008): »The Gandhi Everyone Loves to Hate«, in: *Economic and Political Weekly*, 43(40): 55–64.

Lal, Vinay (2009): »Gandhi's West, the West's Gandhi«, in: *New Literary History*, 40(2): 281–313.

Latour, Bruno (2007): *Elend der Kritik*, übersetzt von Heinz Jatho, Zürich/Berlin.

Lenin, Vladimir I. (1955 [1929]): »Was tun?«, in: *Werke*, Bd. 5, Berlin, S. 355–551.

Lévinas, Emmanuel (1995): »Diachronie und Repräsentation«, in: *Zwischen uns: Versuche über das Denken an den Anderen*, übersetzt von Frank Miething, München, S. 194–218.

Liu, Lydia H. (1995): *Translingual Practice: Literature, National Culture, and Translated Modernity-China, 1900–1937*, Stanford, CA.

Locke, John (1992 [1689]): *Zwei Abhandlungen über die Regierung*, 5. Aufl., übersetzt von Hans J. Hoffmann, Frankfurt/M.

Locke, John (1996 [1689]): *Ein Brief über Toleranz*, übersetzt von Julius Ebbinghaus, Hamburg.

Lorde, Audre (1978): »A Litany for Survival«, in: *The Collected Poems of Audre Lorde*, New York.

Lorde, Audre (2015): »Es gibt keine Hierarchie der Unterdrückung«, in: *Vertrauen, Kraft & Widerstand*, AnouchK I. Valiente (Hg.), Berlin, S. 45–48.

Lorde, Audre (2021): *Sister Outsider*, übersetzt von Eva Bonné/Marion Kraft, München.

Lorde, Audre/James Baldwin (2014): *Revolutionary Hope: A Conversation Between James Baldwin and Audre Lorde*, http://theculture.forharriet.com/2014/03/revolutionary-hope-conversation-between.html

Louden, Robert (2000): *Kant's Impure Ethics*, Oxford.

Louverture, Toussaint (2008 [1797]): »Address to soldiers for the universal destruction of slavery«, in Nick Nesbitt (Hg.), *The Haitian Revolution*, London/Brooklyn.

Love, Nancy S. (1989): »Foucault & Habermas on Discourse & Democracy«, in: *Polity*, 22(2): 269–293.

Lu-Adler, Huaping (2022): »Kant and Slavery – Or Why He Never Became a Racial Egalitarian«, in: *Critical Philosophy of Race*, 10(2): 263–294.

Macaulay, Thomas B. (1952 [1835]): »Indian Education: Minute of the 2nd of February 1835«, in: *Macaulay: Prose and Poetry*, London, S. 719–730.

MacKinnon, Catharine (1989): *Toward a feminist theory of the state*, Cambridge, MA.

Mack, Michael (2003): *German Idealism and the Jew*, Chicago.

Mahbubani, Kishore (2001): *Can Asians Think? Understanding the Divide Between East and West*, Hannover.

Mamdani, Mahmood (1996): *Citizen and subject: Contemporary Africa and the legacy of late colonialism, Princeton*.

Mamdani, Mahmood (2001): *When Victims Become Killers: Colonialism, Nativism, and the Genocide in Rwanda*, Princeton.

Maldonado-Torres, Nelson (2004): »The topology of being and the geopolitics of knowledge. Modernity, empire, coloniality«, in: *City*, 8(1): 29–56.

Mantena, Karuna (2012): »On Gandhi's Critique Of The State: Sources, Contexts, Conjunctures«, in: *Modern Intellectual History*, 9: 535–563.

Mao Tse-Tung (1968 [1938]): »Über den langwierigen Krieg«, in: *Ausgewählte Werke*, Bd. 2, Peking.

Marasco, Robyn (2006): „›Already the Effect of the Whip‹: Critical Theory and the Feminine Ideal«, in: *Differences: A Journal of Feminist Cultural Studies*, 17(1): 88–115.

Marasco, Robyn (2015): *The Highway of Despair. Critical Theory After Hegel*, New York.

Marx, Karl (1960 [1848]): »Die britische Herrschaft in Indien«, in: *Marx-Engels-Werke*, Bd. 9, Berlin, S. 127–133.

Marx, Karl (1962 [1867]): »Das Kapital. Kritik der politischen Ökonomie«, in: *Marx-Engels-Werke*, Bd. 23, Berlin.

Marx, Karl (1975 [1842]): »Das philosophische Manifest der historischen Rechtsschule«, in: Marx-Engels-Gesamt-Ausgabe, Abt. 1, Bd. 1, Berlin, S. 191–198.

Marx, Karl (1975 [1843]): »Karl Marx an Arnold Ruge, September 1843«, in: *Marx-Engels-Gesamt-Ausgabe*, Abt. 3, Bd. 1, Berlin, S. 599.

Marx, Karl (1977a [1848]): »Die deutsche Ideologie«, in: *Marx-Engels-Werke*, Band 3, Berlin.

Marx, Karl (1977b [1848]): »Manifest der Kommunistischen Partei«, in: *Marx-Engels-Werke*, Band 4, Berlin, S. 459–493.

Marx, Karl (1983 [1857– 8]): »Grundrisse«, in: *Marx-Engels-Werke*, Band 42, Berlin.

Marx, Karl (1987 [1852]): »Marx an Joseph Weydemeyer. 5 März 1852«, in: *Marx-Engels-Gesamt-Ausgabe*, Abt. 3, Bd. 5, Berlin, S. 74–77.

Marx, Karl (2009 [1843]): »Zur Kritik der Hegelschen Rechtsphilosophie. Einleitung«, in: *Marx-Engels-Gesamt-Ausgabe*, Abt. 1 Bd. 2, Berlin, S. 170–183.

Marx, Karl (2009 [1843]): »M. an R. Kreuznach, im September 1843«, in: *Marx-Engels-Gesamt-Ausgabe*, Abt. 1 Bd. 2, Berlin, S. 486.

Marx, Karl (2009 [1857–8]): »Ökonomische Manuskripte«, in: *Marx-Engels-Gesamt-Ausgabe*, Abt. 2 Bd. 1.2, Berlin.

Marx, Karl/Friedrich Engels (2022 [1844/45]): »Die heilige Familie, oder Kritik der kritischen Kritik. Gegen Bruno Bauer & Consorten«, in: *Marx-Engels-Gesamt-Ausgabe*, Abt. 1 Bd. 4, Berlin, S. 3–210.

Marx, Karl/Friedrich Engels (2022 [1845]): »Deutsche Ideologie. Manuskripte und Drucke«, in: *Marx-Engels-Gesamt-Ausgabe*, Abt. 1 Bd. 5, Berlin.

Massad, Joseph A. (2007): *Desiring Arabs*, Chicago.

May Schott, Robin (1996): »The Gender of Enlightenment«, in: James Schmidt (Hg.), *What Is Enlightenment? Eighteenth-Century Answers and Twentieth-Century Question.*, Berkeley, S. 471–487.

Mbeki, Thabo/Mahmood Mamdani (2014): »Courts Can't End Civil Wars«, in: *The New York Times*, http://www.nytimes.com/2014/02/06/opinion/courts-cant-end-civil-wars.html?_r=0

Mbembe, Achille (2011): »Nekropolitik«, in: Marianne Pieper/Thomas Atzert/Serhat Karakayalı/Vassilis Tsianos (Hg.), *Biopolitik – in der Debatte*, Wiesbaden, S. 63–96, DOI: 10.1007/978-3-531-92807-4_3

Mbembe, Achille (2014): *Kritik der schwarzen Vernunft*, übersetzt von Michael Bischoff, Berlin.

Mbembe, Achille (2016): *Ausgang aus der langen Nacht*, übersetzt von Christine Pries, Berlin

Mbembe, Achille (2017): *Politik der Feindschaft*, übersetzt von Michael Bischoff, Berlin

Mbembe, Achille (2019): *Necropolitics*, Durham/London.

Mbembe, Achille (2021a): *Out of the Dark Night Essays on Decolonization*, New York.

Mbembe, Achille (2021b): »Thoughts on the planetary An interview with Achille Mbembe«, in: *Decolonising the Neoliberal University: Law, Psychoanalysis and the Politics of Student Protest*, London, S. 122–136.

McCabe, David (2019): »Kant Was a Racist: Now What?«, in: *APA Newsletter on Teaching Philosophy*, 18: 2–9.

McCarthy, Thomas (2009): *Race, Empire and the Idea of Human Development*, Cambridge.

Medovoi, Leerom/Raman Shankar/Robinson Benjamin (1990): »Can the Subaltern Vote? Representation in the Nicaraguan Elections«, in: *Socialist Review*, 20(3): 133–150.

Mehta, Uday S. (1999): *Liberalism and Empire: A Study in Nineteenth-Century British Liberal Thought*, Chicago.

Memmi, Albert (1992): *The Pillar of Salt*, übersetzt von Edouard Roditi, Boston.

Mercer, Kobena (1996): »Decolonisation and Disappointment: Reading Fanon's Sexual Politics«, in: Alan Read (Hg.), *The Fact of Blackness: Frantz Fanon and Visual Representation*, London, S. 114–131.

Mignolo, Walter D. (1993): »Colonial and Postcolonial Discourse: Cultural Critique or Academic Colonialism?«, in: *Latin American Research Review*, 28: 120–134.

Mignolo, Walter D. (1995): *The Darker Side of the Renaissance. Literacy, Territoriality and Colonization*, Michigan.

Mignolo, Walter D. (2002): »The Geopolitics of Knowledge and the Colonial Difference«, in: *South Atlantic Quarterly*, 101(1): 57–96.

Mignolo, Walter D. (2005): »On subalterns and other agencies«, in: *Postcolonial Studies*, 8(4): 381–407.

Mignolo, Walter D. (2007): »Coloniality of Power and De-Colonial Thinking«, in: *Cultural Studies* 21(2): 155–167.

Mignolo, Walter D.(2009): »Epistemic Disobedience, Independent Thought and De-Colonial Freedom«, in: *Theory, Culture & Society*, 26(7–8): 1–23.

Mignolo, Walter D. (2011a): »Geopolitik des Wahrnehmens und Erkennens«, in: *unsettling knowledges*, übersetzt von Tom Waibel, https://transversal.at/transversal/0112/mignolo/de.

Mignolo, Walter D. (2011b): »Epistemic Disobedience and the Decolonial Option: A Manifesto«, in: *Transmodernity: Journal of Peripheral Cultural Production of the Luso-Hispanic World*, 1(2): 44–66.

Mignolo, Walter D. (2014): »Decolonial options and artistic/aestheSic entanglements: An interview with Walter Mignolo«, in: *Decolonization: Indigeneity, Education & Society*, Interview mit Rubén Gaztambide-Fernández, 3(1): 196–212.

Mignolo, Walter D./Rolando Vazquez (2013): »The Decolonial AestheSis Dossier«, in: *Social Text*: 273–283, https://socialtextjournal.org/periscope_article/the-decolonial-aesthesis-dossier/

Mikkola, Mari (2011): »Kant on Moral Agency and Women's Nature«, in: *Kantian Review*, 16: 89–111.

Mill, John Stuart (2021 [1835]): »Über die Demokratie in Amerika«, in: Michael Schefczyk/Christoph Schmidt-Petri (Hg.), *Demokratie und Repräsentation*, Bd. 4, Kiel.

Mill, John Stuart (2009 [1859]): *Über die Freiheit*, übersetzt von Else Wentscher, Hamburg.

Mills, Charles (1997): *The Racial Contract*, Ithaca.

Mills, Charles (2017a): »Kant's ›Untermenschen‹«, in: *Black Rights/White Wrongs: The Critique of Racial Liberalism*, Oxford, S. 91–112.

Mills, Charles (2017b): »Criticizing Critical Theory«, in: Penelope Deutscher/Cristina Lafont (Hg.), *Critical Theory in Critical Times: Transforming the Global Political and Economic Order*, New York, S. 233–250.

Mills, Charles (2018): »Black Radical Kantianism«, in: *Res Philosophica*, 95(1): 1–33.

Mills, Charles (2021): »The Illumination of Blackness«, in: *Antiblackness*, Durham, S. 17–36.

Minnerup, Günter (2003): »Introduction«, in: *Debatte: Journal of Contemporary Central and Eastern Europe*, 11(2): 103–106.

Möhsen, Johann C. W. (1896 [1783]): »Was ist zu thun zur Aufklärung der Mitbürger?«, in: *Monatshefte der Comenius-Gesellschaft*, Bd. 6, H. 3/4: 73–76.

Moraña, Mabel/Enrique Dussel/Carlos A. Jáuregui (2008): »Colonialism and Its Replicants«, in: *Coloniality at Large: Latin America and the Postcolonial Debate*, Durham, S. 1–20.

Morris, Martin (1996): »On the logic of the Performative Contradiction: Habermas and the Radical Critique of Reason«, in: *The Review of Politics*, 58(4): 735–60.

Morrow, Raymond A. (2013): »Defending Habermas Against Eurocentrism: Latin America and Mignolo's Decolonial Challenge.«, in: Tom Bailey (Hg.), *Global Perspectives on Habermas*, London, S. 117–136.

Morton, Stephen (2003): *Gayatri Chakravorty Spivak*, London/New York.

Morton, Stephen (2007): *Gayatri Spivak: Ethics, Subalternity and the Critique of Postcolonial Reason*, Cambridge.

Mufti, Aamir (2007): *Enlightenment in the Colony: The Jewish Question and the Crisis of Postcolonial Culture*, Princeton.

Muñoz, José Esteban (2009): *Cruising Utopia: The Then and There of Queer Futurity*, New York.

Muthu, Sankar (2003): *Enlightenment Against Empire*, Princeton.

Muthu, Sankar (2012): *Empire and Modern Political Thought*, Cambridge.

Mutua, Makau W. (2000): »What Is TWAIL?«, in: American Society of International Law Proceedings, 94: 31–40.

Mutua, Makau W. (2002): Human Rights. A Political and Cultural Critique, Philadelphia.

Naas, Michael (2008): *Derrida from now on*, New York.

Nancy, Jean-Luc (2014): »What is to be done?«, in: *Diacritics*, 42(2): 100–119.

Natali, Marcos (2012): »Postcolonial Writing in Latin America, 1850–2000«, in: *Cambridge History of Postcolonial Literature*, Cambridge, S. 309–328.

Neiman, Susan (2019): *Learning from the Germans: Race and the Memory of Evil*, New York.

Nesbitt, Nick (2008): *Universal Emancipation: The Haitian Revolution and the Radical Enlightenment*, Charlottesville.

Neurath, Otto (1983 [1935]): »Pseudorationalism of Falsification«, in: Robert S. Cohen/Maria Neurath (Hg.), *Philosophical Papers 1913–1946*, Vienna Circle Collection, 16, Dordrecht, S. 121–131.

Newman, Saul (2004): »Terror, Sovereignty and Law: On the Politics of Violence«, in: *German Law Journal*, 5(5): 569–584, DOI: 10.1017/S2071832200012694

Newton, Isaac (1999 [1687]): *Die mathematischen Prinzipien der Physik*, übersetzt von Volkmar Schüller, Berlin.

Nicholson, Peter (1976): »Kant on the Duty Never to Resist the Souvereign«, in: *Ethics*, LXXXVI: 214–30.

Niesen, Peter (2007): »Colonialism and Hospitality«, in: *Journal of International Political Theory*, 3(1): 90–108.

Nietzsche, Friedrich (1968 [1883]): »Zarathustra«, in: Giorgio Colli/Mazzino Montinari (Hg.), *Kritische Gesamtausgabe*, Abt. VI, Bd. 1, Berlin.

Nietzsche, Friedrich (1969 [1889]): »Götzendämmerung«, in: Giorgio Colli/Mazzino Montinari (Hg.), *Kritische Gesamtausgabe*, Abt. VI, Bd. 6, Berlin.

Nietzsche, Friedrich (1969 [1885/6]): »Nachgelassene Fragmente«, in: Giorgio Colli/Mazzino Montinari (Hg.), *Kritische Gesamtausgabe*, Abt. VII, Bd. 4/2, Berlin.

Nietzsche, Friedrich (1972 [1888]): »Nachgelassene Fragmente«, in: Giorgio Colli/Mazzino Montinari (Hg.), *Kritische Gesamtausgabe*, Abt. VIII, Bd. 3, Berlin.

Niranjana, Tejaswini (1992): *Siting translation: History, post-structuralism, and the colonial context*, Berkeley.

Nussbaum, Martha (2014): *Politische Emotionen: warum Liebe für Gerechtigkeit wichtig ist*, Berlin.

Okiji, Fumi (2018): *Jazz as Critique: Adorno and Black Expression Revisited*, Stanford, CA.

Olusoga, David/Casper W. Erichsen, (2010): *The Kaiser's Holocaust: Germany's Forgotten Genocide and the Colonial Roots of Nazism*, London.

Omvedt, Gail (2005): *Ambedkar: Towards an Enlightened India*, New Delhi.

Outram, Dorinda (2019): *The Enlightenment*, Cambridge.

Pagden, Anthony (2014): »The law of continuity: Conquest and settlement within the limits of Kant's international right.«, in: Katrin Flikschuh/Lea Ypi (Hg.), *Kant and Colonialism: Historical and Critical Perspectives*, Oxford, S. 19–42.

Pahuja, Sundhya (2011): Decolonising International Law: Development, Economic Growth and the Politics of Universality, Cambridge.

Parker, Pat (2000): »For the White Person Who Wants to Know How to Be My Friend«, in: *Callaloo*, 23(1): 73.

Persson, Asha (2004): »Incorporating Pharmakon: HIV, Medicine, and Body Shape Change«, in: *Body & Society*, 10(4): 45–67.

Pitts, Jennifer (2005): *A Turn to Empire: The Rise of Imperial Liberalism in Britain and France*, Princeton.

Plato (1999 [360 BC]): »Krito«, in: Gunther Eigler (Hg.), *Werke in acht Bänden*, Darmstadt.

Plato (1973 [375 BC]): *Der Staat*, übersetzt von August Horneffer, Stuttgart.

Pollock, Sheldon (1993): »Deep Orientalism? Notes on Sanskrit and Power Beyond the Raj«, in: Carol A. Breckenridge/Peter van der Veer (Hg.), *Orientalism and the Postcolonial Predicament. Perspectives on South Asia*, Philadelphia, S. 76–133.

Poovey, Mary (2010): »Financing Enlightenment, Part One: Money Matters«, in: Siskin, Clifford/ Warner, William (Hg.): *This is Enlightenment*, Chicago, S. 323–335.

Popkin, Jeremy D. (2017): »Colonial Enlightenment and the French Revolution: Julien Raymond and Milscent Créole«, in: D. Tricoire (Hg.), *Enlightened Colonialism*, S. 269–286.

Prakash, Gyan (1992): »Can the ›Subaltern‹ Ride? A Reply to O'Hanlon and Washbrook«, in: *Comparative Studies in Society and History*, 34(1): 168–184.

Pritchard, Elizabeth A. (2002): »Bilderverbot Meets Body in Theodor W. Adorno's Inverse Theology«, in: *The Harvard Theological Review*, 95(3): 291–318.

Puar, Jasbir K. (2007): *Terrorist Assemblages: Homonationalism in Queer Times*, Durham.

Quijano, Aníbal (2000): »Coloniality of Power, Eurocentrism, and Latin America«, in: *Nepantla: Views from South*, 1(3): 533–80.

Quijano, Anibal (2007): »Coloniality and Modernity/Rationality«, in: *Cultural Studies*, 21(2-3): 168–78.

Quijano, Anibal (2016): *Kolonialität der Macht, Eurozentrismus und Lateinamerika*, Wien/Berlin.

Ramgotra, Manjeet/Simon Choat (2023): *Rethinking Political Thinkers*, Oxford.

Randeria, Shalini (2003): »Cunning States and Unaccountable International Institutions: Legal Plurality, Social Movements and Rights of Local Communities to Common Property Resources«, in: *European Journal of Sociology*, 44(1): 27–60.

Rao, Rahul (2020): *Out of Time. The Queer Politics of Postcoloniality*, Oxford.

Reiss, Hans (1956): »Kant and the Right of Rebellion« in: *Journal of the History of Ideas*, XVII: 179–92.

Robbins, Bruce (2014): »Response to Vivek Chibber«, in: *n+1*, https://nplusonemag.com/onlineonly/online-only/response-to-vivek-chibber/

Robinson, Cedric J. (1983): *Black Marxism: The Making of the Black Radical Tradition*, Chapel Hill, NC.

Robinson, Joan (1972 [1962]): *Doktrinen der Wirtschaftswissenschaft*, München.

Rocco, Christopher (1994): »Between modernity and postmodernity: Reading ›Dialectic of Enlightenment‹ against the grain.«, in: *Political Theory*, 22(1): 71–97.

Rocha, Luiz A. (2012): „›That Dazzling, Momentary Wake‹ of the lettre de cachet: The Problem of Experience in Foucault's Practice of History«, in: Robbie Duschinsky/Leon A. Rocha (Hg.), *Foucault, the Family and Politics*, London, S. 189–219.

Ronell, Avital (1994): *Finitude Score. Essays for the end of the millennium*, Nebraska.

Rose, Gillian (1976): »How is Critical Theory Possible? Theodor W. Adorno and Concept Formation in Sociology.«, in: *Political* Studies, 24(1): 69–85.

Rose, Jaqueline (1998): »Negativity in the work of Melanie Klein«, in: Lyndsey Stonebridge/John Philipps (Hg.), *Reading Melanie Klein*, New York, S. 126–159.

Rose, Paul (1992): *Revolutionary Antisemitism in Germany from Kant to Wagner*, Princeton.

Rose, Sven-Erik (2014): *Jewish Philosophical Politics in Germany, 1789–1848*, Waltham, MA.

Ross, Alison (2004): »Historical undecidability: The Kantian background to Derrida's politics«, in: *International Journal of Philosophical Studies*, 12(4): 375–393.

Rothberg, Michael (2021): *Multidirektionale Erinnerung. Holocaustgedenken im Zeitalter der Dekolonisierung*, Berlin.
Rousseau, Jean-Jacques (1978 [1762]): *Der Gesellschaftsvertrag (Contrat Social)*, Frankfurt/M.
Roy, Arundhati (2017): *The Doctor and the Saint: Caste, Race, and Annihilation of Caste, the Debate Between B.R. Ambedkar and M.K. Gandhi*, Chicago.
Rushdie, Salman (1983): *Mitternachtskinder*, München.
Said, Edward (1992): *The Question of Palestine*, New York.
Said, Edward (1994): *Kultur und Imperialismus*, übersetzt von Hans-Horst Henschen, Frankfurt/M.
Said, Edward (1997): *Götter, die keine sind: Der Ort des Intellektuellen*, übersetzt von Peter Geble, Berlin.
Said, Edward (2001): *The End of the Peace Process: Oslo and After*, New York.
Said, Edward (2009): *Orientalismus*, übersetzt von Hans G. Holl, Frankfurt/M.
Schiller, Friedrich (1962 [1795]): »Über die ästhetische Erziehung des Menschen«, in: *Philosophische Schriften*, Bd. 20, Erster Teil, Nationalausgabe, Benno von Wiese (Hg.), Weimar.
Schiller, Friedrich (1962): »1.3.1790–17.5.1794«, in: *Briefwechsel. Schillers Briefe*, Bd. 26, Nationalausgabe, Edith Nahlers/Horst Nahlers (Hg.), Weimar.
Schmidt, Alfred/ Gunzelin S. Noerr (1987): »Nachwort des Herausgebers: Die Stellung der ›Dialektik der Aufklärung‹ in der Entwicklung der Kritischen Theorie. Bemerkungen zu Autorschaft, Entstehung, einigen theoretischen Implikationen und späterer Einschätzung durch die Autoren.«, in: *Horkheimer Gesammelte Schriften*, Bd. 5, Frankfurt/M.
Schmidt, James (1996): (Hg.): *What Is Enlightenment? Eighteenth-Century Answers and Twentieth-Century Questions*, Berkeley.
Schmidt, James (1998): »Language, Mythology, and Enlightenment: Historical Notes on Horkheimer and Adorno's ›Dialectic of Enlightenment‹«, in: *Social Research*, 65(4): 807–838.
Schnädelbach, Herbert (1987): »Bermerkungen über Rationalität und Sprache«, in: *Vernunft und Geschichte*, Frankfurt/M., S. 74–95.
Schoolman, Morton (2005): »Avoiding Embarrassment: Aesthetic Reason and Aporetic Critique in Dialectic of Enlightenment«, in: *Polity*, 37(3): 335–364.
Scott, David (1999): »Colonial Governmentality«, in: *Refashioning Futures: Criticism after Postcoloniality*, Princeton, S. 23–52.
Scott, David (2004): *Conscripts of Modernity: The Tragedy of Colonial Enlightenment*, Durham.
Scott, David (2014): »The Theory of Haiti: The Black Jacobins and the Poetics of Universal History«, in: *Small Axe*, 18(3): 35–51.
Scott, James C. (2010): *The Art of Not Being Governed: An Anarchist History of Upland Southeast Asia*, New Haven, CT/London.
Seneca, Lucius A. (2007 [45AD]): *De Ira/ Über die Wut*, Ditzingen.
Sharma, Jyotirmaya (2021): *Elusive Nonviolence: The Making and Unmaking of Gandhi's Religion of Ahimsa*, Noida.
Sharp, Gene (2013): *How Nonviolent Struggle Works*, Boston.
Sharpe, Jenny/Gayatri C. Spivak (2003): »Politics and the Imagination«, in: *Signs* 28(2): 609–624.
Sharpe, Jenny (2014): »What Use Is the Imagination?«, in: *PMLA*, 129(3): 512–17.
Shatz, Adam (2024): *The Rebel's Clinic. The Revolutionary Lives of Frantz Fanon*, New York.
Shell, Susan M. (2009): *Kant and the Limits of Autonomy*, Cambridge.
Shiva, Vandana (1993): *The Monocultures of the Mind: Perspectives in Biodiversity*, London.

Shiva, Vandana (2017): »Inauguration speech«, in: *Women's Economic Empowerment: Let's Act Together*, European Parliament, 8th March, International Women's Day, Interparliamentary Committee Meeting1 International Women's Day.

Shohat, Ella (1988): »Sephardim in Israel: Zionism from the Standpoint of Its Jewish Victims.«, in: *Social Text* 19(20): 1–35.

Smart, Carol (1989): *Feminism and the Power of Law*, London.

Snyder, Timothy (2015): *Black earth: der Holocaust und warum er sich wiederholen kann*, übersetzt von Ulla Höber/Karl H. Siber, München.

Sontag, Susan (2003): *Das Leiden anderer betrachten*, übersetzt von Reinhard Kaiser, München/Wien.

Soyinka, Wole (2007): »Interview: Nobel laureate Wole Soyinka«, in: *The Guardian*, Interview mit Maya Yaggi, https://www.theguardian.com/books/2007/may/28/hayfestival2007.hayfestival

Spivak, Gayatri C. (1985): »Three Women's Texts and a Critique of Imperialism«, in: *Critical Inquiry* 12(1): 243–261.

Spivak, Gayatri C. (1989): »A response to ›The difference within: Feminism and critical theory‹«, in: *The Difference Within: Feminism and Critical Theory*, Elizabeth Meese/Alice Parker (Hg.), Amsterdam/Philadelphia, S. 207–220.

Spivak, Gayatri C. (Hg.)(1990): *The Post-Colonial Critic: Interviews, Strategies, Dialogues*, London.

Spivak, Gayatri C. (1991): »Theory in the Margin: Coetzee's Foe Reading Defoe's Crusoe/Roxana.«, in: Jonathan Arac/Barbara Johnson (Hg.), *Consequences of Theory: Selected Papers from the English Institute*, 1987–88 (H. 14), Baltimore and London, S. 154–81.

Spivak, Gayatri C. (1993a): *Outside in the Teaching Machine*, New York.

Spivak, Gayatri C. (1993b): »Echo«, in: *New Literary History*, 24(1): 17–43.

Spivak, Gayatri C. (1994a): »Bonding in Difference«, in: Alfred Arteaga (Hg.): *An Other Tongue: Nation and Ethnicity in the Linguistic Borderlands*, Durham, S. 273–285.

Spivak, Gayatri C. (1994b): »Translators Preface«, in: *Imaginary Maps*, London/New York, S. xxiii–xxx.

Spivak, Gayatri C. (1999): *Imperative zur Neuerfindung des Planeten : = Imperatives to re-imagine the planet*, Wien.

Spivak, Gayatri C. (2003a): *Death of a Discipline*, New York.

Spivak, Gayatri C. (2003b): »A Conversation with Gayatri Chakravorty Spivak: Politics and the Imagination.«, in: *Signs*, Vol. 28, No. 2 (Winter), S. 609 621.

Spivak, Gayatri C. (2006): *In Other Worlds*, New York.

Spivak, Gayatri C. (2007): »Feminism and Human Rights«, in: Nermeen Shaikh (Hg.): *The Present as History: Critical Perspectives on Global Power*, New York, S. 172–201.

Spivak, Gayatri C. (2008a): *Righting Wrongs – Unrecht richten*, übersetzt von Sonja Finck/Janet Keim, Zürich.

Spivak, Gayatri C. (2008b): *Other Asias*, Malden.

Spivak, Gayatri C. (2009a): »They the People. Problems of alter-globalization«, in: *Radical Philosophy*, 157: 31–36.

Spivak, Gayatri C. (2009b): »Nationalism and the Imagination«, in: *Lectora*, 15: 75–98.

Spivak, Gayatri C. (2011a): *Can the Subaltern speak*, übersetzt von Alexander Joskowicz/Stefan Nowotny, Wien/Berlin.

Spivak, Gayatri C. (2011b): »In Conversation: Speaking to Spivak«, in: *The Hindu*, https://www.thehindu.com/books/In-Conversation-Speaking-to-Spivak/article15130635.ece

Spivak, Gayatri C. (2012a): *An Aesthetic Education in the Era of Globalization*, Cambridge.

Spivak, Gayatri C. (2012b): »Occupy Education: An Interview with Gayatri Chakravorty Spivak«, in: *Politics and Culture*, Interview mit Rahul K. Gairola, https://politicsandculture.org/2012/09/25/occupy-education-an-interview-with-gayatri-chakravorty-spivak/

Spivak, Gayatri C. (2014a): *Kritik der postkolonialen Vernunft*, übersetzt von Nadine Boehm-Schnitker/Doris Feldmann/Barbara Gabel-Cunningham/Christian Krug/Andreas Nehring, Stuttgart.

Spivak, Gayatri C. (2014b): »Postcolonial Theory and the Specter of Capital«, in: *Cambridge Review of International Affairs*, 27(1): 184-98.

Spivak, Gayatri C. (2016): »Critical Intimacy: An Interview with Gayatri Chakravorty Spivak«, in: *Los Angeles Review of Books*, Interview mit Steve Paulson, https://lareviewofbooks.org/article/critical-intimacy-interview-gayatri-chakravorty-spivak/

Steinmetz, George (2016): »Social Fields and Subfields at the Scale of Empires: Colonial States and Colonial Sociology.«, in: *Sociological Review*, 64(2): 98–123.

Tahmasebi-Birgani, Victoria (2014): *Emmanuel Levinas and the Politics of Non-Violence*, Toronto.

Thomson, Alex J. P. (2005): »What's to Become of ›Democracy to Come‹?«, in: *Postmodern Culture*, 15(3), DOI: 10.1353/pmc.2005.0028.

Thoreau, Henry D. (1969[1849]): *Über die Pflicht zum Ungehorsam gegen den Staat*, Zürich.

Tiedemann, Rolf (1994): »Gegen den Trug der Frage nach dem Sinn«, in: *Eine Dokumentation zu Adornos Beckett-Lektüre*, Frankfurter Adorno Blätter III, München, S. 18–77.

Traverso, Enzo (2019): *Linke Melancholie: Über die Stärke einer verborgenen Tradition*, übersetzt von Elfriede Müller, Münster.

Trouillot, Michel-Rolph (1995): *Silencing the Past: Power and the Production of History*, Boston.

Tschernyschewskis, Nikolaj (1952 [1863]): *Was tun? Aus Erzählungen von neuen Menschen*, übersetzt von Manfred Hellmann, Berlin.

Tuck, Eve/Wayne K. Yang (2012): »Decolonization Is Not a Metaphor«, in: *Decolonization: Indigeneity, Education & Society* 1(1): 1–40, http://resolver.scholarsportal.info/resolve/19298692/v01i0001/nfp_dinam.xml.

Tullock, Gordon (2001): »A Comment on Daniel Klein's ›A Plea to Economists Who Favor Liberty‹«, in: *Eastern Economic Journal*, 27(2): 203–207.

van der Heyden, Ulrich (2001): *Rote Adler an Afrikas Küste. Die brandenburgisch-preussische Kolonie Grossfriedrichsburg in Westafrika*, Berlin.

van der Veer, Peter (1994): *Religious Nationalism: Hindus and Muslims in India*, Berkeley.

van der Veer, Peter (2001): *Imperial Encounters: Religion and Modernity in India and Britain*, Princeton.

Vázquez-Arroyo, Antonio Y. (2008): »Universal history disavowed: on critical theory and postcolonialism«, in: *Postcolonial Studies*, 11(4): 451–473.

Vishwanathan, Gauri (1989): *Masks of Conquest: Literary Study and British Rule in India*, New York.

Valdez, Inés (2017): »It's Not about Race: Good Wars, Bad Wars, and the Origins of Kant's Anti-Colonialism«, in: *American Political Science Review*, 111(4): 819–832.

Valdez, Inés (2019): *Transnational Cosmopolitanism. Kant, Du Bois, and Justice as a Political Craft*, Cambridge.

Varadharajan, Asha (1995): *Exotic Parodies: Subjectivity Adorno, Said, and Spivak*, Minneapolis.

von Mallinckrodt, Rebekka (2016): »There are no slaves in Prussia?«, In: *Slavery Hinterland: Transatlantic Slavery and Continental Europe, 1680–1850*, Felix Brahm/Eve Rosenhaft (Hg.), Woodbridge, Suffolk, S. 109–132.

Weber, Max (2004 [1919]): *The Vocation Lectures*, Indianapolis.

Weller, Shane (2021): *The Idea of Europe. A Critical History*, Cambridge.

Williams, Howard (1983): *Kant's Political Philosophy*, New York.

Wolff, Michael (2020): »Kant war ein Anti-Rassist«, in: *Frankfurter Allgemeine*, letzter Zugriff 18.12.2021, https://www.faz.net/-gsf-a171r

Wood, Allen (2008): *Kantian Ethics*, New York.

Ypi, Lea (2014): »Commerce and Colonialism in Kant's Philosophy of History«, in: Katrin Flikschuh/Lea Ypi (Hg.), *Kant and Colonialism: Historical and Critical Perspectives*, Oxford: 99–126.

Zantop, Susanne (1997): *Colonial Fantasies. Conquest, Family and Nation in Precolonial Germany, 1770–1870*, Durham/London.

Zöllner, Johann F. (1783): »Ist es rathsam, das Ehebündnis nicht ferner durch die Religion zu sancieren«, in: *Berliner Monatsschrift*, Dezember 1783.